HISTOIRE
DE LA
NOUVELLE FRANCE.
TOME III.

JOURNAL
D'UN
VOYAGE
FAIT PAR ORDRE DU ROI
DANS
L'AMERIQUE SEPTENTRIONNALE;
Adressé a Madame la Duchesse
DE LESDIGUIERES.
Par le P. DE CHARLEVOIX, de la Compagnie de JESUS.

TOME TROISIEME.

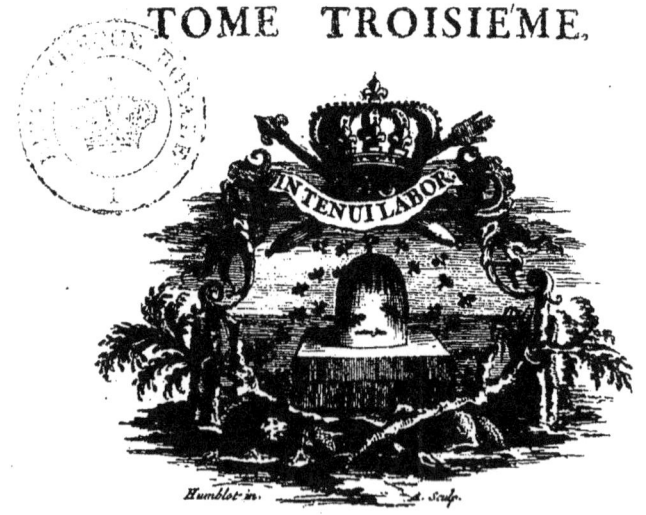

A PARIS,
Chez NYON Fils, Libraire, Quai des Augustins, à l'Occasion.

M. DCC. XLIV.
AVEC APPROBATION ET PRIVILEGE DU ROI.

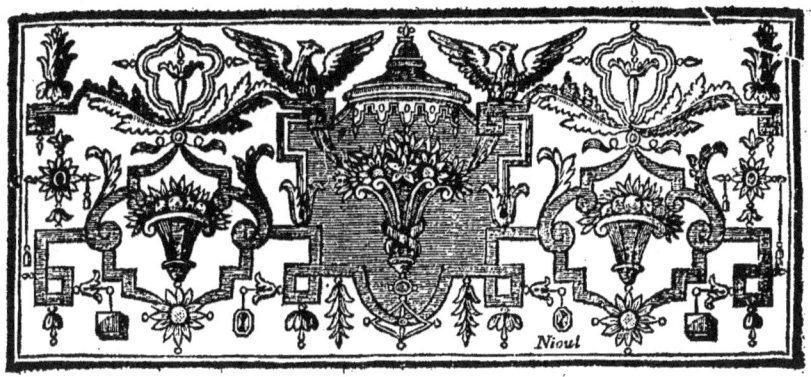

REMARQUES
DE
M. BELLIN,
INGENIEUR DE LA MARINE,

SUR LES CARTES ET LES PLANS, qu'il a été chargé de dresser, pour joindre à l'Histoire générale de la Nouvelle France du Réverend Pere DE CHARLEVOIX, de la Compagnie de JESUS: Et au Journal de son Voyage dans cette Partie du Monde.

A Géographie répand un jour si avantageux sur l'Histoire, qu'elle devroit en être inséparable. C'est le sentiment des Sçavans, qui devient aujourd'hui un sentiment général. Tout le monde conviendra que des faits arrivés dans un Pays éloigné & peu connu, exigent nécessairement, pour une plus parfaite intelligence, que l'on mette sous les yeux le théâtre, où ils se sont passés : & quelquefois la connoissance des lieux intéresse autant, que les faits mêmes.

Tom. III.

REMARQUES DE M. BELLIN

L'Histoire de la Nouvelle France semble être faite pour prouver ce que j'avance ; son Auteur l'a traitée de façon, que la Géographie de ces Pays s'y trouve développée d'une maniere aussi claire & aussi juste, qu'elle est agréable & amusante : chose d'autant plus rare, que cette science est souvent obscure, & ses détails presque toujours secs & ennuyans.

Il est vrai, que notre Auteur a un avantage bien grand, c'est qu'il a vû par lui-même. Il a parcouru ces vastes Pays par ordre de la Cour, & les a parcourus en Homme attentif & curieux, avec dessein formé de prendre toutes les connoissances possibles, & d'en faire part au Public : aussi ai-je tiré de ses Mémoires particuliers beaucoup d'éclaircissemens, que j'aurois en vain cherchés ailleurs, & dont j'avois besoin pour former des Cartes, qui pussent nous donner des idées géographiques un peu plus justes, que celles, que l'on a aujourd'hui de ces Parties considérables de l'Amérique Septentrionale, connuës sous les noms de la Nouvelle France, ou Canada, & de la Louysiane.

Les Cartes, que j'ai dressées pour cette Histoire, sont si différentes de tout ce qui a paru en ce genre, que je ne puis me dispenser de rendre compte des principaux changemens, que j'ai été forcé d'y faire : de relever en même tems les erreurs considérables, dans lesquelles ceux, qui m'ont précedé, sont tombés ; & enfin de faire connoître les sources, où j'ai puisé.

Je dois au dépôt des Cartes, Plans, & Journaux de la Marine, le goût, que j'ai pris pour ce genre d'étude ; & le peu de connoissances, que j'y acquises. On y trouve une quantité de Cartes & de Plans manuscrits, levés sur les lieux, & envoyés aux Ministres, soit par les Ingénieurs, soit par des Navigateurs habiles. On y trouve des Relations exactes & circonstanciées de toutes les nouvelles découvertes, & surtout un nombre prodigieux de Journaux de navigation, qui sont la plûpart remplis de Remarques & d'Observations, de la comparaison & de la réunion desquelles, la Géographie & l'Hydrographie peuvent tirer de très-grandes lumieres.

Avec de pareils secours, & un peu d'amour pour le travail, il n'est point étonnant, que je sois en état de débrouiller un peu mieux, qu'on n'a fait jusqu'ici, la Géographie de ces Pays.

SUR LES CARTES.

Mon deſſein n'eſt point de faire la critique des Cartes, que l'on a de la Nouvelle France & de la Louyſiane; il y en a peu, & elles ſont à ſi petit point, & ſi éloignées du vrai, que j'oſe dire, qu'elles ne méritent aucune attention. Cependant je ne puis me diſpenſer de parler de la grande Carte Angloiſe de l'Amérique Septentrionale en 20 feuilles, publiée depuis quelques années par M. Popple, ſous le nom d'*Empire Anglois dans l'Amérique*.

Comme cette Carte eſt à plus grand point & plus détaillée, qu'aucune autre: beaucoup de perſonnes l'ont regardée comme un bon Ouvrage, auquel on pourroit avoir quelque confiance; mais il s'en faut bien, que cela ſoit ainſi, & je le prouverai dans la ſuite.

Commençons par rendre compte de la conſtruction de nos Cartes, & mettons ſous les yeux les principales remarques, dont nous nous ſommes ſervis, & les changemens, qui en ont réſulté.

Qu'il me ſoit permis de prier les Amateurs de la Géographie, d'examiner avec un peu d'attention la Carte, que j'ai nommée *Partie Orientale de la Nouvelle France ou du Canada*. Elle comprend l'Iſle de Terre-Neuve & Partie de Labrador, le Golphe de Saint Laurent, l'Iſle Royale, l'Acadie, le cours du Fleuve de Saint Laurent, & les Rivieres, qui s'y déchargent, juſqu'à l'entrée du Lac Ontario: les Pays, qui ſont au Nord de ce Fleuve juſqu'à la Baye d'Hudſon, & ceux, qui en ſont au Midi, juſqu'à la Nouvelle Angleterre. Je puis aſſûrer, que j'ai rendu ce morceau entierement neuf, & que les détails, dont il eſt rempli, ont été ignorés juſqu'à préſent.

1°. L'Iſle de Terre-Neuve y eſt réduite à ſa juſte étenduë, & à la véritable configuration de ſes Côtes. J'ai dans pluſieurs Journaux de navigation (a) des obſervations de latitude, qui ont été faites à la vûë du Cap de Raſe, qui eſt la pointe la plus méridionnale de l'Iſle, & qui toutes s'accordent à mettre ce Cap par les 46. dégrés 50. minutes de latitude: la Carte de M. Popple le met par 46. dégrés 30. minutes, ce qui fait 20. minutes trop Sud. J'ai des latitudes obſervées (b) dans le

---

(a) J'avois deſſein de citer ici les Journaux des Vaiſſeaux, dont j'ai tiré mes Remarques, mais cela meneroit loin, & ne ſeroit d'aucune utilité pour la plûpart des Lecteurs.

(b) Journal du Pilote du Brigantin du Roy *la Reine Marie*, envoyé de Quebec en 1735. pour faire la viſite des Côtes, & la découverte du Détroit de Belle-Iſle.

Détroit de Belle-Isle, & auprès de la Pointe la plus Septentrionnale de l'Isle de Terre-Neuve, qui la mettent par 51. dégrés 30. minutes. Popple met cette Pointe par 52. dégrés 10. minutes, c'est 40. minutes trop Nord. Ainsi nous constatons avec la plus grande évidence la longueur de cette Isle du Nord au Sud, que la Carte Angloise fait d'un dégré trop grande. Sa largeur de l'Est à l'Ouest est déterminée par les routes des Navigateurs, qui s'accordent à trouver du Cap de Rase au Cap de Raye, environ 80. lieuës ; ils donnent aussi la latitude du Cap de Raye de 47. dégrés, 30. à 35. minutes. La Carte de Popple ne met que 50. lieuës entre ces deux Caps, & place ce dernier 20. minutes trop Nord, de sorte qu'elle donne entre le Cap de Rase & le Cap de Raye, un dégré 20. minutes, pour la différence en latitude, laquelle n'est que de 40. minutes. Joignons cette erreur en latitude à celles des 30. lieuës en longitude, qui valent ici plus de 2. dégrés & demi ; il en résultera une prodigieuse différence pour le gisement de cette Côte. Si l'on entroit dans le détail de cette Partie, tout s'y trouveroit défectueux : par exemple entre le Cap de Rase & le Cap de Sainte Marie, qui n'en est qu'à 20. lieuës, il n'y a que 5. minutes de différence en latitude ; c'est un fait connu de tous les Navigateurs. Cette Carte y en met plus de 30. L'ouverture de la Baye de Plaisance entre le Cap Sainte Marie & le Chapeau Rouge, est de 15. lieuës au moins, & nous l'avons marquée ainsi : la Carte de Popple n'y met que 8. lieuës, &c. Je crois inutile d'observer, qu'en lisant ceci, il faut avoir notre Carte sous les yeux.

La partie du Nord de Terre-Neuve, le Détroit de Belle-Isle, & la Côte de Labrador, sont ici bien autrement détaillés, & très-differents de ce qu'on trouve dans toutes les Cartes, & sur-tout de celle de Popple. Je dois ces connoissances aux divers (*a*) Manuscrits du Dépôt, sur lesquels j'ai dressé une Carte particuliere de l'Isle de Terre-Neuve en assez grand point, pour y employer les noms de presque tous les Caps, Ports & Havres ; quoiqu'elle ne le soit pas cependant encore assez pour rendre bien sensible le contour & le gisement de

---

(*a*) Les Côtes de Terre-Neuve ont été pendant plusieurs années fort fréquentées par les François, qui ont donné les noms à presque tous les Ports & les Havres ; & dans ces tems, plusieurs Vaisseaux du Roy ont fait le tour de l'Isle, & la visite des Côtes.

la Côte de proche en proche, & telle, qu'il la faudroit pour l'ufage de la navigation, ce qui n'eft point l'objet préfent ; mais elle eft fuffifante pour l'Hiftoire, à laquelle elle eft jointe. J'y ai ajoûté un Plan du Port de Plaifance & de fes environs, dont la connoiffance ne peut que faire plaifir. Avant de quitter Terre-Neuve, il eft bon d'avertir, qu'il s'eft gliffé une faute dans l'impréffion de cet Ouvrage, tom. 1, page 8. En parlant de cette Ifle, *le Cap de Bonnevifte y eft dit fitué par les 46°. dégrés de latitude*, il faut lire 49. degrés 30. minutes : & un peu plus bas on trouve, *il defcendit au Sud Sud-Eft 6. degrés*, il faut lire 6. lieuës.

20. L'Ifle Royale & le Golphe Saint Laurent font travaillés avec foin ; mais pour le faire connoître, je ne puis que répeter ce que je viens de dire. Ce font toujours des latitudes obfervées ; des diftances eftimées par les Navigateurs, & concluës de leurs routes ; des relevemens de differens points, &c.

J'obferverai cependant que la latitude du Cap de Nord en l'Ifle Royale, eft de 47. degrés 5. minutes ; celle des Ifles aux Oifeaux de 48. degrés, & celle du Cap des Rofiers de 49. degrés : qu'entre l'Ifle de S. Paul & le Cap de Raye, il n'y a que 14. à 15. lieuës, & qu'ils gifent entr'eux Nord-Eft-quart-Eft, & Sud-Oueft-Quart-d'Oueft, &c.

Voyons comment la Carte Angloife marque ces Parties. On y trouve entre l'Ifle de S. Paul & le Cap de Raye 25. lieuës de diftance, & leur gifement Nord-quart de Nord-Eft, & Sud-Quart de Sud-Oueft : quelle prodigieufe différence, quatre rumbs de vent fur un gifement, & dix lieuës de trop fur une diftance de 14. lieuës ! Mais ce qui doit furprendre, c'eft d'y voir par 50. degrés 20. minutes de latitude, le Cap des Rofiers, que nous avons dit ci-devant être par les 49. degrés ; de forte que cette Carte met plus de 60. lieuës des Ifles aux Oifeaux, au Cap des Rofiers, lorfqu'il n'y en a que 42. ou 43. au plus. L'Ifle Royale & l'Ifle de S. Jean, de même que toute la Côte voifine, jufqu'à l'entrée du Fleuve S. Laurent, n'ont aucune précifion dans la Carte Angloife, ni les détails néceffaires pour donner des idées un peu juftes de ces Pays : pour en être convaincu, il ne faut que la comparer avec la mienne.

L'Ifle Royale m'a paru mériter une Carte particuliere ; celle que l'on trouve ici, a été dreffée fur les divers Manufcrits du Dépôt, & fur les Journaux des plus habiles Navigateurs: ainfi je crois, qu'on peut y avoir quelque confiance : & comme cette Ifle nous intéreffe, j'y ai joint le plan du Port & de la Ville de Louyfbourg, qui eft la Capitale de l'Ifle; & un plan du Port Dauphin & de fa Rade, dont la fituation eft des plus belles.

On fera peut-être furpris de ne pas trouver des fondes fur mes plans; c'eft-à-dire, la quantité de braffes, ou de pieds d'eau; je fçais que ces détails font extrêmement utiles, & il m'auroit été facile de les remplir avec exactitude : mais des raifons particulieres, qui n'ont rien de commun avec la Géographie, m'en ont empêché. A l'égard des plans des Ports, qui n'appartiennent pas à la France, j'y ai mis des fondes.

J'ai placé l'Ifle de Sable à environ 30. lieuës au Sud de Louyfbourg, par la latitude de 44. degrés 10. à 12. minutes. Cette pofition ne s'accorde point avec ce qui eft dit à la page 109. du tome premier, que *l'Ifle de Sable eft éloignée de l'Ifle Royale, d'environ 25. lieuës au Sud-Eft*; ni avec ce qui eft dit 2. lignes plus bas, qu'*elle eft à 35. lieuës Nord & Sud de Camceau*. Ces deux gifemens fe détruifent l'un l'autre; mais l'Auteur, en les rapportant, n'a eu en vûe, que de faire connoître deux fentimens différens, fans y avoir égard ; & la preuve, c'eft qu'enfuite il nous donne la latitude de l'Ifle de Sable très-exactement, & telle que je l'ai trouvée dans les meilleurs Journaux de navigation.

3°. J'ai fait toutes les recherches poffibles fur l'Acadie ; j'ai tiré des Journaux des différentes Campagnes, que les Vaiffeaux du Roy y ont faites, des latitudes de la Pointe Orientale & de la Pointe Occidentale ; j'ai réduit leurs routes, & j'ai trouvé que d'une Pointe à l'autre, elles donnoient 80. lieuës ; par ce moyen le gifement & l'étenduë de la Côte font déterminés. J'ai détaillé l'intérieur du Pays, dont il paroît par toutes les Cartes Géographiques, qu'on n'avoit eu jufqu'ici aucune connoiffance ; & j'ai tâché de conferver aux Bayes & aux Ports leurs véritables figures. Et pour rendre ces détails plus fenfibles, j'ai fait une Carte particuliere de l'Acadie. Sur quoi je remarquerai, que dans cette Carte, j'ai donné environ 15. lieuës de trop du Cap Camceau, au Cap de Sable. Le détail m'a jetté infenfiblement dans cette erreur,

SUR LES CARTES. vij

& y jettera presque toujours; car en voulant exprimer la configuration des Ports, & tous les contours des Pointes & des Isles, il est impossible, lorsque la Carte est sur une petite échelle, qu'on ne leur donne un peu plus d'étenduë, qu'elles n'en ont réellement. C'est le cas, où je me trouve, puisque l'échelle de ma Carte ne porte qu'une ligne au plus, pour la grande lieuë de France de 2853. toises : mais j'ai corrigé cette erreur dans ma Carte de la Partie Orientale du Canada, & j'y ai réduit la presqu'Isle de l'Acadie à ses justes bornes, comme on l'a vû ci-devant. Et pour satisfaire davantage la curiosité du Public, j'ai joint ici des Plans particuliers des principaux Ports. Ces Plans sont celui de la Baye de *Chedaboucſtou*, appellée aujourd'hui le Havre de *Milford*. Celui de la Baye de *Chibouctou*, le Port de la *Heve*, & le *Port Royal*, aujourd'hui *Annapolis Royale*. Je les ai tirés des Manuscrits de notre Dépôt, où l'on sçait qu'il y en a de toutes les parties de l'Univers, & à plus fortes raisons de celles, que nous avons possedées.

Avant que de quitter l'Acadie, jettons les yeux sur la Carte Angloise de Popple, je trouve qu'elle marque assez bien les latitudes & la longueur de cette Peninsule, quoiqu'elle mette le Cap de Camceau 20. minutes trop Nord. Mais il n'y a rien d'exact sur la figure des Ports, ni sur le contour particulier de la Côte. A l'égard de l'intérieur du Pays, il n'en est pas question sur cette Carte. Le cours des Rivieres, & les Lacs, qui font les communications des divers Cantons de cette presqu'Isle, n'y sont point marqués : elle a cela de commun avec toutes les Cartes, que je connois.

4°. Le cours du Fleuve Saint Laurent, & les Pays, qui en font au Nord & au Sud, demanderoient une Dissertation beaucoup plus étenduë, que celle, qu'il m'est permis de faire ici. J'aurois même souhaité de pouvoir donner une Carte particuliere de ce fameux Fleuve, & de le faire connoître dans tout son cours, qui a plus de 250. lieuës, depuis sa sortie du Lac Ontario, jusqu'à son embouchure dans le Golphe de Saint Laurent, & dont la moitié est navigable pour de gros Vaisseaux, de faire voir la quantité prodigieuse d'Isles de toutes grandeurs, dont il est semé ; ses Ports & ses mouïllages ; les dangers, qu'il faut éviter ; les Rivieres, qui s'y déchargent ; les Lacs, qu'il forme ; ses Rapides, ou Saults, & ses Portages ; en un mot, mille détails Géographiques auſſi intereſſans, que curieux, & entierement ignorés. Mais pour exécuter un pareil projet, il auroit fallu multiplier les Cartes, & les faire d'une grandeur ſuffiſante ; or cela ne convenoit pas à la nature de l'Ouvrage, pour lequel je devois travailler, & auroit jetté les Libraires dans une trop grande dépenſe, car mon projet ne ſe ſeroit pas borné au Fleuve de Saint Laurent. J'aurois fait la même choſe pour le Fleuve Miciſſipi, dont j'aurois donné plus de 400. lieuës de cours, ce qui auroit entraîné le détail de diverſes parties de la Louyſiane, de la Nouvelle France, &c.

Quoique je diſe que j'aurois pû entrer dans un plus grand détail, il ne faut pas croire, que j'aye rien négligé de ce qui peut contribuer à l'intelligence de l'Hiſtoire, & à la ſatisfaction des Lecteurs, pour laquelle on voit que les Libraires n'ont rien épargné. Car comme dans ma Carte de la Partie Orientale du Canada, le Fleuve Saint Laurent devient un peu petit, j'ai fait des Cartes particulieres de certaines Parties, qui m'ont paru intereſſantes. On trouvera une Carte de *l'Iſle d'Orleans*, & d'un paſſage difficile, qui en eſt proche, qu'on appelle *la Traverſe* ; une Carte contenant le Baſſin de *Quebec* & ſes environs, le Plan de la Ville de Quebec, une Carte de l'Iſle de *Montreal* & des Iſles voiſines ; une Carte de la *Riviere de Richelieu* & du *Lac Champlain*, enfin une Carte du Cours du *Saguenay* depuis *Checoutimi*, juſqu'à ſon embouchure dans le Fleuve de Saint Laurent. Ce ſont des morceaux de détails, que je puis aſſûrer être curieux, & avoir quelque exactitude, les ayant travaillés ſur de bons Mémoires.

Donnons quelques momens à l'examen de ce travail. Les Vaiſſeaux du Roy, qui font tous les ans la Campagne de Quebec, me fourniſſent les remarques néceſſaires pour dreſſer une Carte du Fleuve depuis Quebec juſqu'à la Mer. J'ai des latitudes, des routes, des relevemens, des moüillages. Les Pilotes les plus habiles & les plus pratiques, avec leſquels je ſuis en relation, m'ont communiqué leurs obſervations. Voilà mes matériaux, & les ſources, où j'ai puiſé.

Que l'on compare à préſent la figure de mon Fleuve, avec celle, que Popple lui donne dans ſa Carte, on ſera ſurpris de la différence, qui ſe trouve entre nous. Par exemple, la largeur du Fleuve devant *Matane* eſt d'environ 12. lieuës, la Carte Angloiſe la fait de 28, Elle place les ſept Iſles au
Nord

SUR LES CARTES.

Nord de Matane, elles en font au Nord-Eſt.

Tout le reſte du Fleuve eſt auſſi défectueux ; près de la moitié des Iſles n'y ſont pas marquées, & celles, qu'on y trouve, ne ſont, ni dans leurs proportions, ni dans leur vrai giſement. La plûpart des Rivieres y ſont oubliées, les autres y ſont jettées au hazard, & ſans aucune préciſion géographique : en voici la preuve.

Qu'on regarde ſur ma Carte ce grand nombre de Lacs & de Rivieres, qui ſont entre la Riviere du Saguenay, & le Lac des Miſtaſſins ; elles ont toutes des noms. On trouvera plus de 80. Lacs, dont la plûpart ont 5. & 6. lieuës de tour, & pluſieurs bien davantage : ils ont auſſi preſque tous des noms, ou Sauvages, ou François. Rien de tout cela dans la Carte Angloiſe, ni dans aucune autre. Le Lac des *Miſtaſſins* y eſt marqué, mais il y eſt mal ; ſur ma Carte on voit qu'il forme trois Lacs différens, qui ſe communiquent par des Détroits, & chaque Lac a ſon nom. Le plus grand eſt le Lac des Miſtaſſins, le ſecond le Lac *Albanel*, & le plus petit le Lac *Dauphin*.

Au Nord & à l'Oueſt du Lac de *S. Jean*, il y a des Rivieres remarquables, & ſingulieres par le nombre de leurs chutes, & pluſieurs Lacs, dont la Carte Angloiſe ne donne pas la moindre connoiſſance.

Je ne crois pas devoir pouſſer plus loin l'Analyſe de la Carte de la Partie Orientale du Canada : ce qu'on vient de voir ſuffit pour faire connoître les recherches, que j'ai été obligé de faire ; le travail, qui en a réſulté ; & le dégré de confiance, qu'on y peut avoir : je dis le degré de confiance, car il s'en faut bien, que ma Carte ſoit au point, où je ſouhaiterois : les connoiſſances ſuffiſantes m'ont manqué dans quantité d'endroits : mais je ne crois pas qu'il ſoit poſſible de faire mieux, quant à préſent. Ainſi il ne me reſte plus qu'à dire un mot ſur les longitudes.

L'Obſervation Aſtronomique de Baſton, & celle de Quebec, ſont les points fixes, auſquels je me ſuis aſſujetti. J'aurois fort ſouhaité d'avoir une bonne Obſervation à l'Iſle de Terre-Neuve, ou à l'Iſle Royale. On ſent de quelle importance elle ſeroit pour fixer la longitude de ces Parties, de façon, qu'on ne pût y rien oppoſer.

Je ſçai que quelques Géographes, & ſur-tout les Anglois,

Tom. III. b

x REMARQUES DE M. BELLIN

prétendent, que Quebec est plus Occidental, que Baston, d'environ 40. ou 45. minutes : mais je ne vois pas sur quel fondement.

J'ai examiné l'Observation de l'éclypse de Lune, faite à Quebec par M. Deshayes, sur laquelle la longitude de cette Place a été déterminée 72. degrés 13. minutes, plus Occidentale que Paris ; & je l'ai comparée avec celle de Baston, qui est de 72. degrés 55. minutes. J'ai trouvé que cette différence s'accordoit fort bien avec celle, qui résultoit des Remarques des Voyageurs, avec les routes, que nous avons de Quebec à Baston ; & enfin avec la discussion géographique la plus exacte, qu'on puisse faire aujourd'hui. Monsieur Delille, dans sa Carte de l'Amerique de 1722, a suivi ces longitudes. Malgré cela, je suis prêt d'abandonner mon sentiment, & de me rendre à toute autre longitude pour Quebec, dès qu'elle me paroîtra prouvée. A l'égard de la longitude de Baston, elle est universellement reçûe.

Il est bon de remarquer que, partant de Baston, & suivant les Côtes d'Acadie & de Terre-Neuve, jusqu'au Cap de Rase, les routes & les distances tirées des Journaux des meilleurs Navigateurs, déterminent ce Cap par les 53. degrés 10. minutes à l'Occident du Meridien de Paris, tandis que la Carte Angloise de Popple le met par les 56. degrés à l'Occident du Meridien de Londres, ce qui revient au 58e. degré 25. minutes de celui de Paris. C'est une différence en longitude de 5. degrés 15. minutes.

Ce n'est pas là le seul endroit, où l'on trouvera des différences considérables en longitude, entre la Carte Angloise & la mienne ; en voici une bien plus forte encore.

Entre Quebec & le Fort de *Rupert*, qui est dans la Partie Orientale du fond de la Baye d'Hudson, je n'ai trouvé qu'environ 6. degrés de différence en longitude ; la Carte de Popple en marque 14. J'avoue, que cette prodigieuse différence me surprend : je voudrois sçavoir sur quels Mémoires il a travaillé, & ce qui peut l'avoir jetté dans une pareille erreur.

Je puis assûrer, que j'ai discuté cette Partie avec toute l'attention, dont je suis capable. Tous mes Manuscrits (a) s'ac-

---

(a) J'ai les Remarques de Louis Joliet, qui a fait le voyage de Tadoussac à la Baye d'Hudson en 1678. par le Lac des Mistassins & la Riviere de *Rupert*, & qui a dressé une Carte de sa route.

J'ai le voyage de Pierre Allemand, qui

cordent à ne donner que 6. à 7. degrés entre Quebec & le fond de la Baye d'Hudson. Le sieur Franquelin, Géographe du Roy, qui a passé sa vie dans le Canada, qui a parcouru plusieurs Parties de ce grand Pays, & qui a vêcu & conversé avec ceux, qui en faisoient les découvertes ; dans ses Mémoires & dans les Cartes, qu'il envoyoit aux Ministres, n'a jamais mis que 6. degrés de longitude entre Quebec & la Baye d'Hudson : d'où il résulte, que le Fort de Rupert est au plus par les 78. degrés 20. ou 30. minutes de longitude Occidentale ; au lieu que la Carte Angloise le met par 87. degrés 30. minutes.

La Baye d'Hudson est assez considerable, pour meriter d'être connuë ; & comme on n'en a point de Cartes exactes, j'en donne ici une, que j'ai dressée sur les Mémoires & les Journaux de plusieurs Navigateurs : & pour rendre plus sensibles toutes les Isles, qui sont au fond de cette Baye, j'en ai fait une petite Carte particuliere.

Je ne ferai point l'Analyse de cette Partie ; je remarquerai seulement, que la Partie Occidentale de cette Baye depuis le 60me. degré de latitude en allant vers le Nord, a été jusqu'ici inconnuë : on croyoit même qu'il pouvoit y avoir un passage par-là, pour aller dans la Mer du Sud. Les dernieres découvertes des Anglois ont éclairci ce point de Géographie, ainsi qu'on le peut voir sur ma Carte. C'est sur le Journal & la Carte du Pilote Midleton, qui a été chargé de cette découverte en 1741, & qui m'a été envoyée d'Angleterre, que j'ai travaillé.

Passons à la Partie Occidentale du Canada, je veux dire, à la Carte des Lacs. On sera peut-être surpris de me voir avancer que je n'ai pu tirer aucun secours de nos Géographes les plus habiles ; ni des sieurs Sanson, ni du P. Coronelli, ni du sieur Delille, tous Géographes du premier ordre, & à qui nous sommes redevables des meilleures Cartes, que nous avons aujourd'hui. Ils ne m'ont rien fourni dans leurs Ouvrages, dont j'aye pû faire ici le moindre usage. Pour en être convaincu, il ne faut que jetter les yeux sur ma Carte, & la comparer avec ce que chacun d'eux a donné sur cette Partie.

a fait la route par les terres de Quebec à la Baye d'Hudson, & qui en a envoyé la Carte à M. de Seignelay en 1688. Ce même Voyageur a fait aussi deux autres Voyages de Quebec à la Baye d'Hudson par Mer.

Quoique je n'aye pas envie de faire une Analyse particuliere de cette Carte, je crois devoir m'y arrêter quelques instans pour la satisfaction de ceux, qui aiment la Géographie, & me justifier en quelque façon de n'avoir pas suivi d'aussi grands Maîtres, qui avoient bien plus d'acquit que moi, en ce genre d'étude.

Rien de plus commun & de plus facile, que de faire des Cartes; rien de si difficile, que d'en faire de passables. Un bon Géographe est d'autant plus rare, qu'il faut que la nature & l'art se réunissent pour le former. Il doit tenir de la premiere la mémoire, l'amour pour le travail, la patience, & un esprit d'ordre & d'arrangement; de l'autre des connoissances suffisantes dans la Géométrie & dans l'Astronomie, après lesquelles viennent l'étude longue & sterile des Voyageurs, la discussion critique de leurs Relations & de leurs Journaux, sources continuelles d'incertitudes & d'erreurs, que souvent le travail le plus assidu ne sçauroit vaincre: joignez à cela quelque intelligence des Langues Etrangeres.

Est-il aisé de réunir toutes ces Parties, sans lesquelles cependant on ne peut guere se flatter de réussir ? On doit donc quelque indulgence aux fautes, qui échapent à ceux, qui se livrent à cette Science; & je sçais que j'en ai plus de besoin qu'un autre.

Revenons à ma Carte des Lacs. J'ai tiré du Journal du R. P. de Charlevoix, la plus grande partie de ce qu'on y trouvera de bon. Cet Historien Voyageur a traversé dans toutes leurs longueurs le Lac *Ontario*, le Lac *Erié*, le Lac *Huron* & le Lac *Michigan*. Par-tout la Boussole à la main, il a relevé les principaux gisemens de pointe en pointe; toutes les fois, que le tems lui a permis, il a observé la hauteur du Pole, il a estimé avec le plus de précision, qu'il étoit possible, les distances d'un lieu à un autre; enfin il n'a rien négligé de tout ce qui pouvoit servir à la connoissance de ce Pays.

Qu'on ne soit donc point surpris de voir que je fais courir le Lac Ontario Est & Ouest, tandis que la Carte de la Louysiane de M. Delille le fait courir Est Nord-Est & Ouest Sud-Ouest; & la Carte de Popple, Nord-Est & Sud-Ouest. Cette derniere marque le Fort de *Catarocoui* à l'entrée du Lac *Ontario*, près d'un degré trop Septentrionnal.

On trouvera sur ma Carte seize Rivieres, qui se déchar-

SUR LES CARTES.

gent dans l'étenduë de la Côte méridionnale du Lac Ontario, parmi lesquelles il y en a une, qu'on prétend avoir cent lieuës de cours, & dont il n'y a pas la moindre trace sur la Carte Angloise, ni sur celle de M. Delille.

J'ai travaillé avec le même soin le Lac Erié & le Lac Huron : cependant la Côte du Sud du premier, & celle du Nord du second, ne me paroissent pas trop bien connuës, & je ne suis point content de ce que j'en ai donné : mais il ne m'a pas été possible de faire mieux.

Au Sud du Lac Erié, j'ai marqué quatre Rivieres, qui n'en sont éloignées, que d'une lieuë ou deux, par lesquelles on peut descendre dans l'*Ohio*, ou *la belle Riviere* : il n'y a point de Cartes, où elles soient marquées. J'ai changé aussi le cours de l'Ohio & de la Riviere *Ouabache*. Je dois ces connoissances aux Manuscrits du Dépôt, parmi lesquels il y en a quelques-uns de M. de la Sale, que l'on sçait avoir traversé plusieurs fois ces Cantons : & ceux, qui me manquoient, m'ont été communiqués par M. le Baillif, Auditeur des Comptes, arriere-Neveu de ce fameux Voyageur, qui a sacrifié son bien & sa vie pour la découverte de la Louysiane.

Le Poste de Michillimakinac & le Détroit du Sault Sainte Marie, qui fait la communication du Lac Huron avec le Lac Supérieur, m'a paru curieux, & entierement ignoré des Géographes. Cela m'a engagé d'en faire une petite Carte particuliere, celle des Lacs n'étant pas en assez grand point, pour rendre ces détails géographiques bien sensibles.

Le Lac Michigan est assujetti aux Observations de latitude, qui ont été faites à l'entrée *du Détroit*, qui fait sa jonction avec le Lac Huron, & auprès de la Riviere de Saint Joseph, ce qui détermine sa longueur du Nord au Sud. J'ai des Remarques sur le gisement de la Côte Orientale, & sur les Rivieres, qui s'y déchargent ; & ce sont les fruits du voyage de notre Auteur, aussi-bien que les latitudes ; de sorte que j'ai fait courir cette Côte au Sud Sud-Est : au lieu que la Carte de M. Delille l'a fait courir au Sud Sud-Ouest, d'où il résulte plus de 60. lieuës de distance entre le Lac Erié & le Lac Michigan, tandis qu'il ne peut y avoir qu'environ 45. lieuës.

Je remarquerai ici, que dans le Journal, page 312. en parlant de la Côte Orientale du Lac Michigan, on trouve : *Je traversai une Baye, qui a trente lieuës de profondeur* ; il faut lire trois lieuës. L'inspection de la Carte fera sentir la nécessité de la correction (*a*).

Le cours de la Riviere de *S. Joseph*, les sources du *Theakiki*, & celles de la Riviere Ouabache, ne sont pas bien dans la Carte de M. Delille : j'ai changé tout cela, & je suis en état de rendre compte de ces changemens. Je ne dis rien ici de la Carte Angloise, qui dans toute cette Partie n'est qu'une copie un peu défigurée de celle de M. Delille.

Le Lac Superieur, le plus grand & le plus considérable de ceux, que nous connoissons dans l'Amérique, n'est pas bien sur toutes les Cartes, & l'on peut voir du premier coup d'œil, combien j'y ai fait de changemens. Les Mémoires particuliers, qui sont au Dépôt, m'ont donné les moyens de le représenter un peu plus fidelement, qu'on ne l'a vû jusqu'à présent. Cependant je crois, qu'il faut attendre encore d'autres éclaircissemens, car toutes les Parties ne m'en paroissent pas également constatées ; mais c'est toujours beaucoup pour la Géographie de ces Pays-là, que de commencer à se développer. Il est inutile de remarquer, que les François sont les seuls, qui puissent donner des connoissances fideles de ces Lacs ; les noms des Isles, qui y sont répanduës, & des Rivieres, qui s'y déchargent, qui sont les unes & les autres en grand nombre, font voir que ce n'est qu'à nos Voyageurs, & sur-tout aux Missionnaires, qu'on est redevable de leurs découvertes.

Avant que de quitter la Carte des Lacs, il est bon d'observer, que j'ai donné plus de 21. dégrés de longitude depuis l'entrée du Lac Ontario jusqu'au fond du Lac Superieur ; je crois que c'est un peu trop : c'est le détail des routes & l'estime des Voyageurs, qui m'ont jetté si fort vers l'Ouest. J'ai remarqué que dans tout le Canada les lieuës sont très-petites, la difficulté des chemins en est sans doute la cause : d'ailleurs le nombre de détours, qu'il faut faire en remontant une Riviere, ou en côtoyant un Lac, augmentent de beaucoup le chemin, sans augmenter les distances. Ainsi il n'est point étonnant que le Géographe, qui a suivi ses Itinéraires, ne se trouve trop d'étenduë, lorsqu'il veut rapporter sa Carte au

---

(*a*) L'erreur est dans le mot de *profondeur*, au lieu duquel il faut dire de *circuit* ; car l'Auteur sçait très-bien, que s'il avoit été obligé de faire le tour de cette Baye, il lui auroit fallu faire trente lieuës. Il se peut faire aussi, que la Baye ne suive pas toujours le même Rhumb de vent, & que de l'Orient elle tourne au Midi, & alors il n'y aura point d'erreur.

SUR LES CARTES.

Ciel, c'est-à-dire, y marquer les latitudes & les longitudes. Le seul moyen d'y remédier, est d'avoir quelques Observations de latitudes & de longitudes. Ce sont des Points fixes, dont la Géographie ne peut se passer, & sa perfection dépendra toujours du nombre de ces sortes d'Observations.

Il ne me reste plus qu'à dire un mot sur la Carte de l'Amérique Septentrionale, que j'ai mise à la tête de cet Ouvrage. On auroit peut-être souhaité de trouver ici une grande Carte, où toutes les Parties eussent été plus sensibles, & mieux développées; & j'aurois été bien plus satisfait, si j'avois pû la faire: mais on a vû les raisons, qui m'ont forcé de me borner aux grandeurs convenables à un *in-quarto* & un *in-douze*. Il ne faut donc regarder cette Carte, que pour y voir la situation, que les diverses Parties, que nous avons données séparément, ont entr'elles, le tout, qu'elles forment sur le globe de la Terre, & leur rapport au Ciel. Cependant je puis dire que, quoiqu'à petit point, & par conséquent peu susceptible de ce détail, elle mérite quelque attention, tant par les choses neuves, qui s'y trouvent, que par les corrections, qu'on a faites sur les précédentes.

1°. Le Golphe du Mexique & les Isles de l'Amérique y sont assujettis à plusieurs Observations sûres de longitude & de latitude. Les Journaux des Navigateurs m'ont fourni le gisement des Côtes & des Isles de proche en proche; de sorte que je suis en état de prouver la justesse de la plûpart des positions. Ainsi qu'on ne soit pas surpris de trouver cette Partie de ma Carte si différente de tout ce qui a paru, & sur-tout de celle de M. Popple. Je n'ai point envie de faire la critique de cette derniere, je remarquerai seulement, qu'entre Carthagene & Portobelo, elle marque 6. degrés de longitude, & qu'il n'y en a que 4. & 10. minutes au plus. C'est assûrément une grande erreur en Géographie, que de mettre 120. lieuës d'un endroit à un autre, lorsqu'il n'y en a guere plus de 80. La Havane y est par les 83. degrés 10. minutes du Méridien de Londres, ce qui revient à 85. degrés, 35. minutes, du Méridien de Paris. L'Observation Astronomique, qui y a été faite, la détermine à 84. degrés, c'est un degré 35. minutes de différence. L'Isle de S. Domingue n'a qu'environ 100. lieuës de longueur de l'Isle à l'Ouest, la Carte de Popple y met 130.

lieuës. Elle donne à l'Isle de Cuba 240. lieuës de la pointe de Mesy au Cap Saint Antoine, & il n'y en a que 200. au plus. La Vera-Cruz, au fond du Golphe du Mexique, est déterminée par Observation Astronomique à 100. degrés à l'Occident du Méridien de Paris. Cette Carte met la Vera-Cruz par les 101. degrés du Méridien de Londres, ce qui revient au 103. degrés 25. minutes, de celui de Paris. Enfin je ne finirois point, si je voulois relever toutes les erreurs, qui se sont glissées dans cette Carte sur le Golphe du Mexique, & les Isles de l'Amérique. Un de mes étonnemens, c'est qu'un de nos plus habiles Géographes se soit laissé prévenir en faveur de cette Carte, au point de publier une Copie de cette Partie, qu'il a prétendu rendre à l'usage des Navigateurs, où il a laissé subsister toutes les fautes mêmes les plus préjudiciables à la navigation, lesquelles, avec le moindre examen, ne pouvoient manquer de sauter aux yeux d'un Homme de l'art.

2°. La Louysiane & le cours du Fleuve Micissipi auroient merité un tout autre détail, que celui, qu'il m'a été possible de faire entrer dans une Carte générale; & je m'y serois livré avec d'autant plus de plaisir, que j'ai beaucoup de matériaux à pouvoir mettre en œuvre: mais comme cela m'auroit jetté un peu loin, & auroit multiplié les Cartes, je me suis contenté de charger en quelques endroits ma Carte générale, de façon, qu'on y trouvât ce qui m'a paru de plus intéressant & de plus nécessaire à l'intelligence de l'Histoire. J'ai fait plus; j'ai donné quelques morceaux particuliers, que j'ai cru devoir faire plaisir au Public. Par exemple, on trouvera une Carte d'une partie de la Côte de la Louysiane & de la Floride, depuis la Nouvelle Orleans jusqu'à *Saint Marc d'Apalache*, une petite Carte des embouchures du Micissipi, un Plan de *la Nouvelle Orleans*, & un de *la Baye de Pensacole*.

Les Observations Astronomiques, qui ont été faites à la Nouvelle Orleans & à l'Isle Dauphine, m'ont servi à placer la Côte de la Louysiane par sa véritable latitude & longitude. M. Baron nous a donné celle de la Nouvelle Orleans par 92. degrés 16. minutes, à l'Occident du Méridien de Paris. Et la Société Royale de Londres nous donne celle de l'Isle Dauphine, de 90. degrés 25. minutes. Cette derniere est fort différente de celle, qui résultoit des Observations Astronomiques, que le Pere Laval y avoit faites en 1720, & qui étoit de 103. degrés. Mais on a fçu depuis, que l'erreur venoit du dérangement de fa pendule, ce qu'il ignoroit alors; erreur, dont M. Delille s'apperçut par fes détails géographiques, & fur laquelle il donna un fort bon Mémoire, qui eſt inſéré dans les Mémoires de l'Académie de l'année 1726. Cependant M. Delille n'avoit point alors d'Obſervations immédiates, comme nous les avons aujourd'hui; & voilà pourquoi dans fa Carte de la Louyſiane, qu'il a publiée en 1718. il a mis la Nouvelle Orleans par 94. degrés 15. minutes, à l'Occident du Méridien de Paris, c'eſt-à-dire, 2. degrés trop à l'Occident. La Carte de Popple la met par 93. degrés 40. minutes, du Méridien de Londres, qui revient au 96. degré 5. minutes, du Méridien de Paris: erreur bien plus conſidérable, & qui ne ſe peut excuſer dans M. Popple, qui devoit avoir connoiſſance, en dreſſant ſa Carte, des deux Obſervations Aſtronomiques, que nous venons de rapporter.

Je ne parlerai point du détail de la Côte depuis la Nouvelle Orleans juſqu'à Saint Marc d'Apalache, que j'ai tiré de nos meilleurs Navigateurs, & ſur-tout du Journal du R. P. de Charlevoix: on verra que j'ai profité des Remarques, qu'il a eu occaſion de faire ſur pluſieurs endroits de cette Côte, dont avant lui on n'avoit preſque point de connoiſſance. Il nous fait connoître, par exemple, l'*Iſle des Chiens*, à 10. lieuës de Saint Marc d'Apalache; & le paſſage, qui eſt entre la Terre ferme & cette Iſle, laquelle a 9. à 10. au moins de longueur, ce qui n'eſt marqué ſur aucunes Cartes.

J'aurois beaucoup de choſes à dire ſur ces vaſtes Contrées, qui ſont à l'Orient & à l'Occident du Fleuve Miciſſipi; ſur les Rivieres, qui les arroſent; les Nations, qui les habitent; les Voyageurs, qui les ont parcouruës; & la maniere, dont les Cartes nous les repréſentent. Mais cela demanderoit une Diſſertation particuliere, & je ſuis obligé de finir celle-ci, qui n'eſt déja que trop longue: peut-être quelque jour aurai-je occaſion de travailler ſur cette Partie, & de m'étendre autant que le ſujet me paroît l'exiger. Cependant avant que de finir, il faut néceſſairement dire un mot ſur les Pays, qui ſont à l'Oueſt & au Nord de nos Lacs du Canada, dont la Géographie eſt très-imparfaite, pour ne pas dire entierement ignorée.

Il n'eſt pas douteux, ſelon moi, qu'à l'Occident du Canada, on ne trouve la Mer, qui sépare cette Partie de l'Amérique de l'Asie, que nous nommons *Mer de l'Ouest*, mais qui est proprement la Mer du Sud; & j'ai lieu de croire qu'elle n'est pas éloignée de plus de 300. lieuës du Lac Supérieur. Il est même presque certain qu'il y a une suite de Lacs & de Rivieres, par lesquelles on peut communiquer du Lac Supérieur avec cette Mer.

Ce n'est pas d'aujourd'hui, que l'on a rassemblé diverses conjectures, qui sembloient prouver l'existence & la découverte d'une Mer dans cette Partie: il ne faut que voir ce que dit Gomara (liv. 6. chap. 18.) des Espagnols, qui virent la Mer, quand ils furent à *Quivira*, & qui apperçurent même des Vaisseaux sur la Côte. Jean de Laët, (chap. du Nouveau Mexique) parlant du voyage de Vasq Coronat, dit que les Habitans de *Cibola*, qui sont un peu à l'Occident du Nouveau Mexique, vont querir des cuirs de Bœufs à huit journées de chez eux du côté du Nord; & Ramusio, (tom. 3. pag. 359.) qui rapporte aussi ce voyage, dit que les Plaines, dans lesquelles ils les vont querir, sont du côté de la Mer. Witfliet, (dans sa Description du Nouveau Monde, au titre *Quivira & Anian*) marque une Mer au Nord de la Californie, & du Nouveau Mexique, ajoûtant que les Côtes de Quivira ne sont connuës, qu'en quelques endroits, parce qu'elles sont hors de toutes les routes des Navigateurs. Nicolosi, dans son Hercule Sicilien, marque aussi une Mer au Nord du Nouveau Mexique: j'ignore sur quels Mémoires cet Auteur a travaillé, mais je sçai qu'il a eu communication de ceux, que l'on envoye à la Congrégation de la Propagande. On peut encore voir ce que dit Purchas sur cette Mer, (tome 3. de ses navigations.) Joignez à ces diverses Relations, celle du voyage de Martin d'Aguilard, & de l'entrée, qu'il découvrit au Nord de la Californie. De tout cela il me paroît, qu'on doit hardiment conclure l'existence d'une Mer au Nord de la Californie & du Nouveau Mexique, & par conséquent à l'Ouest du Canada.

Je pourrois encore rapporter les connoissances, que nos Voyageurs François & des Missionnaires ont eu de cette Mer par leur Commerce avec les Sauvages; mais cela seroit trop long. Il suffit que l'on sçache que c'est de quelques Mémoires particuliers, & qui ne sont point encore publiés, que j'ai

SUR LES CARTES.

tiré les noms & les situations de ces Rivieres & de ces Lacs, que j'ai marqués à l'Ouest du Lac Superieur, & sur lesquels j'attends des éclaircissemens. A l'égard du *Lac des Assiniboils* & de celui des *Cristinaux*, les Relations, que l'on en a, sont très-incertaines, pour ne pas dire fabuleuses : & il me paroît, que c'est aussi le sentiment du Révérend Pere de Charlevoix, page 184. de son Journal, où il parle du Pays des Assiniboils. Cependant je n'ai pas laissé de les marquer, les ayant trouvés sur une Carte manuscrite du Sieur Franquelin, dont j'ai parlé ci-devant, & qui devoit connoître ces Parties, mieux que personne. Ainsi l'on y ajoûtera telle foi, que l'on jugera à propos (*a*).

(*a*) L'Auteur de l'Histoire & du Journal a de bonnes raisons de croire que ce n'est point par cette route, que l'on ira plus sûrement & plus promptement à la Mer, dont il s'agit. Il s'en est expliqué en plusieurs endroits de son Journal, & il apporte de bonnes preuves de ce qu'il avance.

TABLE
DES SOMMAIRES
POUR LE TROISIE'ME VOLUME.

DISSERTATION PRELIMINAIRE
Sur l'Origine des Ameriquains.

SEntimens de plusieurs sçavans Auteurs, qui ont traité plus au long cette Question. Ce que Jean de Laet pense de celui du Pere de Acosta, de ceux de Lescarbot, de Breverood, & de Grotius. Ses démêlés avec ce Dernier. Son sentiment particulier. Ce qu'il dit de celui de Moraez. Sentiment de George de Hornn. À quoi se doit réduire la Question proposée, & comment on peut y répondre.

JOURNAL D'UN VOYAGE
DANS L'AMERIQUE SEPTENTRIONALE.

LETTRE PREMIERE.

Voyage de Paris à Rochefort. Danger, que courut l'Auteur sur la Loire.

LETTRE II.

L'Auteur s'embarque & met à la voile. Description du grand Banc de Terre-Neuve. Causes des vents & des brumes, qui y régnent. Tempête. Des Moruës, & de la pêche de ce Poisson. Combat de la Baleine & de l'Espadon. Du Flettan. Erreur des Pilotes, & le danger, où elle met le Vaisseau du Roy. Du Cap de Raze. Des Isles de S. Pierre. Du Golphe de S. Laurent, & des Isles aux Oiseaux. Du Cap des Rosiers. De Gaspé, & de l'entrée du Fleuve S. Laurent. Description de l'Isle d'Anticosty. Du Saguenay & de Tadoussac. De l'Isle aux Coudres, & du Goufre. De la Baye de S. Paul. Des Marées du Fleuve, & de la déclinaison de la Boussole. De l'Isle d'Orleans.

LETTRE III.

ORigine du nom de Quebec. Du Sault de Montmorenci. Situation de Quebec. Description de cette Ville, de ses principaux Edifices. L'Evéché, la Cathedrale & le Seminaire. Du Fort, & du Cap aux Diamans. Des Recollets & des Ursulines, du College des Jésuites, de l'Hôtel-Dieu, de l'Hôpital Géneral, des Fortifications, des Habitans de Quebec, différence des Colonies Angloises & Françoises.

LETTRE IV.

AVenture d'un Navire Provençal. Description de la Mission de Lorette. Ferveur des Sauvages. Idées fausses, qu'on s'est fait en France du Canada. Fautes, qu'on a faites dans l'Etablissement de cette Colonie. Mauvaise conduite par rapport au Commerce des Pelleteries. Des Congés, & de leurs abus. Divers changemens dans les Monnoyes.

LETTRE V.

DIFFERENCE du Castor du Canada, & de celui de l'Europe. Du poil du Castor. Description anatomique de cet Amphibie. Du Castoreum. Du Castor gras, & du Castor sec. Differens usages du poil de Castor. Industrie & travaux du Castor, sa prévoyance. Des Castors Terriers. De la Chasse du Castor. Quelques particularitez sur cet Animal. Du Rat musqué.

LETTRE VI.

MANIERE de courir la poste en Traîne. Des Seigneuries du Canada. Du droit de Patronnage. Le Commerce permis aux Gentils-Hommes. Situation de Beckancourt. D'où étoit venu le nom de Riviere puante à la Riviere de Beckancourt. Du Village des Abénaquis de Beckancourt. Situation de la Ville des Trois Rivieres. Du Lac de S. Pierre. Description de la Ville des Trois Rivieres. Origine de son Etablissement. Du Cap de la Magdeleine. De la Chasse de l'Ours. L'Ours passe six mois sans manger & sans boire. Maniere, dont on chasse cet Animal. Cérémonie ridicule, qui se pratique, quand on a tué un Ours. Réception, qu'on fait aux Chasseurs à leur retour, quelques particularitez sur les Ours. Des Chiens de chasse.

LETTRE VII.

DES Isles de Richelieu & de S. François. Du Village des Abénaquis de S. François. Du Suc d'Erable, du Fort de de Richelieu. Autres Forts dans les Paroisses. Belles actions d'une Dame & d'une Demoiselle Canadiennes. De l'Elan, ou de l'Orignal. En quel tems il faut le chasser. Diverses manieres de le chasser. Comment le Carcajou lui donne la chasse. Du Cerf & du Caribou. De la chasse du Bœuf. Description du Bœuf Sauvage, & du Bœuf musqué. Du Chevreuil. Du Loup Servier, & du Renard. De ce qu'on appelle la menuë Pelleterie.

TABLE

LETTRE VIII.

DEs Iſles de Richelieu. Différence du Pays de Quebec, & de celui de Montreal. Deſcription de l'Iſle de Monte al. Deſcription de la Ville. De l'Iſle de Jeſus, & de la Riviere des Prairies. Du Sault au Recollet. Des Environs de Montreal. Du Sault S. Louis. Des Iroquois de la Montagne. Déſordres cauſés par la Traite de l'Eau-de-Vie dans les Villages du Sault S. Louis, & de la Montagne. De la Foire de Montreal. Calomnie du Baron de la Hontan à ce ſujet. De la Pêche du Loup Marin. Deſcription du Loup Marin. Ses diverſes eſpéces. Uſage de la chair & de la peau de cet Animal. Particularités des Loups Marins. Des Vaches Marines. Marſouins de deux couleurs. De la Pêche du Marſouin. Des Baleines.

LETTRE IX.

POISSONS du Golphe & du Fleuve S. Laurent. Du Lancornet. De la Goberge, de la Truite ſaumonée. De la Tortuë, &c. Du Poiſſon armé : comment ce Poiſſon chaſſe aux Oiſeaux. Mariage de la Seine. De la Pêche de l'Eſturgeon. Poiſſons particuliers au Canada. Aigles de deux eſpéces. Perdrix de trois eſpéces. Autres Oiſeaux. Des Cardinaux. De l'Oiſeau-Mouche : en quoi il differe du Colibry des Iſles. Du Serpent à Sonnettes. Des Bois du Canada. Des Pins de deux eſpéces. Quatre eſpéces de Sapin. Deux ſortes de Cedres. Des Chênes, Erables, &c. Arbres particuliers au Canada.

LETTRE X.

POURQUOI on ne connoît en France le Canada, que par ſon mauvais côté. Excès du froid. Ses inconvéniens. Réflexions ſur ſes cauſes. De la Pêche des Anguilles. Du paſſage des Tourtes. Heureuſes conditions des Colons du Canada : pluſieurs ne ſçavent pas en profiter. Bonnes & mauvaiſes qualités de ces Créoles.

LETTRE XI.

DE la Bourgade Iroquoise du Sault saint Louis. Ferveur de ses premiers Habitans. Des Habitans de Terre-Neuve. Des Eskimaux. Des Peuples des Environs du Port Nelson. Etenduë de la Nouvelle France. Des Sioux. Des Assiniboils. Du Lac des Assiniboils. Des Peuples de la Langue Algonquine. Des Nations Abénaquises. Des Algonquins inférieurs. Des Sauvages du Nord. Des Algonquins. Des Outaouais. Des Pouteouatamis, & des autres Sauvages des environs de la Baye. Des Outagamis, des Mascoutins, & des Kicapous. Des Miamis & des Illinois. Des Peuples de la Langue Huronne.

LETTRE XII.

DEs Rapides du Fleuve saint Laurent. Réflexions sur Catarocoui, & sur le chemin, qu'on prend pour y aller. Description des Canots d'écorce. Du Lac de saint François. De l'Isle Tonihata. Description du Fort de Catarocoui. Caractere de la Langue Huronne. Caractere de la Langue Algonquine. En quoi different les Peuples de ces deux Langues. Origine de la Guerre, que les Algonquins & les Hurons ont eu à soutenir contre les Iroquois. Les suites de cette Guerre.

LETTRE XIII.

ROUTE de Catarocouy à l'Anse de la Famine. Description du Pays. Des Vignes du Canada. Description de l'Anse de la Famine. Du flux & du reflux des Lacs. Pourquoi en Canada les Arbres n'ont point encore de feüilles au mois de May. Maniere de chanter la Guerre parmi les Sauvages. De leur Dieu de la Guerre. De la déclaration de Guerre. Digression sur la Porcelaine du Canada. Des Bracelets & des Coliers de Porcelaine. De leur usage. Du Calumet, de son usage & de son origine.

LETTRE XIV.

DESAGREMENS & incommodités des Voyages en Canada. Description de la Côte du Sud du Lac Ontario. Motifs, qui engagent les Sauvages à faire la Guerre. De quelle maniere on s'y résout. Préparatifs du Chef. Déliberation du Conseil. Mesures, qu'on prend pour avoir des Prisonniers. Chants, Danses, & Festins de Guerre. Idée, que ces Peuples ont du courage ; épreuves, où l'on met les Guerriers pour connoître s'ils en ont. Précautions pour les Blessés. Comment les Miamis se préparent à la Guerre. Description des Raquettes pour marcher sur la neige, & des Traînes pour porter le Bagage. Adieux des Guerriers. Leurs Armes offensives & deffensives. Du soin, qu'ils ont de porter leurs Dieux. Description de la Riviere de Casconchiagon, & de deux Fontaines singulieres. Description de la Baye des Tsonnonthouans, & de la Riviere de Niagara.

LETTRE XV.

PROJET d'un Etablissement à Niagara. Opposition inutile des Anglois à cet Etablissement. Description du Pays de Niagara. Description de la Danse du Feu. Histoire à ce sujet. Autre fait singulier. Description du Sault de Niagara. Observations sur cette Cascade. Circonstances de la marche des Guerriers. Du Campement : de l'entrée dans le Pays Ennemi. Des approches & de l'attaque. De la maniere de combattre. Instinct des Sauvages pour connoître les traces de leurs Ennemis. Des signes, qu'on laisse de la Victoire. Précautions pour assûrer la Victoire, & pour garder les Prisonniers. Comment on annonce la Victoire dans les Villages.

LETTRE XVI.

PREMIERE réception des Prisonniers. Leurs bravades. Ce qu'on leur fait souffrir à leur entrée dans le Village. Distribution, qu'on en fait. Comment on décide de leur sort. De l'adoption d'un Captif. De ceux, qui sont destinés au feu. Principes de la barbarie, qu'on exerce envers eux. Courage d'un Capitaine Iroquois brûlé par les Hurons. Habileté des Sauvages dans leurs négociations.

LETTRE XVII.

DESCRIPTION du Lac Erié. De la Côte Septentrionale de ce Lac. Agrémens de ces Voyages. Des Cédres blancs & rouges. Arrivée au Détroit, de la nature du Pays. Des Sauvages établis auprès du Fort du Détroit. Conseil de trois Nations chez le Commandant du Détroit. Quel en fut le résultat. En quelle disposition l'Auteur trouve les Hurons du Détroit. Réception, que lui font les Pouteouatamis. Du Jeu du Plat, ou des Osselets. Usage superstitieux de ce Jeu pour la guérison des Malades. De l'herbe à la Puce, & de ses effets. Des Citrons du Détroit.

LETTRE XVIII.

POURQUOI les Sauvages sont plus aisés à convertir, que les Nations policées. Idée générale de leur Gouvernement. Division des Nations en Tribus. Observation sur les noms des Chefs. De la succession & de l'élection des Chefs. De leurs pouvoirs. Des Assistans, ou Conseillers. Du Corps des Anciens. Des Chefs de Guerre. Pouvoir des Femmes dans quelques Nations. Sagesse des Conseils. Des Orateurs. Des intérêts de ces Peuples. Politique des Iroquois. Du gouvernement des Villages. Ses défauts. Principes de ces défauts. De quelle maniere les Hurons punissent l'Assassinat. Punition des Magiciens. Réglement pour les choses trouvées. Trait singulier à cette occasion. Combien les Sauvages sont sensibles au point d'honneur.

LETTRE XIX.

*D*EPART *du Détroit. Soin, que les jeunes Sauvages prennent de se parer. Description de la Côte Occidentale du* Lac Huron. *Situation de* Michillimakinac. *Description du Lac supérieur. Fable des Sauvages touchant ce Lac. Mines de Cuivre. Traditions des Sauvages sur Michillimakinac. Abondance de la Pêche dans ce Canton. Des Isles & de la Nation du* Castor. *Du Mariage des Sauvages. De la pluralité des Femmes, des degrez de parentés, qui empêchent les Mariages. Loix particulieres touchant les Mariages. Jalousie des Sauvages. De quelle maniere se traitent les Mariages. Des Cérémonies du Mariage. Avantages des Meres sur les Peres. Des Accouchemens, & de leurs suites. Du soin, que les Meres prennent de leurs Enfans. De l'imposition du nom. Observation à ce sujet.*

LETTRE XX.

*D*E *la Baye des* Noquets. *Des Isles des* Pouteouatamis. *Des* Malhomines*, ou* Folles Avoines. *Des Peuples appellés* Puants. *Du Fort & de la Mission de la Baye. Espagnols défaits par des Sauvages du Missouri. Conseil des Sakis, & à quel sujet. Danse du Calumet. Danse de la Découverte. Des Traités, qui se font par le moyen de la Danse du Calumet. Autres Danses. Danses ordonnées par les Médecins. Superstitions des Peuples voisins de la Baye. Diverses Nations au Nord & à l'Ouest.*

LETTRE. XXI.

*O*BSERVATION *sur les Courans des Lacs. Portrait des Sauvages. Leur force, leurs vices : pourquoi ils ne se multiplient pas. Avantages, qu'ils ont sur nous. Leur mémoire, leur pénétration, & leur jugement. Leur grandeur d'ame ; leur constance dans les douleurs : leur valeur. Les égards, qu'ils ont les uns pour les autres. Leur fierté & leurs autres défauts. Des*

qualités

DES SOMMAIRES.

qualités du cœur. Du peu de naturel des Enfans pour leurs Parents. Societés particulieres de deux Sauvages. De la couleur de ces Peuples. Pourquoi ils n'ont point de poil sur le corps.

LETTRE XXII.

DANGER de la navigation du Lac Michigan. Observation sur les Rivieres, qui s'y déchargent du côté de l'Orient. Riviere du Pere Marquette. Aventure arrivée à l'Auteur dans la Riviere de Saint Joseph. Du Gin-Seng du Canada. Du Févier & du Saffafras. Secret des Sauvages sur les Simples & sur les Mines de leur Pays. Du Jeu des Pailles. Autres Jeux. Suites funestes de l'yvrognerie. Bonheur des Sauvages. Mépris, qu'ils font de notre maniere de vivre. Du foin, que les Meres prennent de leurs Enfans. Figures ridicules, que quelques-unes leur donnent.

LETTRE XXIII.

CE qui fortifie les Sauvages, & les rend si bien-faits. Leurs premiers exercices, & leur émulation entr'eux. A quoi se réduit l'éducation, qu'on leur donne. Leurs passions. Leur habillement. Comment & pourquoi ils se peignent & se picquent le corps & le visage. Ornemens des Hommes : ornemens des Femmes, leurs occupations. De la culture des Terres. Des semences & des recoltes. Des différens grains & légumes, que les Sauvages cultivent, de leur façon de les accommoder, de leurs autres vivres. Ouvrages des Hommes & des Femmes. De leurs outils. Forme de leurs Villages. Leur maniere de se fortifier. De leurs hyvernemens, & de ce qu'ils y ont à souffrir. Leur malpropreté. Incommodité de l'Eté. Portrait en racourci des Sauvages.

LETTRE XXIV.

DES Traditions des Sauvages. Origine des Hommes selon eux. Ce qu'ils entendent par les Esprits. Des bons & des mauvais Génies. Dispositions requises pour avoir un Génie tuté-

laire. Ils en changent quelquefois, & pourquoi. *De leurs sacrifices. Des jeûnes, des vœux.* Rapport des Sauvages avec les Hébreux. *Leurs Prêtres.* Ce qu'ils pensent de l'immortalité de l'Ame. *Leur idée sur ce qu'elle devient, quand elle est séparée du corps.* Pourquoi on porte à manger sur les Tombeaux. *Présens, qu'on fait aux Morts.* Du Pays des Ames. *Comment ils prétendent qu'on mérite d'être éternellement heureux.* Des Ames des Bêtes. *De la nature des Songes selon les Sauvages.* Histoire à ce sujet. *Maniere, dont on se débarrasse d'un rêve, quand il en coûte trop pour y satisfaire.* Description de la Fête des Songes.

LETTRE XXV.

*D*ES mauvais Génies, & des Sorciers. *Des Jongleurs : leurs prestiges.* De la Pyromancie. *Installation des Jongleurs.* Des Prêtres. *Maladies ordinaires parmi les Sauvages. Usage, qu'ils font de leurs Simples. Divers autres remedes.* De la Sueur. *Principes, sur quoi roule la Médecine des Sauvages. Idée extravagante sur les Maladies. Imposture des Jongleurs. Leur cruauté à l'égard des Malades désesperés.* Des Autmoins de l'Acadie.

LETTRE XXVI.

*D*EPART du Fort de la Riviere de Saint Joseph. *Des Sources du Theakiki.* Ce qui se passe à la mort des Sauvages. *Leur générosité à l'égard des Morts.* Des Funérailles. *Des Tombeaux.* Des Revenans. *Diverses pratiques au sujet des Morts.* Ce qui se passe après l'Enterrement. *Du Deuil. Du Veuvage, & des Secondes Nôces.* Idée des Sauvages sur ceux, qui meurent de mort violente. *De la Fête des Morts.*

LETTRE XXVII.

*D*ESCRIPTION du Theakiki. *De la Riviere des Illinois. Réception des Prisonniers parmi les Illinois.* Maniere, dont ils les brûlent. *Particularités sur les Partis de Guerre.* Chant

DES SOMMAIRES.

lugubre des Illinois. Des Perroquets de la Louyſiane. Du Village de Pimiteouy. L'Auteur ſe trouve entre quatre Partis ennemis. Son embarras. Hiſtoire ſinguliere du Chef de Pimiteouy. Maniere, dont les Illinois pleurent les Morts. Attentions du Chef pour la ſûreté de l'Auteur, qui baptiſe ſa Fille.

LETTRE XXVIII.

INDUSTRIE des Sauvages pour ſurprendre leurs Ennemis. Cours de la Riviere des Illinois. Son entrée dans le Miciſſipi. Village des Tamarouas. Des Mines de la Riviere Marameg. Deſcription des Kaskaskias. Arbres Fruitiers de la Louyſiane. Differens Peuples établis ſur le Miſſouri & aux environs. Deſcription du Miciſſipi au-deſſus des Illinois. Differentes Tribus des Illinois. Tradition du Péché de la premiere Femme, & du déluge. Idées des Sauvages ſur les Aſtres. Comment ils connoiſſent le Nord, quand le Ciel eſt couvert. Ce qu'ils penſent des Ecclipſes & du Tonnerre. Leur maniere de diviſer le tems.

LETTRE XXIX.

UTILITÉ du Poſte des Illinois. Froid extrême. Maniere de naviger ſur le Miciſſipi. Pourquoi les Feuilles tombent ſi tôt & pouſſent ſi tard aux Arbres de la Louyſiane. De la Riviere Ouabache. Mines de Fer. Chats ſauvages. Noyers, & leurs Proprietés. Marques des Guerriers. Des Chicachas. Riviere des Chicachas. Forêts de la Louyſiane. Riviere des Akanſas. Differentes Tribus de ces Sauvages. Conceſſion de M. Law. Mortalité parmi les Akanſas.

LETTRE XXX.

DE la Riviere des Yaſous. Du Fort des François ſur cette Riviere. Des Caïmans. Conceſſion mal placée. Goufre, Carriere. Deſcription du Pays des Natchez. Succès du Tabac dans ce Canton. Cotton, Indigo. Deſcription du grand Village & du Temple des Natchez. Particularités ſur cette Nation. Du

TABLE

Grand Chef, ou Soleil, & de la Femme-Chef. Ce qui arrive à leur mort. Mœurs des Natchez : Leur Police. Description d'une Fête. Premices offertes dans le Temple. De leurs Mariages. De la levée des Soldats, des Provisions. Des Marches & des Campemens. Comment les Prisonniers sont traités. Changement de noms. Récompense des Guerriers. Des Jongleurs. Du Deuil. Des Traités. Audience donnée aux Ambassadeurs. Religion du Feu dans toute la Floride.

LETTRE XXXI.

DESCRIPTION de la Nouvelle Orleans. Missionnaires aux Natchez sans fruit. Les François dépourvûs de secours spirituels aux Natchez. Description de la Baye & du Village des Tonicas. Du Chef des Tonicas. Etat de cette Nation. De la Riviere Rouge. Concessions mal placées. Seconde Pointe coupée. Autres Concessions en mauvais état. Observations. Des Bayagoulas, des Oumas, des Chetimachas, des Colapissas. Autres Concessions. Des Taensas, des Chapitoulas.

LETTRE XXXII.

REMARQUES sur la situation de la Nouvelle Orleans. Terres nouvelles, & changemens arrivés à l'embouchure du Fleuve. Etat de la Nouvelle Orleans. Des Chaouachas. Des Passes du Micissipi. De l'Isle Touloufe, ou de la Balife. Salines. Description des Embouchures du Micissipi. De la principale Embouchure du Micissipi : des autres Passes. Moyen de creuser la principale. Où il faut placer les Habitations. Difficulté de naviger sur ce Fleuve. D'où vient l'idée peu juste, qu'on a en France de la Louyfiane.

LETTRE XXXIII.

ARRIVÉE au Biloxi. Description de la Côte, de la Rade, & de ce Poste. De la Cassine, ou Apalachine. De la Cire de Myrthe. De la Riviere de la Maubile. De la Baye de Saint

DES SOMMAIRES.

Bernard. *Les François y sont prévenus par les Espagnols. Départ du Biloxi. Observations sur cette Côte. Tempête & ses suites funestes: Du Lac de* Pontchartrain. *L'Auteur s'embarque sur l'Adour. Ce Navire mal gouverné. Difficulté de naviger sur le* Micissipi *en le descendant.*

LETTRE XXXIV.

L'Adour met à la Voile. Observation sur l'Eau du Micissipi. Description de la Côte Septentrionale de l'Isle de Cuba. Mauvaise manœuvre faite sur l'Adour. Naufrage de ce Navire. Mesures de l'Equipage pour se sauver. Sauvages sur les Isles des Martyrs. *Ce qui se passe entr'eux & les François. Les Passagers entrent en défiance de l'Equipage. Plusieurs Passagers sauvés par un coup de la Providence. Embarras causés par les Sauvages. Qui étoient ces Sauvages. Dissension dans l'Equipage. Fermeté des Officiers. Un Navire Anglois tâche en vain de secourir l'Equipage. Description des Martyrs. Visite du Cacique des Sauvages. Autorité de ce Cacique. Il refuse des Guides pour aller à* Saint Augustin. *On délibere sur le parti, qu'on doit prendre: on se divise. Le plus grand nombre retourne au Biloxi. Désespoir des Matelots. Incommodités de cette Côte de la Floride: les vivres manquent. Deux sortes d'Huitres. Rencontre d'un Equipage Espagnol, qui avoit aussi fait naufrage. Danger d'être dégradé sans ressource. Arrivée à* Saint Marc d'Apalache. *Description du Pays. Départ de Saint Marc. Marées du côté de* Pensacole. *Fausse allarme. Arrivée à* Saint Joseph. *Description de ce Poste. Politesses du Gouverneur Espagnol. Départ de Saint Joseph. Description de la Côte. Canal & Isle de* Sainte Rose. *Arrivée à* Pensacole. *Etat de ce Poste. Arrivée au Biloxi.*

LETTRE XXXV.

Pensacole rendu aux Espagnols. Ordre de transporter le Quartier Général à la Nouvelle Orleans. Interlope Anglois au Biloxi. Désertions fréquentes dans la Louysiane. Conspiration découverte. Les Anglois tâchent d'attirer à eux nos Alliés. Départ du Biloxi. Observations sur le chaud, & sur les hauteurs,

Defcription du Port de la Havane. *Sort de l'Interlope Anglois. Le Gouverneur de la Havane refufe au Navire François la permiffion d'entrer dans fon Port. Defcription de la Baye de Matance. Débouquement du Canal de Bahama. Route, qu'il faut prendre pour aller de-là à Saint Domingue. Erreur des Pilotes. Embarras, où nous jette cette erreur. Quel Parti on prend. Defcription de la grande Caïque. Succès inefperé du parti, qu'on avoit pris. Arrivée au Cap* François *de Saint Domingue.*

LETTRE XXXVI.

Defcription du Cap François. De la Plaine du Cap. Obfervations. Remarques fur les Dorades. Départ du Cap. Rencontre d'un Navire Anglois, & ce qui fe paffe entre ce Capitaine, & celui du Navire François. Arrivée à Plymouth. *Defcription de ce Port. Induftrie des Anglois pour furprendre les Forbans. Arrivée au* Havre de grace.

Fin de la Table des Sommaires.

JOURNAL

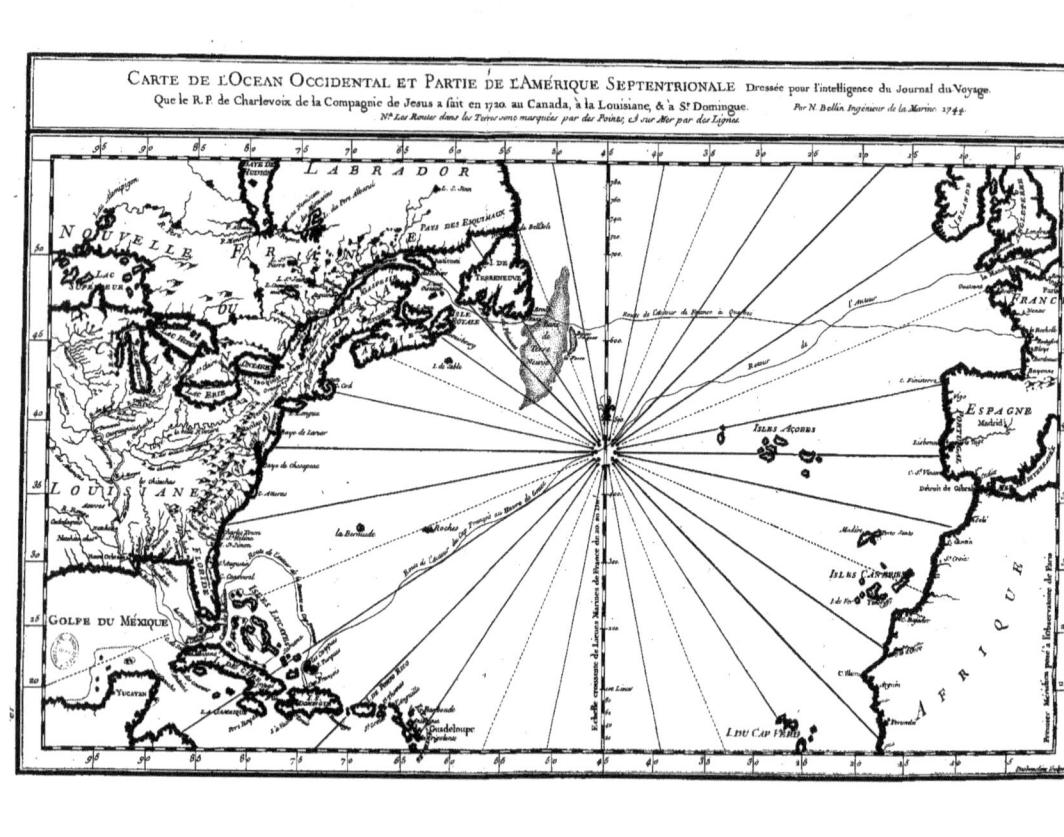

JOURNAL
D'UN VOYAGE
FAIT PAR ORDRE DU ROY
DANS L'AMÉRIQUE SEPTENTRIONNALE;

OÙ L'ON TROUVERA LA DESCRIPTION Géographique, & l'Histoire Naturelle des Pays, que l'Auteur a parcourus, les Coûtumes, le Caractere, la Religion, les Mœurs, & les Traditions des Peuples, qui les habitent.

Adreſſé à M^{de} la Duchesse de Lesdiguieres (a).

DISSERTATION PRÉLIMINAIRE,
Sur l'Origine des Amériquains.

APRE's avoir lû preſque tout ce qui a été écrit ſur la maniere, dont l'Amérique a pu être peuplée, il me paroît qu'on eſt auſſi peu avancé, qu'on pouvoit l'être, avant qu'on eût agité cette grande queſtion. Cependant on feroit un juſte Volume, ſi on vouloit ſeulement rapporter les differentes

(a) Gabrielle-Victoire de Rochechouart Mortemart, morte en 1741.

Tome III. A

opinions des Sçavans fur ce fujet. Mais la plûpart ont tellement donné dans la chimére ; prefque tous ont appuyé leurs conjectures fur des fondemens fi ruineux, ou ont eu recours à des convenances de noms, de mœurs, de Coûtumes, de Religion & de langages, fi frivoles, qu'il eft, ce me femble, auffi inutile de les réfuter, qu'impoffible de les concilier.

Il n'eft peut-être pas étonnant que les Premiers, qui ont traité cette matiere, fe foient égarés dans une route, qui n'étoit pas frayée, & où ils marchoient fans guide. Ma furprife eft que ceux, qui ont le plus approfondi la chofe, & ont eu pour cela des fecours, que n'avoient pas ceux, qui les ont précedés dans ce travail, ayent donné dans de plus grands travers encore : ils auroient pourtant pû les éviter, s'ils s'étoient attachés à un petit nombre de principes certains, que quelques-uns ont affez bien établis ; les conféquences fimples & naturelles, qu'on en doit tirer, fuffifoient à mon avis pour fatisfaire & fixer la curiofité du Public, que le grand étalage d'une érudition mal placée, & qui fouvent porte à faux, ne fait que rejetter dans fes premieres incertitudes. C'eft ce que je me flatte de rendre fenfible par le peu, que j'en vais rapporter.

On fut fans doute fort étonné dans notre Hemifphere, lorfqu'on y apprit que l'on avoit découvert un Nouveau Monde dans l'autre, où jufques-là on n'avoit imaginé qu'une vafte Mer, fur laquelle on ne croyoit pas qu'il fût de la prudence de s'expofer. Cependant, à peine Chriftophe COLOMB y eut reconnu quelques Ifles, & furtout celle, qu'il nomma l'*Ifle Efpagnole*, où il trouva des Mines d'Or, que lui-même fe perfuada que cette Ifle étoit, tantôt l'*Ophir* de SALOMON, tantôt le *Zipangri*, ou le *Cipango* de Marc POL de Venife. VATABLE & Robert ESTIENNE ont cru auffi que c'étoit dans l'Amérique, que Salomon envoyoit fes Flottes chercher de l'or, & Colomb a cru voir des reftes de fes Fourneaux dans les Mines de *Cibao*, les plus belles & les plus abondantes de l'Ifle Efpagnole, & peut-être de tout le Nouveau Monde.

ARIAS MONTANUS non-feulement a placé *Ophir* & *Parvaïm* dans le Nouveau Monde, mais il donne pour Fondateur à *Juktan*, Ville chimérique du Perou, JECTAN, Fils d'HEBER : à l'Empire même du Perou, & à celui du Mexique, qu'il prétend être Ophir, un des Fils de Jectan, qui portoit ce nom. Il ajoûte qu'un autre Fils du même Patriarche, nommé dans l'Ecriture JOBAB, fut le Pere des Peuples de la Côte de *Paria*; que la Montagne Orientale *Sephar*, jufqu'où Moyfe dit que les Enfans de Jectan s'avancerent, en partant de *Meffa*, eft la fameufe Chaîne des *Andes*, qui s'étend du Nord au Sud le long du Perou & du Chili. L'autorité de ce fçavant Interpréte de l'Ecriture a entraîné dans le même fentiment POSTEL, BECAN, POSSEVIN, GENEBRARD, & quantité d'autres. Enfin les Efpagnols ont avancé qu'au tems de l'invafion de leur Pays par les Maures, une partie des Habitans fe réfugia en Amérique. Ils prétendirent même au quinziéme fiécle y retrouver des Provinces de leur Empire, que le malheur des tems leur avoit enlevées, & fur lefquelles ils avoient, difoient-ils, des droits inconteftables. OVIEDO, un de leurs plus célébres Auteurs, n'a pas craint d'avancer que les *Antilles* font les fameufes *Hefpérides*, fi vantées par les Poëtes, que Dieu, en les faifant paffer fous la domination des Rois Catholiques, n'a fait que leur reftituer ce qui leur avoit appartenu trois mil cent cinquante ans auparavant, du tems du Roy HESPERUS, de qui elles avoient reçu le nom, qu'elles portoient, & que Saint Jacques & Saint Paul y ont prêché l'Evangile : ce qu'il appuye de l'autorité de Saint Gregoire dans fes Morales. Si on ajoûte à cela ce que Platon a dit qu'au-delà de fon Ifle *Atlantide*, il y avoit un très-grand nombre d'Ifles, derriere ces Ifles un très-vafte Continent, & derriere ce Continent la vraie Mer, il fe trouvera que le N. Monde n'étoit rien moins que nouveau pour les Anciens. Et que deviendroit alors l'opinion de THEOPRYRASTE PARACELSE, qui a foûtenu que chaque Hemifphere avoit eu fon Adam ?

Poftel, que j'ai déja cité, & qui s'eft rendu fameux par fes opinions hafardées, a cru que toute l'Amérique Septentrionnale avoit été peuplée par les Atlantides, Habitans de la Mauritanie, & il eft le premier, qui ait féparé tellement les deux Amériques à l'Ifthme de Panama, que les Habitans de l'une, felon lui, & ceux, qui l'ont fuivi, n'ont rien de commun dans leur origine avec les Habitans de l'autre. Mais dans ce cas, j'aimerois mieux encore mettre, comme a fait BUDBECKS l'Atlantide dans le Nord, auffi bien que les Colonnes d'Hercules, & dire que c'eft la Scandinavie, qui a peuplé l'Amérique Septentrionnale, que d'y envoyer les Maures des Côtes d'Afrique. D'autre part, GOMARA & Jean de LERY font descendre tous les Amériquains des Cananéens chassés de la Terre promise par Josué : quelques-uns au contraire font passer par le Nord de l'Asie en Amerique les Israëlites, que SALMANAZAR emmena Captifs dans la Médie. Mais THEVET, qui croyoit comme eux que les Israëlites ont peuplé le N. Monde, conclut qu'ils se sont répandus par toute la Terre, de ce qu'on a trouvé dans une des Açorres une espece de Tombeau avec des caracteres Hébraïques. Cet Auteur n'étoit pas bien instruit du fait. Ce n'est pas un Tombeau, qu'on a trouvé dans l'Isle de *Corvo*, la plus Septentrionnale des Açorres, mais une Statue Equestre, montée sur un pied d'estal, où il y avoit des caracteres, qu'on n'a pu déchiffrer.

Augustin TORNIEL estimoit que c'étoit par le Japon, & par le Continent, qui étoit au Nord de cet Archipel, que les Descendans de Sem & de Japhet ont passé en Amérique, & de-là dans les Terres, qui sont au Sud du Détroit de *Magellan*. Un Sicilien, nommé MARINŒUS, sur ce qu'on publia de son tems qu'on avoit trouvé une Médaille d'Auguste dans une des Mines du Perou, ne douta point que les Romains n'eussent envoyé une Colonie dans ce Pays-là, comme s'il n'eût pas été plus naturel de croire que quelque Espagnol avoit laissé tomber cette Médaille, en visitant les Mines. Paul JOVE a rêvé que les Méxiquains étoient venus dans les Gaules, & fondoit cette opinion bisarre sur ce que l'un & l'autre Peuple sacrifioit des Hommes à ses Fausses Divinités. Mais si cette prétenduë ressemblance pouvoit faire une preuve, n'auroit-il pas mieux valu envoyer au Méxique des Gaulois, qu'on sçait avoir eu de tout tems beaucoup de goût pour les Voyages, & peuplé un très-grand nombre de Provinces de leurs Colonies ?

Les Frisons ont aussi eu leurs Partisans au sujet de l'Origine des Amériquains. Suffridus PETRI & HAMCONIUS ont écrit que les premiers Habitans du Perou & du Chili étoient sortis de la Frise. Jacques CHARRON & Guillaume Postel font le même honneur aux Gaulois ; Abraham MILIUS aux anciens Celtes ; le Pere KIRKER aux Egyptiens ; & Robert LE COMTE aux Phéniciens, chacun à l'exclusion de tous les autres. Je passe quantité d'autres opinions, beaucoup moins soûtenables encore, & qui sont toutes également fondées sur de simples conjectures, dénuées de vraisemblance, pour venir à ceux, qui ont le plus creusé la matiere.

Le Premier est le P. Gregorio GARCIA, Dominiquain Espagnol, qui après avoir lontems travaillé dans les Missions du Perou & du Méxique, imprima en 1607 à Valence un Traité en Espagnol de *l'Origine des Indiens du Nouveau Monde*; où il rapporte & discute un très-grand nombre d'opinions diverses sur ce sujet. Il propose chaque opinion, comme on fait une Question en Philosophie : il nomme ses Auteurs & ses Partisans, il apporte leurs preuves, il répond aux objections, & ne décide point. Il y a joint les traditions des Peruviens, des Méxiquains, & des Insulaires d'*Haïti*, qui est l'Isle Espagnole, & qu'il avoit apprises sur les lieux mêmes. Il dit ensuite son sentiment, qui est que plusieurs Nations differentes ont contribué à peupler l'Amérique : il auroit pu s'en tenir là. Ce sentiment a quelque chose de plus, que de la vraisemblance, & il devoit, ce semble, lui suffire de l'appuyer, comme il fait, de quelques preuves tirées de la varieté des Langues, des Caracteres, des Coûtumes, & des Religions, qu'on a remarquée dans les differentes Contrées du Nouveau Monde. Mais il en admet un si grand nombre de celles, dont les Auteurs des autres opinions avoient fait usage, qu'il affoiblit la sienne, en voulant la fortifier. En 1729 Dom André Gonzalez de BARCIA fit réimprimer à Madrid l'Ouvrage de ce Religieux, considérablement augmenté ; mais en y ajoûtant beaucoup d'érudition, il n'a pas mis ses Lecteurs plus en état de prendre leur parti.

Le Second est le Pere Joseph de ACOSTA, Jesuite Espagnol, qui a aussi passé une grande partie de sa vie dans l'Amérique, & duquel nous avons deux excellens Ouvrages ; l'un en Castillan, intitulé : *Historia Natural y Moral de las Indias*; l'autre en Latin, sous ce titre : *De promulgando Evangelio apud Barbaros, sivè de procurandâ Indorum Salute*. Cet Auteur, dans le Premier Livre de son Histoire, après avoir rapporté le sentiment de PARMENIDE, d'ARISTOTE, & de PLINE, qui ne croyoient pas qu'il y eut des Hommes entre les deux Tropiques, ni qu'on eût jamais navigué à l'Occident de l'Afrique, plus loin que les Canaries, regarde la prétenduë Prophétie de Medée dans Seneque, comme une simple conjecture de ce Poëte, qui ne pouvant se persuader qu'il n'y eût point de

Terre au-delà de l'Ocean Occidental, & voyant que la navigation commençoit à se perfectionner, jugeoit qu'on ne feroit pas lontems sans faire de ce côté-là quelque découverte. Quant à ce que j'ai déja cité du Timée de Platon, cela paroît à l'Historien Espagnol une pure fiction, dans laquelle des Disciples de ce Philosophe, zelés pour sa gloire, s'efforçoient, pour sauver son honneur, de trouver quelque ingénieuse allégorie.

Au Chapitre seiziéme, le P. de Acosta commence à éxaminer par quelle voïe les premiers Habitans de l'Amérique ont pu passer dans ce grand Continent, & il rejette d'abord la voye directe & préméditée de la Mer, par la raison qu'aucun ancien Auteur n'a parlé de la Boussole. Il ne trouve pourtant point d'inconvénient à dire que des Bâtimens ont pû être jettés sur les Côtes de l'Amérique par quelque tempête, & sur cela il cite (a), comme un fait constant, la Fable du Pilote, qu'un vent forcé avoit poussé vers le Bresil, & qui laissa en mourant ses Memoires à Christophe Colomb. Il rapporte ensuite ce que Pline a écrit de quelques Indiens, qu'un mauvais tems avoit dégradés sur les côtes de la Germanie, & dont le Roi des Sueves fit present à Quintus Metellus Celer. Il ne trouve non plus rien que de croyable dans ce qui est rapporté sous le nom d'Aristote, qu'un Navire Carthaginois ayant été pris d'un Vent d'Est forcé, qui le porta fort loin à l'Occident, l'Equipage y découvrit des Terres, jusques-là inconnuës; & il conclut de ces faits, que selon toutes les apparences, l'Amérique a reçu par de semblables voyes une partie de ses Habitans : mais il ajoûte qu'il en a fallu nécessairement chercher une autre, pour peupler cette Partie du Monde, quand ce ne seroit que pour y transporter certains Animaux; qu'on ne peut pas raisonnablement supposer avoir été embarqués sur des Navires, ni avoir fait à la nâge de si grands Trajets.

Ce Passage, continuë le Pere de Acosta, ne peut être que par le Nord de l'Asie ou de l'Europe, ou par les Terres, qui sont au Sud du Détroit de Magellan, & de ces trois routes, n'y en eût-il qu'une de pratiquable, c'en est assez pour comprendre comment l'Amérique s'est peuplée peu à peu, sans avoir recours à la navigation, dont on ne voit nulle trace dans les Traditions des Amériquains. Pour fortifier ce rai-

(a) Chapitre XIX.

fonnement, il obferve que les Ifles, qui font trop éloignées du Continent, pour fuppofer qu'on puiffe y aller dans les petits Bâtimens, dont fe fervent les Peuples du Nouveau Monde, telle qu'eft la Vermude, fe font trouvées défertes ; que la premiere fois, qu'on apperçut des Vaiffeaux à la Côte du Pérou, les Peruviens en témoignerent une furprife extrême, & que les Animaux, qui vraifemblablement y font allés par Terre, ou en traverfant tout au plus de petits Détroits, comme les Tygres & les Lyons, étoient inconnus dans les Ifles de cet Hemifphere, même les plus peuplées.

Dans le Chapitre XXII. il revient à l'Atlantide de Platon, & réfute, peut-être un peu trop férieufement, l'opinion de quelques-uns, qui ont voulu réalifer cette chimere ; car il ne balance pas à la traiter ainfi, & qui s'étoient mis dans la tête, que de cette Ifle prétenduë il n'y avoit qu'un très-court trajet en Amérique. Dans le Chapitre fuivant, il rejette le fentiment de ceux, qui s'autorifant du Quatriéme Livre d'Efdras, ont avancé que ce grand Pays a été peuplé par les Hébreux. Il leur objecte, 1°. que les Hébreux avoient des Caracteres, & qu'aucun Peuple Amériquain n'en connoiffoit l'ufage : 2°. que ceux-ci ne faifoient aucun cas de l'argent, & que ceux-là en ont toujours été fort avides : 3°. que les Defcendans d'Abraham ont de tout tems été fort attachés à la Circoncifion, qui n'eft pratiquée en aucun endroit de l'Amérique : 4°. qu'ils ont toujours confervé avec un grand foin leur Langage, leurs Traditions, leurs Loix, leurs Cérémonies, qu'ils n'ont jamais ceffé d'attendre un Meffie ; que depuis leur difperfion dans toutes les Parties du Monde, ils ne fe font relâchés en rien de toutes ces chofes, & qu'on n'a point de raifon de croire qu'ils y euffent plutôt renoncé en Amérique, où l'on n'en voit aucun veftige, que par-tout ailleurs.

Dans le vintquatriéme Chapitre, il obferve qu'il eft beaucoup plus aifé dans cette difcuffion de réfuter les fyftêmes des autres, que d'en établir un nouveau ; que le défaut d'Ecriture & de Traditions certaines dans les Amériquains rend leur origine très-difficile à découvrir, & qu'on ne peut rien affûrer fur cela fans témerité : que tout ce qu'on y peut permettre à la conjecture, c'eft que ce grand Continent s'eft peuplé peu à peu par les voyes, dont nous avons fait mention : qu'il ne peut croire que ces tranfmigrations foient anciennes ;

& que selon toutes les apparences, les Premiers, qui ont tenté ce Passage, ont été plutôt des Chasseurs, ou des Peuples errans, que des Hommes civilisés ; mais que quand bien même les premiers Colons du Nouveau Monde auroient été tels, il n'y auroit pas lieu de s'étonner que leurs Descendans eussent dégénéré, & alteré la Religion & les Mœurs de leurs Ancêtres : que le manque de plusieurs choses suffisoit pour leur faire perdre leurs anciens usages, & que faute de secours pour se transmettre leurs Traditions d'âge en âge, ils ont dû les oublier insensiblement, ou les défigurer de maniere à les rendre tout à fait méconnoissables ; que l'exemple de plusieurs Peuples de l'Espagne & de l'Italie, qui semblent n'avoir de l'Homme, que la figure, donne à tout ceci un grand air de vraisemblance : que le Déluge, dont les Amériquains ont conservé le souvenir, ne lui paroît pas être celui, dont il est parlé dans l'Ecriture, mais quelque inondation particuliere, dont de très-habiles Gens prétendent qu'il reste dans l'Amérique des preuves certaines : enfin qu'on ne sçauroit démontrer que les plus anciens monumens de l'Amérique soient antérieurs au treiziéme, ou au quatorziéme siécle, & qu'en remontant plus haut, on ne trouve que des Fables & des Contes si puériles, qu'il n'est pas possible d'en tirer même une conjecture raisonnable.

Jean de LAET, le troisiéme Auteur, dont je dois rapporter le sentiment, trouve qu'il y a bien du bon & du solide dans celui du Pere de Acosta. Voici ce qu'il n'en approuve point. 1°. Il prétend que ce Jésuite suppose mal à propos qu'on ne peut faire de longs trajets sur Mer sans le secours de l'Aiguille aimantée, puisqu'absolument parlant, on peut naviger en observant le cours des Astres : qu'il semble même se contredire en soûtenant que la Boussole est une invention récente, après avoir rapporté lui-même que l'usage en étoit ancien au Mosambique dès le quinziéme siécle : qu'il avance sans le prouver, que les Orientaux ne l'avoient pas, avant qu'elle eût été trouvée par les Occidentaux : qu'il falloit bien enfin qu'on pût s'en passer, ou qu'elle fut connuë dans les premiers tems, puisque dans notre Hemisphere même plusieurs Isles assez éloignées du Continent, ont été peuplées peu de tems après le Déluge.

2°. Qu'il donne pour des faits certains l'Histoire du Pilote,
dont

dont on a prétendu que les Memoires avoient appris la route du Nouveau Monde à Chriſtophe Colomb, & celle des Indiens envoyés par le Roi des Sueves à Metellus Celer ; qu'on ſçait que les Eſpagnols n'ont publié la premiere, que par jalouſie contre le Grand Homme, à qui ils avoient obligation de la poſſeſſion de tant de riches Pays, mais qui avoit le malheur de n'être pas né en Eſpagne ; & qu'ils n'ont donné cours à la ſeconde, que pour enlever aux Portugais la gloire d'avoir les Premiers ouvert un chemin aux Indes, en faiſant le tour de l'Afrique : qu'il ſe trompe, s'il croit poſſible le paſſage des Terres Auſtrales juſqu'au Détroit de Magellan, ſans traverſer la Mer ; puiſque la découverte du Détroit de le Maire en a fait voir l'impoſſibilité. Mais l'erreur du P. de Acoſta, ſi c'en eſt une, étoit excuſable, car lorſqu'il écrivoit, le Maire n'avoit point encore trouvé le Détroit, qui porte ſon nom.

3°. Qu'il fait peupler l'Amérique trop tard, & qu'il eſt contre toute apparence que ce vaſte Continent, & quelques-unes des Iſles, qui l'environnent, ayent eu un ſi grand nombre d'Habitans à la fin du quinziéme ſiecle, ſi on n'avoit commencé à les habiter, que depuis deux cent ans. Jean de Laët prétend qu'il n'y a aucune raiſon de juger que le Déluge, dont la tradition s'eſt conſervée parmi les Amériquains, n'eſt pas le Déluge Univerſel, dont Moyſe nous a décrit l'Hiſtoire dans la Geneſe.

Outre le Jéſuite Eſpagnol, trois autres Ecrivains ; un François, un Anglois, & un Hollandois, qui ont traité le même ſujet, ont paſſé par l'examen du docte Flamand. Ce ſont LESCARBOT, BREVEROOD, & GROTIUS. Il ne connoiſſoit apparemment pas l'Ouvrage du P. Garcia, dont j'ai déja parlé, non plus que celui de Jean de SOLORZANO PEREYRA, Juriſconſulte Eſpagnol, qui a pour titre : *De Jure Indiarum*, dont le premier Volume, où l'Auteur rapporte toutes les opinions des Sçavans ſur l'Origine des Amériquains, fut imprimé en 1629.

Quoiqu'il en ſoit, Marc Leſcarbot, Avocat au Parlement de Paris, étoit un Homme d'eſprit, & qui avoit de l'érudition, mais qui donnoit un peu dans le merveilleux. J'ai parlé de lui en pluſieurs endroits de mon Hiſtoire. En rapportant les diverſes opinions ſur la queſtion preſente, qui étoient en vogue de ſon tems, il rejette comme frivoles les applications, que l'on faifoit de quelques Prophéties à ce fujet, furtout de celle d'ABDIAS à la converfion des Indes Occidentales par le miniftere des Efpagnols & des François, les feules Nations, qui ayent véritablement entrepris ce grand œuvre ; car les Portugais, qui ont converti le Brefil, peuvent être compris fous le nom d'Efpagnols, & les Miffionnaires des autres Nations de l'Europe, qui ont eu part à la Publication de l'Evangile dans le Nouveau Monde, n'y font allés que fous la Banniere des Couronnes de France, d'Efpagne & de Portugal. En effet Abdias n'a eu certainement en vûë que les Iduméens, & il n'y a pas un mot dans fa Prophétie, qui puiffe, avec quelque forte d'apparence, être appliqué à l'Amérique.

Lefcarbot panche un peu plus vers le fentiment de ceux, qui ont tranfporté dans le Nouveau Monde les Cananéens chaffés de la Terre promife par Jofué. Il y trouve au moins quelque vraifemblance, en ce que ces Peuples, auffi-bien que les Amériquains, avoient la coûtume de faire fauter leurs Enfans par-deffus le feu, en invoquant leurs Idoles, & de manger la chair humaine. Il approuve ce que le Pere de Acofta dit des accidens, qui peuvent avoir fait aborder quelques Navires en Amérique, & du paffage par le Nord de l'Europe & de l'Afie. Il croit que toutes les Parties du Continent fe touchent, ou du moins que, s'il y a quelque Détroit à paffer, comme celui de Magellan, qu'il fuppofoit féparer deux Continens, il fe pourroit bien faire qu'ils n'euffent point arrêté les Animaux, qu'on trouve dans le Nouveau Monde, puifque Jacques CARTIER a vû un Ours de la groffeur d'une Vache, faire à la nâge un trajet de quatorze lieuës. Enfin il propofe fon fentiment propre, qu'il ne paroît pourtant donner, que comme une fimple conjecture.

Eft-il croyable, dit-il, que Noé, qui a vêcu trois cent cinquante ans après le Déluge, ait ignoré qu'au-delà de l'Océan Occidental il y a une grande partie du Monde ; & s'il l'a connu, manquoit-il de moyens pour la peupler ? Y avoit-il plus de difficulté à paffer des Canaries aux Açorres, & des Açorres au Canada, ou des Ifles du Cap-Verd au Brefil, que du Continent de l'Afie au Japon, ou à d'autres Ifles encore plus éloignées ? Il rapporte à ce fujet tout ce qu'on trouve dans les Anciens, fur-tout dans Elien & dans Platon, des veftiges, qui reftoient, dit-il, encore de leur tems, de la connoiffance de l'Amérique. Il ne voit rien, qui empêche de dire que les Hesperides des Anciens sont les Antilles, & il explique la Fable du Dragon, qui, selon les Poëtes, en gardoit les Pommes d'or, des differens Détroits, qui serpentent autour de ces Isles, & que de fréquens naufrages ont pu faire regarder comme impratiquables. Il ajoûte à cela beaucoup d'autres observations géographiques, qui ne sont pas toutes fort éxactes, & que Jean de Laët réfute très-bien.

Ce Critique remarque aussi avec raison que, si les Cananéens sacrifioient leurs Enfans à leurs Idoles, on ne lit dans aucun endroit des Livres Saints qu'ils fussent Anthropophages. Il convient de la possibilité & de la vraisemblance du passage des Hommes & des Animaux par le Nord dans l'Amérique, & il avouë qu'il est aisé de comprendre comment des Hommes ainsi transplantés dans un Pays désert, & si éloigné, y sont devenus Sauvages & Barbares; mais il regarde comme un vrai Paradoxe, il trouve même du ridicule à imaginer que Noë ait jamais pensé à peupler ce grand Continent. Sa mauvaise humeur, excitée sans doute par quelques-unes des preuves de Lescarbot, qui véritablement ne sont pas de trop bon alloy, l'a empêché de voir ce qu'il peut y avoir de sensé dans cette conjecture. Il est assez ordinaire aux Sçavans d'en user de la sorte: comme si la verité & la vraisemblance cessoient d'être telles, parce qu'on mêle de mauvaises preuves parmi celles, dont on les appuye.

EDOUARD DE BREVEROOD, sçavant Anglois, après avoir réfuté le sentiment insoûtenable, qui fait descendre tous les Tartares des Israëlites, & montré que l'ignorance de la véritable étymologie du nom de *Tartares*, laquelle vient, non de l'Hebreu, ni du Syriaque, mais du Fleuve *Tartar*; veut que ce soit uniquement cette nombreuse Nation, qui ait peuplé le Noûveau Monde: & voici ses preuves. 1°. L'Amérique a toujours été plus peuplée du côté de l'Asie, que du côté de l'Europe. 2°. Le génie des Amériquains a un très-grand rapport avec celui des Tartares, qui ne se sont jamais appliqués à aucun Art; ce qui n'est pourtant pas universellement vrai. 3°. La couleur des uns & des autres est à peu près la même: il est certain que la différence n'est pas considerable, & peut être l'effet de celle du Climat, & des Drogues, dont les Amériquains se frottent. 4°. Les Animaux féroces, qu'on voit en Amérique, & qu'on ne peut raisonnablement juger y avoir été transportés par Mer, ne peuvent y avoir passé que par la Tartarie. Il répond ensuite à une objection, qu'on lui peut faire sur ce que les Tartares sont circoncis, & il soûtient que la circoncision n'a jamais été en usage parmi les Tartares, qu'après qu'ils eurent embrassé le Mahométisme.

De Laët se contente d'exposer cette opinion du docte Anglois, laquelle consiste à rejetter le sentiment, qui fait descendre les Tartares des Israëlites, transferés par Salmanasar; & à donner à tous les Amériquains les Tartares pour Ancêtres. Nous verrons ce qu'il pense lui-même de cette origine, lorsque nous exposerons son sentiment propre. Mais il faut auparavant examiner ce qui se passa entre lui & le fameux Hugues Grotius, sur le sujet que nous traitons. La dispute fut très-vive de part & d'autre, & ne fit guéres qu'embrouiller la question.

En 1642. Grotius publia un petit Ouvrage *in-quarto* sous ce Titre: *De Origine Gentium Americanarum*, où il commence par supposer que l'Isthme de Panama fut jusqu'au tems de la découverte du Nouveau Monde par les Espagnols une barriere regardée comme impénétrable entre les deux parties de l'Amérique; d'où il conclut, que les Habitans de l'une & de l'autre n'avoient rien de commun dans leur Origine. MILIUS, qu'il ne cite point, avoit avancé ce Paradoxe avant lui. Or, si on en croit le docte Hollandois, à l'exception de l'Yucatan, & de quelques autres Provinces voisines, dont il fait une classe à part, toute l'Amérique Septentrionale a été peuplée par les Norvégiens, qui y passerent par l'Islande, le Groenland, l'Estotiland, & la Norimbegue. Il avouë néanmoins qu'ils y furent suivis quelques siécles après par des Danois, des Suédois, & d'autres Peuples Germaniques.

Il tire la plus grande partie de ses preuves de la conformité des mœurs & de la ressemblance des noms; mais il faut convenir, que rien n'est plus forcé que ces prétendus rapports, dont il paroît néanmoins fort persuadé, & qu'il ne persuade à personne. Ce qui l'oblige de mettre à part l'Yucatan, c'est l'usage de la Circoncision, dont il s'est mis dans la tête qu'on a trouvé des traces dans cette Province, & une prétenduë Tradition ancienne des Habitans, qui portoit que leurs Ancêtres avoient été sauvés des flots de la Mer ; ce qui a fait croire à quelques-uns, ajoûte-t'il, qu'ils étoient issus des Hébreux. Il réfute néanmoins cette opinion avec les mêmes argumens à peu près, dont s'est servi Breverood, & il estime, avec Dom Pierre MARTYR D'ANGLERIE, que les Premiers, qui peuplerent l'Yucatan, furent des Ethiopiens jettés sur cette Côte par une tempête, ou par quelque autre accident. Il juge même que ces Ethiopiens étoient Chrétiens, ce qu'il infere d'une espéce de Baptême usité dans le Pays. Il ne sçauroit disconvenir, que le langage des Amériquains Septentrionnaux n'est proprement ni Ethiopien, ni Norvégien, mais cette difficulté ne l'arrête point : il en cherche, comme il peut, la solution dans le mélange des Peuples divers, qui se sont établis dans la suite des tems dans cette partie du Nouveau Monde, & dans leur vie errante, qui les a obligés, dit-il, de se faire de nouveaux jargons.

Il passe de-là aux Nations les plus voisines du Détroit de Magellan, & s'imaginant voir beaucoup de ressemblance entre celles, qui sont établies en-deçà dans le Continent de l'Amérique Méridionnale ; & celles, qui demeurent au-delà, il décide que les Premieres tirent leur Origine des Dernieres ; & que celles-ci, aussi-bien que les Habitans de la Nouvelle Guinée, sont venuës des Moluques & de l'Isle de Java. Néanmoins le génie particulier des Peruviens, leurs Loix, leurs Coûtumes, leur Police, les superbes édifices, qu'ils avoient construits, & les débris des Navires Chinois, que des Espagnols, dit-il, ont aperçus à l'entrée de la Mer Pacifique, au sortir du Détroit de Magellan, ne lui permettent point de douter, que cette Nation ne soit originairement une Colonie Chinoise ; ce qui se confirme, ajoûte-t-il, par le culte du Soleil également établi dans l'un & dans l'autre Empire, par la ressemblance de leurs caracteres & de leur maniere d'écrire, & par la réputation, qu'ont eu les anciens Chinois, d'exceller dans la Navigation. Enfin il rejette l'Origine Tartare ou Scythe des Amériquains par le peu de conformité, qui se trouve, selon lui, entre les mœurs & les coûtumes des uns & des autres : il insiste principalement sur ce que ceux-ci n'ont point de chevaux, dont on sçait, dit-il, que les Schythes ne peuvent absolument se passer.

Pour faire tomber ce systême, il suffit de montrer, qu'il

porte presque toujours à faux, & c'est ce que le Critique Flamand rend très-sensible. Il ne prouve pas moins bien que Grotius n'est pas plus heureux à attaquer les sentimens des autres, qu'à établir le sien. En effet il observe que tous les Scythes n'ont pas l'usage des chevaux, puisque plusieurs habitent des Pays, qui n'en peuvent pas nourrir; à quoi il ajoûte, que dans le sentiment de ceux, qui prétendent que c'est par la Scythie, que l'Amérique a été peuplée, il n'est pas nécessaire de dire, que tous ceux, qui ont pénétré par-là dans le Nouveau Monde, étoient Scythes ou Tartares; que les Pays, qu'il a fallu traverser, n'étoient nullement propres pour les chevaux; que la coûtume des Scythes, quand ils se voyent contraints de passer quelque Détroit de Mer, est de tuer leurs chevaux, de les écorcher, & de couvrir de leurs peaux les Bâtimens, sur lesquels ils s'embarquent. Il soûtient enfin que, selon toutes les apparences, ces transmigrations se sont faites assez peu de tems après la dispersion des petits-fils de Noë, & qu'alors les Scythes & les Tartares pouvoient bien ne pas encore faire usage de Chevaux.

Il prouve l'antiquité de ces Colonies par la multitude des Peuples, qui habitoient l'Amérique Septentrionnale, lorsqu'on en fit la découverte; & quant à l'impossibilité prétenduë de franchir l'Isthme de Panama, il en fait voir l'absurdité par le peu d'obstacles, que les Européens ont trouvés dans ce passage. Il entreprend ensuite de montrer, que les Amériquains les plus Septentrionnaux ont beaucoup plus de ressemblance, soit dans les traits du visage, soit dans la couleur, soit dans la maniere de vivre avec les Scythes, les Tartares & les Samojedes, qu'avec les Norvégiens & les Peuples Germaniques; & sur ce que Grotius fait partir ceux-ci de l'Islande, il remarque fort bien que cette Isle n'a commencé d'être peuplée par les Norvégiens qu'à la fin du IXe. siécle de l'Ere Chrétienne; qu'alors même il n'y passa que quelques Familles, & qu'ainsi elle ne fut pas si-tôt en état d'envoyer en Amérique des Colonies assez nombreuses, pour avoir produit tant de milliers d'Hommes, qui dans le quinziéme siécle remplissoient ces vastes Contrées.

La route, que Grotius fait prendre à ses Norvégiens, fournit encore à son Adversaire de puissantes armes pour le combattre. Il lui fait observer, que le Groënland est entrecoupé de vaſtes & profonds Détroits de Mer, preſque toujours glacés, que tout le Pays eſt couvert de neiges très-hautes, & qui ne fondent jamais entiérement; que la Friſlande, ſi elle exiſte, ne peut être qu'une partie du Groënland, ou de l'Iſlande; & qu'il n'y a nul fond à faire ſur tout ce qu'en ont débité les deux Freres Zanis: que l'Eſtotiland, ſuivant le rapport de ces deux Nobles Vénitiens, eſt fort éloigné de la Friſlande, puiſque de leur tems il n'y avoit aucun Commerce entre ces deux Pays, & que ce fut par un pur haſard, que des Pêcheurs eurent connoiſſance de ce Dernier: que ce Royaume enchanté, dont le Souverain avoit une ſi magnifique Bibliothéque, a diſparu depuis qu'on a parcouru le Nord de l'Amérique; que la Norimbegue, où Grotius conduit les Norvegiens, n'eſt gueres moins fabuleuſe; que ce nom, dans lequel ce Sçavant trouve avec complaiſance un ſi grand rapport avec celui de Norvege, n'eſt pas le nom du Pays, mais un nom factice, dont perſonne ne connoît le Parrain; que les Naturels du Pays l'appelloient *Agguncia*; que ce Pays eſt bien éloigné au Sud de l'endroit, où l'on avoit ſuppoſé qu'étoit l'Eſtotiland, puiſqu'il fait partie de la Côte Méridionnale de la Nouvelle France, entre l'Acadie & la Nouvelle Angleterre.

Grotius avoit beaucoup appuyé ſur la terminaiſon en *are*, ſi commune dans l'Ancien & le Nouveau Méxique. Laët le tire de ce retranchement, en faiſant voir que preſque tous ces noms ſont modernes, & de la façon des Eſpagnols. Il renverſe avec la même facilité l'argument, que Grotius tiroit des Traditions des Méxiquains, en obſervant que quand ces Peuples ſe ſont placés aux environs du Lac de Mexico, ils y ont trouvé quantité de Barbares, qui parloient toutes ſortes de Langues, entre leſquelles il n'y avoit aucune affinité, ni aucune ſorte d'analogie; de ſorte qu'après les avoir ſubjugués, ils furent contraints d'établir des Interprétes pour les pouvoir gouverner. Cette vaine reſſemblance de noms avoit encore fait imaginer à Grotius dans la Californie un Peuple *Alavard*, qu'il fait deſcendre des Lombards; Laët lui répond que le nom d'*Alavard* pourroit bien n'avoir point d'autre fondement, que celui d'*Alvarado*, Capitaine Eſpagnol, qui avoit ſuivi Fernand Cortez au Méxique, & peut-être auſſi dans la Californie, dont on ſçait que ce Conquerant en a fait la premiere découverte.

Laët fait voir enſuite que Grotius ne réuſſit pas mieux à montrer une conformité de Mœurs, de Coûtumes, de Traditions, & de Forme de gouvernement entre les Amériquains Septentrionnaux & les Norvegiens ; preſque tout ce qu'il en rapporte, étant fondé ſur de faux Mémoires. Puis il vient à l'argument, que tire ſon Adverſaire de la Circonciſion & du Baptême prétendu des Peuples de l'Yucatan. Il ſoûtient d'abord qu'il eſt contre toute vraiſemblance d'aller chercher un Pays renfermé entre des Colonies Norvegiennes, pour y placer des Afriquains, qui auroient dû plus naturellement prendre Terre au Breſil, ou du moins s'arrêter aux Antilles, qu'il auroient rencontrées ſur leur paſſage, en ſuppoſant qu'ils auroient paſſé le Tropique. Il avouë que D. Pierre Martyr d'Anglerie en parlant des Peuples de l'Yucatan, dit que pluſieurs étoient circoncis, mais il prétend que cet Auteur Italien a été mal informé, puiſque, ni Antoine de HERRERA, ni le Pere de Acoſta, ni Oviedo, dont l'autorité eſt fort ſupérieure à la ſienne, n'ont parlé, ni de cette Circonciſion, ni de ce Baptême, ni des Croix dreſſées ſur les Tombeaux, que comme de pures Fables. Enfin, pour faire paſſer des Abyſſins en Amérique, il falloit les faire partir de la Côte Occidentale d'Afrique, & Laët aſſûre que Grotius s'eſt trompé, en avançant que les Etats du Roi d'Ethiopie s'étendoient juſques-là. Il eſt cependant certain par des Relations Portugaiſes que le Roi de Benin relevoit du Monarque Abyſſin.

Laët dit peu de choſes ſur la maniere, dont Grotius prétend que l'Amérique Méridionnale a été peuplée par les Habitans des Terres, qui ſont au Sud du Détroit de Magellan ; il ſe contente de remarquer que ces Terres ne ſont que des Iſles, & qu'au-delà, juſqu'aux Terres Auſtrales, il y a une étenduë immenſe de Mer : qu'on ne ſçait pas encore au juſte ce qu'il y a entre ces Terres & la Nouvelle Guinée, & que tous les Amériquains Méridionnaux, ſans en excepter les Peuples, qui étoient ſoumis aux Incas du Perou, parloient une infinité de Langues differentes. Les preuves, ſur leſquelles Grotius établiſſoit l'Origine Chinoiſe des Peruviens, ne pàroiſſent pas beaucoup plus ſolides à ſon Cenſeur.

Premierement, dit-il, le caractere des deux Nations, &
leur

leur goût pour les Arts sont extrémement opposés. En second lieu, personne n'a encore dit que les Chinois ayent jamais adoré le Soleil; & quand cela seroit, ce culte est commun à tant de Peuples, qu'on n'en peut tirer aucun argument dans la question présente. Il est vrai que les Incas du Perou, aussi-bien que les Monarques Chinois, se disoient les Fils du Soleil; mais combien d'autres Princes ont pris ce titre, ou l'ont reçû de leurs Sujets? Les Méxiquains ne le donnerent-ils pas même à Cortez, soit pour lui faire honneur, soit parce qu'il venoit de l'Orient. En troisiéme lieu, Grotius s'est encore plus grossiérement trompé, en assûrant que les Peruviens se servoient de Caracteres figurés, comme les Chinois, & les plaçoient comme eux, en lignes perpendiculaires; puisque le Pere de Acosta, qui a demeuré lontems au Perou, & Garcilasso de la VEGA, qui y étoit né du Sang même des Incas (*a*), assûrent qu'on n'y connoissoit ni Caracteres, ni l'usage d'aucune sorte d'écriture. Ce que le Docte Hollandois avoit ajoûté, que MANGO CAPA, le Premier des Incas, étoit Chinois, ne pouvoit être qu'une conjecture, ou une fable inventée par quelque Voyageur; car il n'en est fait aucune mention dans les Traditions du Perou.

Enfin, Laët déclare qu'il n'a jamais lû dans aucun Auteur qu'on ait trouvé des débris de Navires Chinois dans la Mer Pacifique. La chose lui paroît même assez difficile à croire, par la raison, que, pour aller de la Chine au Perou, les Vents sont toute l'année tellement contraires, qu'il seroit plus court de prendre le grand détour par l'Occident, que la route directe. Il ajoûte que, si les Péruviens descendoient des Chinois, ils auroient conservé du moins quelques vestiges de l'art de naviguer, & l'usage du fer, au lieu qu'ils ne connoissoient ni l'un, ni l'autre; qu'il étoit donc bien plus naturel de faire venir les Peruviens & les Peuples du Chili, leurs Voisins, de quelque Nation Indienne. Il y en a toujours eu d'assez policées, pour être capables de donner naissance à un Empire tel, qu'étoit celui du Perou.

Grotius répliqua; mais en Ambassadeur, & en Sçavant étonné de ce qu'on avoit osé le contredire. Laët un peu piqué, le ménagea moins dans sa repartie: il lui fit voir qu'il ne disoit rien de nouveau, que des injures, & prétendit que

(*a*) Il en descendoit par sa Mere.

dans une difpute purement litteraire, le caractere d'Ambaſſadeur ne donnoit aucun avantage à un Ecrivain, ni aucun poids à ſes raiſons.

Grotius triomphoit de ce que ſon Adverſaire étoit convenu que le Groenland avoit été peuplé par les Norvégiens: voilà donc, diſoit-il, une partie de l'Amérique: donc les Habitans tirent leur origine de la Norvege. Or qui auroit empêché ces Norvégiens Groenlandois d'aller plus loin? Il ne s'agit pas, répond de Laët, de ſçavoir ſi quelques Peuples du Nord ont paſſé en Amérique par le Groenland; mais ſi tous les Amériquains viennent de la Norvége; & je ſoûtiens que cela eſt impoſſible. ANGRIMUS JONAS, Iſlandois, aſſûre que la premiere découverte du Groenland n'a été faite qu'en 964. Herrera & GOMARA nous apprennent que les *Chichimeques* s'établirent ſur le Lac de Mexico en 721. Ces Sauvages venoient du Nouveau Mexique & du voiſinage de la Californie. Telle eſt la Tradition conſtante des Méxiquains: l'Amérique Septentrionnale avoit donc des Habitans pluſieurs ſiécles avant qu'elle en ait pû recevoir de la Norvege par le Groenland.

Il n'eſt pas moins conſtant que les vrais Méxiquains fonderent leur Empire en 902; après avoir ſubjugué les *Chichimeques*, les *Otomias*, & les autres Barbares, qui s'étoient emparés des environs du Lac de Mexico: & le Pere de Acoſta nous aſſûre que chacun de ces Peuples avoit ſa Langue particuliere. On ſçait d'ailleurs que les Méxiquains venoient eux-mêmes de la Californie, ou du Nouveau Méxique, & qu'ils avoient fait, du moins pour la plûpart, le voyage par Terre. Ils ne ſont donc point venus de la Norvege.

Grotius ayant ainſi erré dans le principe par un Anachroniſme évident, tout ce qu'il bâtit ſur ce fondement, n'eſt plus qu'une ſuite de ce premier égarement: & ſon Antagoniſte, qui avec toute la liberté Belgique, croit être en droit de ne le regarder que comme un Sçavant, dont le ſyſtême lui paroît ruineux, & qui, offenſé à ſon tour de ce que l'ayant attaqué avec aſſez de modération, il n'en avoit pas reçû le retour de politeſſe, qu'il en attendoit, le ſuit pas à pas dans tous ſes écarts, & les lui remet ſans ceſſe devant les yeux.

Le docte Ambaſſadeur s'imaginoit avoir lû dans Herrera

que les Insulaires de *Baccalaos* ressemblent parfaitement aux Lappons. Laët, après avoir protesté qu'il n'a pû trouver ce fait dans l'Historien Espagnol, repete ce qu'il avoit déja dit, qu'il ne nie point que quelques Amériquains n'ayent pû avoir tiré leur origine de l'Europe ; puis ramenant son Adversaire au Mexique, il lui demande ce que peuvent avoir de commun les Mexiquains avec les Habitans de l'Isle Baccalaos ? Il avouë ensuite qu'Herrera parle d'une espece de Baptême, & de Confession usitée dans l'Yucatan & dans les Isles voisines, mais il soûtient que le Culte de ces Barbares étoit mêlé de tant d'impiétés, & si manifestement Idolâtre, qu'on ne peut raisonnablement supposer qu'ils l'eussent reçû des Abyssins Chrétiens. Il ajoûte qu'il est bien plus naturel d'attribuer toutes ces marques équivoques de Christianisme & de Judaïsme, qu'on a crû appercevoir en plusieurs Provinces du Nouveau Monde, au Démon ; qui a toujours affecté de contrefaire le Culte du Vrai Dieu. Cette remarque est de tous les bons Auteurs, qui ont parlé de la Religion des Peuples nouvellement découverts, & fondée sur l'autorité des Peres de l'Eglise.

Sur ce que Grotius ne trouvoit point de difficulté à dire que les Ethiopiens avoient pû, avec le tems, changer leur couleur sous un Soleil moins brûlant, que celui, qu'ils avoient quitté, Laët lui répond que les Peuples Blancs peuvent bien perdre un peu de leur blancheur sous un Climat plus chaud, que celui, où ils sont nés ; mais qu'il est sans exemple que les Descendans d'un Noir soient devenus blancs dans un Pays froid, & que la couleur des Negres ne vient pas seulement de l'ardeur du Soleil, puisque les Brasiliens & tant d'autres, qui habitent sous les mêmes paralleles, ne l'ont point. Enfin, il releve une derniere erreur de Grotius, qui s'étoit persuadé que les Chinois ne connoissoient point l'Imprimerie avant l'arrivée des Portugais dans leur Pays, & par-là vouloit se tirer d'une objection, qu'on auroit pû faire contre son systême de l'Origine Chinoise des Peruviens.

Il me paroît qu'il n'y a rien à ajoûter à la Critique, que Jean de Laët a publiée du sentiment du célébre Grotius ; il faut voir maintenant, s'il a été aussi heureux à bien établir le sien. Il rapporte d'abord, sur l'autorité de quelques Auteurs cités par Pline, mais qui ne paroissent pas avoir été fort habiles Géographes, que dans quelques Isles peu éloignées de l'Afrique, & du nombre desquelles sont les Canaries, on a vû des Edifices anciens, preuve certaine qu'elles avoient été habitées avant leur découverte par les Européens. Il faut convenir, dit-il, que puisqu'elles ont été dans la suite entierement désertes, les Habitans se sont retirés ailleurs, & il y a bien de l'apparence qu'ils ont passé en Amérique, le trajet n'étant ni long, ni difficile.

Cette Transmigration, suivant le calcul de ces Auteurs, doit être arrivée il y a environ deux mille ans : alors les Espagnols étoient fort inquiettés par les Carthaginois, & peu de tems après ils ne le furent pas moins par les Romains. Or n'est-il pas naturel de penser que plusieurs d'entre eux songerent à se réfugier en des Pays, où ils n'eussent pas à craindre qu'on vînt encore troubler leur repos ? Et qui a pu les empêcher de se retirer dans les Antilles, en passant par les Açorres, qui sont à moitié chemin ? Les Bâtimens des Carthaginois étoient fort propres pour cette navigation, & pouvoient servir aux Espagnols de modéles pour en construire de semblables. Ils avoient devant les yeux l'exemple assez récent du célébre HANNON, Carthaginois, qui avoit navigué fort loin à l'Occident. Il n'y a pas moins de vraisemblance à dire que des Isles du Cap Verd on ait traversé au Bresil. Les *Autololes*, que Pline a placés dans leur voisinage, étoient Getules, & non pas Ethiopiens ; leur couleur & leurs mœurs conviennent assez avec celles des Brasiliens.

La Grande-Bretagne, l'Irlande, & les Orcades paroissent aussi au Sçavant d'Anvers très-propres à fonder une conjecture toute semblable en faveur de l'Amérique Septentrionnale. Il rapporte à ce sujet ce qui est marqué dans l'Histoire du Pays de Galles, écrite par le Docteur David POWEL, sous l'année 1170. MADOC, dit cet Historien, un des Fils du Prince OWEN GUYNETH, las & rebuté des Guerres Civiles, qui s'étoient élevées entre ses Freres après la mort de leur Pere, arma plusieurs Vaisseaux, les pourvut de tout ce qui étoit nécessaire pour un voyage de long cours, & alla chercher de nouvelles Terres à l'Occident de l'Irlande. Il en trouva de très-fertiles, & qui n'étoient point habitées : il y débarqua une partie de son Monde, puis retourna en Angleterre, où il fit de nouvelles Recruës, qu'il mena dans sa Colonie. Laët paroît faire beaucoup de fond fur cette Hiſtoire, & il en conclut qu'on a pu former de pareilles Entrepriſes dans toutes les Iſles Britanniques. Il feroit à fouhaiter, ajoûte-t'il, qu'on fe fût appliqué à comparer les Langues de quelques-unes des Régions de l'Amérique Septentrionnale avec celles de l'Irlande & du Pays de Galles.

De-là il vient aux Scythes, & fait un parallele de leurs mœurs avec celles des Amériquains. Il prouve d'abord par le témoignage de Pline, que ce nom étoit autrefois commun à toutes les Nations Septentrionnales de l'Aſie & de l'Europe; & qu'on le donnoit même quelquefois aux Sarmates & aux Germains, quoique dans la ſuite on l'ait reſtraint aux Peuples, qui habitoient à l'extrémité du Nord, où pluſieurs ont été lontems ignorés du reſte du Monde. Il prétend que parmi eux il y avoit beaucoup d'Anthropophages; que tous ont pû envoyer des Colonies en Amérique, & que ſi on lui objecte qu'il n'y a d'Antropophages, que dans l'Amérique Méridionnale, c'eſt que tous ceux, qui étoient dans ce déteſtable uſage y ont paſſé. Il pouvoit ſans doute s'épargner la peine de répondre ſi mal à une objection, que Perſonne ne lui auroit apparemment faite, puiſque pluſieurs Amériquains Septentrionnaux ont toujours été, & ſont encore Anthropophages : mais continuons de le ſuivre dans l'expoſition de ſon ſyſtême. Je dis ſon ſyſtême, car où les Mémoires manquent pour conſtater le vrai, c'eſt une néceſſité pour lui, comme pour tous ceux, qui traitent cette queſtion, d'avoir recours au vrai-ſemblable, & il doit ſuffire de ne s'en pas éloigner.

Pline, à la vérité, dit que les Scythes ſe picquoient d'avoir beaucoup de Chevaux; mais il ne le dit point de tous les Scythes. STRABON parle de pluſieurs, qui étoient au Nord de la Mer Caſpienne, & dont une partie menoient une vie errante: ce qu'il rapporte de leurs mœurs & de leur façon de vivre, s'accorde en bien des choſes avec ce qu'on a remarqué dans les Sauvages de l'Amérique : & il n'eſt pas fort étonnant, ajoûte Laët, que ces rapports ne ſoient pas abſolument parfaits; car ces Peuples, avant même que de ſortir de leur Pays, differoient déja les uns des autres, & ne portoient pas le même nom : le changement de demeure a fait le reſte. On trouve les mêmes rapports entre pluſieurs Nations

Amériquaines, & les Samojedes établis sur le grand Fleuve Oby, tels que les Russiens nous les ont représentés ; & il est bien plus naturel de supposer que des Colonies de ces Peuples ont passé en Amérique, en traversant la Mer Glaciale sur leurs traînes, que de faire faire aux Norvégiens tout le chemin, que Grotius leur a tracé. Outre que les Amériquains tiennent beaucoup moins de ceux-ci, que des Samojedes & des Scythes Nomades.

De l'Amérique Septentrionnale Laët passe à la Méridionnale, & examine si elle a pu recevoir des Habitans par la Mer Pacifique. Les Isles de Salomon sont à huit cent lieuës des Côtes du Perou, & on sçait aujourd'hui qu'elles sont séparées des Terres Australes par une Mer, dont on ne connoît point encore toute l'étenduë. Le Pere de Acosta ne les croyoit pas fort éloignées de la Nouvelle Guinée, qu'il jugeoit être un Continent : mais le Chevalier Richard HAWKINS Anglois, prétend avoir vérifié que c'est une Isle. Il faut donc, continuë le docte Flamand, que l'Amérique Méridionnale ait été peuplée par cette grande Terre Australe, la même que Dom Pierre Ferdinand Giros, Portugais, & Dom Ferdinand de Quiros, Espagnol, rangerent l'espace de huit cent lieuës en 1609. & en 1610. (*a*) Ce Dernier, qui a donné son nom à une partie de cette Terre, marque dans sa Lettre au Roy Catholique que le Pays, où il débarqua en plusieurs endroits, étoit fort peuplé, & qu'il y avoit vû des Hommes de toutes les couleurs. Mais n'est-il pas étrange que Laët aime mieux faire peupler l'Amérique Méridionnale par une Terre, qui en est séparée par une Mer immense, & beaucoup plus que du reste du Monde, que par la Septentrionnale, laquelle, en supposant qu'elle a été peuplée la premiere, doit naturellement avoir fourni des Habitans à tout le Nouveau Monde.

Pour appuyer ce qu'il avoit déja dit, que l'Amérique n'a pû être peuplée par la Mer Pacifique, il observe que les vents de la partie de l'Est, qui y regnent toujours, ne permettent point de naviguer d'Occident en Orient; puis il examine plusieurs Langues Amériquaines pour les confronter, & ce n'est point-là le meilleur endroit de son Ouvage;

(*a*) Voyez dans les Fastes Chronologiques à quoi il faut réduire ce Voyage de Quiros, & quelle est la vraie situation *des Isles de Salomon*.

au moins si nous en jugeons par l'Extrait, qu'il nous donne d'un Vocabulaire Huron, pour opposer cette Langue à celle du Mexique; car il l'a tiré du Frere Gabriël Saghart, Recollet, qui entendoit très-peu le Huron.

Il ne paroît pas mieux instruit de la Religion des Sauvages du Canada, dans laquelle il tâche de trouver des vestiges, qui le puissent conduire à leur premiere Origine; & en effet tout cet étalage d'érudition ne le mene pas bien droit à son but. D'ailleurs, quoique Personne de son tems n'ait fait une étude plus suivie, & n'ait parlé plus exactement que lui des Indes Occidentales, il trouveroit aujourd'hui bien des choses à réformer dans son Ouvrage.

Il finit par l'exposition, qu'il fait en peu de mots du sentiment d'Emmanuel de MORAEZ, Portugais, tiré du vintiéme Livre de son Histoire du Bresil, laquelle n'est pas encore imprimée. Suivant cet Auteur, ce sont les Carthaginois & les Israëlites, qui ont peuplé toute l'Amérique. Sa preuve, à l'égard des Premiers, est qu'ils ont fait des découvertes bien loin de l'Afrique, & que le Sénat de Carthage en interrompit le cours, d'où il est arrivé que ceux, qui se trouvoient alors dans les Pays nouvellement découverts, n'ayant plus aucun commerce avec leurs Compatriotes, & manquant de beaucoup de choses, sont tombés dans la barbarie. Quant aux Israëlites, Moraëz prétend que, pour trouver un rapport parfait entre eux & les Brasiliens, il ne manque à ceux-ci que la Circoncision. Ce seroit encore beaucoup, si on considére l'attachement invincible de ceux-là à cette pratique. Mais il y a bien d'autres points aussi essentiels, en quoi ces deux Nations different, & je puis assûrer que cette prétendue ressemblance, qui a tant frappé l'Historien Portugais, est tout au plus un faux air, qui saisit au premier coup d'œil, & disparoît, quand on y regarde de près, & qu'on ne s'est pas laissé prévenir.

Jean de Laët ayant donc bien réfuté les opinions, qu'on avoit avancées jusqu'à lui; & n'ayant pas prouvé la sienne avec le même succès, un Sçavant Hollandois, nommé Georges de HORNN, entra dans la lice; & il y entra avec d'autant plus de confiance, qu'il crut tirer un grand avantage des nouvelles découvertes, que ses Compatriotes & les Anglois venoient de faire au Nord de l'Asie, de l'Europe, & de l'Amérique.

Après avoir rapporté tout ce qu'on a jamais imaginé, c'eſt-à-dire, tout ce qu'on trouve dans le Pere Garcia, & dans Solorzano ſur le ſujet, qu'il entreprend de traiter, il met dans tout ſon jour la difficulté de prendre ſon parti; difficulté fondée ſur le peu de connoiſſance, que nous avons des extrémités de la Terre, du côté du Nord & du côté du Sud, & ſur ce que les Eſpagnols, qui les Premiers ont découvert le Nouveau Monde, en ont ruiné les plus anciens monumens: témoin ce grand Chemin double de Quito à Cuzco; Entrepriſe, à laquelle les Romains mêmes n'ont rien exécuté de comparable (a). Il ne craint pourtant pas de ſe promettre un heureux ſuccès de ſes recherches, & trouve que le Pere de Acoſta décide bien légerement qu'on ne peut ſans témérité ſe répondre de réuſſir dans cette Entrepriſe. Voyons s'il n'a pas lui-même juſtifié ce qu'il blâme dans l'Auteur Eſpagnol.

Il déclare d'abord qu'on ne croit pas poſſible que l'Amérique ait été peuplée avant le Déluge, vû le peu de tems, qui s'eſt écoulé depuis la Création du Monde, juſqu'à ce grand événement. De très-habiles Gens ont pourtant cru que dès-lors il y avoit autant d'Hommes ſur la Terre, qu'il y en a aujourd'hui, du moins la choſe eſt-elle poſſible, & c'en eſt aſſez pour ne point aſſûrer le contraire. Il faut avoüer néanmoins que de Hornn n'eſt pas ſeul de ſon ſentiment; mais ce qu'il ajoûte, ne donne pas une grande idée de ſon exactitude, ou de ſa bonne foi. Selon lui, Leſcarbot fait naître Noë dans le Nouveau Monde; cependant l'Hiſtorien François n'a rien écrit, qui approche de ce Paradoxe.

Il poſe enſuite pour principe qu'après le Déluge, les Hommes & les Animaux Terreſtres ont pénétré dans l'Amérique par Terre, par Mer, de deſſein formé, & par haſard; que les Oiſeaux y ont paſſé en volant; ce qui ne doit point paroître étrange, puiſqu'on en a vû ſuivre pendant trois cent lieuës des Vaiſſeaux, ſans s'arrêter, & qu'il ſe rencontre par-tout des Rochers, & des Iſles, où ils peuvent ſe repoſer. Ainſi, ſelon lui, Jean de Laët a eu raiſon de dire que l'article des Oiſeaux ne fait aucune difficulté. Tout le monde ne ſera pourtant pas de leur avis, car combien connoiſſons-nous de Volatilles, qui ne peuvent ni nâger, ni voler ſi loin?

(a) Voyez M. Bergier, ſur les Grands Chemins des Romains.

Le

Le Pere de Acosta a aussi très-bien observé, au jugement du docte Hollandois, que les Bêtes Fauves ont pu trouver un passage libre par les Terres, & que, si l'on n'a rencontré dans le Nouveau Monde, ni Chevaux, ni Bœufs, il pouvoit ajoûter, ni Elephans, ni Chameaux, ni Rhinoceros, ni beaucoup d'autres; c'est que les Nations, qui y ont passé, n'en avoient point l'usage, ou n'ont pas eu la commodité de les y conduire. Il y a cependant des Bœufs en Amérique, mais d'une espece très-differente de tous ceux, que nous connoissons dans notre Hémisphere.

Pour ce qui est des Hommes, de Hornn exclut de l'Amérique, 1°. Les Ethiopiens, & tous les Noirs, tant de l'Asie que de l'Afrique: le peu de Negres, qu'on a trouvé dans la Province de *Careta*, y ayant sans doute été conduits par quelque accident, ou par quelque hazard peu de tems auparavant. 2°. Les Norvégiens, les Danois, les Suédois, les Celtes, en un mot, tous les Peuples du Nord & du milieu des Terres de l'Europe & de l'Asie. Cependant les Celtes & les anciens Bretons étoient grands Navigateurs & autant à portée qu'aucun autre Peuple de se transporter en Amérique. 3°. Les Samojedes & les Lappons. Sa raison pour exclure toutes ces Nations, est qu'en Amérique on ne voit personne, qui ait les cheveux blonds & frisés, ni qui porte de la barbe, si ce n'est les *Miges*, dans la Province de *Zapoteca*, les *Scheries*, vers *Rio de la Plata*, & les *Malopoques*, dans le Bresil. Les Esquimaux ont aussi les cheveux blonds; & ces exceptions ne laissent pas d'embarrasser.

Tous les Indiens de l'Asie, continue de Hornn, croyent la Métempsycose: donc ils n'ont point passé en Amérique, où on ne la connoît point. Cependant de bons Auteurs, & surtout le Sçavant KŒMPFER, prétendent que la Métempsycose n'a été portée aux Indes, que par XACA, qui vraisemblablement étoit un des Prêtres Egyptiens, que Cambise chassa de leur Pays, quand il en eut fait la conquête. Avant lui, la Religion du Feu, & le Culte du Soleil, étoient répandus dans la Perse & dans les Indes, & l'un & l'autre sont fort anciens dans une bonne partie de l'Amérique. Autre preuve, qui ne me paroît pas plus convainquante, quoiqu'appuyée de l'autorité de DIODORE de Sicile. Les Indiens n'ont jamais, dit-on, envoyé de Colonies hors de chez eux: donc ils n'ont point contribué à peupler le Nouveau Monde. Ces propositions générales font bien difficiles à démontrer, fur-tout par rapport à un Pays tel que les Indes, occupé par tant de Nations, de mœurs, d'ufages, & de génies fi differens.

Les Grecs & les Latins font encore exclus du Nouveau Monde. Ils ne pouvoient pas, felon notre Auteur, naviguer au-delà de Cadix, par la raifon, que les Carthaginois, puiffans fur la Mer Atlantique, ne les y auroient pas foufferts. Cette preuve me paroît bien foible, fur-tout par rapport aux Grecs, qui ayant fondé Cadix, pouvoient y être affez forts pour tenir la Mer malgré les Carthaginois. J'aimerois mieux dire qu'HERCULES s'étant perfuadé qu'il n'y avoit rien au-delà de cette Mer, il n'eft pas venu à l'efprit de fes Compatriotes de s'y embarquer, ce qui ne feroit pourtant qu'une conjecture affez aifée à détruire.

Enfin, les Chrétiens, les Hébreux, les Mahométans, fi on en croit de Hornn, ne fe font point établis dans le Nouveau Monde; & fi ce Sçavant ne rejette pas abfolument tout ce qu'on a publié des Croix, du Baptême, de la Circoncifion, de la Confeffion, des Jeûnes, & des autres pratiques de Religion, dont on a prétendu avoir trouvé des veftiges dans l'Yucatan & ailleurs, nous allons voir quel égard il y a eu dans l'arrangement de fon fyftême, dont voici le plan.

Il fuppofe d'abord que l'Amérique a commencé d'être peuplée par le Nord; & regardant comme une fuppofition dénuée de fondement, la Barriere de l'Ifthme de Panama, que Grotius a cru n'avoir point été franchie avant les Efpagnols, il foûtient que les premieres Colonies font allées beaucoup au-delà, puifque l'on rencontre dans toute l'étenduë de ce Continent, dans la Partie Méridionnale, comme dans la Septentrionnale, des traces certaines du mêlange des Nations du Nord avec celles, qui font venuës d'ailleurs. Il croit que les premiers Fondateurs de ces Colonies font des Scythes; que les Phéniciens & les Carthaginois ont abordé enfuite en Amérique par l'Ocean Atlantique, & les Chinois par la Mer Pacifique, mais que de tems en tems d'autres Peuples ont pû y paffer par quelqu'une de ces voyes, ou y avoir été jettés par la Tempête; enfin, que quelques Chrétiens & quelques Juifs ont pû s'y trouver tranfportés par quelque événement semblable, mais dans un tems, où tout ce Nouveau Monde étoit peuplé.

Il observe, ce me semble, très-bien que les Géans, qu'on a pu voir en quelques endroits de l'Amérique, ne prouvent rien ; que si dans les premiers siécles ils étoient moins rares, on ne peut pas dire qu'ils ayent jamais fait un Corps de Nation ; que comme leurs Descendans n'ont pas tous hérité de leur taille, des hommes d'une structure ordinaire ont pu produire, & produisent encore aujourd'hui de ces Colosses, ainsi qu'on le peut voir dans les Relations modernes de la Virginie, & du Sénégal. Jusqu'ici il ne dit rien de nouveau, & la plupart de ses observations avoient été faites avant lui : mais voici du neuf, qui lui est propre : il passe de la possibilité au fait, & des conjectures aux assertions, & cet essor une fois pris, il va fort loin : suivons-le, il nous divertira, & de tems en tems il nous dira d'assez bonnes choses.

Laissant à part les Scythes, qu'il suppose avoir passé par le Nord en Amérique, & y avoir formé les premieres Peuplades, il établit une premiere transmigration de Phéniciens, en posant pour principe que dès les premiers tems ils ont été Navigateurs, & ont rempli tout notre Hemisphere de leurs Colonies : mais il est bon d'observer, que sous le nom de Phéniciens, il comprend aussi les Cananéens. Il trouve dans STRABON que les Phéniciens sont entrés dans la Mer Atlantique, & ont bâti des Villes au-delà des Colonnes d'Hercules. APPIEN, continuë-t'il, & PAUSANIAS ont écrit que les Carthaginois, qui étoient originaires de Phénicie, ont couvert toutes les Mers de leurs Flottes : HANNON a fait le tour de l'Afrique ; les Canaries étoient connuës des Anciens. On sçait d'ailleurs que les premiers Phéniciens établis en Afrique y ont eu à soûtenir de grandes guerres contre les Naturels du Pays, qui leur ruinerent plus de trois cent Villes dans la Mauritanie. ERASTOTHENE est ici son garant, & il préfere l'autorité de cet ancien Ecrivain à celles de Strabon & d'ARTEMIDORE, qui le contredisent. Où ces Phéniciens, ajoûte-t'il, auroient-ils pû se retirer, après de si grandes pertes, que dans l'Amérique ?

Cette premiere Transmigration lui paroît certaine, dès qu'elle est possible, & il la juge très-ancienne ; mais il se mocque d'OPMÉER, qui a avancé que les Afriquains des environs du Mont Atlas ont navigué en Amérique avant le Déluge. Il croit bien que tout ce que Platon a dit de l'Atlantide, n'est pas exact, mais il prétend qu'il y a du vrai dans la description, qu'il en fait. Il observe qu'on a nommé Atlantides toutes les Isles, qui sont à l'Occident de l'Afrique, & il estime vraisemblable que l'Atlantide de Platon étoit dans l'Amérique, & qu'elle a été submergée par le Déluge, dont il reste encore quelque leger souvenir parmi les Amériquains. Il dit encore que, selon Pierre Martyr d'Anglerie, les Insulaires des Antilles racontoient que leurs Isles avoient été autrefois jointes à la Terre-ferme, & n'en avoient été séparées, que par des Tremblemens de Terre, & de grandes Inondations: qu'on trouve encore dans le Pérou des vestiges d'un Déluge, & que toute l'Amérique Méridionnale est pleine d'eau. Il auroit pû y joindre la Septentrionnale, où la Nouvelle France seule a plus d'eaux, que tout le reste de ce grand Continent.

Diodore de Sicile a écrit que les Phéniciens avoient navigué fort loin dans l'Océan Atlantique, & forcés par des Tempêtes, avoient pris Terre à une grande Isle, à l'Occident de la Lybie, où ils avoient trouvé un Terrein fertile, des Fleuves naviguables, & de somptueux Edifices. De Hornn explique ceci de la seconde Transmigration de ces Peuples en Amérique. Diodore ajoûte que dans la suite les Carthaginois, vexés par les Tyriens & par les Habitans de la Mauritanie, qui ne leur donnoient ni paix, ni tréve, menerent dans cette Isle des Colonies, & tinrent la chose secrete, afin d'avoir toujours de ce côté-là une retraite assûrée, en cas de disgrace. D'autres Auteurs, que de Hornn ne nomme pas, ont prétendu que ces Voyages se faisoient à l'insçû des Magistrats, lesquels s'appercevant que leur Etat se dépeuploit, & ayant découvert la source de ce désordre, défendirent cette navigation sous de très-griéves peines.

Enfin, la troisiéme Transmigration des Phéniciens dans le Nouveau Monde fut occasionnée, selon notre Auteur, par un Voyage de trois ans, que fit la Flotte Tyrienne, qui étoit au service de Salomon. D'abord, sur l'autorité de Joseph, il assûre qu'Asion-Gaber, où se fit l'embarquement, est un Port de la Méditerranée. La Flotte, ajoûte-t'il, alloit chercher des Dents d'Eléphans & des Paons fur la Côte Occidentale d'Afrique, qui eft *Tharfis* : c'eft auffi le fentiment de M. Huet : puis de l'Or à *Ophir*, qui eft *Haïti*, l'Ifle Efpagnole : Chriftophe Colomb l'avoit dit avant lui, felon quelques-uns, & Vatable a certainement été du même fentiment. De Hornn revenant enfuite aux Ifles Atlantiques, veut nous perfuader que les Phéniciens y ont eu en divers tems des Colonies, & que la *Cerné* des Anciens eft la Grande Canarie, laquelle doit fon nom aux Cananéens, qui s'y réfugierent.

Une des Canaries s'appelle *la Gomera* : le docte de Hornn ne doute point qu'elle ne doive fon nom aux Amorrhéens, qui vinrent l'habiter, après avoir été chaffés de la Paleftine par les Hébreux. Faut-il s'étonner après cela, s'il retrouve *le Cham* des Phéniciens dans les *Chemez* de l'Ifle Haïti, dans les *Camis* du Japon, & dans le *Chile Cambal* de l'Yucatan ? Tout eft à peu près de la même force & du même goût dans le détail, où il entre enfuite pour découvrir des traces de la Religion & des Mœurs Phéniciennes dans le Nouveau Monde. Mais il fait ici une remarque, que je ne dois point paffer fous filence, c'eft que les premiers Phéniciens, qui s'établirent dans l'Afrique, & dans les Ifles Baleares, n'avoient ni Caracteres, ni aucun ufage de l'Ecriture, & que Cadmus, qui étoit Phénicien, porta dans la Grece, non les Caracteres, dont fa Nation s'eft fervie depuis, mais ceux, dont fe fervoient de fon tems les Egyptiens.

Toutes ces Tranfmigrations ont précédé de plufieurs fiécles la Venuë de Jefus-Chrift : en voici de plus modernes. Notre Auteur diftingue trois fortes de Scythes, qui ont paffé dans le Nouveau Monde, des Huns, des Tartares du Cathay, & des Chinois. A coup fûr, les Partifans de l'Antiquité de la Nation Chinoife ne lui pafferont pas que ce grand Empire a eu des Scythes pour Fondateurs, & ceux mêmes, qui n'admettent point ce qu'il y a d'incertain dans les prétentions de quelques Chinois, ne feront pas de fon avis. Il eft aujourd'hui conftant que l'Empire Chinois n'eft pas fort poftérieur aux Petits-Fils de Noé. Mais nous ne finirions point, fi nous voulions relever toutes les fuppofitions fauffes & hafardées de l'Ecrivain Hollandois.

Sous le nom de Huns, il comprend des Nations fans nombre, qui occupoient un Pays immenfe : & l'occafion du pafſage de pluſieurs en Amérique fut, ſelon lui, leur multitude & leurs guerres inteſtines. Pour ce qui eſt de la route, qu'il leur fait prendre, il prétend qu'ils paſſerent par l'extrémité du Nord, où ils trouverent des Mers glacées. Puis oubliant ce qu'il venoit de dire du nombre infini de ces Barbares, que leurs vaſtes Contrées ne pouvoient plus contenir; comme il avoit déja oublié ce qu'il avoit dit d'abord, que les premieres Peuplades de l'Amérique s'étoient formées par les Scythes, il nous avertit que ſi les Quartiers Septentrionnaux de l'Amérique ſont les moins peuplés, c'eſt que le Pays des Huns l'a été fort tard, & qu'encore aujourdhui il ne l'eſt pas beaucoup.

Mais, allerent-ils tous par le même chemin? Non, car tandis que le plus grand nombre tournoit à droite, vers l'Orient, ceux, qu'on appelloit *Finnes*, & que Corneille Tacite place dans la Finlande, les *Samojedes*, & les *Caroliens* prirent à gauche par l'Occident, traverſerent la N. Zemble, la Lapponie, & le Groënland, d'où il juge auſſi que des Norvegiens, qui avoient été autrefois débarqués dans le Groënland, & dont on ne trouva plus un ſeul en 1348, ont pénétré dans le Nord de l'Amérique, pour y chercher des Pays plus habitables. Rien dans le fond n'empêche de croire que les Eskimaux & quelques autres Nations voiſines de la Baye d'Hudſon, tirent leur Origine des Norvégiens Groënlandois, s'il y en a jamais eu. Ce qui eſt certain, c'eſt que les Eskimaux n'ont rien de commun, ni pour le langage, ni pour les mœurs, ni pour la maniere de vivre, ni pour la couleur du Corps & des Cheveux avec les Peuples du Canada même, leurs plus proches Voiſins.

Quant à certains Animaux, tels que les Lions & les Tygres, qui, ſelon toutes les apparences, ont paſſé de la Tartarie & de l'Hircanie dans le Nouveau Monde, leur paſſage pourroit bien être une preuve que les deux Hemiſpheres ſe touchent par le Nord, du côté de l'Aſie, & ce n'eſt pas la ſeule, que nous en ayions, ſi ce que j'ai ſouvent oüi raconter, comme un fait certain, du Pere Grellon, Jéſuite François, eſt véritable. Ce Pere, dit-on, après avoir travaillé quelque tems dans les Miſſions de la Nouvelle France, paſſa à celles de la Chine. Un jour, qu'il voyageoit en Tartarie, il rencontra une Femme Huronne, qu'il avoit connuë en

Canada : il lui demanda par quelle aventure elle se trouvoit dans un Pays si éloigné du Sien ? Elle répondit qu'ayant été prise en guerre, elle avoit été conduite de Nation en Nation jusqu'à l'endroit, où elle se trouvoit. On m'a encore assûré qu'un autre Jésuite passant par Nantes au retour de la Chine, y avoit rapporté un trait assez semblable d'une Femme Espagnole de la Floride : elle avoit été prise, disoit-il, par des Sauvages, & donnée à une Nation plus éloignée, & par celle-ci à une autre; elle avoit ainsi successivement passé de Pays en Pays, traversé des Régions très-froides, & s'étoit enfin rencontrée en Tartarie, y avoit épousé un Tartare, qui avoit passé en Chine avec les Conquérans, & s'y étoit établi.

A la vérité ceux, qui ont navigué le plus loin à l'Orient de l'Asie, en suivant les Côtes d'Yesso, ou de Kamtschatka, ont prétendu appercevoir l'extrémité de ce Continent, & ont conclu qu'entre l'Asie & l'Amérique, il n'y avoit point de communication par Terre ; mais outre que François GUELLA, Espagnol, si on en croit Jean Hugues de LINSCHOOTEN, a vérifié que cette séparation n'étoit qu'un Détroit de cent milles de large, les dernieres navigations des Japonnois donnent lieu de juger que ce Détroit n'est qu'une Baie, au-dessus de laquelle on peut passer par Terre.

Revenons à Georges de Hornn. Cet Ecrivain ne s'exprime pas exactement, lorsqu'il dit que l'Amérique Septentrionnale est remplie de Lions & de Tygres. On trouve bien dans le Pays des Iroquois une espece de Tygres, dont le poil est de petit gris, qui ne sont pas mouchetés, dont la queuë est fort longue, & dont la chair est bonne à manger : mais à cela près, ce n'est que vers le Tropique, que l'on commence à voir de vrais Tygres & de vrais Lions, ce qui ne prouve pourtant point, qu'ils n'y soient point venus de la Tartarie & de l'Hircanie : mais comme en avançant toujours au Sud, ils y ont trouvé des Climats, qui leur convenoient davantage, on peut croire qu'ils ont tout-à-fait abandonné les Pays Septentrionnaux.

Ce que SOLIN & Pline rapportent, que les Scythes Anthropophages ont dépeuplé une grande étenduë de Pays, jusqu'au Promontoire *Tabin* : & ce que Marc Pol de Venise nous apprend, qu'au Nord-Est de la Chine & de la Tartarie il y a de vastes Pays inhabités, pourroient bien confirmer la conjecture de notre Auteur touchant la retraite d'un grand nombre de Scythes en Amérique. On trouve dans les Anciens les noms de quelques-uns de ces Peuples : PTOLÉMÉE parle des *Tabiens*; Solin nomme les *Apaléens*, qu'il dit avoir eu pour Voisins les *Messagetes*, & que Pline assûre avoir disparu. Ammien MARCELLIN dit expressément que la crainte des Anthropophages obligea plusieurs des Habitans de ces Contrées à se réfugier ailleurs. Toutes ces Autorités forment, ce me semble, au moins une forte conjecture, que plus d'une Nation Amériquaine a une Origine Scythe ou Tartare.

Jusques-là de Hornn ne s'égare donc pas si loin de son but, qu'il n'y revienne de tems en tems, & l'on reconnoît le Sçavant jusques dans ses écarts. Mais à la fin on diroit qu'à force de vouloir conjecturer sur des convenances de noms, la tête lui a tourné. Qui ne riroit, par exemple, en lui voyant avancer sérieusement que les *Apalaches*, Nation Floridienne, sont les *Apaléens* de Solin, & que des *Tabiens* de Ptolémée sont descendus les *Tombas* du Perou ? Ce qui suit est encore plus risible. Il y a, dit-on, un Peuple Voisin des Mogols, qu'on appelle *Huyrons*. Voilà les *Hurons* du Canada : Herodote donne aux Turcs le nom d'*Yrcas*. Voilà les Iroquois & les *Souriquois* de l'Acadie. Par malheur pour de si rares découvertes, la conjecture porte à faux : car tous ces noms des Sauvages de la Nouvelle France, ou presque tous, sont de la façon des François.

Il y a plus, les Hurons & les Iroquois, à qui notre Auteur donne des Origines si differentes, parlent à peu près la même langue ; l'une est une Dialecte de l'autre : au lieu que les Souriquois, auxquels de Hornn donne les mêmes Ancêtres, qu'aux Iroquois, n'ont absolument rien de commun avec eux dans le Langage, ni dans le caractere d'esprit. La Langue, qu'ils parlent est une Dialecte Algonquine, & le Huron est aussi different de l'Algonquin, que le Latin l'est de l'Hébreu. Ne faut-il pas aussi avoir l'imagination bien frappée, pour se persuader que le *Meyra Humona* des Brasiliens, & le *Païeuma* des Habitans de Santa-Cruz, viennent de Saint Thomas, & sont dérivés de la Langue des Turcs, qui avant que de passer en Amérique, avoient eu quelque connoissance de cet Apôtre ?

La confiance abandonne notre Auteur, lorsqu'il semble

DES AMERIQUAINS. 33

qu'elle devroit moins lui manquer; il n'ose décider, si l'Amérique Méridionnale a peuplé les Terres Auftrales, ou si elle en a reçu ses Habitans: mais il la retrouve bientôt, & elle lui fait entreprendre de débrouiller l'Origine des Empires du Pérou & du Méxique. Il convient avec plusieurs Historiens, que ces Monarchies n'étoient pas fort anciennes, lorsque les Espagnols les détruisirent, & que leurs Fondateurs ont eu à combattre des Peuples Barbares, établis depuis lontems dans les Pays, qu'ils avoient choisis, sur-tout dans le Méxique, où les mœurs étoient bien moins douces au tems de Cortez, que parmi les Péruviens. Cette différence venoit apparemment de ce que les Conquerans du Méxique n'étoient pas auffi policés, que ceux du Perou.

Les uns & les autres, si on en croit de Hornn, sont néanmoins sortis des mêmes lieux: ce sont, dit-il, les Peuples du Cathay; les Japonnois, qui en sont originaires; les Chinois, qu'il suppose toujours descendus des Scythes; quelques Egyptiens & quelques Phéniciens, de qui ces deux Empires ont reçu toute leur Police, leur Religion, & les Arts. Voilà assurément une Origine bien mélangée, & bien bisarrement assortie. Mais enfin le Scavant Hollandois veut que tous ces Peuples ayent envoyé des Colonies en Amérique, & pour le prouver, il n'est pas concevable où il va chercher des noms Cathayens, Coréens, Chinois, & surtout Japonnois dans toutes les Parties du Nouveau Monde. Il y a souvent entre ces noms à peu près le même rapport, qu'entre l'*Alfana* & l'*Equus* de MÉNAGE; mais aussi on leur fait faire un si long chemin, qu'on ne doit pas être surpris, s'ils ont si fort changé sur la route.

Il n'y a pas jusqu'aux *Chiquites* du Paraguay, dont il ne fasse dériver le nom, lequel est purement de la façon des Espagnols, de celui de Cathay. Le nom d'*Incas*, qui étoit celui de la Famille Impériale du Perou, a, selon lui, trop de ressemblance avec le même nom de Cathay, pour qu'il soit permis de douter que ces Souverains ne tirassent leur Origine de ce grand Pays. En un mot, chercher des Catayens en Amérique, c'est, dit-il, chercher des Grecs en Italie, & des Phéniciens en Afrique. Les Coréens appellent leur Pays *Caoli*: donc la *Californie* a été peuplée par une Colonie Coréenne. *Chiappa*, Province du Méxique, peut-il venir d'ailleurs que de *Giapan*, nom, que quelques-uns donnent au Japon ? Motezuma, Empereur du Méxique, avoit une Barbe à la Chinoife : il n'en faut pas davantage pour le faire Originaire de la Chine. Ce n'eft pourtant pas fans fcrupule, que notre Auteur quitte les étymologies pour la figure de la Barbe : mais cette Barbe eft fort finguliere dans un Méxiquain. D'ailleurs il trouve que le nom du Monarque a beaucoup d'affinité avec celui de *Motuzaïuma*, qu'il prétend, je ne fçai fur quelle autorité, être un titre d'honneur au Japon : ainfi ce Prince pourroit bien tirer fon Origine de ces Ifles.

Cependant ce ne font ni les Cathayens, ni les Japonnois, qui ont fondé la Monarchie Méxiquaine : de Hornn en fait honneur à Facfur, Roy de la Chine, qui, détrôné par Cublay, Grand Cham des Tartares, s'enfuit avec cent mille Hommes fur mille Vaiffeaux en Amérique, & y devint le Fondateur d'un nouvel Empire. Manco, autre Prince Chinois, Originaire du Cathai, avoit fondé deux fiécles auparavant celui du Perou. Voilà bien des noms, que les Peres COUPLET, LE COMTE & DU HALDE ne fçavoient pas. Manco avoit porté les Arts à une très-grande perfection ; & ce fut lui, qui éleva ces Edifices fomptueux, qui étonnerent fi fort les Efpagnols. Il ne mena point de Chevaux en Amérique, parce que de fon tems, dit Marc Pol de Venife, il n'y en avoit point à la Chine. Mais pourquoi les Chinois du Perou n'ont-ils pas confervé leurs caracteres ? c'eft, répond de Hornn, qu'ils étoient trop difficiles à écrire ; ils ont trouvé qu'il étoit plus court & plus aifé d'y fuppléer par des figures fymboliques.

Voilà une partie de ce qui a été écrit fur la queftion préfente, & je fuis bien trompé, fi la fimple expofition de tant d'opinions diverfes n'eft pas fuffifante pour fournir à tout Lecteur attentif les lumieres, dont il a befoin pour prendre le feul parti, qui convienne fur cette grande controverfe, qu'on n'a fait qu'embrouiller, en voulant l'éclaircir. Il me paroît qu'elle fe réduit à ces deux points. 1°. Comment le Nouveau Monde a-t-il pu être peuplé ? 2°. Par qui, & par quelle voye l'a-t'il été ?

Rien, ce me femble, n'eft plus aifé que de répondre au premier. L'Amérique a pu être peuplée, comme les trois autres parties du Monde. On s'eft formé fur cela des difficultés, qu'on croyoit infolubles, & qui ne l'étoient point. Les Habitans de l'un & de l'autre Hemifphere, font certainement les Defcendans d'un même Pere. Ce Pere commun avoit reçu du Ciel un ordre précis de peupler toute la Terre, & elle l'a été. Il a fallu pour cela franchir des difficultés, & on les a franchies. Y en avoit-il de plus grandes pour les extrêmités de l'Afie, de l'Afrique, & de l'Europe ; pour fe tranfporter dans des Ifles affez éloignées de ce grand Continent, que pour paffer en Amérique ? non fans doute. La navigation, qui s'eft fi fort perfectionnée depuis trois ou quatre fiécles, étoit peut-être plus parfaite dans les premiers tems, qu'elle ne l'eft aujourd'hui. Du moins ne peut-on pas douter qu'elle ne fût alors dans le dégré de perfection néceffaire, pour le deffein, que Dieu avoit de peupler toute la Terre.

Tant que les Auteurs, que j'ai cités, s'en font tenus à cette poffibilité, qu'on ne fçauroit nier, ils ont raifonné fort jufte ; car s'il n'eft pas démontré qu'il y ait un paffage par Terre en Amérique, foit au Nord de l'Afie & de l'Europe, foit au Sud ; le contraire ne l'eft point : d'ailleurs des Côtes de l'Afrique au Brefil ; des Canaries aux Açorres, des Açorres aux Antilles, des Ifles Britanniques & des Côtes de France en Terreneuve, la Traverfée n'eft ni longue ni difficile : j'en pourrois dire autant de la Chine au Japon, du Japon & des Philippines aux Ifles Mariannes, & de-là au Méxique. Il y a dans l'Afie des Ifles auffi éloignées de tout Continent, où l'on n'a pas été furpris de trouver des Hommes ; pourquoi le feroit-on d'en avoir trouvé dans l'Amérique ? & peut-on concevoir que les Petits-Fils de Noé, lorfqu'ils furent obligés de fe féparer, & de fe répandre, felon les deffeins de Dieu, par toute la Terre, ayent été dans l'impoffibilité de peupler prefque la moitié de l'Univers ?

Il falloit donc s'en tenir là ; mais la queftion étoit trop fimple, & la réponfe trop aifée à faire. Les Sçavans veulent difcuter, & ils ont cru pouvoir décider comment, & par qui l'Amérique a été peuplée : & parce que les Hiftoires ne leur fourniffoient rien pour cela, plûtôt que de demeurer court, ils ont réalifé les conjectures mêmes les plus frivoles. Une fimple convenance de noms, une légere apparence leur ont paru des preuves, & fur ces fondemens ruineux ils ont bâti des systêmes, dont ils se sont entêtés, dont les plus ignorans peuvent appercevoir le faux, & qu'on renverse souvent par un seul fait, qui ne peut être contesté. De-là il est arrivé que la maniere, dont le Nouveau Monde a reçu ses premiers Habitans, demeurant fort incertaine, on a imaginé des difficultés, où il n'y en avoit point; on a porté l'extravagance jusqu'à se persuader que les Amériquains n'étoient point issus du premier Homme, que nous reconnoissons pour notre Pere commun; comme si l'ignorance de la maniere, dont un fait est arrivé, devoit le faire juger impossible, ou lui donnoit même un dégré de difficulté.

Ce qu'il y a en ceci de plus singulier, c'est qu'on n'a pas pris, pour sçavoir ce qu'on cherchoit, le seul moyen, qui nous restoit: je veux dire, la confrontation des Langues: en effet dans la recherche, dont il s'agit, il me paroît que la connoissance des Langues principales de l'Amérique, & leur comparaison avec celles de notre Hemisphere, qui sont regardées comme Primitives, pourroient nous faire parvenir à quelque heureuse découverte; & que ce moyen le moins équivoque de tous, de remonter à l'origine des Nations, n'est pas aussi difficile, qu'on pourroit le croire. Nous avons eu, & nous avons encore des Voyageurs & des Missionnaires, qui ont travaillé sur les Langues, qu'on parle dans toutes les Provinces du Nouveau Monde. Il ne faudroit que faire un Recueil de leurs Grammaires & de leurs Vocabulaires, & les rapprocher des Langues mortes, ou vivantes de l'ancien Monde, qui passent pour être originales. Les Dialectes mêmes, malgré l'altération, qu'elles ont soufferttes, tiennent encore assez de la matrice, pour nous fournir de grandes lumieres.

Au lieu de ce moyen, qu'on a négligé, on a cherché dans les Mœurs, les Coûtumes, la Religion, & les Traditions des Amériquains, leur premiere Origine: cependant je suis persuadé que cet examen ne peut produire qu'un faux jour, plus capable d'éblouir & d'égarer, que de conduire sûrement au but, qu'on se propose. Les anciennes Traditions s'effacent de l'esprit de ceux, qui n'é... ou qui pendant plusieurs siécles n'ont eu aucun secours pour les conserver; & la moitié du Monde est dans le cas. De nouveaux événemens, un nouvel ordre de choses, font naître d'autres Traditions, qui effacent les premieres, & font effacées à leur tour. Au bout d'un siécle ou deux on n'a plus rien, qui puisse servir de guide pour retrouver la trace des premieres Traditions.

Les Mœurs dégénerent en très-peu de tems par le Commerce avec d'autres Nations, par le mélange de plusieurs Peuples, qui se réunissent ; par le changement de domination, toujours suivi d'une nouvelle forme de gouvernement. À combien plus forte raison cette altération de mœurs & de caractere doit-elle être sensible parmi des Peuples errans, devenus Sauvages, vivant sans principe, & sans regles, qui les rappellent aux Mœurs antiques, telles que sont l'éducation, & la société. Les Coûtumes s'abolissent encore plus aisément. Un nouveau genre de vie en introduit de nouvelles, & l'on a bientôt oublié celles, que l'on a abandonnées. Que dirai-je de la privation des choses les plus nécessaires à la vie ? La nécessité, où l'on est de s'en passer, en fait perdre les noms avec l'usage.

Enfin rien n'a essuyé de plus promptes, de plus fréquentes & de plus étranges révolutions, que la Religion. Quand une fois on a renoncé à l'unique véritable, on ne tarde point à la perdre de vûë, & on s'engage dans un labyrinthe d'erreurs si peu liées entr'elles, parce que l'inconséquence & les contradictions sont l'appanage essentiel du mensonge, qu'il ne reste pas le moindre fil, qui puisse ramener à la vérité. Nous en avons vû dans le siécle précédent un exemple bien sensible. Les Boucaniers de S. Domingue étoient Chrétiens, & n'avoient de commerce qu'entr'eux : toutefois en moins de trente ans, par le seul défaut d'exercice de Religion, d'instruction, & d'une autorité, qui les retînt dans le devoir, ils en étoient venus jusqu'à n'avoir plus du Chrétien que le Baptême. S'ils avoient subsisté seulement jusqu'à la troisiéme génération, leurs Petits-Fils auroient été aussi peu instruits des principes du Christianisme, que les Habitans de la Nouvelle Guinée, ou des Terres Auftrales. Peut-être auroient-ils conservé quelques pratiques, dont ils n'auroient pû rendre raison, & n'est-ce pas de cette sorte que tant de Nations Infidéles se sont trouvées avoir mêlé dans leur Culte Idolatre, des Cérémonies, qui paroissoient copiées d'après les nôtres ?

Il n'en est pas de même des Langues. Je conviens qu'une

Langue vivante est sujette à de continuels changemens, & comme toutes l'ont été, on peut dire qu'aucune ne s'est conservée dans sa pureté originale. Mais il n'en est pas moins vrai, que malgré les changemens, que l'usage y a faits, elles n'ont pas perdu tout ce qui les distinguoit des autres, ce qui suffit pour ce qu'il nous faut dans le cas présent ; & que des ruisseaux, qui sont sortis des principales sources, je veux dire des dialectes, on peut remonter jusqu'aux Langues Meres, comment cela ? c'est que, suivant la remarque d'un sçavant Académicien (a), les Langues Meres se reconnoissent en ce qu'elles sont plus énergiques, que celles, qui en sont dérivées, parce qu'elles ont été formées sur la nature ; qu'elles contiennent un plus grand nombre de mots imitatifs des choses, dont ils sont les signes ; qu'elles doivent moins au hazard, & que le mêlange, qui a formé les dialectes, fait toujours perdre à celle-ci une partie de l'énergie, que leur donnoit le rapport naturel de leur son avec les choses, dont ils étoient les signes institués.

De-là je conclus, que si l'on trouve dans l'Amérique des Langues, qui ayent ces caracteres, il n'est pas permis de douter qu'elles ne remontent à la premiere origine des Langues ; & par conséquent que les Nations, qui les parlent, n'ayent passé dans cet Hemisphere assez peu de tems après la premiere dispersion des Peuples ; surtout, si dans notre Continent elles sont entierement inconnuës. J'ai déja observé, qu'on suppose gratuitement que les arrieres Petits-Fils de Noë, ou n'ont pu passer dans le Nouveau Monde, ou n'y ont pas pensé. Je ne vois en effet aucune raison, qui puisse autoriser une pareille supposition ; & qui peut croire de bonne foi, que Noë & ses Enfans en sçavoient moins que nous ; que l'Artisan & le Pilote du plus grand Navire, qui ait jamais été, d'un Navire, qui devoit voguer sur une Mer, laquelle n'avoit plus de bornes, & qui avoit à se garantir de tant d'écuëils, ait ignoré, & n'ait pas communiqué à ceux de ses Descendans, qui ont vécu avec lui, & par qui devoit s'exécuter l'ordre du Créateur, de peupler l'Univers, ne leur ait pas, dis-je, communiqué l'art de naviguer sur un Océan plus calme, & renfermé dans ses anciennes limites ?

Est-il même bien décidé, que l'Amérique n'a point eu

(a) M. l'Abbé Dubos, *Histoire de la Peinture & de la Poësie*.

d'Habitans avant le Déluge ? Eſt-il vraiſemblable que Noë & ſes Enfans n'ont connu que la moitié du Monde ; & Moyſe ne nous apprend-il pas que toutes les Terres & les Iſles les plus éloignées ont été peuplées ? Comment accorder cela avec la prétention de ceux, qui ſoûtiennent que les Premiers Hommes ignoroient l'art de naviguer ; & peut-on bien dire ſérieuſement, contre l'autorité d'un témoignage ſi reſpectable, comme a fait Jean de Laët, que la navigation eſt un effet de l'audace des Hommes ; qu'elle n'entroit point dans les vûës directes du Créateur, & que Dieu avoit abandonné la Terre aux Hommes, & l'Eau aux Poiſſons ? D'ailleurs les Iſles ne ſont-elles point partie de la Terre, & n'y a-t-il point des endroits du Continent, où il étoit plus naturel d'aller par Mer, que par de longs détours, ſouvent impraticables, ou du moins d'une difficulté capable de faire tout entreprendre pour les éviter ?

Il eſt certain que l'art de naviguer a eu le ſort de quantité d'autres, dont on n'a aucune preuve que nos premiers Peres ont été privés, dont quelques-uns ſont perdus, & d'autres n'ont été conſervés que dans un petit nombre de Nations : mais qu'eſt-ce que cela prouve ? Il faut toujours en revenir à ce principe, que les Arts néceſſaires aux deſſeins de Dieu n'ont point été ignorés de ceux, qui les devoient remplir. L'induſtrie en a peut-être fait inventer, qui n'étoient qu'utiles ; & la cupidité en a fait découvrir, qui ne pouvoient ſervir, qu'à ſatisfaire nos paſſions. On peut croire auſſi que ce qui en a fait tomber pluſieurs dans l'oubli, c'eſt qu'ils n'étoient plus néceſſaires, & que telle a été la navigation de long cours, dès que toutes les parties de la Terre ont eu des Habitans. Il ſuffiſoit pour le Commerce de ranger les Côtes, & de traverſer aux Iſles les plus proches. Faut-il s'étonner que, faute d'uſage, on ait perdu le ſecret de faire de longues courſes ſur un Elément ſi inconſtant, & ſi ſouvent orageux ?

Qui peut même aſſûrer qu'on l'ait perdu ſi-tôt ? Strabon dit en pluſieurs endroits que les Habitans de Cadix & tous les Eſpagnols avoient de grands Vaiſſeaux, & excelloient en l'art de naviguer. Pline ſe plaint de ce que de ſon tems la navigation n'étoit pas auſſi parfaite, qu'elle l'avoit été pluſieurs ſiécles auparavant ; les Phéniciens & les Carthaginois ont eu lontems la réputation d'être habiles & hardis

Navigateurs. Le P. de Acosta convient que Vasco de Gama trouva parmi les Habitans du Mozambique l'usage de la Boussole. Les Insulaires de Madagascar ont une Tradition, qui porte que les Chinois ont envoyé une Colonie dans leur Isle. Rejetter cette Tradition sur l'impossibilité de naviguer si loin sans Boussole, n'est-ce pas une pure pétition de principe ? Car enfin si la Boussole est nécessaire pour aller de la Chine à Madagascar, j'ai autant de droit de dire, sur la foi d'une Tradition constante dans une grande Isle ; les Chinois ont passé à Madagascar, donc ils connoissoient l'usage de la Boussole ; qu'on en a de raisonner ainsi : les Chinois ignoroient l'usage de la Boussole, donc ils n'ont point passé à Madagascar. Je n'entreprends pourtant pas de soûtenir le fait, quoique je puisse le faire avec de bons Auteurs ; mais je serois aussi fondé à l'avancer, que d'autres à le rejetter.

Les Chinois, dont l'Origine remonte aux Petits-Fils de Noë, ont eu anciennement des Flottes ; c'est un fait assez bien établi dans l'Histoire : Qui a pu les empêcher de passer au Mexique par les Philippines ? Les Espagnols font tous les ans cette route. De-là ils ont pu en rangeant la Côte peupler toute l'Amérique du côté de la Mer du Sud. Les Isles Mariannes, & tant d'autres, qu'on découvre tous les jours dans l'espace de Mer, qui sépare la Chine & le Japon de l'Amérique, ont pu être peuplées de la même maniere, les unes plûtôt, & les autres plus tard. Les Habitans des Isles de Salomon, ceux de la Nouvelle Guinée, de la Nouvelle Hollande, & des Terres Australes ressemblent trop peu aux Amériquains, pour qu'on puisse imaginer qu'ils ayent la même origine, si on ne remonte pas aux tems les plus éloignés. Leur ignorance ne permettra jamais de sçavoir d'où ils la tirent ; mais enfin tous ces Pays sont peuplés : il est bien vraisemblable que quelques-uns l'ont été par accident. Or s'ils l'ont pu être de cette maniere, pourquoi veut-on qu'ils ne l'ayent pas été dans le même tems & par la même voye, que les autres parties de la Terre ?

Les anciens Celtes & les Gaulois, si renommés par leur habileté dans la Navigation, qui ont envoyé tant de Colonies jusqu'aux extrémités de l'Asie & de l'Europe, & dont on ne sçauroit presque nier que l'Origine ne remonte jusqu'aux

Enfans

DES AMERIQUAINS.

Enfans de Japhet, n'ont-ils pas pu pénétrer par les Açorres jufqu'en Amérique ? & fi on objecte que les Açorres étoient fans Habitans au quinziéme fiécle, je réponds que ceux, qui les Premiers ont découvert ces Ifles, les ont fans doute négligées, pour aller s'établir dans de plus grandes, de plus fertiles, & dans un Continent immenfe, dont elles ne font pas fort éloignées. Les Eskimaux & quelques autres Nations de l'Amérique Septentrionale reffemblent fi fort à ceux du Nord de l'Europe & de l'Afie, & fi peu aux autres Peuples du Nouveau Monde, qu'il n'eft pas difficile de reconnoître qu'ils defcendent des Premiers, & qu'ils n'ont rien de commun dans leur Origine moderne avec les Seconds ; je dis leur Origine moderne, car il n'y a guéres d'apparence qu'elle foit ancienne ; & il n'y a aucun inconvénient à fuppofer que des Pays fi peu habitables, ont été habités plus tard que les autres.

Il n'en eft pas de même du refte de l'Amérique ; on ne me perfuadera jamais qu'une partie fi confidérable de la Terre ait été ignorée ou négligée des premiers Fondateurs des Nations; & la raifon, qui fe tire du caractere des Amériquains, & de la peinture affreufe, qu'on en a faite d'abord, ne prouve rien contre leur antiquité. Il y a trois mille ans au plus, que l'Europe étoit pleine de Peuples auffi Sauvages & auffi peu policés, que la plûpart d'entr'eux, & elle en a encore quelques reftes. L'Afie, le premier féjour des Hommes, & par conféquent le premier fiége de la Religion, des bonnes mœurs, des Sciences & des Arts, & le centre des plus anciennes & des plus pures Traditions, ne voit-elle pas encore fes plus floriffants Empires environnés de la plus épaiffe barbarie ? L'Egypte, qui s'eft vantée d'avoir été la fource des plus belles connoiffances, & qui eft retombée dans l'ignorance la plus profonde ; l'Empire des Abyffins fi ancien, & autrefois fi floriffant ; la Lybie, qui a produit tant de Grands Hommes ; la Mauritanie, d'où font fortis tant de Sçavants en tout genre, n'ont-ils pas toujours eu dans leur voifinage des Peuples, qui fembloient n'avoir de l'Homme que la figure ? Pourquoi s'étonner que les Amériquains, fi lontems ignorés du refte du Monde, foient devenus Barbares & Sauvages, & que leurs plus floriffants Empires fe foient trouvés dénués de tant de chofes, qu'on croyoit d'une néceffité indifpenfable dans notre Hemifphere.

Tome III.   F

Qu'on recherche ce qui avoit rendu si feroces les Montagnards des Pyrenées, dont plusieurs le sont encore ; quelle est l'Origine des Lappons & des Samojedes, d'où sont venus les Cafres & les Hottentots. Pourquoi sous les mêmes paralleles il y a des Noirs en Afrique, & il n'y en a point ailleurs ; & on pourra trouver de quoi répondre aux mêmes questions touchant les Eskimaux & les Algonquins, les Hurons & les Sioux, les Guayranis & les Patagons. Que si on demande pourquoi les Amériquains n'ont point de barbe, ni de poil par tout le corps, & pourquoi la plûpart sont de couleur rougeâtre, je demanderai à mon tour pourquoi la plûpart des Afriquains sont noirs ? Cette question n'entre pour rien dans la dispute sur l'Origine des Amériquains.

Les Nations Primitives se sont mêlées & divisées à diverses reprises ; les guerres étrangeres & domestiques, aussi anciennes que la passion de dominer ; la nécessité de se séparer & de s'éloigner, soit parce qu'un Pays ne pouvoit plus contenir ses Habitans, qui se multiploient à l'infini, soit parce que les plus Foibles étoient obligés de fuir devant les plus Forts ; l'inquiétude & la curiosité, si naturelles aux Hommes, mille raisons, qu'il est aisé d'imaginer, & qui entroient toutes dans les desseins de la Providence ; la maniere, dont se sont faites ces transmigrations ; la difficulté de conserver les Arts & les Traditions parmi des Fugitifs transplantés dans des Pays incultes, & hors de portée d'avoir quelque Commerce avec les Nations civilisées : tout cela est aisé à concevoir. Les accidens imprévûs, les tempêtes & les naufrages ont certainement contribué à peupler toute la Terre habitable ; & faut-il s'étonner après cela de certains rapports, qu'on apperçoit entre des Peuples aujourd'hui si éloignés les uns des autres, & de la difference, qui se trouve entre des Nations voisines ?

On peut comprendre encore qu'il a du arriver qu'une partie de ces Hommes errants, ou forcés par la nécessité de se réunir pour se défendre, & se soustraire à la domination d'un Peuple puissant, ou entraînés par l'éloquence & l'habileté d'un Législateur, ayent formé des Corps de Monarchies, se soient soumis à des Loix, se soient rassemblés en Corps de Nations. Tels ont été les commencemens des plus anciens Empires dans l'Ancien Monde ; tels ont pu être ceux du Perou & du Mexique dans le Nouveau ; mais les monumens hiſtoriques nous manquent pour en ſçavoir davantage, & il n'y a, je le répete, que la connoiſſance des Langues primitives, qui puiſſe porter quelque jour dans ces ténébres. Il eſt aſſez étonnant qu'on ait négligé juſqu'à préſent un moyen ſi naturel, & d'une exécution ſi facile, de faire des découvertes auſſi intéreſſantes pour le moins, que la plûpart de celles, qui occupent les Sçavans depuis deux ſiécles. On connoîtroit du moins parmi ce prodigieux nombre de Peuples divers, qu'on voit dans l'Amérique, & differens entr'eux de Langage, quels ſont ceux, qui parlent des Langues totalement differentes de cèlles de l'Ancien Monde, & qui par conſéquent doivent être cenſés avoir paſſé en Amérique dans les premiers tems, & ceux, qui, par l'Analogie de leur Langue avec celles, qui ſont en uſage dans les trois autres Parties du Monde, donnent lieu de juger que leur Tranſmigration eſt plus récente, & doit être attribuée, ou à quelque naufrage, ou à quelque accident ſemblable à ceux, dont j'ai parlé dans le cours de cette Diſſertation.

JOURNAL HISTORIQUE D'UN VOYAGE DE L'AMERIQUE.

Addreßé à M^{de} la Duchesse de Lesdiguieres.

1720.
Juin.

PREMIERE LETTRE.

A Rochefort, ce trentiéme de Juin, 1720.

ADAME,

Vous avez souhaitté que je vous écrivisse régulierement par toutes les occasions, que j'en pourrois trouver, & je vous l'ai promis, parce qu'il ne m'est pas permis de vous rien refuser: mais je crains fort que vous ne vous lassiez bientôt de recevoir mes Lettres: car je ne puis me persuader que vous les trouviez aussi intéressantes, que vous avez cru qu'elles le devoient être. En effet, c'est sur un Journal suivi, que vous avez compté; mais en premier lieu, je prévois que les Messagers, dont je me servirai, pour vous faire tenir mes Lettres, ne seront pas tous bien fidéles, ni des plus exacts; & si cela est, vous n'aurez qu'un Journal tronqué & sans suite: d'ailleurs je ne sçai pas trop de quoi je les remplirai. Car vous n'ignorez pas que l'on m'envoye dans un Pays, où je ferai souvent cent lieuës, & davantage, sans rencontrer un Homme, & sans voir autre chose que des Bois, des Lacs, des Rivieres & des Montagnes. Et quels Hommes encore, que ceux, qu'on y peut rencontrer ? Des Sauvages, dont je n'entends point la Langue, & qui ne sçavent pas la mienne. De plus, que me diroient-ils ? Ils ne sçavent rien ; & que leur dirai-je ? Ils ne sont pas plus curieux d'apprendre des nouvelles d'Europe, que vous ni moi, Madame, ne le sommes d'être instruits de leurs affaires.

1720.
Juin.

En second lieu, quand je serois Homme à user du privilége des Voyageurs ; je vous connois trop, pour oser prendre cette liberté avec vous, & pour me flatter de vous en faire accroire. Mais ne craignez rien, je ne me sens point d'inclination à forger des aventures ; j'ai déja fait l'expérience de ce que dit un Ancien qu'on ne change point de caractere en passant la Mer, ni en changeant de Climat, & j'espere conserver celui de sincérité, que vous me connoissez, en parcourant l'Amérique, & les Mers, qui la séparent de nous. Vous étiez en peine de ma santé, qui ne vous paroissoit pas en assez bon état pour entreprendre un Voyage si pénible ; graces au Seigneur, elle se fortifie de jour en jour, & je voudrois bien être aussi sûr d'avoir toutes les autres qualités nécessaires, pour m'acquitter, comme il faut, de la Commission, dont on m'a chargé. Mais croiriez-vous bien, Madame, que j'ai déja pensé perir à moitié chemin de Paris à Rochefort ? Vous n'avez, peut-être pas oublié que je vous ai souvent dit que nos Rivieres de France ne sont que des Ruisseaux, en comparaison de celles de l'Amérique : il s'en est peu fallu que la Loire n'ait été vengée de cet outrage.

J'avois pris une Cabanne à Orleans avec quatre ou cinq Officiers du Régiment de Conti, Infanterie. Le seize, étant vis-à-vis de Langets, & ne pouvant avancer à cause d'un vent contraire assez fort, nous voulûmes gagner cette Bourgade pour nous assûrer d'un bon gîte, au cas qu'il fallût y passer la nuit. Il falloit pour cela traverser la Riviere, & nous le proposâmes à nos Bateliers, qui y témoignerent de la répugnance ; mais c'étoit de jeunes Gens, & comme nous insistâmes, ils n'oserent nous contredire. Nous n'étions pas encore au milieu du Canal, que nous aurions bien voulu être à recommencer ; mais il n'étoit plus tems, & ce qui me fâchoit le plus, c'est que c'étoit moi, qui avoit ouvert l'avis, qu'on se repentoit fort d'avoir suivi. Nous étions véritablement en grand danger, & on le voyoit bien sur le visage de nos Conducteurs ; ils ne se démonterent pourtant point, & manœuvrerent si bien, qu'ils nous tirerent d'affaire.

Le danger passé, quelqu'un de la Compagnie, lequel avoit été plusieurs fois sur le point de se déshabiller pour se jetter à la nâge, se mit à crier de toute sa force, mais d'un ton, qui faisoit voir que le Cœur lui battoit encore, que j'avois eu grand'peur. Il disoit peut-être plus vrai, qu'il ne pensoit ; mais à coup sûr, il devinoit, car pour écarter les reproches, que l'on commençoit à me faire, & pour tâcher de persuader les autres, qu'il n'y avoit pas de danger, j'avois fait assez bonne contenance. On rencontre assez souvent de ces faux Braves, qui, pour cacher la frayeur, dont ils sont saisis, veulent faire diversion, en donnant sur ceux, qui sont beaucoup plus rassûrés qu'eux-mêmes. Cependant, Madame, si je croyois aux présages, voilà bien de quoi augurer mal d'un Voyage, où je dois faire plus de trois mille lieues sur Mer, & naviguer en Canot d'Ecorce sur deux des plus grands Fleuves du Monde, & sur des Lacs presque aussi grands & pour le moins aussi orageux, que le Pont Euxin & la Mer Caspienne.

La Loire ne fut point traitable tout le reste du jour, & nous couchâmes à Langets ; nos Officiers, qui avoient à leur tête leur Lieutenant de Roi, étoient de fort honnêtes gens, & d'un aimable commerce. Ils avoient d'ailleurs beaucoup de Religion, & ils en donnerent une preuve, qui n'avoit rien d'équivoque. Une espece d'Aventurier, moitié Petit-Maître, & moitié Bel-esprit, s'étoit joint à eux à Paris : jusqu'à Orleans il s'étoit assez contenu, mais du moment que nous fûmes embarqués, il commença de s'émanciper un peu, & insensiblement il tint des propos fort libres sur la Religion. J'eus la consolation de voir que tous nos Officiers en furent offensés au point, qu'aucun ne voulut loger avec lui à Langets. Ce fut un jeune Lieutenant, qui lui en fit la déclaration, & qui l'obligea d'aller chercher ailleurs un gîte.

J'arrivai ici le dix-neuf ; on m'y attendoit, parce que j'étois chargé des Pacquets de la Cour; mais on y attendoit aussi de l'argent, & il n'est arrivé qu'aujourd'hui. Je vais demain m'embarquer sur le *Chameau*, grande & belle Flûte du Roi, laquelle est en Rade sous l'Isle d'Aix, & j'y serai en pays de connoissance. J'ai déja fait Campagne avec M. de VOUTRON, qui la commande, & avec CHAVITEAU, son premier Pilote : j'ai eu à Quebec pour Disciple M. le Comte de VAUDREUIL, son Capitaine en second, & j'ai vécu en Canada avec quelques-uns des Officiers & des Passagers. On nous assûre que nous avons un très-bon Equipage, & il n'est point d'Officier de Marine, qui ait plus d'expérience pour la navigation, que nous allons faire, que notre Commandant. Ainsi je ne pouvois rien désirer de mieux, & pour la sûreté du Navire, & pour l'agrément de la Société.

Je suis, &c.

1720.
Juin.

SECONDE LETTRE.

1720.
Juillet.

Voyage de la Rochelle à Quebec : Quelques Remarques sur cette Navigation, sur le Grand Banc de Terre-neuve, & sur le Fleuve Saint Laurent.

A Quebec, ce vint-quatre Septembre, 1720.

MADAME,

J'ARRIVAI hier en cette Ville, après quatre-vint-trois jours d'une lente & assez fâcheuse Traversée : nous n'avions pourtant que mille lieuës à faire ; ainsi vous voyez qu'on ne va pas toujours sur Mer *per la via delle Poste*, comme disoit M. l'Abbé de CHOISY. Je n'ai point fait de Journal de ce Voyage, parce que le mal de Mer m'a beaucoup fait souffrir pendant plus d'un mois. Je m'étois flatté d'en être quitte, parce que j'avois déja payé deux fois le tribut ; mais il y a des tempérammens, qui ne peuvent sympathiser avec cet Elément, & le mien est de cette espece. Or, dans l'état, où ce mal nous réduit, il n'est pas possible de faire attention à ce qui se passe sur le Vaisseau. D'ailleurs rien n'est plus stérile qu'une Navigation comme celle-ci ; aussi n'y est-on occupé qu'à examiner d'où vient le Vent, combien on avance, & si l'on est en route : car pendant les deux tiers du chemin, on ne voit que le Ciel & l'Eau. Je vais néanmoins vous marquer ce que ma mémoire me fournira de plus propre à vous amuser pendant un quart-d'heure, pour tenir, autant qu'il m'est possible, la parole, que je vous ai donnée.

Nous restâmes en Rade tout le premier de Juillet, & le second nous appareillâmes à la faveur d'un petit soufle du Nord-Est. Les trois premiers jours les Vents furent toujours du bon côté, mais bien foibles, & on s'en consoloit, parce que la Mer étoit belle. Il sembloit qu'elle voulût nous amadoüer, avant que de se montrer dans toute sa mauvaise humeur. Le quatriéme, ou le cinquiéme le Vent tourna & nous mit à la Bouline (*a*). La Mer devint grosse, & pendant près de six semaines nous fûmes secoués de la bonne maniere. Les Vents ne faisoient que tourner, mais ils nous prenoient bien plus souvent par devant que par derriere, & nous étions presque toujours au plus près (*b*).

Description du grand Banc.

Le neuviéme d'Août nos Pilotes se croyoient sur le *Grand Banc de Terre-neuve* ; & ils ne se trompoient pas de beaucoup. Ils étoient même en regle ; car un bon Pilote doit toujours être un peu de l'Avant de son Vaisseau (*c*) ; mais depuis le neuf jusqu'au seize, nous ne fîmes presque point de chemin. Ce qu'on appelle le Grand Banc de Terre-neuve, est proprement une Montagne cachée sous les Eaux, environ à six cent lieuës de France du côté de l'Occident. Le Sieur DENYS, duquel nous avons un très-bon Ouvrage sur l'Amérique Septentrionale, & un Traité fort instructif de la Pêche de la Moruë, donne à cette Montagne cent cinquante lieuës d'étenduë du Nord au Sud ; mais, selon les Cartes Marines les plus exactes, son commencement, du côté du Sud, est par les quarante & un dégrez de Latitude Nord, & son extrémité Septentrionnale est par les quarante-neuf dégrez, vint-cinq Minutes.

(*a*) Aller à la Bouline, c'est prendre le Vent de biais.
(*b*) Etre au plus près, c'est quand on pince le Vent, en le prenant de biais, parce qu'il vient presque de devant.
(*c*) C'est-à-dire, se croire plus avancé qu'il n'est.

La verité est que ses deux extrémités se terminent tellement en pointe, qu'il est mal aisé d'en marquer exactement les bornes. Sa plus grande largeur, d'Orient en Occident, est d'environ quatre-vint-dix lieuës Marines de France & d'Angleterre, entre les quarante & les quarante-neuf dégrez de Longitude. J'ai oui dire à des Matelots qu'ils y avoient moüillé l'Ancre à cinq brasses; ce qui est encore contre le Sieur Denys, lequel prétend qu'il n'y en a jamais trouvé moins de vint-cinq. Mais il est certain qu'en plusieurs endroits il y en a plus de soixante. Vers le milieu de sa Longueur, du côté de l'Europe, il forme une espece de Baye, qu'on a nommée *la Fosse*; & c'est ce qui fait que de deux Navires, qui sont sur la même ligne, & à la vûë l'un de l'autre, l'un trouvera fond, & l'autre ne le trouvera pas.

Avant que d'arriver au Grand Banc, on en rencontre un plus petit, qui s'appelle *le Banc Jacquet*. Il est par le travers du milieu de sa longueur: quelques-uns même le font précéder d'un autre, auquel ils donnent la figure d'un Cône: mais j'ai vû des Pilotes, qui des trois n'en font qu'un, & se tirent des objections, qu'on leur fait, en disant, qu'il y a sur le Grand Banc des cavités, dont la profondeur a trompé ceux, qui n'en distinguent trois, que pour n'avoir pas filé assez de Cable. Quoiqu'il en soit de la grandeur & de la figure de cette Montagne, dont il n'est pas possible d'être instruit au juste, on y trouve une quantité prodigieuse de Coquillages, & plusieurs espéces de Poissons de toutes grandeurs; la plûpart servent de nourriture ordinaire aux Moruës, dont le nombre semble égaler celui des Grains de Sable, qui couvrent le Banc. Depuis plus de deux siécles on en charge tous les ans deux à trois cent Navires, & il n'y paroît presque point. On ne feroit pourtant pas mal de discontinuer de tems en tems cette Pêche, d'autant plus que le Golphe de Saint Laurent, le Fleuve même, pendant plus de soixante lieuës, les Côtes de l'Acadie, celles de l'Isle Royale & de Terre-neuve, ne sont guéres moins fournies de ce Poisson, que le Grand Banc. Ce sont là, Madame, de vraies Mines, qui valent mieux, & demandent beaucoup moins de frais, que celle du Perou & du Méxique.

Nous eûmes beaucoup à souffrir tout le tems, que les Vents contraires nous retinrent sur les Frontieres du Royaume des

1720.
Août.

Causes des Vents & des Brumes, qui y regnent.

Morües ; car c'est bien le plus désagréable & le plus incommode Parage de tout l'Océan. Le Soleil ne s'y montre presque jamais, & la plûpart du tems l'air y est couvert d'une Brume froide & épaisse, qui fait connoître les approches du Banc, de maniere à ne s'y pas méprendre. Quelle pourroit être la cause d'un Phénomene si marqué & si constant ! Seroit-ce le Voisinage des Terres & des Forêts, qui les couvrent ? Mais outre que le *Cap de Raze*, qui est la Terre la plus proche du Grand Banc, en est éloigné de trente-cinq lieuës, la même chose n'arrive point de tous les autres côtés de l'Isle ; & de plus, l'Isle de Terre-neuve n'est embrumée, que du côté du Grand Banc : par-tout ailleurs ses Côtes joüissent d'un air pur, & d'un Ciel serein. Il est donc vraisemblable que c'est la proximité du Grand Banc, qui cause les Brouillards, dont le Cap de Raze est ordinairement enveloppé, & il en faut chercher la cause sur le Banc même. Or voici sur cela ma conjecture, que je soumets à la décision des Sçavans.

Je commence par observer que nous avons un autre signe de l'approche du Grand Banc : c'est que sur toutes ses extrémités, qu'on appelle communément ses *Ecorres*, la Mer est toujours glapissante, & les Vents impétueux. Ne pourroit-on point regarder cela comme la cause des Broüillards, qui y regnent, & dire que l'agitation de l'Eau, dont le fond est mêlé de Sable & de Vases, épaissit l'Air & l'engraisse, & que le Soleil n'en attire que des Vapeurs grossieres, qu'il ne peut jamais bien résoudre ? On me demandera d'où vient cette agitation de la Mer sur les Ecorres du Grand Banc, tandis que par-tout ailleurs, & sur le Banc même, il regne un calme profond ? La voici, si je ne me trompe. On éprouve tous les jours dans ces Parages des Courans, qui portent tantôt d'un côté, & tantôt d'un autre. La Mer irrégulierement poussée par ces Courans, & heurtant avec impétuosité contre les bords du Banc, qui sont presque partout à pic, en est repoussée avec la même violence, ce qui cause l'agitation, qu'on y remarque.

Que si la même chose n'arrive point aux approches de tous les Hautsfonds, c'est que tous n'ont pas une aussi grande étenduë, que celui-ci ; qu'il n'y a point de Courans aux environs, qu'ils n'y sont pas si forts, ou qu'ils ne s'y croisent pas,

qu'ils ne rencontrent pas des bords auſſi roides, & n'en ſont
point repouſſés avec autant de force. Il eſt certain d'ailleurs, comme je l'ai déja obſervé d'après les Marins, que
l'agitation de la Mer, & les Vaſes, qu'elle remuë, contribuent beaucoup à épaiſſir l'Air, & à *engraiſſer* les Vents;
mais que ces Vents, quand ils n'ont point d'autre cauſe, ne
s'étendent pas bien loin, & que ſur le Grand Banc, à quelque diſtance des Bords, on eſt tranquille comme dans une
Rade, à moins d'un Vent forcé, qui vienne d'ailleurs.

1720.
Août.

Ce fut un Vendredi, ſeiziéme d'Août, à ſept heures du
ſoir, que nous nous trouvâmes ſur le Grand Banc, par ſoixante & quinze Braſſes d'eau. Arriver au Grand Banc, cela
s'appelle *bancquer*; en ſortir, c'eſt *débancquer*; ce ſont deux
mots, dont la Pêche des Moruës a enrichi notre Langue.
C'eſt la coûtume, quand on a trouvé fond, de crier: *Vive le
Roi*, & on le fit de bon cœur. Notre Equipage ſoupiroit
après la Moruë fraîche; mais le Soleil étoit couché, le Vent
étoit bon, & on jugea à propos d'en profiter. Vers les onze
heures du ſoir, Vent forcé de Sud-Eſt, lequel, avec la ſeule
Miſéne, nous auroit fait faire trois lieuës par heure. S'il n'y
avoit eu que cela, en ferrant, comme on fit dans la minute,
toutes les autres Voiles, nous n'aurions pas été à plaindre;
mais il ſurvint une Pluïe ſi abondante, qu'on auroit dit que
toutes les Cataractes du Ciel étoient ouvertes. Ce qu'il y eut
de pis, c'eſt que le Tonnerre commença par où il finit ordinairement; il tomba ſi près de nous, que le Gouvernail en
fut engourdi, & que tous les Matelots, qui faiſoient la Manœuvre, en reſſentirent le contre-coup. Il redoubla enſuite,
& cent Piéces de Canon n'auroient pas fait plus de bruit. On
ne s'entendoit point; un coup n'attendoit pas l'autre; on ne
ſe voyoit point au milieu des Eclairs, parce qu'on en étoit
ébloui. Enfin pendant une heure & demie, il ſembloit que
nous étions à la Tranchée; le Cœur battoit aux plus intrépides; car le Tonnerre reſtoit toujours ſur notre tête, & s'il
étoit tombé une ſeconde fois, nous aurions pû aller ſervir
de pâture aux Moruës, aux dépens deſquelles nous avions
compté de faire bientôt bonne chere. Caſtor ou Pollux, car
je ne ſçai lequel des deux étoit en faction, ſous le nom de
Feu Saint Elme (a), nous avoit bien avertis de tout ce fra-

Tempête.

(a) On ne manque guéres de voir ces Feux ſur les Vergues, à l'approche d'une Tempête.

G ij

52 JOURNAL HISTORIQUE

1720.
Août.

cas., & fans cela, nous aurions bien pû être furpris, & tourner fous Voiles.

Au bout d'une heure & demie, la Pluye ceffa, le Tonnerre ne grondoit plus que de loin, & les Eclairs n'étoient plus que de foibles lueurs à l'Horifon. Le Vent étoit toujours bon, & n'étoit plus fi brutal, & la Mer paroiffoit unie comme une Glace. Chacun alors voulut aller fe coucher, mais tous les Lits étoient inondés, la Pluye ayant pénétré par les fentes les plus imperceptibles, ce qui eft inévitable, quand le Vaiffeau eft fort agité. On fit comme on put, & on fe trouva encore très-heureux d'en être quitte à fi bon marché. Tout ce qui eft violent ne dure point, fur-tout le Vent de Sud-Eft, au moins dans ces Mers. Il n'eft conftant, que lorfqu'il fe fortifie peu à peu, & fouvent il finit par une Tempête. Le Calme revint avec le jour ; nous n'avancions pas, mais nous nous défennuyâmes en pêchant.

Des Moruës, & de la Pêche de ce Poiffon.

Tout eft bon dans la Moruë, quand elle eft fraîche ; elle ne perd même rien de fa bonté, & elle devient un peu plus ferme, quand elle a été deux jours dans le Sel ; mais ce font les Pêcheurs feuls, qui en mangent ce qu'elle a de plus excellent, c'eft-à-dire, la Tête, la Langue, & le Foye, qui délayé dans l'Huile & le Vinaigre, avec un peu de Poivre, lui fait une Sauffe exquife. Pour conferver tout cela, il faudroit trop de Sel : ainfi on jette à la Mer tout ce qu'on n'en peut pas confommer dans le tems de la Pêche. La plus grande Moruë, que j'aye vûë, n'avoit pas trois pieds : cependant celles du Grand Banc font les plus fortes : mais il n'y a peut-être point d'Animal, qui, à proportion de fa grandeur, ait la Gueule plus large, ni qui foit plus vorace. On trouve de tout dans le Corps de ce Poiffon, jufqu'à des têts de Pots caffés, du Fer, & du Verre. On s'étoit imaginé qu'il digeroit tout cela, mais on eft revenu de cette erreur, qui n'étoit fondée que fur ce qu'on lui avoit trouvé des morceaux de Fer à moitié ufés. On eft perfuadé aujourd'hui que le *Gau* ; c'eft le nom, que les Pêcheurs ont donné à l'Eftomach de la Moruë, fe retourne comme une Poche, & que ce Poiffon fe décharge, en le retournant, de tout ce qui l'incommode.

On appelle en Hollande *Cabeliau*, une forte de Moruë, qui fe pêche dans la Manche & dans quelques autres endroits, & qui ne differe des Moruës de l'Amérique, que parce qu'elle est plus petite. On se contente de saler celle du Grand Banc, & c'est ce qu'on appelle *Moruë Blanche*, & plus communément, *Moruë Verte*. M. DENYS dit à cette occasion qu'il a vû faire en Canada d'aussi beau Sel, que celui, qu'on y porte de Brouage, mais qu'après qu'on en eut fait l'essai dans des Marais creusés exprès, on les reboucha. Ceux, qui ont le plus crié que ce Pays n'étoit bon à rien, ont été plus d'une fois ceux mêmes, qui ont empêché qu'on n'en retirât aucun avantage.

1720.
Août.

La Moruë séche, ou la Merluche ne se peut faire que sur les Côtes : cela demande de grands soins, & beaucoup d'expérience. M. Denys, qui convient que tous ceux, qu'il a vû faire ce Commerce en Acadie, s'y sont ruinés, prouve parfaitement, & rend très-sensible qu'on a eu tort d'en conclure que la Moruë n'y est pas abondante. Mais il prétend que pour y faire la Pêche avec succès, il faut que les Pêcheurs soient établis dans le Pays ; & voici quel est son raisonnement. Toute Saison n'est pas propre pour cette Pêche ; on ne la peut faire que depuis le commencement du Mois de Mai jusqu'à la fin du Mois d'Août. Or si vous faites venir des Matelots de France, ou vous les payerez pour toute l'année, & les frais absorberont les profits, ou vous ne les payerez que pendant la Pêche, & ils n'y trouveront pas leur compte. Car de dire qu'on les employera le reste du tems à scier des Planches, & à couper du Bois, c'est une erreur ; ils n'y gagneront certainement pas ce qu'ils dépenseront ; ainsi, ou il faudra qu'ils ruinent l'Entrepreneur, ou ils mourront de faim.

Mais s'ils sont Habitans, on en sera mieux servi, & il ne tiendra qu'à eux d'être à leur aise. On connoîtra les bons Ouvriers ; ils prendront leur tems pour la Pêche, ils choisiront les bons endroits, ils gagneront beaucoup pendant quatre mois, & le reste de l'année ils travailleront pour eux dans leurs Habitations. Si on s'y étoit pris de cette sorte il y a cent cinquante ans, l'Acadie seroit devenuë une des plus puissantes Colonies de l'Amérique. Car tandis qu'on publioit en France, avec une sorte d'affectation, qu'il n'étoit pas possible d'y rien faire, elle enrichissoit la Nouvelle Angleterre par la seule Pêche, quoique les Anglois n'y eussent pas tous les avantages, que nous y pouvions avoir.

1720.
Août.

Quand on est sorti du Grand Banc, on en rencontre plusieurs autres plus petits, & tous presque également poissonneux. La Moruë n'est pas même le seul Poisson, qu'on trouve dans cette Mer. On y voit à la verité peu de Requins, point du tout de Dorades, de Bonites, ni de tous ces autres Poissons, qui demandent des Mers plus chaudes: mais en récompense elle est remplie de Baleines, de Soufleurs, d'Espadons, de Marsoüins, de Flettans, & de quantité d'autres de moindre valeur. Nous y avons eu plus d'une fois le plaisir du Combat de la Baleine contre l'Espadon, & rien n'est plus amusant. L'Espadon est de la grosseur d'une Vache, long de sept à huit pieds, & son Corps va toujours en rétrécissant vers la queuë. Son nom vient de son arme, espece d'Espadon long de trois pieds, & large de quatre doigts. Il est posé sur son nez, & de chaque côté il a une suite de Dents de la longueur d'un pouce, rangées dans une distance égale les unes des autres. Ce Poisson se met à toute sauce, & c'est un excellent manger. Sa Tête est plus délicate, que celle du Veau, plus grosse & plus quarrée. Il a les yeux extrémement gros.

Combat de la Baleine & de l'Espadon.

Jamais la Baleine & l'Espadon ne se rencontrent, qu'ils ne se battent, & c'est, dit-on, celui-ci, qui est toujours l'Aggresseur. Quelquefois deux Espadons se joignent contre une Baleine, & alors la partie n'est pas égale. La Baleine n'a pour Arme offensive & défensive, que sa Queuë: pour s'en servir contre son Ennemi, elle plonge la Tête, & si elle peut frapper l'Espadon, elle l'assomme d'un coup de sa Queuë, mais il est fort adroit à l'esquiver, & aussi-tôt il fond sur la Baleine, & lui enfonce son Arme dans le Dos. Le plus souvent il ne la perce pas jusqu'au fond du Lard, & ne lui fait pas grand mal. Quand elle le peut voir s'élancer pour la frapper, elle plonge, mais l'Espadon la poursuit dans l'Eau, & l'oblige à se remontrer. Alors le Combat recommence, & dure jusqu'à ce que l'Espadon perde de vûë la Baleine, qui bat toujours en retraite, & qui nâge mieux que lui à fleur d'eau.

Du Flettan.

Le *Flettan* est comme une grande Plie: il paroît que ce qu'on appelle *Flet*, est son diminutif. Il est gris sur le Dos, & blanc sous le Ventre. Sa longueur est ordinairement de quatre à cinq pieds, sa largeur au moins de deux, & il en a un d'épaisseur. Il a la Tête fort grosse; tout en est exquis &

fort tendre : on tire des Os un Suc, qui vaut mieux que la moële la plus fine. Ses yeux, qui sont presque aussi gros que ceux de l'Espadon, & les bords des deux côtés, qu'on appelle *Relingues*, sont des morceaux très-délicats. On jette tout le Corps à la Mer pour engraisser les Moruës, dont le Flettan est le plus dangereux ennemi, & qui ne fait qu'un repas de trois de ces Poissons. Je ne vous dirai rien, Madame, de toutes les especes d'Oiseaux, qui vivent sur ces Mers, & qui n'y subsistent, que de la Pêche, car tous sont Pêcheurs. Bien des Voyageurs en ont parlé, & ils n'en ont rien dit, qui mérite qu'on s'y arrête.

1720.
Août.

Le dix-huit, bon vent : nous croyons que les Vents nous ont porté un peu trop au Sud, & nous faisons l'Ouest-Nord-Ouest, pour nous remettre dans notre latitude. C'est que depuis dix ou douze jours nous n'avons point vû le Soleil, & que par conséquent nous n'avons pû prendre hauteur. Cela arrive assez souvent, & c'est ce qui fait le plus grand danger de cette navigation. Vers les huit heures du matin on apperçoit un petit Bâtiment, qui sembloit venir à nous, on va au-devant, & quand il est proche, on lui demande par quelle latitude nous sommes ? C'étoit un Anglois, & le Capitaine répondit dans sa Langue : on crut entendre que nous étions par les 45 dégrés. Il n'y avoit pourtant pas trop à s'y fier, car il pouvoit être dans la même erreur que nous. Cependant on se rassûre, & comme le Vent continuoit à être bon, on se flatte, s'il ne change point, d'avoir passé le Golphe dans deux jours.

Vers les quatre heures du soir le Vent tomba, & nous en fûmes consternés ; c'étoit cependant notre salut. A onze heures de nuit l'Horison parut fort noir devant nous, quoique par-tout ailleurs le Ciel fût très-serein. Les Matelots de quart (*a*) ne balancerent point à dire que c'étoit la Terre. L'Officier se mocqua d'eux, mais comme il les vit persister dans leur sentiment, il commença à croire qu'ils pouvoient bien avoir raison. Par bonheur il faisoit si peu de vent qu'à peine le Navire gouvernoit ; ainsi il espera que le jour viendroit avant qu'on approchât cette Terre de trop près. A mi-

Erreur des Pilotes, & le danger, où elle met le Vaisseau.

(*a*) L'Equipage d'un Vaisseau est partagé en quatre Bandes, dont chacune est en Faction pendant quatre heures. C'est ce qu'on appelle *faire le Quart*. Chaque Bande est commandée par un Officier.

nuit le quart changea. Les Matelots, qui succederent aux Premiers, furent d'abord de leur avis ; mais leur Officier entreprit de leur prouver par de bonnes raisons que la Terre ne devoit point être là, & que ce qu'ils voyoient, étoit une Brume, qui se dissiperoit avec l'Aurore. Il ne les persuada point, & ils s'obstinerent à soûtenir que le Ciel étoit trop pur, pour être embrûmé de ce côté-là, s'il n'y avoit point de Terre.

Au point du jour, ils se mettent tous à crier qu'ils voyent la Terre. L'Officier, sans daigner même y regarder, leve les épaules, & quatre heures sonnant, il va se coucher, en disant qu'à son réveil il trouvera cette prétenduë Terre fonduë. Son Successeur, qui étoit le Comte de Vaudreuil, plus circonspect, commence par faire serrer quelques Voiles, & ne fut pas lontems sans s'appercevoir que cette précaution étoit nécessaire. Dès que le jour parut, on vit l'Horison presque tout bordé de Terres, & on découvrit un petit Navire Anglois mouillé à deux portées de Canon de nous. M. de VOUTRON, qui en fut averti, fit aussi-tôt appeller l'Officier incrédule, qu'on eut bien de la peine à faire sortir de sa Chambre, d'où il protestoit que nous ne pouvions pas avoir une Terre si près de nous. Il vint cependant après deux ou trois semonces, & à la vûë du danger, que son entêtement nous avoit fait courir, il fut saisi d'étonnement. C'est pourtant le plus habile Homme de France pour naviguer sur ces Mers, mais trop d'habileté nuit quelquefois, quand on s'y fie plus que de raison.

Cependant, Madame, si le Vent n'étoit point tombé la veille à quatre heures du soir, nous nous serions perdus dans la nuit ; car nous courions à pleines Voiles sur des Brisans, dont il ne nous auroit pas été possible de nous tirer. L'embarras étoit de sçavoir où nous étions. Ce qu'il y avoit de certain, c'est que la veille nous n'étions point par les quarante-cinq dégrez. Mais étions-nous plus au Nord, ou plus au Sud ? C'est sur quoi les sentimens furent partagés. Un de nos Officiers assûra que la Terre, qui paroissoit devant nous, étoit l'Acadie ; qu'il y avoit fait un voyage, & qu'il la reconnoissoit : un autre soûtint que c'étoit les *Isles de Saint Pierre*. Mais quelle apparence, lui dit-on, que nous soyions si avancés ? Il n'y a pas encore vint-quatre heures que nous étions

étions sur le Grand Banc, & il y a plus de cent lieuës du Grand Banc aux Isles de Saint Pierre. Le Pilote Chaviteau prétendit que c'étoit le *Cap de Raze*. Qu'il y ait de l'erreur dans notre Estime, dit-il, cela n'est plus douteux, & il ne faut pas s'en étonner, vû qu'il n'est pas possible de se regler sur des Courants, qu'on ne connoît pas, & qui varient sans cesse, & que la hauteur nous a manqué pour nous redresser. Mais il est hors de toute vraisemblance que nous puissions être ni sur les Côtes de l'Acadie, ni aux Isles de S. Pierre (a).

Son raisonnement nous parut juste, nous aurions néanmoins bien désiré qu'il se fût trompé, car nous comprenions combien il étoit fâcheux d'être affalés sous le Cap de Raze. Dans cette incertitude on prit le parti d'aller consulter le Capitaine du Navire Anglois, que nous avions devant nous, & Chaviteau en reçut l'ordre. A son retour il nous rapporta que les Anglois avoient été aussi surpris que nous, de se trouver dans cette Baye, mais avec cette différence, que c'étoit là, où ils avoient affaire : que le Cap de Raze étoit devant nous, le *Cap de Brolle* par notre travers, dix lieuës au-dessous ; que du milieu de ces Brisants, sur lesquels nous avions couru risque de nous perdre, il sortoit une Riviere, à l'entrée de laquelle il y avoit une Bourgade Angloise, où le petit Navire alloit porter des Provisions.

Il y a quinze ans qu'il nous arriva dans ce même Parage une aventure fort singulière, & qui nous fit courir un aussi grand risque peut-être que celui, dont je viens de vous entretenir. C'étoit peu de jours après la Notre-Dame d'Août, & nous avions essuyé jusques-là d'assez grandes chaleurs. Un matin, en nous levant, nous fûmes saisis d'un froid, qui fit recourir tout le monde à ses Habits d'Hyver. Nous ne pouvions comprendre d'où cela venoit, le tems étant fort beau, & le vent ne venant point du Nord. Enfin, le troisiéme jour à quatre heures du matin un Matelot se mit à crier de toute sa force *au Lof*, c'est-à-dire, mettez le Gouvernail à venir au Vent. Il fut obéi, & un moment après on apperçut une Glace énorme, qui rasoit le Vaisseau, & contre laquelle il se seroit brisé,

---

(a) En 1725 le même Chaviteau se trompa dans son Estime d'une manière bien plus funeste. Il étoit encore Pilote du Roi sur *le Chameau*, & ayant été plusieurs jours sans prendre hauteur, la nuit du 27 d'Août ce Navire se brisa sur un Rocher, près de *Louysbourg*, dans l'Isle Royale, & personne ne se sauva. On trouva sur les Journaux des Pilotes qu'ils s'en croyoient encore à 70 lieuës.

si le Matelot n'avoit pas eu des yeux marins, car à peine y voyoit-on, & si le Timonnier eût été moins prompt à changer son Gouvernail.

Je n'ai point vû, Madame, cette Glace, car je n'étois point levé; mais tous ceux, qui étoient alors sur le Pont, nous assûrerent qu'elle paroissoit aussi haute que les Tours de Notre-Dame de Paris, & qu'elle passoit du moins de beaucoup les Mâts du Navire. J'ai souvent vû soûtenir que cela étoit impossible, parce qu'il eût fallu qu'elle eût été prodigieusement profonde pour s'élever si haut au-dessus de la Mer, & qu'il n'est pas possible qu'il se forme une Glace de cette hauteur. A cela je réponds en premier lieu, que pour nier le fait, il faut donner le démenti à bien du Monde, car ce n'est pas la premiere fois que l'on a vû en Mer de ces Ecueils flottans. La Mere de l'INCARNATION faisant la même route que nous, courut le même danger en plein jour: la Glace, qui pensa la faire perir, faute de vent pour l'éviter, fut apperçuë de tout l'Equipage, & jugée beaucoup plus grande encore, que celle, que nous rencontrâmes. Elle ajoûte que l'on donna l'Absolution Générale, comme on fait dans les plus grands perils.

Il est certain en second lieu que dans la Baye d'Hudson il y a de ces Glaces formées par la chûte des Torrents, qui tombent du haut des Montagnes, & qui se détachent avec un grand fracas pendant l'Eté, & sont ensuite portées par les Courants de côté & d'autre. Le Sieur JÉRÉMIE, qui a passé plusieurs années dans cette Baye, dit qu'il a eu la curiosité de faire sonder au pied d'une de ces Glaces, qui étoit échoüée, & qu'on fila cent brasses de ligne, sans trouver le fond. Je reviens à notre aventure.

Du Cap de Raze.

Le Cap de Raze, Madame, est la Pointe du Sud-Est de l'Isle de Terre-neuve: il est situé par les quarante-six dégrez, & environ trente minutes de Latitude-Nord. La Côte court de-là cent lieuës à l'Ouest, prenant un peu du Nord, & se termine au *Cap de Raye*, qui est par les quarante-sept dégrez. Presque à moitié chemin est la Grande Baye de *Plaisance*, qui forme un des plus beaux Ports de l'Amérique. A l'Ouest-Sud-Ouest de cette Baye il y a un Morne, qu'on apperçoit de loin, & qui sert à la reconnoître: on l'a nommé le *Chapeau Rouge*, parce qu'en effet il paroît de loin avoir la forme d'un Chapeau, & que la couleur en eſt rougâtre. Le vint-trois à midi nous étions par ſon travers, & le ſoir nous rangeâmes les Iſles de Saint Pierre, que nous avions à *ſtribord*, c'eſt-à-dire, à main droite.

1720.
Août.

Des Iſles de Saint Pierre.

Ce ſont trois Iſles, dont les deux Premieres ſont fort hautes, & du côté, où nous étions, il ne paroiſſoit que des Montagnes couvertes de mouſſe. On prétend que cette mouſſe couvre en quelques endroits de très-beau Porphyre. Du côté de Terre-neuve il y a quelques Terres labourables, & un aſſez bon Port, où nous avons eu quelques Habitations. La plus grande & la plus Occidentale des trois, qu'on appelle plus communément l'Iſle *Maguelon*, n'eſt pas ſi haute que les deux autres, & ſon Terrein paroît fort uni. Elle a environ trois quarts de lieuës de long. Le vint-quatre au point du jour elle reſtoit cinq ou ſix lieuës derriere nous, mais depuis minuit nous n'avions pas eu de vent. Vers les cinq heures du matin il s'éleva un petit ſoufle de Sud-Eſt. En attendant qu'il fût aſſez fort pour enfler nos Voiles, on s'amuſa à pêcher, & on prit une aſſez grande quantité de Moruës. On s'arrêta deux heures plus qu'il ne falloit à cette Pêche, & nous eûmes bientôt tout lieu de nous en repentir.

Il étoit huit heures, quand on appareilla, & nous courûmes tout le jour, dans l'eſperance de découvrir le Cap de Raye, qui étoit ſur notre droite, ou la petite *Iſle de Saint Paul*, que nous devions laiſſer à la gauche, & qui eſt preſque vis-à-vis du Cap de Raye; mais la nuit ſe ferma, ſans que nous euſſions rien vû. On eut bien voulu alors avoir profité du tems, que nous avions perdu. Ce qu'il y eut de plus fâcheux, c'eſt que vers le minuit nous eſſuyâmes une Tempête aſſez ſemblable à celle, que nous avions eſſuyée ſur le Grand Banc, & que ne pouvant douter que nous ne fuſſions près de l'une des deux Terres, entre leſquelles nous devions paſſer, nous n'oſâmes profiter du Vent, qui nous auroit fait faire bien du chemin. Ainſi, malgré l'avis de Chaviteau, qui répondoit de paſſer ſans riſque, on mit *en Panne* (a).

(a) Mettre en Panne, c'eſt arrêter le Vaiſſeau, quand il eſt ſous Voiles. Pour cela on cargue les grandes Voiles, & on diſpoſe les Huniers de telle ſorte, que le Vent ſouffle dans la grande Miſene pour lui faire battre le Mât, & dans la petite, pour l'éventer. Ainſi, le Vaiſſeau pouſſé des deux côtés, n'avance point.

H ij

1720.
Août.

Au point du jour nous apperçûmes le Cap de Raye, sur lequel les Courants nous portoient, & pour surcroît de disgrace, nous n'avions plus de Vent pour nous soûtenir. Nous étions presque dessus, lorsque sur les cinq heures & demie du matin un petit air de Vent de Nord-Ouest vint fort à propos à notre secours. Nous n'en perdimes rien, & nous nous tirâmes du mauvais pas, où nous étions. Le Nord-Ouest, après nous avoir rendu ce bon office, nous auroit fait bien plaisir de céder la place à un autre; mais il ne le fit point, & pendant deux jours il nous retint à l'entrée du Golphe de Saint Laurent. Le troisiéme jour nous passâmes entre l'Isle de Saint Paul, & le *Cap Saint Laurent*, qui est la pointe la plus Septentrionale de l'Isle Royale. Ce Passage est fort étroit, & on ne s'y hazarde point, quand le Ciel est embrumé, parce que l'Isle de Saint Paul est si petite, que la Brume la cache aisément. Celui, qui est entre cette Isle & le Cap de Raye est beaucoup plus large : mais nous étions parés pour prendre l'autre, lorsque le Vent changea, & nous en profitâmes.

Du Golphe de Saint Laurent, & des Isles aux Oiseaux.

Le Golphe de Saint Laurent a quatre-vint lieuës de long, qu'un bon Vent de Sud-Est nous fit faire en vint-quatre heures à l'aide des Courants. Environ à moitié chemin on rencontre les *Isles aux Oiseaux*, que nous rangeâmes à la petite portée du Canon, & qu'il ne faut pas confondre avec celles, que Jacques CARTIER découvrit auprès de l'Isle de Terreneuve. Celles, dont il s'agit, sont deux Rochers, qui m'ont paru s'élever à pic, environ soixante pieds au-dessus de l'Eau, & dont le plus grand n'a gueres que deux ou trois cent pas de circuit. Ils sont fort près l'un de l'autre, & je ne crois pas qu'il y ait entre les deux assez d'Eau pour une grande Chaloupe. Il est difficile de dire de quelle couleur ils sont, car la fiente des Oiseaux en couvre absolument la surface, & les bords. On découvre néanmoins en quelques endroits, des veines d'une couleur rougeâtre.

On les a visitées plusieurs fois ; on y a chargé des Chaloupes entieres d'Œufs de toutes les sortes, & on assûre que l'infection y est insupportable. On ajoûte qu'avec les Goëlans & les Tangueux, qui y viennent de toutes les Terres voisines, on y trouve quantité d'autres Oiseaux, qui ne sçauroient voler. La merveille est que dans une multitude si prodigieuse de Nids, chacun trouve d'abord le Sien. Nous tirâmes un coup de Canon, qui mit l'allarme dans toute cette République Volatille, & il se forma au-dessus des deux Isles un nuage épais de ces Oiseaux, lequel avoit bien deux ou trois lieuës de circuit.

1720. Août.

Le lendemain, vers le point du jour, le Vent tomba tout-à-coup. Encore deux heures, & nous doublions *le Cap des Rosiers*, nous entrions dans le Fleuve de Saint Laurent, qui coule Nord-Est, & Sud-Ouest ; & le Vent de Nord-Ouest, qui s'éleva bientôt, nous eût servi, mais nous avions perdu deux heures le vint-quatre à pêcher, & en conséquence deux jours à l'Entrée du Golphe ; il fallut attendre ici que le Nord-Ouest tombât, & nous attendîmes cinq jours, pendant lesquels nous ne fîmes pas cinq lieuës. Ce retardement ne fut pas même le plus grand mal, qu'il nous fit : il étoit très-froid, il nous secoua beaucoup, & peu s'en fallut qu'en tombant, il ne nous fît périr de la maniere, que vous allez voir. Mais il faut auparavant vous faire la Carte du Pays, où nous étions.

Le Cap des Rosiers est proprement l'entrée du Fleuve Saint Laurent, & c'est de-là, qu'il faut mesurer la largeur de son Embouchure, qui est d'environ trente lieuës. Un peu en-deçà, plus au Sud, sont la Baye & la Pointe de *Gaspé*, ou *Gachepé*. Ceux, qui prétendent que le Fleuve Saint Laurent a quarante lieuës de large à son Embouchure, le mesurent apparemment de la Pointe Orientale de Gaspé. Au-dessous de la Baye on apperçoit une espece d'Isle, qui n'est au fond, qu'un Rocher escarpé, d'environ trente toises de long, de dix de haut, & de quatre de large. On diroit un Pan de vieille Muraille, & on assûre qu'il touchoit autrefois au *Mont Joli*, qui est vis-à-vis, dans le Continent. Ce Rocher a dans son milieu une ouverture en forme d'Arcade, par laquelle une Chaloupe Biscayenne peut passer à la Voile, & c'est ce qui lui a fait donner le nom d'*Isle Percée*. Les Navigateurs reconnoissent qu'ils en sont proches, lorsqu'ils apperçoivent une Montagne plate, qui s'eleve au-dessus de plusieurs autres, & qu'on a nommée *la Table à Roland*. L'Isle *Bonaventure* est à une lieuë de l'Isle Percée, & presque à la même distance est l'Isle *Miscou*, laquelle a huit lieuës de circuit, & un très-bon Havre. Un peu au large de cette Isle

Du Cap des Rosiers, de Gaspé, & de l'Entrée du Fleuve Saint Laurent.

1720.
Août.

1720.
Septembre.

il fort du milieu de la Mer une Source d'Eau Douce, qui bouillonne, & jaillit assez haut.

Tous ces Parages sont excellens pour la Pêche, & le Mouillage y est bon partout. Il seroit même aisé d'y établir des Magasins, qui serviroient d'Entrepôt pour Quebec. Mais on a perdu à faire le Commerce des Pelleteries un tems infini, qu'on auroit dû employer à assûrer celui des Moruës, & de quantité d'autres Poissons, dont cette Mer abonde, & à se fortifier dans des Postes, dont on a connu trop tard l'importance. Il étoit naturel qu'ayant si près de nous des abris sûrs & commodes, nous allassions y attendre le retour du bon Vent, mais on esperoit de moment en moment qu'il reviendroit, & on vouloit en profiter à l'heure même.

Enfin le Jeudi deuxiéme de Septembre le Nord-Ouest tomba sur le midi; alors nous trouvant sans pouvoir avancer, ni presque manœuvrer, nous nous amusâmes à pêcher, & cet amusement nous fut encore fatal. Car le Timonnier, plus attentif à la Pêche, qu'à son Gouvernail, laissa venir le Vent sur les Voiles, ce qui s'appelle en termes de Marine, *prendre Chapelle*. Pendant le calme nous avions déja beaucoup dérivé sur l'Isle d'*Anticosty*, l'accident, dont je parle nous en fit approcher de si près, parce que les Courants nous y portoient, que nous voyions déja tout à découvert les Brisants, dont l'Isle est bordée en cet endroit. Pour comble de disgrace, le petit soufle de vent, qui venoit de s'élever, nous manqua au besoin.

Pour peu que ce Calme eût duré, c'étoit fait de nous. Un moment après nos Voiles s'enflerent un peu, & nous voulûmes revirer de Bord; mais le Navire, contre son ordinaire, refusa de venir au Vent (*a*), & cela deux fois de suite: preuve certaine que le Courant, qui l'entraînoit, étoit bien fort. Nous nous crûmes sans ressource, parce que nous étions bien près des Ecueils pour risquer de revirer de Vent arriere (*b*). Mais après tout, il n'y avoit point d'autre parti à prendre. On mit donc la main à l'œuvre, plutôt pour n'avoir rien à nous reprocher, que dans l'esperance de nous sauver; & dans l'instant même nous éprouvâmes que Dieu vient au secours de ceux, qui s'aident. Le Vent tourna au

(*a*) Tourner en présentant la Proüe au Vent.

(*b*) Tourner en présentant la Poupe au Vent.

Nord, il fraîchit peu à peu, & vers les sept heures du soir la Pointe d'Anticosty, qui nous avoit fait tant de peur, étoit parée.

1720.
Septembre.

Cette Isle s'étend environ quarante lieuës Nord-Est & Sud-Ouest, presque au milieu du Fleuve Saint Laurent. Mais elle a fort peu de largeur. Elle fut concédée au Sieur JOLIET à son retour de la Découverte du Micissipi, mais on ne lui fit pas un grand présent. Elle n'est absolument bonne à rien. Elle est mal boisée, son Terroir est stérile, & elle n'a pas un seul Havre, où un Bâtiment puisse être en sûreté. Il courut un bruit, il y a quelques années, qu'on y avoit découvert une Mine d'Argent, & faute de Mineurs, on fit partir de Quebec, où j'étois alors, un Orfévre, pour en faire l'épreuve : mais il n'alla pas bien loin. Il s'apperçut bientôt aux discours de celui, qui avoit donné l'avis, que la Mine n'existoit que dans le Cerveau blessé de cet Homme, lequel lui recommandoit sans cesse d'avoir confiance en Dieu. Il jugea que si la confiance en Dieu pouvoit par miracle faire trouver une Mine, il n'étoit pas nécessaire d'aller jusqu'à Anticosty, & il revint sur ses pas. Les Côtes de cette Isle sont assez poissonneuses ; toutefois je suis persuadé que les Héritiers du Sieur Joliet troqueroient volontiers leur vaste Seigneurie pour le plus petit Fief de France.

Description de l'Isle d'Anticosty.

Quand on a passé cette Isle, on a le plaisir de se voir toujours entre deux Terres, & de s'assûrer du chemin, que l'on fait : mais il faut naviguer avec bien de la circonspection sur le Fleuve. Le Mardi troisiéme nous laissâmes à gauche les *Monts Notre-Dame*, & le *Mont-Louys* ; c'est une Chaîne de Montagnes fort hautes, & entre lesquelles il y a quelques Vallons, qui étoient autrefois habités par des Sauvages. Les environs du Mont-Louys ont même de fort bonnes Terres, & on y trouve quelques Habitations Françoises. On y pourroit faire un Etablissement fort avantageux pour la Pêche, surtout pour celle de la Baleine, & il ne seroit pas inutile aux Navires, qui viennent de France ; ils y trouveroient des secours, dont ils ont quelquefois un extrême besoin. La nuit suivante, le Vent augmenta, & peu s'en fallut qu'il ne nous jouât d'un mauvais tour. Nous n'étions pas loin de la Pointe de *la Trinité*, que nous devions laisser sur notre droite ; mais nos Pilotes ne s'en croyoient pas si proches ;

1720.
Septembre.

d'ailleurs ils s'eſtimoient aſſez au large, pour ne rien craindre. M. de Voutron s'éveilla en ſurſaut, en criant de bander au large. Si cet ordre eût été differé d'un quart d'heure, le Navire étoit briſé contre la Pointe, qui parut quelques momens après. Le quatriéme au ſoir nous mouillâmes, pour la premiere fois, un peu au-deſſous de ce qu'on appelle les *Mammelles de Matance*. Ce ſont deux Têtes d'une même Montagne, laquelle eſt éloignée du Rivage de deux lieuës. Je ne crois pas qu'on puiſſe voir un Pays plus ſauvage. On n'y apperçoit que de mauvais Bois, des Rochers, du Sable, & pas un pouce de bonne terre. A la vérité il y a de belles Fontaines, de bon Gibier & en abondance, mais la Chaſſe y eſt preſque impraticable à tout autre, qu'à des Sauvages & à des Canadiens.

Nous reſtâmes là pendant quatre jours, parce que de l'autre côté du Fleuve nous avions à parer la Batture de *Manicouogan*, fameuſe par plus d'un naufrage, & qui avance deux lieuës dans le Fleuve. Elle tire ſon nom d'une Riviere, qui ſort des Montagnes de *Labrador*, forme un aſſez grand Lac, qui porte le même nom, & plus communément celui de *Saint Barnabé*, & ſe décharge dans le Fleuve au travers de la Batture même. Quelques-unes de nos Cartes l'appellent *la Riviere Noire*.

Le huitiéme nous appareillâmes : ce n'étoit pas la peine, pour le chemin, que nous fîmes ; mais la varieté déſennuye, & l'exercice eſt bon aux Matelots. La nuit du dix à l'onze nous fîmes quinze lieuës ; encore la moitié d'une, & nous aurions paré le Paſſage le plus important du Fleuve. D'ailleurs nous aurions gagné les fortes Marées, car juſques-là elles ne ſont preſque pas ſenſibles, ſi ce n'eſt ſur les Bords : mais le Vent tourna tout-à-coup au Sud-Oueſt, & nous obligea de chercher un abri : nous le trouvâmes ſous *l'Iſle Verte*, où nous reſtâmes cinq jours. Nous n'y manquions de rien, mais au bout de ce tems-là nous voulûmes voir ſi du côté du Nord nous trouverions, comme on nous l'avoit fait eſperer, des Vents de Terre, qui pourroient nous faire entrer dans les grandes Marées.

Du Saguenay & du Port de Tadouſſac.

Nous allâmes donc mouiller au *Moulin Baude* ; la traverſe eſt de cinq lieuës. En arrivant je demandai à voir ce Moulin, & on me montra quelques Rochers, d'où ſort un Ruiſſeau d'une

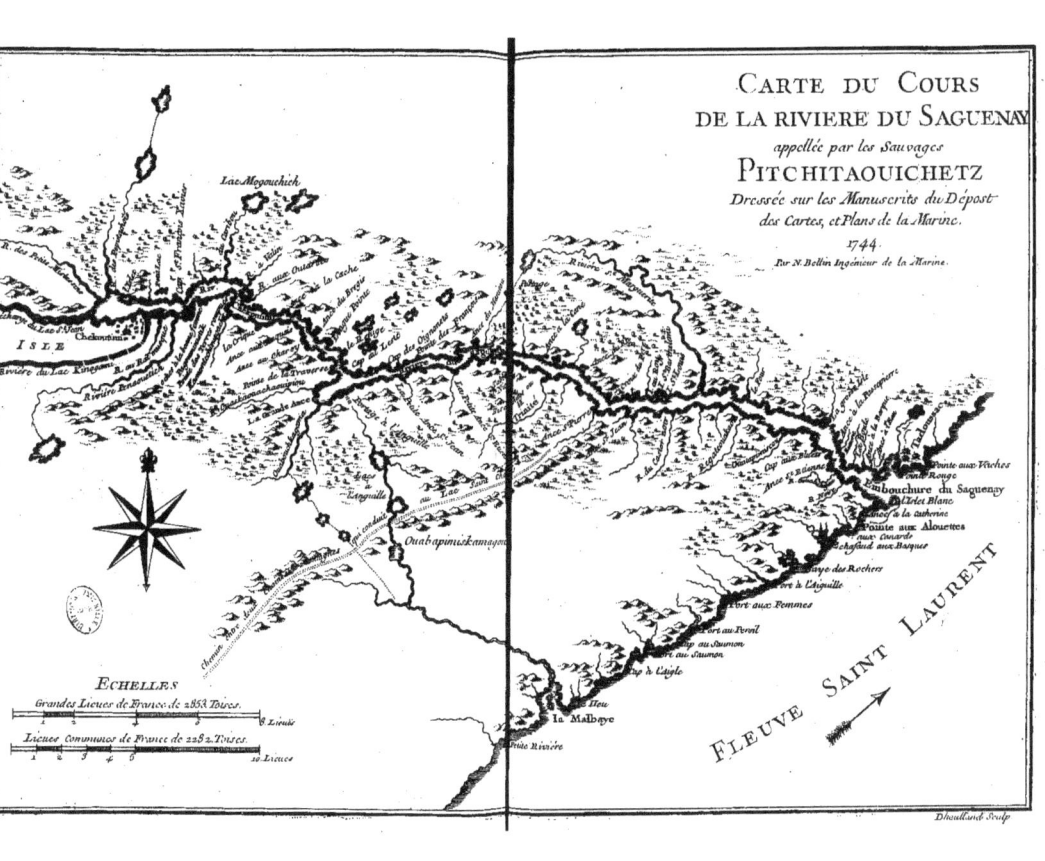

d'une Eau claire. C'eſt du moins de quoi bâtir un Moulin à l'Eau ; mais il n'y a gueres d'apparence qu'on n'y en bâtiſſe jamais. Il n'eſt peut-être pas au Monde un Pays moins habitable, que celui-là. Le *Saguenay* eſt un peu au-deſſus, c'eſt une Riviere, que les plus gros Vaiſſeaux peuvent remonter vint-cinq lieuës. En y entrant on laiſſe à main droite le Port de *Tadouſſac*, où la plupart de nos Géographes ont marqué une Ville ; mais où il n'y a jamais eu qu'une Maiſon Françoiſe, & quelques Cabannes de Sauvages, qui y venoient au tems de la Traite, & qui emportoient enſuite leurs Cabannes, comme on fait les Loges d'une Foire : & ce n'étoit en effet que cela.

Il eſt vrai que ce Port a été lontems l'abord de toutes les Nations Sauvages du Nord & de l'Eſt ; que les François s'y rendoient, dès que la Navigation étoit libre, ſoit de France, ſoit du Canada ; que les Miſſionnaires profitoient de l'occaſion, & y venoient négocier pour le Ciel. La Traite finie, les Marchands retournoient chez eux, les Sauvages reprenoient le chemin de leurs Villages, ou de leurs Forêts, & les Ouvriers Evangéliques ſuivoient ces Derniers pour achever de les inſtruire. Cependant les Relations & les Voyageurs parloient beaucoup de Tadouſſac, & les Géographes ont ſuppoſé que c'étoit une Ville : quelques Auteurs ont même avancé qu'elle avoit une Juriſdiction (*a*).

Au reſte, Tadouſſac eſt un bon Port, & on m'a aſſuré que vint-cinq Vaiſſeaux de Guerre y pouvoient être à l'abri de tous les Vents, que l'Ancrage y eſt ſûr, & que l'Entrée en eſt facile. Sa figure eſt preſque ronde, des Rochers eſcarpés d'une hauteur prodigieuſe l'environnent de toutes parts, & il en ſort un petit Ruiſſeau, qui peut fournir de l'Eau à tous les Navires. Tout ce Pays eſt plein de Marbre, mais ſa plus grande richeſſe ſeroit la Pêche des Baleines. En 1705, étant mouillé avec *le Heros* dans ce même endroit, je vis en même tems quatre de ces Poiſſons, qui entre Tête & Queuë, étoient preſque de la longueur de notre Vaiſſeau. Les Baſques ont fait autrefois cette Pêche avec ſuccès, & on voit encore ſur une petite Iſle, qui porte leur nom, & qui eſt un peu plus bas que l'Iſle Verte, des reſtes de Fourneaux, & des Côtes de Baleines. Quelle difference entre une Pêche ſéden-

(*a*) M. l'Abbé LANGLET DU FRESNOY.

1720.
Septembre.

taire, qu'on pourroit faire tranquillement dans un Fleuve, & celle, qu'on va faire fur les Côtes du Groenland avec tant de rifques & de dépenfes!

Les deux jours fuivans point de Vent de Terre, & nous regrettons fort notre premier mouillage, auprès duquel il y avoit des Habitations Françoifes; au lieu qu'ici on ne voit ni Hommes, ni Bêtes. Enfin le troifiéme jour à midi nous levons l'Ancre, & nous franchiffons le Paffage de *l'Ifle Rouge*, qui n'eft pas aifé. Il faut d'abord porter fur cette Ifle, comme fi on vouloit y aborder; c'eft pour éviter la *Pointe aux Allouettes*, qui eft à l'Entrée du Saguenay, fur la gauche, & qui s'avance beaucoup dans le Fleuve. Cela fait, on revire de bord. Le Paffage au Sud de l'Ifle Rouge eft beaucoup plus fûr; mais il auroit fallu pour cela retourner fur nos pas, & le Vent auroit pû nous manquer. L'Ifle Rouge n'eft qu'un Rocher prefqu'à fleur d'Eau, qui paroît véritablement rouge, & fur lequel plus d'un Navire a fait naufrage.

De l'Ifle aux Coudres, & du Goufre.

Le lendemain, avec un peu de Vent & de Marée, nous allâmes mouiller au-deffus de *l'Ifle aux Coudres*, qui eft à quinze lieuës de Quebec & de Tadouffac. On la laiffe à gauche, & ce Paffage eft dangereux, quand on n'a pas le Vent à fouhait. Il eft rapide, étroit, & d'un bon quart de lieuë. Du tems de CHAMPLAIN il étoit beaucoup plus aifé; mais en 1663 un Tremblement de Terre déracina une Montagne, la lança fur l'Ifle aux Coudres, qu'elle aggrandit de moitié, & à la place, où étoit cette Montagne, il parut un Goufre, dont il ne fait pas bon de s'approcher. On pourroit paffer au Sud de l'Ifle aux Coudres, & ce Paffage feroit facile & fans danger, il porte le nom de M. d'Iberville, qui l'a tenté avec fuccès; mais la coûtume eft de paffer au Nord, & la coûtume eft une loi fouveraine pour le commun des Hommes.

De la Baye de Saint Paul.

Au-deffus du Goufre, dont je viens de parler, eft la *Baye de Saint Paul*, où commencent les Habitations du côté du Nord, & où il y a des Pinieres, qu'on eftime beaucoup; on y trouve furtout des Pins rouges d'une grande beauté, & qui ne caffent jamais. Meffieurs du Séminaire de Quebec font Seigneurs de cette Baye (*a*). Six lieuës plus haut eft un Promontoire extrêmement élevé, où fe termine une Chaîne de Montagnes, qui s'étend plus de quatre cent lieuës à l'Oueft.

(*a*) On y a découvert depuis peu une fort belle Mine de Plomb.

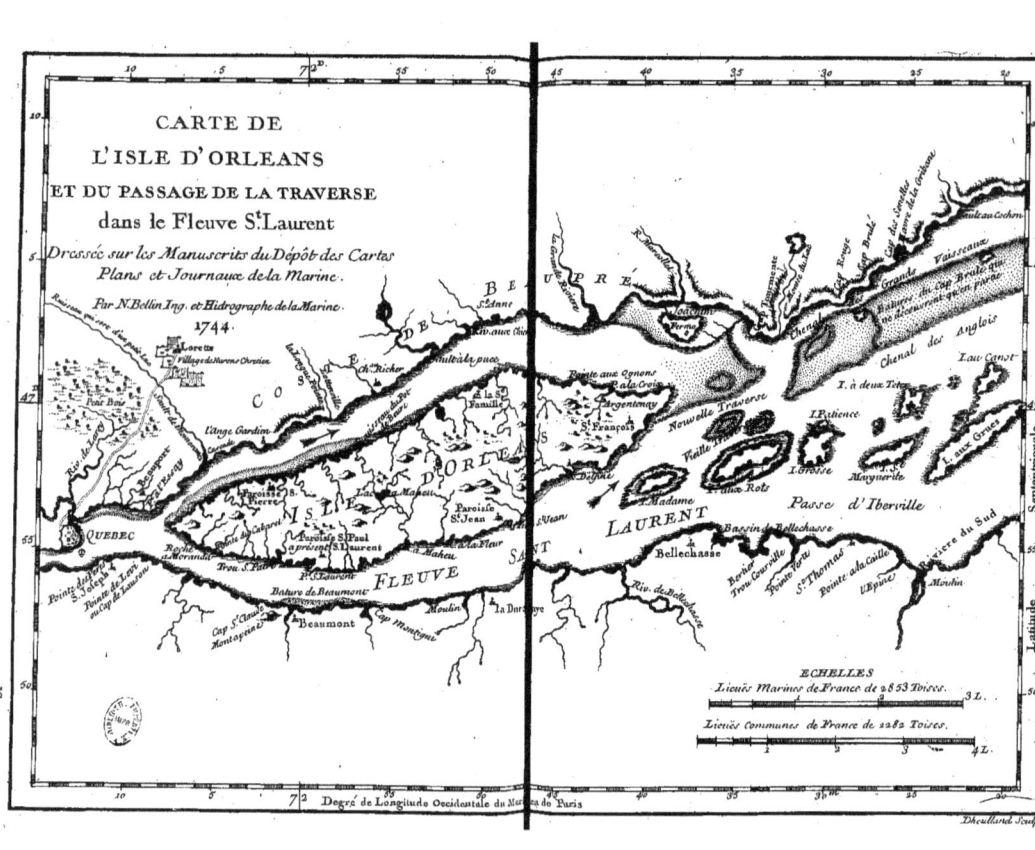

On l'appelle le *Cap-Tourmente*, apparemment parce que celui, qui l'a ainsi baptisé, y a essuyé quelques coups de Vent. Le mouillage y est bon, & on y est environné d'Isles de toutes les grandeurs, qui forment un très-bon abri. La plus considérable est *l'Isle d'Orleans*, dont les Campagnes, toutes cultivées, paroissent comme un Amphithéâtre, & terminent gracieusement la vûë. Cette Isle a environ quatorze lieuës de circuit, & en 1676 elle fut érigée en Comté, sous le nom de Saint Laurent, en faveur de François BERTHELOT, Secretaire Général de l'Artillerie, qui l'avoit acquise de François de LAVAL, Premier Evêque de Quebec. Elle avoit déja quatre Villages, & on y compte aujourd'hui six Paroisses assez peuplées.

1720.
Septembre.

Des deux Canaux, qui forment cette Isle, il n'y a que celui du Sud, qui soit navigable pour les Vaisseaux. Les Chaloupes mêmes ne sçauroient passer par celui du Nord, que de Marée haute. Ainsi du Cap-Tourmente il faut traverser le Fleuve, pour aller à Quebec, & cette traverse a ses difficultés. Il s'y rencontre des Sables mouvans, sur lesquels il n'y a pas toujours assez d'Eau pour les plus gros Navires, ce qui oblige à ne s'y engager jamais, que quand la Marée monte. On éviteroit encore cet embarras en prenant le Passage de M. d'Iberville. Le Cap-Tourmente, d'où l'on part pour faire la traverse, est éloigné de cent dix lieuës de la Mer, & l'Eau du Fleuve y est encore Saumâtre. Elle n'est bonne à boire qu'à l'Entrée des deux Canaux, qui séparent l'Isle d'Orleans. C'est un Phénoméne assez difficile à expliquer, surtout, si on fait attention à la grande rapidité du Fleuve, malgré sa largeur.

Les Marées montent ici régulierement cinq heures, & baissent pendant sept. A Tadoussac elles montent & descendent pendant six heures; & plus on monte le Fleuve, plus le Flux diminuë, & le Reflux augmente. A vint lieuës au-dessus de Quebec le Flux est de trois heures, & le Reflux de neuf. Au-delà il n'y a plus de Marée sensible. Quand elle est à demi flot dans le Port de Tadoussac, & à l'Entrée du Saguenay, elle ne fait que commencer à monter à *Checoutimi*, vint-cinq lieuës plus haut sur cette Riviere, & néanmoins elle se trouve haute aux trois endroits en même tems. Cela vient sans doute de ce que la rapidité du Saguenay, plus grande encore que

Des Marées du Fleuve, & de la Déclinaison de la Boussole.

1720.
Septembre.

celle du Fleuve Saint Laurent, refoulant la Marée, fait pendant quelque tems l'équilibre de Checoutimi avec l'Entrée de la Riviere dans le Fleuve. Cette rapidité au reste n'est au point, où on la voit, que depuis le Tremblement de Terre de 1663. Ce Tremblement renversa une Montagne dans la Riviere, dont elle rétrécit le Lit, & forma une Peninsule, qu'on appelle *Checoutimi*, au-dessus de laquelle il y a un Rapide, que les Canots mêmes ne peuvent pas franchir : la profondeur du Saguenai, depuis son Embouchure jusqu'à Checoutimi, est égale à sa rapidité. Aussi n'oseroit-on pas y jetter les Ancres, si on n'avoit pas la facilité d'amarrer les Vaisseaux aux Arbres, qui couvrent les Bords de cette Riviere.

On a encore observé que dans le Golphe Saint Laurent, à huit ou dix lieuës au large, les Marées sont differentes, selon les diverses positions des Terres, ou la variété des Saisons ; qu'en quelques endroits elles suivent les Vents, & qu'en d'autres elles vont contre le Vent ; qu'à l'Embouchure du Fleuve, en certains mois de l'année, les Courants portent toujours en pleine Mer, & en d'autres, toujours à Terre ; enfin, que dans le Fleuve même, jusques vers *les Sept Isles*, c'est-à-dire, pendant soixante lieuës, il n'y a point de Flux du côté du Sud, ni de Reflux du côté du Nord. Il n'est pas trop aisé d'apporter de bonnes raisons de tout cela ; ce qu'on peut dire, ce semble, de plus raisonnable, c'est qu'il se fait sous l'Eau des mouvemens, qui produisent ces irrégularités, ou qu'il y a des Courants, qui vont & viennent de la surface au fond, & du fond à la surface, à la maniere des Pompes.

Une autre observation à faire ici, c'est que la déclinaison de la Boussole, qui dans quelques Ports de France n'est guéres que de deux ou trois dégrez Nord-Ouest, va toujours en diminuant jusques par le travers des Açorres, où elle n'est plus sensible ; mais qu'au-delà elle augmente de telle sorte que sur le Grand Banc de Terre-neuve elle est de vint-deux dégrez & plus ; qu'ensuite elle commence à diminuer, mais lentement, puisqu'elle est encore de seize dégrez à Quebec, & de douze au Pays des Hurons, où le Soleil se couche trente-trois minutes plus tard, qu'à Quebec.

De l'Isle d'Orleans.

Le Dimanche vint-deux nous étions mouillés par le travers de l'Isle d'Orleans, où nous allâmes nous promener en attendant le retour de la Marée. Je trouvai ce Pays beau, les Terres bonnes, & les Habitans assez à leur aise. Ils ont la réputation d'être un peu Sorciers, & on s'addresse, dit-on, à eux, pour sçavoir l'avenir, ou ce qui se passe dans des lieux éloignés. Par exemple, si les Navires de France tardent un peu trop, on les consulte pour en avoir des nouvelles, & on assûre qu'ils ont quelquefois répondu assez juste. C'est-à-dire, qu'ayant deviné une ou deux fois, & ayant fait accroire, pour se divertir, qu'ils parloient de science certaine, on s'est imaginé qu'ils avoient consulté le Diable.

Lorsque Jacques Cartier découvrit cette Isle, il la trouva toute remplie de Vignes, & la nomma *l'Isle de Bacchus*. Ce Navigateur étoit Breton ; après lui sont venus des Normands, qui ont arraché les Vignes, & à Bacchus ont substitué Pomone & Cérès. En effet elle produit de bon Froment & d'excellens Fruits. On commence aussi à y cultiver le Tabac, & il n'est pas mauvais. Enfin le Lundi vint-trois, *le Chameau* mouilla devant Quebec, où je m'étois rendu deux heures auparavant en Canot d'Ecorce. J'ai un millier de lieuës à faire dans ces fragiles Voitures, il faut que je m'y accoûtume peu à peu. Voilà, Madame, ce que j'ai pû me rappeller des particularités de mon Voyage. Ce sont, comme vous voyez, des bagatelles, qui seroient tout au plus bonnes à amuser des Personnes désœuvrées dans un Vaisseau. J'aurai peut-être dans la suite quelque chose de plus intéressant à vous mander : mais je n'ajoûterai rien à cette Lettre, parce que je ne veux pas manquer l'occasion d'un Navire Marchand, qui est sur le point de mettre à la Voile. J'aurai l'honneur de vous écrire encore par le Vaisseau du Roi.

Je suis, &c.

TROISIÉME LETTRE.

Description de Quebec, Caractere de ses Habitans, & de la façon de vivre dans la Colonie Françoise.

A Quebec, ce vint-huit Octobre, 1720.

1720.
Octobre.

MADAME,

Je vais vous parler de Quebec; toutes les Descriptions, que j'en ai vûës jusqu'ici, sont si défectueuses, que j'ai cru vous faire plaisir, en vous représentant au vrai cette Capitale de la Nouvelle France. Elle mérite véritablement d'être connuë, n'y eût-il que la singularité de sa situation; car il n'y a au Monde que cette Ville, qui puisse se vanter d'avoir un Port en Eau douce, à six-vint lieuës de la Mer, & capable de contenir cent Vaisseaux de ligne. Aussi est-elle placée sur le Fleuve le plus naviguable de l'Univers.

Origine du nom de Quebec.

Ce Fleuve, jusqu'à l'Isle d'Orleans; c'est-à-dire, à cent dix ou douze lieuës de la Mer, n'a jamais moins de quatre à cinq lieuës de large; mais au-dessus de l'Isle il se rétrécit tout-à-coup de telle sorte, que devant Quebec il n'a plus qu'un mille de largeur; c'est ce qui a fait donner à cet endroit le nom de *Quebeio*, ou *Quebec*, qui en Langue Algonquine signifie *Rétrécissement*. Les Abénaquis, dont la Langue est une Dialecte Algonquine, le nomment *Quelibec*, qui veut dire ce qui est fermé, parce que de l'entrée de la Petite Riviere de la *Chaudiere*, par où ces Sauvages venoient à Quebec du voisinage de l'Acadie, la pointe de *Levi*, qui avance sur l'Isle d'Orleans, cache entierement le Canal du Sud; l'Isle d'Orleans cache celui du Nord, de sorte que le Port de Quebec ne paroît de-là qu'une grande Baye.

Du Sault de Montmorenci.

La premiere chose, qu'on apperçoit en entrant dans la Rade, est une belle Nappe d'Eau, d'environ trente pieds de large, & de quarante de haut. Elle est immédiatement à l'En-

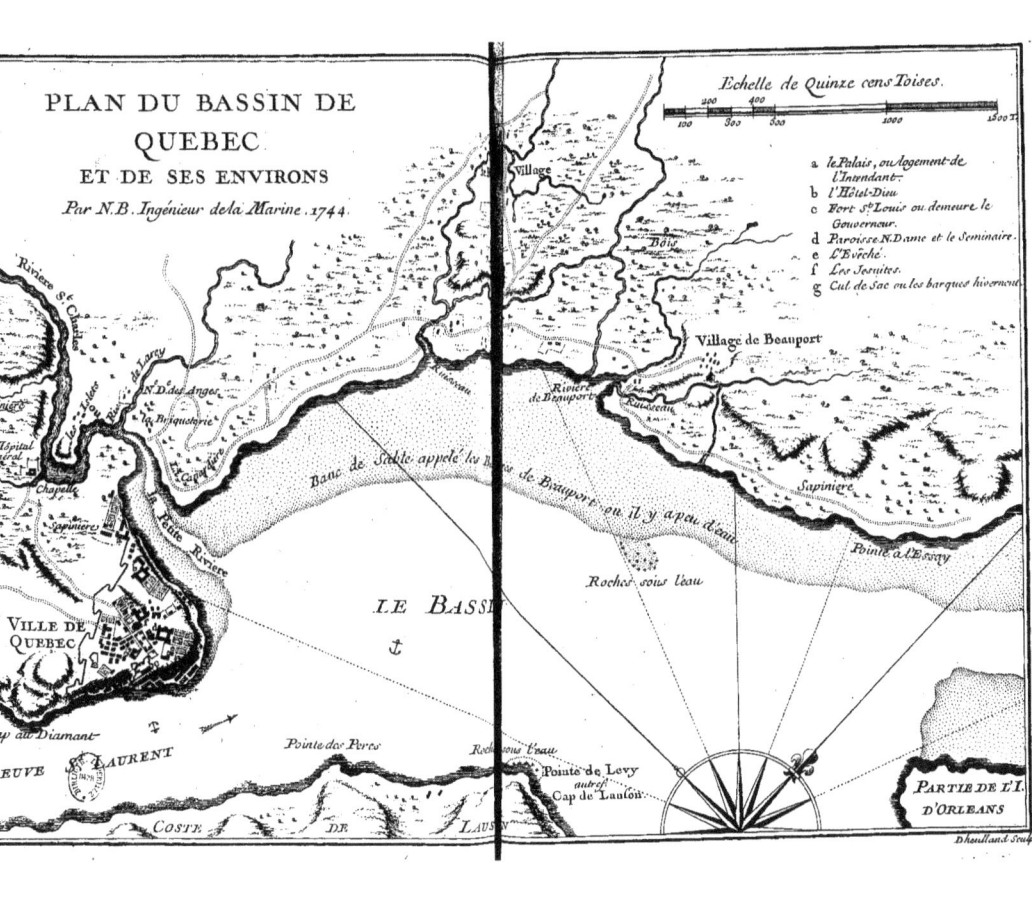

trée du Petit Canal de l'Isle d'Orleans, & on la voit d'une longue Pointe de la Côte Méridionnale du Fleuve, laquelle, comme je l'ai déja observé, paroît se recourber sur l'Isle d'Orleans. Cette Cascade a été nommée le *Sault de Montmorenci*, & la Pointe porte le nom de *Levi*. C'est que la Nouvelle France a eu successivement pour Vice-Rois l'Amiral de Montmorenci, & le Duc de Ventadour, son Neveu. Il n'y a personne, qui ne crût qu'une Chûte d'eau si abondante, & qui ne tarit jamais, ne soit la décharge de quelque belle Riviere : elle ne l'est pourtant que d'un chetif Ruisseau, où en quelques endroits on n'a pas de l'Eau jusqu'à la cheville du pied ; mais il coule toujours, & il tire sa Source d'un joli Lac éloigné du Sault d'environ douze lieuës.

1720.
Octobre.

La Ville est une lieuë plus haut, & du même côté, à l'endroit même, où le Fleuve est le plus étroit. Mais entr'elle, & l'Isle d'Orleans il y a un Bassin d'une bonne lieuë en tout sens, dans lequel se décharge la *Riviere de S. Charles*, qui vient du Nord-Ouest. Quebec est entre l'Embouchure de cette Riviere, & le *Cap aux Diamants*, lequel avance un peu dans le Fleuve. Le mouillage est vis-à-vis, il a vint-cinq brasses d'Eau, & l'Ancrage y est bon : toutefois, quand le Nord-Est souffle violemment, les Vaisseaux chassent quelquefois sur leurs Ancres, mais sans danger.

Situation de Quebec.

Lorsque Samuel de CHAMPLAIN fonda cette Ville en 1608, la Marée montoit quelquefois jusqu'au pied du Rocher. Depuis ce tems-là le Fleuve s'est retiré peu à peu, & a enfin laissé à sec un grand Terrein, où l'on a bâti la Basse Ville, laquelle est présentement assez élevée au-dessus du Rivage, pour rassûrer les Habitans contre l'inondation du Fleuve. La premiere chose, qu'on rencontre en débarquant, est une Place de médiocre grandeur, & de figure irréguliere, laquelle a en face une suite de Maisons assez bien bâties, & addossées contre le Rocher, ainsi elles n'ont pas beaucoup de profondeur. Elles forment une Ruë assez longue, qui occupe toute la largeur de la Place, & s'étend à droite & à gauche jusqu'aux deux Chemins, qui conduisent à la Haute Ville. La Place est bornée sur la gauche par une petite Eglise, & sur la droite par deux rangées de Maisons placées paralellement. Il y en a une de l'autre côté entre l'Eglise & le Port, & au détour du Cap aux Diamants, il y a encore une suite

Description de Quebec.

assez longue de Maisons sur le bord d'une Anse, qu'on appelle l'*Anse des Meres*. On peut regarder ce Quartier comme une espece de Fauxbourg de la Basse Ville.

Entre ce Fauxbourg & la Grande Ruë on monte à la Haute Ville par une Pente si roide, qu'il a fallu y faire des Dégrez, de sorte qu'on n'y peut monter qu'à pied. Mais en prenant de la Place sur la droite, on a pratiqué un Chemin, dont la pente est plus douce, & qui est bordé de Maisons. C'est à l'endroit, où les deux Montées se réunissent, que commence la Haute Ville du côté du Fleuve; car il y a encore une Basse Ville du côté de la Riviere Saint Charles. Le premier Bâtiment de remarque, qu'on trouve à droite du premier côté, est le Palais Episcopal : toute la gauche est bordée de Maisons. Vint pas plus loin on se trouve entre deux Places assez grandes : celle de la gauche est la Place d'Armes, sur laquelle donne *le Fort*, où loge le Gouverneur Général : les Récollets sont vis-à-vis, & d'assez belles Maisons occupent une partie du contour de la Place.

Dans celle de la droite on rencontre d'abord la Cathédrale, qui sert aussi de Paroisse à toute la Ville. Le Séminaire est à côté, sur l'Angle, que forment le Fleuve & la Riviere Saint Charles. Vis-à-vis de la Cathédrale est le College des Jésuites, & dans les entredeux il y a des Maisons assez bien bâties. De la Place d'Armes on enfile deux Ruës, qui sont traversées par une troisiéme, & qui forme une assez grande Isle, toute occupée par l'Eglise & le Couvent des Récollets. La seconde Place a deux Descentes à la Riviere Saint Charles, l'une fort roide, à côté du Séminaire, & où il y a peu de Maisons ; l'autre, à côté de l'Enclos des Jésuites, laquelle tourne beaucoup, a l'Hôtel-Dieu à mi-côte, est bordée de Maisons assez petites, & aboutit au Palais, où demeure l'Intendant. De l'autre côté des Jésuites, où est leur Eglise, il y a une Ruë assez longue, où sont les Ursulines. Au reste toute la Haute Ville est bâtie sur un Fond, partie de Marbre, & partie d'Ardoise (*a*).

Description de ses principaux Edifices.

Telle est, Madame, la Topographie de Quebec, qui, comme vous voyez, a une assez grande étenduë, dont presque toutes les Maisons sont bâties de Pierres, & où l'on ne

(*a*) On peut voir par le Plan gravé de cette Ville qu'elle a crû assez considérablement depuis vint ans.

compte

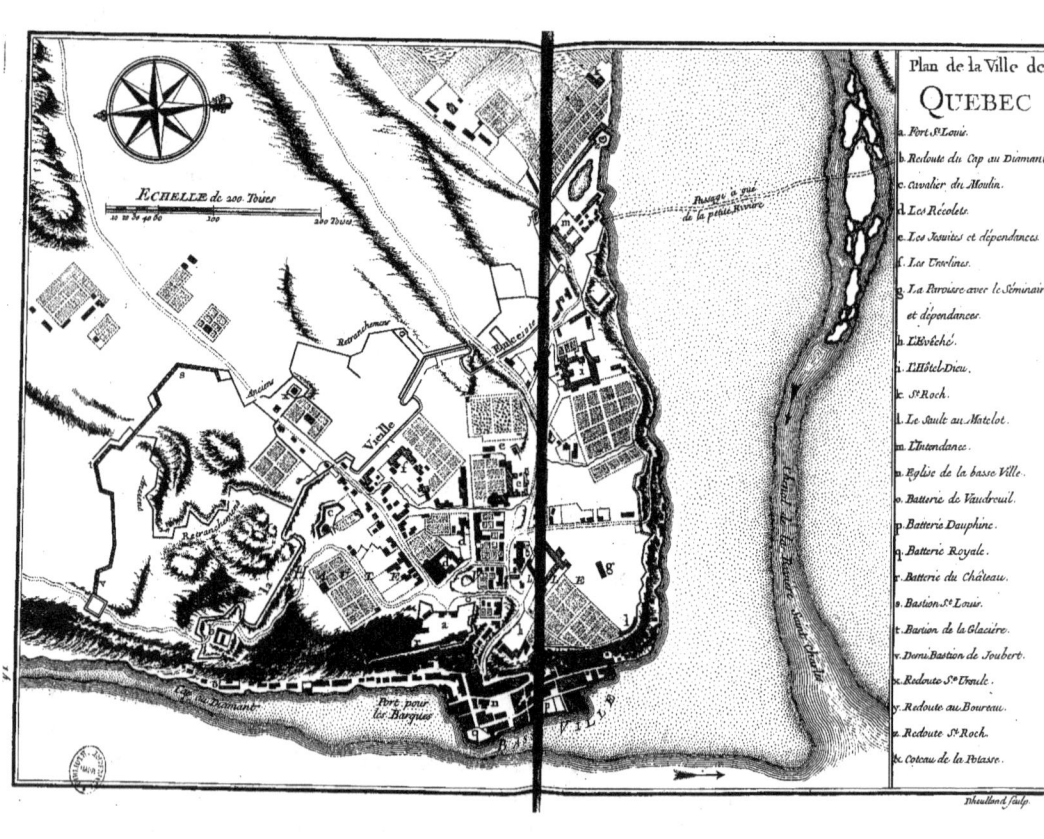

D'UN JOURNAL DE L'AMERIQ. Let. III. 73

compte pourtant qu'environ sept mille Ames. Mais pour ache- 1720.
ver de vous donner une juste idée de cette Ville, je vais vous Octobre.
faire connoître plus particulierement ses principaux Edifices.
Je vous parlerai ensuite de ses Fortifications. L'Eglise de la
Basse-Ville a été bâtie en conséquence d'un Vœu fait pendant
le Siége de Quebec en 1690. Elle est dédiée sous le nom de
Notre-Dame de la Victoire, & elle sert de Succursale pour la
commodité des Habitans de la Basse Ville. Sa structure est
très-simple, une propreté modeste en fait tout l'ornement.
Quelques Sœurs de la Congrégation, dont je vous parlerai
dans la suite, sont logées entre cette Eglise & le Port : elles
ne sont que quatre ou cinq, & tiennent une Ecole.

Le Palais Episcopal n'a de fini que la Chapelle, & la moi- L'Evêché.
tié des Bâtimens, que porte le Dessein, suivant lequel ce
doit être un Quarré long. S'il est jamais achevé, ce sera un
très-bel Edifice. Le Jardin s'étend jusques sur la Croupe du
Rocher, & domine toute la Rade. Quand la Capitale de
la Nouvelle France sera aussi florissante que celle de l'Ancienne (& il ne faut désespérer de rien, Paris a été lontems
beaucoup moins que n'est Quebec aujourd'hui) qu'autant
que les yeux pourront porter, ils ne verront que Bourgs,
Châteaux, Maisons de Plaisance, & tout cela est déja ébau-
ché : que le Fleuve de Saint Laurent, qui roule majestueu-
sement ses Eaux, & les amene de l'extrémité du Nord,
ou de l'Ouest, y sera couvert de Vaisseaux : que l'Isle d'Orleans & les deux Bords des deux Rivieres, qui forment
ce Port, découvriront de belles Prairies, de riches Côteaux
& des Campagnes fertiles, & il ne leur manque pour cela
que d'être plus peuplées : qu'une partie de la Riviere Saint
Charles, qui serpente agréablement dans un charmant Val-
lon, sera jointe à la Ville, dont elle sera sans doute le plus
beau Quartier : que l'on aura revêtu toute la Rade de Quays
magnifiques: que le Port sera environné de Bâtimens superbes,
& qu'on y aura trois ou quatre cent Navires chargés des richesses, que nous n'avons pas encore sçu faire valoir, & y
apporter en échange celles de l'Ancien & du Nouveau Monde, vous m'avouerez, Madame, que cette Terrasse offrira
un point de vûë, que rien ne pourra égaler, & que dès à pré- La Cathédra-
sent ce doit être quelque chose de fort beau. le, & le Séminaire.
La Cathédrale ne seroit pas une belle Paroisse dans un des

Tome III. K

1720.
Octobre.

plus petits Bourgs de France; jugez si elle mérite d'être le Siége du seul Evêché, qui soit dans tout l'Empire François de l'Amérique, beaucoup plus étendu, que n'a jamais été celui des Romains. Son Architecture, son Chœur, son Grand'Autel, ses Chapelles sentent tout-à-fait l'Eglise de Campagne. Ce qu'elle a de plus passable, est une Tour fort haute, solidement bâtie, & qui de loin a quelque apparence. Le Séminaire, qui touche à cette Eglise est un grand Quarré, dont les Bâtimens ne sont point encore finis. Ce qui est fait, est bien construit, & avec toutes les commodités nécessaires en ce Pays-ci. C'est pour la troisiéme fois qu'on bâtit cette Maison. Elle fut brûlée toute entiere en 1703. Et au mois d'Octobre de l'année 1705, comme on achevoit de la rétablir, elle fut de nouveau presque toute consumée par les flammes. Du Jardin on découvre toute la Rade, & la Riviere de Saint Charles, autant que la vûë peut s'étendre.

Du Fort & du Cap aux Diamants.

Le Fort est un beau Bâtiment, qui doit être flanqué de deux Pavillons saillans; mais il n'y en a encore qu'un de fait. On va, dit-on, travailler incessamment à l'autre (*a*). On y entre par une Cour assez spacieuse & reguliere, mais il n'y a point de Jardin, parce que le Fort est construit sur le bord du Roc. Une belle Galerie avec un Balcon, qui regne tout le long des Bâtimens, y supplée en quelque sorte. Elle commande la Rade, au milieu de laquelle on peut se faire entendre aisément avec un porte-voix, & on y voit toute la Basse Ville sous ses pieds. En sortant du Fort, & prenant sur la gauche, on entre dans une assez grande Esplanade, & par une pente douce on arrive à la cime du Cap aux Diamants, qui est une fort belle Plate-forme. Outre l'agrément de la vûë, on respire en ce lieu l'air le plus pur; on y voit quantité de Marsouins, blancs comme la Nége, joüer sur la surface des Eaux, & on y ramasse quelquefois des Diamants, plus beaux que ceux d'Alençon. J'y en ai vû d'aussi bien taillés, que s'ils fussent sortis de la main du plus habile Ouvrier. Autrefois ils y étoient fort communs, & c'est ce qui a fait donner au Cap le nom, qu'il porte. Présentement ils y sont fort rares. La Descente du côté de la Campagne est encore plus douce, que du côté de l'Esplanade.

Des Récollets & des Ursulines.

Les Peres Récollets ont une grande & belle Eglise, & qui

(*a*) Il est achevé.

D'UN VOYAGE DE L'AMERIQ. Let. III. 75

leur feroit honneur à Versailles. Elle est proprement lambrissée, ornée d'une large Tribune; un peu massive, & d'une Boiserie bien travaillée, qui regne tout au tour, & dans laquelle sont pris les Confessionnaux. C'est l'Ouvrage d'un de leurs Freres Convers. Enfin rien n'y manque, mais il faudroit en ôter quelques Tableaux, qui sont fort grossierement peints; Le Frere Luc y en a mis de sa façon, qui n'ont pas besoin de ces ombres. La Maison répond à l'Eglise: elle est grande, solidement bâtie, commode, accompagnée d'un Jardin spacieux & bien cultivé. Les Ursulines ont essuyé deux incendies, aussi-bien que le Séminaire; avec cela elles ont si peu de Fonds, & les Dots, qu'on reçoit des Filles de ce Pays, sont si modiques, que dès la premiere fois que leur Maison fût brûlée, on pensa à les renvoyer en France. Elles sont néanmoins venuës à bout de se rétablir toutes les deux fois, & l'on acheve actuellemeut leur Eglise. Elles sont proprement, & commodément logées: c'est le fruit de la bonne odeur, qu'elles répandent dans la Colonie, de leur œconomie, de leur sobriété, & de leur travail: elles dorent, elles brodent, toutes sont utilement occupées, & ce qui sort de leurs mains est ordinairement d'un bon goût.

1720.
Octobre.

Vous aurez sans doute vû, Madame, dans quelques Relations que le College des Jésuites est un très-bel Edifice. Il est certain que, quand cette Ville n'étoit qu'un amas informe de Barraques Françoises & de Cabannes Sauvages, cette Maison, la seule, avec le Fort, qui fût bâtie de Pierres, faisoit quelque figure: les premiers Voyageurs, qui en jugeoient par comparaison, l'avoient représentée comme un très-beau Bâtiment; ceux, qui les ont suivis, & qui, selon la coûtume, les ont copiés, ont tenu le même langage. Cependant les Cabannes ont disparu, & les Barraques ont été changées en Maisons, la plûpart bien bâties, de sorte que le College dépare aujourd'hui la Ville, & menace ruine de toutes parts (*a*).

Du College.

La situation n'en est pas même avantageuse; il est privé du plus grand agrément, qu'on eût pu lui procurer, qui est celui de la vûë. Il avoit d'abord celle de la Rade en perspective, & ses Fondateurs avoient été assez bons, pour s'imaginer qu'on les en laisseroit jouir; mais ils se sont trompés. La Cathédrale & le Séminaire leur font un masque, qui ne leur

(*a*) On a depuis peu rebâti tout le College, & il est maintenant fort beau.

K ij

laisse plus que la vûë de la Place, laquelle n'a pas de quoi les dédommager de celle, qu'ils ont perduë. La Cour de ce College est petite & mal-propre, rien ne ressemble mieux à une Cour de Métairie. Le Jardin est grand & bien entretenu, & il est terminé par un Petit Bois, reste précieux de l'antique Forêt, qui couvroit autrefois toute cette Montagne.

L'Eglise n'a rien de beau en dehors, qu'un assez joli Clocher: elle est toute couverte d'Ardoises, & c'est la seule du Canada, qui ait cet avantage; car tout est ici couvert de Bardeaux. En dedans elle est fort ornée. Une Tribune hardie, légere, bien pratiquée, & bordée d'une Balustrade de Fer, peint, doré, & d'un bon Ouvrage: Une Chaire de Prédicateur toute dorée, & bien travaillée en Fer & en Bois: trois Autels bien pris; quelques bons Tableaux; point de Voûte, mais un Lambris plat assez orné; point de Pavé, mais un bon Plancher, qui rend cette Eglise supportable en Hyver, tandis qu'on est transi de froid dans les autres. Je ne vous parle point des *quatre grandes Colonnes cilyndriques & massives, d'un seul Bloc d'un certain Porphyre noir comme du Geay, sans taches & sans fils*, dont il a plu au Baron de LA HONTAN d'enrichir le Grand Autel: elles y seroient beaucoup mieux sans doute, que celles, qu'on y voit, qui sont creuses, & grossierement marbrées. On pardonneroit pourtant volontiers à cet Auteur, s'il n'avoit défiguré la vérité, que pour donner du lustre aux Eglises.

De l'Hôtel-Dieu.

L'Hôtel-Dieu a deux grandes Sales, l'une pour les Hommes, & l'autre pour les Femmes. Les Lits y sont bien tenus, les Malades bien servis, & tout y est commode & d'une grande propreté. L'Eglise est derriere la Sale des Femmes, & n'a de considérable que le Maître-Autel, dont le Retable est fort beau. Cette Maison est desservie par des Religieuses Hospitalieres de Saint Augustin, de la Congrégation de la Miséricorde de Jesus, & dont les premieres sont venuës de Dieppe. Elles ont commencé à se bien loger; mais selon toutes les apparences elles n'acheveront pas sitôt, faute de fonds. Comme leur Maison est située à mi-côte, sur un platon, qui avance un peu sur la Riviere de Saint Charles, elles jouïssent d'une assez belle vûë.

La Maison de l'Intendant se nomme *le Palais*, parce que le Conseil Supérieur s'y assemble. C'est un grand Pavillon, dont les deux extrémités débordent de quelques pieds, & où l'on monte par un Perron à double Rampe. La Façade du Jardin, qui a la vûë sur la Petite Riviere, & qui y conduit de plein pied, est beaucoup plus riante, que celle de l'Entrée. Les Magasins de Roi sont sur la Cour à droite, & la Prison est derriere. La Porte d'entrée est masquée par la Montagne, sur laquelle est la Haute Ville, & qui ne présente en cet endroit, qu'un Roc escarpé fort désagreable à la vûë. C'étoit bien pis encore avant l'incendie, qui réduisit, il y a quelques années, tout le Palais en Cendres ; car il n'y avoit point d'Avant-Court, & les Bâtimens étoient sur la Ruë, qui est assez étroite (a).

1720.
Octobre.

En suivant, cette Ruë, ou pour parler plus juste, ce Chemin, on entre d'abord dans la Campagne, & au bout d'un demi quart de lieuë on trouve l'Hôpital Général. C'est la plus belle Maison du Canada, & elle ne dépareroit point nos plus grandes Villes de France. Les Peres Récollets occupoient autrefois le Terrein, où elle est située. M. de Saint Vallier, Evêque de Quebec les a transferés dans la Ville, a acheté leur Emplacement, & y a dépensé cent mille écus en Bâtimens, en Emmeublemens & en Fondations. Le seul défaut de cet Hôpital est d'être bâti dans un Marais ; on espere y remédier, en desséchant le Marais ; mais la Riviere de S. Charles fait en cet endroit-là un Coude, où les Eaux ne coulent pas aisément, & c'est ce qu'on ne pourra jamais bien corriger.

De l'Hôpital Général.

Le Prélat Fondateur a son Appartement dans la Maison, & y fait sa résidence ordinaire ; il a loué son Palais, qui est encore son Ouvrage, au profit des Pauvres. Il ne dédaigne pas même de servir d'Aumônier à l'Hôpital, aussi-bien qu'aux Religieuses, & il en remplit les fonctions avec un zéle & une assiduité, qu'on admireroit dans un simple Prêtre, qui vivroit de cet Emploi. Des Artisans, ou autres, à qui leur grand âge, ou leurs infirmités ôtent le moyen de gagner leur vie, sont reçus dans cet Hôpital jusqu'à la concurrence du nombre de Lits, qui y sont fondés, & trente Religieuses sont occupées à les servir. C'est un Essein de l'Hôtel-Dieu de Quebec ; mais pour les distinguer, l'Evêque leur a donné quelques Réglemens particuliers, & leur fait porter une

(a) Ce Palais fut encore entierement brûlé en 1726.

Croix d'Argent fur la Poitrine. La plûpart font Filles de Condition, & comme ce ne font pas les plus aifées du Pays, le Prélat en a doté plufieurs.

Des Fortifications. Quebec n'eft pas fortifié régulierement, mais on travaille depuis lon-tems à en faire une bonne Place. Cette Ville n'eft pas même facile à prendre dans l'état, où elle eft. Le Port eft flanqué de deux Baftions, qui dans les grandes Marées font prefqu'à fleur d'Eau, c'eft-à-dire, qu'ils font élevés de vint-cinq pieds de Terre, car la Marée, dans les Equinoxes, monte à cette hauteur. Un peu au-deffus du Baftion de la droite, on en a fait un demi, lequel eft pris dans le Rocher, & plus haut, à côté de la Galerie du Fort, il y a vint-cinq Pieces de Canon en batterie. Un petit Fort quarré, qu'on nomme *la Citadelle*, eft encore au-deffus, & les Chemins, pour aller d'une Fortification à l'autre, font extrémement roides. A la gauche du Port, tout le long de la Rade, jufqu'à la Riviere de Saint Charles, il y a de bonnes Batteries de Canon & quelques Mortiers.

De l'Angle de la Citadelle, qui regarde la Ville, on a fait une Oreille de Baftion, d'où l'on a tiré un Rideau en équerre, qui va joindre un Cavalier fort exhauffé, fur lequel il y a un Moulin fortifié. En defcendant de ce Cavalier, on rencontre à une portée de Fufil, une premiere Tour baftionnée, & à la même diftance de celle-ci, une feconde. Le deffein étoit de revêtir tout cela d'une Chemife, qui auroit eu les mêmes Angles, que les Baftions, & qui feroit venuë fe terminer à l'extrémité du Roc, vis-à-vis le Palais, où il y a déja une petite Redoute, auffi-bien que fur le Cap aux Diamants. Je ne fçai pourquoi cela n'a pas été exécuté. Tel étoit, Madame, à peu près l'état de la Place en 1711, lorfque les Anglois firent pour la conquête du Canada un grand Armement, qui échoua par la témérité du Général de la Flotte, lequel, contre l'avis de fon Pilote, s'approcha trop près des Sept Ifles, y perdit tous fes plus gros Navires, & trois mille Hommes de fes meilleures Troupes.

Quebec eft encore aujourd'hui dans le même état, ce que vous pourrez juftifier fur le Plan en Relief, que Monfieur de CHAUSSEGROS DE LÉRY, Ingénieur en Chef, envoye cette année en France, pour être mis au Louvre avec les autres. Mais après vous avoir parlé du matériel de notre Capitale, il faut vous dire deux mots de ses principaux Habitans ; c'est son bel endroit, & si, à ne considérer que ses Maisons, ses Places, ses Ruës, ses Eglises & ses Edifices Publics, on pourroit la réduire au rang des plus petites Villes de France, la qualité de ceux, qui l'habitent, lui assûre le titre de Capitale.

1720.
Octobre.

J'ai déja dit qu'on ne compte guéres à Quebec, que sept mille Ames ; mais on y trouve un petit Monde choisi, où il ne manque rien, de ce qui peut former une Société agréable. Un Gouverneur Général (a) avec un Etat Major, de la Noblesse, des Officiers, & des Troupes. Un Intendant (b), avec un Conseil Supérieur, & les Jurisdictions Subalternes ; un Commissaire de Marine (c), un Grand Prevôt (d), un Grand-Voyer, & un Grand-Maître des Eaux & Forêts (e), dont la Jurisdiction est assûrément la plus étenduë de l'Univers ; des Marchands aisés, ou qui vivent, comme s'ils l'étoient ; un Evêque & un Séminaire nombreux ; des Récollets & des Jésuites ; trois Communautés de Filles, bien composées ; des Cercles aussi brillans, qu'il y en ait ailleurs, chez la Gouvernante, & chez l'Intendante. Voilà, ce me semble, pour toutes sortes de Personnes de quoi passer le tems fort agréablement.

Des Habitans.

Aussi fait-on, & chacun y contribuë de son mieux. On jouë, on fait des Parties de Promenades ; l'Eté, en Caléche, ou en Canot ; l'Hyver, en Traîne sur la Nége, ou en Patins sur la Glace. On chasse beaucoup ; quantité de Gentilshommes n'ont guéres que cette ressource pour vivre à leur aise. Les nouvelles courantes se réduisent à bien peu de choses, parce que le Pays n'en fournit presque point, & que celles de l'Europe arrivent tout-à-la fois, mais elles occupent une bonne partie de l'année : on politique sur le passé, on conjecture sur l'avenir ; les Sciences & les Beaux Arts ont leur tour, & la conversation ne tombe point. Les Canadiens, c'est-à-dire, les Créoles du Canada, respirent en naissant un air de liberté, qui les rend fort agréables dans le commerce de la vie, & nulle part ailleurs on ne parle plus purement notre Langue. On ne remarque même ici aucun Accent.

(a) M. le Marquis de Vaudreuil.
(b) M. Bégon.
(c) M. de Clerambaut d'Aigremont.
(d) M. Denys de Saint Simon.
(e) M. le Baron de Békancourt.

On ne voit point en ce Pays de Perfonnes riches, & c'eft bien dommage, car on y aime à fe faire honneur de fon bien, & perfonne prefque ne s'amufe à théfaurifer. On fait bonne chere, fi avec cela on peut avoir de quoi fe bien mettre ; finon, on fe retranche fur la Table, pour être bien vêtu. Auffi faut-il avouer que les Ajuftemens font bien à nos Créoles. Tout eft ici de belle Taille, & le plus beau Sang du Monde dans les deux Sexes ; l'efprit enjoué, les manieres douces & polies font communs à tous ; & la rufticité, foit dans le Langage, foit dans les façons, n'eft pas même connuë dans les Campagnes les plus écartées.

<small>Difference des Colonies Angloifes & Françoifes.</small>

Il n'en eft pas de même, dit-on, des Anglois nos Voifins, & qui ne connoîtroit les deux Colonies, que par la maniere de vivre, d'agir & de parler des Colons, ne balanceroit pas à juger que la nôtre eft la plus floriffante. Il regne dans la N. Angleterre, & dans les autres Provinces du Continent de l'Amérique foumifes à l'Empire Britannique, une opulence, dont il femble qu'on ne fçait point profiter ; & dans la Nouvelle France une pauvreté cachée par un air d'aifance, qui ne paroît point étudié. Le Commerce & la Culture des Plantations fortifient la Premiere, l'induftrie des Habitans foûtient la Seconde, & le goût de la Nation y répand un agrément infini. Le Colon Anglois amaffe du Bien, & ne fait aucune dépenfe fuperfluë : Le François jouit de ce qu'il a, & fouvent fait parade de ce qu'il n'a point. Celui-là travaille pour fes Héritiers ; celui-ci laiffe les Siens dans la néceffité, où il s'eft trouvé lui-même, de fe tirer d'affaire comme il pourra. Les Anglois Amériquains ne veulent point de Guerre, parce qu'ils ont beaucoup à perdre ; ils ne ménagent point les Sauvages, parce qu'ils ne croyent point en avoir befoin. La Jeuneffe Françoife, par des raifons contraires, détefte la Paix, & vit bien avec les Naturels du Pays, dont elle s'attire aifément l'eftime pendant la Guerre, & l'amitié en tout tems. Je pourrois pouffer plus loin ce paralelle ; mais il faut finir : le Vaiffeau du Roi va mettre à la Voile ; les Navires Marchands fe difpofent à le fuivre, & peut-être que dans trois jours il n'y aura pas un feul Bâtiment dans notre Rade.

Je fuis, &c.

QUATRIE'ME

QUATRIÉME LETTRE.

1721.
Février.

Du Village Huron de Lorette. Ce qui a empêché le progrès de la Colonie Françoise du Canada. Des Monnoyes, qui y ont eu cours.

A Quebec, ce quinze Février, 1721.

MADAME,

JE reviens d'un petit Voyage de Dévotion, dont je veux vous rendre compte : mais il faut auparavant vous dire que je me suis trompé, lorsqu'en finissant ma derniere Lettre, je vous ai dit qu'avant trois jours la Rade de Quebec seroit vuide. Un Navire de Marseille y est encore, & a même trouvé le moyen d'y être à l'abri des Glaces, dont le Fleuve est couvert. C'est un secret, qui peut avoir son utilité. Il est bon d'avoir des ressources contre tous les accidens, qui peuvent survenir.

Le Capitaine de ce Navire avoit levé les Ancres le second de Novembre, vers le soir, & après avoir fait environ une lieuë, il les rejetta, pour attendre quelques-uns de ses Passagers, qui s'embarquerent à l'entrée de la nuit. Il donna ensuite ses ordres pour appareiller dès que la Marée commenceroit à baisser, & s'alla mettre au Lit d'assez bonne heure. Vers le minuit on l'éveilla pour l'avertir que le Bâtiment se remplissoit d'Eau : il fit pomper, mais inutilement ; l'Eau croissoit toujours, au lieu de diminuer ; enfin chacun songea à mettre sa vie en sûreté, & il étoit tems. Les Derniers n'étoient point encore arrivés à Terre, que le Navire disparut. Une Barque chargée de Marchandises pour Montreal, a eu le même sort à l'entrée du Lac de Saint Pierre, mais on espere bien relever l'un & l'autre, quand la belle Saison sera revenuë. On se flatte même que la plûpart des Effets, dont ces deux Bâtimens sont chargés, ne seront point perdus. D'autres ne le croyent pas, & je suis de leur avis : je n'y serai

Aventure d'un Navire Provençal.

Tome III. L

1721.
Février.

point pour vous en mander des nouvelles: Mais l'affaire du Navire Provençal pourra bien avoir des suites, car le Capitaine soupçonne quelqu'un de lui avoir joué d'un tour. Venons à mon Pélerinage.

Description de Lorette.

A trois lieuës d'ici vers le Nord-Est, il y a un petit Village de Hurons Chrétiens, dont la Chapelle est bâtie sur le modéle & avec toutes les dimensions de la *Santa Casa* d'Italie, d'où l'on a envoyé à nos Néophytes une Image de la Vierge, semblable à celle, que l'on voit dans ce célébre Sanctuaire. On ne pouvoit guéres choisir pour placer cette Mission, un lieu plus sauvage. Cependant le concours des Fideles y est fort grand, & soit imagination, soit dévotion, soit prévention, ou tout ce que vous voudrez, bien des Personnes m'ont assûré qu'ils avoient été saisis, en y arrivant, d'une secrete & sainte horreur, dont ils n'avoient pas été les Maîtres. Mais ce qui fait à tous une impression d'autant plus grande, que la réflexion même y contribuë, c'est la solide piété des Habitans de ce Désert.

Ferveur des Sauvages.

Ce sont des Sauvages, mais qui n'ont plus de leur naissance & de leur origine, que ce qui en est estimable, c'est-à-dire, la simplicité & la droiture du Premier Age du Monde, avec ce que la Grace y a ajoûté ; la Foi des Patriarches, une Piété sincere, cette droiture & cette docilité de Cœur, qui font les Saints ; une innocence de mœurs incroyable, un Christianisme pur, & sur lequel le Monde n'a point soufflé l'air contagieux, qui le corrompt, & souvent des actes des plus héroïques vertus. Rien n'est plus touchant, que de les entendre chanter à deux Chœurs, les Hommes d'un côté, & les Femmes de l'autre, les Prieres de l'Eglise, & des Cantiques en leur Langue. Rien n'est comparable à la ferveur & à la modestie, qu'ils font paroître dans tous leurs exercices de Religion, & je n'ai encore vû personne, qui n'en ait été touché jusqu'au fond de l'Ame.

Ce Village étoit autrefois beaucoup plus peuplé, mais les Maladies, & je ne sçai quoi, qui réduit insensiblement à rien toutes les Nations de ce Continent, ont fort diminué le nombre de ses Habitans. La vieillesse & les infirmités de quelques-uns de leurs anciens Pasteurs avoient aussi fait quelques bréches à leur premiere ferveur, mais il n'a pas été difficile de les y rappeller, & celui, qui les gouverne présentement, n'a plus qu'à entretenir les choses sur le pied, où il les a trouvées. Il est vrai qu'on ne sçauroit porter plus loin les précautions, dont on use pour empêcher que le relâchement ne s'y introduise de nouveau. Les Boissons enyvrantes, la plus ordinaire, & presque la seule pierre d'achopement, qui puisse faire tomber les Sauvages, y sont interdites par un Vœu solemnel, dont la transgression est soumise à la pénitence publique, aussi-bien que toute faute, qui cause du scandale; & la rechute suffit ordinairement pour bannir le Coupable, sans esperance de retour, d'un lieu, qui doit être l'asyle impénétrable de la Piété & de l'Innocence. La paix & la subordination y regnent parfaitement; & tout ce Village semble ne faire qu'une Famille, reglée sur les plus pures maximes de l'Evangile. Cela étonne toujours quiconque sçait jusqu'où ces Peuples, & les Hurons sur-tout, portent naturellement la fierté & l'esprit d'indépendance.

1721.
Février.

Le plus grand, & peut-être le seul embarras du Missionnaire est à trouver de quoi faire subsister son Troupeau; le Terrein, qu'il occupe n'y sçauroit suffire, & on a de bonnes raisons pour ne pas permettre qu'il l'abandonne; la Providence y supplée. Monsieur & Madame Bégon étoient de notre Pélerinage, & furent reçus de ces bons Néophytes, comme le devoient être des Personnes de ce rang, & qui ne les laissent jamais manquer du nécessaire. Après une réception toute Militaire de la part des Guerriers, & les acclamations de la Multitude, on commença par les exercices de piété, où l'on s'édifia mutuellement. Ils furent suivis d'un Festin général, dont Madame Bégon fit les frais, & reçut tous les honneurs. Les Hommes, suivant l'usage, mangerent dans une Maison, & les Femmes, avec les petits Enfans, dans une autre. Je dis Maison, & non point Cabanne, car ces Sauvages se sont depuis peu logés à la Françoise.

Les Femmes dans ces rencontres n'ont accoûtumé de témoigner leur gratitude, que par leur silence & leur modestie; mais parce que c'étoit la premiere Dame, qui fût alors dans la Colonie, qui régaloit tout le Village, on accorda aux Huronnes un Orateur, par l'organe duquel elles déployerent à leur illustre Bienfactrice tous les sentimens de leur Cœur. Pour les Hommes, après que le Chef eut harangué l'Intendant, ils danserent & chanterent tant que l'on

L ij

voulut. Rien, Madame, n'eſt moins divertiſſant, que ces Chants & ces Danſes. D'abord tous ſont aſſis à terre comme des Singes, ſans aucun ordre : de tems en tems un Homme ſe leve, s'avance lentement au milieu de la Place, toujours, dit-on, en cadence, tourne la tête de côté & d'autre, chante un air, qui n'eſt rien moins que mélodieux, pour quiconque n'eſt pas né Sauvage, & prononce des paroles, qui ne ſignifient rien. Tantôt c'eſt une Chanſon de Guerre, tantôt une Chanſon de Mort; quelquefois une Attaque, ou une Surpriſe; car comme ces Gens-là ne boivent que de l'Eau, ils n'ont point de Chanſon à boire, & ils ne ſe ſont pas encore aviſés de mettre leurs Amours en chant. Tandis qu'on chante, le Parterre ne ceſſe point de battre la Meſure, en tirant du fond de la Poitrine un *hé*, qui ne varie point. Les Connoiſſeurs diſent qu'ils ne perdent jamais la Meſure; je m'en rapporte à eux.

Quand l'un a fini, un autre prend ſa place, & cela dure juſqu'à ce que l'Aſſemblée les remercie, ce qui arriveroit bientôt, ſans un peu de complaiſance, qu'il eſt bon d'avoir pour ces Gens-là. C'eſt en effet une Muſique bien ennuyante & bien déſagréable, du moins à en juger par ce que j'en ai vû. Des Goſiers ferrés, une Monotonie continuelle, des Airs, qui ont toujours quelque choſe de féroce, ou de lugubre. Mais leur voix eſt toute autre, quand ils chantent à l'Egliſe. Pour ce qui eſt des Femmes, elles l'ont d'une douceur, qui ſurprend; elles ont même beaucoup de goût & de diſpoſition pour la Muſique.

Dans ces rencontres, la Harangue eſt ce qui vaut le mieux, on y explique en peu de mots, & preſque toujours d'une maniere ingénieuſe, le ſujet de la Fête, à laquelle on ne manque jamais de donner des motifs relevés. Les louanges de celui, qui en fait les frais, ne ſont pas oubliées, & l'on profite quelquefois de l'occaſion des Perſonnes, qui ſont préſentes, quand on parle ſur-tout devant le Gouverneur Général, ou l'Intendant, pour demander une Grace, ou pour faire quelque repréſentation. L'Orateur des Huronnes nous dit ce jour-là des choſes ſi ſpirituelles, qu'on ſoupçonna l'Interprète, qui étoit le Miſſionnaire même, de lui avoir prêté ſon eſprit & ſa politeſſe avec ſa voix; mais il proteſta qu'il n'avoit rien ajoûté du ſien, & on le crut, parce qu'il eſt connu pour un des Hommes du Monde le plus franc & le plus vrai (*a*). 1721.

 Avant ce petit Voyage, j'avois fait quelques excursions Février.
aux environs de cette Ville, mais comme la Terre est partout
couverte de cinq ou six pieds de neige, ces courses ne m'ont
pas mis beaucoup en état de vous parler de la nature du Pays.
Je l'ai autrefois parcouru dans toutes les Saisons, & je puis
vous assûrer qu'on voit rarement ailleurs des Terres plus fécondes, & d'une meilleure qualité. Je me suis surtout fort
appliqué cet Hyver à m'instruire des avantages, qu'on pourroit retirer de cette Colonie, & je vais vous faire part du
fruit de mes recherches. Le Canada n'enrichit point la France; c'est une plainte aussi ancienne, que la Colonie, & elle
n'est pas sans fondement. On n'y trouve point d'Habitans riches; cela est encore vrai. Est-ce la faute du Pays, & n'y
a-t'il pas beaucoup de celle des premiers Colons ? C'est sur
quoi je vais tâcher de vous mettre à portée de prononcer.

 La premiere source du malheur des Provinces, qu'on a honorées du beau nom de *Nouvelle France*, est le bruit, qui se Idée fausse,
répandit d'abord dans le Royaume, qu'elles n'avoient point qu'on s'est faite du Canada.
de Mines, & on ne fit pas assez d'attention que le plus grand
avantage, qu'on puisse retirer d'une Colonie, est l'augmentation du Commerce; que pour parvenir à ce dessein, il faut
faire des Peuplades; que ces Peuplades se font peu à peu, &
sans qu'il y paroisse dans un Royaume, tel que la France,
& que les deux seuls objets, qui se présenterent d'abord dans
le Canada & dans l'Acadie, je veux dire, la Pelleterie, &
la Pêche, demandoient que ces Pays fussent peuplés; que
s'ils l'avoient été, ils eussent peut-être donné plus de retours à
la France, que l'Espagne n'en a tiré des plus riches Provinces du Nouveau Monde; sur-tout, si on y eût ajoûté la Construction des Vaisseaux: mais l'éclat de l'or & de l'argent, qui
venoient du Mexique & du Pérou, éblouit tellement les yeux
de l'Europe entiere; qu'un Pays, qui ne produisoit pas ces précieux Métaux, étoit regardé comme un mauvais Pays. Ecoutons sur cela un Auteur sensé, qui avoit été sur les lieux.

 Les demandes ordinaires, qu'on nous fait, dit Marc Lescarbot, sont, Y a-t'il des Trésors ? Y a-t'il de l'Or & de l'Argent ? Et personne ne demande, ces Peuples-là sont-ils disposés à entendre la Doctrine Chrétienne ? & quant aux Mi-

(*a*) Le Pere Pierre-Daniel RICHER.

1721.
Février.

Fautes, qu'on a faites dans fon Etabliffement.

» nes, il y en a vraiment ; mais il les faut fouiller avec induf-
» trie, labeur & patience. La plus belle Mine, que je fçache,
» c'eſt du Bled & du Vin, avec la nourriture du Beſtial ; qui a
» de ceci, il a de l'Argent ; & des Mines, nous n'en vivons
» point. Les Mariniers, qui vont de toute l'Europe chercher du
» Poiſſon aux Terres-neuves & plus outre à huit ou neuf cent
» lieuës loin de leur Pays, y trouvent de belles Mines, fans
» rompre les Rochers, éventrer la Terre, vivre en l'obfcurité
» des Enfers....... Ils trouvent, dis-je, de belles Mines au
» profond des Eaux, & au Trafic des Pelleteries & Fourrures,
» dont ils retirent de bon argent.

Non-feulement on a fait à la Nouvelle France, fans la connoître, une fort mauvaife réputation ; mais ceux mêmes, qui croyoient en pouvoir tirer quelque avantage, n'ont pris pour cela aucunes mefures. Premierement on a été un tems infini fans fe fixer : on défrichoit un Terrein, fans l'avoir auparavant bien examiné, on l'enfemençoit, on y élevoit des Bâtimens, puis, fans trop fçavoir pourquoi, le plus fouvent on l'abandonnoit, & on alloit fe placer ailleurs. C'eft cette inconftance, qui a le plus contribué à nous faire perdre l'Acadie, & à nous empêcher d'en rien retirer, tandis que nous poffedions cette belle Peninfule. L'Auteur, que j'ai déja cité, & qui avoit été témoin de nos irréfolutions, ne craignit point de les reprocher à ceux, qui en étoient les plus coupables.
» C'eft ainfi, dit-il, que de tout tems nous avons fait des levées
» de Boucliers, que nous nous fommes portés avec ardeur à de
» nouvelles Entreprifes, que nous avons projetté de beaux
» commençemens, & puis que nous avons tout quitté..... de
» verité, pour faire de telles Entreprifes, il faut de l'aide & du
» fupport ; mais auffi faut-il des Hommes de réfolution, qui ne
» reculent pas, & qui ayent ce point d'honneur devant les yeux,
» *Vaincre ou Mourir*, étant une belle & glorieufe mort celle,
» qui arrive en exécutant un beau deffein, comme pour jetter
» les fondemens d'un Royaume nouveau, & établir la Foi Chré-
» tienne parmi des Peuples, entre lefquels Dieu n'eft pas con-
» nu. " Je pourrois, Madame, pouffer beaucoup plus loin ces réflexions ; mais je craindrois de m'engager trop loin dans des difcuffions, où je ne dois, ni ne puis entrer, avec les feules connoiffances, que j'ai préfentement.

Je viens au Commerce. Il a roulé lontems en Canada uniquement sur la Pêche & la Pelleterie. La Pêche des Moruës se faisoit sur le Grand Banc, & sur les Côtes de Terre-neuve, lontems avant qu'on eût découvert le Fleuve Saint Laurent, mais on s'avisa bien tard de faire un Etablissement dans l'Isle, & nous nous y laissâmes prévenir par les Anglois. Nous y occupâmes enfin le Port & la Baye de Plaisance, où l'on a vû plus d'une fois des Escadres du Roi : nous y avons soûtenu des Siéges, & les Milices Canadiennes y ont fait des exploits de guerre, qui ne le cedent point à ceux des plus braves Flibustiers de Saint Domingue. Ils ont souvent défolé les Habitations, & ruiné le Commerce des Anglois dans cette Isle; mais ceux-ci, à qui on enlevoit aisément leurs plus fortes Places, connoissoient trop bien leurs Ennemis, pour se déconcerter. Accoûtumés à voir le feu Canadien s'allumer dans les Glaces du Nord, & s'éteindre de lui-même au milieu de ce qui devoit lui donner plus d'activité, ils se comportoient à l'approche de nos Braves, comme fait un habile Pilote à la vûë d'une Tempête inévitable. Ils cédoient sagement à l'Orage; ils réparoient ensuite sans obstacle le dégât, qu'il avoit causé dans leurs Postes, & par cette conduite, toujours battus en Terre-neuve, soit qu'ils attaquassent, ou qu'ils se défendissent, ils y ont toujours fait incomparablement plus de commerce, que leurs Vainqueurs, & ils en sont enfin demeurés les seuls Maîtres, & Possesseurs tranquilles.

1721.
Février.

On s'est encore plus mal comporté en Acadie : cette grande & riche Province a été lontems partagée entre differens Particuliers, dont aucun ne s'y est enrichi, tandis que les Anglois faisoient sur ses Côtes un profit immense par la Pêche. Les Etablissemens, que ces Propriétaires y ont faits, manquant de solidité, & eux-mêmes manquant de vûës, & se détruisant les uns les autres, ils ont laissé le Pays à peu près dans le même état, où ils l'avoient trouvé, & dans un décri, dont il ne s'est bien relevé, qu'au moment, que nous l'avons perdu. Ce sont nos Ennemis, qui nous ont fait comprendre ce qu'il valoit.

Le seul Commerce, auquel on s'est lontems borné dans cette Colonie, est celui des Pelleteries, & on ne sçauroit dire les fautes, qu'on y a faites. Jamais peut-être le génie de notre Nation n'a mieux paru qu'à ce sujet. Lorsque nous découvrîmes ce vaste Continent, il étoit rempli de Bêtes Fauves. Une

Mauvaise conduite par rapport au Commerce des Pelleteries.

1721.
Février.

poignée de François est venuë à bout de les faire disparoître
presqu'entierement en moins d'un siécle ; & il y en a, dont
l'Espéce manque tout à fait. On tuoit les Orignaux, ou
Elans, par le seul plaisir de les tuer, & pour faire montre de
son adresse. On ne s'avisoit pas même d'interposer l'Autorité
du Prince, pour arrêter un désordre si criant. Mais le plus
grand mal est venu de l'insatiable avidité des Particuliers, qui
s'appliquoient uniquement à ce Commerce.

Ils arrivoient pour la plûpart de France comme Simonides,
c'est-à-dire, ne possédant que ce qu'ils avoient sur le Corps,
& ils étoient dans l'impatience d'y reparoître dans une meilleure situation. Dans les commencemens cela étoit aisé : les
Sauvages n'ont connu le trésor, que renfermoient leurs Bois,
que par la fureur, avec laquelle on leur arrachoit des mains
leurs Pelleteries, & on en tira d'eux une prodigieuse quantité, en leur donnant des choses, que bien des gens ne voudroient point ramasser. Depuis même qu'ils ont eu les yeux
ouverts sur les prix de cette Marchandise, & qu'ils se sont
un peu plus attachés au solide, il fut encore lontems très-aisé
de les satisfaire à peu de frais : avec un peu de conduite, on
auroit pu continuer ce Commerce sur un assez bon pied.

On seroit néanmoins assez embarrassé à nommer aujourd'hui une seule Famille, que ce Trafic ait enrichie. On a vû
des fortunes aussi immenses, que rapides, s'élever & disparoître presqu'en même tems, comme ces Montagnes mouvantes, dont parlent quelques Voyageurs, & qu'un Tourbillon de Vent éleve & applanit dans les Plaines sablonneuses
de l'Afrique. Rien n'a été plus ordinaire dans ce Pays-ci,
que de voir des Gens traîner dans la misere & dans l'opprobre une languissante Vieillesse, après avoir été en état de se
faire un Etablissement honorable. Après tout, Madame, ces
Fortunes manquées par des Particuliers, qui ne les méritoient
point, ne seroient nullement dignes des regrets du Public,
si le contrecoup n'en étoit pas retombé sur la Colonie, qui
s'est bien-tôt trouvée réduite au point de voir presqu'absolument tarir, ou détourner ailleurs une source, d'où il pouvoit couler tant de richesses dans son sein.

Sa ruine commença par son abondance. A force d'accumuler les Peaux de Castor, qui ont toujours fait le principal objet de ce Commerce, il s'en trouva une si grande quantité
dans

dans les Magasins, qu'on n'en pouvoit plus avoir le débit ; d'où il arriva que les Marchands n'en voulant plus recevoir, nos Aventuriers, qu'on appelle ici *Coureurs de Bois*, prirent le parti de les porter aux Anglois, & que plusieurs s'établirent dans la Nouvelle York. On fit plusieurs tentatives pour arrêter le cours de ces désertions, mais elles eurent très-peu de succès ; au contraire, ceux, que l'intérêt avoit conduits chez nos Voisins, y furent retenus par la crainte du châtiment, & les Vagabonds, qui avoient pris du goût pour la liberté d'une vie errante & pour l'indépendance, resterent parmi les Sauvages, dont on ne les distinguoit plus, que par leurs vices. On eut recours en divers tems aux Amnisties, pour rappeller ces Transfuges, & d'abord elles furent assez inutiles : à la fin cependant ce moyen, ménagé avec sagesse, eut une partie de l'effet, qu'on en avoit prétendu.

1721.
Février.

On en employa un autre, qui fut plus efficace encore ; mais les Personnes zélées pour le bon ordre, & pour le progrès de la Religion, trouverent le remede pire que le mal. Ce fut de permettre à Gens, dont on se croyoit bien sûrs, d'aller faire la Traite dans les Pays Sauvages, & de défendre à tous les autres de sortir de la Colonie. Le nombre de ces *Congés* fut limité, & on les distribua à de pauvres Veuves, & à des Orphelins, qui les pouvoient vendre aux *Traiteurs*, plus ou moins, suivant que la Traite étoit plus ou moins bonne, c'est-à-dire, suivant les endroits, où les Congés portoient qu'on pouvoit la faire ; car on avoit eu la précaution de marquer ces endroits, pour empêcher que tous n'allassent du même côté.

Des Congés & de leurs abus.

Outre ces Congés, dont j'ai dit que le nombre étoit réglé par la Cour, & dont la distribution appartient au Gouverneur Général, il y en a pour les Commandans des Postes, & pour des besoins extraordinaires, & le Gouverneur en donne encore sous le nom de simple Permission. Ainsi une partie de la Jeunesse est continuellement en course, & quoiqu'elle n'y commette plus, au moins si ouvertement, les désordres, qui ont si fort décrié cette Profession, elle ne laisse pas d'y prendre une habitude de libertinage, dont elle ne se défait jamais parfaitement : elle y perd au moins le goût du travail, elle y épuise ses forces, elle y devient incapable de la moindre contrainte, & quand elle n'est plus propre aux fatigues de ces Voyages, ce qui arrive bientôt, parce que ces fatigues font excessives, elle demeure sans aucune ressource, & n'est plus propre à rien. De-là vient que les Arts ont été lontems négligés ; que quantité de bonnes Terres sont encore incultes, & que le Pays ne s'est point peuplé.

On a souvent proposé, pour abolir ces pernicieux Congés, sans que le Commerce en souffrît, & même dans la vûë de le rendre plus florissant, de former quelques Peuplades Françoises dans des endroits choisis, & où il fût aisé de réunir les Sauvages, du moins en certains tems de l'année. Par-là ces vastes Contrées se peupleroient insensiblement, & il n'y auroit peut-être que ce moyen d'exécuter ce que la Cour a eu si lontems à cœur, de *Franciser* ces Sauvages, c'est le terme, dont on se servoit. Je crois du moins pouvoir assûrer que, si on avoit suivi ce projet, le Canada seroit aujourd'hui beaucoup plus peuplé qu'il ne l'est ; que les Sauvages, attirés & retenus par les secours & les douceurs, qu'ils auroient trouvés dans nos Habitations, auroient été moins errans, moins misérables, se seroient par conséquent multipliés, au lieu qu'ils sont diminués étonnemment, & se seroient attachés à nous de maniere, que nous en pourrions à present disposer, comme des Sujets mêmes de la Couronne ; d'autant plus que les Missionnaires auroient beaucoup moins rencontré d'obstacles à leur Conversion. Ce que nous voyons présentement à Lorette, & avec quelque proportion parmi les Iroquois, les Algonquins & les Abénaquis, domiciliés dans la Colonie, ne laisse aucun doute sur la vérité de ce que j'avance ; & il n'est personne parmi ceux, qui ont le plus fréquenté les Sauvages, qui ne convienne qu'on ne doit jamais bien compter sur ces Peuples, que quand ils sont Chrétiens. Je n'en veux point d'autre exemple, que celui des Abénaquis, lesquels, quoiqu'en petit nombre, ont été pendant les deux dernieres guerres le principal Boulevard de la Nouvelle France contre la Nouvelle Angleterre.

Au reste, Madame, le projet, que je viens de vous exposer, est aussi ancien que la Colonie ; c'étoit celui de M. de Champlain, son Fondateur, & il a été du goût de presque tous les Missionnaires, que j'ai connus, & dont les pénibles travaux, dans la situation, où sont depuis lontems les choses, ne produisent pas de grands fruits dans les Missions un peu éloignées. Il feroit à la vérité bien tard aujourd'hui pour reprendre ce deffein par rapport aux Sauvages, qui difparoiffent d'une maniere auffi fenfible, qu'elle eft inconcevable. Mais qui empêcheroit de le fuivre par rapport aux François, & de continuer la Colonie de proche en proche, jufqu'à ce qu'elle puiffe prêter la main à celle de la Louyfiane, pour fortifier l'une par l'autre ? C'eft ainfi que les Anglois en moins d'un fiecle & demi font venus à bout de peupler plus de cinq cent lieuës de Pays, & de former dans ce Continent une puiffance, qu'on n'envifage qu'avec frayeur, quand on la voit de près.

<small>1721. Février.</small>

Le Canada peut faire, & fait quelquefois avec les Ifles de l'Amérique un Commerce affez confidérable de Farines, de Madriers, & d'autres bois propres pour les Bâtimens. Comme il n'y a peut-être pas au monde de Pays, qui porte de plus de fortes de Bois, ni de meilleure efpece, jugez quelle richeffe il en pourra un jour tirer. Il paroît que très-peu de perfonnes font bien inftruites fur cet article; je ne le fuis pas encore affez moi-même pour entrer dans un plus grand détail, je le fuis un peu mieux de ce qui regarde les Huiles, & je vous en parlerai bientôt. Preffé de finir cette Lettre, je n'ai que le tems d'achever ce qui concerne le Commerce en général.

Rien n'a peut-être plus contribué à le faire languir, que les changemens fréquens, qu'on y a faits dans les monnoyes. En voici l'Hiftoire en peu de mots. En 1670. la Compagnie des Indes Occidentales, à qui le Roy avoit cédé le Domaine des Ifles du Continent de l'Amérique Françoife, eut permiffion de faire paffer dans les Ifles jufqu'à cent mille francs en petites efpeces, marquées à un coin particulier, avec une légende, qui lui étoit propre. L'Edit du Roy eft du mois de Février, & il portoit que ces efpeces n'auroient cours, que dans les Ifles. Mais fur quelques difficultés, qui furvinrent, le Confeil rendit le 18. de Novembre de l'année 1672. un Arrêt, par lequel il fut ordonné que la fufdite monnoye, & toutes les autres efpeces, qui auroient cours en France, l'auroient auffi, non-feulement dans les Ifles Françoifes, mais encore dans la Terre ferme de l'Amérique, foumife à la Couronne, avec l'augmentation d'un quart en fus; c'eft-à-dire, les piéces de quinze fols pour vint, & le refte à proportion.

<small>Divers changemens dans les Monnoyes.</small>

M ij

Le même Arrêt ordonnoit que tous les contrats, billets, comptes, achats, & payemens feroient faits entre toutes fortes de perfonnes au prix d'argent, fans qu'il pût être ufé d'échanges, ni compté en fucre, ou autres denrées, à peine de nullité des actes. Et pour le paffé, il fut réglé que toutes les ftipulations de contrats, billets, dettes, redevances, baux à ferme en fucre & autres denrées, feroient réduites payables en argent, fuivant le cours des monnoyes fufdites. En exécution de cet Arrêt, la monnoye augmenta d'un quart dans la Nouvelle France, ce qui ne tarda guéres à y caufer bien des difficultés. En effet M. de Champigny Noroy, qui fut nommé Intendant de Quebec en 1684. & qui l'eft aujourd'hui au Havre de Grace, fe trouva bientôt embarraffé, foit pour le payement des Troupes, foit pour les autres dépenfes, que le Roy faifoit dans cette Colonie.

Outre cela, les fonds, qui étoient envoyés de France, arrivoient prefque toujours trop tard, & dès le premier de Janvier il falloit payer les Officiers & les Soldats, & fatisfaire à d'autres charges également indifpenfables. Pour obvier au plus preffé, M. de Champigny s'avifa de donner cours à quelques Billets, qui tenoient lieu d'argent, en y obfervant toujours l'augmentation de la monnoye. On dreffa un procès-verbal de cette Fabrique, & en vertu d'une Ordonnance du Gouverneur Général & de l'Intendant, on mit fur chaque piéce de cette monnoye, qui étoit de Carte, fa valeur, la fignature du Tréforier, une empreinte des Armes de France, & en cire d'Efpagne celle du Gouverneur & de l'Intendant. On en fit enfuite imprimer en France fur des cartons avec les mêmes empreintes, qu'avoient les monnoyes courantes du Royaume, & l'on ordonna qu'elles feroient repréfentées tous les ans avant l'arrivée des Vaiffeaux de France, pour y ajoûter une marque, afin d'empêcher qu'on n'en introduifît de contrefaites.

Cette monnoye de carton ne fubfifta pas lontems, & l'on en revint aux Cartes, fur lefquelles on grava de nouvelles empreintes. L'Intendant fignoit celle, qui étoit de quatre livres & au-deffus, & fe contentoit de parapher les autres. Dans les derniers tems le Gouverneur Général fignoit auffi celles, qui étoient de fix livres & au-deffus. Au commencement de l'automne, toutes les Cartes fe rapportoient au Tréforier, qui donnoit pour leur valeur des Lettres de change sur le Tréforier Général de la Marine, ou sur son Commis à Rochefort, à compte des frais de l'année suivante. Celles, qui étoient gâtées, ne se remettoient plus dans le Commerce, & on les brûloit après en avoir dressé un procès-verbal.

1721.
Février.

Tant que les Lettres de change ont été fidélement payées, on préféroit ces cartes aux espéces sonnantes ; dès qu'elles ont cessé de l'être, on a discontinué de rapporter les cartes au Tréforier, en sorte qu'en 1702. M. de Champigny se donna inutilement bien des soins pour retirer toutes celles, qu'il avoit faites. Ses Successeurs furent obligés d'en faire tous les ans de nouvelles pour payer les charges, ce qui les multiplia tellement, qu'elles tomberent enfin en non-valeur, & que Personne n'en voulut plus recevoir. Le Commerce en fut entierement dérangé, & le désordre alla si loin, qu'en 1713. les Habitans proposerent d'y perdre la moitié, à condition que le Roi les reprît & payât l'autre moitié.

Cette proposition fut agréée l'année suivante, mais les ordres donnés en conséquence n'eurent leur entiere exécution qu'en 1717. Il fut alors rendu une Déclaration, qui abolissoit la monnoye de carte, & l'on recommença à payer en argent les charges de la Colonie. L'augmentation du quart en sus fut abrogée en même tems : l'expérience ayant fait connoître que l'augmentation des espéces dans une Colonie ne les y fait pas rester, qui étoit ce qu'on avoit prétendu, & que l'argent n'y sçauroit bien rouler, que quand on y paye en denrées tout ce qu'on tire du Royaume. En effet, dans ce cas la Colonie conserve les espéces chez elle, au lieu que, si elle n'a pas assez de marchandises pour s'acquitter en entier, elle est contrainte de payer le surplus en argent : & comment reviendra-t'il ?

Enfin, Madame, vous serez surpris d'apprendre qu'en 1706. le Commerce de la plus ancienne de nos Colonies ne rouloit que sur un fond de 650000. liv. (a) & les choses n'ont pas beaucoup changé depuis ce tems-là. Or cette somme répanduë sur trente mille Habitans, ne peut les mettre à leur aise, ni leur donner le moyen d'acheter les marchandises de France. Aussi la plûpart vont-ils tout nuds, sur tout ceux, qui sont dans les Habitations un peu écartées. Ils ne vendent pas même tout le surplus de leurs denrées aux Habitans des Villes,

(a) Voyez le Second Tome de l'Histoire, Page 390.

parce que ceux-ci font obligés pour fubfifter d'avoir des Terres à la Campagne, & de les faire valoir par eux-mêmes.

Lorfque le Roi eut retiré le Canada des mains des Compagnies, Sa Majefté y dépenfa pendant quelques années beaucoup plus, qu'elle n'a fait depuis; & la Colonie dans ces tems-là a envoyé en France prefque la valeur d'un million en Caftors chaque année, quoiqu'elle ne fût pas auffi peuplée, qu'elle l'eft aujourd'hui : mais elle a toujours plus tiré de France, qu'elle n'a pu payer, & elle a fait comme un Particulier, qui a trente mille livres de rente, & qui en dépenfe quarante mille & plus. Par-là fon crédit eft tombé, & en tombant, a caufé la ruine de fon Commerce, qui, dès l'année 1706. ne rouloit prefque plus que fur les menuës Pelleteries. Tous les Marchands en vouloient avoir, & c'eſt ce qui les ruinoit, parce qu'ils les achetoient fouvent plus cher des Sauvages, qu'ils ne les revendoient en France.

Je fuis, &c.

CINQUIÉME LETTRE.

Des Caſtors du Canada ; de leur difference d'avec les Biévres ou Caſtors d'Europe; de leur maniere de bâtir; de ce qu'ils peuvent procurer d'avantages à la Colonie; de la Chaſſe du Caſtor, & du Rat Muſqué.

A Quebec, le premier de Mars, 1721.

MADAME,

JE devois partir un ou deux jours après que j'eus fermé ma derniere Lettre ; mais je fuis encore arrêté faute de voiture. Je n'ai rien à faire de mieux en attendant, que de vous entretenir des curiofités de ce Pays-ci, & je commence par ce qu'on y voit de plus fingulier ; c'eft le Caftor. La dépouille de cet Animal a jufqu'à préfent fourni à la Nouvelle France le principal objet de fon Commerce. Il eft par lui-même une des merveilles de la nature, & il peut être pour l'Homme une grande leçon de prévoyance, d'induſtrie, d'adreſſe, & de conſtance dans le travail.

1721. Mars.

Le Caſtor n'étoit pas inconnu en France avant la découverte de l'Amérique; on trouve dans les anciens Titres des Chapeliers de Paris des Réglemens pour la Fabrique des *Chapeaux Biévres :* or Biévre & Caſtor, c'eſt abſolument le même Animal, mais ſoit que le Biévre Européen ſoit devenu extrémement rare, ou que ſon Poil n'eut pas la même bonté, que celui du Caſtor Amériquain, on ne parle plus gueres que de ce dernier, ſi ce n'eſt par rapport au *Caſtoreum,* dont je vous dirai deux mots à la fin de cette Lettre. Je ne ſçache pas même qu'aucun Auteur ait jamais parlé de cet Animal, comme de quelque choſe de curieux : peut-être que c'eſt faute de l'avoir obſervé de près : peut-être auſſi que les Caſtors d'Europe ſont comme les *Caſtors Terriers,* dont je vous ferai bientôt connoître la différence d'avec les autres.

Difference du Caſtor de Canada, & de celui de l'Europe.

Quoiqu'il en ſoit, Madame, le Caſtor du Canada eſt un Quadrupéde Amphibie, qui ne peut pourtant pas reſter lontems dans l'Eau, & qui peut abſolument ſe paſſer d'y aller, pourvû qu'il ait la commodité de ſe baigner quelquefois. Les plus grands Caſtors ont un peu moins de quatre pieds ſur quinze pouces de large d'une hanche à l'autre, & péſent ſoixante livres. La couleur de cet Animal eſt differente, ſelon les differens Climats, où il ſe trouve. Dans les Quartiers du Nord les plus reculés, ils ſont ordinairement tout à fait noirs, mais il s'y en rencontre quelquefois de blancs. Dans les Pays plus tempérés ils ſont bruns, & à meſure qu'ils avancent vers le Sud, leur couleur s'éclaircit toujours de plus en plus. Chez les Illinois ils ſont preſque fauves : on y en a même vû de couleur de Paille. On a encore obſervé que, moins ils ſont noirs, & moins ils ſont fournis de Poil, & que par conſéquent leur dépouille eſt moins eſtimée. C'eſt un effet de la Providence, qui les garantit contre le froid, à meſure qu'ils y ſont plus expoſés. Leur Poil eſt de deux ſortes par tout le Corps, excepté aux Pattes, où il n'y en a qu'un fort court. Le plus grand eſt long de huit à dix lignes : il va même juſqu'à deux pouces ſur le Dos, mais il diminue avec proportion juſqu'à la Tête & juſqu'à la Queüe. Ce Poil eſt rude, gros, luiſant, & c'eſt celui, qui donne la couleur à la Bête. En le regardant avec le Microſcope, on en trouve le milieu

Du Poil du Caſtor.

moins opaque, ce qui prouve qu'il eſt creux; auſſi n'en fait-on aucun uſage. L'autre Poil eſt un Duvet très-fin, fort épais, long tout au plus d'un pouce, & c'eſt celui, qu'on met en œuvre. On l'appelloit autrefois en Europe *Laine de Moſcovie*. C'eſt-là proprement l'Habit de Caſtor, le premier ne lui ſert que d'ornement, & peut-être pour l'aider à nâger.

Deſcription Anatomique de cet Animal.

On prétend que le Caſtor vit quinze à vingt ans : que la Femelle porte quatre mois, & que ſa Portée ordinaire eſt de quatre Petits; quelques Voyageurs en ont fait monter le nombre juſqu'à huit; mais je ne crois pas que cela arrive ſouvent. Elle a quatre Mamelles, deux ſur le grand Pectoral, entre la ſeconde & la troiſiéme des vraies Côtes, & deux environ quatre doits plus haut. Les Muſcles de cet Animal ſont extrêmement forts, & plus gros, que ne ſemble comporter ſa taille. Ses Inteſtins au contraire ſont très-délicats, ſes Os ſont fort durs, & ſes deux Machoires, qui ſont preſqu'égales, ont une force extraordinaire : chacune eſt garnie de dix Dents, deux inciſives, & huit molaires. Les inciſives ſupérieures ont deux pouces & demi de long, les inferieures en ont plus de trois, & ſuivent les courbures de la Machoire, ce qui leur donne une force prodigieuſe, qu'on admire toujours dans de ſi petits Animaux. On a remarqué encore que les deux Machoires ne ſe répondent pas exactement, mais que les ſupérieures débordent en avant ſur les inférieures, de ſorte qu'elles ſe croiſent comme les deux tranchans des Ciſeaux : enfin que la longueur des unes & des autres eſt préciſément le tiers de leurs Racines.

La Tête d'un Caſtor eſt à peu près de la figure de celle d'un Rat de Montagne. Il a le Muſeau un peu allongé, les Yeux petits, les Oreilles courtes, rondes, veluës par dehors, ſans Poil en dedans. Ses Jambes ſont courtes, particuliérement celles de devant; elles n'ont guéres que quatre ou cinq pouces de long, & reſſemblent aſſez à celles du Bléreau. Les Ongles en ſont taillés de biais, & creux, comme des Plumes à écrire. Les Pieds de derriere ſont tout differens; ils ſont plats, garnis de Membranes entre les Doits; ainſi le Caſtor peut marcher, mais lentement, & nâge avec la même facilité que tout Animal Aquatique. D'ailleurs, par ſa Queuë il eſt tout à fait Poiſſon, auſſi a-t-il été juridiquement déclaré tel par la Faculté de Médecine de Paris, & en conſéquence de cette Déclaration, la Faculté de Théologie a décidé qu'on pouvoit manger sa Chair les jours maigres. M. Lemery s'est trompé, quand il a dit que cette décision ne regardoit que le train de derriere du Castor. Il a été mis tout entier au même rang, que la Maquereuse.

Il est vrai qu'on ne peut guéres profiter ici de cette condescendance : les Castors sont présentement si loin de nos Habitations, qu'il est rare d'y en avoir, qui soient mangeables. Nos Sauvages domiciliés en gardent, après les avoir fait boucanner, c'est-à-dire, sécher à la fumée ; & je puis vous assûrer, Madame, que je ne connois rien de plus mauvais. Il faut même, quand on a du Castor frais, lui donner un bouillon, pour lui faire perdre un petit goût sauvage assez fade. Mais avec cette précaution, c'est un très-bon manger. Il n'est point de Viande plus légere, plus délicate, ni qui soit plus saine. On prétend même qu'elle est aussi nourrissante, que celle du Veau : bouillie, elle a besoin de quelque chose, qui en releve le goût, mais quand elle a été mise à la broche, il ne lui faut rien.

Ce qu'il y a de plus remarquable dans la figure de cet Amphibie, c'est sa Queuë. Elle est presque ovale, large de quatre pouces dans sa racine, de cinq dans son milieu, & de trois dans son extrémité, je parle toujours des grands Castors. Elle est épaisse d'un pouce, & longue d'un pied. Sa substance est une graisse ferme, ou un cartilage tendre, qui ressemble assez à la chair du Marsouin, mais qui se durcit davantage, quand on la conserve lontems. Elle est couverte d'une Peau écailleuse, dont les Ecailles sont hexagones, ont une demie ligne d'épaisseur, sur trois ou quatre lignes de longueur, & sont appuyées les unes sur les autres comme toutes celles des Poissons. Une Pellicule très-délicate leur sert de fond, & elles y sont enchâssées de maniere, qu'on peut aisément les en séparer après la mort de l'Animal.

Voilà, Madame, en peu de mots la description de ce curieux Amphibie. Si vous voulez quelque chose de plus détaillé, vous trouverez de quoi vous satisfaire dans les Mémoires de l'Académie Royale des Sciences (*a*). On y a inféré une Description Anatomique du Castor, faite par M. SARRASIN, Correspondant de l'Académie, Médecin du

(*a*) Année 1704, Page 48.

Roi dans ce Pays, habile dans la Médecine, dans l'Anatomie, dans la Chirurgie & dans la Botanique; qui a l'esprit fort orné, & qui ne se distingue pas moins dans le Conseil Supérieur, dont il est Membre, que par son habileté dans tout ce qui est de sa Profession. On est véritablement surpris de trouver un Homme d'un mérite si universel dans une Colonie. Revenons au Castor.

Du Castoreum.

Les véritables Testicules de cet Amphibie n'ont pas été connus des Anciens, apparemment parce qu'ils sont très-petits & fort cachés sous les Aînes. On avoit donné ce nom aux Bourses, ou Poches du *Castoreum*, qui sont bien differentes, & au nombre de quatre dans le Bas Ventre du Castor. Les deux premieres, qu'on appelle *supérieures*, parce qu'elles sont plus élevées, que les autres, ont la figure d'une Poire, & communiquent ensemble, comme les deux Poches d'une Besace. Les deux autres, qu'on appelle *inférieures*, sont arrondies par le fond. Celles-là renferment une matiere résineuse, mollasse, adhérente, mêlée de petites Fibres, de couleur grisâtre en dehors, jaunâtre en dedans, d'une odeur forte, désagréable & pénétrante, & qui s'enflamme aisément, c'est le vrai *Castoreum*. Il se durcit à l'air dans l'espace d'un mois, & devient brun, cassant & friable. Si l'on est pressé de le faire durcir, il n'y a qu'à le mettre dans la Cheminée.

On prétend que le *Castoreum*, qui vient de Dantzic, est meilleur que celui de Canada; je m'en rapporte aux Droguistes. Il est certain que les Bourses de celui-ci sont plus petites, & qu'ici même les plus grosses sont les plus estimées. Outre la grosseur, il faut qu'elles soient pesantes, de couleur brune, d'une odeur pénétrante & forte, remplies d'une matiere dure, cassante & friable, de même couleur, ou jaunâtre, entrelassées d'une Membrane déliée, & d'un goût âcre. Les Propriétés du *Castoreum* sont, d'atténuer les matieres visqueuses, de fortifier le Cerveau, d'abaisser les Vapeurs, de provoquer aux Femmes leurs Ordinaires, d'empêcher la Corruption, & de faire évaporer les mauvaises Humeurs par la Transpiration. On s'en sert aussi avec succès contre l'Epilepsie, la Paralysie, l'Apopléxie, & la Surdité.

Les Poches inférieures contiennent une Liqueur onctueuse & adipeuse, qui ressemble au Miel. Sa couleur est d'un jaune pâle, son odeur fétide, peu differente de celle du *Castoreum*;

mais un peu plus foible & plus fade. Elle se condense en vieillissant, & prend la consistance du Suif. Cette Liqueur est résolutive, & fortifie les Nerfs; il ne faut pour cela que l'appliquer sur le mal. Au reste c'est une folie, que de dire comme font encore quelques Auteurs, sur la foi des anciens Naturalistes, que quand le Castor se voit poursuivi, il se coupe ces prétendus Testicules, & les abandonne aux Chasseurs, pour mettre sa vie en sûreté. C'est de son Poil, dont il devroit alors se dépouiller, car au prix de sa Toison, le reste est presque compté pour rien. C'est néanmoins cette Fable, qui lui a fait donner le nom de Castor. La Peau de cet Animal, dépouillée de son Poil, n'est point à négliger : on en fait des Gants & des Bas; on pourroit en faire bien d'autres choses encore, mais comme il est difficile d'enlever tout le Poil sans le découper, on ne fait guéres usage, que de celle des Castors Terriers.

Vous aurez peut-être oui parler, Madame, de *Castor Gras* & de *Castor Sec*, & peut-être serez-vous bien aise d'en connoître la différence. La voici : le Castor Sec est la Peau de Castor, qui n'a servi à aucun usage : le Castor Gras est celle, qui a été portée par les Sauvages, lesquels, après l'avoir bien grattée en dedans, & frottée avec la Moële de certains Animaux, que je ne connois point, pour la rendre plus maniable, en cousent plusieurs ensemble, & en font une maniere de Mante, qu'on appelle Robe, & de laquelle ils s'enveloppent le Poil en dedans. Ils ne la quittent en Hyver ni le jour, ni la nuit; le grand Poil tombe bientôt, le Duvet reste & s'engraisse, & en cet état il est bien plus propre à être mis en œuvre par les Chapeliers; ils ne pourroient pas même employer le sec, s'ils n'y mêloient un peu de gras. On prétend qu'il doit avoir été porté quinze ou dix-huit mois, pour être dans sa bonté. Je vous laisse à penser, si dans les commencemens on a été assez simple pour faire connoître aux Sauvages que leurs vieilles Hardes étoient une Marchandise si précieuse. Mais on n'a pû leur cacher lontems un secret de cette nature : il étoit confié à la cupidité, qui n'est jamais lontems sans se trahir elle-même.

Il y a environ trente ans, qu'un nommé GUIGUES, qui avoit eu la Ferme du Castor, se trouvant chargé d'une prodigieuse quantité de cette Pelleterie, imagina, pour en faci-

1721.
Mars.

Du Castor Gras & du Castor Sec.

Autre usage du Castor.

1721.
Mars.

liter la consommation, d'en faire filer & carder avec de la Laine, & de cette composition il fit faire des Draps, des Flanelles, des Bas au Métier, & d'aures Ouvrages semblables, mais avec peu de succés. Cet essai fit connoître que le Poil du Castor n'est bon qu'à faire des Chapeaux. Il est trop court, pour pouvoir être filé seul, & il en faut mettre beaucoup moins de la moitié avec la Laine, ainsi il y a peu de profit à faire dans cette Fabrique. On a pourtant conservé une de ces Manufactures en Hollande, où on en voit des Draps & des Droguets; mais ces Etofes sont cheres, & ne sont pas d'un bon usage. Le Poil de Castor s'en détache bientôt, & forme à la superficie comme un Duvet, qui leur ôte tout leur lustre. Les Bas, qu'on en a faits en France, avoient le même défaut.

Industrie & travaux des Castors.

Voilà, Madame, tout ce que les Castors peuvent procurer d'avantages à cette Colonie pour son Commerce : leur industrie, leur prévoyance, le concert & la subordination, qu'on admire en eux, leur attention à se ménager des commodités, dont on n'avoit pas encore cru les Brutes capables de sentir la douceur, fournissent à l'Homme encore plus d'instructions, que la Fourmi, à laquelle l'Ecriture Sainte renvoye les Paresseux. Ils sont au moins parmi les Quadrupedes ce que les Abeilles sont parmi les Insectes Volatilles. Je n'ai pas oui dire à Gens instruits qu'ils ayent un Roi, ou une Reine, & il n'est pas vrai que, quand ils travaillent en Troupe, il y ait un Chef, qui commande; & punit les Paresseux : mais par la vertu de cet instinct, que donne aux Animaux celui, dont la Providence les gouverne, chacun sçait ce qu'il doit faire, & tout se fait sans confusion, sans embarras, avec un ordre, qu'on ne se lasse point d'admirer. Peut-être après tout n'en est-on si étonné, que faute de remonter à cette Intelligence suprême, qui se sert de ces Etres dénués de raison, pour mieux faire éclatter sa sagesse & sa puissance, & pour nous faire sentir que notre raison même est presque toujours par notre présomption la cause de nos égaremens.

La premiere chose, que font nos ingénieux Amphibies, lorsqu'ils veulent se loger, c'est de s'assembler : vous dirai-je en Tribus, ou en Sociétés ? ce sera tout ce que vous voudrez; mais ils sont quelquefois trois ou quatre cent ensemble, formant une Bourgade, qu'on pourroit appeler *une petite Venise*. D'abord ils choisissent un Emplacement, où ils puissent trouver des vivres en abondance, & tout ce qui leur eſt néceſſaire pour bâtir. Il leur faut ſurtout de l'eau, & s'ils ne trouvent ni Lac, ni Etang, ils y ſuppléent, en arrêtant le cours d'un Ruiſſeau, ou d'une petite Riviere, par le moyen d'une Digue, ou, comme on parle ici, d'une Chauſſée. Pour cela ils vont couper des Arbres au-deſſus de l'endroit, où ils ont réſolu de bâtir. Trois ou quatre Caſtors ſe mettent autour d'un gros Arbre, & viennent à bout avec leurs Dents de le jetter par Terre. Ce n'eſt pas tout : ils prennent ſi bien leurs meſures, qu'il tombe toujours du côté de l'Eau, afin qu'ils n'ayent pas tant de chemin à faire pour le voiturer, quand ils l'ont mis en piéces. Ils n'ont plus enſuite qu'à rouler ces piéces pour les pouſſer dans l'Eau, & ils les conduiſent vers l'endroit, où elles doivent être placées.

1721.
Mars.

Ces piéces ſont plus ou moins groſſes, plus ou moins longues, ſelon que la nature & la ſituation du lieu le demandent: car on diroit que ces Architectes ont tout prévû. Quelquefois ils employent de gros Troncs d'Arbres, qu'ils portent à plat : quelquefois la Chauſſée n'eſt compoſée que de Pieux gros comme la Cuiſſe, ou même plus menus, ſoûtenus de bons Piquets, & entrelaſſés de petites Branches ; & partout, les vuides ſont remplis d'une Terre graſſe ſi bien appliquée, qu'il n'y paſſe pas une goutte d'eau. C'eſt avec leurs Pattes, que les Caſtors préparent cette Terre ; & leur Queuë ne leur ſert pas ſeulement de Truelle pour maçonner, mais encore d'Auge, pour voiturer ce Mortier, ce qu'ils font en ſe traînant ſur leurs Pattes de derriere. Arrivés au bord de l'Eau, ils le prennent avec les Dents, & pour l'employer, ils ſe ſervent d'abord de leurs Pattes, enſuite de leur Queuë. Les Fondemens de ces Digues ont ordinairement dix à douze pieds d'épaiſſeur, & elles vont en diminuant juſqu'à deux ou trois. Les proportions y ſont toujours exactement gardées. La Régle & le Compas ſont dans l'Œil du Grand Maître des Arts & des Sciences. Enfin on a obſervé que le côté du Courant de l'Eau eſt toujours en Talus, & l'autre côté parfaitement à plomb. En un mot il ſeroit difficile à nos meilleurs Ouvriers de rien faire de plus ſolide & de plus régulier.

La conſtruction des Cabannes n'a rien de moins merveilleux. Elles ſont pour l'ordinaire bâties ſur Pilotis au milieu de ces petits Lacs, que les Digues ont formés : quelquefois sur le Bord d'une Riviere, ou à l'extrémité d'une Pointe, qui avance dans l'Eau. Leur figure est ronde, ou ovale, & elles sont voutées en Anse de Panier. Les Parois ont deux pieds d'épaisseur, les Matériaux en sont les mêmes, que dans les Chauffées, mais moins gros; & tout est si bien enduit de Terre Glaise en-dedans, qu'il n'y entre pas le moindre air. Les deux tiers de l'Edifice sont hors de l'Eau, & dans cette Partie chaque Castor a sa Place marquée, qu'il a soin de joncher de Feuillages, ou de petites Branches de Sapin. On n'y voit jamais d'ordures, & pour cela, outre la Porte commune de la Cabanne, & une autre Issuë, par laquelle ces Animaux sortent pour aller se baigner, il y a plusieurs Ouvertures, par où ils vont se vuider dans l'Eau. Les Cabannes ordinaires logent huit ou dix Castors: on en a vû, qui en renfermoient jusqu'à trente, mais cela est rare. Toutes sont assez près les unes des autres, pour avoir entr'elles une communication facile.

Leur Prévoyance.

L'Hyver ne surprend jamais les Castors. Tous les Ouvrages, dont je viens de parler, sont achevés à la fin de Septembre, & alors chacun fait ses provisions pour l'Hyver. Tandis qu'ils vont & viennent dans la Campagne, ou dans les Bois, ils vivent de Fruits, d'Ecorces & de Feuilles d'Arbres; ils pêchent aussi des Ecrevisses & quelques Poissons; alors tout leur est bon. Mais quand il s'agit de se pourvoir pour tout le tems, que la Terre couverte de Neiges ne leur fourniroit rien, ils se contentent de bois tendre, comme de Peupliers, de Trembles, ou d'autres semblables. Ils le mettent en piles, & le disposent de façon, qu'ils puissent toujours prendre les morceaux, qui trempent dans l'Eau. On a remarqué constamment que ces Piles sont plus ou moins grandes, suivant que l'Hyver doit être plus ou moins long, & c'est pour les Sauvages un Almanach, qui ne les trompe jamais sur la durée du froid. Les Castors, avant que de manger le Bois, le découpent en petits morceaux fort menus, & les apportent dans leur Loge; car chaque Cabanne n'a qu'un Magasin pour toute la Famille.

Quand la Fonte des Néges est dans sa force, comme elle ne manque pas de causer de grandes inondations, les Castors quittent leurs Cabannes, qui ne sont plus logeables, & chacun va de son côté, où bon lui semble. Les Femelles y retournent, dès que les Eaux sont écoulées, & c'est alors, qu'elles mettent bas. Les Mâles tiennent la Campagne jusques vers le mois de Juillet, qu'ils se rassemblent pour réparer les bréches, que les Crûës d'eau ont faites à leurs Cabannes, ou à leurs Digues. Si elles ont été détruites par les Chasseurs, ou si elles ne valent point la peine d'être réparées, ils en font d'autres ; mais bien des raisons les obligent souvent à changer de demeure. La plus ordinaire est le défaut de Vivres : ils y sont encore forcés par les Chasseurs, ou par les Animaux Carnaciers, contre lesquels ils n'ont point d'autre défense, que la fuite. On pourroit s'étonner que l'Auteur de la Nature ait donné moins de force à la plûpart des Animaux utiles, qu'à ceux, qui ne le sont pas ; si cela même ne faisoit éclatter davantage sa puissance & sa sagesse, en ce que ceux-là, malgré leur foiblesse, multiplient beaucoup plus que ceux-ci.

1721.
Mars.

Il y a des endroits, que les Castors semblent avoir tellement pris en affection, qu'ils ne sçauroient les quitter, quoiqu'ils y soient toujours inquiettés. Sur le Chemin de Montreal, au Lac Huron, par la Grande Riviere, on ne manque point de trouver tous les ans au même lieu un Logement, que ces Animaux y bâtissent ou réparent tous les Étés : car la premiere chose, que font les Voyageurs, qui y arrivent les Premiers, c'est de rompre la Cabanne & la Chaussée ; qui lui donne de l'Eau. Si cette Chaussée n'eût pas retenu les Eaux, il n'y en auroit pas assez pour continuer la route, & il faudroit faire un Portage : de sorte qu'il semble que ces officieux Castors vont se poster là, uniquement pour la commodité des Passans. On voit, dit-on, la même chose du côté de Quebec, où des Castors, en travaillant pour eux, fournissent de l'Eau à un Moulin à Planches.

Les Sauvages étoient autrefois persuadés, si on en croit quelques Relations, que les Castors étoient une espece d'Animal raisonnable, qui avoit ses Loix, son Gouvernement, & son Langage particulier : que ce Peuple Amphibie se choisissoit des Commandans, qui dans les travaux communs distribuoient à chacun sa tâche, posoient des Sentinelles, pour crier à l'approche de l'Ennemi, punissoient, ou exiloient les Paresseux. Ces prétendus Exilés sont apparemment ceux, qu'on appelle *Castors Terriers*, qui en effet vivent séparés des

Des Castors Terriers.

autres, ne travaillent point, & se logent sous Terre, où leur unique attention est de se ménager un chemin couvert pour aller à l'Eau. On les connoît au peu de Poil, qu'ils ont sur le Dos, ce qui vient sans doute de ce qu'ils se frottent continuellement contre la Terre. Avec cela, ils sont maigres; c'est le fruit de leur Paresse: on en trouve beaucoup plus dans les Pays Chauds, que dans les Pays Froids. J'ai déja remarqué que nos Castors, ou Biévres d'Europe, tiennent plus de ceux-ci, que des autres; en effet M. Lémery dit qu'ils se retirent dans les Creux & dans les Cavernes, qui se rencontrent sur les Bords des Rivieres, surtout en Pologne. Il y en a aussi en Allemagne, le long de l'Ebre, & en France sur le Rhône, l'Isere & l'Oise. Ce qui est certain, c'est que nous ne voyons point dans les Castors Européens ce merveilleux, qui distingue si fort ceux du Canada. C'est bien dommage, Madame, qu'il ne se soit point trouvé de ces admirables Animaux, ni dans le Tybre, ni dans le Permesse: que de belles choses ils auroient fait dire aux Poëtes Grecs & Romains!

Il paroît que les Sauvages du Canada ne les molestoient pas beaucoup avant notre arrivée dans leur Pays. Les Peaux de Castors n'étoient pas celles, dont ces Peuples faisoient plus d'usage pour se couvrir, & la Chair des Ours, des Elans, & de quelques autres Bêtes Fauves leur sembloit apparemment meilleure, que celle des Castors. Ils les chassoient néanmoins, & cette Chasse avoit son tems & son cérémonial marqué; mais quand on ne chasse, que pour le besoin, & que ce besoin est borné au pur nécessaire, on ne fait pas de grandes destructions; aussi, lorsque nous arrivâmes en Canada, nous y trouvâmes un nombre prodigieux de ces Amphibies.

De la Chasse du Castor.

La Chasse du Castor n'est pas difficile; car il s'en faut bien que cet Animal ait autant de force pour se deffendre, ni d'adresse pour éviter les embuches de ses Ennemis, qu'il montre d'industrie pour se bien loger, & de prévoyance pour se pourvoir de tous les besoins de la vie. C'est pendant l'Hyver, qu'on lui fait la Guerre dans les formes: c'est-à-dire, depuis le commencement de Novembre jusqu'au mois d'Avril. Alors il a, comme tous les autres Animaux, plus de Poil, & la Peau plus mince. Cette Chasse se fait de quatre manieres, qui sont les Filets, l'Affut, la Tranche, & la Trappe. La premiere

premiere est ordinairement jointe à la troisiéme ; & on s'amuse rarement à la seconde, parce que les petits Yeux de cet Amphibie sont si perçans, & il a l'Oreille si fine, qu'il est malaisé de l'approcher assez, pour le tirer, avant qu'il ait gagné l'Eau, dont il ne s'écarte pas beaucoup dans cette Saison, & où il plonge d'abord. On le perdroit même, quand il auroit été blessé, avant que de s'être jetté à l'Eau, parce qu'il ne revient point au-dessus, s'il meurt de sa Blessure. C'est donc à la Tranche & à la Trappe, qu'on s'attache plus communément.

1721.
Mars.

Quoique les Castors ayent fait leurs Provisions pour l'Hyver, ils ne laissent pas de faire de tems en tems quelques excursions dans les Bois, pour y chercher une nourriture plus fraîche & plus tendre, & cette délicatesse coûte la vie à plusieurs. Les Sauvages dressent sur leur chemin des Trappes, faites à peu près comme un 4 de chifre, & pour appas ils y mettent de petits morceaux de bois tendres & fraîchement coupés. Le Castor n'y a pas plutôt touché, qu'il lui tombe sur le Corps une grosse Buche, qui lui casse les Reins, & le Chasseur, qui survient, l'acheve sans peine. La Tranche demande plus de précaution, & voici de quelle maniere on y procéde. Quand la Glace n'a encore qu'un demi pied d'épaisseur, on y fait une ouverture avec la Hache : les Castors y viennent pour respirer plus à leur aise ; on les y attend, & on les sent venir de loin, parce qu'en soufflant ils donnent un assez grand mouvement à l'Eau : ainsi il est aisé de prendre ses mesures pour leur casser la Tête, au moment qu'ils la mettent dehors. Pour agir encore plus sûrement, & n'être pas apperçu des Castors, on jette sur le Trou, qu'on a fait dans la Glace, de la Bourre de Roseaux, ou des Epis de *Typha*, & quand on connoît que l'Animal est à portée, on le saisit par une de ses Pattes, & on le jette sur la Glace, où on l'assomme, avant qu'il soit revenu de son étourdissement.

Si la Cabane est proche de quelque Ruisseau, la Chasse se fait encore plus aisément. On coupe la Glace en travers pour y tendre un Filet : ensuite on va briser la Cabanne. Les Castors, qui y sont renfermés, ne manquent point de se sauver dans le Ruisseau, & se trouvent pris dans le Filet. Mais il ne faut pas les y laisser lontems, ils s'en seroient bientôt débarrassés en le coupant. Ceux, dont les Cabannes sont dans des Lacs,

Tome III. O

1721.
Mars.

ont à trois ou quatre cent pas du Rivage une espece de Maison de Campagne, pour y respirer un meilleur air : alors les Chasseurs se partagent en deux Bandes, l'une va rompre la Cabanne des Champs, l'autre donne en même tems sur celle du Lac ; les Castors, qui sont dans celle-ci, & on prend le tems qu'ils y sont tous, veulent se réfugier dans l'autre, mais ils n'y trouvent plus qu'une Poussiere, qu'on y a jettée exprès, & qui les aveugle, desorte qu'on en a bon marché. Enfin en quelques endroits on se contente de faire une ouverture aux Chaussées ; par ce moyen les Castors se trouvent bientôt à sec, & demeurent sans deffense : ou bien ils accourent pour remédier d'abord au mal, dont ils ne connoissent pas les Auteurs ; & comme on est bien préparé à les recevoir, il est rare qu'on les manque, ou qu'on n'en attrape au moins quelques-uns.

Quelques Particularités sur ces Amphibies.

Voici d'autres particularités sur les Castors, que je trouve dans quelques Mémoires, dont je ne vous garantis pas la fidélité. On prétend que quand ces Animaux ont découvert des Chasseurs, ou quelques-unes de ces Bêtes Carnacieres, qui leur font la Guerre, ils plongent en battant l'Eau de leur Queuë, avec un si grand bruit, qu'on les entend d'une demie lieuë. C'est apparemment pour avertir tous les autres d'être sur leurs gardes. On dit encore qu'ils ont l'Odorat si fin, qu'étant dans l'Eau, ils sentent un Canot de fort loin. Mais on ajoûte qu'ils ne voyent que de côté, non plus que les Liévres, & que ce défaut les livre souvent aux Chasseurs, qu'ils veulent éviter. Enfin on assure que, quand un Castor a perdu sa Femelle, il ne s'accouple point avec une autre, comme on le rapporte de la Tourterelle.

Les Sauvages ont grand soin d'empêcher que leurs Chiens ne touchent aux Os du Castor, parce qu'ils sont d'une dureté, à laquelle les Dents des Chiens ne résisteroient pas. On dit la même chose des Os du Porc-Epi. Le commun de ces Barbares apporte une autre raison de cette précaution ; c'est, disent-ils, pour ne point irriter les esprits de ces Animaux, qui empêcheroient qu'une autre fois la Chasse ne fût heureuse. Mais je crois que cette raison est venuë après coup ; & c'est ainsi que la superstition a souvent pris la place des causes naturelles, à la honte de l'Esprit Humain. Au reste, Madame, je m'étonne qu'on n'ait pas encore essayé de transporter en

France quelques-uns de ces merveilleux Amphibies : nous avons assez d'endroits, où ils pourroient trouver de quoi vivre & bâtir, & je crois qu'ils y multiplieroient en peu de tems.

1721.
Mars.

Nous avons encore ici un petit Animal de même nature, à peu-près, que le Castor, qui, à bien des égards, en paroît un Diminutif, & qu'on nomme *Rat Musqué*. Il a en effet presque toutes les Propriétés du Castor : la structure du Corps, & sur-tout de la Tête de l'un & de l'autre, est si semblable, qu'on prendroit le Rat Musqué pour un petit Castor, si on lui avoit coupé la queuë, en quoi il differe peu des nôtres ; & si on lui avoit ôté les Testicules, qui renferment un Musc très-exquis. Cet Animal, qui pese environ quatre livres, est aussi assez semblable à celui, que M. Rai a décrit, sous le nom de *Mus Alpinus*. Il se met en Campagne au mois de Mars, & sa nourriture est alors de quelques morceaux de Bois, qu'il pele, avant que de les manger. Après la fonte des Néges il vit de racines d'Orties, puis des tiges & des feuilles de cette Plante. En Eté il ne mange guéres que des Fraises & des Framboises, ausquelles succedent d'autres Fruits dans l'Automne. Durant tout ce tems-là on voit rarement le Mâle sans la Femelle.

Du Rat Musqué.

A l'entrée de l'Hyver ils se séparent, & chacun va de son côté se loger dans un trou, ou dans le creux d'un Arbre, sans aucunes Provisions, & les Sauvages assûrent, que tant qu'il fait froid, ils ne mangent quoi que ce soit. Ils bâtissent aussi des Cabanes à peu-près de la forme de celles des Castors ; mais il s'en faut beaucoup qu'elles soient si bien travaillées. Quant à leur situation, elle est toujours au bord de l'eau ; ainsi ils n'ont pas besoin de faire de Chauffée. On dit que le poil du Rat Musqué entre dans la Fabrique des Chapeaux avec celui du Castor, & n'y gâte rien. Sa chair n'est pas mauvaise, si ce n'est, lorsqu'il est en rut ; car alors il n'est pas possible de lui ôter un goût de Musc, qui ne flatte point le Palais aussi agréablement que le Nez. J'étois, Madame, fort en train de vous parler des autres Chasses de nos Sauvages, & des Animaux, qui sont particuliers à ce Pays : mais il faut remettre la partie à une autre fois, on vient de m'avertir que ma Voiture est prête, & je pars.

Je suis, &c.

1721.
Mars.

SIXIÉME LETTRE.

Voyage de Quebec aux Trois Rivieres. Comment on peut courir la Poste sur la Nége. Des Seigneuries de la Nouvelle France. Description de Beckancourt. Tradition sur le nom de la Riviere Puante. Description des Trois Rivieres. Suite des Chasses des Sauvages.

Aux Trois Rivieres, le sixiéme de Mars, 1721.

MADAME,

Maniere de courir la Poste en Traîne.

J'ARRIVAI hier en cette Ville, après deux jours de marche, & quoiqu'elle soit éloignée de Quebec de vint-cinq lieuës, j'aurois pu fort aisément faire ce chemin en douze heures, parce que j'avois pris la voye d'une *Cambiatura*, que la Nége & la Glace rendent très-facile en ce Pays pendant l'Hyver, & qui ne coûte pas plus que les Voitures ordinaires. On se sert pour cela d'une Traîne, ou, comme on parle ici, d'une Cariole, qui coule si doucement, qu'un seul Cheval suffit pour la traîner, & va toujours le galop. On en change de tems en tems, & à bon marché. Dans un besoin on feroit ainsi en vint-quatre heures soixante lieuës, beaucoup plus commodément, que dans la meilleure Chaise de Poste.

Des Seigneuries du Canada.

Mon premier gîte fut à la *Pointe aux Trembles*, à sept lieuës de la Capitale, d'où je n'étois parti qu'une heure avant la nuit. C'est une des bonnes Paroisses du Pays. L'Eglise est grande, & bien bâtie, & les Habitans y sont fort à leur aise. En général les anciens Habitans sont ici plus riches que les Seigneurs, & en voici la raison. Le Canada n'étoit qu'une grande Forêt, quand les François ont commencé de s'y établir. Ceux, à qui l'on a donné des Seigneuries, n'étoient pas gens à les mettre par eux-mêmes en valeur. C'étoit des Officiers, des Gentilshommes, des Communautés, qui n'avoient pas des fonds assez considérables, pour y loger assez d'Ouvriers pour cela. Il a donc fallu qu'ils y établissent des Habitans, qui avant que de pouvoir y recueillir dequoi subsister, ont été obligés de travailler beaucoup, & de faire même toutes les avances. Ainsi ils n'ont pû s'engager envers les Seigneurs, qu'à une Redevance fort modique. De sorte qu'avec les Lods & Ventes, qui sont ici bien peu de choses, le Droit du Moulin, & la Métairie, une Seigneurie de deux lieuës de front, & d'une profondeur illimitée, n'est pas d'un grand revenu dans un Pays si peu peuplé, & où il y a si peu de Commerce au-dedans.

1721.
Mars.

C'est-là sans doute une des raisons, qui ont engagé le feu Roi Louis XIV. à permettre *à tous Nobles & Gentilshommes habitués au Canada, de faire le Commerce, tant par Mer, que par Terre, sans qu'ils puissent être recherchés, ni réputés avoir dérogé*. Ce sont les termes de l'Arrêt, qui fut rendu par le Conseil le dixiéme de Mars 1685. Au reste, il n'y a en ce Pays aucune Seigneurie, même de celles, qui sont Titrées, à laquelle le Droit de Patronnage soit attaché : car sur la prétention de quelques Seigneurs, fondée sur ce qu'ils avoient fait bâtir l'Eglise Paroissiale, Sa Majesté étant en son Conseil, prononça la même année 1685. que ce Droit n'appartenoit qu'à l'Evêque, tant parce qu'il est plus en état, qu'aucun autre, de juger de la capacité des Sujets, que parce que la portion congruë des Curés est payée sur les Dixmes, qui appartiennent à l'Evêque. Le Roi dans ce même Arrêt déclare, que le Droit de Patronnage n'est point censé Honorifique.

Du Droit de Patronnage. Le Commerce permis aux Gentilshommes.

Je partis de la Pointe aux Trembles le quatre avant le jour avec un Cheval Borgne, je le changeai ensuite contre un Boiteux, & celui-ci contre un Poussif. Avec ces trois Relais je fis dix-sept lieuës en sept ou huit heures, & j'arrivai de très-bonne heure chez le Baron de Beckancourt, Grand Voyer de la Nouvelle France, lequel ne voulut jamais me permettre d'aller plus loin. D'ailleurs ce Gentilhomme a sur ses Terres un Village d'Abénaquis, gouverné, pour le Spirituel, par un Jésuite, que j'étois bien aise de saluer en passant. Le Baron demeure à l'entrée d'une petite Riviere, qui vient du Sud, qui coule toute entiere dans son Domaine, & qui porte son nom. Ce n'est pourtant pas cette grande Terre, qui a été érigée en Baronnie ; mais celle de Portneuf, qui est de l'autre côté du Fleuve.

Situation de Beckancourt.

1721.
Mars.

La vie, que mene M. de Beckancourt dans ce Défert, car on n'y voit point encore d'autre Habitant que le Seigneur, rappelle affez naturellement le fouvenir de ces anciens Patriarches, qui ne dédaignoient point de partager avec leurs Domeftiques le travail de la Campagne, & vivoient prefque auffi fobrement qu'eux. Le profit, qu'il peut faire par le Commerce avec les Sauvages, fes Voifins, en achetant d'eux les Pelleteries de la premiere main, vaut bien les Redevances, qu'il pourroit tirer des Habitans, à qui il auroit partagé fes Terres. Avec le tems il ne tiendra qu'à lui d'avoir des Vaffaux, & il fera des conditions beaucoup meilleures, quand il aura fait défricher tout fon Terrein. La Riviere de Beckancourt fe nommoit auparavant *la Riviere Puante* : je m'informai de la caufe de ce nom, car l'Eau de la Riviere me parut fort belle, on m'affûra qu'elle eft très-bonne, & il n'y a aucune mauvaife odeur dans tout ce Canton. Les uns me dirent néanmoins, que cette caufe étoit la mauvaife qualité des Eaux : d'autres l'attribuoient à la grande quantité de Rats Mufqués, qu'on y trouve, & dont les Sauvages ne peuvent fouffrir l'odeur ; mais voici une troifiéme Verfion, que ceux, qui ont fait plus de recherches fur l'Ancienne Hiftoire du Pays, prétendent être la véritable.

D'où étoit venu le nom de *Riviere Puante* à la Riviere de Beckancourt.

Des Algonquins étoient en Guerre contre les *Onnontcharonnons*, plus connus fous le nom de Nation de l'Iroquet, & dont l'ancienne demeure étoit, dit-on, dans l'Ifle de Montreal. Le nom, qu'elle porte, prouve qu'elle étoit de la Langue Huronne : cependant on prétend que ce font les Hurons, qui l'ont chaffée de leur ancienne Demeure, & qui l'ont même en partie détruite. Quoiqu'il en foit, elle étoit, au tems, dont je parle, en Guerre contre les Algonquins, qui, pour finir d'un feul coup cette Guerre, dont ils commençoient à fe laffer, s'aviferent d'un ftratagême, qui leur réuffit. Ils fe mirent en embufcade fur les deux bords de la petite Riviere, qui porte aujourd'hui le nom de Beckancourt. Enfuite ils détacherent quelques Canots, dont les Conducteurs firent femblant de pêcher dans le Fleuve. Ils fçavoient que leurs Ennemis n'étoient pas loin, & ils ne doutoient point qu'ils ne couruffent d'abord fur les prétendus Pêcheurs : en effet, ceux-là ne tarderent pas à voir fondre fur eux une flotte de Canots ; ils firent femblant d'avoir

D'UN VOYAGE DE L'AMERIQ. LET. VI. 111

peur, prirent la fuite, & gagnerent la Riviere. Ils y furent suivis de fort près par un Ennemi, qui croyoit avoir bon marché de cette poignée d'Hommes, & pour l'engager plus avant, ils affecterent de paroître fort épouvantés. Cette feinte leur réuffit; ceux, qui les pourfuivoient, avancerent toujours, & jettant, felon la Coûtume de ces Barbares, des cris effroyables, ils fe croyoient au moment de tomber fur leur proye.

Alors une grêle de Fleches décochées de derriere tous les Buiffons, qui bordoient la Riviere, les jetta dans une confufion, dont on ne leur donna point le tems de fe remettre. Une feconde décharge, qui fuivit de fort près la premiere, acheva leur déroute. Ils voulurent fuir à leur tour, mais ils ne pouvoient plus fe fervir de leurs Canots, qui étoient percés de toutes parts. Ils fe lancerent dans l'eau, efperant de fe fauver à la nage; mais outre que la plûpart étoient bleffés, ils trouverent, en arrivant à terre, la Mort, qu'ils fuyoient, & pas un feul n'échapa aux Algonquins, qui ne pardonnerent à Perfonne, & ne s'amuferent pas même à faire des Prifonniers. La Nation de l'Iroquet ne s'eft point relevée de cet échec, & quoi qu'on ait encore vû quelques-uns de ces Sauvages depuis l'arrivée des François en Canada, il n'en eft plus du tout queftion aujourd'hui. Cependant la quantité de Corps morts, qui refterent dans l'eau, & fur les bords de la Riviere, l'infecta de telle forte, que le nom de *Riviere Puante* lui en eft demeuré.

Le Village Abénaqui de Beckancourt n'eft pas préfentement auffi peuplé, qu'il l'étoit, il y a quelques années. Il ne laifferoit pourtant pas de nous être d'un grand fecours, fi la Guerre recommençoit. Ces Sauvages font les meilleurs Partifans du Pays, & toujours difpofés à faire des courfes dans la Nouvelle Angleterre, où leur nom feul a fouvent jetté l'epouvante jufques dans Bafton. Ils ne nous ferviroient pas moins bien contre les Iroquois, à qui ils ne cédent point en valeur, & qui ne font pas auffi bien difciplinés qu'eux. Ils font tous Chrétiens, & on leur a bâti une jolie Chapelle, où ils pratiquent avec beaucoup d'édification tous les Exercices du Chriftianifme. Il faut pourtant avoüer que leur ferveur n'eft plus au point, où on l'a vûë les premieres années de leur Etabliffement parmi nous. On leur a porté de

1721.
Mars.

Du Village Abénaqui de Beckancourt.

1721.
Mars.

l'Eau-de-Vie, ils y ont pris goût, & les Sauvages ne boiven[t] jamais, que pour s'enyvrer. Cependant une funeste Expé[-]rience nous a appris, qu'à mesure que ces Peuples s'éloignen[t] de Dieu, ils ont moins de déférence pour leurs Pasteurs, & se rapprochent des Anglois. Il est bien à craindre que l[e] Seigneur ne permette qu'ils deviennent nos Ennemis, pou[r] nous punir d'avoir contribué, par un sordide intérêt, à le[s] rendre vicieux, comme il est déja arrivé à quelques autre[s] Nations.

Situation de la Ville des Trois Rivieres.

Après avoir embrassé le Missionnaire de Beckancourt (a) visité sa Bourgade, & fait avec lui de tristes réflexions, que ne peut manquer de fournir le désordre, dont je viens d[e] parler, & dont il est souvent réduit à gémir devant Dieu, je traversai le Fleuve Saint Laurent, pour me rendre e[n] cette Ville. Rien n'est plus charmant, Madame, que sa situa[-]tion. Elle est bâtie sur un Côteau de Sable, qui n'a guéres de stérile, que l'espace, qu'elle peut occuper, si elle devien[t] jamais une Ville considérable : car à présent c'est fort peu d[e] choses. Du reste, elle est environnée de tout ce qui peut ren[-]dre une Ville agréable & opulente. Le Fleuve, large de prè[s] d'une demie lieuë, est à ses pieds. Au-delà on ne voit que Campagnes cultivées, fertiles, & couronnées des plus belles Forêts du Monde. Un peu au-dessous, & du même côté, que la Ville, le Fleuve reçoit une assez belle Riviere, qui, avant que de confondre ses Eaux avec les Siennes, en reçoi[t] en même tems deux autres, l'une à sa droite, & l'autre à s[a] gauche, & c'est ce qui a fondé le nom de *Trois Rivieres*, qu[e] porte la Ville.

Du Lac de Saint Pierre.

Au-dessus, & presqu'à la même distance, commence le *La[c] de Saint Pierre*, lequel a environ trois lieuës de large, & sept de long. Ainsi rien ne borne la vûë de ce côté-là, & l[e] Soleil paroît se coucher dans les Ondes. Ce Lac, qui n'es[t] qu'un élargissement du Fleuve, reçoit plusieurs Rivieres. Il y a assez d'apparence que ce sont ces Rivieres, qui avec le tem[s] ont mangé le Terrein bas & mouvant, à travers duquel elles couloient; cela est surtout sensible à l'égard de celle de Sain[t] François, dont l'Embouchure est semée de plusieurs Isles, qui pourroient bien avoir été jointes au Continent. D'ailleurs dans tout le Lac, si ce n'est au milieu du Canal, dont la force

(a) Le Pere Eustache LE SUEUR.

D'UN VOYAGE DE L'AMERIQ. Let. VI. 113
du Courant du Fleuve a conservé toute la profondeur, on ne peut aller qu'en Canots, encore y a-t'il des endroits, d'où les grands Canots, pour peu qu'ils soient chargés, ne se tirent pas aisément. En récompense, il est partout fort Poissonneux, & le Poisson y est excellent.

1721.
Mars.

On ne compte guéres que sept ou huit cent Personnes dans la Ville des Trois Rivieres : mais elle a dans son Voisinage de quoi enrichir une grande Ville. Ce sont des Mines de Fer très-abondantes, qu'on fera valoir, quand on voudra. *(a)* Au reste, quelque peu peuplée que soit cette Ville, sa situation la rend très-importante, & c'est un des plus anciens Etablissemens de la Colonie. Dès les premiers tems ce Poste a eu un Gouverneur. Il a mille Ecus d'Appointemens, & un Etat-Major. On voit aussi dans cette Ville un Couvent de Récollets ; une assez belle Eglise Paroissiale, desservie par ces mêmes Religieux ; & un très-bel Hôpital joint à un Monastere d'Ursulines, qui y sont au nombre de quarante, & qui y font l'office d'Hospitalieres. C'est encore une Fondation de M. de Saint Vallier. Dès l'année 1650 le Sénéchal de la Nouvelle France, dont la Jurisdiction a été absorbée par le Conseil Supérieur de Quebec, & par l'Intendant, avoit un Lieutenant aux Trois Rivieres ; aujourd'hui cette Ville a une Justice ordinaire, dont le Chef est un Lieutenant Général.

Description de la Ville.

Elle doit son origine au grand abord, qui dans les commencemens de la Colonie se faisoit en ce lieu-là des Sauvages de differentes Nations. Il en descendoit surtout plusieurs des Quartiers les plus reculés vers le Nord, par les Trois Rivieres, qui ont donné le nom à la Ville, & qu'on remonte fort loin. La situation du lieu, joint au grand Commerce, qui s'y faisoit, engagea quelques François à s'y établir, & la proximité de la Riviere de *Sorel*, alors nommée la *Riviere des Iroquois*, & dont je vous parlerai bientôt, obligea les Gouverneurs Généraux à y construire un Fort, où ils entretenoient une bonne Garnison, & qui eut d'abord son Gouverneur Particulier. Ainsi ce Poste fut dès-lors regardé comme un des plus importans de la Nouvelle France. Au bout de quelques années les Sauvages se lassant d'y être continuellement harcelés par les Iroquois, dont les François eux-mêmes avoient assez de peine à se deffendre ; n'ayant plus la li-

Origine de son Etablissement.

(a) On y travaille actuellement, & on en tire le meilleur Fer du Monde.

Tome III. P

berté des Passages, où ces fiers Ennemis leur dressoient sans cesse des Embuches, & n'étant pas même toujours en sûreté à la vûë & sous le Canon de notre Fort, cesserent d'y porter leurs Pelleteries. Les Jésuites, avec ce qu'ils y avoient assemblé de Néophytes, se retirerent trois lieuës au-dessous, sur un Terrein, que leur avoit donné l'Abbé DE LA MADELEINE, un des Membres de la Compagnie des Cent Associés, formée par le Cardinal DE RICHELIEU : d'où ce Terrein a pris le nom de *Cap de la Madeleine*, qu'il porte encore aujourd'hui (a).

La Mission, qu'on y avoit transportée, n'y a pourtant pas subsisté lontems. C'est en partie l'effet de l'inconstance des Sauvages, & principalement une suite des Guerres & des Maladies, qui ont presqu'entierement détruit cette Eglise naissante. On voit bien encore aux environs une troupe d'Algonquins, dont la plûpart ont été baptisés dans leur Enfance, mais qui n'ont aucun Exercice réglé de Religion. Mrs de la Compagnie des Indes Occidentales, qui ont aujourd'hui la Traite des Castors, ont inutilement tenté de les attirer à *Checoutimi*, où ils ont déja réuni plusieurs Familles de la même Nation, & de celle des Montagnez, sous la conduite d'un Missionnaire Jésuite. D'autres ont voulu les joindre aux Abénaquis de Saint François. Leur unique réponse à ces invitations a été qu'ils ne pouvoient se résoudre à quitter un lieu, où les Os de leurs Peres reposent ; mais quelques Personnes sont persuadés, & ce n'est pas sans fondement, que cette résistance vient moins de leur part, que de Gens, à qui leur Voisinage est utile, & qui sans doute ne font pas assez réflexion qu'ils sacrifient le salut de ces Sauvages à un assez leger interêt.

On vient de m'assûrer, Madame, que dans quelques jours il y aura une occasion d'envoyer cette Lettre à Quebec, d'où elle pourra aller en France de bonne heure par l'Isle Royale. Je vais achever de la remplir de ce qui regarde les Chasses des Sauvages. Celle du Castor, ainsi que je l'ai déja remarqué, n'est devenuë leur principal objet, que depuis qu'ils ont vû le cas, que les François faisoient de la Dépouille de cet Animal. C'étoit auparavant celle de l'Ours, qui tenoit le pre-

---

(*a*) Outre les Mines de Fer, qui sont assez abondantes au Cap de la Madeleine, on y a découvert, il y a quelques années, plusieurs Sources d'Eaux Minérales, qui sont des mêmes qualités, que celles de Forges.

mier rang, & où la Superstition avoit le plus de part. Voici ce qui se pratique encore aujourd'hui dans cette Chasse parmi ceux, qui ne sont pas Chrétiens.

1721.
Mars.
De la Chasse de l'Ours.

C'est toujours un Chef de Guerre, qui en marque le tems, & qui a soin d'inviter les Chasseurs. Cette invitation, qui se fait en grande cérémonie, est suivie d'un Jeûne de huit jours, pendant lesquels il n'est pas même permis de boire une goutte d'Eau : & je vous dirai en passant, Madame, que ce que les Sauvages appellent jeûner, c'est ne rien prendre du tout. Ce n'est pas tout, malgré l'extrême foiblesse, qu'une si excessive abstinence ne sçauroit, ce semble, manquer de leur causer, ils ne cessent de chanter, tant que le jour dure. Ce Jeûne s'observe pour obtenir des Esprits qu'ils fassent connoître où l'on trouvera beaucoup d'Ours. Plusieurs même font bien davantage pour mériter cette faveur. On en a vû se découper la Chair en plusieurs endroits du Corps pour se rendre propices leurs Génies. Mais il est bon de sçavoir qu'ils ne leur demandent point leur secours, pour venir à bout de ces furieux Animaux, il leur suffit de sçavoir où il y en a : comme Ajax ne demandoit point à Jupiter qu'il le rendît Victorieux de ses Ennemis, mais seulement assez de jour, pour achever de les vaincre.

Les Sauvages addressent aussi pour le même sujet des Vœux aux Mânes des Bêtes, qu'ils ont tuées dans les Chasses précédentes, & comme ils ne sont occupés que de cette pensée, tandis qu'ils veillent, il est naturel que pendant leur sommeil, qui ne doit pas être bien profond avec des Estomachs vuides, ils rêvent souvent aux Ours. Mais ce n'est pas encore assez pour les déterminer, il faut que tous, ou du moins le plus grand nombre, ayent vû des Ours dans le même Canton ; & le moyen que tous les rêves s'accordent sur cela ? Toutefois, pourvû qu'un habile Chasseur ait cru voir en songe deux ou trois fois de suite des Ours dans un lieu marqué, soit complaisance, car rien n'est plus complaisant que nos Sauvages, soit qu'à force d'en entendre parler, leur Cerveau creux en prenne enfin l'impression, tout le Monde y rêve bientôt, ou fait semblant d'y avoir rêvé, & la résolution est prise d'aller de ce côté-là.

Le Jeûne fini, & le lieu de la Chasse arrêté, le Chef choisi pour le Parti de Chasse donne à tous ceux, qui en doivent

P ij

être, un grand Repas, & perſonne n'oſeroit s'y préſenter, ſans avoir pris auparavant le Bain, c'eſt-à-dire, ſans s'être jetté dans la Riviere, quelque tems qu'il faſſe, pourvû que la Riviere ne ſoit point glacée. Ce Feſtin n'eſt pas, comme beaucoup d'autres, où il faut tout manger : quoiqu'on ait lontems jeûné, & peut-être par cette raiſon, on y mange ſobrement : celui, qui en fait les honneurs, ne touche à rien, & toute ſon occupation, tandis que les autres ſont à Table, eſt de raconter ſes anciennes proueſſes à la Chaſſe : de nouvelles invocations aux Mânes des défunts Ours terminent la Fête. On ſe met enſuite en marche barbouillé de noir, équippé comme pour la Guerre, & parmi les acclamations de tout le Village. Auſſi la Chaſſe n'eſt-elle pas moins noble parmi ces Peuples, que la Guerre : l'Alliance d'un bon Chaſſeur eſt même plus recherchée, que celle d'un Guerrier fameux, parce que la Chaſſe fournit à toute la Famille la Vie & le Vêtement, & que les Sauvages ne ſouhaittent rien au-delà. Mais un Homme n'eſt pas réputé grand Chaſſeur, s'il ne tuë douze grandes Bêtes en un jour.

Ces Peuples ont pour cet Exercice deux grands avantages ſur nous : car en premier lieu, rien ne les arrête, ni Buiſſons, ni Foſſés, ni Ravines, ni Etangs, ni Rivieres. Ils vont toujours devant eux, par la ligne la plus droite. En ſecond lieu, il eſt peu, ou plutôt il n'eſt point d'Animaux, qu'ils ne gagnent à la courſe. On en a vû arriver dans un Village conduiſant avec une Houſſine des Ours, qu'ils avoient laſſés, comme ils auroient mené un Troupeau de Moutons ; & le Cerf le plus agile ne l'eſt pas plus qu'eux. Au reſte le Chaſſeur doit profiter peu pour lui-même de ſa Chaſſe. Il eſt obligé d'en faire de grandes libéralités. Si on le prévient, & qu'on la lui enleve, il faut qu'il ſe laiſſe dépouiller ſans rien dire, & qu'il ſe contente de la gloire d'avoir travaillé pour le Public. On ne trouve pourtant pas mauvais que dans la diſtribution, qu'il fait du produit de ſa Chaſſe, ſa Famille ſoit partagée la premiere. Mais il faut avoüer que ceux, avec qui nous avons plus de commerce, ont déja un peu perdu de cette antique générosité, & de cet admirable déſintéreſſement. Rien n'eſt plus contagieux, que l'eſprit d'intérêt, & rien n'eſt plus capable d'altérer les mœurs.

L'Ours paſſe ſix mois ſans manger.

Le tems de la Chaſſe de l'Ours eſt l'Hyver. Alors ces Animaux sont cachés dans des creux d'Arbres ; ou, s'ils en trouvent d'abattus, ils se font de leurs Racines une Taniere, dont ils bouchent l'entrée avec des Branches de Sapin, & où ils sont parfaitement à l'abri des rigueurs de la Saison. Si tout cela leur manque, ils font un Trou en Terre, & ont grand soin, quand ils y sont entrés, d'en bien fermer l'ouverture. On en a vû, qui s'étoient cantonnés dans le fond d'une Caverne, de maniere à n'être pas apperçus, quoiqu'on y regardât de bien près. Mais de quelque maniere qu'un Ours soit logé, il ne sort point de sa retraite de tout l'Hyver : c'est ce qui n'est plus révoqué en doute. On n'est pas moins assûré qu'il n'y porte aucune provision, & par conséquent que pendant tout ce tems-là il ne boit, ni ne mange ; qu'il tire alors de ses Pattes, en les lêchant, une substance, qui le nourrit, comme quelques-uns l'ont avancé : c'est sur quoi il est permis à chacun de croire ce qu'il voudra. Ce qui est certain, c'est qu'on en a tenu à la Chaîne pendant tout un Hyver, sans leur donner ni à boire, ni à manger, & qu'au bout de six mois ils étoient aussi gras qu'auparavant. Il est sans doute assez surprenant qu'un Animal pourvu d'une si bonne Fourrure, & qui n'a point la mine d'être bien délicat, prenne contre le Froid des précautions, dont aucun autre que lui ne s'avise. Cela montre qu'il ne faut pas juger sur les apparences : chacun sent ses besoins.

Il n'est donc pas nécessaire de courir beaucoup pour attraper les Ours ; il n'est question que de reconnoître les endroits, où il y en a un plus grand nombre de cachés. Dès que les Chasseurs croyent en avoir trouvé quelqu'un, ils forment un grand cercle d'un quart de lieuë de circonférence, plus ou moins, suivant le nombre des Chasseurs. On avance ensuite en se resserrant toujours, & chacun cherche devant soi s'il ne découvrira point la retraite de quelques Ours. De cette maniere, s'il y en a, il est difficile qu'il en échappe aucun ; car nos Sauvages sont d'excellens Furêts. Le lendemain la même manœuvre recommence à quelque distance de-là, & tout le tems de la Chasse s'employe de cette sorte.

Dès qu'un Ours est tué, le Chasseur lui met entre les Dents le Tuyau de sa Pipe allumée, souffle dans le Fourneau, & remplissant ainsi de Fumée la Gueule & le Gosier de sa Bête, il conjure son Esprit de n'avoir aucun ressentiment de ce qu'il

1721.
Mars.

Maniere, dont se fait cette Chasse.

Cérémonie ridicule, qui se pratique quand on a tué un Ours.

vient de faire à son Corps, & de ne point lui être contraire dans toutes les Chasses, qu'il fera dans la suite. Mais comme l'Esprit ne répond point, le Chasseur, pour sçavoir si sa priere a été exaucée, coupe le Filet, qui est sous la Langue de l'Ours, & le garde jusqu'à ce qu'il soit de retour au Village. Alors tous jettent en grande cérémonie, & après bien des invocations, ces Filets dans le Feu. S'ils y pétillent, & se retirent, comme il ne peut guéres manquer d'arriver, cela est pris pour une marque certaine que les Esprits des Ours sont appaisés : sinon, on se persuade qu'ils sont irrités, & que la Chasse de l'année suivante ne sera pas heureuse, à moins qu'on ne trouve le secret de se les réconcilier : car enfin il y a remede à tout.

Réception, que l'on fait aux Chasseurs à leur retour.

Les Chasseurs font bonne chere, tant que dure la Chasse, & pour peu qu'elle ait réussi, ils emportent encore avec eux de quoi régaler leurs Amis, & nourrir lontems leurs Familles. Ce n'est pas à la vérité un grand ragoût que cette Viande boucanée, mais tout est bon pour des Sauvages. A voir la réception, qu'on leur fait ; les louanges, qu'on leur donne ; l'air content & suffisant, qu'ils prennent, vous diriez qu'ils reviennent de quelque grande Expédition, chargés des dépouilles de toute une Nation détruite. Il faut être Homme, leur dit-on, & disent-ils sans façon eux-mêmes, pour combattre & pour vaincre ainsi les Ours. Une autre chose, qui ne leur attire pas de moindres éloges, & dont ils ne tirent pas moins de vanité, c'est de ne rien laisser du grand Repas, que leur donne encore au retour de la Chasse celui, qui y a commandé. On y présente, pour premier Service, le plus grand Ours, qui ait été pris, & on le sert tout entier avec ses Entrailles : il n'est pas même écorché ; on s'est contenté de lui griller la Peau, comme on fait aux Porcs. Ce Festin est voué à je ne sçai quel Génie, dont on croiroit s'attirer l'indignation, si on ne mangeoit pas tout. Il ne faut même rien laisser du Bouillon, où les Viandes ont été cuites, & qui n'est guéres qu'une Graisse fonduë, & réduite en Huile. Rien n'est plus mauvais : aussi y a-t'il toujours quelqu'un, qui en créve, & plusieurs en sont fort incommodés.

Quelques particularités sur les Ours.

Les Ours ne sont méchants, en ce Pays, que quand ils ont faim, ou quand ils ont été blessés. On prend néanmoins toujours ses précautions, quand on les approche. Rarement il attaquent ; ils fuyent même, dès qu'ils voyent quelqu'un ; & il ne faut qu'un Chien pour les faire courir bien loin. S'ils font donc partout comme en Canada, on auroit pû répondre à la demande de M. Despreaux, que c'est l'Ours, qui a peur du Passant, & non le Passant de l'Ours. Au mois de Juillet, l'Ours est en rut. Il devient alors si maigre, sa chair est si fade, & d'un si mauvais goût, que les Sauvages mêmes, eux qui mangent souvent des choses, qui nous feroient bondir le cœur, ont de la peine à y toucher. Qui le croiroit, que cette passion maigrit plus en un mois un Animal de cette espece & de cette figure, que ne fait une abstinence totale de six mois ! Il est moins surprenant qu'il soit alors si farouche & de si mauvaise humeur, qu'il ne fait pas bon de se rencontrer sur son chemin. C'est un effet de sa jalousie.

1721. Mars.

Ce tems-là passé, il reprend son embonpoint, & rien n'y contribuë davantage, que les fruits, qu'il trouve partout dans les Bois, & dont il est extrêmement friand. Il aime surtout le Raisin ; & comme toutes les Forêts sont remplies de Vignes, qui s'elevent jusqu'à la cime des plus hauts Arbres, il ne fait aucune difficulté d'y grimper. Mais si un Chasseur l'y apperçoit, sa friandise lui coûte la vie. Quand il a ainsi bien mangé des fruits, sa chair a un très-bon goût, & elle le conserve jusqu'au Printems. Elle a néanmoins toujours un grand défaut ; elle est trop huileuse, & si on n'en use pas modérément, elle donne la dysenterie. A cela près, elle est nourrissante ; & un petit Ourson vaut bien un Agneau.

J'oubliois, Madame, de vous dire que les Sauvages menent toujours à leurs Chasses un grand nombre de Chiens ; ce sont les seuls Animaux domestiques, qu'ils élevent ; & ils ne les élevent, que pour la Chasse. Tous paroissent de la même espece : ils ont les oreilles droites, & le museau allongé à peu près comme les Loups : mais ils sont fort fidéles, & fort attachés à leurs Maîtres, qui les nourrissent pourtant assez mal, & ne les caressent jamais. On les dresse de très-bonne-heure à l'espece de Chasse, à laquelle on les destine, & ils sont excellents Chasseurs. Je n'ai pas le tems de vous en dire davantage, parce qu'on m'appelle pour m'embarquer.

Des Chiens de Chasse des Sauvages.

Je suis, &c.

1721.
Mars.

SEPTIÉME LETTRE.

Description du Pays & des Isles de Richelieu & de Saint François. Du Village Abénaqui. De l'Ancien Fort de Richelieu, & de ceux, qu'on avoit construits dans chaque Paroisse. Belles Actions de deux Dames Canadiennes. Des autres Chasses des Sauvages.

A Saint François, l'onziéme de Mars, 1721.

MADAME,

Je partis le neuf des Trois Rivieres. Je ne fis que traverser le Lac de S. Pierre, en tirant au Sud; je fis ce Voyage en Carriole, parce que la Glace étoit encore assez forte pour toutes sortes de Voitures; & j'arrivai vers le midi à S. François. J'employai l'après-dîné & toute la journée d'hier à visiter ce Canton, & je vais vous rendre compte de ce que j'y ai observé.

Des Isles de Richelieu & de Saint François.

A l'extrêmité Occidentale du Lac de S. Pierre, il y a un nombre prodigieux d'Isles de toutes grandeurs, qu'on appelle *les Isles de Richelieu*; & en tournant sur la gauche, quand on vient de Quebec, on en trouve six autres, qui bordent une Ance assez profonde, dans laquelle se décharge une jolie Riviere, dont la Source est au voisinage de la Nouvelle York. Les Isles, la Riviere, & tout le Pays, qu'elle arrose, portent le nom de *S. François*. Chacune des Isles a plus d'un grand quart de lieuë de long; leur largeur est inégale: la plûpart de celles de Richelieu sont plus petites. Toutes étoient autrefois remplies de Cerfs, de Daims, de Chevreuils & d'Orignaux; le Gibier y foisonnoit d'une maniere étonnante, & n'y est pas encore trop rare; mais les grandes Bêtes ont disparu.

On pêche aussi d'excellents Poissons dans la Riviere de S. François & à son Embouchure. L'Hyver on fait des trous dans la Glace, on y passe des Filets de cinq ou six brasses de long, & on ne les retire guéres à vuide. Les Poissons, qu'on y prend plus communément, font les Bars, les Poissons dorés, les Achigans, & sur-tout les Masquinongez ; espece de Brochets, qui ont la Tête plus grosse, que les nôtres, & la Bouche sous un Museau recourbé, ce qui leur donne une figure assez singuliere. Les Terres de S. François, à en juger par les Arbres, qu'elles portent, & par le peu, qu'on en a déja cultivé, sont fort bonnes. Les Habitans y sont néanmoins assez pauvres, & plusieurs seroient réduits à la derniere indigence, si le Commerce avec les Sauvages, leurs Voisins, ne les soûtenoit un peu. Mais ne seroit-ce pas ce Commerce-là même, qui les empêcheroit d'être plus à leur aise, en les rendant faineans ?

<small>1721. Mars.</small>

<small>Du Village des Abénaquis.</small>

Les Sauvages, dont je parle, sont des Abénaquis, parmi lesquels il y a quelques Algonquins, des Sokokis & des Mahingans, plus connus sous le nom de *Loups*. Cette Nation étoit autrefois établie sur la Riviere de Manhatte, dans la Nouvelle York, & il paroît qu'ils en sont originaires. Les Abénaquis sont venus à S. François des Côtes Méridionnales de la Nouvelle France, les plus proches de la Nouvelle Angleterre. Leur premiere Station, en quittant leur Pays, pour venir demeurer parmi nous, fut une petite Riviere, qui se décharge dans le Fleuve Saint Laurent, presque vis-à-vis de Sylleri ; c'est-à-dire, environ une lieuë & demie au-dessus de Québec, du côté du Midi. Ils y étoient placés aux environs d'une chute d'Eau, qu'on nomme *le Sault de la Chaudiere*. Ils sont présentement sur le bord de la Riviere de Saint François, à deux lieuës de son Embouchure, dans le Lac de Saint Pierre. L'endroit est fort agréable, & c'est dommage : ces Peuples ne goûtent pas les agrémens d'une belle situation, & des Cabannes de Sauvages, sur-tout d'Abénaquis, n'embellissent pas un Pays. Le Village est nombreux, & n'est habité, que par des Chrétiens. Cette Nation est docile, & de tout tems affectionnée aux François : mais le Missionnaire (a) n'a pas de moindres inquiétudes à leur sujet, que son Confrere de Beckancourt. Les raisons en sont les mêmes.

<small>Du Suc d'Erable.</small>

On me régale ici d'Eau d'Erable : c'est la saison, où elle coule. Elle est délicieuse, d'une fraîcheur admirable, & fort saine. La maniere de la tirer est fort simple. Lorsque la Séve commence à monter aux Arbres, on fait une entaille dans le

(*a*) Le Pere Joseph Aubery.

Tome III.   Q

1721.
Mars.

Tronc de l'Erable, & par le moyen d'un morceau de bois, qu'on y infére, fur lequel l'Eau coule, comme fur une Gouttiere, cette Eau eft reçûë dans un Vaiffeau, qu'on met deffous. Pour qu'elle coule avec abondance, il faut qu'il y ait beaucoup de Néges fur la Terre, qu'il ait gelé pendant la nuit, que le Ciel foit ferein, & que le Vent ne foit pas trop froid. Nos Erables auroient peut-être la même vertu, fi nous avions en France autant de Néges qu'en Canada, & fi elles y duroient auffi lontems. A mefure que la Séve s'épaiffit, elle coule moins, & au bout de quelques tems, elle s'arrête tout-à-fait. Il eft aifé du juger qu'après une telle Saignée, l'Arbre ne s'en porte pas mieux; on affûre cependant, qu'il la peut fouffrir plufieurs années de fuite. On feroit peut-être mieux de les faire repofer un ou deux ans, pour lui laiffer le tems de reprendre fes forces. Mais enfin, quand il eft épuifé, on en eft quitte pour le couper, & fon Bois, fes Racines, fes Nœuds font propres à bien des chofes. Il faut que cet Arbre foit ici bien commun, car on en brûle beaucoup.

L'Eau d'Erable eft affez claire, quoiqu'un peu blanchâtre: elle eft extrêmement rafraîchiffante, & laiffe dans la Bouche un petit goût de Sucre fort agréable. Elle eft fort amie de la Poitrine; & en quelque quantité, qu'on en boive, quelqu'échauffé que l'on foit, elle ne fait point de mal. C'eft qu'elle n'a point cette crudité, qui caufe la Pleuréfie; mais au contraire, une vertu balfamique, qui adoucit le Sang, & un certain Sel, qui en entretient la chaleur. On ajoûte, qu'elle ne fe criftalife jamais; mais que fi on la garde un certain tems, elle devient un excellent Vinaigre. Je ne garantis point ce fait, & je fçai qu'un Voyageur ne doit point adopter indifféremment tout ce qu'on lui dit.

Il y a bien de l'apparence que les Sauvages, qui connoiffent fort bien toutes les vertus de leurs Plantes, ont fait de tout tems de cette Eau l'ufage, qu'ils en font encore aujourd'hui; mais il eft certain qu'ils ne fçavoient pas en former le Sucre, comme nous leur avons appris à le faire. Ils fe contentoient de lui donner deux ou trois Bouillons, pour l'épaiffir un peu, & en faire une efpece de Sirop, qui eft affez agréable. La façon, qu'on y ajoûte, pour en faire du Sucre, eft de la laiffer bouillir, jufqu'à ce qu'elle prenne une confiftance fuffifante, & elle fe purifie d'elle-même, fans qu'on y mêle rien d'étranger. Il faut seulement avoir soin de ne pas trop faire cuire le Sucre, & de le bien écumer. La plus grande faute, qu'on y fait, c'est de le laisser trop durcir dans son Sirop, c'est ce qui fait qu'il est trop gras, & qu'il conserve toujours un goût de Miel, qui le rend moins agréable au goût, à moins qu'il ne soit purifié.

1721.
Mars.

Ce Sucre fait avec attention, & il en demande beaucoup moins que le nôtre, est naturel, pectoral, ne brûle point l'estomach. Outre que la façon en est d'une très-petite dépense, on pense assez communément qu'il est impossible de le rafiner, comme celui, qu'on tire des Cannes. Je n'en vois point la raison, & il est certain qu'au sortir des mains des Sauvages, il est plus pur, & beaucoup meilleur, que celui des Isles, qui n'a pas reçû plus de façons. Enfin, j'en ai donné à fondre à un Rafineur d'Orleans, qui n'y a trouvé d'autre défaut, que celui que j'ai déja remarqué, & qu'il attribuoit uniquement à ce qu'il n'avoit pas été suffisamment égouté. Il le croyoit même de meilleure qualité que l'autre, & il en fit des Tablettes que j'ai eu l'honneur de vous présenter, & que vous trouvâtes, Madame, si excellentes. On objectera que s'il étoit d'une bonne nature, on l'auroit fait entrer dans le Commerce : mais on n'en fait pas assez pour que cela devienne un objet, & peut-être a-t-on tort ; il y a bien d'autres choses, que l'on néglige dans ce Pays-ci.

Le Plane, qu'on appelle ici *Plaine*, le Merisier, le Frêne, & les Noyers de différentes especes, donnent aussi de l'Eau, dont on fait du Sucre : mais elle rend moins, & le Sucre n'en est pas si bon. Quelques-uns néanmoins donnent la preference à celui, qui se tire du Frêne ; mais on en fait fort peu. Auriez-vous crû, Madame, qu'on trouve en Canada ce que Virgile dit en prédisant le renouvellement du siécle d'Or, que le Miel couleroit des Arbres (a) ?

Tout ce Pays a été lontems le Théatre de bien des Scenes sanglantes, parce que pendant la Guerre des Iroquois, il étoit le plus exposé aux incursions de ces Barbares. Ils descendoient dans la Colonie par une Riviere, qui se décharge dans le Fleuve de Saint Laurent, un peu au-dessus du Lac de Saint Pierre, du même côté que celle de Saint François, & à laquelle pour cette raison, on avoit d'abord donné leur nom :

Du Fort de Richelieu.

(a) *Et durae Quercus sudabunt roscida Mella?*

Q ij

1721.
Mars.

elle a porté depuis quelque tems celui de Richelieu, & on la nomme présentement *la Riviere de Sorel*. Les Isles de Richelieu, qu'ils rencontroient d'abord, leur servoient également, & pour les Embuscades, & pour la Retraite; mais quand on leur eut fermé ce Passage par un Fort, qu'on bâtit à l'entrée de la Riviere, ils prirent leur chemin par les Terres au-dessus & au-dessous, & se jetterent sur-tout du côté de Saint François, où ils trouvoient les mêmes commodités pour exercer leurs brigandages, & ils y ont commis des cruautés, dont le récit feroit horreur.

Autres Forts dans toutes ces Paroisses.

Ils se répandoient de-là dans toute la Colonie, & il fallut, pour se garantir de leur fureur, construire sur chaque Paroisse des especes de Forts, où les Habitans pussent se réfugier à la premiere allarme. On y entretenoit nuit & jour un ou deux Factionnaires, & tous avoient quelques Pieces de Campagne, ou tout au moins quelques Pierriers, tant pour écarter l'Ennemi, que pour avertir les Habitans d'être sur leurs gardes, ou pour demander du secours. Ces Forts n'étoient que de grands Enclos fermés de Palissades, avec quelques Redoutes: l'Eglise & la Maison du Seigneur y étoient renfermées, & il y avoit encore assez d'espace, pour y retirer, en cas de besoin, les Femmes, les Enfans, & les Bestiaux. C'en étoit assez pour se mettre hors d'insulte, & je ne sçache pas que les Iroquois ayent jamais pris aucun de ces Forts.

Ils se sont même rarement arrêtés à les tenir bloqués, plus rarement encore les ont-ils attaqués à force ouverte. L'un est trop périlleux pour des Sauvages, qui n'ont aucune arme défensive, & n'aiment point une Victoire teinte de leur Sang. L'autre ne convient pas à leur maniere de faire la Guerre. Deux attaques du Fort de Vercheres sont néanmoins fameuses dans les fastes Canadiens, & il semble que les Iroquois ne s'y soient attachés par deux fois, contre leur coûtume, que pour faire éclater la valeur & l'intrépidité de deux Amazones.

Belles Actions d'une Dame & d'une Demoiselle Canadiennes.

En 1690. ces Barbares ayant sçu que Madame de Vercheres étoit presque seule dans son Fort, s'en approcherent, sans être apperçus, & se mirent en devoir d'escalader la Palissade. Quelques coups de Fusil, qu'on tira fort à propos au premier bruit, qu'ils firent, les écarterent; mais ils revinrent bientôt: ils furent encore repoussés, & ce qui leur causoit plus d'étonnement, c'est qu'ils ne voyoient qu'une Femme, & qu'ils la voyoient par-tout. C'étoit Madame de Vercheres, qui faifoit paroître une contenance auffi affûrée, que fi elle avoit eu une nombreufe Garnifon. L'efperance, que les Affiegeans avoient conçuë d'abord, d'avoir bon marché d'une Place, qu'ils fçavoient être dégarnie d'Hommes, les fit retourner plufieurs fois à la charge ; mais la Dame les écarta toujours. Elle fe battit de la forte pendant deux jours, avec une bravoure & une préfence d'Efprit, qui auroient fait honneur à un vieux Guerrier ; & elle contraignit enfin l'Ennemi de fe retirer, de peur d'être coupé, bien honteux d'être obligé de fuir devant une Femme.

Deux ans après, un autre Parti de la même Nation, beaucoup plus nombreux, que le premier, parut à la vûë du même Fort, tandis que tous les Habitans étoient dehors, & la plûpart occupés dans la Campagne. Les Iroquois les trouvant ainfi difperfés & fans défiance, les faifirent tous les uns après les autres, & marcherent enfuite vers le Fort. La Fille du Seigneur, âgée de quatorze ans au plus, en étoit à deux cens pas. Au premier cri, qu'elle entendit, elle courut pour y rentrer : les Sauvages la pourfuivirent, & l'un d'eux la joignit, dans le tems, qu'elle mettoit le pied fur la Porte ; mais l'ayant faifie par un Mouchoir, qu'elle avoit au Col, elle le détacha, & ferma la Porte fur elle.

Il ne fe trouva dans le Fort, qu'un jeune Soldat, & une Troupe de Femmes, qui, à la vûë de leurs Maris, qu'on garrotoit, & qu'on emmenoit Prifonniers, jettoient des cris lamentables : la jeune Demoifelle ne perdit ni le jugement, ni le cœur. Elle commença par ôter fa Coëffure, elle noua fes Cheveux, prit un Chapeau, & un Jufte-au-Corps, enferma fous la clef toutes ces Femmes, dont les gémiffemens & les pleurs ne pouvoient qu'infpirer du courage à l'Ennemi ; puis elle tira un coup de Canon, & quelques coups de Fufil, & fe montrant avec fon Soldat, tantôt dans une Redoute, & tantôt dans une autre, changeant de tems en tems d'Habit, & tirant toujours fort à propos, dès qu'elle voyoit les Iroquois s'approcher de la Paliffade, ces Sauvages fe perfuaderent qu'il y avoit beaucoup de Monde dans le Fort ; & lorfque le Chevalier de Crifafy, averti par le coup de Canon, parut pour fecourir la Place, l'Ennemi avoit déja levé le Camp.

1721.
Mars.

De l'Elan ou Orignal.

Revenons à la Chasse. Celle de l'Orignal ne seroit guéres moins avantageuse aujourd'hui pour nous, que celle du Castor, si ceux, qui nous ont précédés en ce Pays, avoient fait plus d'attention aux profits, qu'on en pouvoit tirer, & n'en avoient pas presqu'entierement détruit l'Espece, au moins dans les endroits, qui sont à portée de nous.

Description de l'Orignal.

Ce qu'on appelle ici *Orignal*, c'est ce qu'en Allemagne, en Pologne & en Moscovie on nomme *Elan*, ou *la Grand'-Bête*. Cet Animal est ici de la grosseur d'un Cheval, ou d'un Mulet d'Auvergne. Il a la Crouppe large, une Queuë de la longueur d'un Doit seulement, le Jarret fort haut, des Jambes & des Pieds de Cerf; un long Poil lui couvre le Garrot, le Col, & le haut du Jarret. Sa Tête a plus de deux pieds de long, & il la porte de longueur, ce qui lui donne un mauvais air. Son Musle est gros & rabbatu par-dessus à peu près comme celui du Chameau; & ses Naseaux sont si grands, qu'on y peut aisément fourrer la moitié du Bras. Enfin son Bois n'est guéres moins long, que celui du Cerf, & il est beaucoup plus large; il est plat & fourchu, comme celui du Daim, & il se renouvelle tous les ans; mais je ne sçai, si en se renouvellant, il prend un accroissement, qui marque les années de l'Animal.

On prétend que l'Orignal est sujet à l'Epilepsie, & que quand ses accès le prennent, il les fait passer en se grattant l'Oreille de son Pied gauche de derriere, jusqu'à en tirer du Sang; ce qui a fait regarder la Corne de ce Pied, comme un Spécifique contre le Haut-Mal. On l'applique sur le Cœur du Malade, & on fait la même chose pour la Palpitation: on la lui met dans la Main gauche, & on lui en frotte l'Oreille. Mais pourquoi ne lui en pas tirer du Sang, comme fait l'Orignal? On juge aussi cette Corne très-bonne contre la Pleurésie, les Douleurs de Colique, le Cours de Ventre, les Vertiges & le Pourpre, en la pulvérisant, & la faisant boire dans de l'Eau. J'ai oui dire que les Algonquins, qui faisoient autrefois leur nourriture ordinaire de la Chair de cet Animal, étoient fort sujets à l'Epilepsie, & n'usoient point de ce remède. Ils en avoient, peut-être, de meilleurs.

Le Poil de l'Orignal est mêlé de gris-blanc, & de rouge-noir. Il devient creux, quand la Bête vieillit, ne se foule pas, & ne perd jamais sa Vertu élastique: ainsi on a beau le

battre, il fe redreffe toujours. On en fait des Matelats & des
Selles de Chevaux. Sa Chair eft d'un très-bon goût, legere,
& nourriffante; ce feroit dommage qu'elle donnât le Haut-
mal; mais nos Chaffeurs, qui en ont vécu des Hyvers entiers, ne fe font point apperçus qu'elle eût aucune mauvaife
qualité. Sa Peau eft forte, douce, moëleufe: elle fe paffe en
Chamois, & fait d'excellens Bufles, qui péfent très-peu.

1721.
Mars.

   Les Sauvages regardent l'Orignal comme un Animal de
bon augure, & fe perfuadent que ceux, qui y rêvent fréquemment, peuvent fe flatter d'une longue vie : C'eft tout
le contraire pour les Ours, excepté le tems, où l'on fe difpofe
à la Chaffe de ces Animaux. Il court auffi parmi ces Barbares
une affez plaifante tradition d'un grand Orignal, auprès duquel les autres paroiffent des Fourmis. Il a, difent-ils, les
Jambes fi hautes, que huit pieds de Nége ne l'embarraffent
point : fa Peau eft à l'épreuve de toutes fortes d'Armes, &
il a une maniere de Bras, qui lui fort de l'Epaule, & dont il
fe fert, comme nous faifons des nôtres. Il ne manque jamais
d'avoir à fa fuite un grand nombre d'Orignaux, qui forment
fa Cour, & qui lui rendent tous les fervices, qu'il exige
d'eux. C'eft ainfi que les Anciens avoient leur Phénix & leur
Pégafe; & que les Chinois & les Japonnois ont leur Kirin,
leur Foë, leur Dragon d'Eau, & leur Oifeau de Paradis.
Tutto' l Mondo e Paefe.

   L'Orignal aime les Pays froids : il broutte l'Herbe en Eté,
& l'Hyver il ronge les Arbres. Quand les Néges font hautes,
ces Animaux s'affemblent en troupe dans quelque Piniere,
pour fe mettre fous la verdure à couvert du mauvais tems,
& ils y demeurent tant qu'ils y trouvent à manger. C'eft alors
qu'il eft aifé de leur donner la Chaffe, mais plus encore,
quand le Soleil commence d'avoir affez de force, pour fondre la Nége : car la Gelée de la nuit faifant comme une
Croute fur la fuperficie de cette Nége fonduë pendant le jour,
l'Orignal, qui eft pefant, la caffe avec fon Pied fourchu,
s'écorche la Jambe, & a de la peine à fe tirer des trous, qu'il
s'eft creufés. Hors de-là, & furtout quand il y a peu de Néges, on ne l'approche pas de près fans peine, ni fans danger,
parce que, quand il eft bleffé, il eft furieux, retourne bruf-
quement fur le Chaffeur, & le foule aux pieds. Le moyen de
l'éviter, eft de lui jetter fon Habit, fur lequel il décharge fa

En quel tems
il faut chaffer
l'Orignal.

1721.
Mars.

colere, tandis que le Chasseur caché derriere un Arbre peut prendre toutes ses mesures pour l'achever. L'Orignal va toujours un grand trot, qui égale presque la course du Bœuf Sauvage, & il le soûtient très-lontems : mais les Sauvages courent encore mieux que lui. On prétend qu'il se met à genoux pour boire, pour manger, & pour se coucher, & qu'il a dans le Cœur un petit Os, lequel, réduit en Poudre, & pris dans du Bouillon, facilite les Couches, & appaise les douleurs de l'Enfantement.

Diverses manieres de le chasser.

Les Nations les plus Septentrionales du Canada ont une maniere de faire cette Chasse, qui est fort simple & sans aucun risque. Les Chasseurs se divisent en deux Bandes ; l'une s'embarque dans des Canots, & ces Canots se tenant à quelque distance les uns des autres, ils forment un demi cercle assez grand, dont les deux bouts touchent le Rivage. L'autre Bande, qui est restée à Terre, y fait à peu près la même manœuvre, & embrasse d'abord un grand Terrein ; alors ces Chasseurs lâchent leurs Chiens, & font lever tous les Orignaux, qui sont renfermés dans cet espace, les poussent toujours en avant, & les obligent de se jetter dans la Riviere, ou dans le Lac ; ils n'y sont pas plûtôt entrés, qu'on tire dessus de tous les Canots : tous les coups portent, & il est rare qu'il en échape un seul.

Champlain parle d'une autre maniere de chasser, non-seulement les Orignaux, mais encore les Cerfs & les Caribous, laquelle a quelque rapport à celle-ci. On enferme, dit-il, un espace de Forêt avec des Pieux entrelassés de Branches d'Arbres, & on n'y laisse qu'une ouverture assez étroite, où l'on tend des Lassets de Peaux cruës. Cet espace est de forme triangulaire, & de l'angle, où est l'entrée, on tire un autre triangle beaucoup plus grand. Ainsi ces deux Enclos ont communication l'un dans l'autre par ces deux angles. Les deux côtés du second triangle sont aussi fermés de Pieux, & les Chasseurs rangés sur une ligne, en font la base. Ils avancent ensuite, sans rompre la ligne, & en se rapprochant toujours les uns des autres, ils jettent de grands cris, & frappent sur je ne sçai quoi, qui raisonne beaucoup : les Bêtes chassées d'une part, & ne pouvant échaper, ni à droite, ni à gauche, étourdies d'ailleurs & épouvantées par le bruit, ne sçauroient fuir, que dans l'autre Enclos, & plusieurs, en y entrant,

D'UN VOYAGE DE L'AMERIQ. Let. VII. 129

1721.
Mars.

se trouvent prises par le Col, ou par leurs Cornes. Elles font de grands efforts pour se débarrasser, & quelquefois elles emportent, ou brisent les Lacets; quelquefois aussi elles s'étranglent, ou du moins donnent aux Chasseurs le tems de les tirer à leur aise. Celles mêmes, qui s'échappent, n'en sont guéres plus avancées, elles se trouvent renfermées dans un trop petit espace, pour éviter les Fleches, qu'on décoche de toutes parts contre elles.

Comment le Carcajou leur donne la Chasse.

L'Orignal a d'autres Ennemis, que les Sauvages, & qui ne lui font pas une moins rude guerre. Le plus terrible de tous est le *Carcajou*, ou *Quincajou*, espece de Chat, dont la Queuë est si longue, qu'il en fait plusieurs tours sur son Corps, & d'un Poil roux-brun. Dès que ce Chasseur peut joindre un Orignal, il saute dessus, & s'attache à son Col, qu'il entoure de sa longue Queuë, après quoi il lui coupe la Veine jugulaire. L'Orignal n'a qu'un moyen d'éviter ce malheur, c'est de se jetter à l'Eau, dès qu'il se voit saisi par cet Ennemi dangereux. Le Carcajou, qui ne peut souffrir l'Eau, lâche prise sur le champ. Mais si l'Eau est trop loin, il a le tems de faire perir l'Orignal, avant qu'il puisse y arriver. Ordinairement le Chasseur, qui n'a pas l'Odorat des plus fins, mene trois Renards à cette Chasse, & les envoye à la découverte. Dès qu'ils ont éventé un Orignal, deux vont se ranger à ses côtés, le troisiéme se place derriere lui, & tous trois manœuvrent si bien, en harcelant la Bête, qu'ils l'obligent d'aller, où ils ont laissé le Carcajou, avec lequel ils s'accommodent ensuite pour le partage du Gibier. Une autre ruse du Carcajou pour atraper sa Proye, est de grimper sur un Arbre: là, couché de son long sur une Branche avancée, il attend qu'il passe un Orignal, & saute dessus, dès qu'il le voit à sa portée. Bien des Gens, Madame, se sont mis dans l'esprit que les Relations du Canada donnent aux Sauvages plus d'esprit, qu'ils n'en ont. Ce sont pourtant des Hommes: sous quel Climat trouvera-t-on des Brutes, qui ayent l'instinct plus industrieux, que le Castor, le Carcajou & le Renard?

Du Cerf & du Caribou.

Le Cerf en Canada est absolument le même, qu'en France, peut-être communément un peu plus grand. Il ne paroît pas que les Sauvages l'inquietent beaucoup. Je ne trouve pas du moins qu'ils lui fassent la guerre dans les formes, & avec appareil. Il n'en est pas de même du *Caribou*. C'est un Animal un

Tome III. R

1721.
Mars.

peu moins haut que l'Orignal, qui tient plus de l'Afne, que du Mulet pour la figure, & qui égale pour le moins le Cerf en agilité. Il y a quelques années, qu'il en parut un fur le Cap aux Diamans, au-deffus de Quebec ; il fuyoit apparemment des Chaffeurs, mais il s'apperçut bientôt qu'il n'étoit pas en lieu fûr, & il ne fit prefqu'un faut de-là dans le Fleuve. C'eft tout ce qu'auroit pu faire un Chamois dans les Alpes. Il paffa enfuite le Fleuve à la nâge avec la même célérité, mais il n'y gagna rien. Des Canadiens, qui alloient en Guerre, & qui étoient campés vers la Pointe de Levi, l'ayant apperçu, l'attendirent à fon débarquement, & le tuérent. On eftime fort la Langue de cet Animal, dont le vrai Pays paroît être aux environs de la Baye d'Hudfon. Le fieur Jéremie, qui a paffé plufieurs années dans ces Quartiers Septentrionaux, dit qu'entre la Riviere Danoife & le Port Nelfon pendant tout l'Eté il en paffe des quantités prodigieufes, qui, chaffés des Bois par les *Maringoins* & les *Tons*, viennent fe rafraîchir au bord de la Mer, & que dans l'efpace de quarante ou de cinquante lieuës on en rencontre continuellement des Troupeaux de dix mille au moins.

Il paroît que le Caribou n'a jamais beaucoup peuplé dans les lieux les plus fréquentés du Canada ; mais les Orignaux y étoient par-tout à foifon, lorfque nous découvrimes ce Pays; & ils pouvoient faire un objet pour le Commerce, & une douceur pour la Vie, fi on les avoit mieux ménagés. C'eft ce qu'on n'a point fait ; & foit qu'à force d'en tuër, on en ait apauvri l'efpece ; foit qu'en les effarouchant, on les ait obligés de fe retirer ailleurs, rien n'eft plus rare aujourd'hui.

De la Chaffe du Bœuf.

Dans les Quartiers Méridionnaux & Occidentaux de la Nouvelle France, en deça & au-delà du Miciffipi, la Chaffe la plus célébre eft celle du Bœuf, & voici de quelle maniere elle fe fait. Les Chaffeurs fe rangent fur quatre Lignes, qui forment un très-grand Quarré, & commencent par mettre le feu aux Herbes, qui font féches alors, & fort hautes ; puis, à mefure que le feu gagne, ils avancent en fe referrant. Les Bœufs, qui craignent extrêmement le feu, fuyent toujours, & fe trouvent à la fin fi ferrés les uns contre les autres, qu'on les tuë ordinairement jufqu'au dernier. On prétend qu'il ne revient jamais un Parti de Chaffe, qui n'ait ainfi jetté par terre quinze cens ou deux mille Bœufs. Mais de peur que les

différentes bandes de Chaſſeurs ne ſe nuiſent les uns aux autres, tous conviennent auparavant de leur Marche, & du
Lieu, où ils chaſſeront. Il y a même des Peines ſtatuées contre
les Tranſgreſſeurs de ce Réglement, auſſi-bien que contre
ceux, qui en quittant leur Poſte, donnent moyen aux Bœufs
d'échaper. Ces Peines conſiſtent en ce que chaque Particulier a droit de dépouiller les Coupables, de leur ôter juſqu'à
leurs Armes, ce qui eſt le plus grand affront, qu'on puiſſe faire
à un Sauvage, & de briſer leurs Cabannes. Les Chefs y ſont
ſoumis comme les autres ; & qui entreprendroit de les y ſouſ-
traire, s'expoſeroit, dit-on, à ſuſciter une Guerre, qui ne
finiroit pas ſitôt.

1721.
Mars.

Le Bœuf du Canada eſt plus grand que le nôtre. Il a les
Cornes baſſes, noires, & courtes ; une grande Barbe de crin
ſous le Muſeau, & autant ſur la Tête, d'où elle lui tombe ſur
les Yeux, ce qui lui donne un air hideux. Il a ſur le Dos
une Boſſe, qui commence ſur les Hanches, & va en augmentant juſques ſur les Epaules. La premiere Côte de devant
eſt plus haute d'une coudée, que les autres au-deſſus du Dos,
& large de trois Doits, & toute la Boſſe eſt couverte d'un Poil
un peu rouſſâtre & fort long ; le reſte du Corps l'eſt d'une
Laine noire, qui eſt fort eſtimée. On aſſûre que la dépouille
d'un Bœuf eſt de huit livres de Laine. Cet Animal a le Poi-
trail fort large, la Croupe aſſez fine, la Queuë fort courte,
& on ne lui voit preſque point de Cou ; mais ſa Tête eſt plus
groſſe que celle des nôtres. Il fuit ordinairement, dès qu'il apperçoit quelqu'un, & il ne faut qu'un Chien, pour faire prendre le galop à un Troupeau entier. Il a l'odorat fin, &
pour l'approcher, ſans qu'il s'en apperçoive, d'aſſez près pour
le tirer, il faut prendre le deſſous du Vent. Mais quand il eſt
bleſſé, il eſt furieux & ſe retourne ſur les Chaſſeurs. Il n'eſt
pas beaucoup plus traitable, quand les Vaches ont des Veaux
nouvellement nés. Sa Chair eſt bonne, mais on ne mange
guéres que celle des Vaches, parce que celle des Taureaux eſt
trop dure. Quant à ſa Peau, on n'en connoît guéres de meilleure, elle ſe paſſe aiſément, & quoique très-forte, elle devient ſouple & moëleuſe comme le meilleur Chamois. Les
Sauvages en font des Boucliers, qui ſont très-legers, & que
les Bales de Fuſil ne percent pas aiſément.

Deſcription
du Bœuf Sau-
vage.

On trouve aux environs de la Baye d'Hudſon un autre

Du Bœuf
Muſqué.

R ij

1721.
Mars.
Bœuf, dont le Cuir & la Laine ont les mêmes avantages que ceux des Bœufs, dont je viens de parler. Voici ce qu'en dit M. Jeremie : „ A quinze lieuës de la Riviere Danoife fe
„ trouve la Riviere du Loup Marin, parce qu'effectivement il y
„ en a beaucoup dans cet endroit. Entre ces deux Rivieres, il
„ y a une efpece de Bœufs, que nous nommons *Bœufs mufqués*,
„ à caufe qu'ils fentent fi fort le Mufc, que dans certaine Saifon,
„ il eft impoffible d'en manger. Ces Animaux ont de très-belle
„ Laine ; elle eft plus longue, que celle des Moutons de Bar-
„ barie. J'en avois apporté en France en 1708. dont je m'étois
„ fait faire des Bas, qui étoient plus beaux que des Bas de
„ Soye.... Ces Bœufs, quoique plus petits que les nôtres,
„ ont cependant les Cornes beaucoup plus groffes & plus lon-
„ gues. Leurs Racines fe joignent fur le haut de la Tête, & def-
„ cendent à côté des Yeux prefqu'auffi bas que la gueule ; en-
„ fuite le bout remonte en haut, qui forme comme un Croiffant.
„ Il y en a de fi groffes, que j'en ai vû étant féparées du Crane,
„ qui pefoient les deux enfemble foixante livres. Ils ont les Jam-
„ bes fort courtes, de maniere que cette Laine traîne toujours
„ par terre, lorfqu'ils marchent ; ce qui les rend fi difformes,
„ que l'on a peine à diftinguer d'un peu loin, de quel côté eft la
„ Tête. Il n'y a pas une grande quantité de ces Animaux, ce
„ qui feroit que les Sauvages les auroient bientôt détruits, fi on
„ en faifoit faire la Chaffe. Joint à ce que, comme ils ont les
„ jambes très-courtes, on les tuë, lorfqu'il y a bien de la Nei-
„ ge, à coups de Lances, fans qu'ils puiffent fuir.

Du Chevreuil.
Le Quadrupede le plus commun aujourd'hui en Canada, eft le Chevreuil, lequel ne differe en rien des nôtres. On dit qu'il jette des larmes, lorfqu'il fe voit pouffé à bout par les Chaffeurs. Quand il eft jeune, fon Poil eft rayé de plufieurs couleurs en long : dans la fuite ce Poil tombe, & il en revient un autre, qui eft de la couleur des Chevreuils ordinaires. Cet Animal n'eft point farouche, & s'apprivoife aifément ; il paroît naturellement ami de l'Homme. Une Femelle devenuë domeftique fe retire dans le Bois, quand elle eft en chaleur, & dès qu'elle a été couverte, elle revient au Logis de fon Maître. Lorfque le tems eft venu de mettre bas, elle retourne dans le Bois, & y demeure quelques jours avec fes Petits, puis elle revient fe montrer à fon Maître : elle vifite affiduëment fes Petits. On la fuit, quand on le juge à propos, on prend fes

Nourrissons, & elle continuë de les nourrir dans la Maison. Il est assez étonnant que toutes nos Habitations n'en ayent pas des Troupeaux entiers : les Sauvages ne leur donnent la chasse, que par occasion.

1721.
Mars.

Il y a aussi dans les Bois du Canada beaucoup de *Loups*, ou plûtôt de *Chats serviers* ; car ils n'ont du Loup, qu'une espece de hurlement ; en tout le reste, ils sont, dit M. Sarrasin, *ex genere felino*. Ce sont de vrais Chasseurs, qui ne vivent que des Animaux, qu'ils peuvent attraper, & qu'ils poursuivent jusqu'à la cime des plus grands Arbres. Leur Chair est blanche, & bonne à manger. Leur Poil & leurs Peaux sont fort connus en France : c'est une des plus belles fourures de ce Pays, & qui entre le plus dans le Commerce. On estime encore plus celle de certains Renards noirs, qui sont dans les Montagnes du Nord. J'ai cependant oüi dire que les Renards noirs de Moscovie, & ceux du Nord de l'Europe, sont plus estimés. D'ailleurs ils sont ici fort rares, apparemment à cause de la difficulté de les avoir.

Des Loups Serviers & des Renards.

Il y en a de plus communs, dont les uns ont le Poil noir ou gris, mêlé de blanc ; les autres sont tout gris, d'autres d'un rouge tirant sur le roux. On en trouve, en remontant le Micissipi, d'une grande beauté, dont le Poil est argenté. On y rencontre aussi des Tygres & des Loups plus petits, que les nôtres. Les Renards donnent la chasse aux Oiseaux de Riviere d'une maniere fort ingénieuse. Ils s'avancent un peu dans l'Eau, puis se retirent, & font cent cabrioles sur le Rivage. Les Canards, les Outardes, & d'autres Oiseaux semblables, que ce jeu divertit, s'approchent du Renard ; quand il les voit à sa portée, il se tient fort tranquile d'abord, pour ne les point effaroucher, il remuë seulement sa Queuë, comme pour les attirer de plus près, & ces sots Animaux donnent dans le piége, jusqu'à becqueter cette Queuë. Alors le Renard saute dessus, & manque rarement son coup. On a dressé des Chiens au même manége avec assez de succès, & ces mêmes Chiens font rudement la Guerre aux Renards.

Une sorte de Fouine, qu'on a nommée *Enfant du Diable*, ou *Bête Puante*, parce que son Urine, qu'elle lâche, quand elle est poursuivie, empeste l'Air à un demi-quart de lieuë à la ronde, est d'ailleurs un fort joli Animal. Elle est de la grandeur d'un petit Chat, mais plus grosse, d'un Poil luisant,

De ce qu'on appelle la menuë Pelleterie,

tirant sur le gris, avec deux lignes blanches, qui lui forment sur le Dos une figure ovale depuis le Col jusqu'à la Queuë. Cette Queuë est touffuë, comme celle du Renard, & elle la redresse comme fait l'Ecureuil. Sa Fourure comme celle des *Pekans*, autres Chats Sauvages à peu près de la grandeur des nôtres, des Loutres, des Fouines ordinaires, des Pitois, du Rat de Bois, de l'Hermine, des Martres, sont ce qu'on appelle la Menuë Pelleterie. L'Hermine est de la grosseur de nos Ecureuils, mais un peu moins allongée ; son Poil est d'un très-beau blanc, & elle a une longue Queuë, dont l'extrémité est d'un noir de Jay. Nos Martres sont moins rouges, que celles de France, & ont le Poil plus fin. Elles se tiennent ordinairement au milieu des Bois, d'où elles ne sortent que tous les deux ou trois ans, mais elles en sortent toujours en grandes Troupes. Les Sauvages sont persuadés que l'année, où ils les voyent sortir, sera bonne pour la Chasse ; c'est-à-dire, qu'il négera beaucoup. Les Peaux de Martres se vendent ici actuellement un Ecu Piece, j'entends les communes, car celles, qui sont brunes, vont jusqu'à vint-quatre francs & plus.

Le *Pitoi* ne differe de la Foüine, qu'en ce qu'il a le Poil plus noir, plus long & plus épais. Ces deux Animaux font la Guerre aux Oiseaux, même aux plus gros, & font de grands ravages dans les Poulalliers & dans les Colombiers. Le Rat de Bois est deux fois de la grosseur des nôtres. Il a la Queuë veluë, & son Poil est d'un très-beau gris argenté. On en voit mêmes, qui sont tout blancs, & d'un très-beau blanc. La Femelle a sous le Ventre une Bourse, qui s'ouvre & se ferme, quand elle veut : elle y met ses Petits, quand elle est poursuivie, & se sauve avec eux.

Pour ce qui est des *Ecureuils*, on les laisse assez en repos, aussi y en a-t'il en ce Pays un nombre prodigieux. On en distingue de trois especes ; les rouges, qui ne different point des nôtres ; les *Suisses*, qui sont un peu plus petits, & qu'on a ainsi nommés, parce que leur Poil est rayé en longueur de rouge, de blanc & de noir, à peu près comme les Suisses de la Garde du Pape ; & les Ecureuils *Volans*, à peu près de la même taille que les Suisses, & qui ont le Poil d'un gris obscur. On les appelle *Volans*, non pas qu'ils volent véritablement, mais parce qu'ils sautent d'un Arbre à l'autre, l'espace de quarante pas au moins. De haut en bas, leur saut pourroit être du double. Ce qui leur donne cette facilité de sauter, ce sont deux Peaux, qu'ils ont des deux côtés, entre les Pattes de derriere, & celles de devant, & qui s'étendent de la largeur de deux pouces. Elles sont fort minces, & ne sont couvertes que d'un Poil folet. Ce petit Animal s'apprivoise facilement; il est fort vif, quand il ne dort point; mais il dort souvent, & par-tout, où il peut se fourrer; dans les Poches, dans les Manches, dans les Manchons. Il s'attache d'abord à son Maître, & le distingue parmi vint Personnes.

Le *Porc Epy* du Canada est de la grosseur d'un moyen Chien, mais plus court, & moins haut. Son Poil, d'environ quatre pouces de longueur, est gros comme une Paille des plus minces, blanc, creux, & très-fort, particulierement sur le Dos. C'est son Arme, & elle est offensive & deffensive. Il le lance d'abord sur ceux, qui attentent à sa Vie, & pour peu qu'il entre dans la Chair, il faut l'en retirer à l'instant, sinon, il s'y enfonce tout entier. C'est pour cette raison, qu'on est fort attentif à empêcher les Chiens d'approcher de ces Animaux, dont la Chair est bonne à manger. Un Porc-Epy à la Broche, vaut bien un Cochon de Lait.

Les *Liévres* & les *Lapins* sont ici comme en Europe, excepté qu'ils ont les Jambes de derriere plus longues. Leurs Peaux ne sont pas d'un grand usage, parce qu'ils muënt continuellement : c'est dommage, car leur Poil est très-fin, & ne gâteroient rien dans la Fabrique des Chapeaux. L'Hyver, ces Animaux grisonnent, & sortent rarement de leurs Tannieres, où ils vivent des plus jeunes Branches du Bouleau. L'Eté, ils ont le Poil roux. Les Renards leur font une cruelle guerre en toute Saison, & les Sauvages les prennent en Hyver, sur la Nége avec des Collets, quand ils vont chercher des Vivres.

J'ai l'honneur d'être, &c.

HUITIÉME LETTRE.

Description du Pays entre le Lac Saint Pierre & Montreal: En quoi il differe de celui de Quebec. Déscription de l'Isle & de la Ville de Montreal, & des Environs. De la Pêche du Loup Marin, de la Vache Marine, du Marsouin, & des Baleines.

A Montreal, ce vintiéme de Mars, 1721.

MADAME,

Des Isles de Richelieu.
JE partis le treiziéme de Saint François, & le lendemain j'arrivai en cette Ville. Je n'ai pas eu dans ce Trajet, qui est d'environ vint lieuës, le plaisir, que j'avois eu autrefois en faisant la même route en Canot, par le plus beau tems du Monde, de voir s'ouvrir devant moi, à mesure que j'avançois, des Canaux à perte de vûë, entre ce prodigieux nombre d'Isles, qui de loin, ne sembloient faire qu'une même Terre avec le Continent, & arrêter le Fleuve dans sa course: Ces agréables Points de vûë, qui changeoient à chaque instant, comme des Décorations de Théâtre, & qu'on croiroit avoir été ménagées exprès pour récréer les Passans : mais je ne laissai pas d'en être un peu dédommagé d'abord par la singularité du spectacle d'un Archipel devenu en quelque façon un Continent, & par la commodité de se promener en Carriole sur des Canaux entre des Isles, qui paroissent avoir été plantées à la ligne, comme des Orangers.

Difference du Pays de Quebec & de celui de Montreal.
Pour le coup d'œil, il n'est pas beau dans cette Saison. Rien n'est plus triste, que ce Blanc répandu par-tout, & qui prend la place de cette belle variété de couleurs, le plus grand agrément des Campagnes ; que des Arbres, qui paroissent plantés dans la Nége, & ne présentent aux yeux, que des Têtes chenuës, & des Branches chargées de Glaçons. Au reste, Madame, le Lac de Saint Pierre est ici ce qu'est la Riviere de Loire en France. Du côté de Quebec, les Terres sont bonnes,

bonnes, mais on n'y voit ordinairement rien, qui puiſſe ré- 1721.
créer la vûë : d'ailleurs le Climat y eſt fort rude ; car plus on Mars.
deſcend le Fleuve, & plus on avance au Nord, plus par
conſéquent le froid eſt piquant. Quebec eſt par les quarante-
ſept Degrés cinquante-ſix Minutes d'Elevation du Pole ; les
Trois Rivieres par les quarante-ſix Dégrés & quelques Minutes, & Montreal entre les quarante-quatre & les quarante-
cinq, le Fleuve, au-deſſus du Lac de Saint Pierre, faiſant
un Coude au Sud. Il ſemble donc, lorſqu'on a paſſé les Iſles
de Richelieu, qu'on ſoit tout-à-coup tranſporté ſous un autre Climat. L'Air eſt plus doux, le Terrein plus uni, le Fleuve
plus beau : ſes Bords ont je ne ſçai quoi de plus riant. On y
rencontre de tems en tems des Iſles, dont quelques-unes ſont
habitées, les autres, dans leur état naturel, offrent aux yeux
les plus beaux Payſages du Monde : en un mot, c'eſt la Tou-
raine & la Limagne d'Auvergne comparées avec le Maine &
la Normandie.

 L'Iſle de Montreal, qui eſt comme le Centre de ce beau Deſcription
Pays, a dix lieuës de long, de l'Eſt à l'Oueſt, & près de qua- de l'Iſle de
tre lieuës dans ſa plus grande largeur. La Montagne, d'où elle Montreal.
tire ſon nom, & qui a deux Têtes, de hauteur inégale, eſt
preſque dans le milieu de la longueur de l'Iſle, mais elle n'eſt
qu'à une demie lieuë de la Côte Méridionnale, ſur laquelle
on a bâti la Ville. Cette Ville a été nommée *Ville-Marie* par
ſes Fondateurs, mais ce nom n'a pu paſſer dans l'uſage ordinaire, il n'a lieu, que dans les Actes publics, & parmi les
Seigneurs, qui en ſont fort jaloux. Ces Seigneurs, qui ont
le Domaine, non-ſeulement de la Ville, mais encore de
toute l'Iſle, ſont Meſſieurs du Séminaire de Saint Sulpice ; &
comme preſque toutes les Terres y ſont très-bonnes, & en
valeur, & que la Ville n'eſt guéres moins peuplée, que celle
de Quebec, on peut aſſûrer que cette Seigneurie vaut du
moins une demie douzaine des meilleures du Canada. C'eſt le
fruit du travail & de la bonne conduite des Seigneurs de
cette Iſle, & certainement vint Particuliers, entre leſquels on l'auroit partagée, ne l'auroient pas miſe dans l'Etat,
où nous la voyons, & n'y rendroient pas les Peuples auſſi
heureux.

 La Ville de Montreal a un aſpect fort riant ; elle eſt bien Deſcription
ſituée, bien percée, & bien bâtie. L'agrément de ſes envi- de la Ville.

Tome III.   S

1721.
Mars.

rons & de ses vûës inspirent une certaine gayeté, dont tout le Monde se ressent. Elle n'est point fortifiée, une simple Palissade bastionnée, & assez mal entretenuë, fait toute sa défense, avec une assez méchante Redoute sur un petit Tertre, qui sert de Boulevard, & va se terminer en douce pente à une petite Place quarrée. C'est ce qu'on rencontre d'abord en arrivant de Quebec. Il n'y a pas même quarante ans, que la Ville étoit toute ouverte, & tous les jours exposée à être brûlée par les Sauvages, ou par les Anglois. Ce fut le Chevalier de Callieres, Frere du Plénipotentiaire de Riswick, qui la fit fermer, tandis qu'il en étoit Gouverneur. On projette depuis quelques années de l'environner de Murailles (a), mais il ne sera pas aisé d'engager les Habitans à y contribuer. Ils sont Braves & ils ne sont pas riches : on les a déja trouvé difficiles à persuader de la nécessité de cette dépense, & fort convaincus que leur valeur est plus que suffisante pour défendre leur Ville contre quiconque oseroit l'attaquer. Nos Canadiens ont tous, sur cet article, assez bonne opinion d'eux-mêmes, & il faut convenir qu'elle n'est pas mal fondée ; mais par une suite de la confiance, qu'elle leur inspire, il n'est pas si mal aisé de les surprendre, que de les vaincre.

Montreal est un quarré long, situé sur le bord du Fleuve, lequel s'élevant insensiblement, partage la Ville dans sa longueur en Haute & Basse ; mais à peine s'apperçoit-on que l'on monte de l'une à l'autre. L'Hôtel-Dieu, les Magasins du Roi & la Place d'Armes, sont dans la Basse Ville ; c'est aussi le Quartier de presque tous les Marchands. Le Séminaire & la Paroisse, les Récollets, les Jésuites, les Filles de la Congrégation, le Gouverneur & la plûpart des Officiers sont dans la Haute. Au-delà d'un petit Ruisseau, qui vient du Nord-Ouest, & borne la Ville de ce côté-là, on trouve quelques Maisons, & l'Hôpital Général ; & en prenant sur la droite au-delà des Récollets, dont le Couvent est à l'extrêmité de la Ville du même côté, il commence à se former une espece de Fauxbourg, qui avec le tems fera un très-beau Quartier.

Les Jésuites n'ont ici qu'une petite Maison ; mais leur Eglise qu'on acheve de couvrir, est grande & bien bâtie. Le Couvent des Récollets est plus vaste, & la Communauté plus nombreuse. Le Séminaire est au centre de la Ville : il paroît

(a) Ce Projet est présentement exécuté.

qu'on a eu plus en vûë de le rendre folide & commode, que magnifique ; on ne laiffe pourtant pas de fentir que c'eft la Maifon Seigneuriale, elle communique avec l'Eglife Paroiffiale, qui a bien plus l'air d'une Cathédrale, que celle de Quebec. Le Service s'y fait avec une modeftie & une dignité, qui infpirent du refpect pour la Majefté du Dieu, qu'on y adore.

1721.
Mars.

La Maifon des Filles de la Congrégation, quoiqu'une des plus grandes de la Ville, eft encore trop petite pour loger une fi nombreufe Communauté. C'eft le Chef d'Ordre & le Noviciat d'un Inftitut, qui doit être d'autant plus cher à la Nouvelle France, & à cette Ville en particulier, qu'il y a pris naiffance, & que toute la Colonie fe reffent des avantages, que lui procure un fi bel Etabliffement. L'Hôtel-Dieu eft deffervi par des Religieufes, dont les premieres ont été tirées de celui de la Fléche en Anjou. Elles font pauvres, cependant il n'y paroît ni à leur Sale, qui eft grande, bien meublée, & bien garnie de Lits ; ni à leur Eglife, qui eft belle & très-ornée ; ni à leur Maifon, qui eft bien bâtie, propre & commode ; mais elles font mal nourries, quoique toutes infatiguablement occupées, ou de l'inftruction de la Jeuneffe, ou du foin des Malades.

L'Hôpital Général doit fon établiffement à un Particulier, nommé Charron, qui s'étoit affocié plufieurs perfonnes de pieté, non-feulement pour cette bonne œuvre, mais auffi pour fournir les Paroiffes de la Campagne de Maîtres d'Ecole, qui fiffent pour les Garçons ce que les Sœurs de la Congrégation font pour les Filles : mais la Société fe diffipa bientôt ; des affaires furvenuës aux uns, l'inconftance des autres, réduifirent le Sieur Charron à lui feul. Il ne fe découragea pourtant point ; il vuida fa bourfe, il eut le fecret de faire ouvrir celles de quelques perfonnes Puiffantes ; il a bâti, il a affemblé des Maîtres & des Hofpitaliers ; on s'eft fait un plaifir d'aider & d'autorifer un Homme, qui n'épargnoit, ni fon bien, ni fa peine, & que rien ne rebutoit. Enfin, avant fa mort, qui arriva en 1719, il a eu la confolation de voir fon projet hors de tout rifque d'échouer, au moins quant à l'Hôpital Général. La Maifon eft belle, & l'Eglife fort jolie. Les Maîtres d'Ecole ne font pas encore bien établis dans les Paroiffes, & la défenfe, qu'ils ont euë de la Cour, de prendre un Habit uniforme,

S ij

1721.
Mars.

De l'Isle de Jesus, & de la Riviere des Prairies.

& de s'engager par des Vœux simples, pourra bien les empêcher de se perpétuer.

Entre l'Isle de Montreal & la Terre Ferme, du côté du Nord, il y a une autre Isle d'environ huit lieuës de long, & qui a bien deux lieuës dans sa plus grande largeur. Elle fut d'abord nommée *l'Isle de Montmagny*, du nom d'un Gouverneur Général du Canada : elle fut ensuite concédée aux Jésuites, qui l'appellerent *l'Isle de Jesus*, & elle a conservé ce dernier nom, quoiqu'elle ait passé des mains des Jésuites en celles de Messieurs du Séminaire de Quebec, qui ont commencé d'y mettre des Habitans ; & comme les Terres en sont bonnes, il y a lieu d'espérer qu'elle sera bientôt toute défrichée.

Le Sault aux Récollets.

Le Canal, qui sépare les deux Isles, porte le nom de Riviere des Prairies, parce qu'elle coule au milieu de fort belles Prairies. Son Cours est embarrassé vers le milieu par un Rapide, qu'on appelle *le Saut au Récollet*, en mémoire d'un Religieux de cet Ordre, qui s'y est noyé. Les Ecclésiastiques du Séminaire de Montreal ont eu lontems assez près de-là une Mission de Sauvages, qu'ils ont depuis peu transportée ailleurs.

Des Environs de Montreal.

Le troisiéme Bras du Fleuve est semé d'un nombre d'Isles si prodigieux, qu'il y a presque autant de Terre que d'Eau. Ce Canal porte les noms de *Milles-Isles* ou de *Riviere de Saint Jean*. A la Tête de l'Isle de Jesus, est la petite *Isle Bizard*, ainsi appellée du nom d'un Officier Suisse, à qui elle appartenoit, & qui est mort Major de Montreal. Un peu plus haut vers le Sud, on trouve *l'Isle Perrot*, ainsi nommée par M. Perrot, qui a été le premier Gouverneur de Montreal, & qui étoit le Pere de Madame la Comtesse DE LA ROCHE-ALLARD, & de M^{de} la Présidente DE LUBERT. Cette Isle a presque deux lieuës en tout sens, & les Terres en sont bonnes. On commence à la défricher. L'Isle Bizard termine le *Lac des deux Montagnes*, & l'Isle Perrot sépare ce même Lac de celui *de Saint Loüis*.

Le Lac des deux Montagnes est proprement l'Embouchure de la grande Riviere, autrement appellée *la Riviere des Outaouais*, dans le Fleuve Saint Laurent. Il a deux lieuës de longueur, & à peu près autant de largeur. Celui de Saint Louys est un peu plus grand, ce n'est encore qu'un élargissement du Fleuve Saint Laurent. Jusqu'à présent, la Colonie Françoise n'alloit pas plus loin à l'Ouest ; mais on commence à faire de

nouvelles Habitations un peu plus haut, & les Terres font par- 1721.
tout excellentes. Mars.
 Ce qui a fait la sûreté de Montreal & de tous ses Environs Du Sault S.
pendant les dernieres Guerres, ce sont deux Villages d'Iro- Louys.
quois Chrétiens, & le fort de Chambly. Le premier des deux
Villages, est celui de Sault Saint Loüis, situé dans le Continent du côté du Sud, trois lieuës plus haut que la Ville de
Montreal. Il est fort peuplé, & a toujours été regardé comme
une de nos plus fortes Barrieres contre les Iroquois Idolâtres,
& contre les Anglois de la Nouvelle York. Il a déja changé
deux fois de place dans l'espace de deux lieuës. Sa seconde
station, où je l'ai vû en 1708, étoit vis-à-vis un Rapide,
qu'on nomme le Sault Saint Loüis, & il en a conservé le nom,
quoiqu'il en soit aujourd'hui assez éloigné. Il paroît qu'on l'a
enfin fixé ; car l'Eglise, qu'on ne fait que d'achever, & la
Maison des Missionnaires, sont, chacun dans leur genre,
deux des plus beaux Edifices du Pays. La situation en est charmante. Le Fleuve fort large en cet endroit y est semé de plusieurs Isles, qui font un très-bel effet. L'Isle de Montreal toute
peuplée est en perspective d'un côté, & la vûë n'est presque
point bornée de l'autre à cause du Lac de Saint Loüis, qui
commence un peu plus haut.
 Le second Village porte le nom *de la Montagne*, parce qu'il Des Iroquois
fut lontems sur la double Montagne, qui a donné son nom à de la Monta-
l'Isle. On l'a depuis transporté au Sault au Récollet, comme gne.
je vous l'ai dit ; il est présentement en Terre Ferme vis-à-vis
l'extrêmité Occidentale de l'Isle. Ce sont les Ecclésiastiques du
Séminaire de Montreal, qui le gouvernent. Il est sorti bien
des Braves de ces deux Bourgades, & la ferveur y étoit admirable avant que l'avarice de nos Traitans y eût introduit
l'Yvrognerie, qui y a fait de bien plus grands ravages encore,
que dans les Missions de Saint François & de Beckancourt.
 Envain les Missionnaires ont employé, pour arrêter ce de- Désordres
sordre, toute leur industrie & toute leur vigilance : ils ont eu causés, par la
beau implorer le secours des Puissances, menacer de la colere de-Vie, dans
du Ciel, apporter les raisons les plus persuasives, tout a été ces deux Vil-
inutile : les accidens même les plus funestes, & où il n'étoit lages.
pas possible de méconnoître la main de Dieu appesantie sur les
Auteurs du mal, n'ont pas été suffisans pour faire rentrer en
eux-mêmes des Chrétiens, que l'avidité d'un gain sordide

1721.
Mars.

avoit aveuglés. On voit jusques dans les Places & les Ruës d[e] Montreal, les Spectacles les plus affreux, suites inévitables d[e] l'Yvresse de ces Barbares: les Maris & les Femmes; les Peres les Meres & les Enfans; les Freres & les Sœurs, se prendre la Gorge, s'arracher les Oreilles, se mordre à belles Dent[s] comme des Loups enragés. Les Airs retentissent pendant le[s] nuits de hurlemens beaucoup plus horribles que ceux dont le[s] Bêtes féroces font retentir les Bois.

Ceux qui ont peut-être le plus à se reprocher ces horreurs sont les premiers à demander si ces gens-là sont des Chrétiens on pourroit leur répondre: oüi ce sont des Chrétiens & de[s] Néophytes, qui ne sçavent ce qu'ils font; mais ceux, qui d[e] sang froid, & avec connoissance de cause, les réduisent pa[r] leur avarice en cet état, ont-ils de la Religion? On sçait qu[e] les Sauvages donneroient tout ce qu'ils ont pour un Verr[e] d'Eau de Vie; c'est une tentation pour les Traitans, contr[e] laquelle, ni les cris des Pasteurs, ni le zéle & l'autorité de[s] Magistrats, ni le respect des Loix, ni la sévérité de la Justic[e] souveraine, ni la crainte des Jugemens de Dieu, ni la pensé[e] de l'Enfer, dont ces Barbares dans leur Yvresse présenten[t] une Image bien sensible, n'ont encore pû tenir. Mais détour[]nons la vûë de ces objets désagréables.

De la Foire de Montreal. Calomnie de la Hontan à ce sujet.

Le grand Commerce des Pelleteries, après que la Ville de Trois Rivieres eut cessé d'être fréquentée par les Nations d[u] Nord & de l'Ouest, se fit pendant quelques années à Montreal où les Sauvages abordoient en certains tems de toutes les par[]ties du Canada. C'étoit une espece de Foire, qui attiroit beau[]coup de François dans cette Ville. Le Gouverneur Généra[l] & l'Intendant s'y rendoient aussi, & l'on profitoit de l'occasio[n] pour accommoder les différens, qui pouvoient être survenu[s] entre nos Alliés. Mais si par hazard, Madame, vous tombe[z] sur le Livre de la HONTAN, où il est parlé de cette Foire donnez-vous bien de garde de prendre tout ce qu'il en dit pou[r] des vérités. La vraisemblance n'y est pas même gardée. Le[s] Femmes de Montreal n'ont jamais donné lieu à ce que cet Au[]teur y met sur leur compte, & il n'y a rien à craindre pour leu[r] honneur de la part des Sauvages. Il est sans exemple qu'aucu[n] d'eux ait jamais pris la moindre liberté avec les Françoises, lors même qu'elles ont été leurs Prisonnieres. Ils n'en sont pa[s] même tentés, & il seroit à souhaiter que les François eussen[t] le même dégoût des Sauvagesses. La Hontan ne pouvoit pas ignorer ce qui est de notorieté publique en ce Pays ; mais il vouloit égayer ses Mémoires, & pour y réussir, tout lui étoit bon. On est toujours sûr de plaire à certaines gens, quand on ne garde aucune mesure dans la liberté, qu'on se donne d'inventer, de médire, & de s'exprimer sur certaines matieres.

1721.
Mars.

On voit encore de tems en tems arriver à Montreal de petites Flottes de Sauvages, mais ce n'est plus rien en comparaison du passé. C'est la Guerre des Iroquois, qui a interrompu ce grand concours des Nations dans la Colonie. Pour y supléer, on a établi chez la plûpart des Magasins avec des Forts, où il y a toujours un Commandant & assez de Soldats, pour mettre les Marchandises en sûreté. Les Sauvages y veulent toujours avoir un Armurier, & dans plusieurs il y a des Missionnaires, qui y feroient plus de bien, s'ils y étoient seuls de François. On auroit bien dû, ce semble, rétablir les choses sur l'ancien pied, depuis que tout est en Paix au dedans & au dehors de la Colonie : ce seroit le moyen d'y retenir les Coureurs de Bois, à qui leur avidité, sans parler de tous les désordres, qu'attirent le libertinage, fait faire tous les jours des bassesses, qui nous rendent méprisables aux yeux des Barbares, ont avili nos Marchandises, & encheri les Pelleteries. Outre que les Sauvages, naturellement fiers, sont devenus insolens, depuis qu'ils se voyent recherchés.

La Pêche pourroit bien plus enrichir le Canada, que la Chasse, & on n'y dépend point des Sauvages. Deux raisons de s'y appliquer, qui n'ont pourtant pû jusqu'ici engager nos Colons à en faire le principal objet de leur Commerce. Je n'ai rien à ajoûter à ce que j'ai déja eu l'honneur de vous dire de la Pêche des Morues, qui seule nous vaudroit plus que le Perou, si les Fondateurs de la Nouvelle France eussent pris les mesures convenables pour s'en assûrer la possession. Je commence par celle du Loup Marin, des Vaches Marines & des Marsouins, qu'on fait faire partout dans le Golphe Saint Laurent, & bien avant dans le Fleuve même.

De la Pêche du Loup Marin.

Le Loup Marin doit son nom à son cri, qui est une espece de hurlement ; car dans sa figure, il n'a rien du Loup, ni d'aucun Animal terrestre, que nous connoissions. Lescarbot assûre qu'il en a entendu, qui crioient comme les Chathuants ; mais ce pouvoit être de jeunes Bêtes, dont le cri n'étoit pas encore bien formé. Au reste, Madame, on ne balance pas ici à mettre le Loup Marin au rang des Poissons, quoiqu'il ne soit pas muet, qu'il naisse à Terre, qu'il y vive pour le moins autant que dans l'Eau, qu'il soit couvert de Poil; en un mot, qu'il ne lui manque absolument rien, pour être regardé comme un véritable Amphibie. Mais nous sommes dans un nouveau Monde, il ne faut pas exiger que nous y parlions toujours le Langage de l'ancien, & l'usage, contre lequel on ne raisonne point, s'y est mis en possession de tous ses droits. Ainsi la Guerre, qu'on fait au Loup Marin, quoiqu'on la fasse souvent à Terre, & à coups de Fusils, se nomme une Pêche; & celle qu'on fait aux Castors dans l'Eau, & avec des Filets, s'appelle une Chasse.

Description du Loup Marin.

La Tête du Loup Marin approche un peu de la figure de celle du Dogue: il a quatre Pattes fort courtes, sur-tout celles de derriere: dans tout le reste, il est Poisson. Il se traîne plûtôt qu'il ne marche sur les Pieds; ceux de devant ont des Ongles, ceux de derriere sont en forme de Nageoires. Sa Peau est dure, & couverte d'un Poil ras de diverses couleurs. Il y a de ces Animaux, qui sont tout blancs, & tous le sont en naissant; quelques-uns, à mesure qu'ils croissent, deviennent noirs, d'autres roux; plusieurs ont toutes ces couleurs ensemble.

Ses diverses Especes.

Les Pêcheurs distinguent plusieurs especes de Loups Marins; les plus gros pésent jusqu'à deux mille, & l'on prétend qu'ils ont le Nez plus pointu que les autres. Il y en a, qui ne font que fretiller dans l'Eau; nos Matelots les appellent *Braseurs*, ils ont donné à une autre espece le nom de *Nau*: je n'en sçai ni la raison, ni la signification: à une autre, celui de *Grosses Têtes*. Il y en a de petits fort éveillés, & fort adroits à couper les Filets, qu'on leur tend: leur couleur est tygrée, ils sont badins, pleins de feu, & jolis, autant que des Animaux de cette figure le peuvent être: les Sauvages les accoûtument à les suivre, comme si c'étoient de petits Chiens, & ne laissent pourtant pas de les manger.

M. Denys parle de deux sortes de Loups Marins, qui se rencontrent sur les Côtes de l'Acadie: les uns, dit-il, sont si gros, que leurs Petits ont plus de volume, que nos plus grands Porcs. Il ajoûte que peu de tems après qu'ils sont nés, le Pere & la Mere les amenent à l'Eau, & de tems en tems les ramenent

nent à Terre, pour les faire téter : que la Pêche s'en fait au mois de Février, lorsque les Petits, auxquels on en veut principalement, ne vont presque point encore dans l'Eau : qu'au premier bruit, les Peres & Meres prennent la fuite, en faisant un fort grand bruit, pour avertir leurs Petits de les suivre, ce que ceux-ci ne manquent point de faire, si les Pêcheurs ne se hâtent de leur donner un coup de Bâton sur le Nez, & que cela suffit pour les tuer. Il faut que le nombre de ces Animaux soit bien grand sur ces Côtes, s'il est vrai, comme le même Auteur l'assûre, qu'en un seul jour on prend de cette sorte jusqu'à huit cent de ces Petits.

1721.
Mars.

La seconde Espece, dont parle M. Denys, est fort petite, & chaque Bête ne donne guéres d'Huile, que ce qu'il en peut tenir dans sa Vessie. Ces Derniers ne s'éloignent jamais beaucoup du Rivage, & il y en a toujours quelqu'un, qui fait la Sentinelle. Au premier signal, qu'il donne, tous se jettent à la Mer; au bout de quelque tems ils se rapprochent de Terre, & se levent sur leurs Pattes de derriere, pour voir s'il n'y a rien à craindre : mais, malgré toutes leurs précautions, on en surprend un grand nombre à Terre, & il n'est presque pas possible de les avoir autrement.

On convient que la Chair du Loup Marin n'est pas mauvaise à manger, mais on trouve beaucoup mieux son compte à en faire de l'Huile : la façon n'en est pas difficile. On en fait fondre la Graisse sur le feu, & elle se résout en Huile. Souvent même on se contente de faire des Charniers, c'est le nom, qu'on donne à de grands Quarrés de Planches, sur lesquels on étend la Graisse de plusieurs Loups Marins : elle s'y fond d'elle-même, & l'Huile coule par une ouverture, qu'on y a pratiquée. Cette Huile, quand elle est fraîche, est fort bonne pour la Cuisine, mais celle des jeunes Bêtes rancit bientôt, & celle des autres, pour peu qu'elle commence à vieillir, dessèche trop : on s'en sert alors pour brûler, ou pour passer les Peaux. Elle est lontems claire, elle n'a point d'odeur, & ne laisse point de Lie, ni aucune sorte d'immondices au fond de la Barrique.

Usage de la Chair & de la Peau du Loup Marin.

Dans les premiers tems de la Colonie on a employé une grande quantité de Peaux de Loups Marins à faire des Manchons. La mode en est passée, & leur grand usage aujourd'hui est de couvrir les Malles & les Cofres. Quand elles sont

Tome III. T

1721.
Mars.

tannées, elles ont presque le même grain que le Maroquin: elles sont moins fines, mais elles ne s'écorchent pas si aisément, & elles conservent plus lontems toute leur fraîcheur. On en fait de très-bons Souliers, & des Bottines, qui ne prennent point l'Eau. On en couvre aussi des Siéges, dont le Bois est plutôt usé que la Couverture. On tanne ici ces Peaux avec l'Ecorce de Peruffe, & dans la Teinture, dont on se sert pour les noircir, on mêle une Poudre, qui se tire de certaines Pierres, qu'on trouve sur les Bords des Rivieres. C'est ce qu'on appelle *Pierres de Tonnerre*, ou des Marcassites de Mines.

Particularités de ces Animaux.

C'est sur les Rochers, & quelquefois sur la Glace, que les Loups Marins s'accouplent, & que les Meres font leurs Petits. Leur Portée ordinaire est de deux, & elles les allaitent assez souvent dans l'Eau, mais plus souvent à Terre; quand elles veulent les accoûtumer à nâger, elles les portent, dit-on, sur leur Dos; les laissent aller de tems en tems dans l'Eau, puis les reprennent, & continuent ce manége, jusqu'à ce que ces Petits puissent nâger tous seuls. Si ce fait est vrai, voilà un étrange Poisson, à qui la Nature n'a pas même appris ce que la plupart des Animaux Terrestres sçavent presqu'en naissant. Le Loup Marin a les sens fort vifs, & c'est son unique défense: elle ne les empêche pourtant pas d'être souvent surpris, comme je l'ai déja remarqué; mais la plus ordinaire façon de les pêcher est celle-ci.

La coûtume de cet Animal, quand il est dans l'Eau, est d'entrer avec la Marée dans les Anses: quand on a reconnu les Anses, où il en entre un grand nombre, on les ferme avec des Filets & des Pieux; on n'y laisse de libre qu'un assez petit espace, par où les Loups Marins se glissent. Dès que la Marée est haute, on bouche cette ouverture; ainsi, après que la Mer s'est retirée, ces Poissons demeurent à sec, & on n'a que la peine de les assommer. On les suit aussi en Canot dans les endroits, où il y en a beaucoup, & quand ils mettent la Tête hors de l'Eau pour respirer, on tire dessus. S'ils ne sont que blessés, on les prend sans peine: s'ils sont tués roides, ils vont d'abord à fond, comme il arrive aussi aux Castors: mais on a de gros Chiens, qui sont stilés à les pêcher à sept ou huit brasses de profondeur. Enfin j'ai oui dire qu'un Matelot en ayant un jour surpris à Terre un grand

Troupeau, il les avoit conduits à son Logement avec une Gaule, comme il auroit pû faire un Troupeau de Bœufs, & que lui & ses Camarades en avoient tué jusqu'à neuf cent. *Sit fides pœnes Autorem.*

1721.
Mars.

Nos Pêcheurs prennent aujourd'hui assez peu de Vaches Marines sur les Côtes du Golphe de Saint Laurent, & je ne sçai point si on en a jamais pris ailleurs. Les Anglois en avoient autrefois établi une Pêche à l'Isle de Sable, mais elle ne leur a pas fait beaucoup de profit. La figure de cet Animal n'est pas fort differente de celle du Loup Marin, mais il est plus gros. Ce qu'il a de singulier, ce sont deux Dents de la grosseur & de la longueur du Bras, un peu recourbées en haut, & qu'on prendroit de loin pour des Cornes : c'est apparemment de-là que leur est venu le nom de Vaches Marines. Les Matelots l'appellent plus simplement *la Bête à la Grande Dent.* Cette Dent est d'un très-bel Yvoire, aussi bien que toutes celles, qui composent la Macheoire de ce Poisson, & qui ont quatre doits de longueur.

Des Vaches Marines.

Il y a dans le Fleuve Saint Laurent des Marsouins de deux couleurs : dans l'Eau Salée, c'est-à-dire, jusqu'un peu au-dessous de l'Isle d'Orleans, ils ne different point de ceux, qu'on trouve dans la Mer : dans l'Eau Douce ils sont tout blancs, & de la grosseur d'une Vache. Les Premiers vont ordinairement par Bandes : je n'ai point remarqué la même chose des autres, quoique j'en aye beaucoup vû se divertir dans le Port de Quebec. Ils ne montent guéres plus haut que cette Ville ; mais il y en a beaucoup sur les Côtes de l'Acadie, aussi bien que de la premiere Espece ; ainsi la difference de leur couleur ne vient point de la difference de l'Eau Salée & de l'Eau Douce.

Marsouins de deux couleurs.

Les Marsouins Blancs rendent une Barrique d'Huile, & cette Huile est peu differente de celle du Loup Marin. Je n'ai vû personne, qui ait mangé de la Chair de cet Animal, mais pour ce qui est des *Pourcelles*, c'est le nom, que l'on donne aux Marsouins Gris ; on dit que ce n'est pas un mauvais manger ; on fait des Boudins & des Andouilles de leurs Boyaux, la Fressure en est excellente en Fricassée, & la Tête meilleure, que celle du Mouton, mais moins bonne que celle de Veau.

La Peau des uns & des autres se tanne & se passe en façon de Maroquin. D'abord elle est tendre comme du Lard, & a

Usage de leurs Peaux.

T ij

un pouce d'épaiſſeur. On la gratte lontems, & elle devient comme un Cuir tranſparent; & quelque mince, qu'elle ſoit, juſqu'à être propre à faire des Veſtes & des Hauts-de-Chauſſes, elle eſt toujours très-forte, & à l'épreuve d'un coup de feu. Il y en a de dix-huit pieds de long ſur neuf de large : on prétend que rien n'eſt meilleur pour couvrir une Imperiale de Caroſſe.

De la Pêche du Marſouin.

On a établi depuis peu deux Pêches de Marſouins au-deſſous de Quebec; l'une dans la Baye Saint Paul, & l'autre ſept ou huit lieuës plus bas, vis-à-vis une Habitation, qu'on appelle *Camouraſca*, du nom de certains Rochers, qui s'élévent conſidérablement au-deſſus de l'Eau. Les frais n'en ſont pas grands, & les profits iroient fort loin, ſi les Marſouins étoient des Animaux d'habitude : mais ſoit inſtinct, ou caprice, ils trompent ſouvent toutes les meſures des Pêcheurs, & prennent une autre route, que celle, où on les attend. D'ailleurs ces Pêches, qui n'enrichiroient que des Particuliers, ont occaſionné un inconvénient, qui fait crier le Peuple : c'eſt qu'elles ont beaucoup diminué celle des Anguilles, laquelle eſt une grande reſſource pour les pauvres Habitans. Car les Marſouins ſe trouvant inquiettés au-deſſous de Quebec, ſe ſont retirés ailleurs, & les Anguilles ne trouvant plus ſur leur paſſage ces gros Poiſſons, qui les obligeoient de rebrouſſer chemin, deſcendent le Fleuve ſans obſtacles; d'où il arrive qu'entre Quebec & les Trois Rivieres, où l'on en prenoit une quantité prodigieuſe tous les ans, on n'en prend preſque plus.

La maniere, dont ſe fait la Pêche du Marſouin eſt peu differente de celle, dont j'ai parlé en dernier lieu au ſujet du Loup Marin. Quand la Marée eſt baſſe, on plante dans la Vaſe, ou dans le Sable des Piquets aſſez près les uns des autres, & l'on y attache des Filets en forme d'Antonnoirs, dont l'ouverture eſt aſſez large ; de ſorte néanmoins que, quand le Poiſſon y a paſſé, il ne la peut plus retrouver pour en ſortir. On a ſoin de mettre au haut des Piquets des Bouquets de Verdure. Quand la Marée monte, ces Poiſſons, qui donnent la Chaſſe aux Harengs, leſquels gagnent toujours les Bords, & attirés par la Verdure, qu'ils aiment beaucoup, s'engagent dans les Filets, & s'y trouvent enfermés. A meſure que la Marée baiſſe, on a le plaiſir de voir leur embarras, & les mouvemens inutiles, qu'ils se donnent pour échaper; enfin ils restent à sec, & souvent échoués les uns sur les autres en si grand nombre, que d'un seul coup de Bâton on en assomme deux ou trois. On prétend qu'il s'en est trouvé parmi les Blancs, qui pesoient jusqu'à trois mille.

Tout le Monde sçait de quelle maniere se fait la Pêche de la Baleine, ainsi je ne vous en dirai rien. On dit ici que les Basques, qui la faisoient autrefois dans le Fleuve Saint Laurent, ne l'ont interrompuë, que pour s'addonner tout entiers au Commerce des Pelleteries, qui ne demandoient, ni tant de dépenses, ni tant de fatigues, & dont les profits étoient alors plus considérables & plus prompts. D'ailleurs ils n'avoient pas pour cette Pêche toutes les commodités, qu'on peut avoir présentement, qu'il y a des Habitations fort avancées vers le Golphe. Il y a quelques années, qu'on essaya de la rétablir, mais sans succès: les Entrepreneurs, ou n'avoient pas les fonds nécessaires pour en faire les avances, ou ont voulu être dédommagés trop tôt de leurs frais, ou ont manqué de constance. Il paroît néanmoins certain que cette Pêche pourroit être un grand objet dans le commerce de cette Colonie, & qu'elle se peut faire avec beaucoup moins de dépenses & de périls, que sur les Côtes du Groënland. Qui empêcheroit même de la rendre sédentaire, comme M. Denys proposoit de faire celle de la Moruë en Acadie? Voilà, Madame, tout ce qui regarde les Pêches, qui peuvent enrichir le Canada: Je vous parlerai des autres, quand je vous entretiendrai de la maniere de vivre dans ce Pays.

J'ai l'honneur d'être,

1721. Mars.

Des Baleines.

NEUVIÉME LETTRE.

Du Fort de Chambly, des Poiſſons, des Oiſeaux, de quelques Animaux propres du Canada. Des Arbres, qui lui ſont communs avec la France, & de ceux, qui lui ſont particuliers.

A Chambly, ce premier Avril, 1721.

MADAME,

UNE des principales défenſes de Montreal contre les Iroquois & la Nouvelle York eſt le Fort de Chambly : c'eſt de ce Fort que j'ai l'honneur de vous écrire. J'y ſuis venu pour rendre viſite au Commandant, qui eſt M. DE SABREVOIS, d'une des meilleures Maiſons de Beauce, mon Ami, mon Compagnon de Voyage, & bon Officier. Je vais en deux mots vous marquer la ſituation de cette Place importante, & vous en faire la deſcription.

Dans les premieres années de notre Etabliſſement en ce Pays, les Iroquois, pour faire des courſes juſques dans le centre de nos Habitations, deſcendoient une Riviere, qui ſe décharge dans le Fleuve Saint Laurent, un peu au-deſſus du Lac de Saint Pierre, à laquelle, pour cette raiſon on donna d'abord le nom de *Riviere des Iroquois*. On l'a depuis appellée la *Riviere de Richelieu*, à cauſe d'un Fort, qui portoit ce nom, & qu'on avoit conſtruit à ſon Embouchure. Ce Fort ayant été ruiné, M. de Sorel, Capitaine dans Carignan-Salieres, en fit conſtruire un autre, auquel on donna ſon nom : ce nom s'eſt communiqué à la Riviere, qui le conſerve encore aujourd'hui, quoique le Fort ne ſubſiſte plus depuis lontems. Quand on a remonté la Riviere, environ dix-ſept lieuës, allant toujours au Sud, mais prenant un peu du Sud-Oueſt, on trouve un Rapide, & vis-à-vis une eſpece de petit Lac formé par la Riviere même. C'eſt ſur le Bord même du Rapide, & vis-à-vis du Lac, qu'eſt ſitué le Fort. Il fut d'abord bâti de Bois par M. de Chambly, Capitaine dans le Régiment de Carignan-Salieres, en même-tems, que M. de Sorel conſtruiſit le Sien : mais on l'a depuis peu bâti de Pierres, & flanqué de quatre Baſtions, & on y entretient toujours une aſſez bonne Garniſon. Les Terres des Environs ſont fort bonnes, on commence à y établir des Habitations, & bien des Gens croyent qu'avec le tems on y bâtira une Ville.

1721.
Avril.

De Chambly au Lac Champlain, il n'y a que huit lieuës ; la Riviere de Sorel traverſe ce Lac, & il n'eſt peut-être point de Canton de la Nouvelle France, qu'il ſoit plus à propos de peupler. Le Climat y eſt plus doux, qu'en aucun endroit de la Colonie, & les Habitans y auront pour Voiſins les Iroquois, qui dans le fond ſont de bonnes Gens, qui ne chercheront pas à ſe brouiller avec nous, quand ils nous verront en état de ne les pas craindre, & qui s'accommoderont, je crois, encore mieux de ce Voiſinage, que de celui de la nouvelle York. Bien d'autres raiſons devroient nous engager à cet Etabliſſement ; mais ſi je vous écrivois tout, je n'aurois plus rien à vous dire, quand j'aurai l'honneur de vous revoir. Je vais profiter des heures de loiſir, que j'ai ici pour continuer à vous entretenir des particularités de ce Pays. J'en ſuis demeuré à ce que le Golphe & le Fleuve de Saint Laurent peuvent fournir au Commerce de la Nouvelle-France ; il me reſte à parler des reſſources, que les Habitans y peuvent trouver pour la vie.

Partout, où l'Eau du Fleuve eſt ſalée, c'eſt-à-dire, depuis le Cap Tourmente, juſqu'au Golphe, on peut pêcher preſque tous les Poiſſons, qui vivent dans l'Ocean ; comme le Saulmon, le Thon, l'Aloſe, la Truite, la Lamproye, l'Eperlan, l'Anguille de Mer, le Maquereau, la Sole, le Hareng, l'Anchois, la Sardine, le Turbot, & beaucoup d'autres, qui ſont inconnus en Europe. Tous ſe prennent à la Senne & aux Filets. Dans le Golphe, on pêche des Flettans, trois ſortes de Rayes, la Commune, la Bouclée, qui eſt, dit-on, de meilleur goût qu'en France, & le *Poſteau*, qui n'eſt pas eſtimé ; des Lencornets, eſpece de Séches ; des Goberges, ou Poiſſons de Saint Pierre ; des Plies, des Requiems, des Chiens de Mer, autre eſpece de Requiems, beaucoup moins mauvais pendant leur vie, &, ſans comparaiſon, meilleurs après leur mort. Les Huitres ſont très-abondantes pendant l'Hyver, ſur toutes les

Poiſſons, qui ſe trouvent dans le Golphe, & dans le Fleuve Saint Laurent.

1721.
Avril.

Côtes de l'Acadie, & la maniere de les y pêcher est assez singuliere. On fait un Trou à la Glace, on y enfonce deux Perches liées ensemble de telle sorte, qu'elles font le même jeu que les Tenailles, & il est rare qu'on les retire sans une Huitre.

Du Lencornet.

J'ai dit que le Lencornet est une espece de Séche : sa figure est néanmoins assez différente de la Séche ordinaire. Il est tout rond, ou plûtôt oval; il a au-dessus de la Queuë une maniere de rebord, qui lui fait comme une rondache, & la Tête est environnée de Barbes de la longueur d'un demi pied, dont il se sert pour prendre d'autres Poissons. Il y en a de deux especes, qui ne différent que par le volume ; les uns sont de la grosseur d'une Barrique ; les autres ont un pied de long : on ne prend guéres que de ceux-ci, & on les prend au Flambeau : ils aiment fort la lumiere, on leur en montre sur le Rivage, quand la Marée est haute, ils s'en approchent, & ils y demeurent échoués. Le Lencornet roti, bouilli & fricassé, est un fort bon manger ; mais il rend la Sausse toute noire.

De la Goberge, de la Truitte Saumonée, de la Tortuë, &c.

La Goberge est comme une petite Moruë; elle en a le goût, & on la fait aussi secher. Elle a deux Taches noires aux deux côtés de la Tête, & les Matelots disent que ce Poisson est celui dans lequel Saint PIERRE trouva dequoi payer le Tribut à l'Empereur Romain, pour Nôtre Seigneur & pour lui, & que ses deux Taches sont les deux endroits, par où il le prit : c'est pour cela qu'ils lui ont donné le nom de *Poisson Saint Pierre*. La Plie de Mer a la Chair plus ferme & de meilleur goût, que celle des Rivieres : on la prend, aussi-bien que les Hommarts, ou Ecrevisses de Mer, avec de longs Bâtons armés d'un Fer pointu, terminé par une échancrure, qui empêche les Poissons de se débarrasser. Enfin, en plusieurs endroits, sur-tout vers l'Acadie, les Etangs sont remplis de Truites Saumonnées longues d'un pied, & de Tortuës de deux pieds de diametre, dont la Chair est excellente, & l'Ecaille superieure rayée de blanc, de rouge & de bleu.

Du Poisson Armé.

Parmi les Poissons, dont le Lac Champlain, & les Rivieres, qui s'y déchargent sont remplis, M. de Champlain en a remarqué un assez singulier, qu'il appelle *Chaousarou*; apparemment du nom, que lui donnoient les Sauvages. C'est une espece particuliere du Poisson armé, qu'on trouve en plusieurs autres endroits. Celui-ci a le Corps à peu près de la figure d'un
Brochet

D'UN VOYAGE DE L'AMERIQ. Let. IX. 153

1721.
Avril.

Brochet ; mais il est couvert d'une Ecaille à l'épreuve du Poignard : sa couleur est d'un gris argenté, & il lui sort de dessous la Gueule une Arrête platte, dentelée, creuse, & percée par le bout ; ce qui peut faire juger que c'est par-là qu'il respire. La Peau, qui couvre cette Arrête, est tendre, & sa longueur est proportionnée à celle du Poisson, dont elle fait la troisiéme partie. Sa largeur est de deux doits dans les plus petits. Les Sauvages assûrerent à M. de Champlain qu'il se rencontroit de ces Poissons, qui avoient huit à dix pieds de largeur ; mais les plus grands, qu'il vit, n'en avoient que cinq, & ils étoient de la grosseur de la Cuisse d'un Homme.

Comment ce Poisson chasse aux Oiseaux.

On conçoit bien qu'un tel Animal est un vrai Pirate parmi les Habitans des Eaux ; mais on n'imagineroit peut-être pas qu'il fait aussi la Guerre aux Habitans des Airs : il la fait néanmoins, & en habile Chasseur : voici comment. Il se cache dans les Roseaux, de telle sorte qu'on ne peut voir que son Arme, qu'il tient élevée perpendiculairement au-dessus de l'Eau. Les Oiseaux, qui viennent pour se reposer, prennent cette Arme pour un Roseau sec, ou un morceau de Bois, & se perchent dessus. Ils n'y sont pas plûtôt, que le Poisson, ouvre la Gueule, & fait si subitement le mouvement nécessaire pour ravir sa Proye, que rarement elle lui échape. Les Dents, qui bordent l'Arrête, dont il se sert si utilement, sont assez longues, & fort pointuës. Les Sauvages prétendent qu'elles sont un Reméde souverain contre le mal de Tête, & qu'en picquant, avec une de ces Dents, l'endroit, où la douleur est la plus vive, on la fait passer dans l'instant même.

Mariage de la Seine.

Ces Peuples ont une adresse merveilleuse à darder les Poissons dans l'Eau, sur-tout dans les rapides. Ils pêchent aussi avec la Seine, & ils s'y disposent par une Cérémonie assez bizare. Avant que de se servir de ce Filet, ils le marient avec deux Filles Vierges, & pendant le Festin de Nôce, ils le placent entre les deux Epouses. On l'exhorte ensuite fort sérieusement à prendre beaucoup de Poisson, & on croit l'y engager, en faisant de grands présens à ses prétendus Beaux-Peres.

De la Pêche de l'Esturgeon.

L'Esturgeon est ici un Poisson de Mer & d'Eau douce ; car on en prend sur les Côtes du Canada, & dans les grands Lacs, qui traversent le Fleuve de Saint Laurent. Bien des Gens croient que c'est le véritable Dauphin des Anciens ; si cela est,

Tome III. V

1721.
Avril.

il convenoit que ce Roi des Poissons dominât également, &
dans l'Ocean, & dans les Rivieres. Quoiqu'il en soit, on
voit ici des Esturgeons de huit, dix & douze pieds de long,
& d'une grosseur proportionnée. Cet Animal a sur la Tête
une maniere de Couronne relevée d'un pouce, & il est couvert d'Ecailles d'un demi pied de diametre, presque ovales, &
parsemées de petites figures, qui approchent de celle des
Fleurs de Lys des Armes de France. Voici de quelle maniere
les Sauvages le pêchent dans les Lacs. Deux Hommes sont
aux deux extrémités d'un Canot ; celui qui est derriere, gouverne, l'autre se tient debout, tenant d'une main un Dard,
auquel est attachée une longue Corde, dont l'autre bout est
noué à une des Barres du Canot. Dès qu'il voit l'Esturgeon
à sa portée, il lui lance son Dard, & tâche de prendre le défaut des Ecailles. Si le Poisson est blessé, il fuit, & entraîne
le Canot avec assez de rapidité ; mais après avoir nagé l'espace
d'environ cent cinquante pas, il meurt, & alors on retire la
Corde, & on le prend. Il y a une petite espece d'Esturgeon,
dont la Chair est fort tendre, & très-délicate.

Poissons particuliers en Canada.

Le Fleuve de Saint Laurent nourrit plusieurs Poissons, qui
ne sont point connus en France. Les plus estimés sont *l'Achigan*, & le *Poisson Doré*. Les autres Rivieres du Canada, &
sur-tout celles de l'Acadie, ne sont pas moins bien partagées
que ce Fleuve, le plus Poissonneux peut-être de tout l'Univers, & celui où il y a de plus de sortes de Poissons, & des
meilleurs. Il y a des Saisons, où le seul Poisson pourroit nourrir toute la Colonie. Mais je ne sçai quelle croyance on doit
donner à ce que j'ai vû dans la Relation Manuscrite d'un Ancien Missionnaire, qui assure avoir vû un Homme Marin dans
la Riviere de Sorel, trois lieuës au-dessous de Chambly. La
Relation est écrite avec beaucoup de jugement ; mais pour
mieux constater le fait, & pour montrer qu'une premiere apparence ne l'a point trompé, l'Auteur auroit dû ajoûter à son Récit la Description de ce Monstre. On est quelquefois saisi au premier coup d'Œil d'une ressemblance, qui avec des yeux attentifs, & des regards réfléchis, s'évanouit d'abord. Au reste,
ce Poisson de figure Humaine étoit venu de la Mer, il auroit
fait bien du chemin pour remonter si près de Chambly, &
seroit assez surprenant qu'on ne l'eût apperçu qu'en cet endroit.

D'UN VOYAGE DE L'AMERIQ. LET. IX. 155

1721.
Avril.

Il s'en faut beaucoup que nos Forêts soient aussi-bien partagées en Oiseaux, que nos Lacs & nos Rivieres le sont en Poissons. Il y en a néanmoins, qui ont leur mérite, & qui sont particuliers à l'Amérique. On voit ici des Aigles de deux especes. Les plus gros ont la Tête & le Cou presque blancs ; ils donnent la Chasse aux Lapins & aux Lievres, les prennent dans leurs Serres, & les emportent dans leurs Magasins & dans leurs Nids. Les autres sont tout gris, & se contentent de faire la Guerre aux Oiseaux : tous sont aussi d'assez bons Pêcheurs. Le Faucon, l'Autour, le Tiercelet, sont absolument les mêmes, qu'en France ; mais nous avons une seconde espece de Faucons, qui ne vivent que de la Pêche.

Aigles de deux espéces.

Nos Perdrix sont de trois especes ; des grises, des rouges, & des noires : celles-ci sont les moins estimées ; elles sentent trop le Raisin, le Genievre & le Sapin : elles ont la Tête & les Yeux de Faisans, & la Chair brune. Toutes ont la Queuë longue, & l'ouvrent en Evantail, comme le Cocq-d'Inde : ces Queuës sont fort belles ; les unes sont mêlées de rouge, de brun & de gris ; les autres de gris clair & de gris brun. J'ai dit que les Perdrix noires ne sont pas les plus estimées ; quelques-uns néanmoins les préferent aux rouges mêmes. Toutes sont plus grosses qu'en France ; mais si sottes, qu'elles se laissent tirer, & même approcher, sans presque remuer.

Des Perdrix de trois espéces.

Outre les Bécassines, qui sont excellentes en ce Pays, & le petit Gibier de Riviere, qui y est partout en abondance, on trouve quelques Bécasses autour des Fontaines ; mais en petit nombre. Aux Illinois, & dans toute la Partie Méridionnale de la Nouvelle France, elles sont plus communes. M. Denys assûre que les Corbeaux de Canada sont aussi bons à manger, que les Poules. Cela peut être vrai du côté de l'Acadie ; mais je ne vois pas qu'en ces Quartiers-ci, on en soit bien persuadé. Ils sont plus gros qu'en France, un peu plus noirs, & ont un cri différent de celui des nôtres. Les Orfrayes, au contraire, sont plus petites, & leur cri n'est pas aussi désagréable. Le Chathuant Canadien, n'a de différence du François, qu'une petite Fraise blanche autour du Cou, & un cri particulier. Sa Chair est bonne à manger, & bien des Gens la préferent à celle de la Poule. Sa Provision pour l'Hyver sont des Mulots, ausquels il casse les Pattes, & qu'il engraisse & nourrit avec soin, jusqu'à ce qu'il en ait besoin. La

Autres Oiseaux.

V ij

Chauve-Souris est ici plus grosse qu'en France. Les Merles & les Hyrondelles, y sont des Oiseaux de Passage, comme en Europe. Les premiers ne sont pas noirs, mais tirant sur le rouge. Nous avons trois sortes d'Allouettes, dont les plus petites sont de la grosseur du Moineau. Le Moineau lui-même est un peu différent du nôtre: il a bien les mêmes inclinations, mais sa physionomie est assez mauvaise.

On voit dans ce Pays une quantité prodigieuse de Canards, & j'en ai oüi compter jusqu'à vint-deux especes différentes. Les plus beaux, & ceux, dont la Chair est plus délicate, sont les *Canards Branchus*: on les appelle ainsi, parce qu'ils perchent sur les Branches des Arbres. Leur Plumage est extrêmement varié, & fort brillant. Les Cygnes, les Poules-d'Inde, les Poules-d'Eau, les Gruës, les Sersselles, les Oyes, les Outardes, & autres grands Oiseaux de Riviere, fourmillent partout, si ce n'est au Voisinage des Habitations, dont ils n'approchent point. Nous avons des Gruës de deux couleurs; les unes sont toutes blanches; les autres d'un gris de lin. Toutes sont d'excellens Potages. Nos Picverts, ou Picque-Bois, sont d'une grande beauté. Il y en a, qui ont toutes les couleurs; d'autres sont noirs, ou d'un brun obscur partout le Corps, excepté la Tête & le Cou, qui sont d'un très-beau rouge.

Le Rossignol du Canada est à peu près le même, que celui de France pour la figure; mais il n'a que la moitié de son Chant; le Roitelet lui en a dérobé l'autre moitié. Le Chardonneret n'a pas la Tête aussi belle, qu'en Europe, & tout son Plumage est mêlé de jaune & de noir. Comme je n'en ai point vû en Cage, je ne sçaurois vous rien dire de son Chant. Tous nos Bois sont remplis d'une sorte d'Oiseau de la grosseur d'une Linotte, lequel est tout jaune, & a le Gosier assez fin; mais son Chant est fort court, & n'est point varié. Il n'a point d'autre nom, que celui de sa couleur. Une espece d'Ortolan, dont le Plumage est cendré sur le Dos, & blanc sous le ventre, & qu'on a nommé *l'Oiseau Blanc*, est celui de tous les Hôtes de nos Bois, qui chante le mieux. Il ne le céde guéres au Rossignol de France; mais il n'y a que le Mâle, qui se fasse entendre; la Femelle, dont la couleur est plus foncée, ne dit mot, même en Cage. Ce petit Animal a la physionomie fort belle, & il est bien nommé Ortolan pour le goût. Je ne sçai où il se retire pendant l'Hyver; mais il est toujours le premier, qui

D'UN VOYAGE DE L'AMERIQ. LET. IX. 157

nous annonce le retour du Printems. A peine la Neige est-elle fonduë en quelques endroits, qu'il y accourt en grande trouppe, & on en prend alors tant que l'on veut.

1721.
Avril.

Ce n'est guéres qu'à cent lieuës d'ici, en tirant au Sud, que l'on a commencé à voir des *Cardinaux*. Il y en a quelques-uns à Paris, qu'on y a transportés de la Louysiane, & je crois qu'ils feront fortune en France, s'ils peuvent y multiplier, comme les Serins. La douceur de leur Chant, l'éclat de leur Plumage, qui est d'un beau rouge incarnat ; une petite Aigrette, qu'ils ont sur la Tête, & qui ne ressemble pas mal à ces Couronnes, que les Peintres donnent aux Rois Indiens & Amériquains, semblent leur assûrer l'Empire des Airs. Ils ont pourtant ici un Rival, qui auroit même pour lui l'unanimité des suffrages, s'il flatoit aussi agréablement les Oreilles, qu'il charme les Yeux : c'est ce qu'on appelle en ce Pays-ci *l'Oiseau Mouche*.

Des Cardinaux.

Ce nom a deux origines. La premiere, est sa petitesse même ; car avec ses Plumes, il n'est guéres d'un plus gros volume, que le Hanneton ordinaire. La seconde, est un Bourdonnement assez fort, qu'il fait avec ses Aîles, & qui est assez semblable à celui, que font les grosses Mouches. Ses Pattes, qui ont un pouce de long, sont comme deux Aiguilles ; son Bec est de même, & il en fait sortir une petite Trompe, qu'il enfonce dans les Fleurs, pour en attirer le Suc, dont il se nourrit. La Femelle n'a rien de brillant, un assez beau blanc sous le Ventre, & un cendré clair sur-tout le reste du Corps, font toute sa parure : mais le Mâle est un vrai Bijoux. Il a sur le haut de la Tête une petite Touffe d'un beau noir, la Gorge rouge, le Ventre blanc, le Dos, les Aîles & la Queuë d'un verd de Feuilles de Rosiers ; une couche d'Or répanduë sur tout ce Plumage, y ajoûte un grand éclat, & un petit Duvet imperceptible y produit les plus belles nuances, qui se puissent voir.

De l'Oiseau Mouche.

Quelques Voyageurs l'ont confondu avec le *Colibry* ; & en effet il paroît qu'il en est une espece : mais le Colibry des Isles est un peu plus gros, a le Plumage moins brillant, & le Bec un peu recourbé en bas. Je pourrois néanmoins me tromper sur l'éclat de son Plumage, parce que je n'en ai point vû de vivant : quelques-uns ont avancé qu'il a un Chant fort mélodieux : si le fait est vrai, c'est un grand avantage, qu'il a sur l'Oiseau Mouche, que personne n'a encore entendu chan-

En quoi il differe du *Colibry* des Isles.

ter. Mais j'ai entendu moi-même une Femelle, qui sifloit d'une maniere très-aiguë, & assez désagréable. Cet Oiseau a l'Aîle extrêmement forte, & le Vol d'une rapidité surprenante. Vous le voyez sur une Fleur, & dans le moment il s'éleve en l'Air presque perpendiculairement. Il est Ennemi du Corbeau, & Ennemi dangereux. J'ai oüi dire à un Homme digne de foi, qu'il en a vû un quitter brusquement une Fleur, qu'il suçoit, s'élever comme un Eclair, aller se fourrer sous l'Aîle d'un Corbeau, qui planoit fort haut, le percer de sa Trompe, & le faire tomber mort, soit de sa chute, soit de la blessure qu'il avoit reçûë.

1721.
Avril.

L'Oiseau Mouche s'attache aux Fleurs, qui ont l'odeur plus forte, & il les suce en voltigeant toujours : mais il se repose de tems en tems, & alors on a tout le loisir de le contempler. On en a nourri quelque tems avec de l'Eau sucrée & des Fleurs. J'en ai gardé autrefois un pendant vint-quatre heures : il se laissoit prendre, & manier, & contrefaisoit le mort ; dès que je le lâchois, il reprenoit son vol, & ne faisoit que papillonner au tour de ma Fenêtre. J'en fis présent à un de mes Amis, qui le lendemain matin le trouva mort, & cette nuit-là même il avoit fait une petite gelée. Aussi ces petits Animaux ont-ils grand soin de prévenir les premiers froids.

Il y a bien de l'apparence qu'ils se retirent vers la Caroline, où l'on assûre qu'on ne les voit qu'en Hyver. Ils font leurs Nids en Canada, où ils les suspendent à une Branche d'Arbre, & les tournent de telle sorte, qu'ils sont à l'abri de toutes les injures de l'Air. Rien n'est si propre que ces Nids. Le fond en est de petits brins de Bois entrelassés en maniere de Pannier, & le dedans est revêtu de je ne sçai quel Duvet, qui paroît de Soye. Les Œufs sont de la grosseur d'un Pois, & ont des taches jaunes sur un fond blanc. On dit que la portée ordinaire est de trois, & quelquefois de cinq.

Du Serpent à Sonnettes.

Parmi les Reptiles de ce Pays, je ne connois encore que le Serpent à Sonnettes, qui mérite quelque attention. On en voit qui sont gros comme la Jambe d'un Homme, quelquefois même il s'en trouve de plus gros, & ils sont longs à proportion. Mais il y en a, & je crois que c'est le plus grand nombre, qui ne surpassent, ni en grosseur, ni en longueur nos plus grandes Couleuvres de France. Leur figure est assez singuliere. Sur un Cou plat & fort large, ils ont une assez petite Tête,

Leurs Couleurs font vives, fans être brillantes, le jaune pâle y domine avec d'affez belles nuances.

1721.
Avril.

Mais ce que cet Animal a de plus remarquable, c'eft fa Queuë : elle eft écailleufe en cotte de maille, un peu aplatie, & elle croît, dit-on, tous les ans d'une rangée d'Ecaille. Enforte qu'on connoît fon âge à fa Queuë, comme celui de Chevaux à leurs Dents. En la remuant il fait le même bruit, que la Cigale en volant; car vous fçavez fans doute, Madame, que le prétendu chant de la Cigale, n'eft que le bruit, qu'elle fait avec fes Aîles. Au refte, la reffemblance, dont je parle, eft fi parfaite, que j'y ai été trompé moi-même. C'eft ce bruit, qui a fait donner à ce Serpent le nom, qu'il porte.

Sa morfure eft mortelle, fi on n'y remédie fur le champ, mais la Providence y a pourvû. Dans tous les endroits, où fe rencontre ce dangereux Reptile, il croît une Plante, à laquelle on a donné le nom d'*Herbe à Serpent à Sonnettes*, & dont la Racine eft un Antidote fûr contre le Venin de cet Animal : il ne faut que la piler, ou la mâcher, & l'appliquer comme un Cataplafme fur la Playe. Cette Plante eft belle & facile à reconnoître. Sa Tige ronde, un peu plus groffe, qu'une Plume d'Oye, s'éleve à la hauteur de trois ou quatre pieds, & fe termine par une Fleur jaune de la figure, & de la grandeur d'une Marguerite fimple. Cette Fleur a une odeur trèsdouce. Les Feuilles de la Plante font ovales, étroites, foûtenuës cinq à cinq en Patte de Poule-d'Inde, par un pédicule d'un pouce de long.

Il eft rare que le Serpent à Sonnettes attaque les Paffans, qui ne lui cherchent point noife : j'en ai eu un à mes Pieds, qui eut affûrément plus de peur, que moi, car je ne l'apperçus, que quand il fuyoit. Mais fi on marche fur lui, on eft piqué d'abord, & fi on le pourfuit, pour peu qu'il ait le loifir de fe reconnoître, il fe replie en rond, fa Tête au milieu, & s'élance d'une grande roideur contre fon Ennemi. Les Sauvages ne laiffent pas de lui donner la chaffe, & trouvent fa Chair très-bonne : j'ai même oui dire à des François, qui en avoient goûté, que ce n'étoit pas un mauvais manger. Mais c'étoit des Voyageurs, & ces Gens-là trouvent tout bon, parce qu'ils ont fouvent faim. Du moins eft-il certain qu'elle ne fait point de mal.

Je ne fçai, Madame, fi je dois entreprendre de vous parler

Des Bois du Canada.

des Bois du Canada. Nous sommes au milieu des plus grandes Forêts du Monde ; selon toutes les apparences, elles sont aussi anciennes que le Monde même, & n'ont point été plantées de Mains d'Hommes : à la vûë, rien n'est plus magnifique, les Arbres se perdent dans les Nuës, & il y a une varieté d'especes differentes si prodigieuse, que parmi ceux mêmes, qui se sont le plus appliqués à les connoître, il n'est peut-être personne, qui n'en ignore plus de la moitié. Quant à leur qualité, & à l'usage, où on les peut employer, les sentimens sont si differens, & dans le Pays, où nous sommes, & dans celui, où vous êtes, que je désespere même d'être jamais en état de vous instruire, autant que je le souhaiterois, sur cet article. Au moins pour le présent dois-je me borner à quelques observations sur ce que j'ai vû par moi-même, & sur ce que j'ai oui dire à Gens, qui ont, & plus d'expérience, & plus d'habileté que moi en cette matiere.

Des Pins de deux especes. Ce qui a d'abord le plus frappé mes yeux, en arrivant la premiere fois en ce Pays, ce sont les Pins, les Sapins, & les Cédres, qui sont d'une grosseur & d'une hauteur surprenante. Il y a ici deux sortes de Pins, tous produisent une Résine fort propre à faire le Bray & le Godron. Les Pins Blancs, au moins quelques-uns, jettent aux extrémités les plus hautes une espece de Champignon semblable à du Tondre, que les Habitans appellent *Guarigue*, & dont les Sauvages se servent avec succès contre les Maux de Poitrine, & contre la Dyssenterie. Les Pins rouges sont plus gourmeux & plus massifs, mais ne viennent pas si gros. Les Terroirs, qui produisent les uns & les autres, ne sont pas les plus propres à produire du Grain ; ils sont ordinairement composés de Gravier, de Sable, & de Terre-Glaise.

Quatre especes de Sapin. Il y a quatre especes de Sapin en Canada. La premiere ressemble à la nôtre ; les trois autres sont l'Epinette blanche, l'Epinette rouge, & la Perusse. La seconde & la quatriéme s'élevent fort haut, & sont excellentes pour la Mâture, surtout l'Epinette blanche, dont on fait aussi de bonne Charpente. Elle croît ordinairement dans des Terres humides & noires, mais qui étant desséchées, peuvent porter toutes sortes de Grains. Son Ecorce est unie & luisante, & il s'y forme de petites Vessies de la grosseur d'une Féve de Haricot, qui contient une espece de Térebenthine souveraine pour les
Playes,

D'UN VOYAGE DE L'AMERIQ. Let. IX. 161

Playes, qu'elle guérit en très-peu de tems, & même pour les Fractures. On affûre qu'elle chaffe la Fiévre, & guérit les Maux d'Eftomach & de Poitrine. La maniere d'en ufer eft d'en mettre deux gouttes dans un Bouillon. Elle a auffi la qualité de purger. C'eft ce qu'on appelle à Paris le *Baume Blanc*.

1721.
Avril.

L'Epinette rouge ne reffemble prefque en rien à l'Epinette blanche. Son Bois eft maffif, & peut être d'ufage pour la Conftruction & la Charpente. Les Terres, où elle croît ne font que Gravier & Argile. La Peruffe eft gommeufe, mais elle ne jette pas affez de gomme, pour qu'on en puiffe faire ufage: Son Bois dure lontems en Terre fans fe pourrir, ce qui le rend très-propre à faire des Clôtures. Son Ecorce eft fort bonne pour les Tanneurs, & les Sauvages en font une Teinture, qui tire fur le Turquin. La plupart des Terres, où croît cet Arbre, font Argilleufes, j'en ai pourtant vû de très-gros dans des Terres Sablonneufes, mais peut-être que fous le Sable il y avoit de l'Argile.

Les Cédres font de deux fortes, blancs & rouges. Ceux-là font les plus gros : on en fait des Clôtures, & c'eft le Bois, qu'on employe plus ordinairement pour faire des Bardeaux, à caufe de fa légereté. Il diftile une efpece d'Encens, mais il ne porte point de Fruits femblables à ceux du Mont Liban. Le Cédre rouge eft plus petit, & moins gros à proportion. La difference la plus fenfible, qui fe remarque entre l'un & l'autre, c'eft que toute l'odeur du Premier eft dans fes Feuilles, & celle du Second dans le Bois ; mais celle-ci eft beaucoup plus agréable. Le Cédre, au moins le blanc, ne vient que dans de très-bonnes Terres.

Deux fortes de Cédres.

Il y a par-tout en Canada des Chênes de deux fortes, diftingués par les noms de Chênes Blancs, & de Chênes Rouges. Les Premiers fe trouvent fouvent dans des Terres baffes, humides, fertiles, & propres à produire des Grains & des Légumes. Les Rouges, dont le Bois eft moins eftimé, croiffent dans les Terres féches & Sablonneufes. L'un & l'autre portent du Gland. L'Erable eft auffi très-commun en Canada, & il y en a de fort gros, dont on fait d'affez beaux Meubles. Le Terroir, qui le produit, eft élevé, & le plus propre aux Arbres Fruitiers. On appelle ici *Rhene* l'Erable Femelle, dont le Bois eft fort ondé, mais plus pâle que le Mâle ; d'ailleurs,

Des Chênes, Erables, Méiifiers, Noyers, Hêtres, &c.

Tome III.   X il en a toute la figure & les proprietés ; mais il lui faut un Terroir humide & fertile.

Le Mérifier, qui fe trouve pêle-mêle avec l'Erable, & avec le Bois Blanc, eft très-beau pour faire des Meubles ; il jette beaucoup plus d'Eau que l'Erable, mais elle eft amere, & le Sucre, qu'on en fait, ne perd jamais fon amertume. Les Sauvages fe fervent de fon Ecorce contre certaines Maladies, qui furviennent aux Femmes. Il y a en Canada trois fortes de Frênes ; le Franc, le Metif & le Bâtard. Le Premier, qui vient parmi les Erables, eft propre pour la Charpente, & pour faire des Futailles deftinées aux Marchandifes féches. Le Second a les mêmes propriétés, & ne vient, non plus que le Bâtard, que dans des Terres baffes & fertiles.

On compte auffi dans ce Pays trois efpeces de Noyers ; le Dur, le Tendre, & un Troifiéme, qui a l'Ecorce très-fine. Le Noyer Dur produit de très-petites Noix, bonnes à manger, mais difficiles à vuider. Son Bois n'eft bon qu'à brûler. Le Noyer Tendre a des Noix longues, & auffi groffes que celles de France, mais les Coques en font très-dures. Les Cerneaux en font excellens. Le Bois n'en eft pas fi beau que le nôtre ; mais en récompenfe il eft prefque incorruptible, & en Terre, & dans l'Eau, & difficile à confumer par le Feu. Le Troifiéme produit des Noix de la groffeur de celles du Premier, mais en plus grande quantité, ameres, & renfermées dans des Coques fort tendres : on en fait de très-bonne Huile. Cet Arbre produit de l'Eau plus fucrée que celle de l'Erable, mais en petite quantité. Il ne vient, non plus que le Noyer Tendre, que dans les meilleures Terres.

Les Hêtres font ici fort abondans par Contrées : j'en ai vû fur des Côteaux fablonneux, & dans des Terres baffes très fertiles. Ils portent beaucoup de Faynes, dont il feroit aifé de tirer de l'Huile. Les Ours en font leur principale nourriture, auffi-bien que les Perdrix. Le Bois en eft fort tendre & bon à faire des Rames pour les Chaloupes : mais les Avirons de Canots fe font de Bois d'Erable. Le Bois Blanc, qui croît parmi les Erables & les Mérifiers, eft très-abondant. Ces Arbres viennent fort gros, & droits ; on en peut faire des Planches & des Madriers, & même des Futailles pour les Marchandifes féches. Il eft doux, & fort aifé à mettre en œuvre. Les Sauvages en levent les Ecorces pour couvrir leurs Cabannes.

Les Ormes sont fort communs dans tout le Pays. Il y en a de blancs & de rouges. Le Bois de ceux-ci est plus difficile à travailler, mais il dure plus. C'est de l'Ecorce de l'Orme rouge, que les Iroquois font leurs Canots : on en voit d'une seule piéce, où il peut tenir vint Hommes. Il y en a aussi de creux, où les Ours & les Chats Sauvages se retirent depuis le mois de Novembre, jusqu'en Avril. Le Tremble vient ordinairement le long des Rivieres, & des Mares.

1721.
Avril.
Ormes de deux especes.

On trouve dans les Bois les plus touffus un grand nombre de Pruniers, chargés de Fruits, mais fort âcres. Le *Vinaigrier* est un Arbrisseau très-moëleux, qui produit un Fruit aigre en Grappes, de couleur de Sang de Bœuf. On les fait infuser dans de l'Eau, & on en fait une espece de Vinaigre. Le *Pemine* est une autre espece d'Arbrisseau, qui croît le long des Ruisseaux & des Prairies : il porte aussi un Fruit en Grappe d'un rouge très-vif & astringent. Il y a trois sortes de Groseilles naturelles au Pays. Ce sont les mêmes qu'en France. Le Bleuet est ici comme en Europe, par Contrées. Ce Fruit est merveilleux pour guérir en peu de tems la Dysenterie. Les Sauvages le font sécher, comme on fait en France les Cerises.

Arbres particuliers au Pays.

L'*Atoca* est un Fruit à Pepins, de la grosseur des Cerises. La Plante, qui est rampante dans les Marais, produit son Fruit dans l'Eau. Ce Fruit est âcre, & on en fait des Confitures. L'Epine blanche se trouve le long des Rivieres, & produit beaucoup de Fruits à trois Noyaux. C'est la nourriture de plusieurs Bêtes Sauvages. On appelle ici *Cotonnier* une Plante, qui pousse, comme l'Asperge, à la hauteur d'environ trois pieds, & au bout de laquelle viennent plusieurs Touffes de Fleurs. Le matin, avant que la Rosée soit tombée, on secouë ces Fleurs, & il en tombe avec l'Eau une espece de Miel, qui se réduit en Sucre, après qu'on l'a fait bouillir. La Graine se forme dans une Gousse, qui contient une sorte de Cotton.

Le *Soleil* est une autre Plante fort commune dans les Champs des Sauvages, & qui vient de la hauteur de sept à huit pieds. Sa Fleur fort grosse a la figure de celle du Souci, & sa Graine est rangée de même. Les Sauvages, en la faisant bouillir, en tirent une Huile, dont ils se graissent les Cheveux. Les Légumes, que ces Peuples cultivent le plus, sont

1721.
Avril.

le Maïz, ou Bled de Turquie, le Haricot, les Citrouilles, & les Melons. Ils ont une espece de Citrouilles plus petites que les nôtres, & qui ont un goût sucré. On les fait cuire toutes entieres dans l'Eau, ou sous la Cendre, & on les mange ainsi, sans y rien ajoûter. Les Sauvages connoissoient, avant notre arrivée dans leur Pays, les Melons ordinaires, & les Melons d'Eau. Les Premiers sont aussi bons qu'en France, surtout dans cette Isle, & ils y sont très-abondans. Le Houblon & le Capillaire sont aussi des productions naturelles du Canada ; mais le Capillaire y croît beaucoup plus haut, & il est infiniment meilleur qu'en France. Voilà, Madame, une Lettre, à laquelle vous reconnoîtrez aisément un Voyageur, qui se promene dans les Forêts & dans les Plaines du Canada, & qu'on y entretient de tout ce qui se présente à sa vûë. Mais que pouvez-vous attendre d'un Homme, qui parcourt un Pays comme celui-ci ?

Je suis, &c.

DIXIÉME LETTRE.

Des Causes du Froid du Canada. Des Ressources, qu'on y trouve pour la Vie. Du Caractere des François Canadiens.

A Montreal, ce vint-deuxiéme d'Avril, 1721.

MADAME,

On ne connoît en France le Canada que par son mauvais côté.

IL est surprenant qu'en France, où l'on voit si souvent des Personnes, qui ont passé une bonne partie de leur vie en Canada, on ait une idée si peu juste de ce Pays. Cela vient sans doute de ce que le plus grand nombre de ceux, à qui on s'adresse, pour en apprendre des nouvelles, ne le connoissent, que par son mauvais côté. L'Hyver est ordinairement commencé avant que les Vaisseaux mettent à la Voile pour retourner en France, & il commence toujours de maniere à étonner quiconque n'y est pas fait. Les premieres Gélées rempliſſent en peu de jours les Rivieres de Glaçons, & bientôt la Terre eſt couverte de Néges, qui durent ſix mois, & s'élevent toujours à la hauteur de ſix pieds dans les endroits, où le vent n'a point de priſe.

1721.
Avril.

A la vérité on ne manque point de Bois pour ſe précautionner contre le Froid, qui devient bientôt extrême, & empiette beaucoup ſur le Printems : mais c'eſt quelque choſe de fort triſte, que de ne pouvoir ſortir au-dehors, ſans être glacé, à moins que d'être fourré comme les Ours. D'ailleurs, quel ſpectacle, qu'une Nége, qui vous éblouit, & vous cache toutes les beautés de la Nature ? Plus de difference entre les Rivieres & les Campagnes, plus de variété, les Arbres mêmes ſont couverts de Frimats, & il pend à toutes leurs Branches des Glaçons, ſous leſquels il n'y a pas trop de ſûreté à ſe trouver. Que peut-on penſer, quand on voit aux Chevaux des Barbes de Glaces d'un pied de long, & comment voyager dans un Pays, où les Ours mêmes pendant ſix mois n'oſent ſe montrer à l'Air ? Auſſi n'ai-je jamais paſſé d'Hyver dans ce Pays, que je n'aye vû apporter à l'Hôpital quelqu'un, à qui il falloit couper des Bras & des Jambes gelés. En effet, ſi le Ciel eſt ſerein, il ſoufle de la Partie de l'Oueſt un Vent, qui coupe le Viſage. Si le Vent tourne au Sud, ou à l'Eſt, le tems s'adoucit un peu, mais il tombe une Nége ſi épaiſſe, qu'on ne voit pas à dix pas en plein midi. S'il ſurvient un Dégel dans les formes, adieu les Chapons de rente, les Quartiers de Bœufs ou de Moutons, les Volailles & les Poiſſons, qu'on avoit mis dans les Greniers ſur la bonne foi de la Gelée ; enſorte que, malgré les rigueurs d'un Froid exceſſif, on eſt encore réduit à ſouhaiter qu'il ne diſcontinuë pas.

Excès du Froid.

On a beau dire que les Hyvers ne ſont plus auſſi rudes, qu'ils l'étoient il y a quatre-vint ans, & que ſelon toutes les apparences ils s'adouciront encore dans la ſuite : le mal de ceux, qui ſont venus avant nous, & le bonheur de ceux, qui viendront après, ne guérit point le mal préſent, que nous ſouffrons. Un Créole de la Martinique, qui ſeroit débarqué pour la premiere fois en France pendant le grand Froid de 1709, auroit-il été fort ſoulagé de m'entendre dire à moi, qui revenois alors de Quebec, que ces Froids n'étoient pas encore au point de ceux du Canada ? Je lui aurois pourtant dit vrai, & j'en avois de bons témoins ; mais il auroit pu me ré-

1721.
Avril.

pondre qu'il n'en trouvoit pas le Froid de France moins piquant, en apprenant qu'il en faifoit encore de plus vifs dans le Canada.

Cependant, dès que le mois de Mai eft venu, on change bientôt de langage ; la douceur de cette fin du Printems, d'autant plus agréable, qu'elle fuccede à une Saifon plus rigoureufe : la chaleur de l'Été, qui nous fait voir en moins de quatre mois les Semences & les Recoltes (a), la ferenité de l'Automne, pendant lequel on jouit d'une fuite de beaux jours, qu'on voit rarement dans la plûpart des Provinces de France : tout cela, joint à la liberté, dont on jouit en ce Pays, forme une compenfation, qui en fait trouver à bien des Gens le féjour pour le moins aufli agréable, que celui du Royaume, où ils font nés, & il eft certain que nos Canadiens ne balancent pas à lui donner la préférence.

Inconvéniens du grand froid.

Après tout, il y a dans ces Froids fi âpres & fi longs, des inconvéniens, auxquels on ne fçauroit jamais bien remédier. Je mets au premier rang la difficulté de nourrir les Beftiaux, qui pendant tout l'Hyver ne peuvent abfolument rien trouver dans les Campagnes ; par conféquent coûtent beaucoup à nourrir, & dont la Chair, après fix mois d'une nourriture féche, n'a prefque point de goût. Il faut aufli bien du Grain pour les Volailles, & de grands foins pour les conferver pendant un fi long tems. Si on évite la dépenfe, en tuant à la fin d'Octobre toutes les Bêtes, qu'on veut manger jufqu'au mois de Mai ; vous jugez bien qu'une telle Viande eft fort infipide, & de la maniere, dont je vous ai dit qu'on pêche le Poiffon à travers la Glace, il ne fçauroit être fort abondant ; outre qu'il eft d'abord gelé : de forte qu'il eft prefqu'impoffible d'en avoir de frais dans la Saifon, où il eft plus difficile de s'en paffer. On feroit même fort embarraffé pendant le Carême, fans la Moruë & les Anguilles. De Beure & d'Œufs frais, il n'en eft point queftion, & il n'y a guéres plus à compter fur les Légumes, qu'on garde comme on peut dans des Celliers, mais qui n'ont prefque plus aucune vertu, quand ils y ont été pendant quelques mois.

(a) On laboure les Terres pendant l'Automne : on feme depuis la mi-Avril jufqu'au dixiéme de Mai. On coupe les Bleds depuis le quinziéme d'Août jufqu'au vintiéme de Septembre. Les Terres, qu'on n'a labourées qu'au Printems, rapportent moins, parce que les parties nitreufes de la Nége ne s'y infinuent pas fi bien.

Ajoûtez à cela, qu'à l'exception des Pommes, qui font ici d'une excellente qualité, & des petits Fruits d'Eté, qui ne fe gardent point, les Fruits de France n'ont point encore réuſſi en Canada. Voilà, Madame, tous les défavantages, que nous cauſe le grand Froid. Nous fommes cependant auſſi près du Soleil, qu'on y eſt dans les Provinces les plus Méridionnales de France, & à meſure qu'on avance dans la Colonie, on s'en approche encore. D'où peut donc venir cette différence de Température fous les mêmes Paralleles ? C'eſt ce que perſonne, à mon avis, n'a encore bien expliqué.

1721.
Avril.

La plupart des Auteurs, qui ont traité cette matiere, ſe font contentés de dire que ces Froids ſi longs & ſi durs viennent de ce que la Nége demeure ſi lontems ſur la Terre, qu'il n'eſt pas poſſible, qu'elle s'échauffe jamais bien, furtout dans les endroits couverts : mais cette réponſe ne fait qu'éloigner la difficulté ; car on demandera, qu'eſt-ce qui produit cette abondance de Néges fous des Climats auſſi chauds que le Languedoc & la Provence, & dans des Cantons beaucoup plus éloignés des Montagnes ?

Réflexions ſur les cauſes de ce grand froid.

Le Sieur Denys, que j'ai déja cité plus d'une fois, aſſûre que les Arbres reprennent leur Verdure avant que le Soleil foit aſſez élevé ſur l'Horiſon, pour fondre la Nége, & pour échauffer la Terre ; cela peut être vrai en Acadie & ſur tous les Bords de la Mer, mais par-tout ailleurs il eſt certain que toutes les Néges ſont fonduës dans les plus épaiſſes Forêts, avant qu'il y ait une Feuille aux Arbres. Cet Auteur ne paroît pas mieux autoriſé à prétendre que les Néges fondent plutôt par la chaleur de la Terre, que par celle de l'Air, & que c'eſt toujours par-deſſous qu'elles commencent à ſe fondre : car à qui perſuadera-t'il qu'une Terre couverte d'une Eau gelée, ait plus de chaleur que l'Air, qui reçoit immédiatement les Rayons du Soleil. D'ailleurs il ne répond point à la queſtion fur la cauſe de ce Déluge de Néges, qui inonde des Pays immenſes, fous le milieu de la Zone temperée.

Il n'eſt pas douteux qu'à parler en général, les Montagnes, les Bois, & les Lacs, n'y contribuent beaucoup, mais il me paroît qu'il en faut encore chercher d'autres cauſes. Le Pere Joſeph BRESSANI, Jéſuite Romain, qui a paſſé les plus belles années de ſa vie en Canada, nous a laiſſé dans ſa Langue naturelle une Relation de la Nouvelle France, où il s'attache à éclaircir ce point de Physique. Il ne peut souffrir qu'on attribuë les Froids, dont nous cherchons la cause, à tout ce que je viens de dire ; mais il me semble qu'il va trop loin ; car il n'y a rien à répliquer contre l'expérience, qui nous rend sensible la diminution du Froid, à mesure que le Pays se découvre, quoique ce ne soit pas à proportion de ce qu'elle devroit être, si l'épaisseur des Bois en étoit la cause principale.

Ce qu'il avouë lui-même, qu'il n'est point rare de voir en Eté de la Gelée pendant la Nuit après une Journée fort chaude, me paroît une démonstration contre lui : car comment expliquer ce Phénomene autrement, qu'en disant que le Soleil ayant ouvert pendant le jour les Pores de la Terre, l'humidité, qui y étoit encore renfermée, les Parties de Nître, que la Nége y a laissées en quantité, & la chaleur, que conserve après le Coucher du Soleil un Air aussi subtile, que celui, qu'on respire en ce Pays, forment ces petites Gelées de la même maniere, que nous faisons de la Glace sur le Feu. Or l'humidité de la Terre entre évidemment pour beaucoup dans les grands Froids de ce Climat, & d'où viendroit cette humidité dans un Pays, où le Sol est ordinairement mêlé de beaucoup de Sable, si ce n'est de la multitude & de l'étenduë des Lacs & des Rivieres, de l'épaisseur des Forêts, des Montagnes couvertes de Néges, qui, en se fondant, arrosent les Plaines, & des Vents, qui en portent par-tout les exhalaisons ?

Mais si le Pere Bressani s'est trompé, comme je le crois, en excluant toutes ces choses du principe des Froids excessifs du Canada, ce qu'il y substituë me paroît y contribuer véritablement beaucoup. Il y a, dit-il, sous les Climats les plus chauds des Terres Humides, & il y en a de fort séches dans les Pays les plus froids : mais un certain mêlange de sec & d'humide forme les Glaçons & les Néges, dont la quantité fait l'excès & la durée du Froid. Or, pour peu qu'on ait voyagé en Canada, on sçait que ce mêlange s'y rencontre d'une maniere très-marquée. C'est sans contredit le Pays du Monde, où il y a plus d'Eau, & il en est peu, dont le Terroir soit plus mêlé de Pierres & de Sable. Avec cela il y pleut assez rarement, & l'Air y est extrêmement pur & sain ; preuve certaine de la sécheresse naturelle de la Terre. En effet le Pere Bressani assûre

sûre qu'en seize ans qu'a subsisté la Mission dans le Pays des Hurons, il s'y est trouvé en même tems jusqu'à soixante François, dont plusieurs étoient d'une complexion assez délicate; que tous étoient fort mal nourris, & qu'ils avoient d'ailleurs à souffrir au-delà de ce qui se peut imaginer, & que personne n'y mourut.

A la vérité cette prodigieuse multitude de Rivieres & de Lacs, qui occupent autant d'espace dans la N. France, qu'en occupe la moitié des Terres de l'Europe, devroit sans cesse fournir à l'Air de nouvelles Vapeurs ; mais outre que la plûpart de ces Eaux sont extrêmement claires, & sur un fond de Sable, leur grande & continuelle agitation en émoussant la pointe des rayons du Soleil, empêche qu'il n'en éleve beaucoup de Vapeurs, ou les font retomber d'abord en Brouillards. Car les Vents excitent sur ces Mers douces d'aussi fréquentes & d'aussi violentes Tempêtes, que sur l'Ocean : & c'est aussi la véritable raison pourquoi il pleut rarement sur Mer.

La seconde cause des Froids excessifs du Canada, selon le Pere Bressani, est le voisinage de la Mer du Nord, couverte de Glaces énormes pendant plus de huit mois de l'année. Vous pouvez, Madame, vous rappeller ici ce que j'ai raporté dans ma seconde Lettre du froid, que nous causa dans les jours Caniculaires le voisinage d'une Glace, ou plûtôt le Vent, qui souffloit sur nous du côté où elle étoit, & qui cessa au moment, qu'elle fût sous le Vent. Il est certain d'ailleurs, qu'il ne neige ici, que du Vent de Nord-Est, lequel nous vient du côté, où sont les Glaces du Nord, & quoiqu'on ne sente pas un aussi grand froid tandis que ces Neiges tombent, il ne faut point douter qu'elles ne contribuent beaucoup à rendre si picquants les Vents d'Ouest & de Nord-Ouest, lesquels, pour parvenir jusqu'à nous, traversent des Pays immenses, & une grande Chaîne de Montagnes, qui en sont couvertes.

Enfin, si l'on en croit le Missionnaire Italien, l'élevation du Terrein n'est pas la moindre cause de la subtilité de l'Air, qu'on respire en ce Pays, & par une suite nécessaire, de la rigidité du froid, qu'on y ressent. Le Pere Bressani s'efforce de prouver cette élevation par la profondeur de la Mer, qui augmente, dit-il, à mesure qu'on approche du côté du Canada, & par le nombre & la hauteur des Chutes, qui se rencontrent dans les Rivieres. Mais il me semble que la profondeur de

Tome III. Y

1721.
Avril.

la Mer ne prouve abſolument rien, & que les Chutes du Fleuve Saint Laurent & de quelques Rivieres de la Nouvelle France, ne prouvent rien de plus que les Cataractes du Nil. D'ailleurs, nous ne remarquons point, que depuis Montreal, où commencent les Rapides, juſqu'à la Mer, le Fleuve Saint Laurent ſoit beaucoup plus rapide, que quelques-unes de nos Rivieres d'Europe. Je penſe donc qu'il faut s'en tenir au voiſinage des Glaces du Nord, & que même malgré ce voiſinage, ſi le Canada étoit auſſi découvert & auſſi peuplé que la France, les Hyvers y ſeroient moins longs & moins rudes. Ils le ſeroient pourtant toujours plus qu'en France, à cauſe de la ſérénité & de la pureté de l'Air; car il eſt certain qu'en Hyver, toutes choſes égales d'ailleurs, la gelée eſt plus rude, quand le Ciel eſt pur, & que le Soleil a rarefié l'Air.

De la Pêche des Anguilles.

L'Hyver paſſé, la Pêche & la Chaſſe fourniſſent abondamment dequoi vivre à ceux, qui veulent s'en donner la peine; outre les Poiſſons & le Gibier, dont je vous ai déja parlé, le Fleuve Saint Laurent & les Forêts fourniſſent aux Habitans deux ſortes de Manne, qui leur ſont d'une grande reſſource. Depuis Quebec juſqu'aux Trois Rivieres, on pêche dans le Fleuve une quantité prodigieuſe de groſſes Anguilles, qui deſcendent, à ce qu'on prétend, du Lac Ontario, où elles prennent naiſſance dans des Marais, qui ſont au bord de ce Lac du côté du Nord, & comme elles rencontrent, ainſi que je l'ai déja remarqué, des Marſouins blancs, qui leur donnent la Chaſſe, la plûpart veulent retourner ſur leurs pas, & c'eſt ce qui eſt cauſe qu'on en prend un ſi grand nombre. Voici de quelle maniere ſe fait cette Pêche.

Dans l'étendüe du Terrein, que couvre la haute Marée, & qu'elle laiſſe à ſec en ſe retirant, on diſpoſe des Coffres de diſtance en diſtance, & on les appuye contre une Paliſſade de Clayes d'Oſier, qui ne laiſſe aucun paſſage libre aux Anguilles. De grands Eperviers de même matiere & de même ſtructure ſont enchâſſés par le bout le plus étroit dans ces Coffres, & l'autre extrémité, qui eſt fort large, eſt adoſſée contre les Clayes, ſur leſquelles on met par intervalle des Bouquets de verdure. Lorſque le tout eſt couvert par la Marée, les Anguilles, qui cherchent toujours les bords, & que la verdure attire, ſe trouvent en grand nombre le long de la Paliſſade, entrent dans les Eperviers, qui les conduiſent dans les Prifons, qu'on leur a préparées ; & souvent d'une seule Marée les Coffres s'en trouvent remplis.

1721.
Avril.

Ces Anguilles sont plus grosses, que les nôtres, & rendent beaucoup d'Huile. J'ai déja observé qu'à quelque Sausse, qu'on les mette, elles conservent toujours un goût sauvage, auquel on ne s'accoutume pas sans peine. C'est peut-être la faute de nos Cuisiniers. Leurs Arrêtes se terminent toutes en pointe un peu recourbée, ce que je ne me souviens pas d'avoir jamais vû dans celles de France. La meilleure maniere d'aprêter ce Poisson, est de le suspendre dans la Cheminée, & de l'y laisser cuire lentement dans sa Peau. Cette Peau se leve d'elle-même, & toute l'Huile s'écoule. Comme on en fait de grandes provisions pendant trois mois, que dure cette Pêche, on les sale, & on les met en Barriques, comme les Harengs.

L'autre Manne, dont j'ai parlé, est une espece de Ramiers, qui passent ici dans les mois de Mai & de Juin : on dit qu'autrefois ils obscurcissoient l'Air par leur multitude ; mais ce n'est plus la même chose aujourd'hui. Il en vient encore néanmoins jusqu'aux environs des Villes un assez grand nombre se reposer sur les Arbres. On les appelle communément *Tourtes*, & ils different en effet des Ramiers, des Tourterelles & des Pigeons d'Europe, assez pour en faire une quatriéme espece. Ils sont plus petits que nos plus gros Pigeons, dont ils ont les Yeux, & les Nuances de la Gorge. Leur Plumage est d'un brun obscur, à l'exception des Aîles, où il y a des Plumes d'un très-beau bleu.

Du Passage des Tourtes.

On diroit que ces Oiseaux ne cherchent qu'à se faire tuer ; car s'il y a quelque Branche séche à un Arbre, c'est celle-là, qu'ils choisissent pour s'y percher, & ils s'y rangent de maniere, que le plus mal-adroit Tireur en peut abbatre une demie douzaine au moins d'un seul coup de Fusil. On a aussi trouvé le moyen d'en prendre beaucoup en vie : on les nourrit jusqu'aux premieres Gélées ; alors on leur coupe la Gorge, & on les jette au Grenier, où ils se conservent tout l'Hyver.

Il s'ensuit de-là, Madame, que tout le Monde a ici le nécessaire pour vivre : on y paye peu au Roi ; l'Habitant ne connoît point la Taille ; il a du Pain à bon marché ; la Viande & le Poisson n'y sont pas chers ; mais le Vin, les Etoffes, & tout ce qu'il faut faire venir de France, y coûtent beaucoup.

Heureuse Condition des Habitans du Canada.

Y ij

1721.
Avril.

Les plus à plaindre ſont les Gentilshommes, & les Officiers, qui n'ont que leurs Appointemens, & qui ſont chargés de Familles. Les Femmes n'apportent ordinairement pour Dot à leurs Maris que beaucoup d'eſprit, d'amitié, d'agrémens, & une grande fécondité; mais Dieu répand ſur les Mariages dans ce Pays la bénédiction, qu'il répandoit ſur ceux des Patriarches: il faudroit pour faire ſubſiſter de ſi nombreuſes Familles, qu'on y menât auſſi la vie des Patriarches; mais le tems en eſt paſſé. Il y a dans la Nouvelle France plus de Nobleſſe, que dans toutes les autres Colonies enſemble. Le Roi y entretient encore vint-huit Compagnies des Troupes de la Marine, & trois Etats-Majors. Pluſieurs Familles y ont été annoblies, & il y eſt reſté pluſieurs Officiers du Régiment de Carignan-Salieres, ce qui a peuplé le Pays de Gentilshommes, dont la plupart ne ſont pas à leur aiſe. Ils y ſeroient encore moins, ſi le Commerce ne leur étoit pas permis, & ſi la Chaſſe & la Pêche n'étoient pas ici de droit commun.

Pluſieurs ne ſçavent pas en profiter.

Après tout, c'eſt un peu leur faute, s'ils ſouffrent de la diſette: la Terre eſt bonne preſque par-tout, & l'Agriculture ne fait point déroger. Combien de Gentilshommes dans toutes les Provinces envieroient le ſort des ſimples Habitans du Canada, s'ils le connoiſſoient? Et ceux, qui languiſſent ici dans une honteuſe indigence, ſont-ils excuſables de ne pas embraſſer une Profeſſion, que la ſeule corruption des mœurs, & des plus ſaines maximes a dégradée de ſon ancienne nobleſſe? Nous ne connoiſſons point au Monde de Climat plus ſain, que celui-ci: il n'y regne aucune Maladie particuliere, les Campagnes & les Bois y ſont remplis de Simples merveilleux, & les Arbres y diſtilent des Baumes d'une grande vertu. Ces avantages devroient bien au moins y retenir ceux, que la Providence y a fait naître; mais la légereté, l'averſion d'un travail aſſidu & réglé, & l'eſprit d'indépendance en ont toujours fait ſortir un grand nombre de jeunes Gens, & ont empêché la Colonie de ſe peupler.

Bonnes & mauvaiſes qualités des Créoles du Canada.

Ce ſont-là, Madame, les défauts, qu'on reproche le plus, & avec plus de fondement aux François Canadiens. C'eſt auſſi celui des Sauvages. On diroit que l'air, qu'on reſpire dans ce vaſte Continent, y contribuë, mais l'exemple & la fréquentation de ſes Habitans naturels, qui mettent tout leur bonheur dans la liberté & l'indépendance, ſont plus que ſuffisans pour former ce caractere. On accuse encore nos Créoles d'une grande avidité pour amasser, & ils font véritablement pour cela des choses, qu'on ne peut croire, si on ne les a point vûës. Les courses, qu'ils entreprennent; les fatigues, qu'ils essuyent; les dangers, à quoi ils s'exposent; les efforts, qu'ils font, passent tout ce qu'on peut imaginer. Il est cependant peu d'Hommes moins intéressés, qui dissipent avec plus de facilité ce qui leur a coûté tant de peines à acquerir, & qui témoignent moins de regret de l'avoir perdu. Aussi n'y a-t'il aucun lieu de douter qu'ils n'entreprennent ordinairement par goût ces courses si pénibles & si dangereuses. Ils aiment à respirer le grand air, ils se sont accoûtumés de bonne heure à mener une vie errante; elle a pour eux des charmes, qui leur font oublier les perils & les fatigues passés, & ils mettent leur gloire à les affronter de nouveau. Ils ont beaucoup d'esprit, sur-tout les Personnes du Sexe, qui l'ont fort brillant, aisé, ferme, fécond en ressources, courageux, & capable de conduire les plus grandes affaires. Vous en avez connu, Madame, plus d'une de ce caractere, & vous m'en avez témoigné plus d'une fois votre étonnement. Je puis vous assûrer qu'elles sont ici le plus grand nombre, & qu'on les trouve telles dans toutes les conditions.

Je ne sçai si je dois mettre parmi les défauts de nos Canadiens la bonne opinion, qu'ils ont d'eux-mêmes. Il est certain du moins qu'elle leur inspire une confiance, qui leur fait entreprendre & exécuter, ce qui ne paroîtroit pas possible à beaucoup d'autres. Il faut convenir d'ailleurs qu'ils ont d'excellentes qualités. Nous n'avons point dans le Royaume de Province, où le Sang soit communément si beau, la Taille plus avantageuse, & le Corps mieux proportionné. La force du Témpéramment n'y répond pas toujours, & si les Canadiens vivent lontems, ils sont vieux & usés de bonne heure. Ce n'est pas même uniquement leur faute ; c'est aussi celle des Parens, qui, pour la plupart, ne veillent pas assez sur leurs Enfans, pour les empêcher de ruiner leur santé dans un âge, où, quand elle se ruine, c'est sans ressource. Leur agilité & leur adresse sont sans égales : les Sauvages les plus habiles ne conduisent pas mieux leurs Canots dans les Rapides les plus dangereux, & ne tirent pas plus juste.

Bien des Gens sont persuadés qu'ils ne sont pas propres aux

1721.
Avril.

Sciences, qui demandent beaucoup d'application, & une étude suivie. Je ne sçaurois vous dire si ce préjugé est bien ou mal fondé ; car nous n'avons pas encore eu de Canadien, qui ait entrepris de le combattre, il ne l'est peut-être que sur la dissipation, dans laquelle on les éleve. Mais personne ne peut leur contester un génie rare pour les Méchaniques ; ils n'ont presque pas besoin de Maîtres pour y exceller, & on en voit tous les jours, qui réussissent dans tous les Métiers, sans en avoir fait d'apprentissage.

Quelques-uns les taxent d'ingratitude, ils m'ont néanmoins paru avoir le cœur assez bon ; mais leur légereté naturelle les empêche souvent de faire attention aux devoirs, qu'exige la reconnoissance. On prétend qu'ils sont mauvais Valets ; c'est qu'ils ont le cœur trop haut, & qu'ils aiment trop leur liberté, pour vouloir s'assujettir à servir. D'ailleurs ils sont fort bons Maîtres. C'est le contraire de ce qu'on dit de ceux, dont la plupart tirent leur origine. Ils seroient des hommes parfaits, si avec leurs vertus ils avoient conservé celles de leurs Ancêtres. On s'est plaint quelquefois qu'ils ne sont pas Amis constans : il s'en faut bien que cela soit général, & dans ceux, qui ont donné lieu à cette plainte, cela vient de ce qu'ils ne sont pas accoûtumés à se gêner, même pour leurs propres affaires. S'ils ne sont pas aisés à discipliner, cela part du même principe, ou de ce qu'ils ont une discipline, qui leur est propre, & qu'ils croyent meilleure pour faire la Guerre aux Sauvages ; en quoi ils n'ont pas tout-à-fait tort. D'ailleurs il semble qu'ils ne sont pas les maîtres d'une certaine impétuosité, qui les rend plus propres à un coup de main, ou à une expédition brusque, qu'aux opérations régulieres & suivies d'une Campagne. On a encore observé que parmi un très-grand nombre de Braves, qui se sont distingués dans les dernieres Guerres, il s'en est trouvé assez peu, qui eussent le talent de commander. C'est peut-être, parce qu'ils n'avoient pas assez appris à obéir. Il est vrai que, quand ils sont bien menés, il n'est rien, dont ils ne viennent à bout, soit sur Mer, soit sur Terre ; mais il faut pour cela qu'ils ayent une grande idée de leur Commandant. Feu M. d'Iberville, qui avoit toutes les bonnes qualités de sa Nation, sans en avoir les défauts, les auroit menés au bout du Monde.

Il y a une chose, sur quoi il n'est pas facile de les excufer : c'eſt le peu de naturel de pluſieurs pour leurs Parens, qui de leur côté ont pour eux une tendreſſe aſſez mal entenduë. Les Sauvages tombent dans le même défaut, & il produit parmi eux les mêmes effets. Mais ce qui doit ſur toutes choſes faire eſtimer nos Créoles, c'eſt qu'ils ont un grand fonds de piété & de religion, & que rien ne manque à leur éducation ſur ce point. Il eſt vrai auſſi que hors de chez eux ils ne conſervent preſqu'aucun de leurs défauts. Comme avec cela ils ſont extrémement braves & adroits, on en pourroit tirer de grands ſervices pour la Guerre, pour la Marine & pour les Arts, & je crois qu'il ſeroit du bien de l'Etat de les multiplier plus qu'on n'a fait juſqu'à préſent. Les Hommes ſont la principale richeſſe du Souverain, & le Canada, quand il ne pourroit être d'aucune utilité à la France, que par ce ſeul endroit, ſeroit encore, s'il étoit bien peuplé, une des plus importantes de nos Colonies.

1721.
Avril.

Je ſuis, &c.

ONZIÉME LETTRE.

De la Bourgade Iroquoiſe du Sault Saint Louys. Des differens Peuples, qui habitent le Canada.

Au Sault Saint Louys, ce premier de May, 1721.

May.

MADAME,

Je ſuis venu ici pour y paſſer une partie de la Quinzaine de Pâques. C'eſt un tems de dévotion, & tout inſpire la piété dans cette Bourgade. Tous les exercices de la Religion s'y pratiquent d'une maniere très-édifiante, & on y reſſent encore l'impreſſion, qu'y a laiſſée la ferveur de ſes premiers Habitans : car il eſt certain qu'elle a été lontems le lieu du Canada, où l'on voyoit les plus grands exemples de ces vertus héroïques, dont Dieu a accoûtumé d'enrichir les Egliſes naiſſantes. La maniere même, dont elle a été formée, a quelque choſe de fort merveilleux.

1721.
May.

Origine de la Bourgade du Sault S. Louys.

Les Missionnaires, après avoir lontems arrosé les Cantons Iroquois de leurs Sueurs, & quelques-uns mêmes de leur Sang, perdirent enfin toute espérance d'y établir la Religion Chrétienne sur des fondemens solides ; mais non pas de réduire un assez grand nombre de ces Sauvages sous le joug de la Foy. Ils avoient reconnu que Dieu avoit parmi ces Barbares des Elus, comme il y en a dans toutes les Nations ; mais ils étoient persuadés que, pour *assûrer leur vocation & leur élection*, il falloit les séparer de leurs Compatriotes, & ils prirent la résolution d'établir dans la Colonie tous ceux, qui se trouveroient disposés à embrasser le Christianisme. Ils proposérent leur dessein au Gouverneur Général & à l'Intendant, qui portant leurs vûës plus loin, non-seulement l'approuverent, mais comprirent que cet Etablissement seroit très-utile à la Nouvelle France, comme il l'a été en effet, aussi-bien qu'un autre tout semblable, qui a été fait depuis dans l'Isle de Montreal, sous le nom de *la Montagne*, & dont MM. du Seminaire de Saint Sulpice ont toujours eu la direction.

Pour revenir à celui, qui a servi de modele à l'autre, un des Missionnaires des Iroquois s'ouvrit à quelques Agniers de son dessein ; ils le goûterent, & c'est particulierement de ce Canton, de tout tems le plus opposé aux Ministres de l'Evangile, & où ils avoient été le plus cruellement traités, que s'est formée cette Peuplade. Ainsi, au grand étonnement des François & des Sauvages, on vit ces redoutables Ennemis de Dieu & de notre Nation, touchés de cette Grace victorieuse, qui se plaît à triompher des Cœurs les plus durs & les plus rebelles, abandonner ce qu'ils avoient de plus cher au monde, pour n'avoir plus rien, qui les empêchât de servir le Seigneur en toute liberté : Sacrifice plus héroïque encore pour des Sauvages, que pour tout autre Peuple, parce qu'il n'est point d'Hommes plus attachés qu'eux à leurs Familles, & à leur Pays natal.

Ferveur de ses premiers Habitans.

Leur nombre s'accrut beaucoup en peu de tems, & ce progrès fut en bonne partie l'effet du zéle des premiers Neophytes, qui composérent ce Troupeau choisi. On les voyoit dans le fort même de la Guerre, parcourir, au péril même de leur vie, tous les Cantons, pour y faire des Proselytes, & quand ils tomboient entre les mains de leurs Ennemis, qui souvent étoient leurs plus proches Parens, s'estimer heureux de mourir

au

au milieu des plus affreux Supplices, par la raison qu'ils ne s'y étoient exposés, que pour procurer la gloire de Dieu & le salut de leurs Freres. Ainsi pensoient des Meurtriers mêmes des Ministres de Jesus-Christ, & l'on ne vit peut-être jamais s'accomplir plus à la lettre cet Oracle de Saint Paul, *ubi autem abundavit delictum, superabundavit gratia*. (a) Le plus souvent on leur laissoit le choix, ou de renoncer à Jesus-Christ, & de retourner dans leur Canton, ou de souffrir la Mort la plus cruelle, & il n'y a point d'exemple qu'aucun ait accepté la vie à cette condition. Quelques-uns mêmes ont péri, consumés de miséres dans les Cachots de la Nouvelle York, d'où ils pouvoient sortir, en changeant de Croyance, ou du moins en renonçant à vivre parmi les François, ce qu'ils ne croyoient pas pouvoir faire, sans s'exposer à perdre la Foi.

1721. May.

Des Neophytes, qui dans des occasions pareilles faisoient paroître tant de fidélité & de grandeur d'Ame, devoient assûrement s'y être préparés par des vertus bien pures : on ne peut en effet révoquer en doute certains traits, qui ont éclaté dans toute la Colonie, & qui rendent bien croyables ceux, qui n'ont eu pour Témoins, que les Sauvages mêmes & leurs Pasteurs. Voici ce qu'en écrivoit en 1688. M. de Saint Valier, qui gouverne encore aujourd'hui cette Eglise. „ La vie „ commune de tous les Chrétiens de cette Mission n'a rien de „ commun, & l'on prendroit tout ce Village pour un Monastere. Comme ils n'ont quitté les commodités de leur Pays, „ que pour assûrer leur Salut, on les voit tous portés à la pratique du plus parfait détachement ; & ils gardent parmi eux un „ si bel ordre pour leur sanctification, qu'il seroit difficile d'y „ rien ajoûter.

Cette Bourgade fut d'abord placée à la Prairie de la Madeleine, environ une lieuë plus bas que le Sault Saint Louys, du côté du Sud. Les Terres ne s'y étant pas trouvées propres pour la culture du Maïz, on la transporta vis-à-vis le Sault même, d'où elle a pris son nom, qu'elle porte encore, quoiqu'elle ait été transferée de-là, il y a peu d'années, une autre lieuë plus haut. J'ai déja dit que la situation en est charmante, que l'Eglise & la Maison des Missionnaires sont deux des plus beaux Edifices du Pays, & que c'est ce qui fait juger qu'on a pris de bonnes mesures pour n'être plus

(a) *Ad Rom. Cap. 29.*

obligé de faire de nouvelles tranſmigrations.

J'avois compté en arrivant ici d'en partir immédiatement après les Fêtes ; mais rien n'eſt plus ſujet aux contretems de toutes les eſpeces, que ces ſortes de Voyages. Je ſuis donc encore incertain du jour de mon départ, & comme il faut tout mettre à profit, quand on fait des courſes, comme les miennes, j'y ai mis ce retardement. J'ai paſſé le tems à entretenir quelques anciens Miſſionnaires, qui ont vécu lontems avec les Sauvages, & j'en ai tiré pluſieurs connoiſſances touchant les Peuples divers, qui habitent ce vaſte Continent, & dont je vais, Madame, vous faire part.

Des Habitans de Terre-neuve.

La premiere Terre de l'Amerique, que l'on apperçoit en venant de France en Canada, eſt l'Iſle de Terre-Neuve, une des plus grandes, que nous connoiſſions. On n'a jamais pu ſçavoir au juſte, ſi elle a des Habitans naturels, & ſa ſtérilité, fût-elle par-tout auſſi réelle, qu'on la ſuppoſe, n'eſt pas une raiſon pour prouver qu'elle n'en a point. Car la Pêche & la Chaſſe ſuffiſent à des Sauvages pour ſubſiſter. Ce qui eſt certain, c'eſt qu'on n'y a jamais vû que des Eskimaux, qui n'en ſont pas originaires. Leur véritable Patrie eſt la Terre de *Laborador*, ou *Labrador* ; c'eſt-là du moins, qu'ils paſſent la plus grande partie de l'année ; car ce ſeroit, ce ſemble, profaner le doux nom de Patrie, que de le donner à des Barbares errans, qui ne s'affectionnent à aucun Pays, & qui pouvant à peine peupler deux ou trois Villages, embraſſent un Terrein immenſe. En effet, outre les Côtes de Terre-Neuve, que les Eskimaux parcourent pendant l'Eté, dans tout ce vaſte Continent, qui eſt entre le Fleuve Saint Laurent, le Canada, & la Mer du Nord, on n'a encore vû que des Eskimaux. On en a même trouvé aſſez loin en remontant le Fleuve *Bourbon*, qui ſe décharge dans la Baye d'Hudſon, venant de l'Occident.

Des Eskimaux.

L'origine de leur nom n'eſt pas certaine ; toutefois il y a bien de l'apparence qu'il vient du mot Abénaqui *Eſquimantſic*, qui veut dire, Mangeur de Viande cruë. Les Eskimaux ſont en effet les ſeuls Sauvages, que nous connoiſſions, qui mangent la Chair cruë, quoiqu'ils ayent auſſi l'uſage de la faire cuire, ou ſecher au Soleil. Il eſt encore certain que de tous les Peuples connus de l'Amerique, il n'en eſt point, qui rempliſſe mieux, que celui-ci, la premiere idée, que l'on a euë en Europe des Sauvages. Il eſt preſque le ſeul, où les Hommes ayent de la Barbe, & ils l'ont si épaisse jusqu'aux Yeux, qu'on a peine à découvrir quelques Traits de leur Visage. Ils ont d'ailleurs je ne sçai quoi d'affreux dans l'Air, de petits Yeux effarés, des Dents larges & fort sales, des Cheveux ordinairement noirs, quelquefois blonds, fort en désordre, & tout l'exterieur fort brute. Leurs Mœurs & leur Caractere ne démentent point cette mauvaise physionomie. Ils sont féroces, farouches, défiants, inquiets, toujours portés à faire du mal aux Etrangers, qui doivent sans cesse être sur leurs gardes avec eux. Pour ce qui est de leur Esprit, on a si peu de commerce avec cette Nation, qu'on ne sçait pas encore de quelle trempe il est : mais on en a toujours assez pour faire du mal.

On les a souvent vû aller la nuit couper les Cables des Navires, qui étoient à l'Ancre, pour les faire périr sur la Côte, & profiter de leur Naufrage : ils ne craignent pas même de les attaquer en plein jour, quand ils ont reconnu que leurs Equipages sont foibles. Il n'a jamais été possible de les apprivoiser, & l'on ne peut encore traiter avec eux, qu'au bout d'un long bâton. Non-seulement ils ne s'approchent point des Européens, mais ils ne mangent rien de ce que ceux-ci leur présentent ; & en toutes choses, ils prennent à leur égard des précautions, qui marquent une grande défiance, & en inspirent réciproquement beaucoup de tout ce qui vient de leur part. Ils ont la Taille avantageuse, & sont assez bien faits. Ils ont la Peau du Corps aussi blanche que nous, ce qui vient, sans doute de ce qu'ils ne vont jamais nuds, quelque chaud qu'il fasse.

Leurs Cheveux blonds, leurs Barbes, la blancheur de leur Peau, le peu de ressemblance & de commerce, qu'ils ont avec leurs plus proches Voisins, ne laissent aucun lieu de douter qu'ils n'ayent une origine différente de celle des autres Ameriquains ; mais l'opinion, qui les fait descendre des Basques, me paroît peu fondée, sur-tout s'il est vrai, comme on me l'a assûré, qu'il n'y a aucun raport entre les Langues des uns & des autres. Au reste, cette alliance ne sçauroit faire honneur à aucune Nation ; car s'il n'est point sur la Terre de Région moins propre à être habitée par des Hommes, que Terre-Neuve & Labrador, il n'est peut-être pas un Peuple, qui mérite mieux d'y être confiné, que les Eskimaux. Pour moi je suis persuadé qu'ils sont originaires du Groenland. (a)

(a) Voyez l'Histoire de la Nouvelle France, Livre I. page 17. & suiv.

1721.
May.

Ces Sauvages sont tellement couverts, qu'à peine on leur voit une partie du Visage, & le bout des Mains. Sur une espece de Chemise faite de Vessies, ou d'Intestins de Poissons, coupées par bandes, & assez proprement cousuës, ils ont une maniere de Casaque de Peau d'Ours, ou de quelque autre Bête fauve, quelquefois même de Peaux d'Oiseaux, un Capuchon de même Etoffe que la Chemise, & qui y est attaché, leur couvre la Tête, du haut de laquelle sort un Toupet de Cheveux, qui leur offusque le Front. La Chemise ne descend que jusqu'aux Reins, la Casaque pend par derriere jusques sur les Cuisses, & se termine par devant en pointe plus bas que la ceinture ; mais aux Femmes, elle descend des deux côtés jusqu'à mi-Jambe, & elle est arrêtée par une ceinture, d'où pendent de petits Osselets. Les Hommes ont des Culotes de Peaux, dont le Poil est en dedans, & qui sont revêtuës en dehors de Peaux d'Hermines, ou d'autres semblables. Ils ont aussi aux Pieds des Chaussons de Peaux, dont le Poil est pareillement en dedans, & par dessus une Botte fourée de même, puis de seconds Chaussons & de secondes Bottes. On prétend que ces Chaussures sont quelquefois triplées & quadruplées, ce qui n'empêche pas ces Sauvages d'être fort lestes. Leurs Fleches, qui sont les seules Armes, dont ils ayent l'usage, sont armées de pointes faites de Dents de Vaches Marines, & ils y ajoûtent encore du Fer, quand ils en peuvent avoir. Il paroît qu'en Eté ils sont à l'Air la nuit & le jour ; mais l'Hyver ils se logent sous Terre dans des especes de Grottes, où ils sont tous les uns sur les autres.

Des Peuples des Environs du Port Nelson.

On connoit peu les autres Peuples, qui sont aux environs & au-dessus de la Baye d'Hudson. Dans la partie Méridionnale de cette Baye le Commerce se fait avec les Mistassins, les Monsonis, les Cristinaux & les Assiniboils ; ceux-ci y viennent de fort loin, puisqu'ils habitent les bords d'un Lac, qui est au Nord, ou au Nord-Ouest des Sioux, & que leur Langue est une Dialecte Siouse. Les trois autres sont de la Langue Algonquine. Les Cristinaux ou Killistinons, viennent du Nord du Lac superieur. Les Sauvages des environs du Fleuve Bourbon, (*a*) & de la Riviere de Sainte Therese,

(*a*) On dit que quand on a remonté ce Fleuve cent lieuës, on le trouve impraticable pendant cinquante, mais qu'on prend à côté par des Rivieres & des Lacs, qui s'y déchargent, & qu'ensuite il coule au milieu d'un très-beau Pays, & que cela dure jus-

n'ont aucune affinité de Langage, ni avec les uns, ni avec les autres. Peut être s'entendent-ils mieux avec les Eskimaux, qu'on a rencontrés, dit-on, aſſez loin de l'Embouchure du Fleuve. On a remarqué qu'ils ſont extrêmement ſuperſtitieux, & qu'ils ont quelque ſorte de Sacrifices. Ceux, qui les ont plus fréquentés, aſſûrent qu'ils ont, comme ceux du Canada, l'idée d'un bon & d'un mauvais Génie, que le Soleil eſt leur grande Divinité, & que quand ils veulent déliberer ſur une Affaire importante, ils le font fumer, ce qui ſe pratique en cette maniere. Ils s'aſſemblent à la pointe du jour dans la Cabanne d'un de leurs Chefs, qui, après avoir allumé ſa Pipe, la préſente trois fois au Soleil levant, puis la conduit des deux Mains d'Orient en Occident, en priant cet Aſtre d'être favorable à la Nation. Cela fait, tous ceux, qui compoſent l'Aſſemblée, fument dans la même Pipe. Tous ces Sauvages, quoique de cinq ou ſix Nations différentes, ſont connus dans les Relations Françoiſes ſous le nom générique de *Savanois*, parce que le Pays, qu'ils habitent, eſt bas, marécageux, mal boiſé, & qu'en Canada on appelle *Savanes* ces Terreins mouillés, qui ne ſont bons à rien.

En remontant au Nord de la Baye, on trouve deux Rivieres, dont la premiere ſe nomme la *Riviere Danoiſe*, & la ſeconde la *Riviere du Loup Marin* : il y a le long de ces deux Rivieres des Sauvages, auſquels on a donné, je ne ſçai pourquoi, le nom, ou plûtôt le ſobriquet de *Plats côtez de Chiens*. Ils ſont ſouvent en Guerre contre les Savanois ; mais ni les uns, ni les autres ne traitent leurs Priſonniers avec cette barbarie, qui eſt en uſage parmi les Canadois ; ils ſe contentent de les retenir dans l'eſclavage. La miſére réduit quelquefois les Savanois à d'étranges extrêmités ; ſoit pareſſe de leur part, ſoit que leurs Terres ne puiſſent abſolument rien produire, ils ſe trouvent, lorſque la Chaſſe & la Pêche leur manquent, ſans aucunes Proviſions, & alors on prétend qu'ils ne font point difficulté de ſe manger les uns les autres. Les plus chetifs paſſent les premiers ; on aſſûre que la coûtume eſt parmi eux, que quand un Homme eſt parvenu à un âge, où il ne peut plus être qu'à charge à ſa Famille, il ſe paſſe lui-même un Cordon autour du Cou, & en préſente les deux extrêmités à celui de ſes

qu'au Lac des Aſſiniboils, d'où il ſort. On peut en avoir des nouvelles plus certaines, | depuis quinze ans qu'on a un peu plus battu ces Pays Septentrionnaux.

Enfans, qui lui est le plus cher, & qui l'étrangle le plus promptement qn'il peut : il croit même faire en cela une bonne action, non-seulement parce qu'il met fin aux souffrances de son Pere, mais encore parce qu'il est persuadé qu'il avance son bonheur ; car ces Sauvages s'imaginent qu'un Homme, qui meurt vieux, renaît dans l'autre Monde à l'âge d'un Enfant à la Mamelle ; & qu'au contraire, ceux qui finissent leurs jours de bonne heure, sont vieux, quand ils arrivent au Pays des Ames.

Les Filles parmi ces Peuples ne se marient, que quand, & avec qui il plaît à leurs Parens, & le Gendre est obligé de demeurer chez son Beau-Pere, & de lui être soumis en tout, jusqu'à ce qu'il ait des Enfans. Les Garçons quittent de bonne heure la Maison Paternelle. Ces Sauvages brûlent les Corps morts, & en envelopent les Cendres dans une Ecorce d'Arbre, qu'ils mettent en Terre. Ils dressent ensuite sur la Tombe une espece de Monument avec des Perches, ausquelles ils attachent du Tabac, afin que le Défunt y trouve dequoi fumer dans l'autre Monde. Si c'étoit un Chasseur, on y suspend aussi son Arc & ses Fleches. Les Meres pleurent leurs Enfans pendant vint jours, & l'on fait des présens au Pere, qui y répond par un Festin. La Guerre est bien moins en honneur chez eux, que la Chasse ; mais pour être estimé un bon Chasseur, il faut jeûner trois jours de suite, sans rien prendre absolument, & avoir pendant tout ce tems-là le Visage barbouillé de noir. Le jeûne fini, le Candidat fait au grand Esprit un Sacrifice d'un morceau de chacune des Bêtes, qu'on a accoutumé de chasser, & c'est ordinairement la Langue & le Mufle, qui hors de ces occasions, sont la part du Chasseur. Ses Parens n'y touchent point, & se laisseroient plûtôt mourir de faim, que d'en manger ; il n'en peut régaler que ses Amis, ou les Etrangers.

Au reste, on assûre que ces Sauvages sont d'un desinterressement parfait, & d'une fidélité à toute épreuve ; qu'ils ne peuvent souffrir le mensonge, & qu'ils ont la fourberie en horreur. Voilà, Madame, tout ce que j'ai pu apprendre de ces Peuples Septentrionnaux, avec lesquels nous n'avons jamais eu un Commerce bien réglé, & que nous n'avons vûs qu'en passant. Venons à ceux, qui nous sont plus connus. On les peut diviser en trois Classes distinguées par leurs Langues, & par leur génie particulier.

D'UN VOYAGE DE L'AMERIQ. LET. XI. 183

Dans cette étenduë de Pays, qu'on appelle proprement la Nouvelle France, qui n'a de bornes au Nord, que du côté de la Baye d'Hudson, laquelle en a été démembrée par le Traité d'Utrecht, qui n'en a point d'autre à l'Est, que la Mer, les Colonies Angloises au Sud, la Louyfiane au Sud-Est, & les Terres des Espagnols à l'Ouest; dans cette étenduë, dis-je, de Pays, il n'y a que trois Langues Meres, dont toutes les autres sont dérivées. Ces Langues sont la Siouse, l'Algonquine, & la Huronne; nous connoissons peu les Peuples, qui appartiennent à la Premiere, & personne ne sçait jusqu'où elle s'étend. Nous n'avons eu jusqu'ci de commerce, qu'avec les Sioux & les Assiniboils, & ce commerce même n'a pas été fort suivi.

1721.
May.
Etenduë de la Nouvelle France.

Nos Missionnaires ont tenté de faire un Etablissement parmi les Premiers, & j'en ai connu un, qui regrettoit fort de n'y avoir pas réussi, ou plutôt de n'avoir pas pu demeurer plus lontems avec ce Peuple, qui lui paroissoit docile. Il n'en est peut-être pas non plus, de qui nous puissions tirer plus de lumieres sur tout ce qui est au Nord-Ouest du Micissipi; par la raison qu'ils sont en commerce avec toutes les Nations de ces vastes Contrées. Ils habitent ordinairement dans des Prairies sous de grandes Tentes faites de Peaux, & bien travaillées; ils vivent de Folle-Avoine, qui croît en abondance dans leurs Marais & dans leurs Rivieres, & de Chasse, surtout de celle de ces Bœufs, qui sont couverts de Laine, & qui sont par milliers dans leurs Prairies. Ils n'ont point de demeure fixe, mais ils voyagent en grandes Troupes à la maniere des Tartares, & ne s'arrêtent en aucun lieu, qu'autant que la Chasse les y retient.

Des Sioux.

Nos Géographes distinguent cette Nation en *Sioux Errans*, & *Sioux des Prairies*, en *Sioux de l'Est*, & en *Sioux de l'Ouest*. Ces divisions ne me paroissent pas trop bien fondées. Tous les Sioux vivent de la même maniere, d'où il arrive que telle Bourgade, qui étoit l'an passé sur le Bord Oriental du Micissipi, sera l'année prochaine sur la Riviere Occidentale, & que ceux, qu'on a vûs dans un tems le long de la Riviere de Saint Pierre, sont peut-être présentement assez loin de-là dans une Prairie. Le nom de Sioux, que nous avons donné à ces Sauvages, est entierement de notre façon, ou plutôt ce n'est que les deux dernieres syllabes de celui de *Nadouessioux*, que plusieurs Nations leur donnent. D'autres les appellent *Nadouessis*. C'est le Peuple le plus nombreux, que nous connoissions en Canada. Il étoit assez paisible & peu aguerri, avant que les Hurons & les Outaouais se fussent réfugiés dans son Pays, en fuyant la fureur des Iroquois. Ils voulurent se moquer de sa simplicité, & ils l'aguerrirent à leurs dépens. Les Sioux ont plusieurs Femmes, & ils punissent sévérement celles, qui ont manqué à la fidélité conjugale. Ils leur coupent le bout du Nez, ils leur cernent en rond une partie de la Peau sur le haut de la Tête, & l'arrachent ensuite. J'ai vû quelques Personnes persuadées que ces Sauvages ont l'Accent Chinois; il ne seroit pas difficile de vérifier ce faît, ni de sçavoir si leur Langue a quelque rapport avec celle de la Chine.

Des Assiniboils.

Ceux, qui ont pratiqué les Assiniboils, disent qu'ils sont grands, bien faits, robustes, agiles, endurcis au froid & à toutes sortes de fatigues ; qu'ils se piquent par tout le Corps, & y tracent des figures de Serpens, ou d'autres Animaux; & qu'ils entreprennent de très-grands voyages. Il n'y a rien en cela, qui les distingue beaucoup des autres Sauvages de ce Continent, que nous connoissons ; mais ce qui les caractérise particulierement, c'est qu'ils ont beaucoup de flegme, du moins ont-ils paru tels au prix des Cristinaux, avec qui ils sont en commerce ; ceux-ci sont en effet d'une vivacité extraordinaire ; on les voit toujours dansans & chantans, & ils parlent avec une volubilité de Langue, & une précipitation, qu'on n'a remarquées dans aucune autre Nation Sauvage.

Du Lac des Assiniboils.

Le véritable Pays des Assiniboils est aux environs d'un Lac, qui porte leur nom, & que l'on connoît peu. Un François, que j'ai vû à Montreal, m'a assûré y avoir été, mais il l'avoit vû, comme on voit la Mer dans un Port, & en passant. L'opinion commune est que ce Lac a six cent lieuës de circuit; qu'on ne peut y aller que par des chemins presqu'impraticables; que tous les Bords en sont charmans ; que l'Air y est fort tempéré, quoiqu'on le place au Nord-Ouest du Lac Supérieur, où il fait un froid extrême, & qu'il comprend un si grand nombre d'Isles, qu'on l'appelle dans le Pays, le *Lac des Isles*. Quelques Sauvages le nomment *Michinipi*, qui veut dire la *Grande Eau*, & il semble en effet qu'il soit le Réservoir des plus grandes Rivieres, & tous les grands Lacs de l'Amérique Septentrionale : car on en fait sortir sur plusieurs fieurs indices le Fleuve Bourbon, qui fe jette dans la Baye d'Hudfon; le Fleuve Saint Laurent, qui porte des Eaux dans l'Ocean; le Miciffipi, qui a fa décharge dans le Golphe Méxique; le Miffouri, qui fe mêle avec ce Dernier, & qui jufqu'à leur jonction ne lui eft inférieur en rien, & un cinquiéme, qui coule, dit-on, à l'Oueft, & par conféquent ne peut fe rendre, que dans la Mer du Sud. C'eft bien dommage que ce Lac n'ait pas été connu des Sçavans, qui ont cherché partout le Paradis Terreftre; il auroit été pour le moins auffi-bien placé là que dans la Scandinavie. Je ne vous garantis pourtant pas, Madame, tous ces faits, qui ne font appuyés que fur rapports de Voyageurs; encore moins ce que des Sauvages ont rapporté, qu'aux environs du Lac des Affiniboils, il y a des Hommes femblables aux Européens, & qui font établis dans un Pays, où l'Or & l'Argent font fi communs, qu'on les employe aux ufages les plus ordinaires. Le Pere MARQUETTE, qui découvrit le Miciffipi en 1673, dit dans fa Relation que des Sauvages, non-feulement lui avoient parlé de la Riviere, qui fortant de ce Lac coule à l'Oueft, mais lui avoient encore ajoûté qu'on avoit vû de grands Navires à fon Embouchure. Il paroît au refte que les Affiniboils font les mêmes Peuples, qui font marqués dans de vieilles Cartes fous le nom de *Poualaks*, & dont quelques Relations difent que le Pays eft limitrophe à celui des Criftinaux, ou ou Killiftinons.

Des Peuples de la Langue Algonquine.

Les Langues Algonquine & Huronne partagent toutes les Nations Sauvages du Canada, avec lefquelles nous fommes en commerce. Qui les fçauroit bien toutes deux pourroit parcourir fans Interpréte plus de quinze cent lieuës de Pays, & fe faire entendre à plus de cent Peuples divers, qui ont chacun leur Langage propre. L'Algonquine fur-tout a une étenduë immenfe. Elle commence à l'Acadie & au Golphe de Saint Laurent, & fait un circuit de douze cent lieuës, en tournant du Sud-Eft par le Nord jufqu'au Sud-Oueft. On prétend même que les Loups, ou Mahingans, & la plupart des Peuples de la Nouvelle Angleterre & de la Virginie parlent des Dialectes Algonquines.

Des Nations Abénaquifes & & des Algonquins Inférieurs.

Les *Abénaquis*, ou *Canibas* Voifins de la Nouvelle Angleterre, ont pour plus proches Voifins les *Etechemins*, ou *Malécites*, aux environs de la Riviere de Pentagoët, &

Tome III, A a

plus à l'Eſt ſont les *Micmaks*, ou *Souriquois*, dont le Pays propre eſt l'Acadie, la ſuite de la Côte du Golphe de Saint Laurent juſqu'à Gaſpé, d'où un Auteur les a appellés *Gaſpéſiens*, & les Iſles, qui en ſont proches. En remontant le Fleuve Saint Laurent, on ne rencontre plus aujourd'hui aucune Nation Sauvage juſqu'au Saguenay. Cependant, lorſque le Canada fut découvert, & bien des années après, on comptoit dans cet eſpace pluſieurs Nations, qui ſe répandoient dans l'Iſle d'Anticoſty, vers les Monts Notre-Dame, & le long de la Rive Septentrionnale du Fleuve. Celles, dont les anciennes Relations parlent plus ſouvent, ſont les *Berſiamites*, les *Papinachois*, & les *Montagnez*. On les appelloit auſſi, ſur-tout ces derniers, *Algonquins Inférieurs*, parce qu'ils habitoient le bas du Fleuve par rapport à Quebec : mais la plupart des autres ſont réduits à quelques Familles, que l'on rencontre tantôt dans un endroit, & tantôt dans un autre.

Des Sauvages du Nord.

Il y en avoit, qui deſcendoient dans la Colonie des Quartiers du Nord, quelquefois par le Saguenay, & plus ſouvent par les Trois Rivieres, & dont on n'entend plus parler depuis lontems. Tels étoient entr'autres les *Attikamegues* : ces Sauvages venoient de fort loin, & ils étoient environnés de pluſieurs autres Peuples, qui s'étendoient aux environs du Lac Saint Jean, & juſqu'aux Lacs des *Miſtaſſins* & *Nemiſcau*. Preſque tous ont été détruits par le Fer des Iroquois, ou par les maladies, ſuite de la miſere, où la crainte de ces Barbares les avoient réduits : c'eſt bien dommage, ils étoient ſans vice, d'une grande douceur, on n'avoit eu aucune peine à les gagner à Jeſus-Chriſt, & à les affectionner aux François. Entre Quebec & Montreal on rencontre encore vers les Trois Rivieres quelques Algonquins, qui ne forment point un Village, & qui trafiquent avec les François. Dans les premiers tems cette Nation occupoit tout le Bord Septentrionnal du Fleuve, depuis Quebec, où M. de Champlain les trouva établis, & fit alliance avec eux, juſqu'au Lac de S. Pierre.

Des Algonquins, des Outaouais & autres Algonquins ſupérieurs.

Depuis l'Iſle de Montreal, en ſuivant toujours le Nord, on rencontre quelques Villages de *Nipiſſings*, de *Temiſcamings*, de *Têtes de Boule*, d'*Amikoués* & d'*Outaouais* (*a*). Les premiers, qui ſont les vrais Algonquins, & qui ont ſeuls con-

(*b*) Pluſieurs écrivent & prononcent OUTAOUAKS.

servé la Langue Algonquine sans altération, ont donné leur nom à un petit Lac situé entre le Lac Huron, & la Riviere des Outaouais. Les Temiscamings occupent les Bords d'un autre petit Lac, qui porte aussi leur nom, & qui paroît être la vraie source de la Riviere des Outaouais. Les Têtes de Boule n'en sont pas loin, leur nom vient de la figure de leur tête; ils trouvent dans cette figure une grande beauté, & il y a bien de l'apparence que les Meres la donnent à leurs Enfans, lorsqu'ils sont encore au Berceau. Les Amikoués, qu'on appelle aussi la *Nation du Castor*, sont réduits presqu'à rien : on en trouve les restes dans l'Isle *Manitoualin*, qui est dans le Lac Huron vers le Nord. Les Outaouais, autrefois très-nombreux, bordoient la grande Riviere, qui porte leur nom, & dont ils se prétendoient les Seigneurs. Je n'en connois aujourd'hui que trois Villages assez peu peuplés, dont je parlerai dans la suite.

Entre le Lac Huron & le Lac Supérieur, dans le Détroit même, par où le second se décharge dans le premier, il y a un Rapide, que nous avons appellé le *Sault Sainte Marie*. Ses environs étoient autrefois peuplés de Sauvages, qui y étoient venus, dit-on, de la Rive Méridionnale du Lac Supérieur, & qu'on appelle *Saulteurs*, c'est-à-dire, *Habitans du Sault*. On leur a apparemment donné ce nom, pour s'épargner la peine de prononcer celui, qu'ils portoient, car il n'est pas possible d'en pouvoir venir à bout, sans reprendre deux ou trois fois haleine (*a*). Il n'y a aucune Nation établie, au moins que je sçache, sur les Bords du Lac Supérieur ; mais dans les Postes, que nous y occupons, on fait la Traite avec les Cristinaux, qui y viennent du Nord-Est, & qui appartiennent à la Langue Algonquine, & avec les Assiniboils, qui sont au Nord-Ouest.

Le Lac *Michigan*, qui est presque parallele au Lac Huron, dans lequel il se décharge, & qui n'en est séparé que par une Peninsule de cent lieuës de long, laquelle va toujours en se rétrécissant vers le Nord, a peu d'Habitans sur ses Bords ; je ne sçai même si aucune Nation y a jamais été fixe, & c'est sans fondement, que dans plusieurs Cartes on le nomme *Lac des Illinois*. En remontant la *Riviere de Saint Joseph*, dont il reçoit les Eaux, on trouve deux Bourgades de differentes

1721.
May.

Des Poutcouatamis & autres Sauvages de la Baye.

(*a*) *PAUOIRIGOUEIOUHAK.*

1721.
May.

Nations, qui y font venuës d'ailleurs, il n'y a pas même lontems. Ce Lac a du côté de l'Oueft une grande Baye, qui s'étend vint-huit lieuës au Sud, & qu'on nomme la *Baye des Puans*, ou fimplement *la Baye*. Son entrée eft fort large, & femée d'Ifles, dont quelques-unes ont jufqu'à quinze ou vint lieuës de circuit. Elles étoient autrefois habitées par les *Pouteouatamis*, dont elles portent le nom, à l'exception de quelques-unes, qu'on laiffe à droite, où il y a encore quelques Sauvages, appellés *Noquets*. Les Pouteouatamis occupent aujourd'hui une des plus petites de leurs Ifles, & ils ont encore deux autres Villages, l'un dans la Riviere de Saint Jofeph, & l'autre au Détroit. Dans le fond de la Baye il y a des *Sakis* & des *Otchagras*. Ce font ces derniers, qu'on appelle *Puans*, je n'en fçai point encore la raifon; mais avant que d'arriver chez eux, on laiffe à droite une autre petite Nation, qu'on appelle *Malomines*, ou *Folles Avoines*.

Des Outagamis, des Mafcoutins & des Kicapous.

Une petite Riviere, fort embarraffée de Rapides, fe décharge dans le fond de la Baye : elle eft connuë fous le nom de *Riviere des Renards*, à caufe du voifinage des *Outagamis*, vulgairement appellés *les Renards*. Tout ce Pays eft fort beau, & plus encore celui, qui s'étend au Sud jufqu'à la Riviere des Illinois : il n'eft pourtant habité que par deux Nations très-peu nombreufes, qui font les *Kicapous* & les *Mafcoutins*. Il a plu à quelques-uns de nos Géographes d'appeller ces derniers *la Nation du Feu*, & leur Pays, *la Terre de Feu*. Une équivoque a donné lieu à cette dénomination.

Des Miamis & des Illinois.

Il y a cinquante ans, que les Miamis étoient établis à l'extrémité Méridionnale du Lac Michigan, en un lieu, nommé *Chicagou*, du nom d'une petite Riviere, qui fe jette dans le Lac, & dont la Source n'eft pas éloignée de celle des Illinois. Ils font préfentement féparés en trois Bourgades; dont l'une eft fur la Riviere de Saint Jofeph ; la feconde, fur une autre Riviere, qui porte leur nom, & fe décharge dans le Lac Erié ; & la troifiéme, fur la Riviere d'Ouabache, qui porte fes Eaux dans le Miciffipi : ces derniers font plus connus fous le nom *d'Ouyatanons*. On ne doute prefque point que cette Nation, & celle des Illinois ne fuffent, il n'y a pas trop lontems, un même Peuple, vû la grande affinité, qui fe remarque dans le Langage des uns & des autres. Je pourrai vous en parler plus fûrement, lorfque je ferai fur les lieux. Au refte, la plûpart des Nations Algonquines, si on en excepte celles, qui sont plus avancées vers le Midi, s'occupent assez peu de la Culture des Terres, & vivent presque uniquement de Chasse & de Pêche; aussi sont-elles peu sédentaires. La pluralité des Femmes est en usage parmi quelques-unes; cependant bien loin de multiplier, elles diminuent tous les jours. Il n'y en a pas une seule, où l'on compte six mille ames; quelques-unes n'en ont pas deux mille.

1721.
May.

Il s'en faut bien que la Langue Huronne s'étende aussi loin, que l'Algonquine; ce qui vient sans doute de ce que les Peuples, qui la parlent, ont toujours été moins errans que les Algonquins. Je dis la Langue Huronne, pour me conformer au sentiment le plus communément reçû; car quelques-uns soutiennent encore, que c'est l'Iroquoise, qui est la Matrice. Quoiqu'il en soit, tous les Sauvages, qui sont au Sud du Fleuve Saint Laurent, depuis la Riviere de Sorel, jusqu'à l'extrémité du Lac Erié, & même assez proche de la Virginie, appartiennent à cette Langue; & quiconque sçait le Huron, les entend tous. Les Dialectes s'en sont extrêmement multipliées, & il y en a presqu'autant, que de Bourgades. Les cinq Cantons, qui composent la République Iroquoise, ont chacun la leur, & tout ce qu'on appelloit autrefois indifféremment Huron, n'avoit pas le même Langage.

Des Peuples de la Langue Huronne.

Mais il est bon d'observer que comme la plûpart des Sauvages du Canada ont été de tout tems en Commerce entr'eux, tantôt Alliés, & tantôt Ennemis, quoique les trois Langues Meres, dont j'ai parlé, n'ayent entr'elles aucune sorte d'affinité, ni d'analogie, ces Peuples ont néanmoins trouvé le moyen de traiter ensemble sans avoir besoin de Truchement; soit que le long usage leur donne la facilité de se faire entendre par signes; soit qu'ils se soient formé une espece de Jargon commun, qu'ils apprennent par habitude. On vient m'avertir qu'il faut m'embarquer, je finirai cet article à mon premier loisir.

J'ai l'honneur d'être, &c.

DOUZIÉME LETTRE

Voyage jusqu'à Catarocoui. Description du Pays, & des Rapides du Fleuve de Saint Laurent. Description & situation du Fort. Du Caractere des Langues du Canada, & des Peuples, qui les parlent. Origine de la Guerre entre les Iroquois & les Algonquins.

A Catarocoui, le quatorze de May, 1721.

MADAME,

JE partis du Sault Saint Louys le premier de May, après avoir fermé ma derniere Lettre, & j'allai coucher à la pointe Occidentale de l'Isle de Montreal, où je n'arrivai qu'à minuit. Le lendemain j'employai toute la matinée à visiter le Pays, qui est fort beau. L'après-midi, je traversai le Lac de Saint Louys, pour me rendre *aux Cascades*, où je trouvai ceux de mes Gens, qui y étoient allés en droiture, occupés à recoudre leur Canot, qu'ils avoient laissé tomber, en le portant sur leurs Epaules, & qui s'étoit fendu d'un bout à l'autre. Voilà, Madame, l'agrément & l'incommodité de ces petites Voitures : il ne faut rien pour les briser ; mais le reméde est prompt & facile. Il suffit de se fournir d'Ecorces, de Gommes, & de Racines : encore est-il bien peu d'endroits, où l'on ne trouve des Gommes, & des Racines propres à coudre les Ecorces.

Description des Rapides du Fleuve Saint Laurent.

Ce qu'on appelle *les Cascades*, est un Rapide, situé précisément au-dessus de l'Isle Perrot, qui fait la séparation du *Lac de Saint Louys*, & du *Lac des deux Montagnes*. Pour l'éviter, on prend un peu à droite, & l'on fait passer les Canots à vuide dans un endroit, qu'on appelle *le Trou* : on les tire ensuite à Terre, & on fait un *portage* d'un demi quart de lieuë ; c'est-à-dire, qu'on porte le Canot & tout le Bagage sur ses Epaules. C'est pour éviter un second Rapide, appellé *le Buisson* ; celui-ci est une belle Nappe d'Eau, qui tombe d'un Rocher plat, élevé d'environ un demi pied. On pourroit se délivrer de cet embarras, en creusant un peu le Lit d'une petite Riviere, qui se décharge dans une autre au-dessus des Cascades. La dépense n'en seroit pas considerable.

Au-dessus du Buisson, le Fleuve a un grand quart de lieuë de large, & les Terres des deux côtés sont excellentes & bien boisées. On commence à défricher celles, qui sont sur la Rive Septentrionnale, & il seroit très-aisé d'y faire un grand Chemin depuis la Pointe, qui est vis-à-vis de l'Isle de Montreal, jusqu'à une Anse, qu'on a nommée *la Galette*. On éviteroit par-là quarante lieuës d'une Navigation, que les Rapides rendent presqu'impratiquable, & toujours fort longue. Un Fort seroit même beaucoup mieux placé, & plus nécessaire à la Galette, qu'à Catarocoui, par la raison qu'il n'y sçauroit passer un seul Canot, qu'on ne le voye; au lieu qu'à Catarocoui, on peut se glisser derriere des Isles, sans être apperçu. D'ailleurs, les Terres des environs de la Galette sont très-bonnes, & on pourroit par conséquent y avoir toujours des Vivres en abondance, ce qui épargneroit bien de la dépense. Outre cela, une Barque pourroit aller en deux jours de bon Vent, de la Galette à Niagara. Un des objets, qu'on a eu en vûë, en construisant le Fort de Catarocoui, a été le Commerce avec les Iroquois; mais ces Sauvages viendroient aussi volontiers à la Galette, qu'à Catarocoui. Ils auroient, à la vérité, un peu plus de chemin à faire; mais ils éviteroient une Traverse de huit ou neuf lieuës, qu'il leur faut faire dans le Lac Ontario; enfin, le Fort de la Galette couvriroit tout le Pays, qui est entre la grande Riviere des Outaouais & le Fleuve Saint Laurent; car ce Pays n'est point abordable du côté du Fleuve, à cause des Rapides, & rien n'est plus aisé, que de garder les bords de la grande Riviere. Je tiens ces Observations d'un Commissaire de la Marine, (*a*) qui fut envoyé de la part du Roi en 1706. pour visiter tous les Postes éloignés du Canada.

Le même jour, troisiéme de May, je fis trois lieuës, & j'arrivai *aux Cedres*. C'est le troisiéme Rapide, qui a pris son nom de la quantité de Cedres, qu'il y avoit en ce lieu là; mais on les a presque tous coupés. Le quatriéme, je ne pûs aller que jusqu'au quatriéme Rapide, qu'on appelle *le Côteau du Lac*, quoiqu'il ne soit éloigné du précedent que de deux

1721.
May.

Refléxion sur le Fort de Catarocoui, & sur le chemin, qu'on prend pour y aller.

(*a*) M. DE CLERAMBAUT D'AIGREMONT.

lieuës & demie, parce qu'un de mes Canots s'y creva. Vous ne serez pas surprise, Madame, de ces fréquens Naufrages, quand vous sçaurez comment sont faites ces petites Gondoles. Je crois vous avoir déja dit qu'il y en a de deux sortes; les uns d'Ecorce d'Ormes, plus évasés, assez grossierement construits; mais ordinairement plus grands. Je ne connois que les Iroquois, qui en ayent de cette espece. Les autres sont d'Ecorces de Bouleau, d'une largeur moins proportionnée à leur longueur, & beaucoup mieux travaillés. C'est de ceux-ci, que je vais vous donner la Description, parce que tous les François & presque tous les Sauvages s'en servent.

Description des Canots d'Ecorce.

On étend les Ecorces, qui sont fort épaisses, sur des Varangues plattes & très-minces, faites de Bois de Cedre. Ces Varangues sont assujetties sur toute la longueur par de petites Barres de traverse, qui font la séparation des Places dans le Canot; deux Maîtres, ou Précintes de même matiere, ausquels sont cousuës ces petites Barres, affermissent toute la Machine. Entre les Varangues & les Ecorces, on insinuë de petites Clisses de Cedre, moins épaisses encore que les Varangues, & qui ne laissent pas de fortifier le Canot, dont les deux extrémités se relevent peu à peu, & sont insensiblement terminées en pointes tranchantes & rentrantes. Ces deux extrémités sont parfaitement semblables; ensorte que pour changer de route, & retourner en arriere, il suffit que les Canoteurs changent de Main. Celui, qui se trouve derriere, gouverne avec son Aviron, en nageant toujours, & la plus grande occupation de celui, qui est sur le devant, est de prendre garde que le Canot ne touche rien, qui puisse le crever. Tous sont assis à plat, ou sur leurs Genoux, & leurs Avirons sont des Pagayes de cinq à six pieds de long, ordinairement de Bois d'Erable. Mais quand on va contre un Courant un peu fort, il faut se servir de la Perche, & se tenir de bout, & cela s'appelle *picquer de fond*. Il est besoin d'un grand usage pour bien garder l'Equilibre dans cet exercice; car rien n'est plus leger, par conséquent plus facile à tourner, que ces Voitures, dont les plus grandes, avec leur charge, ne tirent pas plus d'un demi pied d'Eau.

Les Ecorces, dont elles sont composées, aussi-bien que les Varangues & les Barres, sont cousuës avec des Racines de Sapin, lesquelles sont plus pliantes, & séchent beaucoup moins

moins que l'Ofier. Toutes les Coutures font gommées en dedans & en dehors ; mais il faut les vifiter tous les jours, pour voir fi la Gomme ne s'eft point écaillée. Les plus grands Canots portent douze Hommes, deux à deux, & quatre milliers pefant. De tous les Sauvages les plus habiles Conftructeurs font les Outaouais, & en général les Nations Algonquines y réuffiffent mieux, que les Huronnes. Peu de François font venus à bout de les faire même paffablement ; mais pour les conduire, ils font pour le moins auffi fûrs, que les Naturels du Pays, auffi s'y exercent-ils dès la Bavette. Tous ces Canots, jufqu'aux plus petits, portent la Voile, & avec un bon vent peuvent faire vint lieuës par jour. Sans Voiles, il faut avoir de bons Canoteurs pour en faire douze dans une eau morte.

1721.
May.

Du Côteau du Lac au *Lac de Saint François* il n'y a qu'une bonne demie lieuë. Ce Lac, que je paffai le cinquiéme, a fept lieuës de long, & tout au plus trois dans fa plus grande largeur. Les Terres des deux côtés font baffes, mais elles paroiffent affez bonnes. La route depuis Montreal jufques-là tient un peu du Sud-Oueft, & le Lac de Saint François court Oueft-Sud-Oueft, & Eft-Nord-Eft. Je campai immédiatement au-deffus, & la nuit je fus éveillé par des cris affez perçans, comme de gens, qui fe plaignoient. J'en fus d'abord effrayé ; mais on me raffûra bientôt, en me difant que c'étoit des *Huars*, efpece de Cormorans. On ajoûta que ces cris nous annonçoient du vent pour le lendemain, ce qui fe trouva vrai.

Du Lac de Saint François.

Le fixiéme je paffai les *Chefnaux des Lacs*. On appelle ainfi des Canaux, que forment un grand nombre d'Ifles, qui couvrent prefque le Fleuve en cet endroit. Je n'ai point vû de Pays plus charmant, & les Terres y paroiffent bonnes. Le refte du jour nous ne fimes que franchir des Rapides : le plus confidérable, qu'on nomme le *Moulinet*, fait peur feulement à voir, & nous eûmes bien de la peine à nous en tirer. Je fis néanmoins ce jour-là près de fept lieuës, & j'allai camper au bas du *Long Sault :* c'eft un Rapide d'une demie lieuë de long, que les Canots ne peuvent monter, qu'à demie charge. Nous le paffâmes le fept au matin. Nous naviguâmes enfuite jufqu'à trois heures du foir à la Voile ; mais alors la Pluye nous obligea de camper & nous arrêta tout le jour fuivant. Il tomba même le huit un peu de Nége, & la nuit il gela, comme il

Autres Rapides.

Tome III. Bb

194 JOURNAL HISTORIQUE

1721.
May.

fait en France au mois de Janvier. Nous étions néanmoins sous les mêmes parallelles, que le Languedoc. Le neuf nous passâmes le *Rapide Plat*, éloigné du long Sault d'environ sept lieuës, & de cinq *des Galots*, qui est le dernier des Rapides. La Galette est à une lieuë & demie plus loin, & nous y arrivâmes le dix. Je ne pouvois me lasser d'admirer le Pays, qui est entre cette Anse & les Gallots. Il n'est pas possible de voir de plus belles Forêts. J'y ai remarqué sur-tout des Chênes d'une hauteur extraordinaire.

De l'Isle Tonihata.

A cinq ou six lieuës de la Galette il y a une Isle appellée *Tonihata*, dont le Terrein paroît assez fertile, & qui a environ une demie lieuë de long. Un Iroquois, qu'on a appellé le *Quaker*, je ne sçai pourquoi, homme de beaucoup d'esprit, & fort affectionné aux François, en avoit obtenu le Domaine du feu Comte de Frontenac, & il montre la Patente de cette Concession, à quiconque la veut voir. Il a cependant vendu sa Seigneurie pour quatre Pots d'Eau-de-Vie; mais il s'en est réservé l'usufruit, & il y a rassemblé dix-huit ou vint Familles de sa Nation. J'arrivai le douze dans son Isle, & je lui rendis visite. Je le trouvai, qui travailloit dans son Jardin : ce n'est pas la coûtume des Sauvages ; mais celui-ci affecte toutes les manieres des François. Il me reçut fort bien, & il vouloit me régaler, mais le beau tems m'invitoit à continuer ma route. Je pris congé de lui, & j'allai passer la nuit à deux lieuës de-là, dans un fort bel endroit. Il me restoit encore treize lieuës à faire pour gagner Catarocoui ; le tems étoit beau, & la nuit fort claire ; cela nous engagea à nous embarquer à trois heures du matin. Nous passâmes au milieu d'une espece d'Archipel, qu'on a nommé les *Milles Isles*, & je crois bien qu'il y en a plus de cinq cent. Quand on est sorti de-là, on n'a plus qu'une lieuë & demie à faire, pour gagner Catarocoui. Le Fleuve est plus libre, & a bien une demie lieuë de large. On laisse ensuite sur la droite trois grandes Anses assez profondes, & c'est dans la troisiéme, qu'est bâti le Fort.

Description du Fort de Catarocoui.

Ce Fort est un Quarré à quatre Bastions, bâti de Pierres, & qui occupe un quart de lieuë de circuit. Sa situation a véritablement quelque chose de bien agréable. Les Bords du Fleuve présentent de toutes parts un Paysage bien varié, & il en est de même de l'Entrée du Lac Ontario, qui n'en est qu'à une petite lieuë : elle eſt ſemée d'Iſles de differentes grandeurs, toutes bien boiſées, & rien ne termine l'Horiſon de ce côté-là. Ce Lac a porté quelque tems le nom de *Saint Louis*, on lui donna enſuite celui de *Frontenac*, auſſi-bien qu'au Fort de Catarocoui, dont le Comte de Frontenac fut le Fondateur : mais inſenſiblement le Lac a repris ſon ancien nom, qui eſt Huron, ou Iroquois, & le Fort, celui du lieu, où il eſt bâti.

1721. May.

Le Terrein depuis la Galette juſqu'ici paroît aſſez ſtérile, mais ce n'eſt que ſur la liſiere : il eſt très-bon au-delà. Il y a vis-à-vis du Fort une Iſle fort jolie au milieu du Fleuve. On y avoit mis des Cochons, qui y ont multiplié, & elle en porte le nom. De deux autres plus petites, qui ſont au-deſſous, à une demie lieuë de diſtance l'une de l'autre, l'une ſe nomme l'*Iſle aux Cédres*, & l'autre, l'*Iſle aux Cerfs*. L'Anſe de Catarocoui eſt double, c'eſt-à-dire, que preſque dans ſon milieu il y a une pointe, qui avance beaucoup, & ſous laquelle il y a un fort bon mouillage pour les grandes Barques. M. de la Sale, ſi célèbre par ſes découvertes & par ſes malheurs, qui a été Seigneur de Catarocoui, & Gouverneur du Fort, y en avoit deux ou trois, qu'on y a coulées à fond, & qui y ſont encore. Derriere le Fort il y a un Marais, où le Gibier foiſonne ; c'eſt une douceur & une occupation pour la Garniſon. Il ſe faiſoit autrefois ici un très-grand Commerce, ſur-tout avec les Iroquois, & c'étoit pour les attirer chez nous, pour les empêcher de porter leurs Pelleteries aux Anglois, & pour les tenir eux-mêmes en reſpect, qu'on avoit bâti le Fort : mais ce commerce n'a pas duré lontems, & le Fort n'a pas empêché ces Barbares de nous faire bien du mal. Ils y ont actuellement encore quelques Familles en-dehors de la Place, & il y en a auſſi quelques-unes de *Miſſiſaguez*, Nation Algonquine, qui a encore une Bourgade ſur le Bord Occidental du Lac Ontario, une autre à Niagara, & une troiſiéme dans le Détroit.

Je trouve ici, Madame, une occaſion pour envoyer mes Lettres à Quebec ; je vais profiter de quelques heures de loiſir pour remplir celle-ci de ce qui me reſte à vous dire ſur la difference des Langues du Canada. Ceux, qui les ont étudiées à fond, prétendent que les trois, dont je vous ai parlé, ont tous les Caracteres des Langues primitives ; & il eſt certain

B b ij

1721.
May.

qu'elles n'ont pas une origine commune. La seule prononciation suffiroit pour le prouver. Le Siou sifle en parlant; le Huron n'a point de lettre labiale, qu'il ne sçauroit prononcer, parle du gosier, & aspire presque toutes les syllabes; l'Algonquin prononce avec plus de douceur, & parle plus naturellement. Je n'ai pu rien apprendre de particulier de la premiere de ces trois Langues; mais nos anciens Missionnaires ont beaucoup travaillé sur les deux autres, & sur les principales de leurs Dialectes: voici ce que j'en ai oui dire aux plus habiles.

Caractere de la Langue Huronne.

La Langue Huronne est d'une abondance, d'une énergie, & d'une noblesse, qu'on ne trouve peut-être réunies dans aucune des plus belles, que nous connoissons, & ceux, à qui elle est propre, quoique réduits à une poignée d'Hommes, ont encore dans l'ame une élévation, qui s'accorde bien mieux avec la majesté de leur Langage, qu'avec le triste état, où ils sont réduits. Quelques-uns ont cru y trouver des rapports avec l'Hebreu; d'autres en plus grand nombre ont prétendu qu'elle avoit la même origine, que celle des Grecs; mais rien n'est plus frivole, que les preuves, qu'ils en apportent. Il ne faut point sur-tout compter sur le Vocabulaire du Frere Gabriel SAGHARD, Récollet, qu'on a cité pour soûtenir ce sentiment: encore moins sur ceux de Jacques Cartier & du Baron de la Hontan. Ces trois Auteurs avoient pris à la volée quelques termes, les uns du Huron, les autres de l'Algonquin, qu'ils avoient mal retenus, & qui souvent signifioient toute autre chose, que ce qu'ils croyoient. Et de combien d'erreurs n'ont pas été cause de pareilles méprises de quantité de Voyageurs?

Caractere de la Langue Algonquine.

La Langue Algonquine n'a pas autant de force, que la Huronne, mais elle a plus de douceur & d'élégance. Toutes deux ont une richesse d'expressions, une varieté de tours, une propriété de termes, une régularité, qui étonnent: mais ce qui surprend encore davantage, c'est que parmi des Barbares, qu'on ne voit point s'étudier à bien parler, & qui n'ont jamais eu l'usage de l'écriture, il ne s'introduit point un mauvais mot, un terme impropre, une construction vicieuse, & que les Enfans mêmes en conservent, jusques dans le discours familier, toute la pureté. D'ailleurs la maniere, dont ils animent tout ce qu'ils disent, ne laisse aucun lieu de douter qu'ils ne comprennent toute la valeur de leurs expressions, & toute

D'UN VOYAGE DE L'AMERIQ. Let. XII. 197

la beauté de leur Langue. Les Dialectes, qui font dérivées de l'une & de l'autre, n'en ont pas confervé toutes les graces, ni la même force. Les Tfonnonthouans, par exemple, c'eft un des cinq Cantons Iroquois, paffent parmi les Sauvages pour avoir un Langage groffier.

1721.
May.

Dans le Huron tout fe conjugue ; un certain artifice, que je ne vous expliquerois pas bien, y fait diftinguer les noms, les pronoms, les adverbes, &c. des verbes. Les verbes fimples ont une double conjugaifon, l'une abfoluë, l'autre réciproque. Les troifiémes perfonnes ont les deux genres, car il n'y en a que deux dans ces Langues, à fçavoir le genre noble, & le genre ignoble. Pour ce qui eft des nombres & des tems, on y trouve les mêmes différences, que dans le Grec. Par exemple, pour raconter un voyage, on s'exprime autrement, fi on l'a fait par Terre, ou fi on l'a fait par Eau. Les verbes actifs fe multiplient autant de fois, qu'il y a de chofes, qui tombent fous leur action ; comme le verbe, qui fignifie *manger*, varie autant de fois, qu'il y a de chofes comeftibles. L'action s'exprime autrement à l'égard d'une chofe animée, & d'une chofe inanimée : ainfi voir un Homme, & voir une pierre, ce font deux verbes. Se fervir d'une chofe, qui appartient à celui, qui s'en fert, ou à celui, à qui on parle, ce font autant de verbes differens.

Particularités de la Langue Huronne.

Il y a quelque chofe de tout cela dans la Langue Algonquine, mais la maniere n'en eft pas la même, & je ne fuis nullement en état de vous en inftruire. Cependant, Madame, fi du peu que je viens de vous dire, il s'enfuit que la richeffe & la varieté de ces Langues les rendent extrémement difficiles à apprendre, la difette & la ftérilité, où elles font tombées, ne caufent pas un moindre embarras. Car, comme ces Peuples, quand nous avons commencé à les fréquenter, ignoroient prefque tout ce, dont ils n'avoient pas l'ufage, ou qui ne tomboit pas fous leurs fens, ils manquoient de termes pour les exprimer, ou les avoient laiffé tomber dans l'oubli. Ainfi n'ayant point de culte reglé, ne fe formant de la Divinité, & de tout ce qui a du rapport à la Religion, que des idées confufes, ne faifant prefque aucune réflexion, que fur les chofes fenfibles, ou ne concernoit point leurs affaires, qui étoient très-bornées, n'étant pas accoûtumés à difcourir des vertus, des paffions, & de beaucoup d'autres fujets de

Particularités de la Langue Algonquine.

1721.
May.

nos entretiens ordinaires ; ne cultivant ni arts, que ceux, qui leur étoient néceſſaires, & qui ſe réduiſoient à un très-petit nombre ; ni aucune ſcience, n'obſervant que ce qui étoit à leur portée, & pour la vie n'ayant rien de ſuperflu, ni aucun rafinement ; quand il a été queſtion de leur parler d'autres choſes, on a trouvé un grand vuide dans leurs Langues, & il a fallu, pour ſe rendre intelligible, les remplir de circonlocutions embarraſſantes, & pour eux, & pour nous : de ſorte qu'après avoir appris d'eux leur Langage, on a été obligé de leur en enſeigner une autre, compoſé en partie de leurs propres termes, & en partie des nôtres traveſtis en Huron ou en Algonquin, pour leur en faciliter la prononciation. Quant aux Caracteres, ils n'en avoient point, & ils y ſuppléoient par des eſpéces d'Hiéroglyphes. Rien ne les a plus ſurpris que de nous voir nous expliquer auſſi aiſément par écrit, que par parole.

Que ſi on me demande à quoi on a reconnu que le Siou, le Huron, & l'Algonquin ſont plûtôt les Langues Meres, que quelques-unes de celles, que nous regardons comme leurs Dialectes, je répondrai qu'on ne peut guéres s'y méprendre, & je n'en veux point d'autre preuve, que les paroles de M. l'Abbé Dubos, que j'ai déja citées (a) ; mais enfin, comme nous ne pouvons juger ici que par comparaiſon, ſi de ces réflexions on peut bien conclure que les Langues de tous les Sauvages du Canada ſont dérivées des trois, que j'ai marquées, j'avouë qu'elles ne prouvent pas abſolument que celles-ci ſont primitives, & de la premiere inſtitution des Langues. J'ajoûte que tous ces Peuples ont dans leurs diſcours un peu de ce génie Aſiatique, qui donne aux choſes un tour & des expreſſions figurées, & c'eſt peut-être ce qui a perſuadé à quelques-uns qu'ils tiroient leur origine de l'Aſie, ce qui eſt d'ailleurs aſſez vraiſemblable.

Différence des Peuples des Nations Huronnes, & de ceux des Nations Algonquines.

Non-ſeulement les Peuples de la Langue Huronne ſe ſont toujours plus occupés que les autres de la culture des Terres ; ils ſe ſont auſſi beaucoup moins étendus, ce qui a produit deux effets ; car en premier lieu ils ſe ſont mieux établis, mieux logés, mieux fortifiés, il y a toujours eu parmi eux plus de police, & une forme de gouvernement plus marquée. La qualité de Chef, au moins chez les vrais Hurons, qui

(a) Page 38.

sont les *Tionnontatés*, est héréditaire. En second lieu, jusqu'aux guerres des Iroquois, dont nous ayons été les témoins, leur Pays étoit plus peuplé, quoique la Polygamie n'y eût jamais été en usage. Ils ont aussi la réputation d'être plus laborieux, plus industrieux, plus habiles dans leurs affaires, & plus mesurés dans leurs démarches, ce qu'on ne sçauroit attribuer, qu'à l'esprit de societé, qu'ils ont mieux conservé que les autres. Ceci se remarque sur-tout dans les Hurons, qui ne faisant presque plus un corps de Nation, & réduits à deux Villages médiocres, fort éloignés l'un de l'autre, ne laissent pas d'être encore l'ame de tous les Conseils, quand il s'agit des affaires générales. Il est vrai que malgré cette diversité, qui ne se remarque pas du premier coup d'œil, il y a bien de la ressemblance dans le caractere d'esprit, les mœurs, & les coûtumes de tous les Sauvages du Canada ; mais c'est une suite du commerce, qu'ils ont continuellement ensemble depuis bien des siécles.

Ce seroit ici le lieu de vous parler du gouvernement de ces Peuples, de leurs coûtumes & de leur Religion ; mais je n'y vois encore qu'un cahos, qu'il ne m'est pas possible de débrouiller. Vous ne voudriez pas sans doute qu'à l'exemple de certains Voyageurs, qui ne font point difficulté de remplir leurs Journaux de tout ce qu'ils entendent dire, sans s'embarrasser de rien vérifier, je vous débitasse toutes les extravagances, qu'on a mises sur le compte de nos Sauvages, ou qu'on a tirées, comme on a pu, de leurs traditions. Ces traditions d'ailleurs sont si peu sûres, & se contredisent presque toujours si grossierement, qu'il est presqu'impossible d'y rien démêler de certain & de suivi. En effet comment des Peuples tels, qu'on a trouvé ceux-ci, auroient-ils pû se transmettre bien fidelement ce qui s'est passé parmi eux depuis tant de siécles, n'ayant eu aucun secours pour soulager leur Mémoire ? & peut-on concevoir que des Hommes, qui pensent si peu à l'avenir, se soient jamais assez occupés du passé, pour en conserver un souvenir fidéle ? Aussi après toutes les recherches, qu'on a pu faire, on est encore à sçavoir quelle étoit la situation du Canada, lorsque nous en fîmes la premiere découverte vers le milieu du seiziéme siécle.

Le seul point de leur Histoire, qui soit venu jusqu'à nous revêtu de quelque vraisemblance, est l'origine de la guerre,

1721.
May.

Origine de la guerre, que les Algonquins

1721.
May.
& les Hurons ont eu à soûtenir contre les Iroquois.

que M. de Champlain trouva fort allumée entre les Iroquois d'une part, & les Hurons & les Algonquins de l'autre, & dans laquelle il s'engagea beaucoup plus qu'il ne convenoit à nos véritables intérêts. Je n'en ai pû même découvrir l'époque, mais je ne la crois pas fort ancienne. Je vais, Madame, finir par-là cette Lettre : mais je vous avertis d'avance que je ne garantis point la verité de ce trait historique, quoique je le tienne d'assez bon endroit.

Les Algonquins, comme je l'ai déja observé, occupoient toute cette étenduë de Pays, qui est depuis Quebec, & peut-être même depuis Tadoussac jusqu'au Lac de Nipissing, en suivant la Rive Septentrionnale du Fleuve Saint Laurent, & en remontant la grande Riviere, qui se décharge dans le Fleuve au-dessus de l'Isle de Montreal. Cela peut faire juger que cette Nation étoit alors assez nombreuse, & il est certain qu'elle a fait lontems une très-grande figure dans cette partie de l'Amerique, où les seuls Hurons étoient en état de leur disputer la prééminence sur toutes les autres. Par rapport à la Chasse, ils n'avoient point d'égaux, & pour la Guerre, ils ne reconnoissoient point de supérieurs. Le peu, qui en reste aujourd'hui, n'a point dégénéré de l'antique valeur de cette Nation, & leur malheur ne leur a point fait perdre encore leur réputation.

Les Iroquois avoient fait avec eux une espéce de confédération, fort utile aux uns & aux autres, mais qui, dans l'idée des Sauvages, chez qui un grand Chasseur & un grand Guerrier vont de pair, donnoit aux Algonquins une vraie supériorité sur les Iroquois. Ceux-ci, presqu'uniquement occupés de la culture des Terres, s'étoient engagés à faire part de leurs recoltes aux Algonquins, qui de leur côté devoient partager avec eux le fruit de leur Chasse, & les défendre contre quiconque entreprendroit de les inquietter. Ces deux Nations vécurent ainsi assez lontems en bonne intelligence ; mais une hauteur mal placée de la part des uns ; un dépit, auquel on ne s'attendoit point de la part des autres, rompirent cette union, & brouillerent irréconciliablement ces deux Peuples.

Comme l'Hyver est le tems de la grande Chasse, & qu'alors la Terre couverte de Néges ne fournit pas d'occupation à ceux, qui la cultivent, les Sauvages des deux Nations confédérées se joignoient ensemble pour hyverner dans les Bois ;

mais

mais les Iroquois pour l'ordinaire laiſſoient chaſſer les Algonquins, & ſe contentoient d'écorcher les Bêtes, de faire ſécher les Viandes, & d'accommoder les Peaux. C'eſt préſentement par-tout l'ouvrage des Femmes; peut-être qu'alors ce n'étoit pas encore l'uſage: quoiqu'il en ſoit, les Iroquois ne s'en faiſoient pas une peine. De tems en tems néanmoins il prenoit envie à quelques-uns d'entr'eux de s'eſſayer à la Chaſſe, & les Algonquins ne s'y oppoſoient pas; en quoi ils furent mauvais Politiques. Il arriva pendant un Hyver qu'une Troupe des deux Nations s'arrêta dans un endroit, où ils avoient compté de faire bonne Chaſſe; & ſix jeunes Algonquins, accompagnés d'autant d'Iroquois de même âge, furent détachés pour la commencer.

1721.
May.

Ils apperçurent d'abord quelques Elans, & tous ſe préparerent auſſi-tôt à courir deſſus; mais les Algonquins ne voulurent pas permettre aux Iroquois de les ſuivre, & leur firent entendre qu'ils auroient aſſez à faire pour écorcher toutes les Bêtes, qu'ils alloient tuer. Par malheur pour ces Rodomons trois jours ſe paſſerent, ſans qu'ils puſſent abbatre un ſeul Orignal, quoiqu'il s'en préſentât un grand nombre. Ce peu de ſuccès les mortifia, & ne fit apparemment pas de déplaiſir aux Iroquois, qui firent inſtance pour avoir la permiſſion d'aller d'un autre côté, où ils ſe flattoient d'être plus heureux. Leur propoſition fut reçûë des Algonquins, comme le fut autrefois des Freres de David celle, que fit ce jeune Berger d'aller combattre le Géant Goliath: on leur dit qu'ils étoient bien vains de prétendre avoir plus d'habileté que des Algonquins: que leur fait étoit de remuer la Terre, & qu'ils devoient laiſſer la Chaſſe à ceux, à qui elle convenoit mieux.

Les Iroquois outrés de cette réponſe ne répliquerent point, mais la nuit ſuivante ils partirent ſecrétement pour la Chaſſe. Les Algonquins furent ſurpris à leur réveil de ne les point voir, mais leur étonnement ſe changea bientôt en un chagrin extrême. Car dès le ſoir du même jour ils apperçurent les Iroquois, qui revenoient chargés de Viandes d'Orignal. Il n'eſt point d'Hommes au Monde, qui ſoient plus ſuſceptibles d'un dépit, & qui le portent plus loin, que les Sauvages de ce Pays. L'effet de celui des Algonquins fut prompt: à peine les Iroquois furent endormis, qu'ils eurent tous la Tête caſſée. Un tel aſſaſſinat ne pouvoit pas demeurer lontems caché, & quoique les Corps eussent été enterrés secrétement, on en fut bientôt informé dans la Nation. Elle fit d'abord ses plaintes avec modération, mais elle voulut avoir justice des Meurtriers. On la méprisoit trop, pour la lui accorder : on ne voulut pas même s'abaisser jusqu'à lui faire la moindre satisfaction.

Les suites de cette guerre.

Les Iroquois au désespoir prirent une ferme résolution de se venger du mépris, qu'on faisoit d'eux, & qui les piquoit encore plus que l'assassinat, dont ils se plaignoient. Ils jurerent de perir tous jusqu'au dernier, ou d'en avoir raison; mais comme ils ne se sentoient pas encore en état de se mesurer avec les Algonquins, dont le nom seul tenoit en respect presque toutes les autres Nations, ils s'éloignerent d'eux, allerent essayer leurs armes contre des Ennemis moins redoutables, qu'ils se firent de gayeté de cœur, & quand ils se crurent suffisamment aguerris, ils tomberent tout-à-coup sur les Algonquins, & commencerent une guerre, dont nous n'avons vû que la fin, & qui a embrasé tout le Canada. Elle s'est continuée de la part des Iroquois avec une férocité d'autant plus terrible, qu'elle étoit plus réflechie, & qu'elle n'avoit rien de cette fureur précipitée, qui empêche de bien prendre ses mesures, & qui se ralentit d'abord. D'ailleurs les Sauvages ne se croyent jamais bien vengés, que par la destruction entiere de leurs Ennemis, & cela est encore plus vrai des Iroquois, que des autres. On dit communément, d'eux, qu'ils viennent en Renards, qu'ils attaquent en Lions, & qu'ils fuyent en Oiseaux. Ainsi ils agissent presque toujours à coup sûr, & cette conduite leur a si bien réussi, que sans les François il ne feroit peut-être plus mention aujourd'hui d'aucune des Nations, qui ont osé s'opposer à ce torrent.

Les plus maltraités de tous ont été les Hurons, qui se sont trouvés engagés dans cette guerre, comme Alliés, ou Voisins des Algonquins, ou parce qu'ils se rencontroient sur le chemin des uns & des autres. On a vû avec étonnement une Nation des plus nombreuses, & des plus guerrieres de ce Continent, & la plus estimée de toutes pour sa sagesse & pour son esprit disparoître presque entierement en assez peu d'années. On peut dire même qu'il n'en est aucune dans cette Partie de l'Amérique, à laquelle il n'en ait coûté beaucoup de ce qu'on a forcé les Iroquois à prendre les armes, & je ne connois dans tout le Canada, que les Abénaquis, qu'ils n'ont osé inquieter chez eux. Car depuis qu'ils ont goûté de la guerre, ils ne sçauroient demeurer tranquilles, semblables aux Lions, dont la vûë & le goût du Sang ne fait qu'augmenter la soif insatiable, qu'ils en ont. On auroit peine à croire jusqu'où ils sont allés chercher des Hommes, pour les combattre. Cependant à force de faire la guerre, comme ils n'ont pas laissé de recevoir de tems en tems d'assez grands échecs, ils se sont trouvés eux-mêmes extrêmement diminués, & sans les Esclaves, qu'ils ont amenés de toutes parts, & dont ils ont adopté le plus grand nombre, leur situation ne seroit guéres aujourd'hui plus heureuse, que celle des Peuples, qu'ils ont subjugués.

Ce qui est arrivé en cela aux Iroquois, on peut le dire à plus forte raison de tous les autres Sauvages de ce Pays, & il ne faut pas s'étonner si, comme je l'ai déja remarqué, ces Nations diminuent tous les jours d'une maniere bien sensible. Car encore que leurs guerres ne paroissent pas d'abord aussi meurtrieres que les nôtres, elles le sont beaucoup plus à proportion. La plus nombreuse de ces Nations n'a peut-être jamais été de plus de soixante mille Ames, & de tems en tems il se passe entr'elles des actions, où il y a bien du sang répandu. Une surprise, ou un coup de main détruit quelquefois une Bourgade entiere ; souvent la crainte d'une irruption fait déserter tout un Canton, & alors ces Fugitifs, pour éviter de mourir par le Fer de leurs Ennemis, ou dans les supplices, s'exposent à périr de faim & de misere dans les Forêts, ou sur les Montagnes, parce que rarement ils ont le loisir, ou la précaution d'y porter des vivres. Cela est arrivé le siécle précédent à un très-grand nombre de Hurons & d'Algonquins, dont on n'a pu sçavoir ce qu'ils étoient devenus.

Je suis, &c.

1721.
May.

TREIZIÉME LETTRE.

Description du Pays jusqu'à la Riviere des Onnontagués. Du Flux & du Reflux dans les grands Lacs du Canada. Maniere, dont les Sauvages chantent la Guerre. Du Dieu de la Guerre chez ces Peuples. De la Déclaration de la Guerre. Des Coliers de Porcelaine & du Calumet, & de leurs usages pour la Paix & pour la Guerre.

A l'Anse de la Famine, ce seiziéme de May, 1721.

MADAME,

<small>Départ de Catarocoui. Route jusqu'à l'Anse de la Famine. Description du Pays.</small>

ME voici dégradé par un Vent contraire, qui a bien la mine de durer lontems, & de me retenir plus d'un jour dans le plus mauvais endroit du monde. Je vais me défennuyer à vous écrire. Il passe ici sans cesse des armées entieres de ces Pigeons, que nous appellons TOURTES; si quelqu'une vouloit se charger de mes Lettres, vous sçauriez peut-être de mes nouvelles, avant que je sorte d'ici: mais les Sauvages ne se sont point avisés de dresser ces Oiseaux à ce manége, comme faisoient, dit-on, autrefois les Arabes, & beaucoup d'autres Peuples.

Je m'embarquai le quatorze précisément à l'heure même, à laquelle j'étois arrivé la veille à Catarocoui. Je n'avois que six lieuës à faire pour gagner l'*Isle aux Chevreuils*, où il y a un joli Port, qui peut recevoir de grandes Barques; mais mes Canadiens n'avoient pas visité leur Canot, dont le Soleil avoit fait fondre la gomme en plusieurs endroits, il faisoit eau de toutes parts, & il me fallut perdre deux heures entieres pour le réparer dans une des Isles, qui sont à l'entrée du Lac Ontario. Nous naviguâmes ensuite jusqu'à dix heures du soir, sans pouvoir gagner l'Isle aux Chevreuils, & il nous fallut passer le reste de la nuit dans un très-mauvais endroit.

<small>Des Vignes du Canada.</small>

J'apperçus là pour la premiere fois des Vignes dans le Bois. Il y en avoit presqu'autant de Seps, que d'Arbres, à la cime desquels ils s'élevent. Je n'avois pas encore fait cette remarque, parce que je m'étois toujours arrêté jusques-là dans des endroits découverts ; mais on m'assûre que c'est par-tout la même chose jusqu'au Mexique. Ces Vignes ont le pied fort gros, & portent beaucoup de Raisins. Mais les grains n'en sont guéres que de la grosseur d'un Pois ; & cela ne peut être autrement, les Vignes n'étant point taillées, ni cultivées. Quand ils sont mûrs, c'est une bonne manne pour les Ours, qui vont les chercher au haut des plus grands Arbres. Ils n'ont pourtant que le reste des Oiseaux, qui ont bientôt vendangé des Forêts entieres.

1721.
May.

Je partis le lendemain de bonne heure, & à onze heures du matin je m'arrêtai à l'*Isle aux Gallots*, trois lieuës par-delà l'Isle aux Chevres, par les quarante-trois degrés trente-trois minutes. Je me rembarquai un peu après midi ; & je fis une traverse d'une lieuë & demie pour gagner *la Pointe de la Traverse :* si pour venir là du lieu, où j'avois passé la nuit, il m'avoit fallu côtoyer la Terre ferme, j'aurois eu plus de quarante lieuës à faire, & l'on est bien obligé de prendre ce parti, quand le Lac n'est pas bien calme ; car pour peu qu'il soit agité, les vagues y sont aussi grosses qu'en pleine Mer. Il n'est pas même possible de ranger la Côte, quand le vent vient du large.

De la pointe de l'Isle aux Gallots on voit à l'Ouest la Riviere de *Chouguen*, autrement appellée la Riviere d'*Onnontagué*, qui en est éloignée de quatorze lieuës. Comme le Lac étoit tranquille, qu'il n'y avoit nulle apparence de mauvais tems, & que nous avions un petit souffle de vent d'Est, qui suffisoit à peine pour porter la Voile, je résolus de tirer droit sur cette Riviere, afin d'épargner quinze ou vint lieuës de circuit. Mes Conducteurs, plus expérimentés que moi, jugeoient l'entreprise hasardeuse ; mais par complaisance ils déférerent à mon avis. La beauté du Pays, que je laissois à ma gauche, ne me tenta point, non plus que les Saumons & quantité d'autres Poissons excellens, qu'on pêche dans six belles Rivieres, qui sont à deux ou trois lieuës les unes des autres (*a*). Nous prîmes donc le large, & jusqu'à quatre

(*a*) La Riviere *de l'Assomption*, à une lieuë de la pointe de la Traverse : celle *des Sables*, trois lieuës plus loin : celle *de la Planche*, deux lieuës au-delà : celle *de la* *Grande Famine*, à deux autres lieuës : celle *de la Petite Famine*, à une lieuë : celle *de la Grosse Ecorce*, à une lieuë.

1721.
May.

heures nous n'eûmes pas lieu de nous en repentir : mais alors le vent força tout-à-coup, & nous aurions bien voulu être plus près de Terre. Nous tournâmes vers la plus proche, dont nous étions encore à trois lieuës, & nous eûmes bien de la peine à la gagner. Enfin à sept heures du soir nous abordâmes à l'*Anse de la Famine*, ainsi nommée depuis que M. de la Barre, Gouverneur Général de la Nouvelle France, pensa y perdre toute son Armée par la faim & par les maladies, en allant faire la guerre aux Iroquois.

Description de l'Anse de la Famine.

Il étoit tems que nous arrivassions; le vent étoit fort, & les vagues si grosses, qu'on n'auroit pas osé passer la Seine à Paris vis-à-vis du Louvre par le tems, que nous avions. Au reste cet endroit est tout propre à faire perir une Armée, qui auroit compté sur la Chasse & sur la Pêche, pour subsister, outre que l'Air y paroît fort mal sain. Mais rien n'est plus beau que les Forêts, qui couvrent tous les Bords du Lac. Les Chênes blancs & rouges s'y élevent jusqu'aux nuës, on y voit encore un Arbre de la plus grande espece, dont le bois dur, mais cassant, ressemble beaucoup à celui du Plane, & dont la feuille à cinq pointes, de médiocre grandeur, est d'un très-beau verd en-dedans, & blanchâtre en-dehors. On lui a donné le nom de *Cotonnier*, parce que dans une coque de la grosseur à peu près de celle du Maronnier d'Inde, il porte une espece de Cotton, qui paroît pourtant n'être bon à rien.

Du Flux & du Reflux des Lacs.

En me promenant sur le bord du Lac, j'ai observé qu'il perd sensiblement de ce côté-ci. On le reconnoît en ce que dans l'espace d'une demie lieuë en profondeur le Terrein est beaucoup plus bas & plus sablonneux qu'au-delà. J'ai aussi remarqué dans ce Lac, & on m'assûre que la même chose arrive dans tous les autres, une espece de Flux & de Reflux presque momentané, des Rochers, qui sont assez près du Rivage, se couvrant & se découvrant plusieurs fois dans l'espace d'un quart-d'heure, quoique la surface du Lac fût fort calme, & qu'il ne fît presque point de vent. Après y avoir réfléchi quelque tems, j'imaginai que cela peut venir des Sources, qui se trouvent au fond des Lacs, & du choc de ces Courans avec celui des Rivieres, qui s'y déchargent de toutes parts, & qui produisent ces mouvemens intermittans.

Pourquoi les Arbres n'ont pas encore de

Mais croiriez-vous bien, Madame, que dans la Saison, où nous sommes, & par les quarante-trois dégrés de latitude, il n'y a pas encore une feuille aux Arbres, quoique nous ayions quelquefois des chaleurs telles, que vous en avez au mois de Juillet ? Cela vient sans doute de ce que la Terre, qui a été couverte de Néges pendant plusieurs mois, n'est pas encore assez échauffée pour ouvrir les pores des racines, & faire monter la séve. Au reste la Grande & Petite Famine méritent bien peu le nom de Rivieres : ce ne sont que des Ruisseaux, sur-tout la derniere, mais elles sont assez poissonneuses. Il y a ici des Aigles d'une grosseur prodigieuse, mes Gens viennent d'en abbattre un Nid, où il y avoit la charge d'une Charrette de bois, & deux Aiglons, qui n'avoient pas encore de Plumes, & qui étoient plus gros que les Poules d'Inde les plus grandes. Ils les ont mangés, & les ont trouvés fort bons. Je reviens à Catarocoui, où la nuit, que j'y passai, je fus témoin d'une scene assez curieuse.

1721.
May.
feuilles au mois de May.

Vers les dix ou onze heures du soir, comme j'étois sur le point de me retirer, j'entendis un cri, qu'on me dit être un cri de guerre, & peu de tems après je vis une Troupe de Missisaguez, qui entroient dans le Fort en chantant. Depuis quelques années ces Sauvages se sont laissés engager dans la guerre, que les Iroquois font aux Cheraquis, Peuple assez nombreux, qui habite un très-beau Pays au Sud du Lac Erié ; & depuis ce tems-là les points demangent à leurs jeunes gens. Trois ou quatre de ces Braves, équippés comme s'ils avoient voulu faire une mascarade, le Visage peint de maniere à inspirer de l'horreur, & suivis de presque tous les Sauvages, qui demeurent aux environs du Fort, après avoir parcouru les Cabannes en chantant leurs chansons de guerre, au son du Chichikoué (*a*), venoient faire la même chose dans tous les Appartemens du Fort, par honneur pour le Commandant & pour les Officiers.

Maniere de chanter la Guerre parmi les Sauvages.

Je vous avoüe Madame, que cette Cérémonie a quelque chose, qui inspire de l'horreur, quand on la voit pour la premiere fois, & que je n'avois pas encore senti jusques-là, comme je fis alors, que j'étois parmi des Barbares. Leur Chant a toujours quelque chose de lugubre & de sombre ; mais ici j'y trouvai je ne sçai quoi d'éffrayant, causé peut-être uniquement par l'obscurité de la nuit, & par l'appareil de la Fête ; car c'en est une pour les Sauvages. C'est aux Iroquois, que s'adressoit

(*a*) C'est une espece de Calebasse remplie de petits Cailloux.

cette invitation ; mais ceux-ci, à qui la Guerre des Cheraquis commence à devenir à charge, ou qui n'étoient pas en humeur, demanderent du tems pour déliberer, & chacun s'en retourna chez foi.

Du Dieu de la Guerre.

Il paroît, Madame, que dans ces Chanfons on invoque le Dieu de la Guerre, que les Hurons appellent *Areskoui*, & les Iroquois *Agreskoué*. Je ne fçai pas quel nom on lui donne dans les Langues Algonquines. Mais n'eft-il pas un peu étonnant que dans le mot Grec Αρης, qui eft le *Mars* & le Dieu de la Guerre dans tous les Pays, où l'on a fuivi la Théologie d'Homere, on trouve la racine, d'où femblent dériver plufieurs termes de la Langue Huronne & Iroquoife, qui ont rapport à la Guerre ? *Aregouen* fignifie faire la Guerre, & fe conjugue ainfi : *Garego*, je fais la Guerre ; *Sarego*, tu fais la Guerre ; *Arego*, il fait la Guerre. Au refte, Areskoui n'eft pas feulement le Mars de ces Peuples, il eft encore le Souverain des Dieux, ou, comme ils s'expriment, le Grand Efprit, le Créateur & le Maître du Monde, le Génie, qui gouverne tout ; mais c'eft principalement pour les expéditions Militaires, qu'on l'invoque, comme fi la qualité, qui lui fait le plus d'honneur, étoit celle de Dieu des Armées. Son nom eft le Cri de Guerre avant le Combat, & au fort de la Mêlée : dans les Marches même on le répete fouvent, comme pour s'encourager, & pour implorer fon affiftance.

De la Déclaration de la Guerre.

Lever la Hache, c'eft déclarer la Guerre : tout Particulier a droit de le faire, fans qu'on puiffe y trouver à redire ; fi ce n'eft parmi les Hurons, & les Iroquois, où les Meres de Familles ordonnent & défendent la Guerre, quand il leur plaît : nous verrons en fon lieu jufqu'où s'étend leur autorité dans ces Nations. Mais fi une Matrone veut engager quelqu'un, qui ne dépend point d'elle, à lever un Parti de Guerre, foit pour appaifer les Manes de fon Mari, de fon Fils, ou de fon proche Parent, foit pour avoir des Prifonniers, qui remplacent dans fa Cabanne, ceux que la mort, ou la captivité lui a enlevés ; il faut qu'elle lui préfente un Colier de Porcelaine, & il eft rare qu'une telle invitation foit fans effet.

Quand il s'agit d'une Guerre dans les formes, entre deux ou plufieurs Nations, la façon de s'exprimer eft, *fufpendre la Chaudiere fur le feu* ; & elle a fans doute fon origine dans la coutûme barbare de manger les Prifonniers, & ceux, qui ont été

été tués, après les avoir fait bouillir. On dit même tout simplement qu'on va *manger une Nation*, pour signifier qu'on veut lui faire la Guerre à toute outrance, & il est rare qu'on la fasse autrement. Quand on veut engager son Allié dans sa querelle, on lui envoye une Porcelaine, c'est-à-dire, une grande Coquille, pour l'inviter à boire le Sang, ou, comme portent les termes dont on use, du Bouillon de la Chair de ses Ennemis. Après tout, cette pratique pourroit être très-ancienne, sans qu'on puisse en inferer que ces Peuples ont toujours été Anthropophages. Ce n'étoit peut-être dans les premiers tems, qu'une façon de parler allégorique, telle que l'Ecriture même nous en fournit plusieurs. David n'avoit apparemment pas à faire à des Ennemis, qui fussent dans l'usage de manger de la Chair humaine, lorsqu'il disoit : *Dum appropiant super me nocentes, ut edant carnes meas.* (a) Dans la suite certaines Nations devenuës Sauvages & Barbares, auront substitué la réalité à la figure.

1721.
May.

J'ai dit que les Porcelaines de ces Pays sont des Coquilles : elles se trouvent sur les Côtes de la Nouvelle Angleterre, & sur celles de la Virginie : elles sont cannelées, allongées, un peu pointuës, sans oreilles & assez épaisses. La Chair du Poisson renfermé dans ces Coquillages, n'est pas bonne à manger ; mais le dedans est d'un si beau Verni, & a des Couleurs si vives, que l'Art ne peut rien faire qui en approche. Quand les Sauvages alloient tout nuds, ils en faisoient l'usage auquel nos premiers Peres employerent les feuilles de Figuier, quand ils s'apperçurent de leur Nudité, & qu'elle leur causa de la honte. Ils les pendoient aussi à leur Cou, comme la chose la plus précieuse qu'ils eussent, & c'est encore aujourd'hui une de leurs plus grandes richésses, & leurs plus belles parures ; en un mot, ils en ont la même idée que nous avons de l'Or & de l'Argent & des Pierreries : en cela d'autant plus raisonnables, qu'ils n'ont, pour ainsi dire, qu'à se baisser pour se procurer des Trésors aussi réels que les nôtres ; puisque tout cela dépend de l'opinion. Jacques Cartier parle dans ses Mémoires d'une espece de Coquillage fait en Cornibot, qu'il trouva, dit-il, dans l'Isle de Montreal : il le nomme *Esurgni*, & assûre qu'il avoit la vertu d'arrêter le saignement du Nez. Peut-être est-ce la même dont il s'agit ici ; mais on n'en ramasse point sur les

Digression sur la Porcelaine du Canada.

(a) Pseaume 26. 2.

Tome III.

bords de l'Isle de Montreal, & je n'ai pas oüi dire que les Coquillages de Virginie ayent la proprieté dont parle Cartier.

Des Branches & des Coliers de Porcelaine.

Il y en a de deux sortes, ou pour parler plus juste, de deux Couleurs, l'une blanche & l'autre violette. La premiere est plus commune, & peut-être pour cela même, moins estimée. La seconde paroît avoir le grain un peu plus fin, quand elle est travaillée. Plus sa couleur est foncée, & plus elle est recherchée. On fait de l'une & de l'autre de petits Grains cilindriques ; on les perce, & on les enfile ; c'est dequoi on fait *les Branches & les Coliers de Porcelaine*. Les Branches ne sont autre chose, que quatre ou cinq fils, ou petites lanieres de Peaux d'environ un pied de long, où sont enfilés les Grains de Porcelaine. Les Coliers sont des manieres de Bandeaux ou de Diadêmes formés de ces Branches, assujetties par des fils, qui en font un tissu de quatre, cinq, six ou sept rangées de Grains, & d'une longueur proportionnée ; cela dépend de l'importance de l'affaire, qu'on veut traiter, & de la dignité des personnes, à qui on présente le Colier.

Par le mélange des Grains de différentes Couleurs, on y forme telle figure & tel caractere, que l'on veut, ce qui sert souvent à distinguer les affaires, dont il est question. On peint même quelquefois les Grains: du moins est-il certain qu'on envoïe souvent des Coliers rouges, quand il s'agit de la Guerre. Ces Coliers se conservent avec soin, & non-seulement ils composent le Trésor public, mais ils sont encore comme les Registres & les Annales, que doivent étudier ceux, qui sont chargés des Archives, lesquels sont déposés dans la Cabanne du Chef. Quand il y a dans un Village deux Chefs d'une autorité égale, ils gardent tour à tour le Trésor & l'Archive pendant une nuit ; mais cette nuit, du moins à présent, est une année entiere.

De leur usage.

Il n'y a que les affaires de conséquence, qui se traitent par des Coliers ; pour les moins importantes, on se sert de Branches de Porcelaines, de Peaux, de Couvertures, de Maïz, ou en Grains, ou en Farine, & d'autres choses semblables : car il entre de tout cela dans le Trésor public. Quand il s'agit d'inviter un Village, ou une Nation à entrer dans une Ligue, quelquefois au lieu de Colier, on envoye un Pavillon teint de Sang : mais cet usage est moderne, & il y a bien de l'apparence que les Sauvages en ont pris l'idée à la vûë des Pavillons blancs des

François, & des Pavillons rouges des Anglois. On dit même que nous nous en sommes servis les premiers avec eux, & qu'ils ont imaginé d'ensanglanter les leurs, lorsqu'il est question de déclarer la Guerre.

1721.
May.

Le Calumet n'est pas moins sacré parmi ces Peuples, que le Colier de Porcelaine : il a même, si on les en croit, une origine Céleste ; car ils tiennent que c'est un présent que le Soleil leur a fait. Il est plus en usage chez les Nations Meridionnales & Occidentales, que dans celles du Nord & de l'Est, & on l'employe plus souvent pour la Paix, que pour la Guerre. *Calumet* est un mot Normand, qui veut dire *Chalumeau* ; & le Calumet des Sauvages est proprement le Tuyau d'une Pipe ; mais on comprend sous ce nom la Pipe même & son Tuyau. Dans les Calumets de parade, le Tuyau est fort long, & la Pipe a la figure de nos anciens Marteaux d'Armes : elle est ordinairement faite d'une espece de Marbre rougeatre, fort aisé à travailler, & qui se trouve dans les Pays des *Ajouez*, au-delà du Micissipi. Le Tuyau est d'un Bois leger, peint de différentes Couleurs, & il est orné de Têtes, de Queuës & de Plumes des plus beaux Oiseaux ; ce qui, selon toutes les apparences n'est qu'un pur ornement.

Du Calumet & de son usage.

L'usage est de fumer dans le Calumet, quand on l'accepte, & il est peut-être sans exemple qu'on ait jamais violé l'engagement, que l'on a pris par cette acceptation. Les Sauvages sont du moins persuadés que le Grand Esprit n'en laisseroit pas l'infraction impunie. Si au milieu d'un Combat l'Ennemi présente un Calumet, il est permis de le refuser ; mais si on le reçoit, il faut mettre sur le champ les Armes bas. Il y a des Calumets pour tous les différens Traités. Dans le Commerce, quand on est convenu de l'échange, on présente un Calumet pour le cimenter, ce qui le rend en quelque sorte sacré. Quand il s'agit de la Guerre, non-seulement le Tuyau, mais les Plumes même, dont il est orné, sont rouges : quelquefois ils ne le sont que d'un côté, & on prétend que suivant la maniere, dont les Plumes sont disposées, on reconnoît d'abord à quelle Nation en veulent ceux, qui les présentent.

On ne peut guéres douter que les Sauvages, en faisant fumer dans le Calumet ceux, dont ils recherchent l'alliance, ou le commerce, n'ayent intention de prendre le Soleil pour témoin, & en quelque façon pour garant de leurs Traités ; car ils ne man-

De son Origine.

D d ij

1721.
May.

quent jamais de pouffer la fumée vers cet Aftre : mais que de cette pratique , & de l'ufage ordinaire des Calumets on doive inferer, comme ont fait quelques-uns, que cette Pipe pourroit bien dans fon origine être le Caducée de Mercure , c'eft ce qui me paroît d'autant moins vraifemblable, que ce Caducée n'avoit aucun rapport au Soleil , & que dans les Traditions des Sauvages on n'a rien trouvé , qui puiffe faire juger qu'ils ayent jamais eu aucune connoiffance de la Mythologie des Grecs. Il feroit, à mon avis, beaucoup plus naturel de penfer que ces Peuples, inftruits par leur expérience que la fumée de leur Petun abbat les vapeurs du Cerveau, rend la Têté plus libre, réveille les efprits , & nous met plus en état de traiter d'affaires , en ont pour cette raifon introduit l'ufage dans les Confeils, où effectivement ils ont fans ceffe la Pipe à la Bouche, & qu'après avoir mûrement délibéré & pris leur parti, ils n'ont pas cru pouvoir trouver de fymbole plus propre pour mettre le fceau à ce qu'ils ont arrêté, ni de gage plus capable d'en affûrer l'exécution , que l'inftrument, qui a eu tant de part à leurs délibérations. Peut-être même vous paroîtra-t'il plus fimple , Madame , de dire que ces Peuples n'ont point imaginé de fignes plus naturels pour marquer une étroitte union, que de fumer dans la même Pipe , fur-tout fi la fumée qu'on en tire, eft offerte à une Divinité, qui y mette le fceau de la Religion. Fumer donc dans la même Pipe en figne d'alliance , eft la même chofe, que de boire dans la même Coupe , comme il s'eft de tout tems pratiqué dans plufieurs Nations. Ce font-là de ces ufages , qui viennent trop naturellement à l'efprit , pour y chercher du myftere.

La grandeur & les ornemens des Calumets, qui fe préfentent aux Perfonnes de diftinction , & dans les occafions importantes , n'ont rien non plus, dont il faille chercher bien loin les motifs. Pour peu que les hommes ayent de commerce entr'eux , & fe refpectent mutuellement, ils s'accoûtument à avoir certains égards les uns pour les autres , principalement dans les occafions , où il s'agit d'affaires publiques , ou quand on veut gagner la bienveillance de ceux, avec qui l'on traite , & de-là le foin , qu'on apporte, pour donner plus de décoration aux préfens, qu'on leur fait. Au refte c'eft aux *Panis*, Nation établie fur les Bords du Miffouri, & qui s'étend beaucoup vers le Nouveau Mexique , qu'on prétend que le Calumet a été donné par le Soleil. Mais ces Sauvages ont apparemment fait comme beaucoup d'autres Peuples. Ils ont voulu relever par le merveilleux un usage, dont ils étoient les Auteurs ; & tout ce qu'on peut conclure de cette tradition, c'est que les Panis rendent au Soleil un culte plus ancien, ou plus marqué que les autres Nations de cette partie du Continent de l'Amérique, & qu'ils se sont avisés les premiers de faire du Calumet un symbole d'alliance. Enfin si le Calumet étoit dans son institution le Caducée de Mercure, il ne seroit employé, que pour la Paix, ou pour le Commerce ; & il est constant qu'il est d'usage dans les Traités, qui ont la Guerre pour objet.

1721.
May.

Ces Notions, Madame, m'ont paru nécessaires pour vous donner une connoissance parfaite de ce qui regarde la guerre des Sauvages, dont je vous entretiendrai dans mes Lettres, jusqu'à ce que j'aye épuisé ce sujet, ou, si ce sont des digressions, elles ne sont pas tout-à-fait étrangeres à mon sujet. D'ailleurs un Voyageur tâche de placer le moins mal qu'il peut tout ce qu'il apprend sur sa route.

Je suis, &c.

QUATORZIÉME LETTRE.

Description du Pays depuis l'Anse de la Famine jusqu'à la Riviere des Sables. Motifs des Guerres des Sauvages. Départ des Guerriers, & tout ce qui précede leur départ. Leurs Adieux. Leurs Armes offensives & défensives. Le soin, qu'ils ont de porter avec eux leurs Dieux Tutélaires. Particularités du Pays jusqu'à Niagara.

A la Riviere des Sables, ce dix-neuf May, 1721.

MADAME,

ME voici encore dégradé par un vent contraire, qui vient de se lever au moment que nous étions le plus en train d'avancer. Il nous a même surpris si brusquement, que nous au-

Désagrémens & incommodités de ces Voyages.

rions été fort en peine, si nous n'eussions très-à-propos rencontré cette petite Riviere, pour nous y réfugier. Vous m'avouërez, Madame, qu'il y a bien des désagrémens & des incommodités à essuyer dans un voyage tel que celui-ci. Il est fort triste de faire cent, & quelquefois deux cent lieuës, sans trouver une Maison, ni rencontrer un Homme ; de ne pouvoir s'engager dans une traverse de deux ou trois lieuës, pour éviter d'en faire vint inutilement, sans risquer sa vie par le caprice des Vents ; de se voir arrêté, comme il arrive quelquefois, des semaines entieres, sur une Pointe, ou sur un Rivage stérile, où, si la Pluye survient, il faut rester sous un Canot, ou sous une Tente : si le vent est impétueux, il faut chercher un abry dans le Bois, où l'on n'est pas sans danger d'être écrasé par la chute d'un Arbre. On auroit paré à une partie de ces inconvéniens, en construisant des Barques pour naviger sur les Lacs ; mais il faudroit pour cela que le Commerce en valût un peu plus la peine.

Nous sommes ici sur la lisiere des Cantons Iroquois, & c'est un fort beau Pays. Nous nous embarquâmes hier de grand matin par le plus beau tems du monde. Il ne faisoit pas un soufle de vent, & le Lac étoit uni comme une Glace.

Description de la Côte. Vers les neuf ou dix heures nous passâmes devant l'Embouchure de la Riviere d'Onnontagué, & elle me parut avoir un arpent de large. Les Terres y sont un peu basses, mais très-bien boisées. Presque toutes les Rivieres, qui arrosent les Cantons Iroquois, se déchargent dans celle-ci, dont la Source est un fort joli Lac, appellé *Gannentaha*, sur le bord duquel il y a des Salines. Vers les onze heures & demie un petit vent de Nord-Est nous fit mettre la Voile, & nous poussa en peu d'heures jusqu'à la *Baye des Goyogouins*, qui est à dix lieuës de la Riviere d'Onnontagué. Toute la Côte dans cet espace est variée de Marais & de Terres hautes, un peu sablonneuses, couvertes de très-beaux Arbres, & surtout de Chênes, qui semblent avoir été plantés à la main.

Un vent de Terre violent, qui nous accueillit par le travers de la Baye des Goyogouins, nous obligea de nous y réfugier. C'est un des plus beaux endroits, que j'aye jamais vû. Une presqu'Isle bien boisée s'avance au milieu, & forme comme un Théâtre. Sur la gauche en entrant, on apperçoit dans un enfoncement une petite Isle, qui cache l'entrée d'une

Riviere, par où les Goyogouins descendent dans le Lac. Le vent ne dura point ; nous nous remîmes en route, & nous fîmes encore trois ou quatre lieuës. Ce matin nous nous sommes embarqués avant le Soleil levé, & nous avons fait cinq ou six lieuës. Je ne sçai combien le vent du Nord-Ouest nous retiendra ici. En attendant je vais reprendre mon récit sur les guerres des Sauvages, où je l'ai interrompu.

1721.
May.

Il est rare, Madame, que ces Barbares refusent de s'engager dans une guerre, quand ils y sont invités par leurs Alliés. Ils n'ont pas même besoin pour l'ordinaire d'invitation pour prendre les Armes; le moindre motif, un rien souvent les y détermine. La vengeance sur-tout: ils ont toujours quelque injure ancienne ou nouvelle à venger ; car le tems ne referme point ces sortes de playes, quelque legeres qu'elles soient. Aussi ne doit-on jamais compter que la Paix soit solidement établie entre deux Nations, qui ont été lontems ennemies ; d'autre part le desir de remplacer des Morts par des Prisonniers, ou d'appaiser leurs ombres ; le caprice d'un particulier ; un songe, qu'on explique à sa façon, & d'autres raisons, ou prétextes aussi frivoles, font qu'on voit souvent partir pour la Guerre une troupe d'Aventuriers, qui ne songeoient à rien moins le jour précédent.

Motifs, qui engagent les Sauvages à faire la guerre.

Il est vrai que ces petites Expéditions, sans l'aveu du Conseil, sont ordinairement sans conséquence, & comme elles ne demandent pas de grands préparatifs, on y fait peu d'attention ; mais généralement parlant, on n'est pas trop fâché de voir la Jeunesse s'exercer & se tenir en haleine, & il faudroit avoir de grandes raisons pour s'y opposer ; encore y employe-t-on rarement l'autorité, parce que chacun est le maître de ses démarches : mais on tâche d'intimider les uns par de faux bruits, qu'on fait courir; on sollicite sous main les autres ; on engage par des présens les Chefs à rompre la partie, ce qui est fort aisé ; car il ne faut pour cela qu'un Songe vrai, ou prétendu. Dans quelques Nations, la derniere ressource est de s'adresser aux Matrones, & elle est presque toujours efficace ; mais on n'y a recours, que quand l'affaire est d'une grande conséquence.

Une Guerre, qui interresse toute la Nation, ne se conclut pas si aisément : on en balance avec beaucoup de maturité les inconveniens & les avantages, & tandis qu'on délibere, on

De quelle maniere on s'y résout.

1721.
May.

apporte un très-grand soin à écarter tout ce qui pourroit donner à l'Ennemi le moindre sujet de soupçonner qu'on veut rompre avec lui. La Guerre une fois résoluë, on pense d'abord aux Provisions & à l'Equipage des Guerriers, & cela ne demande pas beaucoup de tems. Les Danses, les Chants, les Festins, quelques Cérémonies superstitieuses, qui varient beaucoup selon les différentes Nations, en demandent beaucoup davantage.

Préparatifs du Chef.

Celui qui doit commander ne songe point à lever des Soldats, qu'il n'ait jeûné plusieurs jours, pendant lesquels il est barbouillé de noir, n'a presque point de conversation avec personne, invoque jour & nuit son Esprit tutelaire, observe sur-tout avec soin ses Songes. La persuasion où il est, suivant le génie présomptueux de ces Barbares, qu'il va marcher à une Victoire certaine, ne manque guéres de lui causer des Rêves selon ses desirs. Le Jeûne fini, il assemble ses Amis, & un Colier de Porcelaine à la Main, il leur parle en ces termes: » Mes Freres, le Grand Esprit autorise mes sentimens, & m'a » inspiré ce que je dois faire. Le Sang d'un tel n'est point » essuyé, son Corps n'est point couvert, & je veux m'acquitter » envers lui de ce devoir «. Il expose de même les autres motifs, qui lui font prendre les Armes. Puis il ajoûte : » Je suis » donc résolu d'aller en tel endroit lever des Chevelures, ou » faire des Prisonniers ; ou bien je veux manger telle ou telle » Nation. Si je peris dans cette glorieuse entreprise, ou si » quelqu'un de ceux, qui voudront bien m'accompagner, y » perd la vie, ce Colier servira pour nous recevoir, afin que » nous ne demeurions pas couchés dans la Poussiere, ou dans » la Bouë «. C'est-à-dire, apparemment, qu'il sera pour celui qui aura soin d'ensévelir les Morts.

En prononçant ces dernieres paroles, il met le Colier à terre, & celui qui le ramasse, se déclare par-là son Lieutenant; puis il le remercie du zéle, qu'il témoigne pour venger son Frere, ou pour soûtenir l'honneur de la Nation. On fait ensuite chauffer de l'Eau, on débarbouille le Chef, on lui accommode les Cheveux, & on les graisse, ou on les peint. On lui met différentes Couleurs au Visage, & on le revêt de sa plus belle Robe. Ainsi paré, il chante d'une voix sourde sa Chanson de Mort ; ses Soldats, c'est-à-dire, tous ceux, qui se sont offerts à l'accompagner, (car on ne contraint personne) entonnent

tonnent enfuite l'un après l'autre leur Chanfon de Guerre ; car chacun a la fienne, qu'il n'eft pas permis à nul autre de chanter : il y en a auffi d'affectées à chaque Famille.

1721. May.

Après ce préliminaire, qui fe paffe dans un lieu écarté, & fouvent dans une Etuve, le Chef va communiquer fon projet au Confeil, lequel en délibere, fans jamais admettre à cette déliberation l'Auteur de l'Entreprife. Dès que fon projet a été accepté, il fait un Feftin, dont le principal & quelquefois l'unique Mets doit être un Chien. Quelques-uns prétendent que cet Animal eft offert au Dieu de la Guerre, avant que d'être mis dans la Chaudiere, & peut-être qu'on le pratique ainfi parmi quelques Nations. Je fuis même bien aife de vous avertir ici, Madame, que dans ce que je vous dirai fur cet article, je ne garantis pas que tout foit d'un ufage général parmi toutes les Nations. Mais il paroît certain que dans l'occafion, dont il s'agit ici, on fait quantité d'invocations à tous les Efprits bons & mauvais, & fur-tout au Dieu de la Guerre.

Délibération du Confeil.

Tout cela dure plufieurs jours, ou plûtôt fe réitere plufieurs jours de fuite : mais quoique tout le monde femble uniquement occupé de ces Fêtes, chaque Famille prend fes mefures pour avoir fa part des Prifonniers, qu'on fera, afin de réparer les pertes, ou de venger fes Morts. Dans cette vûë, on fait des préfens au Chef, qui de fon côté donne fa parole & des gages. Au défaut des Prifonniers, on demande des Chevelures, & cela eft plus aifé à obtenir. En quelques endroits, comme chez les Iroquois, dès qu'une expédition Militaire eft réfoluë, on met fur le feu la Chaudiere de Guerre, & on avertit fes Alliés d'y apporter quelque chofe, pour faire connoître qu'ils approuvent l'Entreprife, & qu'ils y prendront part.

Mefures, qu'on prend pour avoir des Prifonniers.

Tous ceux, qui s'enrôlent, donnent auffi au Chef, pour figne de leur engagement, un morceau de Bois avec leur marque, & quiconque après cela retireroit fa parole, ne feroit pas en fûreté de fa vie ; du moins il refteroit deshonoré pour toujours. Le Parti étant formé, le Chef de Guerre prépare un nouveau Feftin, où tout le Village doit être invité, & avant qu'on touche à rien, il dit, ou un Orateur pour lui & en fon nom : » Mes Freres, je fçai que je ne fuis pas encore un Homme ; mais vous n'ignorez pourtant pas que j'ai vû quelquefois « l'Ennemi d'affez près. Nous avons été tués ; les Os de tels & « de tels font encore découverts, ils crient contre nous, il faut «

Tome III.   E e

1721.
May.

» les satisfaire. C'étoient des Hommes ; comment avons-nous
» pu sitôt les oublier, & demeurer si lontems tranquilles sur nos
» Nattes ? Enfin, l'Esprit, qui s'interresse à ma gloire, m'a ins-
» piré de les venger. Jeunesse, prenez courage, rafraîchissez
» vos Cheveux, peignez-vous le Visage, remplissez vos Car-
» quois, faisons retentir nos Forêts de Chants Militaires, des-
» ennuyons nos Morts, & apprenons-leur qu'ils vont être
» vengés.

Chants & Danses & Festin des Guerriers.

Après ce discours, & les applaudissemens, dont il ne manque pas d'être suivi, le Chef s'avance au milieu de l'Assemblée, le Casse-tête à la Main, & chante ; tous ses Soldats lui répondent en chantant, & jurent de le bien seconder, ou de mourir à la peine. Tout cela est accompagné de gestes très-expressifs pour faire entendre qu'ils ne reculeront pas devant l'Ennemi ; mais il est à remarquer qu'il n'échappe à aucun des Soldats aucune expression, qui dénote la moindre dépendance. Tout se réduit à promettre d'agir avec beaucoup d'union & de concert. D'ailleurs, l'engagement qu'ils prennent, exige de grands retours de la part des Chefs. Par exemple, à chaque fois que dans les Danses publiques un Sauvage frappant de sa Hache un Poteau dressé exprès, rappelle à l'Assemblée ses plus belles Actions, comme il arrive toujours, le Chef, sous la conduite duquel il les a faites, est obligé de lui faire un présent, du moins parmi quelques Nations.

Idée, que ces Peuples ont du Courage.

Les Chants sont suivis de Danses ; quelquefois ce n'est qu'une démarche fiere, mais en cadence ; d'autres fois ce sont des mouvemens assez vifs, figurés & représentatifs des operations d'une Campagne, & toujours cadencés. Enfin le Festin termine la Cérémonie. Le Chef de Guerre n'en est que spectateur la Pipe à la Bouche ; c'est même assez l'ordinaire dans tous les Festins d'appareil, que celui, qui en fait les honneurs, ne touche à rien. Les jours suivans, & jusqu'au départ des Guerriers, il se passe bien des choses, dont le recit n'a rien d'interressant, & qui ne sont pas même d'une pratique uniforme & constante : mais je ne dois pas oublier une coûtume assez singuliere, dont les Iroquois sur-tout ne se dispensent jamais : elle paroît avoir été imaginée pour connoître ceux, qui ont l'esprit bien fait, & sçavent se commander à eux-mêmes ; car ces Peuples, que nous traitons de Barbares, ne conçoivent pas qu'on puisse avoir un véritable courage, si l'on n'eſt pas maître de ſes paſſions, & ſi on ne ſçait pas ſouffrir ce qui peut arriver de plus ſenſible. Voici de quoi il s'agit.

1721.
May.

Les plus anciens de la Troupe Militaire font aux jeunes Gens, principalement à ceux, qui n'ont pas encore vû l'Ennemi, toutes les avanies, dont ils peuvent s'aviſer. Ils leur jettent des cendres chaudes ſur la tête ; ils leur font les reproches les plus ſanglans ; ils les accablent d'injures, & pouſſent ce jeu juſqu'aux plus grandes extrémités. Il faut endurer tout cela avec une inſenſibilité parfaite ; donner dans ces occaſions le moindre ſigne d'impatience, c'en ſeroit aſſez pour être jugé indigne de porter jamais les armes : mais quand cela ſe pratique entre gens de même âge, comme il arrive aſſez ſouvent, il faut que l'Agreſſeur ſoit bien aſſûré de n'avoir rien ſur ſon compte, ſans quoi, le jeu fini, il ſeroit obligé de réparer l'inſulte par un préſent. Je dis, le jeu fini, car tout le tems qu'il dure, il faut tout ſouffrir ſans ſe fâcher, quoique le badinage aille ſouvent à ſe jetter des tiſons de feu à la tête, & à ſe donner de grands coups de bâton.

Epreuves, où l'on met les Guerriers.

Comme l'eſperance de guerir de ſes bleſſures, ſi on a le malheur d'en recevoir, ne contribuë pas peu à engager les plus braves à s'expoſer aux plus grands perils, après ce que je viens de dire, on prépare les drogues, dont les *Jongleurs* ſont chargés. Je vous dirai une autre fois quelle ſorte de gens ſont ces Jongleurs. Toute la Bourgade étant aſſemblée, un de ces Charlatans déclare qu'il va communiquer aux Racines & aux Plantes, dont il a fait bonne proviſion, la vertu de guerir toutes ſortes de playes, & même de rendre la vie aux morts. Auſſi-tôt il ſe met à chanter ; d'autres Jongleurs lui répondent, & l'on ſuppoſe que pendant le concert, qui ne vous paroîtroit pas fort mélodieux, & qui eſt accompagné de beaucoup de grimaces de la part des Acteurs, la vertu médicinale ſe répand ſur les drogues. Le principal Jongleur les éprouve enſuite : il commence par ſe faire ſaigner les lévres ; il y applique ſon remede ; le ſang, que l'impoſteur a ſoin de ſuccer adroitement, ceſſe de coüler, & on crie : *miracle*. Après cela il prend un Animal mort, il laiſſe aux Aſſiſtans tout le loiſir de bien s'aſſûrer qu'il eſt ſans vie, puis par le moyen d'une canule, qu'il lui a inſérée ſous la queuë, il la fait remuer, en lui ſouflant des herbes dans la gueule, & les cris

Précautions pour les bleſſés.

E e ij

1721.
May.

Pratiques propres aux Miamis pour se préparer à la Guerre.

d'admiration redoublent. Enfin toute la Troupe des Jongleurs fait le tour des Cabannes en chantant la vertu des remedes. Ces artifices dans le fond n'en imposent à personne, mais ils amusent la multitude, & il faut suivre l'usage.

En voici un autre, qui est particulier aux Miamis, & peut-être à quelques autres Nations du Voisinage de la Louysiane. Je l'ai tiré des Mémoires d'un François, qui en a été témoin. Après un festin solemnel on plaça, dit-il, sur une espece d'Autel des figures de Pagodes, faites avec des Peaux d'Ours, dont la tête étoit peinte de couleurs vertes. Tous les Sauvages passerent devant cet Autel en faisant des génuflexions, & les Jongleurs conduisoient la Bande, en tenant à la main un sac, où étoient renfermées toutes les choses, dont ils ont accoûtumé de se servir dans leurs évocations. C'étoit à qui feroit plus de contorsions, & à mesure que quelqu'un s'y distinguoit, on lui applaudissoit par de grands cris. Quand on eut ainsi rendu ses premiers hommages aux Idoles, tout le monde dansa avec beaucoup de confusion, au son du Tambour & du Chichikoué, & pendant ce tems-là les Jongleurs faisoient semblant d'ensorceler divers Sauvages, qui paroissoient expirer : puis en leur mettant d'une certaine poudre sur les lévres, ils les faisoient revivre.

Quand cette farce eut duré quelque tems, celui, qui présidoit à la Fête, ayant à ses côtés deux Hommes & deux Femmes, parcourut toutes les Cabannes, pour avertir que les Sacrifices alloient commencer. Lorsqu'il rencontroit quelqu'un en son chemin, il lui mettoit les deux mains sur la tête, & celui-ci lui embrassoit les genoux. Les Victimes devoient être des Chiens, & l'on entendoit de toutes parts les cris de ces Animaux, qu'on égorgeoit, & les Sauvages, qui hurloient de toutes leurs forces, sembloient leur faire paroli. Dès que les viandes furent cuites, on les offrit aux Pagodes, puis on les mangea, & on brûla les os. Cependant les Jongleurs ne cessoient point de refusciter de prétendus morts, & le tout finit par la distribution, qui fut faite à ces Charlatans de ce qui se trouva le plus à leur bienséance dans toute la Bourgade.

Description des Raquettes pour marcher sur la Nége, &

Depuis la résolution prise de faire la guerre, jusqu'au départ des Guerriers, toutes les nuits on chante, & les jours se passent à faire les Préparatifs. On députe des Guerriers pour

aller chanter la Guerre chez les Voisins & les Alliés, qu'on 1721.
a souvent eu soin de disposer, par des Négociations secrettes. May.
Si la Marche se doit faire par eau, on construit, ou l'on ré- des Traînes
pare les Canots : si c'est l'Hyver, on se fournit de Raquettes Bagage.
& de Traînes. Les Raquettes, dont il faut nécessairement se
servir, pour marcher sur la Neige, ont environ trois pieds de
long, & quinze ou seize pouces dans leur plus grande largeur. Leur figure est ovale, à cela près, que l'extrémité de
derriere se termine en pointe ; de petits bâtons de traverse,
passés à cinq ou six pouces des deux bouts, servent à les rendre plus fermes, & celui, qui est sur le devant, est comme
la corde d'une ouverture en arc, où l'on met le pied, qu'on y
assujettit avec des courroyes. Le tissu de la Raquette est de lanieres de cuir de la largeur de deux lignes, & le contour est
d'un bois leger durci au feu. Pour bien marcher sur ces Raquettes, il faut tourner un peu les genoux en-dedans, & tenir les jambes écartées. Il en coûte d'abord pour s'y accoûtumer ; mais quand on y est fait, on marche avec facilité & sans
se fatiguer davantage, que si on n'avoit rien aux pieds. Il n'est
pas possible d'user de ces Raquettes avec nos Souliers ordinaires ; il faut prendre ceux des Sauvages, qui sont des especes de Chaussons de Peaux boucannées, plissés en-dessus à
l'extrémité du pied & liés avec des cordons.

Les Traînes, qui servent à porter le Bagage, & dans un besoin, les Malades & les Blessés, sont deux petites Planches
fort minces de la largeur d'un demi-pied chacune, sur six ou
sept de long. Les devans en sont un peu relevés, & les côtés
sont bordés de petites bandes, où l'on attache des courroyes,
pour assujettir ce qui est sur la Traîne. Quelque chargées que
soient ces voitures, un Sauvage les peut tirer sans peine, à
l'aide d'une longue bande de cuir, qu'il fait passer sur sa poitrine, & qu'on appelle Coliers. On en use aussi pour porter
des fardeaux, & les Meres s'en servent pour porter leurs Enfans avec leurs Berceaux ; mais alors c'est sur le front, & non
pas sur la poitrine qu'ils sont appuyés.

Tout étant prêt, & le jour du départ venu, les adieux se Adieux des
font avec de grandes démonstrations d'une véritable tendresse. Guerriers.
Chacun veut avoir quelque chose, qui ait été à l'usage des
Guerriers, & leur donne des gages de son amitié, & des as-
sûrances d'un souvenir éternel. Ils n'entrent dans presqu'au-

cune Cabanne, qu'on ne leur prenne leur Robe, pour leur en donner un autre meilleure, ou du moins auſſi bonne. Enfin tous ſe rendent chez le Chef. Ils le trouvent armé comme le premier jour, qu'il leur a parlé; & comme il a toujours paru en public depuis ce tems-la. Eux-mêmes ſe ſont peints le viſage, chacun ſuivant ſon caprice, & tous ordinairement de maniere à faire peur. Le Chef leur fait une courte harangue, puis il ſort de ſa Cabanne, en chantant ſa chanſon de mort. Tous le ſuivent à la file, gardant un profond ſilence, & la même choſe ſe pratique tous les matins, quand on ſe remet en marche. Ici les Femmes prennent les devans avec les proviſions, & quand les Guerriers les ont jointes, ils leur remettent en main toutes leurs hardes, & reſtent preſque nuds: autant néanmoins que la Saiſon le peut permettre.

Leurs Armes offenſives & défenſives.

Autrefois les armes de ces Peuples étoient l'Arc, la Fléche, & une eſpece de Javelot, l'une & l'autre armées de pointes d'os travaillées en differentes façons, & le Caſſe-tête: c'étoit une petite Maſſuë d'un bois très-dur, dont la tête, de figure ronde, avoit un côté tranchant. La plûpart n'avoient aucune arme défenſive, mais lorſqu'ils attaquoient un Retranchement, ils ſe couvroient tout le corps de petites planches légeres. Quelques-uns ont une maniere de Cuiraſſe faite d'un tiſſu de Jonc, ou de petites Baguettes pliantes, aſſez proprement travaillées. Ils avoient même anciennement des Cuiſſarts & des Braſſades de même matiere, mais comme cette armure ne s'eſt point trouvée à l'épreuve des armes à feu, ils y ont renoncé, & n'ont rien mis à la place. Les Sauvages Occidentaux ſe ſervent toujours de Boucliers de Peaux de Bœufs, qui ſont fort legers, & que les Balles de Fuſil ne percent pas. Il eſt aſſez étonnant que les autres Nations n'en uſent point.

Quand ils font uſage de nos Epées, ce qui eſt très-rare, ils s'en ſervent comme d'Eſpontons: mais quand ils peuvent avoir des Fuſils, de la Poudre & du Plomb, ils laiſſent là leurs Fléches, & tirent très-juſte. On n'eſt pas à ſe repentir de leur en avoir donné, mais ce n'eſt pas nous, qui avons commencé: les Iroquois en ayant reçu des Hollandois, alors Poſſeſſeurs de la Nouvelle York, ç'a été pour nous une néceſſité d'en faire prendre à nos Alliés. Ils ont des eſpeces d'Enſeignes pour ſe reconnoître & ſe rallier; ce ſont de petits morceaux d'Ecorces coupées en rond, qu'ils mettent au bout d'une perche,

& sur lesquels ils ont tracé la marque de leur Nation, ou de leur Village. Si le Parti est nombreux, chaque Famille, ou Tribu a son Enseigne avec sa marque distinctive. Les armes sont aussi ornées de différentes figures, & quelquefois de la marque particuliere du Chef de l'Expédition.

1721. May.

Mais ce que l'on oublieroit encore moins que les armes, & ce que l'on conserve avec le plus grand soin, dont les Sauvages sont capables, ce sont les *Manitous*, j'en parlerai ailleurs plus amplement, il suffit ici de dire que ce sont les symboles, sous lesquels chacun se represente son Esprit familier. On les met tous dans un Sac fait de Joncs, & peint de différentes couleurs ; & souvent, pour faire honneur au Chef, on place ce Sac sur le devant de son Canot. S'il y a trop de Manitous, pour tenir dans un seul Sac, on les distribue dans plusieurs, qui sont confiés à la garde du Lieutenant & des Anciens de chaque Famille. Alors on y joint les presens, qui ont été faits pour avoir des Prisonniers, avec les langues de tous les Animaux, qu'on a tués pendant la Campagne, & dont on doit faire au retour un sacrifice aux Esprits.

Du soin, qu'ils ont de porter leurs Dieux.

Dans les marches par terre, le Chef porte lui-même son Sac, qu'on appelle *sa Natte ;* mais il peut se décharger de ce fardeau sur qui bon lui semble, & il ne doit pas craindre que personne refuse de le soulager, parce qu'on y a attaché une distinction : c'est comme un droit de survivance pour le Commandement, au cas que le Chef & son Lieutenant meurent pendant la Campagne. Mais tout en vous écrivant, Madame, me voici arrivé dans la Riviere de Niagara, où je vais trouver bonne Compagnie, & où je resterai quelques jours. Je partis de la Riviere des Sables le vint-unième avant le Soleil levé ; mais le Vent nous contrariant toujours, nous fûmes obligés d'entrer à dix heures dans la Baye des Tsonnonthouans. A moitié chemin de la Riviere des Sables à cette Baye, il y a une petite Riviere que je n'aurois pas manqué de visiter, si j'avois été plûtôt instruit de ce qu'elle a de singulier, & de ce que je viens d'apprendre en arrivant ici.

On l'appelle *Casconchiagon*, & elle est fort étroite, & peu profonde à sa décharge dans le Lac. Un peu plus haut elle a deux arpens de large, & on prétend que les plus grands Vaisseaux y pourroient être à flot. A deux lieuës de son Embouchure, on est arrêté par une Chute, qui paroît bien avoir

Description de la Riviere de *Casconchiagon*, & de deux Fontaines singulieres.

soixante pieds de haut, & deux arpens de large ; une portée de Fusil au-dessus, on en trouve une seconde de même largeur, mais moins haute des deux tiers ; & une demie lieuë plus loin, une troisiéme de cent pieds de haut bien mesurés, & de trois arpens de large. On rencontre après cela plusieurs Rapides, & après avoir encore navigué cinquante lieuës, on apperçoit une quatriéme Chute, qui ne cede en rien à la troisiéme. Le cours de cette Riviere est de cent lieuës, & quand on l'a remontée environ soixante lieuës, on n'a que dix lieuës à faire par terre, en prenant à droite, pour arriver à *l'Ohio*, surnommé *la belle Riviere*. Le lieu, où on la joint, s'appelle *Ganos*, où un Officier digne de foi, (a) & le même, de qui je tiens tout ce que je viens de vous dire, m'a assûré avoir vû une Fontaine, dont l'Eau est comme de l'Huile, & a le goût de Fer. Il m'a ajoûté qu'un peu plus loin, il y en a une autre toute semblable, & que les Sauvages se servent de son Eau, pour appaiser toutes sortes de douleurs.

Description de la Baye des Tsonnonthouans.

La Baye des Tsonnonthouans est un lieu charmant : une jolie Riviere y serpente entre deux belles Prairies, bordées de Coteaux, entre lesquelles on découvre des Vallées, qui s'étendent fort loin, & tout cela forme le plus beau point de vûë du monde, borné par une grande Forêt de haute-Futaye ; mais le terrein me paroît un peu leger & sablonneux. Nous nous remîmes en route à une heure & demie, & nous voguâmes jusqu'à dix heures du soir. Nous avions dessein de nous retirer dans une petite Riviere, qu'on appelle *la Riviere aux Bœufs ;* mais nous en trouvâmes l'entrée bouchée par les Sables, ce qui arrive souvent aux petites Rivieres, qui se déchargent dans ses Lacs, par la raison qu'elles entraînent beaucoup de Sable avec elles : car quand le Vent vient du large, ces Sables sont arrêtés par les Vagues, & forment peu à peu une Digue si haute & si forte, que le courant des Rivieres ne la sçauroit franchir, si ce n'est quand les Eaux grossissent par la fonte des Neiges.

De la Riviere de Niagara.

Je fus donc obligé de passer le reste de la nuit dans mon Canot, où j'essuyai une assez forte gelée. Aussi à peine voyoit-on les Arbrisseaux bourgeonner. Tous les Arbres étoient comme dans le milieu de l'Hyver. Nous partîmes de-là à trois heures & demie du matin, le vint-deux, jour de l'Ascension, & j'al-

(a) M. de Joncaire, aujourd'hui Capitaine dans les Troupes de la N. France.

lai

ai dire la Messe à neuf heures dans ce qu'on appelle *le Grand Marais*. C'est une Baye assez semblable à celle des Tsonnonthouans, mais où les Terres m'ont parû meilleures. Vers les deux heures après midi, nous entrâmes dans la Riviere de *Niagara*, formée par la grande Chute, dont je vous parlerai bientôt, ou plûtôt c'est le Fleuve Saint Laurent, qui sort du Lac Erié, & passe par le Lac Ontario après quatorze lieuës de détroit. On l'appelle Riviere de Niagara depuis la Chute, & cet espace est de six lieuës. On fait le Sud en y entrant. Quand on y a fait trois lieuës, on trouve sur la main gauche quelques Cabannes d'Iroquois Tsonnonthouans & de Missisaguez, comme à Catarocoui. Le Sieur de Jonquaire, Lieutenant dans nos Troupes, y a aussi sa Cabanne, à laquelle on donne par avance le nom de Fort (*a*) : car on prétend bien qu'avec le tems elle sera changée en une véritable Forteresse.

J'ai trouvé ici plusieurs Officiers, qui doivent retourner dans quelques jours à Quebec. C'est ce qui m'oblige à fermer cette Lettre, que j'enverrai par la même voye. Pour moi, je prévois que j'aurai après leur départ le tems de vous en écrire encore une, & le lieu même me fournira presque de quoi la remplir, avec ce que je pourrai apprendre d'ailleurs des Officiers, dont je viens de parler.

J'ai l'honneur d'être,

A Niagara, ce vintrois May, 1721.

1721.
May.

(*a*) Le Fort a été bâti depuis à l'Entrée de la Riviere de Niagara, du même côté, & précisément à l'endroit, où M. de Dénonville en avoit bâti un, qui n'a pas subsisté lontems. Il commence même à s'y former une Bourgade Françoise.

QUINZIÉME LETTRE.

Ce qui se passe entre les Tsonnonthouans & les Anglois à l'occasion de notre Etablissement à Niagara. Description du Pays. Danse du Feu ; Histoire à cette occasion. Description du Sault de Niagara.

Au Sault de Niagara, ce vint-six May, 1721.

MADAME,

J'AI déja eu l'honneur de vous dire que nous avons ici un projet d'Etablissement : pour bien entendre ce qui y a donné lieu, il faut sçavoir que les Anglois prétendent, en vertu du Traité d'Utrecht, avoir la Souveraineté sur tout le Pays Iroquois, & par conséquent n'être bornés de ce côté-là, que par le Lac Ontario ; cependant on a compris que, si leur prétention avoit lieu, il ne tiendroit bientôt plus qu'à eux de s'établir puissamment dans le centre de la Colonie Françoise, ou du moins d'en ruiner absolument le Commerce. On a donc jugé à propos de parer à cet inconvenient, en évitant néanmoins de donner atteinte au Traité, & on n'a rien trouvé de mieux, que de nous placer en un lieu, qui nous assurât la communication libre des Lacs, & où les Anglois ne fussent pas les maîtres de s'opposer à notre Etablissement. La Commission en a été donnée à M. de JONCAIRE, lequel ayant été dans sa jeunesse Prisonnier des Tsonnonthouans, gagna si bien les bonnes graces de ces Sauvages, que même dans le plus fort des Guerres, que nous avons euës contr'eux, & quoiqu'il y ait très-bien servi, il a toujours joui des priviléges attachés à son adoption.

Dès qu'il eut reçu ses ordres pour l'exécution du Projet, dont je vous ai parlé, il se rendit chez eux, assembla les Chefs, & après les avoir assurés qu'il n'avoit point de plus grand plaisir au monde que de vivre avec ses Freres, il ajoûta qu'il les visiteroit bien plus souvent, s'il avoit chez eux une Cabanne, où il pût se retirer, quand il voudroit être en liberté. Ils lui répondirent qu'ils n'avoient jamais cessé de le regarder comme de leurs Enfans ; qu'il étoit le maître de se loger par-tout, où bon lui sembleroit, & qu'il pouvoit choisir le lieu, qu'il jugeroit le plus commode. Il n'en demandoit pas davantage, il vint aussi-tôt ici, choisit pour son emplacement le bord de la Riviere, qui termine le canton de Tsonnonthouan, & y dressa une Cabanne. La nouvelle en fut bientôt portée dans la nouvelle York, & elle y causa d'autant plus de jalousie, que les Anglois n'avoient jamais pu obtenir dans aucun canton Iroquois, ce qui venoit d'être accordé au Sieur de Joncaire.

Opposition inutile des Anglois à cet Etablissement.

Ils se plaignirent avec hauteur, & leurs plaintes appuyées de présens, mirent d'abord les quatre autres Cantons dans leurs interêts : mais ils n'en furent pas plus avancés, parce que les Cantons Iroquois sont indépendans les uns des autres, & fort jaloux de cette indépendance. Il falloit donc encore gagner celui de Tsonnonthouan, & les Anglois n'omirent rien pour y réussir ; mais ils s'apperçurent bientôt qu'ils ne viendroient jamais à bout de déloger Joncaire de Niagara. Alors ils se réduisirent à demander, qu'au moins il leur fut permis d'avoir aussi une Cabanne au même lieu : mais cela leur fut encore refusé. „ Notre Terre est en paix, leur dirent les Tsonnonthouans, les François & vous n'y pourriez pas demeurer ensemble, sans la troubler. Au reste, ajoûterent-ils, c'est sans conséquence, que Joncaire y demeure. Il est Enfant de la Nation, il jouit de son droit, & il ne nous est pas permis de l'en fruster.

Description du Païs de Niagara.

Il faut avouer, Madame, qu'il n'y a gueres que le zéle du bien public, qui puisse engager un Officier, à demeurer dans un Pays tel que celui-ci, il n'est pas possible d'en voir un plus sauvage & plus affreux. D'un côté on voit sous ses pieds, & comme dans le fond d'un abîme, un grand Fleuve à la verité, mais qui en cet endroit, ressemble plus à un torrent par sa rapidité, & par les Tourbillons, qu'y forment mille Rochers, au travers desquels il a bien de la peine à trouver passage, & sur l'écume, dont il est toujours couvert : de l'autre, la vûë est masquée par trois Montagnes posées les unes sur les autres, & dont la derniere se perd dans les Nuës. C'est bien là que les Poëtes auroient pû dire, que les Titans avoient voulu escalader le Ciel. Enfin de quelque part que les yeux se tournent, ils ne découvrent rien, qui n'inspire une secrette horreur.

F f ij

Il est vrai qu'il ne faut pas aller bien loin pour voir un grand changement. Derriere ces Montagnes incultes & inhabitables, on apperçoit un Terrein gras, des Forêts magnifiques, des Côteaux agréables & fertiles ; on respire un air pur, & on jouit d'un Climat temperé, entre deux Lacs, dont le moindre *(a)* a deux cent cinquante lieuës de circuit. Il me paroît que, si de bonne heure on avoit eu la précaution de s'assûrer par une bonne Forteresse, & par une Peuplade raisonnable, d'un Poste de cette importance ; toutes les forces des Iroquois & des Anglois jointes ensemble, ne seroient pas aujourd'hui capables de nous en chasser ; que nous serions nous-mêmes en état de donner la Loi aux Premiers, & d'empêcher la plûpart des Sauvages, de porter leurs Pelleteries aux Seconds, comme ils font impunément tous les jours.

La Compagnie, que j'ai trouvée ici avec M. de JONCAIRE, étoit composée du Baron de Longueil, Lieutenant de Roy de Montreal *(b)*, du Marquis de CAVAGNAL, fils du Marquis de Vaudreuil, actuellement Gouverneur Général de la Nouvelle France, de M. de SENNEVILLE, Capitaine, & du Sieur de la CHAUVIGNERIE Enseigne, & Interprete du Roy pour la Langue Iroquoise : ces Messieurs vont négocier un Accommodement avec le Canton d'Onnontagué, & avoient ordre de visiter l'Etablissement du Sieur de Joncaire, dont ils ont été très-contens. Les Tsonnonthouans leur ont renouvellé la parole, qu'ils avoient donnée de le maintenir. Cela s'est fait dans un Conseil, où Joncaire, à ce qu'ils m'ont dit, a parlé avec tout l'esprit d'un François, qui en a beaucoup, & la plus sublime Eloquence Iroquoise.

Description de la Danse du Feu.

La veille de leur départ, c'est-à-dire, le vingt-quatre, un Missisagué nous régala d'une Fête, qui a quelque chose d'assez singulier. Il étoit tout-à-fait nuit quand elle commença ; & en entrant dans la Cabanne de ce Sauvage, nous trouvâmes un feu allumé, auprès duquel un Homme battoit en chantant, sur une espece de Tambour : un autre secouoit sans cesse son Chichicoué, & chantoit aussi : cela dura deux heures, & nous ennuya beaucoup, car ils disoient toujours la même chose, ou plutôt ils formoient des sons à demi articulés, qui ne varioient point. Nous priâmes le Maître du

---

(a) Le Lac Ontario, Le Lac Erié en a trois cent.

(b) Il est mort Gouverneur de cette Ville.

D'UN VOYAGE DE L'AMERIQ. LET. XV. 229

Logis de ne point pouffer plus loin ce Prélude, & il eut bien de la peine à nous donner cette marque de complaifance.

1721.
May.

Nous vîmes alors paroître cinq ou fix Femmes, qui fe rangeant côte à côte fur une même ligne, fe tenant fort ferrées, & ayant les bras pendans, danferent & chanterent ; c'eſt-à-dire, que fans rompre la ligne, elles faifoient quelques pas en cadence, tantôt en avant, & tantôt en arriere. Quand elles eurent fait ce manége environ un quart d'heure, on éteignit le feu, qui feul donnoit du jour à la Cabanne ; & on n'apperçut plus rien, qu'un Sauvage, qui avoit dans la bouche un charbon allumé, & qui danfoit. La Symphonie du Tambour & du Chichicoué, ne difcontinuoit point ; les Femmes reprenoient de tems en tems leurs Danfes & leur Chant : le Sauvage danfoit toujours, mais comme on ne le diſtinguoit, qu'à la lueur du charbon allumé, qu'il avoit dans la bouche, il paroiffoit un Spectre, & faifoit horreur à voir. Ce mélange de Danfes, de Chants, d'Inftrumens, & ce feu, qui ne s'éteignoit point, avoient quelque chofe de bizarre & de fauvage, qui nous amufa une demie heure, après quoi nous fortîmes de la Cabanne ; mais le jeu dura jufqu'au jour : & voilà, Madame, tout ce que j'ai vû de la *Danfe du feu*, je n'ai pû fçavoir ce qui fe paffa le refte de la nuit. La Mufique, que j'entendis encore quelque tems, étoit beaucoup plus fupportable de loin, que de près. Le contrafte des voix d'Hommes & de Femmes, faifoit à une certaine diſtance, un affez bel effet ; & on peut dire, que fi les Femmes Sauvages avoient de la Méthode, il y auroit bien du plaifir à les entendre chanter.

J'avois fort envie de fçavoir, comment un homme pouvoit tenir fi lon-tems un charbon allumé dans fa bouche, fans la brûler, & fans s'éteindre ; mais tout ce que j'en ai pû apprendre, c'eſt que les Sauvages connoiffent une Plante, qui rend infenfible au feu la partie, qui en eft frottée, & qu'ils n'en ont jamais voulu donner la connoiffance aux Européens. Nous fçavons que l'Ail & l'Oignon peuvent produire le même effet, mais pour très peu de tems (*a*). D'ailleurs, comment ce charbon peut-il refter fi lontems allumé ? Quoiqu'il en foit, je me fouviens d'avoir lû dans les Lettres d'un de nos anciens Miffionnaires du Canada une chofe, qui a quelque

Hiftoire à ce fujet.

(*a*) On prétend que la Feuille de la Plante de l'Anemone de Canada, d'ailleurs fort cauftique, a cette vertu.

230   JOURNAL HISTORIQUE

1721.
May.

rapport à ceci, & qu'il avoit appris d'un autre Miſſionnaire, lequel en avoit été témoin. Celui-ci lui montra un jour une pierre, qu'un Jongleur avoit jettée dans le feu en ſa préſence, & l'y avoit laiſſée juſqu'à ce qu'elle en fût toute pénetrée. Après quoi entrant dans une eſpece de fureur, il l'avoit priſe entre ſes dents, & la portant toujours ainſi, étoit allé voir un Malade, où le Miſſionnaire l'avoit ſuivi : en entrant dans la Cabanne, il jetta la pierre par terre, & le Pere l'ayant ramaſſée, il y trouva empreintes, les marques des dents du Sauvage, dans la bouche duquel il n'apperçût aucun indice de brûlure. Il ne dit point ce que le Charlatan fit enſuite, pour ſoulager le Malade ; mais voici en ce même genre un fait, qui vient de la même ſource, & dont vous porterez tel jugement, qu'il vous plaira.

Autre fait ſingulier d'une Guériſon.

Une Femme Huronne, après une Viſion vraye, ou imaginaire, fut attaquée d'un tournoyement de tête, & d'une contraction de nerfs preſque générale. Comme depuis le commencement de cette maladie elle ne s'endormoit jamais, qu'elle n'eût quantité de Rêves, qui la fatiguoient beaucoup, elle y ſoupçonna du myſtere, & ſe mit dans l'eſprit, qu'elle guériroit par le moyen d'une Fête, dont elle regla elle-même le Cérémonial, ſuivant qu'elle ſe ſouvenoit, diſoit-elle, de l'avoir vû pratiquer autrefois. Elle voulut d'abord qu'on la portât dans le Village, où elle étoit née, & les Anciens qu'elle fit avertir de ſon deſſein, exhorterent tout le monde à l'y accompagner. En un moment, ſa Cabanne ſe trouva remplie de gens, qui venoient lui offrir leurs ſervices ; elle les accepta, les inſtruiſit de ce qu'ils devoient faire, & auſſi-tôt les plus Vigoureux la mirent dans une eſpece de hotte, & la porterent tour à tour, en chantant de toutes leurs forces.

Quand on la ſçût proche du Village, on y aſſembla un grand Conſeil, & par honneur on y invita les Miſſionnaires, qui firent inutilement tous leurs efforts, pour diſſuader une choſe, où ils ſoupçonnoient avec raiſon autant de ſuperſtition, que de folie. On écouta tranquillement tout ce qu'ils voulurent dire à ce ſujet, mais quand ils eurent ceſſé de parler, un des Chefs du Conſeil entreprit de réfuter leurs diſcours, il n'y gagna rien non plus, puis laiſſant là les Miſſionnaires, il exhorta tout le monde à s'acquitter exactement de tout ce qui ſeroit preſcrit, & à maintenir les anciens Uſages.

D'UN VOYAGE DE L'AMERIQ. Let. XV. 231

1721.
May.

Comme il parloit encore, deux Députés de la Malade entrerent dans l'Affemblée, donnerent avis qu'elle alloit arriver, & prierent de fa part, qu'on envoyât au devant d'elle deux jeunes Garçons & deux jeunes Filles, parés de Robes & de Coliers, avec des Préfens, qu'elle marquoit, ajoutant qu'elle déclareroit fes intentions à ces quatre Perfonnes.

Tout cela fut executé fur le champ, & peu de tems après les quatre jeunes gens revinrent les mains vuides, & prefque nuds; la Malade s'étant fait donner tout ce qu'ils avoient, jufqu'à leurs Robes. Ils entrerent en cet état dans le Confeil, qui étoit toujours affemblé, & y expoferent les demandes de cette Femme; elles contenoient vint-deux Articles, parmi lefquels étoit une Couverture bleuë, qui devoit être fournie par les Miffionnaires; & il falloit que toutes ces chofes fuffent livrées à l'heure même : on mit tout en ufage pour obtenir la Couverture, mais elle fût conftamment refufée, & il fallut s'en paffer. Dès que la Malade eut reçû les autres Préfens, elle entra dans le Village, toujours portée, comme j'ai dit. Sur le foir, un Crieur Public avertit par fon ordre, de tenir des feux allumés dans les Cabannes, parce qu'elle devoit les vifiter toutes, ce qu'elle fit, dès que le Soleil fut couché, foûtenuë par deux hommes, & fuivie de tout le Village. Elle paffa au milieu de tous les feux, les pieds & les jambes nuds, & ne fentit aucun mal; tandis que fes deux Supports, quoiqu'ils s'ecartaffent du feu, autant qu'il leur étoit poffible, en fouffroient beaucoup; car il fallut la conduire ainfi, au travers de plus de trois cent Brafiers : pour elle, on ne l'entendit jamais fe plaindre, que du froid, & à la fin de cette courfe, elle déclara qu'elle fe fentoit foulagée.

Le lendemain au lever du Soleil on commença, par fon ordre encore, une efpece de Bacchanale, qui dura trois jours. Le premier jour tout le monde courut par les Cabannes brifant & renverfant tout ; & à mefure que le bruit & le défordre augmentoient, la Malade affûroit que fes douleurs diminuoient. Les deux autres jours furent employés à parcourir tous les Foyers, par où elle avoit paffé, & à propofer fes défirs en termes énigmatiques; il falloit les deviner, & les accomplir fur le champ. Il y en avoit d'une obfcenité à faire horreur. Le quatriéme jour la malade fit une feconde vifite de toutes les Cabannes, mais bien differente de la premiere. Elle étoit au milieu de deux bandes de Sauvages, qui marchoient à la file d'un air triste & languissant, & gardoient un profond silence. Il n'étoit permis à personne de se trouver sur son chemin, & ceux, qui avoient la tête de son escorte, avoient soin d'écarter tous ceux, qu'ils rencontroient. Dès que la Malade étoit entrée dans une Cabanne, on la faisoit asseoir, on se plaçoit autour d'elle ; elle soupiroit, faisoit le récit de ses maux d'un ton de voix fort touchant, & donnoit à entendre que sa guérison parfaite dépendoit de l'accomplissement d'un désir, sur lequel elle ne s'expliquoit point, & qu'il falloit deviner. Chacun y faisoit de son mieux ; mais ce désir étoit fort compliqué ; il comprenoit beaucoup de choses ; à mesure qu'on en nommoit une, il falloit la lui donner, & pour l'ordinaire elle ne sortoit point d'une Cabanne, qu'elle n'en eût presque tout enlevé.

Lorsqu'elle voyoit qu'on ne pouvoit rencontrer juste, elle s'exprimoit un peu plus clairement, & quand on eut tout deviné, elle fit rendre tout ce qu'elle avoit reçû. Alors on ne douta plus qu'elle ne fût guerie ; on en fit une Fête, qui consista en des cris, ou plutôt des hurlemens affreux, & des extravagances de toutes les sortes. Enfin elle fit ses remercimens, & pour mieux témoigner sa reconnoissance, elle visita une troisiéme fois toutes les Cabannes, mais sans aucune cérémonie. Le Missionnaire témoin de cette ridicule scene, dit que la Malade ne fut pas entierement guérie ; mais qu'elle se portoit beaucoup mieux : cependant une personne saine & robuste y auroit péri. Ce Pere eut grand soin de faire observer que son prétendu Génie lui avoit promis une guérison parfaite, & ne lui avoit pas tenu parole. On lui répondit que dans une si grande quantité de choses commandées, il étoit bien difficile qu'on n'en eût omis quelqu'une. Il s'attendoit qu'on insisteroit principalement sur le refus de la couverture bleuë ; à la vérité on lui en dit un mot, mais on ajoûta qu'après ce refus le Génie s'étoit fait voir pendant la nuit à la Malade, & lui avoit assûré que cet incident ne lui causeroit aucun préjudice, parce que les François n'étant pas Naturels du Païs, les Génies n'avoient aucun pouvoir sur eux. Je reviens à mon voyage.

Description Messieurs nos Officiers étant partis, je montai ces affreuses

ses Montagnes, dont je vous ai parlé, pour me rendre au fameux Sault de Niagara, au-dessus duquel je devois m'embarquer. Ce voyage est de trois lieuës; il étoit autrefois de cinq, parce qu'on passoit de l'autre côté de la Riviere, c'est-à-dire, à l'Occident, & qu'on ne se rembarquoit, qu'à deux lieuës au-dessus de la chute. Mais on a trouvé sur la gauche, à un demi quart de lieuë de cette cataracte, une Anse, où le courant n'est pas sensible, & où par conséquent on peut s'embarquer sans péril. Mon premier soin, en arrivant, fut de visiter la plus belle Cascade, qui soit peut-être dans la Nature; mais je reconnus d'abord que le Baron de la Hontan s'étoit trompé, sur sa hauteur & sur sa figure, de maniere à faire juger qu'il ne l'avoit point vûë.

1721.
May.
du Sault de Niagara.

Il est certain que, si on mesure sa hauteur par les trois Montagnes, qu'il faut franchir d'abord, il n'y a pas beaucoup à rabattre des six cent pieds, que lui donne la Carte de M. Delisle, qui sans doute n'a avancé ce paradoxe, que sur la foi du Baron de la Hontan, & du Pere Hennepin: mais après que je fus arrivé au sommet de la troisiéme Montagne, j'observai que dans l'espace des trois lieuës, que je fis ensuite jusqu'à cette chute d'eau, quoiqu'il faille quelquefois monter, il faut encore plus descendre, & c'est à quoi ces Voyageurs paroissent n'avoir pas fait assez d'attention. Comme on ne peut approcher la Cascade que de côté, ni la voir que de profil, il n'est pas aisé d'en mesurer la hauteur avec les instrumens; on a voulu le faire avec une longue corde attachée à une longue perche, & après avoir souvent réiteré cette maniere, on n'a trouvé que cent quinze, ou six vint pieds de profondeur: mais il n'est pas possible de s'assûrer si la perche n'a pas été arrêtée sur quelque Rocher, qui avançoit: car quoiqu'on l'eût toujours retirée mouillée, aussi-bien qu'un bout de la corde, à quoi elle étoit attachée, cela ne prouve rien, puisque l'eau, qui se précipite de la Montagne, rejaillit fort haut en écumant. Pour moi, après l'avoir considerée de tous les endroits, d'où on peut l'examiner plus à son aise, j'estime qu'on ne sçauroit lui donner moins de cent quarante ou cinquante pieds.

Quant à sa figure, elle est en fer à Cheval, & elle a environ quatre cent pas de circonférence; mais précisément dans son milieu elle est partagée en deux par une Isle fort étroite,

1721.
May.

& d'un demi-quart de lieuë de long, qui y aboutit. Il eſt vrai que ces deux parties ne tardent pas à ſe rejoindre. Celle, qui étoit de mon côté, & qu'on ne voit que de profil, a pluſieurs pointes, qui avancent, mais celle, que je découvrois en face, me parut fort unie. Le Baron de la Hontan y ajoûte un Torrent, qui vient de l'Oueſt, mais s'il n'a pas été inventé par cet Auteur, il faut dire que dans le tems de la fonte des Néges, des eaux ſauvages viennent ſe décharger là par quelque ravine.

Vous pouvez bien juger, Madame, qu'au-deſſous de cette chute la Riviere ſe reſſent lontems d'une ſi rude ſecouſſe ; auſſi n'eſt-elle naviguable qu'au bout de trois lieuës, & préciſément à l'endroit, où M. de Joncaire s'eſt placé. Elle ne devroit pas être moins impratiquable au-deſſus, puiſque le Fleuve y tombe perpendiculairement dans toute ſa largeur. Mais outre l'Iſle, qui la diviſe en deux, pluſieurs écueils ſemés çà & là à côté & au-deſſus de cette Iſle, ralentiſſent beaucoup la rapidité du Courant. Il eſt néanmoins ſi fort malgré cela, que dix ou douze Outaouais ayant un jour voulu traverſer à l'Iſle, pour éviter des Iroquois, qui les pourſuivoient, furent entraînés dans le précipice, quelqu'effort qu'ils fiſſent pour ſe ſoûtenir.

Obſervations ſur cette Caſcade.

J'avois oui dire que les Poiſſons, qui ſe trouvoient engagés dans ce Courant, tomboient morts dans la Riviere, & que des Sauvages établis dans ces quartiers-là en faiſoient leur profit ; mais je n'ai rien vû de ſemblable. On m'avoit encore aſſûré que les Oiſeaux, qui s'aviſoient de voler par-deſſus, ſe trouvoient quelquefois enveloppés dans le tourbillon, que formoit dans l'Air la violence de ce Rapide ; mais j'ai remarqué tout le contraire. J'ai vû de petits Oiſeaux voltiger aſſez bas directement au-deſſus de la chute, & s'en tirer fort bien.

C'eſt ſur un Roc, que cette nappe d'eau eſt reçuë, & deux raiſons me perſuadent qu'elle y a trouvé, & peut-être creuſé avec le tems une Caverne, qui a quelque profondeur. La premiere eſt que le bruit, qu'elle fait, eſt fort ſourd, & comme d'un tonnere éloigné. A peine l'entend-on de chez M. de Joncaire, & peut-être même ce qu'on y entend n'eſt que les bouillonnemens cauſés par les Rochers, qui rempliſſent le lit de la Riviere juſques-là. D'autant plus qu'au-deſſus de la Cataracte, on ne l'entend pas à beaucoup près de ſi loin. La

D'UN VOYAGE DE L'AMERIQ. Let. XV. 235

seconde est qu'il n'a jamais rien reparu, dit-on, de tout ce qui y est tombé, pas même les débris du Canot des Outaouais, dont je parlois tout-à-l'heure. Quoiqu'il en soit, Ovide nous donne la description d'une semblable Cataracte, qu'il dit être dans la délicieuse Vallée de Tempé. Il s'en faut bien que le Pays de Niagara soit aussi beau, mais je crois sa Cataracte beaucoup plus belle (a).

Au reste je n'ai apperçû de brouillard au-dessus, que par derriere; de loin on le prendroit pour une fumée, & il n'est personne, qui n'y fût trompé, s'il arrivoit à la vûë de l'Isle, sans être prévenu qu'il y a en cet endroit une Cataracte aussi surprenante que celle-là.

Le terrein des trois lieuës, que j'ai faites à pied pour venir ici, & qu'on appelle le *Portage de Niagara*, ne paroît pas bon; il est même assez mal boisé, & l'on n'y sçauroit faire dix pas, sans marcher sur une Fourmiliere, & sans rencontrer des Serpens à Sonnettes, sur-tout pendant la chaleur du jour. Je crois, Madame, vous avoir dit que les Sauvages mangent par délices la chair de ces Reptiles. En général les Serpens ne causent point d'horreur à ces Peuples: il n'est aucun Animal, dont on voye plus souvent la figure marquée sur leur visage, & sur d'autres endroits de leur Corps, & ils ne leur donnent ordinairement la chasse, que pour les manger. Les Os & les Peaux des Serpens servent aussi beaucoup aux Jongleurs & aux Sorciers pour faire leurs prestiges, & ils se font des bandeaux & des ceintures de leurs Peaux. Il est encore vrai qu'ils ont le secret de les enchanter, ou, pour parler plus juste, de les engourdir; qu'ils les prennent tout vivans, les manient, les mettent dans leur sein, sans qu'il leur en arrive aucun mal, & que c'est ce qui contribuë davantage à leur donner le crédit, qu'ils ont sur ces Peuples.

J'allois fermer cette Lettre, lorsque l'on m'est venu dire que nous ne partirions pas demain, comme je m'y attendois. Il faut bien prendre patience, & mettre le tems à profit : je vais donc reprendre l'article des guerres des Sauvages, qui

Circonstances de la Marche des Guerriers.

(a) *Est Nemus Hamoniæ, prærupta quod undique claudit*
Sylva; vocant Tempe, per qua Peneus ab imo
Effusus Pindo spumosis volvitur Undis,
Dejectisque gravi tenues agitantia Fumos
Nubila conducit, summisque aspergine Sylvas
Impluit, & sonitu plusquam vicina fatigat. Métamorph. Liv. I.

G g ij

1721.
May.

ne fera pas fitôt épuifé. Dès que tous les Guerriers font embarqués, les Canots s'éloignent d'abord un peu, & fe tiennent fort ferrés fur une même ligne; enfuite le Chef fe leve & tenant en main fon Chichikoué, il entonne fa Chanfon de guerre, & fes Soldats lui répondent par un triple *hé*, tiré avec effort du creux de la poitrine. Les Anciens & les Chefs du Confeil, qui font reftés fur le Rivage, exhortent alors les Guerriers à bien faire leur devoir, & fur-tout à ne pas fe laiffer furprendre. C'eft de tous les avis, qu'on peut donner aux Sauvages, le plus néceffaire, & celui, dont, pour l'ordinaire, ils profitent le moins. Cette exhortation n'interrompt point le Chef, qui chante toujours. Enfin les Guerriers conjurent leurs Parens & leurs Amis de ne les point oublier, puis pouffant tous enfemble des hurlemens affreux, ils partent de la main, & nagent avec une telle vîteffe, qu'on les voit difparoître dans l'inftant.

Les Hurons & les Iroquois ne fe fervent point du Chichikoué, mais ils en donnent à leurs Prifonniers, de forte que cet inftrument, qui eft pour les autres un inftrument de guerre, femble être parmi eux une marque d'Efclavage. Les Guerriers ne font prefque jamais que de petites journées, fur-tout quand ils font en grande troupe. D'ailleurs ils tirent des préfages de tout; & les Jongleurs, à qui il appartient de les expliquer, avancent & retardent les marches comme il leur plaît. Tant qu'on n'eft point en Pays fufpect, on ne prend aucune précaution, & fouvent on ne trouveroit pas deux ou trois Guerriers enfemble, chacun étant de fon côté à chaffer; mais quelqu'éloigné que l'on foit de la route, tous fe rendent ponctuellement au lieu & à l'heure marqués pour fe réunir.

Du Campement.

On campe lontems avant le Soleil couché, & pour l'ordinaire on laiffe devant le Camp un grand efpace environné d'une Paliffade, ou plûtôt d'une efpece de Treillis, fur lequel on place les Manitous, tournés du côté, où l'on veut aller. On les y invoque pendant une heure, & on en fait autant tous les matins, avant que de décamper. Après cela on croit n'avoir rien à craindre, on fuppofe que les Efprits fe chargent de faire feuls la Sentinelle, & toute l'Armée dort tranquillement fous leur fauve-garde. L'expérience ne détrompe point ces Barbares, & ne les tire point de leur confiance préfomptueufe. Elle a fa fource dans une indolence

D'UN VOYAGE DE L'AMERIQ. LET. XV. 237

& dans une pareſſe, que rien ne peut vaincre.

1721.
May.

Tout eſt Ennemi ſur le chemin des Guerriers. Si néanmoins ils rencontrent de leurs Alliés, ou des Partis à peu près de force égale de Gens, avec qui ils n'ont rien à démêler, on ſe fait amitié de part & d'autre. Si les Alliés, qu'on rencontre, étoient en guerre contre les mêmes Ennemis, le Chef du Parti le plus fort; ou de celui, qui a armé le premier, donne à l'autre quelques Chevelures, dont on ne manque jamais de faire proviſion pour ces occaſions-là, & lui dit : „ *Vous avez coup ici*, c'eſt-à-dire, vous avez ſatisfait à vơtre engagement, votre honneur eſt à couvert, vous pouvez vous en retourner ". Mais cela s'entend, lorſque la rencontre eſt fortuite, qu'on ne s'eſt pas donné le mot, & qu'on n'a pas beſoin de renfort.

De la rencontre des différens Partis de Guerre.

Quand on eſt ſur le point d'entrer dans le Pays ennemi, on s'arrête pour une cérémonie, qui a quelque choſe d'aſſez ſingulier. Le ſoir on fait un grand Feſtin, après lequel on s'endort. Dès que tous ſont éveillés, ceux, qui ont eu des rêves, vont de feu en feu, chantant leur chanſon de mort, dans laquelle ils font entrer leurs ſonges d'une maniere énigmatique. Chacun ſe met l'eſprit à la torture pour les deviner, & ſi perſonne n'en peut venir à bout, il eſt permis à ceux, qui ont rêvé de s'en retourner chez eux. Voilà qui donne beau jeu aux Poltrons. On fait enſuite de nouvelles invocations aux Eſprits, on s'anime plus que jamais à faire merveille : on jure de ſe ſecourir mutuellement ; enfin on ſe remet en marche ; & ſi on eſt venu juſques-là par Eau, on quitte ſes Canots, qu'on a grand ſoin de bien cacher. Si tout ce qui eſt preſcrit dans ces occaſions s'obſervoit exactement, il ſeroit difficile de ſurprendre un Parti de guerre, qui eſt entré dans le Pays ennemi. On ne doit plus faire de feu, plus de cris, plus de chaſſe ; il ne faut plus même ſe parler, que par ſignes. Mais ces loix ſont mal gardées. Tout Sauvage eſt né préſomptueux, & incapable de ſe gêner le moins du monde. On ne néglige pourtant guéres d'envoyer tous les ſoirs des Coureurs, qui employent deux ou trois heures à aller de côté & d'autre. S'ils n'ont rien vû, on s'endort tranquillement, & on abandonne encore la garde du Camp aux Manitous.

De l'entrée dans le Pays ennemi.

Si-tôt qu'on a découvert l'Ennemi, on envoye le reconnoître, & ſur le rapport de ceux, qu'on a envoyés, on tient

Des approches, & de l'attaque.

Conseil. L'attaque se fait ordinairement au point du jour. C'est le tems, où l'on suppose que l'Ennemi est dans son plus profond sommeil, & toute la nuit on se tient couché sur le ventre, sans remuer. Les approches se font dans la même posture en se traînant sur ses pieds & sur ses mains jusqu'à la portée du Trait. Alors tous se levent, le Chef donne le signal par un petit cri, auquel toute la Troupe répond par de vrais hurlemens, & fait en même-tems sa premiere décharge : puis, sans laisser à l'Ennemi le tems de se reconnoître, elle fond sur lui le Casse-tête à la main. Depuis qu'aux Casse-têtes de bois ces Peuples ont substitué de petites Haches, auxquelles ils ont donné le même nom, les mêlées sont plus sanglantes. Le combat fini, on leve les Chevelures des Morts & des Mourans, & on ne songe à faire des Prisonniers, que quand l'Ennemi ne fait plus aucune résistance.

Mais si on l'a trouvé sur ses gardes, ou trop bien retranché, on se retire, pourvû qu'il en soit encore tems. Sinon, on prend résolument le parti de se bien battre, & il y a quelquefois beaucoup de sang répandu de part & d'autre. Un Camp forcé est l'image de la fureur même, la férocité barbare des Vainqueurs, & le désespoir des Vaincus, qui sçavent à quoi ils doivent s'attendre, s'ils tombent vifs entre les mains de leurs Ennemis, font faire aux uns & aux autres des efforts, qui passent tout ce qu'on en peut dire. La figure des Combattans, tous barbouillés de noir & de rouge, augmente encore l'horreur du combat, & l'on feroit sur ce modele un portrait bien naturel de l'Enfer. Quand la victoire n'est plus douteuse, les Victorieux se défont d'abord de tous ceux, qu'ils auroient trop de peine à emmener, & ne cherchent plus qu'à lasser les autres, dont ils veulent faire des Prisonniers.

Leur maniere de combattre. Les Sauvages sont naturellement intrépides, & malgré leur férocité brutale, ils conservent toujours dans l'action même, beaucoup de sang froid. Cependant ils ne se mêlent, & ne combattent en rase campagne, que quand ils ne peuvent l'éviter. Leur raison est qu'une victoire teinte du sang des Vainqueurs n'est pas proprement une victoire, & que la gloire du Chef consiste principalement à ramener tout son Monde sain & sauf. J'ai oui dire que quand deux Ennemis, qui se sont connus, se rencontrent dans le combat, il se fait entr'eux des dialogues assez semblables à ceux des Heros d'Homere. Je ne crois pas que cela arrive dans le fort de la mêlée, mais il se peut faire que dans de petites rencontres, ou bien avant que de passer un ruisseau, ou de forcer un retranchement, on se dise quelques mots pour se défier, ou pour se rappeller quelqu'autre rencontre semblable.

1721. May.

La guerre se fait presque toujours par surprise, & elle réussit assez ordinairement; car autant que les Sauvages sont accoûtumés à négliger les précautions nécessaires pour n'être point surpris, autant sont-ils alertes & habiles pour surprendre. D'ailleurs ces Peuples ont un talent admirable, je dirois volontiers un instinct, pour connoître si l'on a passé par quelque endroit. Sur les herbes les plus courtes, sur la terre la plus dure, sur les pierres mêmes, ils découvrent des traces, & par la façon, dont elles sont tournées, par la figure des pieds, par la maniere, dont ils sont écartés, ils distinguent, dit-on, les vestiges des Nations differentes, & ceux des Hommes d'avec ceux des Femmes. J'ai lontems cru qu'il y avoit de l'exaggération dans ce qu'on en racontoit, mais le rapport de tous ceux, qui ont vécu avec les Sauvages, est si unanime sur cela, que je ne vois aucun lieu d'en soupçonner la sincérité. Si parmi les Prisonniers il s'en trouve, que leurs blessures mettent hors d'état d'être transportés, on les brûle d'abord, & comme cela se fait dans le premier emportement, & qu'on est souvent pressé de faire retraite, ils en sont pour la plupart quittes à meilleur marché, que les autres, qu'on réserve à un supplice plus lent.

Leur instinct pour connoître les traces de leurs Ennemis.

L'usage est parmi quelques Nations que le Chef du Parti vainqueur laisse sur le champ de bataille son Casse-tête, sur lequel il a eu soin de tracer la marque de sa Nation, celle de sa Famille, & son portrait, c'est-à-dire, un ovale, avec toutes les figures, qu'il a au visage. D'autres peignent toutes ces marques sur le tronc d'un arbre, ou sur une écorce, avec du charbon pilé & broyé, mêlé de quelques couleurs. On y ajoûte des caracteres hiéroglyphiques, par le moyen desquels les Passans peuvent apprendre jusqu'aux moindres circonstances, non-seulement de l'action, mais encore de tout ce qui s'est passé pendant la campagne. On y reconnoît le Chef du Parti par toutes les marques, dont je viens de parler; le nombre de ses exploits, par autant de nattes; celui de ses Soldats, par des lignes; celui des Prisonniers, qu'il emmene, par de

Des signes, qu'on laisse de la victoire.

petits Marmouzets, qui portent un bâton, ou un Chichi-koué; celui des Morts, par des figures humaines sans tête, avec des differences, qui font diſtinguer les Hommes, les Femmes, & les Enfans. Mais ce n'eſt pas toujours ſi près du lieu, où s'eſt paſſée l'action, qu'on trouve ces écriteaux, car quand un Parti craint d'être pourſuivi, il les place hors de ſa route, afin de dépayſer ceux, qui le cherchent.

<small>Précautions pour aſſûrer la retraite, & pour garder les Priſonniers.</small>

Juſqu'à ce que les Vainqueurs ſoient en pays de ſûreté, ils font aſſez de diligence; & de crainte que les Bleſſés ne les retardent dans leur retraite, ils les portent tour à tour ſur des Brancarts, ou ils les tirent ſur une Traîne, ſi on eſt en Hyver. En rentrant dans leurs Canots, ils font chanter leurs Priſonniers, & la même choſe ſe pratique chaque fois qu'ils rencontrent de leurs Alliés; honneur, qui coûte un feſtin à ceux, qui le reçoivent, & quelque choſe de plus, que la peine de chanter, aux malheureux Captifs: car on invite les Alliés à les *careſſer*, & careſſer un Priſonnier, c'eſt lui faire tout le mal, dont on peut s'aviſer, ou le mutiler de maniere, qu'il en demeure eſtropié. Il y a pourtant des Chefs, qui ménagent aſſez ces Miſérables, & ne ſouffrent pas qu'on les maltraite trop. Mais rien n'égale l'attention, avec laquelle on les garde. Le jour ils font liés par le cou & par les bras à une des barres du Canot. Quand on va par Terre, il y a toujours quelqu'un, qui les tient; & la nuit ils font étendus à terre tout nuds, des cordes attachées à des crochets plantés en terre leur tiennent les jambes, les bras, & le cou ſi ſerrés, qu'ils ne ſçauroient remuer, & de longues cordes leur ſerrent encore les mains & les pieds de telle façon, qu'ils ne peuvent faire le moindre mouvement ſans éveiller les Sauvages, qui ſont couchés ſur ces cordes.

<small>Comment on annonce la victoire dans les Villages.</small>

Quand les Guerriers ſont arrivés à une certaine diſtance du Village, d'où ils étoient partis, ils s'arrêtent, & le Chef y envoye donner avis qu'il eſt proche. Parmi quelques Nations, dès que l'Envoyé eſt à portée d'être entendu, il fait differens cris, qui donnent une idée générale des principales aventures, & du ſuccès de la campagne. Il marque d'abord le nombre des Hommes, qu'on y a perdus, par autant de cris de mort. Auſſitôt les Jeunes Gens ſe détachent pour avoir des connoiſſances plus circonſtanciées: ſouvent même tout le Village y court, mais un ſeul Homme aborde l'Envoyé,

apprend

apprend de lui tout le détail des nouvelles, dont il est porteur ; à mesure que celui-ci lui raconte un fait, il le répete tout haut en se tournant vers ceux, qui l'ont accompagné, & ils lui répondent par des acclamations, ou par des cris lugubres, suivant que la nouvelle est funeste ou agréable.

L'Envoyé est ensuite conduit dans une Cabanne, où les Anciens lui font les mêmes questions, qu'on lui a déja faites ; après quoi un Crieur public invite toute la Jeunesse à aller à la rencontre des Guerriers, & les Femmes à leur porter des rafraîchissemens. Ailleurs on ne songe d'abord qu'à pleurer ceux, qu'on a perdus. L'Envoyé ne fait que des cris de mort. On ne va point au-devant de lui ; mais à son entrée dans le Village il trouve tout le monde assemblé, raconte en peu de mots tout ce qui s'est passé, puis se retire dans sa Cabanne, où on lui porte à manger, & pendant quelque tems on n'est occupé qu'à pleurer les morts.

Ce terme expiré, on fait un autre cri pour annoncer la victoire. Alors chacun essuye ses larmes, & il n'est plus question que de se réjouir. Quelque chose d'assez semblable se pratique au rétour des Chasseurs : les Femmes, qui sont demeurées au Village, vont au-devant d'eux, dès qu'elles sont averties qu'ils approchent, & avant que de s'informer du succès de la Chasse, elles leur annoncent par leurs larmes les morts, qui sont arrivées depuis leur départ. Pour revenir aux Guerriers, le moment, où les Femmes les joignent, est à proprement parler le commencement du supplice des Prisonniers : aussi lorsque quelques-uns ont d'abord été destinés à être adoptés, ce qu'il n'est pas permis de faire chez toutes les Nations, leurs futurs Parens, qu'on a soin d'avertir, les vont prendre un peu plus loin, & les conduisent à leurs Cabannes par des chemins détournés. Pour l'ordinaire ils ignorent lontems quel doit être leur sort, & il en est peu, qui échappent aux premieres fureurs des Femmes. Mais cet article me meneroit trop loin, & nous partons demain de grand matin.

Je suis, &c.

SEIZIÉME LETTRE.

Premiere Réception des Prisonniers. Triomphe des Guerriers. Distribution, qu'on fait des Captifs : comment on décide de leur sort, & ce qui arrive ensuite. Avec quelle inhumanité on traite ceux, qui sont destinés à la mort. Courage, qu'ils font paroître. Des Négociations des Sauvages.

A l'Entrée du Lac Erié, ce vint-septiéme May, 1721.

MADAME,

Je suis parti ce matin du Sault de Niagara ; j'avois environ sept lieuës à faire pour gagner le Lac Erié, & je les ai fait sans peine. Nous comptons bien de ne pas coucher ici cette nuit ; mais tandis que mes Gens nageoient de toutes leurs forces, j'ai bien avancé une nouvelle Lettre, & pendant qu'ils prennent un peu de repos je vais l'achever, pour la donner à des Canadiens, que nous avons rencontrés ici, & qui vont à Montreal. Je reprends mon récit, où j'en étois demeuré dans ma derniere.

Premiere réception des Prisonniers.

Tous les Prisonniers, qui sont destinés à la mort, & ceux, dont le sort n'est point encore décidé, sont, comme je vous l'ai déja dit, Madame, abandonnés à la fureur des Femmes, qui vont au-devant des Guerriers, & il est étonnant qu'ils résistent à tous les maux, qu'elles leur font souffrir. Si quelqu'une sur-tout a perdu à la guerre, ou son Fils, ou son Mari, ou quelqu'autre personne, qui lui étoit chere, y eût-il trente ans passés, qu'elle eût fait cette perte, c'est une Furie, qui s'attache au premier, qui lui tombe sous la main, & l'on n'imagineroit pas jusqu'où sa rage l'emporte. Elle n'a nul égard, ni à l'humanité, ni à la pudeur, & à chaque coup, qu'elle lui porte, on croiroit qu'il va tomber mort à ses pieds, si on ne sçavoit pas combien ces Barbares sont ingénieux à prolonger les supplices les plus inouis. Toute la nuit se passe de la sorte au Campement des Guerriers.

Le lendemain, eſt le jour du Triomphe des Vainqueurs. Les Iroquois & quelques autres affectent une grande modeſtie, & un plus grand déſintéreſſement encore dans ces rencontres. Les Chefs entrent d'abord ſeuls dans le Village, ſans aucune marque de victoire, gardant un profond ſilence, & ſe retirent dans leurs Cabannes, ſans témoigner avoir la moindre prétention ſur les Priſonniers. Chez d'autres Nations il n'en eſt pas de même; le Chef marche à la tête de ſa Troupe avec un air de Conquérant; ſon Lieutenant vient après lui, & il eſt précédé d'un Crieur, qui eſt chargé de recommencer les cris de mort. Les Guerriers ſuivent deux à deux, les Priſonniers au milieu, couronnés de fleurs, le viſage & les cheveux peints, tenant un bâton d'une main & le Chichikoué de l'autre, le corps preſque nud, les bras liés au-deſſus du coude, avec une corde, dont les Guerriers tiennent les bouts, & chantent ſans ceſſe leur chanſon de mort au ſon du Chichikoué.

1721. May. Triomphe des Guerriers.

Ce chant a quelque choſe de lugubre & de fier tout enſemble, & le Captif n'a point du tout l'air d'un Homme, qui ſoufre, & qui eſt vaincu. Voici à peu près le ſens de ces chanſons: » Je ſuis Brave & intrépide, je ne crains point la « mort, ni aucun genre de tortures: ceux qui les redoutent, « ſont des lâches, ils ſont moins que des Femmes: la vie n'eſt « rien pour quiconque a du courage: que le déſeſpoir & la rage « étouffent tous mes Ennemis: que ne puis-je les dévorer, & « boire leur ſang juſqu'à la derniere goute « ! De tems en tems « on les arrête, on s'attroupe autour d'eux, on danſe & on les fait danſer: ils paroiſſent le faire de bon cœur, ils racontent les plus belles actions de leur vie; ils nomment tous ceux, qu'ils ont tués, ou brûlés. Ils font ſur-tout remarquer ceux, auxquels les Aſſiſtans doivent plus s'intéreſſer: on diroit qu'ils ne cherchent qu'à animer de plus en plus contre eux les Arbitres de leur ſort. Ces bravades en effet font entrer en fureur tous ceux, qui les entendent, & leur vanité leur coûte cher. Mais de la maniere, dont ils reçoivent les plus durs traitemens, on diroit que c'eſt leur faire plaiſir, que de les tourmenter.

Bravades des Priſonniers.

Quelquefois on les oblige de courir entre deux rangées de Sauvages armés de pierres & de bâtons, & qui donnent ſur eux, comme s'ils vouloient les aſſommer du premier coup.

Ce qu'on leur fait ſouffrir à leur entrée dans le Village.

H h ij

1721.
May.

Il n'arrive pourtant jamais qu'ils y fuccombent, tant on obferve, lors même qu'il femble qu'on frappe à l'aveugle, & que la feule fureur conduit le bras, de ne point toucher aux endroits, où il y auroit du rifque pour la vie. Dans cette marche chacun a droit de les arrêter ; il leur eft auffi permis de fe défendre, mais ils ne feroient pas les plus forts. Dès qu'ils font arrivés au Village, on les conduit de Cabanne en Cabanne, & par-tout on leur fait payer leur bien-venuë. Ici on leur arrache un ongle, là on leur coupe un doit, ou avec les dens, ou avec un méchant couteau, dont on fe fert comme d'une fcie. Un Vieillard leur déchire la chair jufqu'aux os ; un Enfant avec une alene les perce, où il peut ; une Femme les fouette impitoyablement jufqu'à ce que les bras lui tombent de laffitude ; mais aucun des Guerriers ne met la main fur eux, quoiqu'ils foient encore leurs Maîtres. On ne peut même les mutiler fans leur permiffion, qu'ils accordent rarement: à cela près, on a toute liberté de les faire foufrir, & fi on les promene dans plufieurs Villages, foit de la même Nation, foit de fes Voifins, ou de fes Alliés, qui l'ont fouhaité ; partout ils font reçûs de même.

Diftribution, qu'on en fait.

Après ces préludes, on travaille à la répartition des Captifs, & leur fort dépend de ceux, à qui ils font livrés. Au fortir du Confeil, où on a délibéré de leur fort, un Crieur invite tout le monde à fe trouver dans la Place, où la diftribution fe fait fans conteftation & fans bruit. Les Femmes, qui ont perdu leurs Enfans, ou leurs Maris à la guerre, font ordinairement partagées les Premieres. On fatisfait enfuite aux engagemens pris avec ceux, dont on a reçû des Coliers ; s'il ne fe trouve pas affez de Captifs pour tout cela, on y fupplée par des Chevelures, dont ceux, à qui on les donne, fe parent aux jours de réjouïffance. Le refte du tems elles demeurent fufpenduës à la Porte de la Cabanne. Si au contraire le nombre des Prifonniers excéde celui des Prétendans, on envoye le furplus aux Villages des Alliés. D'ailleurs un Chef ne fe remplace que par un Chef, ou par deux ou trois autres Efclaves, qui font toujours brûlés, quand bien même ceux, qu'ils remplaceroient, feroient morts de maladie. Les Iroquois ne manquent jamais de deftiner quelques Prifonniers pour le Public, & alors le Confeil en difpofe, comme il le juge à propos. Mais les Meres de Famille peuvent encore cafser leur Sentence, & sont Maîtresses de la vie & de la mort de ceux mêmes, qui avoient été condamnés ou absous par le Conseil.

1721.
May.

Dans quelques Nations les Guerriers ne se dépouillent pas entierement du droit de disposer des Captifs, & ceux, en faveur desquels le Conseil en avoit disposé, sont obligés de les remettre entre leurs mains, s'ils l'exigent; mais ils le font rarement, & lorsqu'ils le font, ils sont obligés de rendre les gages, qu'ils avoient reçus de ceux, à qui on les avoit donnés. Si en arrivant ils ont déclaré leurs intentions à ce sujet, on ne s'y oppose pas pour l'ordinaire. En général le plus grand nombre des Prisonniers de guerre est condamné à la mort, ou à un esclavage bien dur, & qui ne les assûre jamais de la vie. Quelques-uns sont adoptés, & dès-lors leur condition ne differe plus de celle des Enfans de la Nation: ils entrent dans tous les droits de ceux, dont ils occupent la place, & souvent ils prennent tellement l'esprit de la Nation, dont ils sont devenus membres, qu'ils ne font nulle difficulté d'aller en guerre contre leurs propres Compatriotes. Les Iroquois ne se sont guéres soûtenus jusqu'ici, que par cette politique: toujours en guerre depuis un tems infini contre toutes les Nations, ils seroient aujourd'hui presque réduits à rien, s'ils n'avoient eu l'attention de naturaliser une bonne partie de leurs Prisonniers de guerre.

Comment on décide de leur sort.

Il arrive quelquefois qu'au lieu d'envoyer dans d'autres Villages l'excédent des Captifs, on en donne à des Particuliers, qui n'en avoient pas demandé, & pour lors, ou bien ils n'en sont pas tellement les Maîtres, qu'ils ne soient tenus de consulter les Chefs du Conseil pour sçavoir ce qu'ils en feront: ou bien on les oblige de les adopter. Dans le premier cas, celui, à qui on fait présent d'un Esclave, l'envoye chercher par quelqu'un de sa Famille; il le fait ensuite attacher à la Porte de sa Cabanne; puis il assemble les Chefs du Conseil, à qui il décare quelle est son intention, & demande leur avis. Pour l'ordinaire cet avis est conforme à ce qu'il désire. Dans le second cas, le Conseil en remettant le Prisonnier à celui, à qui on l'a destiné, lui dit: " Il y a lontems que " nous sommes privés d'un tel, ton Parent, ou ton Ami, & " qui étoit le soûtien de notre Village. Ou bien, nous regret- " tions l'esprit d'un tel, que tu as perdu, & qui par sa sagesse "

» maintenoit la tranquillité publique ; il faut qu'il reparoisse aujourd'hui ; il nous étoit trop cher, & trop précieux, pour differer davantage à le faire revivre : nous le remettons sur sa Natte en la personne de ce Prisonnier.

Il y a néanmoins des Particuliers, plus confidérés apparemment que les autres, à qui on fait préfent d'un Captif sans aucune condition, & avec une pleine liberté d'en faire ce qu'ils jugeront à propos, & le Conseil alors s'exprime en ces termes, en le remettant entre ses mains : " Voici de quoi réparer la perte d'un tel, & de nétoyer le cœur de son Pere, de sa Mere, de sa Femme & de ses Enfans ; soit que tu veuilles leur faire boire du bouillon de cette chair, ou que tu aimes mieux remettre le défunt sur sa Natte en la personne de ce Captif. Tu peux en disposer à ton gré.

De l'adoption d'un Captif.

Dès qu'un Prisonnier est adopté, on le conduit à la Cabanne, où il doit être, & on commence par lui ôter ses liens. On fait ensuite chauffer de l'eau pour le laver : on panse ses playes, s'il en a, & fussent-elles toutes pleines de Vers, il est bientôt guéri : on n'omet rien pour lui faire oublier les maux, qu'il a soufferts, on lui donne à manger, on l'habille proprement. En un mot on ne feroit pas plus pour l'Enfant de la Maison, ni pour celui, qu'il *résuscite*, c'est ainsi qu'on s'exprime. Quelques jours après on fait un festin, pendant lequel on lui donne solemnellement le nom de celui, qu'il remplace, & dont, non-feulement il a dès-lors tous les droits, mais il contracte aussi toutes les obligations.

De ceux, qui sont destinés au feu.

Parmi les Hurons & les Iroquois ceux, qui sont destinés au feu, quelquefois ne sont pas bien moins traités d'abord, & même jusqu'au moment de l'exécution, que ceux, qui ont été adoptés. Il semble que ce soit des victimes, qu'on engraisse pour le Sacrifice, & ils sont effectivement immolés au Dieu de la Guerre : la seule difference, qu'on met entr'eux & les autres, c'est qu'on leur noircit entierement le visage. A cela près, on leur fait la meilleure chere, qu'il est possible ; on ne leur parle qu'avec amitié ; on leur donne les noms de Fils, de Freres, ou de Neveux, suivant la Personne, dont ils doivent par leur mort appaiser les mânes : on leur abandonne même quelquefois des Filles, pour leur servir comme de Femmes pendant tout le tems, qu'il leur reste à vivre. Mais lorsqu'ils sont instruits de leur fort, il les faut bien garder, si on ne veut pas qu'ils s'échapent. Auſſi le leur cache-t'on ſouvent.

Comment ils reçoivent l'Arrêt de leur condamnation.

Quand ils ont été livrés à une Femme, au moment qu'on l'avertit que tout eſt prêt pour l'exécution, ce n'eſt plus une Mere, c'eſt une Furie, qui paſſe des plus tendres careſſes aux derniers excès de la rage. Elle commence par invoquer l'ombre de celui, qu'elle veut venger. " Approche, lui dit-elle, " tu vas être appaiſée; je te prépare un Feſtin, bois à longs " traits de ce bouillon, qui va être verſé pour toi; reçois le ſa- " crifice, que je te fais, en immolant ce Guerrier: il ſera brûlé " & mis dans la Chaudiere; on lui appliquera les Haches arden- " tes; on lui enlevera la Chevelure; on boira dans ſon crâne; " ne fais donc plus de plaintes; tu ſeras parfaitement ſatisfaite „. "

Cette formule, qui eſt proprement la Sentence de mort, varie beaucoup pour les termes, mais quant à la ſubſtance, elle eſt à peu près toujours la même. Un Crieur fait enſuite ſortir le Captif de la Cabanne, déclare à haute voix les intentions de celui ou de celle, à qui il appartenoit, & finit par exhorter les Jeunes Gens à bien faire. Un autre ſurvient, qui addreſſe la parole au Patient, & lui dit: *Mon Frere, prends courage, tu vas être brûlé,* & il répond froidement: *cela eſt bien, je te remercie.* Il ſe fait auſſi-tôt un cri dans tout le Village, & le Priſonnier eſt conduit au lieu deſtiné à ſon ſupplice.

Ordinairement on le lie à un Poteau par les deux mains & par les pieds, mais de maniere, qu'il puiſſe aiſément tourner tout autour. Quelquefois néanmoins, quand l'exécution ſe fait dans une Cabanne, d'où il n'y a pas de danger qu'il ſe ſauve, on ne le lie point, & on le laiſſe courir d'un bout à l'autre. Avant que l'on commence à le brûler, il chante pour la derniere fois ſa chanſon de mort, puis il fait le récit de ſes proueſſes, & preſque toujours de la maniere la plus inſultante pour ceux, qu'il apperçoit autour de lui. Il les exhorte enſuite à ne le pas épargner, & à ſe ſouvenir qu'il eſt Homme, & Guerrier. Je ſuis bien trompé au reſte, ou ce qui doit le plus étonner dans ces ſcenes tragiques & barbares, n'eſt pas qu'un Patient chante à pleine tête, qu'il inſulte & qu'il défie les Bourreaux, comme ils font ordinairement tous juſqu'au dernier ſoupir; car il y a là une fierté, qui éleve l'eſprit, qui le tranſporte, qui le diſtrait un peu de la penſée de ce qu'il ſoufre, & qui l'empêche même de marquer trop de ſenſibi-

1721.
May.

lité. D'ailleurs les mouvemens, qu'ils se donnent, font diversion, émoussent le sentiment, produisent le même effet, & quelque chose de plus, que les cris & les larmes. Enfin on sçait qu'il n'y a point de grace à esperer, & le désespoir donne des forces, & inspire de la hardiesse.

Principe de la barbarie, qu'on exerce en ces occasions.

Cette espéce d'insensibilité n'est pourtant pas aussi universelle, que bien des gens l'ont cru. Il n'est point rare de voir pousser à ces Misérables des cris capables de percer les cœurs les plus durs; mais qui n'ont d'autre effet, que de réjouir les Acteurs & les Assistans. Quant à ce qui produit dans les Sauvages une inhumanité, dont on n'auroit jamais cru que des Hommes fussent capables, je crois qu'ils y sont parvenus par degrés, que l'usage les y a accoûtumés insensiblement; que l'envie de voir faire une lâcheté à son Ennemi, les insultes, que les Patiens ne cessent point de faire à leurs Bourreaux, le désir de la vengeance, qui est la passion dominante de ces Peuples, & qu'ils ne croyent pas suffisamment assouvie, tandis que le courage de ceux, qui en sont l'objet, n'est point abbatu; la superstition enfin, y entrent pour beaucoup: car quels excès n'enfante point un faux zéle guidé par tant de passions.

Je ne vous ferai point, Madame, le détail de tout ce qui se passe dans ces horribles exécutions. Il m'engageroit trop loin, parce qu'il n'y a point sur cela d'uniformité, ni d'autres regles, que la férocité & le caprice. Souvent on y voit autant d'Acteurs que de Spectateurs, c'est-à-dire, que d'Habitans de la Bourgade, Hommes, Femmes & Enfans, & chacun fait du pis qu'il peut. Il n'y a que ceux de la Cabanne, à laquelle le Prisonnier avoit été livré, qui s'abstiennent de le tourmenter, au moins est-ce la pratique de plusieurs Nations. Communément on commence par brûler les pieds, puis les jambes, & ainsi en remontant jusqu'à la tête; & quelquefois on fait durer le supplice une semaine entiere, comme il est arrivé à un Gentilhomme Canadien parmi les Iroquois.

Les moins épargnés sont ceux, qui ayant déja été pris, & adoptés, ou mis en liberté, sont repris de nouveau. On les regarde comme des Enfans dénaturés, ou des ingrats, qui ont fait la guerre à leurs Parens, ou à leurs Bienfacteurs, & on ne leur fait aucune grace. Il arrive quelquefois que le Patient, lors même qu'il n'est point exécuté dans une Cabanne, n'est n'eſt point lié, & qu'il lui eſt permis de ſe défendre, ce qu'il fait, bien moins dans l'eſpérance de ſauver ſa vie, que pour venger par avance ſa mort, & pour avoir la gloire de mourir en Brave. On a vû dans ces occaſions combien de force & de courage ces paſſions peuvent inſpirer : en voici un exemple, qui a pour garans des témoins oculaires & dignes de foi.

1721.
May.

Un Capitaine Iroquois, du Canton d'Onneyouth, avoit mieux aimé s'expoſer à tout, que de ſe déshonnorer par une fuite, qu'il jugea d'une conſéquence dangereuſe pour les Jeunes Gens, qui étoient ſous ſes ordres. Il ſe battit lontems en Homme, qui vouloit mourir les armes à la main, mais les Hurons, qu'il avoit en tête, vouloient l'avoir vif, & il fut pris. Par bonheur pour lui & pour ceux, qui furent faits Priſonniers avec lui, on les mena dans une Bourgade, où il y avoit des Miſſionnaires, qui eurent toute liberté de les entretenir. Ces Peres les trouverent d'une docilité, qu'ils regarderent comme un commencement de la grace de leur converſion ; ils les inſtruiſirent, & les baptiſerent : ils furent tous brûlés peu de jours après, & témoignerent juſqu'à la mort une ſorte de conſtance, que les Sauvages ne connoiſſoient pas encore, & que les Infidéles mêmes attribuerent à la vertu du Sacrement.

Courage d'un Capitaine Onneyouth brûlé par les Hurons.

Le Capitaine Onneyouth crut néanmoins qu'il lui étoit encore permis de faire à ſes Ennemis tout le mal, qu'il pourroit, & de reculer ſa mort autant qu'il lui ſeroit poſſible. On l'avoit fait monter ſur une eſpéce de Théâtre, où l'on commença à le brûler par tout le corps ſans aucun ménagement, & il parut d'abord auſſi inſenſible, que s'il n'eût rien ſouffert : mais comme il crut appercevoir un de ſes Compagnons, qu'on tourmentoit aſſez près de lui, donner quelque marque de foibleſſe, il en témoigna une très-grande inquiétude, & il n'omit rien de ce qui pouvoit l'encourager à la patience, par l'eſpérance du bonheur, qui les attendoit dans le Ciel, & il eut la conſolation de le voir expirer en Brave & en Chrétien.

Alors tous ceux, qui avoient fait mourir celui-ci, retomberent ſur lui, avec tant d'acharnement, qu'on auroit cru qu'ils alloient le mettre en piéces. Il n'en parut pas plus ému, & on ne ſçavoit plus par où il pouvoit être ſenſible, lorſqu'un de ſes Bourreaux lui cerna tout-autour la peau de la tête, & la lui arracha avec violence. La douleur le fit tomber sans connoissance, on le crut mort, & chacun se retira. Un moment après il revint de son évanouissement, & ne voyant autour de lui, que le cadavre de son Compagnon, il prend un tison des deux mains, quoiqu'il les eût toutes écorchées & brûlées, rappelle ses Bourreaux, & les défie de s'approcher. Sa résolution les effraya, ils poufferent des cris affreux, s'armerent, les uns de tisons embrasés, les autres de fers rougis dans le feu, & fondirent tous ensemble sur lui : il les reçut en Brave & les fit reculer. Le feu, dont il étoit environné lui servoit de retranchement ; il s'en fit un autre avec les Echelles, dont on s'étoit servi pour monter sur l'Echafaut, & cantonné ainsi dans son propre Bucher, devenu le théâtre de sa valeur, armé des instrumens de son supplice, il fut quelque tems la terreur d'une Bourgade entiere, personne n'osant approcher d'un Homme plus qu'à demi brûlé, & à qui le sang découloit de toutes les parties de son Corps.

Un faux pas, qu'il fit en voulant éviter un tison, qu'on lui lançoit, le livra de nouveau à ses Meurtriers, & il n'est pas nécessaire de vous dire qu'ils lui firent payer bien cher la frayeur, qu'il venoit de leur causer. Après s'être lassés de le tourmenter, ils le jetterent au milieu d'un grand brasier, & l'y laisserent, ne pouvant se persuader qu'il s'en relevât : on fut trompé ; lorsqu'on y pensoit le moins, on le vit, armé de tisons, courir vers le Village, comme s'il eût voulu y mettre le feu. Tout le monde étoit glacé d'effroi, & personne n'eut l'affûrance de se présenter devant lui pour l'arrêter : mais comme il approchoit des premieres Cabannes, un bâton, qu'on lui jetta entre les jambes, le fit tomber, & on fut sur lui, avant qu'il eût pu se relever. On lui coupa d'abord les pieds & les mains, on le roula ensuite sur les charbons embrasés ; enfin on le jetta sous un tronc d'Arbre, qui étoit en feu. Alors tout le Village se rangea autour de lui, pour goûter le plaisir de le voir brûler.

Le sang, qu'il perdoit, éteignoit presque le feu ; mais on n'appréhendoit plus aucun effort de sa part. Il en fit pourtant un dernier, qui épouvanta les moins timides. Il se traîna sur les coudes & sur les genoux avec un air menaçant & une vigueur, qui écarta les plus proches, plus à la vérité d'étonnement, que de crainte ; car que pouvoit-il leur faire,

D'UN VOYAGE DE L'AMERIQ. Let. XVI. 251
mutilé comme il étoit ? Dans ce moment les Miſſionnaires, qui ne l'avoient point perdu de vûë, s'étant approchés, & lui ayant remis devant les yeux les vérités éternelles, dont il avoit été ſi pénétré d'abord ; il rentra en lui-même, & ne parut plus occupé que de ſon ſalut. Quelque tems après un Huron le prit à ſon avantage, & lui coupa la tête.

1721.
May.

Cependant, Madame, ſi ces Peuples font la guerre en Barbares, il faut convenir que dans leurs Traités de paix, & généralement dans toutes leurs négociations, ils font paroître une habileté, & une nobleſſe de ſentimens, qui feroient honneur aux Nations les plus policées. Il ne s'agit point entre eux de conquérir, & d'étendre leur domination. Pluſieurs Nations mêmes ne connoiſſent point de domaine proprement dit, & celles, qui ne ſe ſont point éloignées de leur Pays, & qui ſe regardent comme les Maîtreſſes de leurs Terres, n'en ſont point jalouſes juſqu'à trouver mauvais qu'on vienne s'y établir, pourvu qu'on n'entreprenne point de les inquietter. Il n'eſt donc queſtion dans leurs Traités, que de ſe faire des Alliés contre des Ennemis puiſſans, de mettre fin à une guerre, qui devient onéreuſe aux deux Partis, ou plutôt de ſuſpendre les hoſtilités, car j'ai déja obſervé que les guerres ſont éternelles parmi les Sauvages, quand elles ſont de Nation à Nation. Auſſi ne faut-il pas compter ſur un Traité de Paix, tant qu'une des deux Parties peut donner de la jalouſie à l'autre.

Habileté de ces Peuples dans leurs Négociations.

Tout le tems qu'on négocie, & avant même que d'entrer en Négociation, le principal ſoin eſt de ne point paroître faire les premieres démarches, ou du moins de perſuader à ſon Ennemi, que ce n'eſt ni par crainte, ni par néceſſité, qu'on les fait ; & cela eſt manié avec la plus grande dextérité. Un Plénipotentiaire ne rabat rien de ſa fierté, lors même que les Affaires de ſa Nation, ſont dans le plus mauvais état ; & il réuſſit ſouvent à perſuader ceux, avec qui il traite, qu'il eſt de leur intérêt de mettre fin aux Hoſtilités, quoique Vainqueurs. Auſſi y va-t-il de tout pour lui, d'y employer tout ce qu'il a d'eſprit & d'éloquence ; car ſi ſes Propoſitions ne ſont pas agréées, il faut qu'il ſe tienne bien ſur ſes gardes. Il n'eſt point rare qu'un coup de Hache, ſoit l'unique Réponſe, qu'on lui fait. Il n'eſt pas même hors de danger, quand il a évité la premiere ſurpriſe, il doit s'attendre à être

I i ij

pourſuivi , & à être brûlé , s'il eſt pris , & qu'une telle violence puiſſe être colorée de quelque prétexte , comme de Repreſailles. Cela eſt arrivé à quelques François , chez les Iroquois , où ils avoient été envoyés de la part du Gouverneur Général ; & pendant bien des années , les Jéſuites , qui demeuroient parmi ces Barbares , quoiqu'ils y fuſſent ſous la Sauve-garde Publique , & en quelque façon , les Agents ordinaires de la Colonie , ſe trouvoient tous les jours à la veille d'être ſacrifiés à un reſſentiment , ou d'être les victimes d'une intrigue des Gouverneurs de la Nouvelle York.

Enfin il eſt ſurprenant que des Peuples , qui ne font nullement la guerre par intérêt , & qui portent même le déſintéreſſement juſqu'au point que les Guerriers ne ſe chargent jamais des dépouilles des Vaincus , ne touchent pas même aux habits des Morts , & s'ils rapportent quelque butin , l'abandonnent au premier , qui veut s'en emparer ; en un mot , qui ne prennent les armes , que pour la gloire , ou pour ſe venger de leurs Ennemis : il eſt , dis-je , étonnant de les voir auſſi exercés , qu'ils le ſont dans le manége de la plus fine politique , & entretenir des Penſionnaires chez leurs Ennemis. Ils ont même , par rapport à ces ſortes de Miniſtres , une coûtume , qui paroît d'abord aſſez biſarre , mais qu'on peut néanmoins regarder comme l'effet d'une grande prudence : c'eſt qu'ils ne font jamais aucun fond ſur les avis , qu'ils reçoivent de leurs Penſionnaires , ſi ceux-ci ne les accompagnent de quelque préſent. Ils ont compris ſans doute , que pour pouvoir ſagement compter ſur de pareils avis , il faut , non-ſeulement que celui , qui les donne , n'ait rien à eſpérer ; mais qu'il lui en coûte même pour les donner , afin que le ſeul intérêt du bien public puiſſe l'y engager , & qu'il ne le faſſe pas trop légerement.

Je ſuis , &c.

DIX-SEPTIÉME LETTRE.

1721.
Juin.

Description du Lac Erié. Voyage jusqu'au Détroit. Projet d'un Etablissement en ce lieu-là. Ce qui l'a fait manquer. Conseil chez le Commandant du Fort de Pontchartrain, & de quoi il s'agissoit. Des Jeux des Sauvages.

Au Fort de Pontchartrain du Détroit, ce huit Juin, 1721.

MADAME,

JE partis le vint-sept de l'Entrée du Lac Erié, après avoir fermé ma derniere Lettre, & quoiqu'il fût fort tard, je fis encore trois lieuës ce jour-là, à la faveur d'un bon Vent, & du plus beau tems du monde. La route est en côtoyant la côte du Nord, & elle est de cent lieuës. Depuis Niagara, en prenant par le Sud, elle est beaucoup plus agréable, mais plus longue de moitié. Le Lac Erié a cent lieuës de longueur de l'Est à l'Ouest. Sa largeur du Nord au Sud est de trente, ou environ. Le nom, qu'il porte, est celui d'une Nation de la Langue Huronne, qui étoit établie sur ses Bords, & que les Iroquois ont entierement détruite. *Erié* veut dire Chat, & les Eriés sont nommés dans quelques Relations *la Nation du Chat*. Ce nom vient apparemment de la quantité de ces Animaux, qu'on trouve dans ce Pays. Ils sont plus gros que les nôtres, & leurs Peaux sont fort estimées. Quelques Cartes modernes ont donné au Lac Erié le nom de *Conti*; mais ce nom n'a pas fait fortune, non plus que ceux de *Condé*, de *Tracy*, & d'*Orleans* donnés au Lac Huron, au Lac Supérieur, & au Lac Michigan.

Description du Lac Erié.

Le vint-huit je fis dix-neuf lieuës, & je me trouvai vis-à-vis de la *Grande Riviere*, qui vient de l'Est, par les quarante-deux dégrez quinze minutes. Cependant les grands Arbres n'étoient point encore verts. A cela près, le Pays me parut fort beau. Nous fîmes peu de chemin le vint-neuf, & point du tout le trentiéme. Nous nous embarquâmes le lendemain

De la Côte Septentrionale.

avant le lever du Soleil, & nous avançâmes beaucoup. Le premier de Juin, jour de la Pentecôte, après avoir remonté pendant une heure une jolie Riviere, qui vient, dit-on, de fort loin, & coule entre deux belles Prairies, nous fîmes un *Portage* d'environ soixante pas, pour éviter de faire le tour d'une Pointe, qui avance quinze lieuës dans le Lac ; on la nomme *la Longue Pointe*, elle est fort sablonneuse, & porte naturellement beaucoup de vignes. Les jours suivans je ne vis rien de remarquable, mais je côtoyai un Pays charmant, caché de tems en tems par des rideaux assez désagréables, mais de peu de profondeur. Par-tout, où je mis pied à terre, je fus enchanté de la beauté & de la varieté d'un Payfage, terminé par les plus belles Forêts du monde. Avec cela, le Gibier d'Eau y foisonne partout ; je ne vous dirai pas si la Chasse est aussi abondante dans le Bois : mais je sçai que du côté du Sud il y a une quantité prodigieuse de Bœufs sauvages.

Agrément de ces voyages. Si l'on voyageoit toujours, comme je faisois alors, avec un Ciel serein, & un climat charmant, sur une eau claire, comme la plus belle Fontaine ; qu'on rencontrât partout des campemens sûrs & agréables, où l'on pût avoir à peu de frais le plaisir de la Chasse, respirer à son aise un Air pur, & jouir de la vûë des plus belles Campagnes, on pourroit être tenté de voyager toute sa vie. Je me rappellois ces anciens Patriarches, qui n'avoient point de demeure fixe, habitoient sous des Tentes, étoient en quelque façon les Maîtres de tous les Pays, qu'ils parcouroient, & profitoient paisiblement de toutes leurs productions, sans avoir les embarras inévitables dans la possession d'un véritable domaine. Combien de Chênes me représentoient celui de Mambré ? Combien de Fontaines me faisoient souvenir de celle de Jacob ? Chaque jour nouvelle situation à mon choix : une Maison propre & commode, dressée & meublée du nécessaire en moins d'un quart d'heure, jonchée de fleurs toujours fraîches sur un beau tapis verd : de toutes parts des beautés simples & naturelles, que l'art n'a point alterées, & qu'il ne sçauroit imiter. Si ces agrémens souffrent quelqu'interruption, ou par le mauvais tems, ou par quelqu'accident imprévû, ils n'en ont que plus de vivacité, quand ils reparoissent.

Si je voulois moralifer, j'ajoûterois que ces alternatives de

D'UN VOYAGE DE L'AMERIQ. Let. XVII. 255

plaifirs & de contretems, que j'ai déja affez effuyés, depuis que je fuis en route, font bien propres à faire fentir qu'il n'eft point de genre de vie plus capable de nous remettre fans ceffe devant les yeux que nous fommes fur la terre comme des Pélerins; que nous ne pouvons ufer, qu'en paffant, des biens de ce Monde; qu'il faut peu de chofes à l'Homme, pour le rendre content, & que nous devons prendre en patience les maux, qui furviennent à la traverfe, puifqu'ils paffent également, & avec la même rapidité. Enfin combien de chofes nous y rendent fenfible la dépendance, où nous vivons d'une Providence divine, qui ne fe fert point, pour ce mélange de bien & de mal, des paffions des Hommes, mais de la viciffitude des Saifons, qu'on peut prévoir, & du caprice des Elemens, auquel on doit s'attendre : par conféquent quelle facilité, & combien d'occafions n'y a-t'on pas de meriter par fa confiance & fa réfignation aux volontés de Dieu ? on dit ordinairement que les longs voyages ne fanctifient pas ; rien ne feroit pourtant plus capable de fanctifier, que la vie, qu'on y mene.

1721.
Juin.

Le quatriéme, nous fûmes arrêtés une bonne partie du jour fur une Pointe, qui court trois lieuës Nord & Sud, & qu'on appelle la *Pointe Pélée*. Elle eft cependant affez bien boifée du côté de l'Oueft, mais celui de l'Eft n'a fur un terrein fablonneux que des Cedres rouges, affez petits, & en médiocre quantité. Le Cedre blanc eft d'un plus grand ufage, que le rouge, dont le bois fe caffe aifément, & dont on ne peut faire que de petits Meubles. On prétend ici que les Femmes enceintes n'en doivent point ufer pour leurs Bufcs. La verdure de ce Cedre n'a point d'odeur, mais le bois en a. C'eft tout le contraire du blanc. Il y a beaucoup d'Ours dans ce Pays, & l'Hyver dernier il en fut tué fur la feule Pointe Pélée plus de quatre cent.

Des Cedres blancs & rouges.

Le cinquiéme, vers les quatre heures du foir, nous apperçûmes la Terre du Sud, & deux petites Ifles, qui en font très-proches. On les nomme les *Ifles des Serpens à Sonnettes*, & on affûre qu'elles font tellement remplies de ces Animaux, que l'Air en eft infecté. Nous entrâmes dans le Détroit une heure avant le Soleil couché, & nous paffâmes la nuit au-deffus d'une très-belle Ifle, appellée l'*Ifle du Bois Blanc*. Depuis la longue Pointe jufqu'au Détroit, la route ne vaut guéres que l'Oueft : depuis l'entrée du Détroit jufqu'à l'*Ifle de*

Arrivée au Détroit.

1721.
Juin.

Sainte Claire, qui en eſt à cinq ou ſix lieuës, & de-là juſqu'au Lac Huron, elle prend un peu de l'Eſt, par le Sud. Ainſi tout le Détroit, qui a trente-deux lieuës de long, eſt entre les quarante-deux Degrés, douze ou quinze Minutes, & les quarante-trois & demi de Latitude-Nord. Au deſſus de l'Iſle de Sᵗᵉ Claire, le Détroit s'élargit, & forme un Lac, qui a reçu ſon nom de l'Iſle, ou qui lui a donné le ſien. Il a environ ſix lieuës de long, ſur autant de largeur en quelques endroits.

De la nature du Pays.

On prétend, que c'eſt ici le plus bel endroit du Canada, & véritablement, à en juger par les apparences, la Nature ne lui a rien refuſé de ce qui peut faire un Pays charmant : Côteaux, Prairies, Campagnes, Bois de Futaye, Ruiſſeaux, Fontaines, Rivieres, tout cela eſt d'une ſi bonne qualité, & dans un aſſortiment ſi heureux, qu'on ne ſçauroit preſque rien déſirer de plus. Les Terres n'y ſont pourtant pas également bonnes pour toutes ſortes de Grains, mais la plûpart ſont d'une fertilité admirable, & j'en ai vû, qui ont porté dix-huit ans de ſuite du Froment, ſans avoir été fumées. D'ailleurs toutes ſont bonnes à quelque choſe. Les Iſles ſemblent y avoir été placées à la main, pour l'agrément de la vûë ; le Fleuve & le Lac ſont fort poiſſonneux, l'air pur, & le Climat temperé, & fort ſain.

Des Sauvages établis auprès du Fort.

Avant que d'arriver au Fort, qui eſt ſur la main gauche, une lieuë au-deſſous de l'Iſle de Sainte Claire, on trouve ſur la même main, deux Villages aſſez nombreux, & qui ſont fort proches l'un de l'autre. Le premier eſt habité par des Hurons Tionnontatez, les mêmes, qui après avoir lontems erré de côté & d'autre, ſe ſont fixés d'abord au Sault Sainte Marie, & enſuite à Michillimakinac. Le ſecond l'eſt par des Pouteouatamis. Sur la droite, un peu plus haut, il y en a un troiſiéme d'Outaouais, Compagnons inſéparables des Hurons, depuis que les Iroquois ont obligé les uns & les autres, à abandonner leur Pays. Il n'y a point de Chrétiens parmi eux, s'il y en a parmi les Pouteouatamis, ils ſont en très-petit nombre : les Hurons le ſont tous, mais ils n'ont point de Miſſionnaires. On dit qu'ils n'en veulent point, mais cela ſe réduit à quelques-uns des Principaux, qui n'ont pas beaucoup de Religion, & qui empêchent qu'on n'écoute tous les autres, leſquels en demandent depuis lontems (*a*).

(*a*) On leur en a enfin donné un depuis pluſieurs années.

Il

Il y a lontems que la situation, encore plus que la beauté du Détroit, a fait souhaiter qu'on y fît un Établissement considérable; il étoit assez bien commencé, il y a quinze ans, mais des raisons, qu'on ne dit point, l'ont réduit à très peu de choses. Ceux qui ne lui ont pas été favorables, disent : 1°. Qu'il approcheroit trop les Pelleteries du Nord des Anglois, qui donnant leurs Marchandises aux Sauvages à meilleur marché. que nous, attireroient tout le Commerce dans la Nouvelle York. 2°. Que les Terres du Détroit ne sont pas bonnes, que toute leur superficie, jusqu'à neuf ou dix pouces de profondeur, n'est que de Sable ; & que sous ce Sable, il y a une Terre glaise si dure, que l'Eau ne la sçauroit pénétrer ; d'où il arrive, que les Plaines & l'intérieur des Bois, sont toujours noyés ; qu'on n'y voit que de petits Chênes mal tournés, & des Noyers durs, & que les Arbres ayant toujours le pied dans l'Eau, les Fruits y mûrissent fort tard. Mais ces raisons n'ont pas été sans réplique. Il est vrai qu'aux environs du Fort Pontchartrain les Terres sont mêlées de Sable, & que dans les Forêts voisines, il y a des fonds presque toujours pleins d'Eau. Cependant ces mêmes Terres ont porté du Froment dix-huit années de suite, sans être jamais fumées, & il ne faut pas aller bien loin pour en trouver, qui sont excellentes. Pour ce qui est des Bois, sans trop m'éloigner du Fort, j'en ai vû en me promenant, qui ne le cedent en rien à nos plus belles Forêts.

Quant à ce qu'on dit, qu'en s'établissant au Détroit, on mettroit les Anglois trop à portée de faire le Commerce des Pelleteries du Nord ; il n'est Personne en Canada, qui ne convienne qu'on ne réussira jamais à empêcher les Sauvages, de leur porter leurs Marchandises, en quelque lieu qu'ils soient établis, & quelque précaution qu'on prenne, si on ne leur fait trouver avec nous les mêmes avantages, qu'ils trouvent dans la Nouvelle York. J'aurois sur cela, Madame, bien des choses à vous dire, mais ces discussions me meneroient trop loin. Nous en causerons quelque jour à loisir.

Le septiéme de Juin, qui étoit le lendemain de mon arrivée au Fort, M. de TONTI, qui y commande, assembla les Chefs des trois Villages, dont je vous ai parlé, pour leur communiquer les Ordres, qu'il venoit de recevoir du Marquis de Vaudreuil. Ils l'écouterent tranquillement, & sans l'inter-

1721. Juin.

Conseil de trois Nations Sauvages chez le Commandant du Détroit.

rompre ; & quand il eut fini, l'Orateur Huron lui dit en peu de mots, qu'ils alloient déliberer fur ce qu'il leur avoit propofé, & qu'ils lui feroient Réponfe dans peu. C'eft la coûtume de ces Peuples, de ne jamais répondre fur le champ, lorfqu'il s'agit d'Affaires de quelque importance. Deux jours après ils fe raffemblerent en plus grand nombre chez le Commandant, qui fouhaita que je fuffe préfent à ce Confeil, avec les Officiers de la Garnifon. SASTERATSI, que nos François appellent *le Roy des Hurons*, & qui eft en effet le Chef Héreditaire des *Tionnontatez*, lefquels font les vrais Hurons, s'y trouva ce jour-là ; mais comme il eft encore Mineur, il n'y vint que pour la forme : fon Oncle, qui gouverne pour lui, & qu'on a nommé *le Régent*, porta la parole, en qualité d'Orateur de la Nation ; & l'honneur de parler pour tous eft ordinairement déferé aux Hurons, quand il s'en trouve dans un Confeil. Le premier coup d'œil de ces Affemblées, n'en donne pas une idée bien avantageufe. Imaginez-vous, Madame, une douzaine de Sauvages prefque nuds, les Cheveux accommodés en autant de manieres différentes, & toutes ridicules ; quelques-uns un Chapeau bordé par-deffus, tous la Pipe à la bouche, & dans la contenance de gens, qui ne penfent à rien. C'eft beaucoup, fi quelqu'un laiffe échapper un mot en un quart d'heure, & fi on lui répond par un Monofyllabe. Nulle marque de diftinction, nulle préféance ; mais on change bien de fentiment, lorfqu'on voit le réfultat de leurs Déliberations.

Il s'agiffoit ici de deux Points, que le Gouverneur Géneral avoit fort à cœur. Le premier étoit de faire trouver bon aux trois Villages établis au Détroit qu'on ne leur vendît plus d'Eau de Vie, dont le Confeil de Marine, avoit défendu abfolument la Traite. Le fecond étoit d'engager toutes les Nations à s'unir avec les François, pour détruire les *Outagamis*, communément appellés *les Renards*, aufquels on avoit fait grace quelques années auparavant, & qui recommençoient leurs Brigandages. M. de Tonti fit d'abord répeter en peu de mots par fes Interpretes ce qu'il avoit expofé plus au long, dans la premiere Affemblée, & l'Orateur Huron, répondit au nom des trois Villages. Il ne fit point d'Exorde, & alla droit au Fait. Il parla lontems, & pofément, s'arrêtant à chaque Article, pour donner moyen à l'Interprete,

D'UN VOYAGE DE L'AMERIQ. Let. XVII. 259
d'expliquer en François, ce qu'il venoit de dire en sa Langue.
Son air, le son de sa voix, & son action, quoiqu'il ne fît aucun geste, me parurent avoir quelque chose de noble & d'imposant, & il falloit que ce qu'il disoit, fût bien éloquent, puisque dépouillé dans la bouche de l'Interprete, qui étoit un Homme ordinaire, de tous les ornemens du Langage, nous en fûmes tous charmés. Je vous avouë même que, quand il auroit parlé deux heures, je ne me serois pas ennuyé un moment. Une autre preuve, que les beautés de son Discours ne venoient point de l'Interprete, c'est que jamais cet Homme n'eût osé prendre sur soi, tout ce qu'il nous dit. Je fûs même un peu surpris, qu'il osât repeter si fidellement, qu'il faisoit, certaines choses, qui ne devoient pas plaire au Commandant. Quand le Huron eut fini, ONANGUICÉ, Chef & Orateur Pouteouatami, reprit en peu de mots, & d'une maniere très-ingenieuse, tout ce que le Premier avoit exposé plus au long, & conclut comme lui. Les Outaouais ne parlerent point, & parurent approuver ce qu'avoient dit les autres.

1721.
Juin.

La Conclusion fut, que les François étoient les maîtres de ne plus vendre d'Eau-de-vie aux Sauvages; qu'ils auroient très-bien fait de ne leur en avoir jamais vendu, & il ne se peut rien imaginer de plus fort, que ce que dit l'Orateur Huron, en exposant les désordres, qu'a causés cette Boisson, & le tort, qu'elle a fait à toutes les Nations Sauvages. Le plus zelé Missionnaire n'en auroit pas dit davantage : mais il ajoûta qu'ils y étoient tellement accoûtumés, qu'ils ne pouvoient plus s'en passer ; d'où il étoit aisé de juger, qu'au défaut des François, ils s'adresseroient aux Anglois. Quant à ce qui concernoit la Guerre des Outagamis, il déclara, qu'on ne pouvoit rien résoudre, que dans un Conseil Général de toutes les Nations, qui reconnoissent Ononthio (*a*) pour leur Pere ; qu'elles conviendroient sans doute de la necessité de cette Guerre, mais qu'elles auroient bien de la peine à se fier une seconde fois aux François ; qui les ayant déja réunies, pour les aider à exterminer l'Ennemi commun, lui avoient accordé la paix, sans consulter leurs Alliés, & sans qu'on pût sçavoir les raisons d'une telle conduite.

Quel en fut le résultat.

Le jour suivant j'allai visiter les deux Bourgades Sauvages,

En quelle disposition

(*a*) C'est le nom, que les Sauvages donnent au Gouverneur Général.

K k ij

1721.
Juin.
l'Auteur trouve les Hurons du Détroit.

qui sont voisines du Fort, & je commençai par les Hurons. Je trouvai toutes les Matrones, parmi lesquelles étoit l'Ayeule de Sasteratsi, fort affligées de se voir si lontems privées des secours spirituels. Bien des choses, que j'appris en même tems, me confirmerent dans la pensée, où j'étois déja, que des intérêts particuliers étoient les seuls obstacles à ce que désiroient ces bonnes Chrétiennes. Il faut esperer que les derniers ordres du Conseil de la Marine leveront toutes ces oppositions. M. de Tonti m'assûra qu'il alloit y travailler efficacement (a).

Ceux, qui m'avoient conduit dans ce Village, m'assûrerent que sans les Hurons les autres Sauvages du Détroit mourroient de faim. Ce n'est certainement pas la faute du Terrein, qu'ils occupent, pour peu qu'ils voulussent le cultiver, ils y trouveroient au moins le nécessaire : la seule Pêche leur en fourniroit une bonne partie, & elle ne demande pas un grand travail. Mais depuis qu'on leur a fait goûter de l'Eau-de-vie, ils ne songent plus qu'à amasser des Pelleteries pour avoir de quoi s'enyvrer. Le Huron plus sage, plus industrieux, plus laborieux, plus prévoyant, & plus accoûtumé à la culture des Terres, pense plus au solide, & par son travail est en état, non-seulement de subsister, sans avoir besoin de personne, mais encore de faire subsister les autres : ce qu'il ne fait pas à la vérité gratuitement, car parmi ses bonnes qualités, il ne faut pas compter le désintéressement.

Réception, qu'on lui fait chez les Poutéouatamis.

Je fus encore mieux reçu des Poutéouatamis Infidéles, que des Hurons Chrétiens. Ces Sauvages sont les plus beaux Hommes du Canada, ils sont d'ailleurs d'un naturel fort doux, & nous les avons toujours eu pour Amis. Onanguicé, leur Chef, me traita avec une politesse, qui me donna bien aussi bonne opinion de son esprit, que le discours, qu'il nous avoit fait dans le Conseil. Il est véritablement Homme de mérite, & tout-à-fait dans nos intérêts.

En repassant par un Quartier du Village des Hurons, j'apperçus une troupe de ces Sauvages, qui paroissoient fort animés au jeu; je m'approchai & je vis qu'ils jouoient *au Plat.* C'est celui de tous les jeux, qui attache le plus ces Peuples: ils en perdent quelquefois le repos, & en quelque maniere la

(a) Les Hurons du Détroit ont enfin obtenu un Missionnaire, qui a renouvellé parmi eux leur premiere ferveur.

D'UN VOYAGE DE L'AMERIQ. LET. XVII. 261

raifon : ils y rifquent tout ce qu'ils ont, & plufieurs ne le quittent, qu'après s'être mis prefque tout nuds, & après avoir perdu tout ce qu'ils avoient dans leurs Cabannes. On en a vû y engager leur liberté pour un tems. Cela prouve bien la paffion, car il n'eft point d'Hommes au monde plus jaloux de leur liberté, que nos Sauvages.

1721.
Juin.

Le jeu *du Plat*, qu'on appelle auffi le jeu *des Offelets*, ne fe jouë qu'entre deux perfonnes. Chacun a fix ou huit Offelets, que je pris d'abord pour des noyaux d'Abricots : ils en ont la figure, & font de même grandeur : mais en les regardant de près, je m'apperçus qu'ils étoient à fix faces inégales, dont les deux principales font peintes, l'une en noir, l'autre en blanc tirant fur le jaune. On les fait fauter en l'air, en frappant la terre, ou la table, avec un Plat rond & creux, où ils font, & qu'on fait pirouetter auparavant. Quand on n'a point de Plat, on fe contente de jetter en l'air les Offelets avec la main ; fi tous en tombant préfentent la même couleur, celui, qui a joué, gagne cinq points, la Partie eft en quarante, & on défalque les points gagnés, à mefure que l'adverfaire en gagne de fon côté. Cinq Offelets d'une même couleur ne donnent qu'un point pour la premiere fois, mais à la feconde on fait rafle de tout. En moindre nombre on ne gagne rien.

Du Jeu du Plat ou des Offelets.

Celui, qui gagne la Partie, continuë de jouer ; le Perdant céde fa place à un autre, qui eft nommé par les Marqueurs de fa Partie. Car on fe partage d'abord, & fouvent tout le Village s'intéreffe au jeu : quelquefois même un Village jouë contre un autre. Chaque Partie choifit fon Marqueur, mais il fe retire quand il veut, ce qui n'arrive, que quand la chofe tourne mal pour les fiens. A chaque coup, que l'on jouë, furtout, fi c'eft un coup décifif, il s'éleve de grands cris : les Joueurs paroiffent comme des forcenés, & les Spectateurs ne font pas plus tranquilles. Les uns & les autres font mille contorfions, apoftrophent les Offelets, chargent d'imprécations les Génies de la Partie adverfe, & tout le Village retentit de hurlemens. Si tout cela ne fait pas revenir la chanfe, les Perdans peuvent remettre la Partie au lendemain, il ne leur en coûte que de faire à toute l'Affiftance un repas de peu de valeur.

On fe prépare enfuite pour retourner au combat, chacun invoque fon Génie, & jette en fon honneur du tabac dans le feu. On lui demande sur-tout des rêves heureux. Dès que le jour paroît, on se remet au jeu ; mais si les Perdans se sont mis dans la tête que ce sont les meubles de leur Cabanne, qui leur ont porté malheur, ils commencent par les changer tous. Les grandes Parties durent ordinairement cinq ou six jours, & souvent la nuit même ne les interrompt pas. Cependant, comme tous les Assistans, du moins ceux, qui sont intéressés au jeu, sont dans une agitation, qui les met hors d'eux-mêmes, qu'on se querelle, qu'on se bat, ce qui n'arrive jamais parmi les Sauvages, que dans ces occasions, & dans l'yvresse, on peut juger, si à la fin de la Partie les uns & les autres ont besoin de repos.

Usage superstitieux de ce jeu pour la guérison des Malades.

Il arrive quelquefois que ces Parties de jeu se font par ordonnance du Médecin, ou à la priere d'un Malade : il ne faut pour cela qu'un rêve de l'un, ou de l'autre ; ce rêve est toujours pris pour un commandement de quelque Génie ; & alors on se prépare au jeu avec un très-grand soin. On s'assemble pendant plusieurs nuits pour s'essayer, & voir qui a la main plus heureuse. On consulte son Génie, on jeûne, les Personnes mariées gardent la continence, & le tout pour obtenir un songe favorable. Tous les matins on raconte ceux, qu'on a eus, & de toutes les choses, qu'on a révées, & qu'on s'imagine pouvoir porter bonheur, on en fait un amas, & on les met dans de petits sachets, qu'on porte sur soi. Si quelqu'un a la réputation d'être heureux, c'est-à-dire, dans le sens de ce Peuple, d'avoir un Génie familier plus puissant, & plus enclin à faire du bien, on ne manque point de le faire approcher de celui, qui tient le Plat. On va même quelquefois le chercher bien loin, & si la vieillesse, ou quelqu'infirmité ne lui permettoit pas de marcher, on le porteroit sur ses épaules.

On a souvent pressé les Missionnaires de se trouver à ces jeux, dans la persuasion, où l'on est, que leurs Génies tutélaires sont les plus puissans de tous. Il arriva un jour dans un Village Huron qu'une Malade ayant fait appeller un Jongleur, ce Charlatan lui ordonna le jeu du Plat, & marqua un autre Village que le sien pour jouer. Elle envoya aussitôt demander au Chef de ce Village son agrément ; il fut accordé, on joua, & le jeu fini, la Malade fit aux Joueurs de grands remercimens de la guérison, qu'ils lui avoient, disoit-elle,

D'UN VOYAGE DE L'AMERIQ. Let. XVII. 263

procurée. Il n'en étoit pourtant rien, au contraire elle étoit plus mal, mais il faut toujours paroître content, lors même qu'on a moins sujet de l'être.

1721.
Juin.

La mauvaise humeur de cette Femme & de ses Parens tomba sur les Missionnaires, qui avoient refusé d'assister au jeu, quelque instance, qu'on leur eût faite pour les y engager, & dans le chagrin de leur peu de complaisance en cette occasion, on leur reprocha que depuis leur arrivée dans ce Pays, les Génies des Sauvages n'avoient plus aucun pouvoir. Ces Religieux ne manquerent pas de profiter de cet aveu pour faire sentir à ces Infidéles la foiblesse de leurs Divinités, & la supériorité du Dieu des Chrétiens ; mais outre que dans ces rencontres il est rare qu'on soit assez bien disposé pour entendre raison, ces Barbares répondent froidement : " Vous avez vos Dieux, & nous avons les nôtres : c'est un malheur pour nous, qu'ils ne soient pas aussi puissans que les vôtres. "

Le Détroit est une des Contrées du Canada, où un Botaniste pourroit faire plus de découvertes. J'ai déja observé que tout le Canada produit une grande quantité de Simples, qui ont de grandes vertus. On ne doute pas que les Néges n'y contribuent beaucoup, mais il y a ici une variété de terroir, qui jointe à la douceur du climat, & à la liberté, qu'a le Soleil plus qu'ailleurs d'y échauffer la Terre, parce que le Pays est plus découvert, donne lieu de croire que les Plantes y ont plus de force, qu'en aucun autre endroit.

Un de mes Conducteurs éprouva dernierement la vertu d'une Herbe, qu'on rencontre par-tout, & dont la connoissance est des plus nécessaires aux Voyageurs, non pas pour ses bonnes qualités, car je ne lui en ai encore vu attribuer aucune, mais parce qu'on ne sçauroit trop l'éviter. On l'appelle l'*Herbe à la Puce*, mais ce nom n'est pas assez expressif pour marquer les effets, qu'elle produit. Ces effets sont plus ou moins sensibles, selon le témperamment de ceux, qui la touchent : il en est même, sur qui elle ne fait rien : mais les uns, en la regardant seulement, sont attaqués d'une fiévre violente, qui dure plus de quinze jours, & qui est accompagnée d'une gale fort incommode, & d'une grande demangeaison par tout le Corps. Elle n'opere sur d'autres, que quand ils la touchent ; & alors la partie attaquée paroît comme toute couverte de Lépre. On en a vû, qui en avoient les mains toutes

De l'Herbe à la Puce, & de ses effets.

1721.
Juin.

Des Citrons du Détroit.

perduës. On n'y connoît point encore d'autre reméde, que la patience ; au bout de quelque tems tout se dissipe.

Il croît aussi au Détroit des Citronniers en plein sol, dont les fruits ont la forme & la couleur de ceux de Portugal, mais ils sont plus petits, & d'un goût fade : ils sont excellens confits. La racine de cet Arbre est un poison mortel & très-subtil, & en même-tems un antidote souverain contre la morsure des Serpens. Il faut la piler & l'appliquer à l'instant sur la playe : ce reméde est prompt & immanquable. Des deux côtés du Détroit le Pays conserve, dit-on, toute sa beauté jusqu'environ dix lieuës dans la profondeur, après quoi on trouve moins d'Arbres fruitiers, & moins de Prairies. Mais au bout de cinq ou six lieuës, en tirant vers le Lac Erié au Sud-Ouest, on découvre d'immenses Prairies, qui s'étendent plus de cent lieuës en tout sens, & qui nourrissent une quantité prodigieuse de ces Bœufs, dont je vous ai déja parlé plus d'une fois.

Je suis, &c.

DIX-HUITIÉME LETTRE.

Plusieurs traits du caractere, des usages, & du gouvernement des Sauvages.

Au Détroit ce quatorziéme de Juin, 1721.

MADAME,

APRE's avoir fermé ma derniere Lettre, & l'avoir remise à une Personne, qui descendoit à Quebec, je me disposois moi-même à poursuivre mon Voyage, & je m'embarquai en effet le lendemain. Mais je n'ai pas été bien loin, & par le peu de précautions de ceux, qui me conduisent, me voici de retour au Fort de Pontchartrain, où je crains beaucoup d'être obligé de rester encore plusieurs jours. Ce sont de ces contretems, auxquels il faut s'attendre avec les Voyageurs Canadiens, ils ne sont jamais pressés, & sont fort négligens à prendre

dre leurs mesures. Mais comme il faut tirer partie de tout, je vais profiter de ce retardement, pour commencer à vous entretenir du Gouvernement des Sauvages, & de leur façon de se conduire dans les Affaires. Cette connoissance vous mettra plus en état de comprendre bien des choses, que j'aurai occasion de vous dire dans la suite.

1721.
Juin.

Je m'étendrai pourtant le moins que je pourrai sur ce sujet: premierement, parce que tout n'y est pas fort intéressant; en second lieu, parce que je ne veux rien vous écrire, qui ne soit appuyé sur de bons témoignages, & qu'il n'est pas aisé de trouver des personnes, dont la sincerité soit hors de toute atteinte, au moins d'exagération; ou qu'on ne puisse soupçonner d'avoir trop légerement ajoûté foi, à tout ce qu'on leur a débité; ou qui ayent enfin assez de discernement, pour saisir les choses dans leur vrai point de vûë; ce qui demande un long séjour dans le Pays, & une longue habitude avec ses Habitans. Je ne vous dirai donc rien de moi, sur cet article, & cela m'empêchera de mettre beaucoup de suite dans ce que je dirai: mais il ne vous sera pas difficile de rassembler, & de faire un tout assez régulier des traits, dont je parsemerai mes Lettres, à mesure, que j'en serai instruit.

Il faut convenir, Madame, que plus on voit nos Sauvages de près, & plus on découvre en eux de qualités estimables. La plûpart des Principes, qui servent à regler leur conduite, les Maximes generales, sur lesquelles ils se gouvernent, & le fond de leur Caractere, n'ont presque rien, qui sente le Barbare. D'ailleurs les idées, quoiqu'entierement confuses, qui leur sont restées d'un Premier Etre, les vestiges presque effacés du Culte Religieux, qu'ils paroissent avoir autrefois rendu à cette Divinité suprême; & les foibles traces, qu'on remarque, jusques dans leurs actions les plus indifferentes, de l'ancienne Croyance, & de la Religion primitive, peuvent les remettre plus facilement qu'on ne croit, dans le chemin de la Verité, & donner à leur Conversion au Christianisme des facilités qu'on ne rencontre pas, ou qui sont contre-balancées par de plus grands obstacles, dans les Nations les plus civilisées. En effet l'expérience ne nous apprend-elle pas, que la Politesse, les lumieres, les Maximes d'Etat, forment dans celles-ci un attachement & une prévention pour leur fausse Croyance; que toute l'habileté, & tout

Les Sauvages du Canada sont plus aisés à convertir, que les Nations les plus policées.

Tome III.　　　　　　　　　L l

1721.
Juin.

le zele des Ouvriers Evangéliques, ont bien de la peine à détruire, & qu'il faut que la Grace agisse plus puissamment sur des Infideles éclairés, que leur présomption aveugle presque toujours, que sur ceux, qui ne lui opposent que des lumieres bornées.

Idée générale de leur Gouvernement.

La plûpart des Peuples de ce Continent ont une sorte de Gouvernement Aristocratique, dont la forme varie presque à l'infini. Car encore que chaque Bourgade ait son Chef indépendant de tous les autres de la même Nation, & de qui les Sujets dépendent en très peu de choses, néanmoins il ne se conclut aucune Affaire de quelque importance, que par l'avis des Anciens. Vers l'Acadie, les *Sagamos* étoient plus absolus, & il ne paroît pas qu'ils fussent obligés, comme les Chefs le sont presque partout ailleurs, de faire des libéralités aux Particuliers. Au contraire, ils tiroient une espece de Tribut de leurs Sujets, & ne mettoient nullement leur grandeur, à ne se rien réserver pour eux. Mais il semble, que la dispersion de ces Sauvages Acadiens, & peut-être aussi leur Commerce avec les François, ont apporté beaucoup de changement à leur ancienne façon de se gouverner, dont LESCARBOT & CHAMPLAIN sont les seuls, qui nous ayent donné quelque détail.

Division des Nations en Tribus.

Plusieurs Nations ont chacune trois Familles, ou Tribus principales, aussi anciennes, à ce qu'il paroît, que leur Origine. Elles ont néanmoins une même Souche, & il y en a du moins une, qui est regardée, comme la premiere, qui a une sorte de prééminence sur les deux autres, où l'on traite de Freres, ceux de cette Tribu ; au lieu qu'entre elles, on ne se traite que de Cousins. Ces Tribus sont mêlées, sans être confondues, chacune a son Chef séparé dans chaque Village ; & dans les Affaires, qui interessent toute la Nation, ces Chefs se réunissent pour en déliberer. Chaque Tribu porte le nom d'un Animal, & la Nation entiere a aussi le sien, dont elle prend le nom, & dont la Figure est sa Marque, ou si l'on veut ses Armoiries. On ne signe point autrement les Traités, qu'en traçant ces Figures ; si ce n'est que des raisons particulieres en fassent substituer d'autres.

Ainsi la Nation Huronne, est la Nation du *Porc-Epi* : sa premiere Tribu porte le nom de l'*Ours*, ou du *Chevreüil*, les Auteurs varient sur cela ; les deux autres ont pris pour leurs

Animaux le *Loup*, & la *Tortuë*; enfin chaque Bourgade a aussi le sien, & c'est apparemment cette variété, qui a désorienté les Auteurs des Relations. D'ailleurs il est bon d'observer qu'outre ces distinctions de Nations, de Tribus, de Bourgades par les Animaux, il y en a encore d'autres, qui ont leur fondement dans quelque usage, ou dans quelque évenement particulier. Par exemple, les Hurons *Tionnontatez*, qui sont de la premiere Tribu, s'appellent ordinairement la Nation du Petun, & nous avons un Traité, où ces Sauvages, qui étoient alors à Michillimakinac, ont mis pour leur marque la figure d'un Castor.

1721.
Juin.

La Nation Iroquoise a les mêmes Animaux, que la Huronne, dont elle paroît être une Colonie, avec cette différence néanmoins, que la Famille de la Tortuë y est divisée en deux, qu'on appelle *la grande* & *la petite Tortuë*. Le Chef de chaque Famille en porte le nom, & dans les actions publiques on ne lui en donne point d'autre. Il en est de même du Chef de la Nation, & de celui de chaque Village. Mais outre ce nom, qui n'est, pour ainsi dire, que de représentation, ils en ont un autre, qui les distingue plus particuliérement, & qui est comme un titre de dignité. Ainsi l'un est appellé *le plus noble*, l'autre, *le plus ancien*, &c. Enfin ils en ont un troisiéme, qui leur est personnel. Mais je croirois assez que cela n'est en usage que dans les Nations, où la qualité de Chef est héréditaire.

Observation sur les noms des Chefs.

Ces impositions de titres se font toujours avec de grandes cérémonies; le nouveau Chef, ou, s'il est trop jeune, celui, qui le représente, doit faire un festin & des présens, prononcer l'éloge de son Prédécesseur, & chanter sa chanson. Il y a néanmoins tel nom personnel si célébre, que nul n'ose se l'approprier, ou qui est du moins fort lontems sans être relevé; quand on le fait, cela s'appelle resusciter celui, qui le portoit.

Dans le Nord, & par-tout, où regne la Langue Algonquine, la dignité de Chef est élective; mais toute la cérémonie de l'élection & de l'installation se réduit à des festins, accompagnés de danses & de chants. Le Chef élû ne manque aussi jamais de faire le panégyrique de celui, dont il prend la place, & d'invoquer son Génie. Parmi les Hurons, où cette dignité est héréditaire, la succession se continue par les Femmes, ensorte qu'à la mort du Chef ce n'est pas son Fils, qui lui succéde, mais le Fils de sa Sœur, ou à son défaut, son

De la Succession & de l'Election des Chefs.

L l ij

1721.
Juin.

plus proche Parent en ligne féminine. Si toute une Branche vient à s'éteindre, la plus noble Matrone de la Tribu, ou de la Nation choisit le Sujet, qui lui plaît davantage, & le déclare Chef.

De leur pouvoir.

Il faut avoir un âge mûr pour gouverner, & si le Chef héréditaire n'y est pas encore parvenu, on lui donne un Régent, qui a toute l'autorité, mais qui l'exerce sous le nom du Mineur. En général ces Chefs ne reçoivent pas de grandes marques de respect, & s'ils sont toujours obéis, c'est qu'ils sçavent jusqu'où ils doivent commander. Il est vrai même qu'ils prient ou proposent plutôt qu'ils ne commandent, & que jamais ils ne sortent des bornes du peu d'autorité, qu'ils ont. Ainsi c'est la raison, qui gouverne, & le gouvernement est d'autant plus efficace, que l'obéissance est plus libre, & qu'on n'a pas à craindre qu'il ne dégénere en tyrannie.

Des Assistans, ou Conseillers.

Il y a plus, chaque Famille a droit de se choisir un Conseiller, & un Assistant du Chef, qui doit veiller à ses intérêts, & sans l'avis duquel le Chef ne sçauroit rien entreprendre. Ces Conseillers sont sur-tout obligés d'avoir l'œil sur le thrésor public, & c'est particuliérement à eux, qu'il appartient d'en marquer l'emploi. Leur réception se fait dans un Conseil général; mais on n'en donne point avis aux Alliés, comme on le fait aux élections, & aux installations des Chefs. Dans les Nations Huronnes, ce sont les Femmes, qui nomment les Conseillers, & souvent elles choisissent des personnes de leur Sexe.

Du Corps des Anciens.

Ce Corps des Conseillers, ou Assistans est le premier de tous; le second est celui des Anciens, c'est-à-dire, de tous ceux, qui ont atteint l'âge de maturité. Je n'ai pu sçavoir quel est précisément cet âge. Le dernier est celui des Guerriers. Il comprend tous ceux, qui sont en état de porter les armes. Ce Corps a souvent à sa tête le Chef de la Nation, ou celui de la Bourgade; mais il faut qu'auparavant il se soit distingué par quelque action de valeur; sinon il est obligé de servir en qualité de Subalterne, c'est-à-dire, de simple Soldat, car il n'y a point de grades dans la Milice des Sauvages.

Des Chefs de Guerre.

A la vérité un grand Parti peut avoir plusieurs Chefs, parce qu'on donne ce titre à tous ceux, qui ont déja commandé; mais ils n'en sont pas moins soumis au Commandant du Parti, espece de Général sans caractere, sans autorité réelle, qui ne peut ni récompenſer, ni punir, que ſes Soldats peuvent quitter, quand il leur plaît, ſans qu'il ait rien à leur dire, & qui néanmoins n'eſt preſque jamais contredit : tant il eſt vrai que parmi des Hommes, qui ſe conduiſent par la raiſon, & qui ſont guidés par l'honneur & le zéle pour la Patrie, l'indépendance ne détruit point la ſubordination, & que ſouvent l'obéïſſance libre & volontaire eſt toujours celle, ſur laquelle on peut plus ſûrement compter. Au reſte les qualitez requiſes pour un Chef de Guerre ſont, d'être heureux, brave, & déſintereſſé. Il n'eſt pas étonnant qu'on obéïſſe ſans peine à un Homme, en qui l'on reconnoît ces trois caractères.

1721.
Juin.

Les Femmes ont la principale autorité chez tous les Peuples de la Langue Huronne, ſi on en excepte le Canton Iroquois d'Onneyouth, où elle eſt alternative entre les deux Sexes. Mais ſi tel eſt le droit, la pratique y eſt rarement conforme. Dans le vrai les Hommes ne parlent aux Femmes, que de ce qu'ils veulent bien qu'elles ſçachent, & rarement une affaire importante leur eſt communiquée, quoique tout ſe faſſe en leur nom, & que les Chefs ne ſoient que leurs Lieutenans. Ce que je vous ai dit, Madame, de l'Ayeule du Chef héréditaire des Hurons du Détroit, qui n'avoit jamais pû obtenir un Miſſionnaire pour ſa Bourgade, eſt une bonne preuve que l'autorité réelle des Femmes ſe réduit à bien peu de choſes. On m'a pourtant aſſûré que ce ſont encore elles, qui délibérent les premieres ſur ce qu'on propoſe dans le Conſeil, & qu'elles donnent enſuite le réſultat de leur délibération aux Chefs, qui en font le rapport au Conſeil Général, compoſé des Anciens ; mais il y a bien de l'apparence que tout cela ſe fait pour la forme & avec les reſtrictions, que je viens de dire. Les Guerriers conſultent auſſi entre eux ſur tout ce qui eſt de leur reſſort ; mais ils ne peuvent rien conclure d'important, ni qui intereſſe la Nation ou la Bourgade. Tout doit être examiné & arrêté dans le Conſeil des Anciens, qui juge en derniere inſtance.

Pouvoir des Femmes dans quelques Nations.

Il faut convenir qu'on procéde dans ces Aſſemblées avec une ſageſſe, une maturité, une habileté, je dirai même, communément une probité, qui auroient fait honneur à l'Aréopage d'Athènes, & au Sénat de Rome dans les plus beaux jours de ces Républiques. C'eſt qu'on n'y conclut rien avec précipitation, & que les grandes paſſions, qui ont ſi fort altéré

Sageſſe de ces Conſeils.

1721.
Juin.

la politique, même parmi les Chrétiens, n'ont point encore prévalu dans ces Sauvages sur le bien public. Les Intéressés ne laissent pas de faire jouer bien des ressorts, & d'employer un manége, dont on auroit peine à croire capables des Barbares, pour venir à bout de leurs desseins. Il est encore vrai qu'ils ont tous au souverain dégré le grand art de cacher leur marche: mais pour l'ordinaire la gloire de la Nation, & les motifs d'honneur sont les principaux mobiles de toutes leurs Entreprises. Ce qu'on ne peut excuser en eux, c'est que le plus souvent ils mettent leur honneur à se venger, & qu'ils ne donnent point de bornes à leur vengeance. Défaut, que le seul Christianisme peut bien corriger, & que toute notre politesse & notre Religion ne corrigent pas toujours.

Des Orateurs.

Chaque Tribu a son Orateur dans chaque Bourgade, & il n'y a guéres que ces Orateurs, qui ayent droit de parler dans les Conseils publics, & dans les Assemblées générales. Ils parlent toujours bien, & à propos. Outre cette éloquence naturelle, que nul de ceux, qui les ont pratiqués, ne leur conteste, ils ont une connoissance parfaite des intérêts de ceux, qui employent leur ministere, & une dextérité à mettre leur bon droit dans tout son jour, qui ne peut aller plus loin. En quelques occasions les Femmes ont un Orateur, qui parle en leur nom, & comme s'il étoit uniquement leur Interpréte.

Des intérêts de ces Peuples.

Des Peuples, qu'on peut dire ne posseder rien, ni en public, ni en particulier, & qui n'ont point l'ambition de s'étendre, devroient, ce semble, avoir peu de choses à démêler les uns avec les autres. Mais l'esprit de l'Homme naturellement inquiet ne sçauroit demeurer sans action, & il est ingénieux à se procurer de quoi s'occuper. Ce qui est certain, c'est que nos Sauvages négocient sans cesse, & qu'ils ont toujours quelque affaire sur le tapis. Ce sont des Traités à conclure, ou à renouveller, des offres de service, des civilités réciproques, des alliances, qu'on ménage, des invitations à la Guerre, des complimens sur la mort d'un Chef, ou d'une Personne considérable. Tout cela se fait avec une dignité, une attention, j'ose même dire, une capacité digne des affaires les plus importantes; & elles le sont quelquefois plus qu'il ne paroît; car ceux, qu'on député pour cela ont presque toujours des instructions secrettes, & le motif apparent de leur députation n'est souvent qu'un voile, qui en cache un autre plus sérieux.

La Nation du Canada, qui depuis deux siécles y fait la premiere figure, est l'Iroquoise. Ses succès à la guerre lui ont donné sur la plûpart des autres une supériorité, qu'aucune d'elle n'est plus en état de lui disputer, & de pacifique qu'elle étoit autrefois, elle est devenuë fort inquiette & fort intriguante. Mais rien n'a plus contribué à la rendre formidable, que l'avantage de sa situation, qu'elle sçut bientôt reconnoître, & dont elle a très-bien sçu profiter. Placée entre nous & les Anglois, elle a compris d'abord que les uns & les autres seroient obligés de la ménager, & il est vrai que la principale attention des deux Colonies, depuis leur Etablissement, a été de la gagner, ou de l'engager au moins à demeurer neutre. Persuadée de son côté que, si l'une des deux Nations prévaloit sur l'autre, elle en seroit bientôt opprimée, elle a trouvé le secret de balancer leurs succès, & si l'on fait réflexion que toutes ses forces réunies n'ont jamais monté qu'à cinq ou six mille Combattans, & que depuis lontems elles ont diminué de plus de moitié, on conviendra qu'elle n'a pu y suppléer que par beaucoup d'habileté & d'adresse.

Pour ce qui est des Particuliers, & de l'intérieur des Bourgades, les affaires s'y réduisent à très-peu de choses, & sont bientôt terminées. L'autorité des Chefs ne s'étend point, ou s'étend rarement jusques-là, & généralement parlant ceux, qui ont quelque crédit, ne sont occupés que du Public. Une seule affaire, quelque peu importante qu'elle soit, est lontems en délibération; tout se traite avec beaucoup de flegme & de lenteur, & rien ne se décide, qu'on n'ait entendu tous ceux, qui veulent y entrer. Si l'on a fait sous main quelque présent à un Ancien pour s'assûrer de son sufrage, on est sûr de l'obtenir, dès que le présent est accepté. Il est presque inouï qu'un Sauvage ait manqué à un engagement de cette sorte, mais il ne le prend pas aisément, & jamais il ne reçoit des deux mains. Les Jeunes Gens entrent de bonne heure en connoissance des affaires, ce qui les rend sérieux & mûrs dans un âge, où nous sommes encore enfans; cela les intéresse dès leur premiere jeunesse au bien public, & leur inspire une émulation, qu'on a grand soin de fomenter, & dont il n'est rien, qu'on ne puisse se promettre.

1721.
Juin.

Politique des Iroquois.

Du gouvernement des Villages.

1721.
Juin.
Ses Défauts.

Le plus grand défaut de ce Gouvernement, c'eſt qu'il n'y a preſque point de Juſtice Criminelle parmi ces Peuples ; à la verité, ce défaut n'a point dans ce Pays les mêmes ſuites, qu'il auroit parmi nous ; le grand reſſort de nos paſſions, & la ſource principale des déſordres, qui troublent le plus la Société Civile, c'eſt-à-dire, l'interêt, n'ayant preſque point de force ſur des Gens, qui ne ſongent point à théſauriſer, & s'embaraſſent fort peu du lendemain.

On peut encore leur reprocher avec juſtice la maniere, dont ils élevent leurs Enfans : ils ne ſçavent ce que c'eſt, que de les châtier ; tant qu'ils ſont petits, on dit qu'ils n'ont point de raiſon, & les Sauvages ne ſont point dans le principe, que la punition fait venir le Jugement ; quand ils ſont dans un âge à pouvoir raiſonner, on prétend qu'ils ſont maîtres de leurs actions, & qu'ils n'en doivent répondre à perſonne. On pouſſe ces deux Maximes, juſqu'à ſe laiſſer maltraiter par des Yvrognes, ſans même ſe défendre, de peur de les bleſſer: *Pourquoi leur faire du mal*, diſent-ils, quand on veut leur montrer le ridicule de cette conduite, *ils ne ſçavent ce qu'ils font*.

En un mot, ces Amériquains ſont parfaitement convaincus, que l'Homme eſt né libre, qu'aucune Puiſſance ſur la Terre n'a droit d'attenter à ſa liberté, & que rien ne pourroit le dédommager de ſa perte. On a même eu bien de la peine à détromper ſur cela les Chrétiens, & à leur faire entendre que, par une ſuite de la corruption de notre Nature, qui eſt l'effet du Peché, la liberté effrenée de faire le mal differe peu d'une eſpece de neceſſité de le commettre, vû la force du penchant, qui nous y porte ; & que la Loi, qui nous retient, nous rapproche de notre premiere liberté, en paroiſſant nous la ravir. Heureuſement pour eux, l'expérience ne leur fait pas ſentir, ſur bien des articles eſſentiels, toute la vivacité de ce penchant, qui produit ailleurs tant de crimes. Leurs connoiſſances étant plus bornées que les nôtres, leurs déſirs le ſont auſſi davantage : réduits au ſimple néceſſaire, auquel la Providence a ſuffiſamment pourvû, à peine ont-ils l'idée du ſuperflu.

Après tout, c'eſt un grand déſordre que cette tolérance, & cette impunité ; c'en eſt un auſſi, que ce défaut de ſubordination, qui ſe remarque dans le Public, & encore plus dans le le Domestique, où chacun fait ce qu'il veut : où le Pere, la Mere, & les Enfans vivent souvent comme des personnes rassemblées par hazard, & qu'aucun lien n'unit entre eux ; où de jeunes gens traitent des affaires de la Famille, sans en rien communiquer à leurs Parens, non plus que si c'étoient des Etrangers ; où les Enfans sont élevés dans une indépendance entiere ; & où on s'accoutume de bonne heure à n'écouter, ni la voix de la Nature, ni les plus indispensables devoirs de la Societé.

1721.
Juin.

Si dans les Nations les plus sagement gouvernées, & qui sont retenuës par le frein d'une Religion toute sainte, on ne laisse pas de voir quelquefois de ces Monstres, qui deshonorent l'humanité, ils y sont du moins horreur, & les Loix les répriment, mais ce qui n'est que le crime d'un Particulier, quand il est suivi du châtiment, devient le crime de la Nation, qui le laisse impuni, comme le parricide même l'est, parmi les Sauvages ; y fut-il encore plus rare, qu'il ne l'est, cette impunité est une tache, que rien ne peut laver, & qui sent tout-à-fait la Barbarie. Il y a pourtant en tout ceci quelques exceptions, dont je parlerai bientôt ; mais en général, l'esprit de nos Sauvages est tel.

Non-seulement ils sont persuadés qu'une personne, qui n'est pas en son bon sens, n'est point répréhensible, ou du moins ne doit pas être punie ; mais ils s'imaginent encore, qu'il est indigne d'un Homme, de se défendre contre une Femme, ou contre un Enfant ; bien entendu apparemment, lorsqu'il n'y va point de la vie, ou qu'il n'y a point de risque d'être estropié, encore prend-on alors, s'il est possible, le parti de fuir. Mais qu'un Sauvage en tuë un autre de sa Cabanne, s'il étoit Yvre, & souvent fait-on semblant de l'être, quand on veut faire de semblables coups, on se contente de plaindre & de pleurer le mort ; c'est un malheur, dit-on, le Meurtrier sçavoit pas ce qu'il faisoit.

Principes, sur quoi elle est établie.

S'il étoit de sang froid, on suppose aisément, qu'il avoit de bonnes raisons, pour en venir à cette extremité. S'il est évident qu'il n'en avoit point, c'est à ceux de sa Cabanne, comme les seuls interessés, à le châtier ; ils peuvent le faire mourir, mais ils le font rarement, & s'ils le font, c'est sans aucune forme de Justice ; de sorte que sa mort a moins l'air d'une punition légitime, que d'une vengeance d'un Particu-

Tome III. M m

lier ; quelquefois un Chef fera bien aife de profiter de l'occafion de fe défaire d'un mauvais Sujet. En un mot, le crime n'eft point puni d'une maniere, qui fatisfaffe à la Juftice, & qui établiffe la fûreté & la tranquillité publiques.

Un Affaffinat, qui intereffèroit plufieurs Cabannes, auroit cependant toujours des fuites fâcheufes, fouvent il n'en faut pas davantage pour mettre en combuftion toute une Bourgade, & même toute une Nation. C'eft pourquoi dans ces rencontres le Confeil des Anciens ne néglige rien pour accommoder de bonne heure les Parties, & s'il en vient à bout, c'eft ordinairement le Public, qui fait les Préfens, & toutes les démarches néceffaires auprès de la Famille offenfée. La prompte punition du Coupable finiroit d'abord toute l'affaire, & fi les Parens du Mort, peuvent l'avoir en leur puiffance, il leur eft permis d'en faire ce qu'ils veulent ; mais fa Cabanne croit qu'il n'eft pas de fon honneur de le facrifier, & fouvent le Village, ou la Nation, ne juge pas à propos de l'y contraindre.

De quelle maniere les Hurons puniffent l'Affaffinat.

J'ai lû dans une Lettre du P. de Brebeuf, qui a lontems vécu parmi les Hurons, que ces Sauvages avoient accoutumé de punir les Affaffins, en cette maniere. Ils étendoient le corps mort fur des Perches, au haut d'une Cabanne, & le Meurtrier étoit obligé de fe tenir plufieurs jours de fuite immédiatement au deffous, & de recevoir tout ce qui découloit de ce Cadavre, non-feulement fur foi, mais encore fur fon manger, qu'on mettoit auprès de lui, à moins que par un préfent confidérable, fait à la Cabanne du Défunt, il n'obtînt de garantir fes Vivres de ce Poifon. Mais le Miffionnaire ne dit point, fi cela fe faifoit par Autorité Publique, ou fi c'étoit feulement une Répréfaille, dont ufoient les Intereffés, quand ils pouvoient avoir l'Affaffin en leur puiffance.

Quoiqu'il en foit, le moyen le plus ufité parmi tous les Sauvages pour dédommager les Parens d'un Homme, qui a été affaffiné, c'eft de le remplacer par un Prifonnier de Guerre : alors ce Captif eft prefque toujours adopté : il entre dans tous les droits du Défunt, & fait bientôt oublier celui, dont il occupe la place. Il eft néanmoins quelques crimes odieux, qui font fur le champ punis de mort, du moins parmi quelques Nations, tels font les Maléfices.

Punition des Magiciens.

Quiconque en eft foupçonné, n'eft en fûreté nulle part ;

on lui fait même subir, quand on s'est saisi de lui, une sorte de question, pour l'obliger à nommer ses Complices, après quoi il est condamné au Supplice des Prisonniers de Guerre ; mais on demande auparavant le consentement de sa Famille, qui n'oseroit le refuser. Les moins criminels sont assommés, avant que d'être brûles. On traite à peu près de même, ceux qui deshonorent leurs Familles, & pour l'ordinaire, c'est la Famille même, qui en fait justice.

1721.
Juin.

Parmi les Hurons, qui étoient fort enclins à dérober, & qui le faisoient avec une dexterité, dont nos plus habiles Filoux se feroient honneur, il étoit permis, quand on avoit découvert le Voleur, non-seulement de lui reprendre ce qu'il avoit pris, mais encore d'enlever tout ce qui étoit dans sa Cabanne, & de le dépouiller tout nud, lui, sa Femme & ses Enfans, sans qu'ils pussent faire la moindre résistance. D'ailleurs, pour éviter toutes les contestations, qui pouvoient naître à ce sujet, on étoit convenu de certains points, dont on ne s'écartoit jamais. Par exemple, toute chose trouvée, n'y eût-il qu'un instant, qu'elle eût été perduë, étoit à celui, qui l'avoit trouvée, pourvû que celui, à qui elle étoit auparavant, ne l'eût point déja reclamée. Mais pour peu qu'on remarquât de la supercherie de part du Premier, on l'obligeoit de restituer ; ce qui occasionnoit quelquefois des dissensions assez difficiles à terminer : Voici un trait assez singulier en ce genre.

Reglement pour les choses trouvées.

Une bonne Vieille n'avoit pour tout bien au monde, qu'un Collier de Porcelaine, qui valoit environ dix Ecus de notre Monnoye, & elle le portoit partout avec elle, enfermé dans un petit Sac. Un jour qu'elle travailloit aux Champs, elle avoit suspendu son Sac à un Arbre ; une autre Femme, qui s'en apperçut, & qui avoit grande envie de lui escamoter son Collier, crut l'occasion favorable de s'en saisir, sans qu'on pût l'accuser de Vol : elle ne le perdit point de vûë, & au bout d'une heure ou deux, la Vieille étant passée dans le Champ voisin, elle courut à l'Arbre, prit le Sac, & se mit à crier, qu'elle avoit fait une bonne trouvaille. La Vieille à ce cri tourne la tête, & dit que ce Sac lui appartient, que c'est elle, qui l'a suspendu à l'Arbre, qu'elle ne l'a ni perdu, ni oublié, & que son intention étoit de le reprendre à la fin de son travail ; sa Partie lui répond, qu'on ne juge pas des

Trait singulier à l'occasion d'une chose trouvée.

M m ij

276 JOURNAL HISTORIQUE

1721.
Juin.

intentions, & qu'étant sortie de son Champ, sans avoir repris son Sac, elle étoit censée l'avoir oublié.

Après bien des contestations entre ces deux Femmes, qui ne se dirent pourtant pas un mot désobligeant, l'affaire fut portée devant un Arbitre, qui fut le Chef du Village, & dont voici quelle fut la décision : " A juger dans la rigueur, dit-il, " le Sac appartient à celle, qui l'a trouvé; mais les circonstances " sont telles, que, si cette Femme ne veut pas être taxée d'ava- " rice, elle le doit rendre à celle, qui le réclame, & se conten- " ter de quelque petit présent, que celle-ci ne peut se dispenser " de lui faire „. Les deux Parties acquiescerent à ce Jugement; & il est bon d'observer que la crainte d'être notée d'avarice a bien autant de pouvoir sur l'esprit des Sauvages, qu'en auroit la crainte du châtiment, & qu'en général ces Peuples se conduisent beaucoup plus par les principes d'honneur, que par tout autre motif.

Combien les Sauvages sont sensibles au point d'honneur.

Ce que je vais vous ajoûter, Madame, vous en donnera une nouvelle preuve. J'ai dit plus haut que pour empêcher les suites d'un meurtre, le Public se charge de faire les soumissions pour les coupables, & de dédommager les Intéressés : croiriez-vous bien que cela même a plus de force pour prévenir ces désordres, que les Loix les plus séveres? Rien n'est pourtant plus vrai : car comme ces satisfactions coûtent beaucoup à des Hommes, dont la fierté passe tout ce qu'on en peut dire, le Criminel est plus sensible à la peine, où il voit le Public à son sujet, qu'il ne le seroit à la sienne propre, & le zéle de l'honneur de la Nation retient beaucoup plus puissamment ces Barbares, que ne pourroit faire la crainte de la mort & des supplices.

D'ailleurs il est certain que l'impunité n'a pas toujours regné parmi eux, autant qu'elle a fait depuis, & nos premiers Missionnaires ont encore trouvé des traces de l'ancienne rigueur, avec laquelle ils sçavoient réprimer les crimes. Le vol en particulier a toujours été regardé comme une tache, qui déshonnoreroit une Famille, & chacun étoit en droit d'en effacer la honte avec le sang du Coupable. Le Pere de Brebœuf apperçut un jour un jeune Huron, qui assommoit une Fille; il courut à lui pour l'arrêter, & lui demanda ce qui le portoit à cette " violence. " C'est ma Sœur, lui répondit le Sauvage, elle a " volé, je veux expier par sa mort l'affront, qu'elle m'a fait „

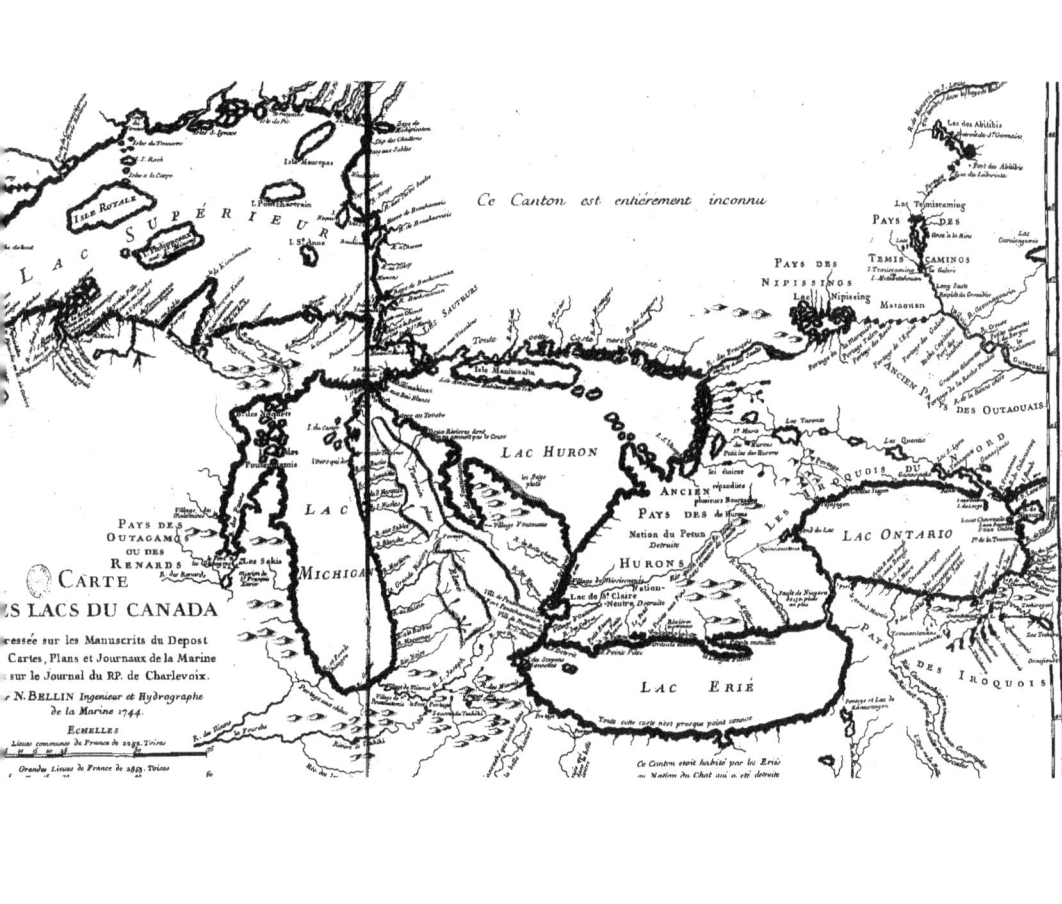

& à toute notre Famille „. On me demande ma Lettre, & je finis en vous aſſûrant que je ſuis, &c.

1721.
Juin.

DIX-NEUVIÉME LETTRE.

Voyage du Détroit à Michillimakinac. Deſcription du Pays. Du Mariage des Sauvages.

A Michillimakinac, ce trentiéme de Juin, 1721.

MADAME,

CE fut le dix-huitiéme de ce mois que je partis enfin tout de bon du Fort de Pontchartrain du Détroit, un peu avant le coucher du Soleil. A peine avois-je fait une lieuë qu'un orage accompagné d'un déluge de Pluye, me contraignit de gagner la Terre bien mouillé, & nous paſſâmes la nuit fort mal à notre aiſe : le lendemain tout ce que je pus faire, fut de traverſer le Lac de Sainte Claire, cette traverſe n'eſt cependant que de quatre lieuës. Le Pays me parut bon des deux côtés. A moitié chemin on laiſſe ſur la gauche une Riviere, qui a bien un arpent de large à ſon embouchure; on l'a nommée *la Riviere des Hurons*, parce que des Sauvages de cette Nation s'y réfugierent pendant la guerre des Iroquois. Sur la droite, & preſque vis-à-vis, il y en a une autre, dont l'entrée eſt une fois plus large, & qu'on remonte quatre-vint lieuës ſans rencontrer aucun Rapide, ce qui eſt rare dans les Rivieres de ce Pays : on n'a pu me dire ſon nom.

Départ du Détroit.

La route depuis le Fort du Détroit juſqu'à la fin de la traverſe, eſt Eſt-Nord-Eſt : de-là on tourne au Nord par l'Eſt juſqu'au Sud pendant quatre lieuës, au bout deſquelles on trouve à main droite un Village de Miſſiſſaguez, placé ſur un terrein fertile, à l'entrée de très-belles Prairies, & dans la plus agréable ſituation, qui ſe puiſſe voir. De-là juſqu'au Lac Huron, on compte douze lieuës, & le Pays eſt toujours charmant. C'eſt un Canal magnifique, tiré au cordeau, bordé de Bois de hautes Futayes, ſéparées par de belles Prairies, &

278　JOURNAL HISTORIQUE

1721.
Juin.

semées d'Isles, dont quelques-unes sont assez grandes. On y fait toujours le Nord-quart Nord-Est, & en entrant dans le Lac Huron, la route est au Nord pendant douze autres lieuës.

Soin, que les jeunes Sauvages prennent de se parer.

En faisant la traverse du Lac de Sainte Claire, j'avois dans mon Canot un jeune Sauvage, fort & vigoureux, & sur les bras duquel j'avois fort compté, en lui accordant le passage, qu'il me demandoit : mais il ne me fut que d'un médiocre secours. En récompense il me divertit beaucoup, jusqu'à ce qu'un orage, qui s'éleva sur notre tête, commença à m'inquietter. Ce jeune-Homme s'étoit mis à sa toilette, avant que de s'embarquer, & il ne donnoit pas trois coups d'aviron, qu'il ne prît son miroir, pour voir si le mouvement de ses bras n'avoit rien dérangé dans l'œconomie de son ajustement, ou si la sueur n'avoit pas alteré les traits, qu'il s'étoit formés sur son visage avec le rouge, & les autres couleurs, dont il l'avoit peint.

Je ne sçai s'il esperoit d'arriver au Village des Mississaguez avant la nuit, pour s'y trouver à quelque Fête ; mais nous ne pûmes pas aller si loin. L'orage creva, comme nous touchions presque à une Isle, où se termine la traverse du Lac, & il fallut y rester. Le jeune Sauvage ne parut pourtant pas fort déconcerté de ce contretems, car ces Gens-là se consolent aisément de tout. Peut-être aussi n'avoit-il prétendu que se montrer à nous dans toute sa beauté ; mais si c'étoit là son dessein, il avoit bien perdu sa peine, je l'avois vû dans son naturel peu de jours auparavant, & je l'avois trouvé beaucoup mieux, qu'avec ce bisarre assortiment de couleurs, qui lui avoit tant coûté. On voit ici peu de Femmes se peindre le visage, mais les Hommes, & sur-tout les Jeunes-Gens, sont fort curieux de cette parure ; il y en a, qui employent une demie journée à se farder ainsi, uniquement pour aller de porte en porte se faire regarder, & qui s'en retournent ensuite fort contens d'eux-mêmes, quoiqu'on ne leur ait pas dit un mot.

Nous entrâmes dans le Lac Huron le vint-unième vers les dix heures du matin, & nous y eûmes d'abord le divertissement de la Pêche de l'Esturgeon. Le lendemain, malgré le Tonnerre, qui gronda tout le jour, mais qui se contenta de nous menacer, j'avançai jusqu'à près de vint-cinq lieuës dans le Lac, mais le vint-troisiéme une brume épaisse, qui nous empêchoit de voir à quatre pas devant notre Canot, nous obligea d'aller plus lentement, parce que nous navigions sur un Banc de Roche, qui en bien des endroits n'est pas couvert d'un demi pied d'Eau : il s'étend bien loin au large, & a dix lieuës de long : nos Canadiens l'ont appellé *les Pays Plats*.

1721.
Juin.

Le jour suivant nous gagnâmes la *Baye de Saguinam*, laquelle a cinq ou six lieuës d'ouverture, & trente de profondeur. Les Outaouais ont un Village dans le fond de cette Baye, que l'on assûre être un très-beau Pays. De-là jusqu'à Michillimakinac on ne voit rien de beau, plus de Vignes, mauvais Bois, fort peu de Chasse. Dix lieuës au-dessus de la Baye du Saguinam on apperçoit deux Rivieres assez grandes à une lieuë l'une de l'autre, & quatre ou cinq lieuës plus loin l'*Anse au Tonnerre*, qui a trois lieuës d'ouverture, & assez peu de profondeur.

Situation de Michillimakinac.

Michillimakinac (*a*) est par les quarante-trois dégrés trente minuttes de latitude Nord, & la route, qui est de cent lieuës depuis la sortie du Dérroit, en côtoyant la Rive Occidentale du Lac Huron, vaut presque le Nord. J'arrivai le vint-huit dans ce Poste, qui est bien déchû, depuis que M. de la Motte Cadillac a attiré au Détroit la meilleure partie des Sauvages, qui y étoient établis, & sur-tout les Hurons. Plusieurs Outaouais les y ont suivis. D'autres se sont dispersés dans les *Isles du Castor*, il n'en reste plus ici qu'un médiocre Village, où il se fait néanmoins encore un assez grand commerce de Pelleteries, parce que c'est le passage, ou le rendez-vous de quantité de Nations Sauvages.

On y a conservé le Fort, & la Maison des Missionnaires, qui n'y sont pas présentement fort occupés, n'ayant jamais trouvé beaucoup de docilité parmi les Outaouais, mais la Cour juge leur présence nécessaire dans un lieu, où il faut souvent traiter avec nos Alliés, & exercer leur ministere auprès des François, qui s'y rendent en grand nombre. On m'assûre que depuis l'Établissement du Détroit, & la dispersion des Sauvages, qu'il a occasionnée, plusieurs Nations du Nord, qui avoient accoûtumé d'apporter ici leurs Pelleteries, ont pris la route de la Baye d'Hudson par la Riviere

(*a*) Quelques-uns prononcent *Missillimakinac*, ce qui a trompé M. de la Martiniere, lequel en fait deux endroits différens.

1721.
Juin.

Bourbon & y vont commercer avec les Anglois ; mais M. de la Motte n'avoit garde de prévoir cet inconvénient, puisqu'alors nous étions en poffeffion de la Baye d'Hudfon.

La fituation de Michillimakinac eft très-avantageufe pour le Commerce. Ce Pofte eft entre trois grands Lacs ; le *Michigan*, qui a trois cent lieuës de circuit, fans parler de la grande Baye, qui s'y décharge : le Lac *Huron*, qui a trois cent cinquante lieuës de circonférence, & qui eft en forme de Triangle ; & le Lac *Supérieur*, qui en a cinq cent. Tous trois font navigables pour les plus grandes Barques, & les deux premiers ne font feparés, que par un petit Détroit, lequel a auffi affez d'eau, pour les mêmes Bâtimens, qui peuvent encore naviguer fans obftacle, dans tout le Lac Erié, jufqu'à Niagara. Il eft vrai qu'il n'y a de communication entre le Lac Huron, & le Lac Superieur, que par un Canal de vint-deux lieuës, fort embarraffé de Rapides ; mais ces Rapides n'empêchent point les Canots, de venir décharger à Michillimakinac, tout ce qu'on peut tirer du Lac Superieur.

Defcription du Lac Supérieur.

Ce Lac a deux cent lieuës de long, de l'Eft à l'Oueft, & en plufieurs endroits quatre-vint de largeur, du Nord au Sud. Toute la Côte Meridionale eft fablonneufe, & affez droite ; il feroit dangereux d'y être furpris d'un Vent du Nord, la Rive Septentrionnale eft plus commode pour voyager, parce qu'elle eft toute bordée de Rochers, qui forment de petits Havres, où il eft très-aifé de fe réfugier ; & rien n'eft plus néceffaire, quand on navige en Canot dans ce Lac, où les Voyageurs ont remarqué un Phénomene affez fingulier.

Quand il doit s'y élever quelque Tempête, difent-ils, on en eft averti deux jours auparavant. D'abord on apperçoit un petit frémiffement fur la furface de l'eau, & cela dure toute la journée, fans croître d'une maniere fenfible ; le lendemain le Lac eft couvert de lames affez groffes, mais elles ne fe brifent pas de tout le jour, de forte qu'on peut marcher fans crainte, & qu'on fait même beaucoup de chemin, fi le Vent eft du bon côté ; mais le troifiéme jour, lorfqu'on y penfe le moins, le Lac eft tout en feu ; l'Océan, dans fa plus grande fureur, n'eft pas plus agité, & il faut avoir à point nommé un afyle, pour fe mettre en fûreté : c'eft ce qu'on eft affûré de trouver fur la Côte du Nord, au lieu que fur celle du Sud, il faut dès le fecond jour, camper affez loin du Rivage.

Les

Les Sauvages, par reconnoissance, pour la quantité de Poissons, que leur fournit ce Lac; & par le respect, que leur inspire sa vaste étenduë, en ont fait une espece de Divinité, & lui offrent des Sacrifices à leur maniere. Je pense néanmoins, que ce n'est point au Lac même, mais au Génie, qui y préside, qu'ils adressent leurs Vœux. Si on les en croit, l'origine du Lac a quelque chose de Divin: c'est *Michabou*, le Dieu des Eaux, qui l'a formé, pour prendre des Castors. Dans le Canal, par où il se décharge dans le Lac Huron, il y a un Rapide, causé par de gros Rochers; nos Missionnaires, qui y ont eu une très-florissante Eglise, l'ont nommé, *Le Sault de Sainte Marie*: ces Rochers, selon la Tradition des Barbares, sont les restes d'une Chauffée, que le Dieu avoit construite, pour arrêter les Eaux des Rivieres, & du Lac *Alimipegon*, qui ont rempli ce grand Lac.

1721. Juin. Fable des Sauvages du Lac Supérieur.

Sur ses bords, en quelques endroits, & autour de certaines Isles, on trouve de grosses pieces de Cuivre, qui sont encore l'objet du Culte Superstitieux des Sauvages; ils les regardent avec véneration, comme un présent des Dieux, qui habitent sous les Eaux; ils en ramassent les plus petits fragmens, & les conservent avec soin, mais ils n'en font aucun usage. Ils disent qu'autrefois on voyoit s'élever beaucoup au-dessus de l'Eau un gros Rocher tout de la même matiere; & comme il ne paroît plus, ils prétendent que les Dieux l'ont transporté ailleurs; mais il y a bien de l'apparence, qu'avec le tems, les vagues du Lac l'ont couvert de sable & de limon; & il est certain, qu'on a découvert en plusieurs endroits une assez grande quantité de ce Métal, sans être même obligé de creuser beaucoup. A mon premier Voyage en ce Pays j'ai connu un de nos Freres, lequel étoit Orfevre de son Métier, & qui, pendant qu'il étoit dans la Mission du Sault Sainte Marie, en étoit allé chercher là, & en avoit fait des Chandeliers, des Croix, & des Encensoirs; car ce Cuivre est souvent presque tout pur.

Mines de Cuivre.

Lorsque Michabou, ajoûtent les Sauvages, forma le Lac Superieur, il demeuroit à Michillimakinac, où il étoit né; ce nom est proprement celui d'une petite Isle, presque ronde, fort haute, située à l'extremité du Lac Huron, & il s'est étendu par l'usage, à tout le Pays d'alentour. L'Isle peut avoir trois ou quatre milles de circuit, & on la voit de douze

Suite des traditions des Sauvages sur Michillimakinac.

lieuës. Elle a deux autres Isles au Sud, dont la plus éloignée a cinq ou six lieuës de long; l'autre est très-petite, & tout-à-fait ronde: toutes deux sont bien boisées, & les Terres y sont bonnes, au lieu que celle de Michillimakinac n'est qu'un Rocher tout-à-fait stérile, & à peine couvert d'un peu de mousse & d'herbes. Elle est cependant un des lieux du Canada des plus célebres, & elle a été lontems, selon quelques anciennes Traditions Sauvages, la principale demeure d'une Nation, qui portoit le même nom, & dont on a compté, dit-on, jusqu'à trente Bourgades, répanduës aux environs de l'Isle. On prétend que ce sont les Iroquois, qui l'ont détruite, mais on ne dit pas en quel tems, ni à quelle occasion. Ce qui est certain, c'est qu'il n'en reste plus aucun vestige; j'ai vû quelque part que nos anciens Missionnaires en ont encore vû quelques restes (*a*).

Abondance de la Pêche dans ce Canton.

Les Michillimakinacs ne vivoient gueres que de Pêche, & il n'y a peut-être pas un seul endroit dans le Monde, où elle soit plus abondante. Les Poissons les plus communs dans les trois Lacs, & dans les Rivieres, qui s'y déchargent, sont le Hareng, la Carpe, le Poisson doré, le Brochet, l'Esturgeon, l'Astikamegue, ou Poisson blanc, & surtout la Truite. On y en pêche de trois sortes, parmi lesquelles il y en a d'une grosseur monstrueuse, & en si grande quantité, qu'un Sauvage avec son Epée en darde quelquefois jusqu'à cinquante, en trois heures de tems; mais le plus fameux de tous est le Poisson blanc: il est à peu près de la grosseur, & de la figure du Maquereau, à l'eau & au sel, rien n'est meilleur en fait de Poisson. Les Sauvages racontent que ce fut Michabou, qui apprit à leurs Ancêtres à pêcher, qu'il inventa les Rêts, & que ce fut la toile d'Araignée, qui lui en donna l'idée. Ces Peuples, comme vous voyez, Madame, ne font plus pas d'honneur à leur Dieu, qu'il n'en mérite, puisqu'ils ne craignent point de l'envoyer à l'Ecole d'un vil Insecte.

Des Isles du Castor, & de la Nation du Castor.

Tout ce qui paroît ici de Terres à la vûë, ne donne pas l'idée d'un bon Pays; mais il ne faut pas aller bien loin, pour trouver des Terroirs propres à tout. Il faut dire la même chose des Isles du Castor, qu'on laisse à main gauche, peu de tems après qu'on est entré dans le Lac Michigan. Les Outaouais,

_____
(*a*) Le nom de Michillimakinac signifie une grande quantité de Tortuës: mais je n'ai pas oui dire qu'on y en trouve aujourd'hui plus qu'ailleurs.

qui s'y font retirés, y sement du Maïz, & ils ont pris cette bonne coûtume des Hurons, avec lesquels ils ont lontems vécu dans ces Quartiers-ci. Les Amikoués faisoient autrefois leur demeure dans ces Isles; cette Nation est aujourd'hui réduite à un très-petit nombre de Familles, qui ont passé dans l'Isle *Manitoualin*, au Nord du Lac Huron; elle est pourtant une des plus nobles du Canada, suivant les Sauvages, qui la croyent descenduë du *Grand Castor*, lequel est après Michabou; ou le *Grand Lievre*; leur principale Divinité, & dont elle porte le nom.

C'est lui, dit-on encore, qui a formé le Lac *Nipissing*, & tous les Rapides, qu'on rencontre dans la grande Riviere des Outaouais, qui en sort, sont des restes de Chaussée, qu'il avoit construites pour venir à bout de son dessein. On ajoûte qu'il est mort au même endroit, & qu'il est enterré sur une Montagne, qu'on apperçoit sur le bord Septentrional, du Lac Nipissing. Cette Montagne présente assez naturellement, d'un certain côté, la figure d'un Castor; & c'est, sans doute, ce qui a donné lieu à faire tous ces Contes; mais les Sauvages soûtiennent que c'est le grand Castor, qui a donné cette forme à la Montagne, après l'avoir choisie pour le lieu de sa sépulture, & ils ne passent jamais par cet endroit, sans lui rendre leurs hommages, en lui offrant la fumée de leur Tabac.

Voilà, Madame, ce qui m'a paru digne d'observation sur ce Poste, si célebre dans les Voyages & dans les Relations du Canada. Je reprends les Mœurs & les Coutumes des Sauvages, & après avoir parlé de ce qui concerne leurs Guerres, je vais vous entretenir de leurs Mariages.

La pluralité des Femmes est établie dans plusieurs Nations de la Langue Algonquine, & il est assez ordinaire d'épouser toutes les Sœurs; cet usage est fondé sur ce qu'on se persuade, que des Sœurs s'accommoderont mieux entre elles, que des Étrangeres. Dans ce cas, toutes les Femmes sont sur le même pied, mais parmi les vrais Algonquins, il y en a de deux ordres, & celles du second sont les Esclaves des autres. Quelques Nations ont des Femmes dans tous les Quartiers, où ils doivent séjourner quelque tems pour la Chasse; & on m'a assuré que cet abus s'est introduit depuis quelque tems parmi les Peuples de la Langue Huronne, qui de tout tems s'é-

De la pluralité des Femmes & des Maris.

toient contentés d'une seule Femme. Mais il regne dans le Canton Iroquois de Tsonnonthouan un bien plus grand désordre encore, c'est la pluralité des Maris.

1721.
Juin.

Des dégrez de Parenté.

Pour ce qui est des degrés de Parenté, par rapport au Mariage, les Hurons & les Iroquois y sont fort scrupuleux; il faut chez eux n'être point du tout Parent pour s'épouser, l'adoption même est comprise dans cette Loi. Mais le Mari, si sa Femme meurt la premiere, doit en épouser la sœur, ou à son défaut, celle que la Famille de la Défunte lui présentera: la Femme, de son côté, est obligée à la même chose, à l'égard des Freres, ou des Parens de son Mari, si elle le perd sans en avoir eu d'enfans, & qu'elle soit encore en âge d'en avoir. Les raisons, qu'ils en apportent, est la même, qui est exprimée au Chapitre 23. du Deuteronome (*a*). Le Mari, qui refuseroit d'épouser la Sœur, ou la Parente de la Femme, dont il est veuf, s'exposeroit à tous les outrages, que lui voudroit faire la Personne, qu'il auroit rejettée, & il faudroit qu'il les souffrît en silence. Quand, faute de Sujets, on permet à une Veuve de se pourvoir ailleurs, on doit lui faire des présens; c'est un témoignage, que l'on rend à sa bonne conduite, & qu'elle a droit d'exiger, si véritablement elle s'est bien comportée tout le tems qu'a duré son premier Mariage.

Loix particulieres pour les Mariages.

Il y a dans toutes les Nations, certaines Familles considérables, qui ne peuvent s'allier qu'entre elles, sur-tout parmi les Algonquins. Communément la stabilité des Mariages est sacrée dans ce Pays, & la plûpart regardent comme un vrai désordre ces conventions, que quelques-uns font de rester ensemble autant de tems, qu'ils s'en trouveront bien, & de se séparer, quand ils se lasseront l'un de l'autre. Un Mari, qui abandonneroit sa Femme sans un sujet légitime, devroit s'attendre à bien des avanies de la part de ceux, à qui elle appartient; & une Femme, qui quitteroit son Mari, sans y être forcée par sa mauvaise conduite, passeroit encore plus mal son tems.

Chez les Miamis le Mari est en droit de couper le nez à sa Femme fugitive; mais chez les Iroquois & les Hurons on peut se quitter de concert. Cela se fait sans bruit, & les Parties ainsi séparées peuvent prendre de nouveaux engagemens. Ces Sauvages ne peuvent pas même concevoir qu'il puisse y avoir

(*a*) *Suscitabit Semen Fratris sui*, 25. 5.

sur cela aucune difficulté: " Nous ne pouvions pas vivre en " 1721.
bonne intelligence ma Femme & moi „, disoit l'un d'eux, à " Juin.
un Missionnaire, qui tâchoit de lui faire comprendre l'indé-
cence de cette séparation. " Mon Voisin étoit dans le même «
cas, nous avons changé de Femmes, & nous sommes tous «
quatre contens : quoi de plus raisonnable, que de se rendre «
mutuellement heureux, quand il en coûte si peu, & qu'on «
ne fait tort à personne" „. Toutefois cet usage, ainsi que je l'ai «
déja remarqué, est regardé comme un abus, & n'est pas ancien, au moins dans la Nation Iroquoise.

Ce qui trouble plus communément la paix des Ménages *Jalousie des Sauvages.*
parmi les Peuples du Canada, c'est la jalousie, qui est égale
des deux côtés. Les Iroquois se vantent de ne point donner
dans ce travers ; mais ceux, qui les ont le plus pratiqués, af-
sûrent qu'ils sont jaloux à l'excès. Quand une Femme a découvert que son Mari a une inclination, sa Rivale doit bien
se tenir sur ses gardes, d'autant plus que l'infidéle Epoux ne
peut, ni la défendre, ni prendre en aucune maniere son parti.
Un Homme, qui maltraitteroit sa Femme pour ce sujet, seroit déshonnoré.

C'est uniquement entre les Parens, que se traitent les Maria- *De quelle ma- niere se trai- tent les Maria- ges.*
ges : les Parties intéressées n'y paroissent point du tout, & s'a-
bandonnent aveuglément aux volontés de ceux, dont ils dépendent. Mais admirez la bisarrerie de ces Barbares, qui ne se
rendent dépendans de leurs Parens, que dans la chose même,
où il leur seroit plus permis de n'en point dépendre. On ne
conclut pourtant rien sans leur consentement ; mais ce n'est
qu'une formalité. Les premieres démarches doivent être faites
par les Matrones ; mais il n'est pas ordinaire qu'il se fasse aucune avance du côté des Parens de la Fille. Ce n'est pas que, si
quelqu'une tardoit trop à être recherchée, sa Famille n'agît
sous main pour faire penser à elle, mais on y apporte de grands
ménagemens. En quelques endroits les Filles ne sont pas pres-
sées de se marier, parce qu'il leur est permis de faire, autant
qu'elles veulent, l'essai du Mariage, & que la cérémonie des
Nôces ne change leur condition, que pour la rendre plus dure.

Ordinairement on remarque beaucoup de pudeur dans la
maniere, dont les Jeunes-Gens se comportent, tandis qu'on
traite de leur Mariage, & l'on dit que c'étoit encore toute
autre chose dans les premiers tems. Mais ce qui est presque

1721.
Juin.

incroyable, & qui est néanmoins attesté par de bons Auteurs, c'est qu'en plusieurs endroits les nouveaux Epoux sont ensemsemble une année entiere, vivant dans une parfaite continence : c'est, dit-on, pour faire voir qu'ils se sont épousés par amitié, & non point pour satifaire leur passion. On montreroit même au doit une jeune Femme, qui seroit enceinte la premiere année de ses nôces.

Après cela on doit avoir moins de peine à croire ce qui se raconte de la maniere, dont les Jeunes Gens se comportent pendant la recherche dans les lieux, où il leur est permis de se voir en particulier. Car quoique l'usage leur accorde de très-grandes privautés, toutefois dans le plus pressant danger, où puisse être exposée la pudeur, & sous les voiles mêmes de la nuit, on prétend qu'il ne se passe rien contre les regles de la plus austere bienséance, & qu'il ne se dit pas une parole, qui puisse tant soit peu blesser la modestie. Vous trouverez bon sans doute, Madame, que je n'entre pas ici dans le détail, où sont entrés quelques Auteurs ; il vous feroit paroître la chose encore moins vraisemblable.

Des Cérémonies du Mariage.

Je trouve dans tout ce qu'on a écrit des préliminaires & des cérémonies du Mariage de ces Peuples bien des variétés ; soit qu'elles viennent des differentes Coûtumes des Nations diverses, ou du peu de soin, que les Auteurs des Relations ont eu de s'en instruire exactement : d'ailleurs tout m'y a paru si peu digne de votre curiosité, que je n'ai pas cru devoir m'y arrêter beaucoup. C'est au futur Epoux à faire les présens, & en cela, comme dans tout le reste, il ne se peut rien ajoûter aux manieres respectueuses & à la discrétion, qu'il fait paroître à l'égard de sa future Epouse : dans quelques endroits le jeune Homme se contente d'aller s'asseoir à côté de la Fille dans sa Cabanne, & si elle le soufre, & reste à sa place, on le prend pour son consentement, & le Mariage est fait. Mais à travers ces déférences & ces respects il ne laisse pas de faire sentir qu'il sera bientôt le Maître.

En effet parmi les présens, qu'elle reçoit, il y en a, qui doivent moins être regardés comme des témoignages d'amitié, que comme des symboles & des avertissemens de l'esclavage, où elle va être réduite ; tels sont le Collier (a), la Chaudiere

---

(a) Ce Collier est celui, dont j'ai parlé ailleurs, c'est-à-dire, une longue & large bande de Cuir, qui sert à porter les Faraillenrs, deaux.

& une Buche, qui se portent dans sa Cabanne. C'est pour lui faire entendre que ce sera à elle à porter les fardeaux, à faire la cuisine, & à fournir la provision de bois.

1721.
Juin.

La coûtume est même en quelques endroits qu'elle porte d'avance dans la Cabanne, où elle doit demeurer après ses Nôces, tout le bois, dont on aura besoin pour l'Hyver suivant. Et il est à remarquer qu'en tout ce que je viens de dire, il n'y a aucune difference entre les Nations, où les Femmes ont toute l'autorité, & celles, où elles n'entrent pour rien dans le gouvernement: ces mêmes Femmes, qui sont en quelque façon les Maîtresses de l'Etat, du moins pour la forme, & qui en font le Corps principal, quand elles sont parvenuës à un certain âge, & qu'elles ont des Enfans en état de les faire respecter, n'ont avant cela nulle considération, & sont dans le domestique les Esclaves de leurs Maris.

En général il n'est peut-être point de Peuples au Monde, qui méprisent plus le Sexe. Traiter un Sauvage de Femme, c'est le plus sanglant affront, qu'on puisse lui faire. Cependant, & cela est encore bien bizarre, les Enfans n'appartiennent qu'à la Mere, & ne reconnoissent qu'elle. Le Pere est toujours comme Etranger par rapport à eux, tellement néanmoins, que, s'il n'est pas regardé comme Pere, il est toujours respecté comme le Maître de la Cabanne. Je ne sçai au reste si tout cela est universel parmi tous les Peuples, que nous connoissons en Canada, non plus que ce que j'ai encore trouvé dans de bons Mémoires, que les jeunes Femmes, outre ce que leurs Maris ont droit d'exiger d'elles pour le service de la Cabanne, sont encore obligées de fournir à tous les besoins de leurs propres Parens, ce qui doit apparemment s'entendre de ceux, à qui il ne reste plus personne pour leur rendre ces services, & qui ne sont plus en état, à raison de leur âge, ou de leurs infirmités, de s'aider eux-mêmes.

Avantages des Meres sur les Peres.

Quoiqu'il en soit, le nouveau Marié ne laisse pas d'avoir aussi ses charges: outre la Chasse & la Pêche, dont l'obligation dure autant que sa vie, il doit d'abord faire une Natte pour sa Femme, lui bâtir une Cabanne, où réparer celle, qu'ils doivent habiter, & tandis qu'il demeure avec son Beau-Pere & sa Belle-Mere, faire porter chez eux le produit de sa Chasse. Parmi les Iroquois la Femme ne sort jamais de sa Cabanne, parce qu'elle est censée en être la Maîtresse, ou du

288　JOURNAL HISTORIQUE

1721.
Juin.

Des Accouchemens, & de leurs suites.

moins l'Héritiere. Dans d'autres Nations elle va au bout d'un ou deux ans de Mariage loger avec sa Belle-Mere.

Les Femmes Sauvages pour l'ordinaire, accouchent sans peine, & sans aucun secours. Il s'en trouve pourtant quelquefois, qui sont lontems en travail, & souffrent beaucoup. Quand cela arrive, on avertit la Jeunesse, qui tout d'un coup, & lorsque la Malade y pense le moins, vient faire de grands cris à la Porte de sa Cabanne, & la surprise lui cause un saisissement, qui lui procure sur le champ sa délivrance. Ce n'est jamais dans leurs propres Cabannes, que les Femmes font leurs Couches; plusieurs sont surprises, & accouchent en travaillant, ou en voyage: aux autres, dès qu'elles se sentent près de leur terme, on dresse une petite Hutte hors du Village, & elles y restent quarante jours après qu'elles sont accouchées. Je crois pourtant avoir oui dire que cela ne se pratique, que pour les premieres Couches.

Ce terme expiré, on éteint tous les Feux de la Cabanne, où elles doivent retourner; on en secouë toutes les hardes, & à leur rentrée on allume un nouveau feu. On observe à peu près les mêmes formalités à l'égard de toutes les Personnes du Sexe dans le tems de leurs Ordinaires; & non-seulement tant que durent ces incommodités, mais encore pendant qu'une Femme est enceinte ou nourrice, & elles nourrissent pour l'ordinaire trois ans, leurs Maris ne les approchent point. Rien ne seroit plus louable que cette coûtume, si l'un & l'autre se gardoient alors la fidélité, qu'ils se doivent; mais souvent on y manque de part & d'autre. Telle est la corruption du Cœur de l'Homme, que les plus sages Réglemens sont souvent l'occasion des plus grands désordres. On prétend même que l'usage de quelques Simples, qui ont la vertu d'empêcher dans les Femmes les suites de leur infidélité, est assez familier dans ce Pays.

Du soin, que les Meres prennent de leurs Enfans.

Il ne se peut rien imaginer au de-là du soin, que les Meres prennent de leurs Enfans, tandis qu'ils sont au Berceau; mais du moment qu'elles les ont sevrés, elles les abandonnent absolument à eux-mêmes; non par dureté, ou par indifference, car elles ne perdent qu'avec la vie la tendresse, qu'elles ont pour eux; mais parce qu'elles sont persuadées, qu'il faut laisser faire la Nature, & ne la gêner en rien. L'acte, qui termine la premiere enfance, est l'imposition du nom, qui est pour ces Peuples une affaire importante.

La

La Cérémonie s'en fait dans un Festin, où il ne paroît que des Personnes du même Sexe, que l'Enfant, qu'on doit nommer. Pendant le repas, cet Enfant est sur les genoux de son Pere, ou de sa Mere, qui ne cessent point de le recommander aux Esprits, sur-tout à celui, qui doit être son Génie tutélaire, car chacun a le sien, mais il ne l'a point en naissant. On ne crée jamais de nouveaux noms, chaque Famille en conserve un certain nombre, qui reviennent tour à tour. Quelquefois même on en change avec l'âge, & il y en a, qui ne peuvent être portés au-delà de certain âge, mais je ne crois pas que cela se pratique par-tout; & comme parmi quelques Peuples en prenant un nom, on se met à la place de celui, qui l'a porté le dernier, il arrive quelquefois qu'un Enfant se voit traiter de Grand-Pere par celui, qui pourroit être le sien.

1721. Juin.

De l'imposition du nom.

On n'appelle jamais un Homme par son nom propre, quand on lui parle dans le discours familier, ce seroit une impolitesse; on lui donne toujours la qualité, qu'il a à l'égard de celui, qui lui parle; mais quand il n'y a entre les deux ni parenté, ni affinité, on se traite de Freres, d'Oncles, de Neveux, ou de Cousins, suivant l'âge de l'un & de l'autre, ou selon l'estime, qu'on fait de la Personne, à qui on adresse la parole.

Observations sur les noms.

Au reste ce n'est pas tant pour rendre les noms immortels, si j'ose ainsi m'exprimer, qu'on les releve, que pour engager ceux, à qui on les donne, ou à imiter les belles actions de ceux, qui les ont portés, ou à les venger, s'ils ont été tués, ou brûlés, ou enfin à soulager leurs Familles. Ainsi une Femme, qui a perdu son Mari, ou son Fils, & ne se trouve plus appuyée de personne, differe le moins qu'elle peut à faire passer le nom de celui, qu'elle pleure, sur quelqu'un, qui puisse lui en tenir lieu. Enfin on change encore de nom en plusieurs autres occasions, qu'il seroit trop long de détailler: il suffit pour cela d'un songe, ou d'une ordonnance du Médecin, ou de quelque raison aussi frivole. Mais en voilà assez sur cette matiere, & voici un Voyageur, qui vient me demander, si je ne veux point le charger de quelque commission pour Quebec. Je vais donc fermer ma Lettre pour la lui donner.

          Je suis, &c.

VINTIÉME LETTRE.

Voyage à la Baye. Description de la route, & de la Baye. Irruption des Espagnols vers les Missouris, & leur défaite. Danses des Sauvages.

A Michillimakinac, ce vint-uniéme de Juillet, 1721.

MADAME,

DEPUIS ma derniere Lettre écrite, j'ai fait un voyage à la Baye, éloignée de ce Poste d'environ quatre-vint lieües. Je profitai pour cela de l'occasion de M. de MONTIGNI, Capitaine d'une Compagnie des Troupes, que le Roy entretient en Canada, Chevalier de Saint Louys, & dont le nom est célébre dans les Fastes de la Colonie, mais pour le moins aussi estimable pour sa probité, & son caractere plein de droiture & de franchise, que pour sa valeur & ses exploits de guerre.

De la Baye des Noquets. Nous nous embarquâmes le deux de Juillet après midi, nous côtoyâmes pendant trente lieües une Langue de terre, qui sépare le Lac Michigan du Lac Supérieur ; elle n'a en bien des endroits que quelques lieües de large, & il n'est guéres possible de voir un plus mauvais Pays ; mais il est terminé par une jolie Riviere, nommée *la Manistie*, fort poissonneuse, & qui abonde sur-tout en Esturgeons. Un peu plus loin, en tirant au Sud-Ouest, on entre dans un grand Golphe, dont l'entrée est bordée d'Isles, on le nomme *le Golphe*, ou *la Baye des Noquets*. C'est une très-petite Nation, venuë des Bords du Lac Supérieur, & dont il ne reste plus que quelques Familles dispersées çà & là, sans avoir de demeure fixe.

Isles des Pouteouatamis. La Baye des Noquets n'est séparée de la Grande Baye, que par les *Isles des Pouteouatamis*, & j'ai déja remarqué que c'est là l'ancienne demeure de ces Sauvages. La plûpart sont très-bien boisées ; mais la seule, qui soit encore peuplée, n'est ni la plus grande, ni la meilleure, il n'y reste même qu'un assez petit Village, où, malgré que nous en eussions, il nous fallu passer la nuit : nous ne pûmes jamais le refuser aux instances des Habitans. Aussi n'y a-t'il point en Canada de Nation, qui ait toujours été plus sincérement attachée aux François.

1721.
Juin.

Le sixiéme nous fûmes arrêtés presque tout le jour par les vents contraires, mais le soir, le calme étant revenu, nous nous embarquâmes un peu après le coucher du Soleil par un très-beau clair de Lune, & nous marchâmes vint-quatre heures de suite, n'ayant fait qu'une très-petite pause pour dire la Messe, & pour dîner. Le Soleil étoit si ardent, & l'Eau de la Baye si chaude, que la Gomme de notre Canot se fondit en plusieurs endroits. Pour comble de disgrace, l'endroit, où nous nous arrêtâmes pour camper se trouva tellement infecté de Maringouins (*a*) & de Brulots (*b*), qu'il ne nous fut pas possible de fermer l'œil, quoique nous n'eussions pas dormi depuis deux jours ; & comme le tems étoit beau, & que la Lune nous éclairoit, nous nous remîmes en route dès les trois heures du matin.

Après avoir fait cinq ou six lieuës, nous nous trouvâmes par le travers d'une petite Isle, qui n'est pas loin de la Côte Occidentale de la Baye, & qui nous cachoit l'entrée d'une Riviere, sur laquelle est le Village des *Malhomines*, que nos François ont appellé *Folles Avoines*, apparemment parce qu'ils font leur nourriture ordinaire de ce légume. Toute la Nation consiste dans ce Village, qui n'est pas même fort nombreux. C'est dommage, car ce sont de très-beaux Hommes, & des mieux faits du Canada. Ils sont même plus grands que les Pouteouatamis. On m'a assûré qu'ils avoient la même origine, & à peu près la même langue, que les Noquets & les Saulteurs. Mais on ajoûte qu'ils ont encore un Langage particulier, qu'ils ne communiquent à personne. On m'a fait aussi sur leur compte certains récits, comme d'un Serpent, lequel va tous les ans dans leur Village, & y est reçu avec de grandes cérémonies, qui me font croire qu'ils se mêlent un peu de sortileges.

Des Malhomines, ou Folles Avoines.

Un peu au-dessous de l'Isle, dont je viens de parler, le Pays change tout-à-coup de face, & d'assez sauvage, qu'il est jusques-là, il devient le plus charmant du Monde. Il a même quelque chose de plus riant, que le Détroit, mais quoiqu'il soit par-tout couvert de très-beaux Arbres, il est beau-

Des Peuples appellés *Puans*.

(*a*) Ce sont des Cousins un peu plus gros que les nôtres.

(*b*) Moucherons beaucoup plus petits, & dont la piquûre met tout le Corps en feu.

coup plus fablonneux & moins fertile. Les *Otchagras*, qu'on appelle communément les *Puans*, demeuroient autrefois fur les Bords de la Baye, dans une très-charmante fituation ; ils y furent attaqués par les Illinois, qui en tuerent un très-grand nombre ; les autres fe réfugierent dans la Riviere des Outagamis, qui fe décharge dans le fond de la Baye.

Ils s'y placerent fur les Bords d'une efpéce de Lac ; & je ne fçai, fi ce n'eft pas là que vivant de Poiffons, dont le Lac leur fournifloit une grande abondance, on leur donna le nom de Puans, parce que tout le long du Rivage, où étoient bâties leurs Cabannes, on ne voyoit que Poiffons pourris, dont l'air étoit infecté. Il paroît du moins que c'eft là l'origine de ce nom, que les autres Sauvages leur avoient donné avant nous, & qui s'eft communiqué à la Baye, dont ils ne fe font jamais écartés beaucoup. Quelque tems après qu'ils eurent quitté leur ancien Pofte, ils voulurent avoir leur revanche de l'échec, qu'ils avoient reçu des Illinois, mais cette Entreprife leur caufa une nouvelle perte, dont ils ne fe font point relevés. Six cent de leurs meilleurs Hommes s'étoient embarqués pour aller chercher l'Ennemi ; mais comme ils traverfoient le Lac Michigan, ils furent furpris d'un furieux coup de vent, qui les fit tous périr.

Du Fort, & de la Miffion de la Baye.

Nous avons dans la Baye un Fort, qui eft placé fur la rive Occidentale de la Riviere des Outagamis, à une demie lieuë de fon Embouchure ; & avant que d'y arriver, on laiffe à main droite un Village de *Sakis*. Les Otchagras font venus depuis peu fe placer auprès de nous, & ont bâti leurs Cabannes tout-au-tour du Fort. Le Miffionnaire, qui eft logé affez près du Commandant, efpere, quand il aura appris leur Langue, de les trouver plus dociles que les Sakis, auprès defquels il travaille affez infructueufement. Les uns & les autres paroiffent de très-bonnes Gens, fur-tout les Premiers, dont le plus grand défaut eft d'être un peu Voleurs. Leur Langue eft fort differente de toutes les autres, ce qui me fait croire qu'elle ne tient à aucune de celles du Canada. Auffi ont-ils toujours eu plus de commerce avec les Peuples Occidentaux, qu'avec ceux, que nous connoiffons en ce Pays.

Des Sakis.

Les Sakis, quoiqu'en petit nombre, font divifés en deux Factions, dont l'une eft attachée aux Outagamis, & l'autre aux Pouteouatamis. Ceux, qui font établis dans ce Pofte, font

D'UN VOYAGE DE L'AMERIQ. LET. XX. 293

pour la plûpart de ce dernier parti, & par conséquent dans nos intérêts. Ils reçurent le nouveau Commandant avec de grandes démonstrations de joye : dès qu'ils le sçurent près d'arriver, ils se rangerent en armes sur le Rivage, & au moment qu'ils le virent paroître, ils le saluerent d'une décharge de leurs Fusils, qu'ils accompagnerent de grands cris d'allegresse. Ensuite quatre des Principaux entrerent dans la Riviere, où ils en eurent bientôt jusqu'à la ceinture, aborderent son Canot, & le reçurent dans une grande Robe composée de plusieurs Peaux de Chevreuils bien cousuës ensemble, dont ils tenoient chacun un bout. Ils le porterent ainsi jusqu'à son Logis, où ils le complimenterent, & lui dirent des choses extrémement flatteuses.

1721.
Juillet.

Le lendemain, les Chefs des deux Nations me rendirent visite, & un Otchagra me présenta un Pistolet Catalan, une paire de Souliers Espagnols, & je ne sçai quelle Drogue, qui me parut une espece d'Onguent. Il avoit reçu tout cela d'un *Aiouez*, & voici à quelle occasion ces choses étoient tombées entre les mains de celui-ci.

Il y a environ deux ans, que des Espagnols, venus, dit-on, du Nouveau Méxique, à dessein de pénetrer jusqu'aux Illinois, & d'en chasser les François, qu'ils voyoient avec une extrême jalousie s'approcher si fort du Missouri, descendirent ce Fleuve, & attaquerent deux Villages d'*Octotatas*, Peuples Alliés des Aiouez, dont on prétend même qu'ils tirent leur origine. Comme ces Sauvages n'avoient point d'Armes à feu, & qu'ils furent surpris, les Espagnols en eurent bon marché, & en firent un grand carnage. Un troisiéme Village de la même Nation, & qui n'étoit pas éloigné des deux autres, averti de ce qui se passoit, & ne doutant point que ces Conquérans ne vinssent à eux, leur dressa une Embuscade, où les Espagnols donnerent étourdiment. D'autres disent, que les Sauvages ayant sçû, que les Ennemis s'étoient presque tous enyvrés, & dormoient profondément, tomberent sur eux pendant la nuit ; & ce qui est certain, c'est qu'ils les égorgerent presque tous.

Espagnols défaits par les Sauvages du Missouri.

Il y avoit dans ce Parti deux Aumôniers, dont l'un fut tué d'abord, & l'autre se sauva chez les *Missourites*, qui le retinrent Prisonnier, mais il leur échappa fort adroitement. Il avoit un très-beau Cheval, & les Missourites prenoient plai-

1721.
Juillet.

fir à lui voir faire le Manége, où il étoit fort habile ; il profita de leur curiosité pour se tirer de leurs mains. Un jour qu'il caracoloit en leur présence, il s'éloigna insensiblement, puis piquant des deux tout à coup, il disparut bientôt. Comme on n'avoit point fait d'autre Prisonnier, on n'a point sçû au juste, ni de quel endroit du Nouveau Méxique étoient partis ces Espagnols, ni quel étoit leur dessein ; car ce que je vous en ai dit d'abord, n'étoit fondé que sur des bruits de Sauvages, qui peut-être ont voulu nous faire leur cour, en publiant que par cette défaite ils nous avoient rendu un grand service.

Tout ce qu'on m'apporta, étoit de la dépouille de l'Aumônier, qui avoit été tué, & on lui trouva encore un Livre de Prieres, que je n'ai point vû : c'étoit apparemment son Bréviaire. J'achetai le Pistolet, les Souliers ne valoient rien, & le Sauvage ne voulut jamais se défaire de l'Onguent, s'étant mis dans la tête, que c'étoit un remede souverain contre toutes sortes de maux. Je fus curieux de sçavoir comment il prétendoit s'en servir, & il me répondit, qu'il suffisoit d'en avaler un peu, & que de quelque Maladie qu'on fût attaqué, on étoit guéri sur le champ ; il ne m'assûra pourtant pas qu'il en eût encore fait l'experience, & je lui conseillai de ne la point faire. On commence ici à trouver les Sauvages bien grossiers ; il s'en faut beaucoup qu'ils soient aussi spirituels, ou du moins qu'ils ayent l'esprit aussi ouvert que ceux, qui ont plus de commerce avec nous.

Conseil des Sakis, & à quel sujet.

Le jour suivant les Sakis vinrent en assez grand nombre chez le Missionnaire, avec qui je logeois, & me firent prier de me trouver à une espece de Conseil, qu'ils vouloient tenir. J'y consentis, & quand tout le monde eut pris sa place, le Chef mit un Collier à terre devant moi, & l'Orateur prenant la parole, me pria au nom de tous d'engager le Roy (*a*) à les prendre sous sa protection, à purifier l'air, qui depuis quelque tems, disoient-ils, étoit corrompu ; ce qui paroissoit par le grand nombre de Malades, qu'ils avoient dans leurs Villages, & à les défendre contre leurs Ennemis.

Je leur répondis, que le Roy étoit bien puissant, & peut-être plus qu'ils ne croyoient, mais que son pouvoir ne s'étendoit pas sur les Elemens ; & que quand les Maladies, ou

(*a*) Ces Sauvages prononcent toujours le nom de Roi en François.

d'autres accidens semblables désoloient ses Provinces, il s'a- 1721. dressoit, pour les faire cesser, au grand Esprit, qui a créé le Juillet. Ciel & la Terre, & qui seul est le Maître Souverain de la Nature: qu'ils en fissent de même, & qu'ils s'en trouveroient bien; mais que pour mériter d'en être exaucé, il falloit commencer par le reconnoître, & lui rendre le Culte & les hommages, qu'il a droit d'attendre de toutes les Créatures raisonnables: qu'ils ne pouvoient rien faire de mieux, ni de plus agréable au Roy, que d'écouter le Pere (*a*), que sa Majesté leur avoit envoyé, & de se rendre dociles à ses instructions; que c'étoit un Homme chéri du Ciel; que la maniere, dont il vivoit parmi eux, ne pouvoit manquer de leur avoir fait concevoir une grande estime pour lui; & que sa charité envers les Malades, & tous ceux, qui ont eu besoin de son secours, devoit les avoir convaincus de la tendre & sincere amitié, qu'il leur portoit: enfin que je ne recevrois point leur Collier, qu'auparavant ils ne m'eussent promis de se comporter à l'égard de ce Missionnaire tout autrement, qu'ils n'avoient fait par le passé, & de lui ôter désormais tout sujet de se plaindre de leur indocilité.

» Quant à la protection du Roy, que vous demandez, & « à la priere, que vous me faites de l'engager à prendre votre « défense contre vos Ennemis; ce grand Prince a prévenu vos « souhaits, il a donné sur cela de bons Ordres à *Ononthio* (*b*), « déja porté de lui-même à les executer avec un zéle & une « affection de Pere (*c*). C'est de quoi vous ne sçauriez douter, « si vous faites attention au Commandant, qu'il vous envoye. « Il n'est pas possible que vous ignoriez, & vous me paroissez « en effet bien instruits, que parmi les Capitaines François il y « en a peu, qui l'égalent en valeur, & vous l'aimerez bien-tôt « encore plus, que vous ne l'estimez déja. Cette réponse parut « les contenter, & ils me promirent beaucoup plus, qu'apparemment ils me tiendront. Cependant je pris leur Collier, & le Missionnaire se flatta que cette action produiroit un bon effet.

L'après-midi du même jour, les deux Nations nous donne- Les Sauvages de la Baye dansent le Calumet.

(*a*) Le Pere PIERRE CHARDON, Jésuite.
(*b*) C'est le nom, que les Sauvages donnent au Gouverneur Général, il veut dire, *Grande Montagne*, & vient du Chevalier de Montmagny, qui a été le second Gouverneur du Canada.
(*c*) Ils appellent toujours les Gouverneurs & les Commandans leurs Peres.

1721.
Août.

Une Mere, qui voit sa Fille se comporter mal, se met à pleurer ; celle-ci lui en demande le sujet, & elle se contente de lui dire, *Tu me deshonores.* Il est rare que cette maniere de reprendre, ne soit pas efficace. Cependant depuis qu'ils ont eu plus de commerce avec les François, quelques-uns commencent à châtier leurs Enfans, mais ce n'est gueres, que parmi ceux, qui sont Chrétiens, ou qui se sont fixés dans la Colonie. Ordinairement la plus grande punition, que les Sauvages employent pour corriger leurs Enfans, c'est de leur jetter un peu d'eau au Visage, les Enfans y sont fort sensibles, & généralement à tout ce qui sent le reproche, ce qui vient de ce que le dépit est leur plus forte passion à cet âge.

Des passions des Sauvages.

On a vû des Filles s'étrangler, pour avoir reçû une réprimande assez legere de leurs Meres, ou quelques goutes d'eau au Visage, & l'en avertir en lui disant, *Tu n'auras plus de Fille.* Le plus grand mal est que ce n'est pas toujours à la Vertu, qu'on exhorte ces jeunes Gens, ou ce qui vient au même, qu'on ne leur donne pas toujours de la Vertu, des idées bien justes. En effet on ne leur recommande rien tant que la vengeance, & c'est de quoi on leur montre de plus fréquens exemples.

Il semble, Madame, qu'une enfance si mal disciplinée doive être suivie d'une jeunesse bien turbulente & bien corrompuë ; mais d'une part les Sauvages sont naturellement tranquilles, & de bonne heure maîtres d'eux-mêmes, la raison les guide aussi bien plutôt que les autres Hommes ; & de l'autre, leur temperamment, surtout dans les Nations du Nord, ne les porte point à la débauche. On y trouve bien quelques Usages, où la Pudeur n'est nullement ménagée, mais il paroît que la Superstition y a plus de part, que la dépravation du cœur.

Les Hurons, quand nous commençâmes à les pratiquer, étoient plus lascifs, & fort brutaux dans leurs plaisirs. Les jeunes Gens des deux Sexes s'abandonnoient sans honte à toutes sortes de dissolutions, & c'étoit principalement parmi eux, qu'on ne s'avisoit pas de faire un crime à une Fille de s'être prostituée : leurs Parens étoient les premiers à les y engager, & l'on voyoit des Maris en faire autant de leurs Femmes, pour un vil intérêt. Plusieurs ne se marioient point, mais prenoient des Filles pour leur servir, disoient-ils, de

D'UN VOYAGE DE L'AMERIQ. Let. XX. 297
moient rien, & n'avoient rien de divertiſſant.

1721.
Juillet.

La Fête ſe faiſoit en l'honneur du nouveau Commandant, toutefois on ne lui fit aucun des honneurs, dont parlent quelques Relations. On ne vint pas le prendre, pour le mettre ſur une Natte neuve, on ne lui fit point de préſent, au moins que je ſçache; on ne lui paſſa point de Plumages ſur la tête, je ne lui vis point préſenter le Calumet; & il n'y eut point d'Hommes abſolument nuds, peints par tout le corps, parés de Plumes & de Porcelaines, & tenant un Calumet à la main. Peut-être que ce n'eſt point l'uſage de ces Peuples, ou que M. de Montigny les avoit exemptés de ce cérémonial. Je remarquai ſeulement que de tems en tems toute l'Aſſiſtance jettoit de grands cris pour applaudir aux Danſeurs, principalement durant la Danſe des Otchagras, qui, au jugement des François, eurent tout l'honneur de cette journée.

J'aurois apparemment eu plus de plaiſir à voir la Danſe de la Découverte. Elle a plus d'action, & on y exprime beaucoup mieux, que dans la précédente, la choſe, dont elle eſt le ſujet & la figure. C'eſt une repréſentation au naturel de tout ce qui ſe fait dans une Expédition de Guerre, & comme j'ai déja obſervé que les Sauvages ne cherchent ordinairement qu'à ſurpendre leurs Ennemis, c'eſt ſans doute pour cette raiſon, qu'ils ont donné à cet exercice le nom de la Découverte.

Danſe de la Découverte.

Quoiqu'il en ſoit, un Homme y danſe toujours ſeul, & d'abord il s'avance lentement au milieu de la place, où il demeure quelque-tems immobile, après quoi il repréſente tout de ſuite le départ des Guerriers, la marche, les campemens; il va à la découverte, il fait les approches; il s'arrête, comme pour reprendre haleine, puis tout-à-coup il entre en fureur, & on diroit qu'il veut tuer tout le monde; revenu de cet accès, il va prendre quelqu'un de l'Aſſemblée, comme s'il le faiſoit Priſonnier de Guerre; il fait ſemblant de caſſer la tête à un autre; il couche un troiſiéme en jouë; enfin il ſe met à courir de toute ſa force. Il s'arrête enſuite, & reprend ſes ſens: c'eſt la retraite, d'abord précipitée, puis plus tranquille. Alors il exprime par divers cris les différentes ſituations, où s'eſt trouvé ſon eſprit pendant ſa derniere Campagne, & finit par le récit de toutes les belles actions, qu'il a faites à la Guerre.

Quand la Danſe du Calumet a pour objet, comme c'eſt l'ordinaire, la concluſion d'une Paix, ou d'un Traité d'allian-

Des Traités, qui ſe font par le moyen de la

Tome III. P p

ce contre un Ennemi commun, on grave un Serpent fur le manche ou tuyau de la Pipe, & l'on met à côté une planche, où font repréſentés deux Hommes des deux Nations confédérées, ayant ſous les pieds l'Ennemi, déſigné par la marque de ſa Nation. Quelquefois à la place du Calumet, on met un Caſſe-tête. Mais s'il ne s'agit que d'une ſimple alliance, on repréſente deux Hommes ſe tenant d'une main, portant de l'autre un Calumet de paix, & ayant chacun à ſes côtés la marque de ſa Nation. Dans tous ces Traités on ſe donne mutuellement des gages, comme des Colliers de Porcelaine, des Calumets, des Eſclaves: quelquefois des Peaux de Cerfs, & d'Elans bien paſſées, ornées de figures faites avec du Poil de Porc-Epy, & alors c'eſt ſur ces Peaux, que ſont repréſentées les choſes, que j'ai dites, ſoit avec le Poil du Porc-Epy, ſoit avec de ſimples couleurs.

Autres Danſes.

Il y a d'autres Danſes plus ſimples, où l'on n'a eu en vûë que de donner aux Guerriers les occaſions de raconter leurs belles actions. C'eſt toujours ce que les Sauvages font le plus volontiers, & ils ne s'en laſſent jamais. Celui, qui donne la Fête, y fait inviter tout le Village au ſon du Tambour, & c'eſt dans ſa Cabanne, qu'on s'aſſemble, ſi elle peut contenir tous les Conviés. Les Guerriers y danſent ſucceſſivement, puis frappent ſur un Poteau; on fait ſilence, ils diſent tout ce qu'ils veulent, & s'arrêtent de tems en tems pour recevoir les félicitations des Auditeurs, qui ne les épargnent point. Mais ſi on s'apperçoit que quelqu'un ſe vante à faux, il eſt permis à quiconque de prendre de la terre, ou des cendres, de lui en frotter la tête, ou de lui faire quelqu'autre avanie, qu'il voudra. Ordinairement on lui noircit le viſage, en lui diſant: „ Ce que j'en fais, c'eſt pour cacher ta honte, car „ la premiere fois que tu verras l'Ennemi, tu pâliras. „ C'eſt ainſi que tous les Peuples ſont perſuadés que c'eſt le propre des Poltrons, que de ſe vanter. Celui, qui a ainſi puni ce Fanfaron, prend ſa place, & s'il tombe dans la même faute, l'autre ne manque pas de lui rendre la pareille. Les plus grands Chefs n'ont ſur cela aucun privilége, & il ne faut point ſe fâcher. Cette Danſe ſe fait toujours pendant la nuit.

Danſe du Bœuf.

Dans les Quartiers Occidentaux il y en a une autre, qu'on appelle la *Danſe du Bœuf*. Les Danſeurs forment pluſieurs cercles, & la Symphonie, toujours compoſée du Tambour

D'UN VOYAGE DE L'AMERIQ. Let. XX. 299

& du Chichikoué, eſt au milieu de la place. On y obſerve de ne point ſéparer ceux d'une même Famille; on ne ſe tient point par la main, & chacun porte à la main ſes armes & ſon Bouclier. Tous les cercles ne tournent pas du même côté, & quoiqu'on ſaute beaucoup, & qu'on s'éléve extrémement haut, on ne ſort jamais de meſure ni de cadence.

1721.
Juillet.

De tems en tems un Chef de Famille préſente ſon Bouclier, tous frappent deſſus, & à chaque fois il rappelle le ſouvenir de quelqu'un de ſes beaux faits, il va enſuite couper un morceau de Tabac à un Poteau, où l'on a eu ſoin d'en attacher une certaine quantité, & il le donne à un de ſes Amis. Si quelqu'un peut prouver qu'il a fait de plus belles actions que lui, ou qu'il a eu part à celles, dont il vient de ſe vanter, il eſt en droit d'aller prendre le morceau de Tabac, dont celui-ci vient de faire un préſent, & de le donner à un autre. Cette Danſe eſt ſuivie d'un Feſtin, mais je ne vois pas bien d'où lui eſt venu le nom, qu'elle porte, ſi ce n'eſt à cauſe des Boucliers, ſur leſquels on frappe, & qui ſont couverts de Peaux de Bœuf.

Il y a des Danſes ordonnées par les Jongleurs pour la guériſon des Malades; mais elles ſont ordinairement fort laſcives. Il y en a de pur divertiſſement, & qui n'ont rapport à rien. Elles ſe font preſque toujours en rond, au ſon du Tambour & du Chichikoué, & les Femmes ſont toujours ſéparées des Hommes. Ceux-ci y danſent les armes à la main, & quoiqu'on ne ne ſe tienne point, on ne rompt jamais le cercle. Pour ce qui eſt de ce que j'ai déja dit, qu'on ne ſort point de meſure, cela ne doit point être difficile à croire, parce que la Muſique des Sauvages n'a que deux ou trois tons, qui reviennent ſans ceſſe. Auſſi s'ennuye-t'on beaucoup à ces Fêtes, dès la premiere fois qu'on y aſſiſte, parce qu'elles durent lontems, & qu'on entend toujours la même choſe.

Danſes ordonnées par les Médecins.

Comme les Nations voiſines de la Baye, ſi on en excepte les Pouteouatamis, ſont beaucoup plus groſſieres que les autres, elles donnent auſſi beaucoup plus dans toutes ſortes de ſuperſtitions. Le Soleil & le Tonnere ſont leurs principales Divinités, & elles ſemblent être plus perſuadées que celles, que nous fréquentons davantage, que chaque eſpéce d'Animal a un Génie, qui veille à ſa conſervation. Un François ayant un jour jetté une Souris, qu'il venoit de prendre, une petite

Superſtitions des Peuples voiſins de la Baye.

P p ij

1721.
Juillet.

Fille la ramaſſa pour la manger : le Pere de l'Enfant, qui l'apperçut la lui arracha, & ſe mit à faire de grandes careſſes à l'Animal, qui étoit mort : le François lui en demanda la raiſon : " C'eſt, répondit-il, pour appaiſer le Génie des Souris, afin qu'il ne tourmente pas ma Fille, quand elle aura mangé celle-ci. " Après quoi il rendit l'Animal à l'Enfant, qui le mangea.

Ils ont ſurtout beaucoup de vénération pour les Ours : dès qu'ils en ont tué quelqu'un, ils font un Feſtin accompagné de cérémonies aſſez ſingulieres. La tête de l'Ours peinte de toutes ſortes de couleurs eſt placée pendant le repas ſur un lieu élevé, & y reçoit les hommages de tous les Convives, qui célébrent en chantant les louanges de l'Animal, tandis qu'ils mettent ſon corps en piéces, & s'en régalent. Non-ſeulement ces Sauvages ont, comme tous les autres, la coûtume de ſe préparer aux grandes Chaſſes par des jeûnes, que les Outagamis pouſſent même juſqu'à dix jours de ſuite, mais encore, tandis que les Chaſſeurs ſont en campagne, on oblige ſouvent les Enfans de jeûner, on obſerve les ſonges, qu'ils ont pendant leur jeûne, & on en tire de bons ou de mauvais augures pour le ſuccès de la Chaſſe. L'intention de ces jeûnes eſt d'appaiſer les Génies tutélaires des Animaux, qu'on doit chaſſer, & l'on prétend qu'ils font connoître par les rêves, s'ils s'oppoſeront, ou s'ils ſeront favorables aux Chaſſeurs.

La Nation, qui depuis vint ans a plus fait parler d'elle dans ces Pays Occidentaux, eſt celle des *Outagamis*. La férocité naturelle de ces Sauvages, aigrie par pluſieurs mauvais traitemens, qu'on leur a faits, quelquefois aſſez mal à propos, & leur alliance avec les Iroquois, toujours diſpoſés à nous ſuſciter de nouveaux Ennemis, les ont rendus redoutables. Ils ſe ſont encore depuis étroitement unis avec les Sioux, Nation nombreuſe, qui s'eſt auſſi aguerrie peu à peu, & cette union nous rend aujourd'hui preſqu'impraticable la navigation de tout le haut du Miçiſſipi. Il n'y a pas même trop de ſûreté à naviguer ſur la Riviere des Illinois, à moins qu'on ne ſoit en état de ne pas craindre une ſurpriſe, ce qui fait beaucoup de tort au Commerce réciproque des deux Colonies.

Diverſes Nations au Nord & à l'Oueſt du Canada.

J'ai rencontré à la Baye quelques Sioux, que j'ai fort queſtionnés ſur les Pays, qui ſont à l'Oueſt, & au Nord-Oueſt du Canada, & quoique je ſçache qu'il ne faut pas toujours

prendre à la lettre tout ce que difent les Sauvages, en compa- 1721.
rant ce que ceux-ci m'ont rapporté, avec ce que j'ai oui dire à
plufieurs autres, j'ai tout lieu de croire qu'il y a dans ce Con- Juillet.
tinent des Efpagnols, ou d'autres Colonies Européennes,
beaucoup plus au Nord, que ce que nous connoiffons du
Nouveau Mexique & de la Californie, & qu'en remontant le
Miffouri auffi loin, qu'il eft poffible d'y naviguer, on trouve
une grande Riviere, qui coule à l'Oueft, & fe décharge dans
la Mer du Sud. Indépendamment même de cette découverte,
que je crois plus facile par-là, que par le Nord ; je ne puis
douter, vû les indices, que j'ai eus de plufieurs endroits, &
qui font affez uniformes, qu'en effayant de pénétrer jufqu'à
la fource du Miffouri, on trouvera de quoi fe dédommager
des frais & des fatigues, que demande une telle Entreprife.

Je fuis, &c.

VINT-UNIÉME LETTRE.

Départ de Michillimakinac. Obfervations fur les Courans des Lacs. Portrait des Sauvages du Canada. Leurs bonnes & leurs mauvaifes qualités.

Du Lac de Michigan, ce trente-uniéme de Juillet, 1721.

MADAME,

JE partis de Michillimakinac avant-hier à midi, & me voici
dégradé depuis hier dans une petite Ifle, qui n'a point de nom ;
un Canot, qui vient de la Riviere Saint Jofeph, où je vais,
ne fçauroit en fortir, non plus que nous, quoiqu'il ait le
vent favorable ; mais il le trouve, dit-il, trop bourru, & le
Lac trop agité, ce qui me fournit une nouvelle occafion de
vous écrire.

Quoique j'euffe le vent contraire, lorfque je m'embarquai Obfervation
le vint-neuf, je ne laiffai pas de faire ce jour-là huit bonnes fur lesCourans
lieuës ; ce qui prouve que les Courans me pouffoient. J'avois des Lacs.
déja obfervé la même chofe en entrant dans la Baye, & j'en

avois été surpris. Il n'est point douteux que cette Baye, qui est un cul-de-sac, ne se décharge dans le Lac Michigan, & que le Michigan, qui est aussi un cul-de-sac, ne porte ses Eaux dans le Lac Huron, d'autant plus que l'un & l'autre, je veux dire, le Michigan & la Baye, reçoivent plusieurs Rivieres, le Michigan sur-tout, qui en reçoit un très-grand nombre, dont quelques-unes ne sont guéres inférieures à la Seine : mais ces grands Courans ne se font sentir qu'au milieu du Canal, & produisent sur les deux bords des remouts, ou contre-courans, dont on profite, quand on va terre à terre, comme sont obligés de faire ceux, qui voyagent en Canot d'Ecorce.

Je fis d'abord cinq lieuës à l'Ouest, pour gagner le Lac Michigan, ensuite je tournai au Sud, & c'est la seule route, que nous avons à faire pendant cent lieuës jusqu'à la Riviere Saint Joseph. Rien n'est plus beau, que le Pays, qui fait la séparation du Lac Michigan & du Lac Huron. Hier je fis encore trois lieuës, & un vent forcé m'obligea de m'arrêter dans cette Isle. Je vais m'y désennuyer en achevant de vous faire connoître les Habitans Naturels de ce vaste Pays, dont j'ai déja parcouru une bonne partie.

Portrait des Sauvages. Les Sauvages du Canada sont communément bien faits, & d'une taille avantageuse ; il y a néanmoins quelques Nations, où il n'est point rare d'en voir d'une taille médiocre ; mais il l'est infiniment d'en rencontrer, qui soient contrefaits, ou qui ayent quelque défaut extérieur. Ils sont robustes, & d'une complexion saine. Ils vivroient très-lontems, s'ils se ménageoient un peu plus ; mais la plûpart ruinent leur tempéramment par des marches forcées, par des jeûnes outrés, par de grands excès dans le manger ; outre que pendant leur enfance ils ont souvent les pieds nuds dans l'eau, sur la neige, & sur la glace. L'Eau-de-vie, que les Européens leur ont portée, pour laquelle ils ont une fureur, qui passe tout ce qu'on peut dire, & qu'ils ne boivent que pour s'enyvrer, a achevé de les perdre, & n'a pas peu contribué au dépérissement de toutes ces Nations, qui se trouvent aujourd'hui réduites à moins que la vintiéme partie de ce qu'ils étoient, il y a cent cinquante ans. Si cela continuë, on les verra disparoître entierement.

Leur force. Leurs corps ne sont point contraints au Berceau, comme les nôtres, & rien n'est plus propre à les dénouer, & à leur donner cette souplesse de tous leurs membres, que nous admirons en eux, que cette liberté, & les exercices, auſquels les Enfans s'accoutument d'eux-mêmes de très bonne heure: les Meres les nourriſſent lontems, & l'on en voit quelquefois, qui à ſix ou ſept ans prennent encore la mamelle. Cela n'empêche pourtant pas, que dès la premiere année on ne leur donne toutes ſortes de nourriture: enfin le grand air, auquel ils ſont continuellement expoſés; les fatigues, qu'on leur fait eſſuyer, mais peu à peu, & d'une maniere proportionnée à leur âge; des alimens ſimples & naturels, tout cela forme des corps capables de faire & de ſouffrir des choſes incroyables, mais dont l'excès, ainſi que je viens de le dire, en fait périr pluſieurs avant l'âge de maturité. On en a vû, qui avoient l'eſtomach enflé de quatre doits, manger encore d'auſſi bon appétit, que s'ils n'euſſent fait que commencer; quand ils ſe ſentent trop chargés, ils fument, puis s'endorment, & à leur réveil la digeſtion eſt faite. Quelquefois ils ſe contentent de ſe faire vomir, après quoi ils recommencent à manger.

1721.
Juillet.

Dans les Pays Méridionnaux ils gardent peu de meſures ſur l'article des Femmes, qui de leur côté ſont fort laſcives. C'eſt de-là qu'eſt venuë la corruption des mœurs, qui depuis quelques années a infecté les Nations Septentrionales. Les Iroquois en particulier étoient aſſez chaſtes, avant qu'ils euſſent Commerce avec les Illinois, & d'autres Peuples voiſins de la Louyſiane: ils n'ont gagné à les fréquenter, que de leur être devenu ſemblables. Il eſt vrai que la moleſſe & la lubricité étoient portées dans ces Quartiers-là, aux plus grands excès. On y voyoit des Hommes, qui n'avoient point de honte d'y prendre l'habillement des Femmes, & de s'aſſujettir à toutes les occupations propres du Sexe, d'où s'enſuivoit une corruption, qui ne ſe peut exprimer. On a prétendu que cet uſage venoit, de je ne ſçai quel principe de Religion; mais cette Religion avoit comme bien d'autres, pris ſa naiſſance dans la dépravation du cœur, ou ſi l'uſage, dont nous parlons, avoit commencé par l'eſprit, il a fini par la chair: ces Efféminés ne ſe marient point, & s'abandonnent aux plus infâmes paſſions; auſſi ſont-ils ſouverainement mepriſés.

Leurs vices.

1721.
Juillet.

Pourquoi le Pays ne se peuple pas.

D'autre part les Femmes, quoique fortes & robustes, sont peu fécondes. Outre les raisons, que j'en ai déja touchées, à sçavoir, le tems qu'elles mettent à nourrir leurs Enfans, l'usage de ne point habiter avec leurs Maris tant que cela dure, & le travail excessif, qu'elles sont obligées de faire, en quelque situation qu'elles se trouvent; cette sterilité provient encore de la coûtume établie en plusieurs endroits, qui permet aux Filles de se prostituer, avant que d'être mariées : ajoutez à cela l'extrême misere, où ces Peuples se trouvent souvent réduits, & qui leur ôte l'envie d'avoir des Enfans.

Avantages, qu'ils ont sur nous.

Du reste il est certain qu'ils ont sur nous de grands avantages, & je mets pour le premier de tous, la perfection de leurs sens, soit intérieurs, soit extérieurs. Malgré la Neige, qui les éblouit, & la fumée, qui les accable pendant six mois de l'année, leur vûë ne s'affoiblit point; ils ont l'oüye extrêmement subtil, & l'odorat si fin, qu'ils sentent le feu, lontems avant que de l'avoir pû découvrir. C'est par cette raison, qu'ils ne peuvent souffrir l'odeur du Musc, ni aucune senteur forte; on prétend même, qu'ils ne trouvent d'odeur agréable, que celle des choses comestibles.

Leur imagination tient du prodige, il leur suffit d'avoir été une seule fois dans un Lieu, pour en avoir une idée juste, qui ne s'efface jamais. Quelque vaste & peu battuë, que soit une Forêt, ils la traversent, sans s'égarer, dès qu'ils se sont bien orientés. Les Habitans de l'Acadie, & des environs du Golphe de Saint Laurent, se sont souvent embarqués dans leurs Canots d'écorce, pour passer à la Terre de Labrador, & chercher les Eskimaux, avec qui ils étoient en Guerre : ils faisoient trente & quarante lieuës en pleine Mer sans Boussole, & alloient aborder précisément à l'endroit, où ils avoient projetté de prendre terre. Dans les tems les plus nébuleux, ils suivront plusieurs jours le Soleil, sans se tromper : le Cadran le plus juste, ne nous instruit pas mieux de la marche de ce bel Astre, qu'ils ne le peuvent faire par la seule inspection du Ciel; aussi quoiqu'on puisse faire pour les désorienter, il est bien rare qu'on vienne à bout de leur faire perdre leur route. Ils naissent avec ce talent, ce n'est point le fruit de leurs Observations, ni d'un grand usage; les Enfans, qui ne sont point encore sortis de leur Village, marchent aussi sûrement que ceux, qui ont le plus parcouru de Pays.

La beauté de leur imagination en égale la vivacité, & cela paroît dans tous leurs discours. Ils ont la repartie prompte, & leurs Harangues sont remplies de traits lumineux, qui auroient été applaudies dans les Assemblées Publiques de Rome & d'Athenes. Leur éloquence a cette force, ce naturel, ce pathétique, que l'art ne donne point, que les Grecs admiroient dans les Barbares ; & quoiqu'elle ne paroisse point soûtenuë par l'action, qu'ils ne gesticulent point, qu'ils n'élevent point la voix, on sent qu'ils sont penetrés de ce qu'ils disent, & ils persuadent.

1721. Juillet. Leur éloquence.

Il seroit surprenant qu'avec une si belle imagination, ils n'eussent point la mémoire excellente. Ils sont dépourvûs de tous les secours, que nous avons inventés pour soulager la nôtre, ou pour y suppléer : cependant on ne peut dire de combien de choses, avec quel détail de circonstances, & avec combien d'ordre ils traitent dans leurs Conseils. En quelques occasions néanmoins ils se servent de petits bâtons, pour se rappeller les articles, qu'ils doivent discuter, & ils s'en forment une maniere de mémoire locale si sûre, qu'ils parleront quatre ou cinq heures de suite, étaleront vint présens, dont chacun demande un Discours entier, sans rien oublier, & même sans hésiter. Leur narration est nette & précise, & quoiqu'ils usent beaucoup d'Allégories, & d'autres figures, elle est vive, & a tous les agrémens, que comporte leur Langue.

Leur mémoire, leur pénétration, leur jugement.

Ils ont le jugement droit & solide, & vont d'abord au but, sans s'arrêter, sans s'écarter, & sans prendre le change. Ils conçoivent aisément tout ce qui est à leur portée, mais pour les mettre en état de réussir dans les Arts, dont ils se sont passés jusqu'à présent, comme ils n'en ont pas la moindre idée, il faudroit travailler lontems ; d'autant plus qu'ils méprisent souverainement tout ce qui ne leur est pas nécessaire, c'est-à-dire, ce dont nous faisons le plus de cas. Ce ne seroit pas non plus une petite affaire, que de les rendre capables de contrainte & d'application aux choses purement spirituelles, ou qu'ils regarderoient comme inutiles. Pour ce qui est de celles, qui les intéressent, ils ne négligent & ne précipitent rien ; & autant qu'ils font paroître de flegme, avant que d'avoir pris leur parti, autant témoignent-ils de vivacité & d'ardeur, lorsqu'il faut executer ; cela se remarque surtout dans les Hurons

Tome III. Q q

& les Iroquois. Non feulement ils ont la repartie prompte, mais encore ingenieufe. Un Outaouais, nommé *Jean le Blanc*, mauvais Chrétien & grand Yvrogne, interrogé par le Comte de Frontenac, de quoi il penfoit qu'étoit compofée l'Eau de vie, dont il étoit fi friand, dit, que c'étoit un extrait de langues & de cœurs : car, ajouta-t-il, quand j'en ai bû, je ne crains rien, & je parle à merveille.

Leur grandeur d'ame.

La plupart ont véritablement une nobleffe, & une égalité d'ame, à laquelle nous parvenons rarement avec tous les fecours, que nous pouvons tirer de la Philofophie, & de la Religion. Toujours maîtres d'eux-mêmes, dans les difgraces les plus fubites, on n'apperçoit pas même fur leur vifage la moindre altération. Un Prifonnier, qui fçait à quoi fe terminera fa captivité, ou, ce qui eft peut-être encore plus furprenant, qui eft encore dans l'incertitude de fon fort, n'en perd pas un quart d'heure de fommeil ; les premiers mouvemens mêmes ne les trouvent jamais en défaut. Un Capitaine Huron fut un jour infulté & frappé par un jeune Homme, ceux qui étoient préfens, vouloient fur le champ punir cette audace : „ Laiffez - le, reprit le Capitaine, n'avez - vous pas fenti la
» Terre trembler, il eft fuffifamment averti de fa fottife.

Leur conftance dans les douleurs.

Leur conftance dans les douleurs eft au-deffus de toute expreffion. Une jeune Femme fera une journée entiere en travail d'Enfant, fans jetter un cri ; fi elle faifoit paroître la moindre foibleffe, on la jugeroit indigne d'être Mere, par la raifon qu'elle ne pourroit, dit-on, enfanter que des lâches. Rien n'eft plus ordinaire, que de voir des Perfonnes de tout âge, & de tout fexe, fouffrir pendant plufieurs heures, & quelquefois pendant plufieurs jours de fuite, tout ce que le feu a de plus cuifant, & tout ce que la plus induftrieufe fureur peut inventer pour le rendre plus fenfible, fans qu'il leur échappe un foupir ; ils ne font même le plus fouvent occupés pendant leur fupplice, qu'à irriter leurs Bourreaux par les plus fanglans reproches.

Un Outagami, que des Illinois brûloient avec la derniere barbarie, ayant apperçu un François parmi les Spectateurs, le pria de vouloir bien aider fes Ennemis à le tourmenter ; & celui-ci lui ayant demandé pourquoi il lui faifoit cette priere : „ C'eft, répondit-il, que j'aurois la confolation de mourir
» par la main d'un Homme. Mon plus grand regret, ajouta-t-il,

c'eſt de n'avoir jamais tué un Homme. Mais, reprit un Illi- « 1721.
nois: Tu as tué un tel & un tel. Pour des Illinois, répliqua « Juillet.
le Patient, j'en ai aſſez tué, mais ce ne ſont pas des Hom- «
mes ».

Ce que j'ai remarqué ailleurs, Madame, pour diminuer la ſurpriſe, qu'une telle inſenſibilité pourroit cauſer, n'empêche point qu'on ne doive y reconnoître un grand courage. Il faut toujours, pour élever l'ame au-deſſus du ſentiment à ce point là, un effort, dont les Ames communes ne ſont point capables. Les Sauvages s'y exercent toute leur vie, & y accoutument leurs Enfans dès l'âge le plus tendre. On a vû de petits Garçons & de jeunes Filles ſe lier les uns aux autres par un bras, & mettre entre les deux un Charbon allumé, pour voir qui le ſecoueroit le premier. Enfin il faut encore convenir, que ſelon la remarque de Ciceron, l'habitude au travail, donne de la facilité à ſupporter la douleur (a). Or il n'eſt peut-être point d'Hommes au Monde, qui fatiguent plus que les Sauvages, ſoit dans leurs Chaſſes, ſoit dans leurs Voyages. Enfin ce qui prouve que cette eſpece d'inſenſibilité eſt dans ces Barbares l'effet d'un véritable courage, c'eſt que tous ne l'ont pas.

Il n'eſt point étonnant qu'avec cette fermeté d'ame, & des ſentimens ſi élevés, les Sauvages ſoient intrépides dans le danger, & d'une valeur à toute épreuve. Il eſt vrai néanmoins que dans leurs Guerres, ils s'expoſent le moins qu'ils peuvent, parce qu'ils ont mis leur gloire à n'acheter jamais bien cherement la Victoire, & que leurs Nations étant peu nombreuſes, ils ont pour maxime de ne point s'affoiblir : mais quand il faut ſe battre, ils le font en Lions, & la vûë de leur ſang, ne fait qu'augmenter leur force & leur courage. Ils ſe ſont trouvés pluſieurs fois dans l'action avec nos Braves, qui leur ont vû faire des choſes preſqu'incroyables.

Leur valeur.

Un Miſſionnaire ayant accompagné des Abénaquis dans une Expédition contre la Nouvelle Angleterre, & ſçachant qu'un grand Parti d'Anglois les pourſuivoit dans leur retraite, fit tout ce qu'il put pour les engager à faire diligence : il n'y gagna rien ; toute la réponſe, qu'il en reçut, fut qu'ils ne craignoient point ces gens-là. Les Anglois parurent enfin, & ils étoient pour le moins vint contre un. Les Sauvages, ſans

(a) *Conſuetudo enim laborum perpeſſionem dolorum efficit faciliorem.* 2. Tuſc. 15.

Q q ij

1721.
Juillet.

s'étonner, mirent d'abord leur Pere en sûreté, puis allerent attendre de pied ferme l'Ennemi dans une campagne, où il n'y avoit que des souches d'Arbres. Le combat dura presque tout le jour; les Abénaquis ne perdirent pas un Homme, & mirent en fuite les Anglois, après avoir couvert de Morts le champ de bataille. C'est du Missionnaire même (*a*), que je tiens ce fait.

Les égards, qu'ils ont les uns pour les autres.

Mais ce qui surprend infiniment dans des Hommes, dont tout l'extérieur n'annonce rien que de barbare, c'est de les voir se traiter entr'eux avec une douceur & des égards, qu'on ne trouve point parmi le Peuple dans les Nations les plus civilisées. Cela vient sans doute en partie de ce que *le mien* & *le tien*, ces paroles froides, comme les appelle SAINT GRÉGOIRE Pape, mais qui en éteignant dans nos cœurs le feu de la charité, y allument celui de la convoitise, ne sont point encore connus de ces Sauvages. On n'est pas moins charmé de cette gravité naturelle & sans faste, qui regne dans toutes leurs manieres, dans toutes leurs actions, & jusques dans la plupart de leurs divertissemens; ni de cette honnêteté & de ces déférences, qu'ils font paroître avec leurs égaux, ni de ce respect des Jeunes Gens pour les Personnes âgées, ni enfin de ne les voir jamais se quereller entr'eux avec ces paroles indécentes, & ces juremens si communs parmi nous. Toutes preuves d'un esprit bien fait, & qui sçait le posseder.

J'ai dit qu'un de leurs principes, & celui, dont ils sont le plus jaloux, est qu'un Homme ne doit rien à un autre; mais de cette mauvaise maxime ils en tirent une bonne conséquence, à sçavoir, qu'il ne faut jamais faire tort à personne, quand on n'en a reçu aucune offense. Il ne manque à leur bonheur que d'en user de Nation à Nation, comme ils font presque toujours de Particulier à Particulier, de n'attaquer jamais des Peuples, dont ils n'ont aucun sujet de se plaindre, & de ne pas pousser la vengeance si loin.

Leur fierté & leurs autres défauts.

D'ailleurs il faut convenir que ce qu'on admire le plus dans les Sauvages, n'est pas toujours vertu pure; que le témpéramment & la vanité y ont beaucoup de part, & que leurs plus belles qualités sont obscurcies par de grands vices. Ces Hommes, qui nous paroissent si méprisables au premier abord, sont les plus méprisans de tous les Mortels, & qui

(*a*) Le Pere VINCENT BIGOT.

D'UN VOYAGE DE L'AMERIQ. Let. XXI. 309

s'estiment davantage. Les plus superbes de tous étoient les Hurons, avant que les succès eussent enflé le cœur des Iroquois, & eussent enté en eux une hauteur, que rien n'a encore pu rabattre, sur une grossiereté féroce, qui faisoit auparavant leur caractere distinctif.

1721.
Juillet.

D'un autre côté ces Peuples si fiers & si jaloux de leur liberté, sont au-delà de ce qu'on peut imaginer, esclaves du respect humain. On les accuse aussi d'être légers & inconstans, mais c'est plutôt par esprit d'indépendance, que par caractere, comme je l'ai remarqué des Canadiens. Ils sont ombrageux & soupçonneux, surtout à notre égard; traîtres, quand il y va de leur intérêt; dissimulés, & vindicatifs à l'excès: le tems ne ralentit point en eux le désir de se venger; c'est le plus cher héritage, qu'ils laissent à leurs Enfans, & il se transmet de génération en génération, jusqu'à ce qu'on ait trouvé l'occasion de l'exécuter.

Quant à ce qu'on appelle plus particulierement les qualités du cœur, les Sauvages ne s'en piquent pas, ou pour mieux dire, elles ne sont point en eux des vertus: il semble même qu'ils ne les sçavent pas envisager sous ce point de vûë; amitié, compassion, reconnoissance, attache, ils ont quelque chose de tout cela, mais ce n'est point dans le cœur, & c'est moins en eux l'effet d'un bon naturel, que de la réflexion, ou de l'instinct. Le soin, qu'ils prennent des Orphelins, des Veuves, & des Infirmes; l'hospitalité, qu'ils exercent d'une maniere si admirable, ne sont pour eux qu'une suite de la persuasion, où ils sont, que tout doit être commun entre les Hommes. Les Peres & les Meres ont pour leurs Enfans une tendresse, qui va jusqu'à la foiblesse, mais qui ne les porte point à les rendre vertueux, & qui paroît purement animale. Les Enfans de leur côté n'ont aucun retour de naturel pour leurs Parens, & les traitent même quelquefois avec indignité, principalement leurs Peres. On m'en a raconté des exemples, qui font horreur, & qu'on ne peut rapporter: mais en voici un, qui a été public.

Des qualités du cœur.

Un Iroquois, qui a lontems servi dans nos Troupes contre sa propre Nation, & même en qualité d'Officier, rencontra son Pere dans un combat, & l'alloit percer, lorsqu'il le reconnut. Il s'arrêta, & lui dit: " Tu m'as donné une fois la vie, je te la donne aujourd'hui, mais ne te retrouves pas une au-

Exemple du peu de naturel des Enfans pour leurs Parens.

1721.
Juillet.

tre fois sous ma main, car je suis quitte de ce que je te devois „.
Rien ne prouve mieux la nécessité de l'éducation, & que la nature seule ne nous instruit pas suffisamment de nos plus essentiels devoirs. Et ce qui forme, si je ne me trompe, une démonstration encore plus sensible en faveur de la Religion Chrétienne, c'est qu'elle a produit dans le cœur de ces Barbares à tous ces égards un changement, qui tient du miracle.

Sociétés particulieres entre les Sauvages.

Mais si les Sauvages ne sçavent pas goûter les douceurs de l'amitié, ils en ont au moins reconnu l'utilité. Chacun parmi eux a un Ami à peu près de son âge, auquel il s'attache, & qui s'attache à lui par des liens indissolubles. Deux Hommes ainsi unis pour leur intérêt commun, doivent tout faire & tout risquer pour s'entr'aider & se secourir mutuellement : la mort même, à ce qu'ils croyent, ne les sépare que pour un tems : ils comptent bien de se rejoindre dans l'autre Monde pour ne se plus quitter, persuadés qu'ils y auront encore besoin l'un de l'autre.

J'ai sur cela oui raconter qu'un Sauvage Chrétien, mais qui ne se conduisoit pas selon les maximes de l'Evangile, étant menacé de l'Enfer par un Jésuite, demanda à ce Missionnaire, s'il croyoit que son Ami décédé depuis peu fût allé dans ce lieu de supplices : le Pere lui répondit qu'il avoit lieu de juger que Dieu lui avoit fait miséricorde : *je n'y veux donc pas aller non plus*, reprit le Sauvage, & ce motif l'engagea à faire tout ce qu'on souhaitoit ; c'est-à-dire, qu'il auroit été aussi volontairement en Enfer, qu'en Paradis, s'il avoit cru y retrouver son Camarade ; mais Dieu se sert de tout pour le salut de ses Elus. On ajoûte que ces Amis, quand ils se trouvent éloignés les uns des autres, s'invoquent réciproquement dans les perils, où ils se rencontrent ; ce qu'il faut sans doute entendre de leurs Génies tutélaires. Les présens sont les nœuds de ces associations, l'intérêt & le besoin les fortifient ; c'est un secours, sur lequel on peut presque toujours compter. Quelques-uns prétendent qu'il s'y glisse du désordre ; mais j'ai sujet de croire qu'au moins cela n'est pas général.

De la Couleur des Sauvages.

La couleur des Sauvages ne fait point, comme plusieurs se sont persuadés, une troisiéme espéce entre les Blancs & les Noirs. Ils sont fort basanés, & d'un rouge sale & obscur, ce qui est plus sensible dans la Floride, dont la Louysiane fait partie : mais cela ne leur est point naturel. Les fréquentes frixions, dont ils ufent, leur donne ce rouge, & il eft étonnant qu'ils ne foient pas encore plus noirs, étant continuellement expofés à la fumée en Hyver, aux plus grandes ardeurs du Soleil en Eté, & dans toutes les Saifons à toutes les intempéries de l'Air.

1721. Juillet.

Il eft moins aifé de rendre raifon de ce qu'à la réferve des Cheveux, que tous ont fort noirs; des cils & des fourcils, que quelques-uns même s'arrachent, ils n'ont pas un poil fur tout le corps; & prefque tous les Amériquains font dans le même cas. Ce qui étonne le plus, c'eft que leurs Enfans naiffent avec un poil rare, & affez long par tout le corps, mais qui difparoît au bout de huit jours. On voit auffi dans les Vieillards quelques poils au menton, comme il arrive parmi nous aux Femmes d'un certain âge; j'ai vû attribuer cette fingularité au continuel ufage qu'ont les Amériquains de fumer, & qui eft commun aux deux Sexes: il paroît plus naturel à d'autres de dire, que cela vient de la qualité de leur fang, qui étant plus pur, à caufe de la fimplicité de leurs alimens, produit moins de ces fuperfluités, dont le nôtre, plus groffier, fournit une fi grande abondance; ou qui ayant moins de fels, eft moins propre à ces fortes de productions. Il n'eft pas douteux au moins, que c'eft cette fimplicité des alimens, qui rend les Sauvages fi légers à la Courfe. J'ai vû un Infulaire, voifin du Japon, qui n'ayant jamais mangé de pain, m'affûra qu'il faifoit fans peine à pied ordinairement trente lieuës par jour; mais qui ayant commencé d'en ufer, n'avoit plus la même facilité.

Pourquoi ils n'ont point de poils.

Ce qui eft certain, c'eft que nos Sauvages trouvent une très-grande beauté, à n'avoir point de poil ailleurs qu'à la Tête, que fi quelquefois il leur en vient quelqu'un au menton, ils l'arrachent d'abord: que les Européens, quand ils les virent pour la premiere fois, leur parurent hideux avec leurs longues Barbes, comme on les portoit alors; qu'ils ne trouvent point belle notre couleur blanche, & que la chair des François & des Anglois, quand ils en ont voulu manger, leur a paru de mauvais goût, parce qu'elle étoit falée. Ainfi, Madame, l'idée, qu'on fe formoit autrefois en Europe des Sauvages, qu'on y repréfentoit comme des Hommes tout velus, non-feulement ne leur convient en aucune maniere, mais eft précifément celle, qu'ils ont d'abord euë de nous, parce

1721.
Août.

qu'ils crurent que nous avions tout le corps, comme le menton & l'eftomach.

VINT-DEUXIÉME LETTRE.

Voyage à la Riviere de Saint Joseph. Obfervation fur les Rivieres, qui fe jettent dans le Lac Michigan, du côté de l'Eft. De celle du P. Marquette, & de l'origine de ce nom. Des Jeux des Sauvages. Quelques traits du Caractere de ces Peuples.

De la Riviere de S. Joseph, ce seiziéme d'Août 1721.

MADAME,

Il y eut hier huit jours, que j'arrivai dans ce Pofte, où nous avons une Miffion; & où il y a un Commandant avec une petite Garnifon. La Maifon du Commandant, qui eft très-peu de chofe, s'appelle le Fort, parce qu'elle eft environnée d'une affez mauvaife Paliffade, & c'eft à peu près le même partout, à l'exception des Forts de Chambly & de Catarocouy, qui font de véritables Fortereffes. Il y a néanmoins dans tous quelques petits Canons, ou des Pierriers, qui dans un befoin fuffifent pour empêcher un coup de main, & pour tenir les Sauvages en refpect.

Danger de la Navigation du Lac Michigan.

Nous avons ici deux Villages de Sauvages, l'un de *Miamis*, & l'autre de *Pouteouatamis*, les uns & les autres font la plupart Chrétiens, mais ils ont été lontems fans Pafteurs, & le Miffionnaire, qu'on leur a envoyé depuis peu, n'aura pas peu à faire, pour les remettre dans l'exercice de leur Religion. La Riviere de Saint Joseph vient du Sud-Eft fe décharger dans le fond du Lac Michigan, dont il faut ranger toute la Côte Orientale, qui a cent lieuës de long, avant que d'entrer dans cette Riviere. On le remonte enfuite vint lieuës pour gagner le Fort, cette Navigation demande de grandes précautions, parce que, quand le vent vient du large, c'eftà-dire, de l'Oueft, les lames y font de toute la longueur du Lac; or les Vents d'Oueft y font fort fréquens. Il y a bien de l'apparence

D'UN VOYAGE DE L'AMERIQ. Let. XXII. 313

l'apparence auſſi que la quantité de Rivieres., qui ſe déchargent dans le Lac, ſur la Côte Orientale, contribuent par le choc de leurs courans avec les vagues, à rendre la Navigation plus périlleuſe : ce qui eſt certain, c'eſt qu'il eſt peu d'endroits dans le Canada ; où il ſe ſoit fait plus de Naufrages. Mais je reprends mon Journal, où je l'ai interrompu.

1721.
Août.

Le premier jour d'Août, après avoir traverſé à la Voile une Baye, qui a trente lieuës de profondeur, je laiſſai à droite les *Iſles du Caſtor*, qui me parurent fort bien boiſées ; & quelques lieuës plus loin ſur la gauche, j'apperçus ſur une éminence de Sable une eſpece de Buiſſon, lequel, quand on eſt par ſon travers, a la figure d'un Animal couché : les François l'ont nommé, l'*Ours qui dort* ; & les Sauvages, l'*Ours couché* : Je fis vint lieuës ce jour-là, & je campai dans une petite Iſle, qui eſt par les quarante-quatre degrés, trente minutes de Latitude-Nord ; c'eſt à peu près la hauteur de Montreal. Depuis l'entrée du Lac Michigan juſqu'à cette Iſle, la Côte eſt fort ſablonneuſe, mais pour peu qu'on avance dans les Terres, le Pays paroît fort bon, du moins à en juger par les magnifiques Forêts, dont il eſt couvert. Il eſt d'ailleurs très-bien arroſé, car nous ne faiſions pas une lieuë, ſans découvrir, ou quelque gros Ruiſſeau, ou quelque jolie Riviere, & plus on avance au Sud, plus les Rivieres ſont grandes, auſſi viennent-elles de plus loin, la Preſqu'Iſle, qui ſépare le Lac Michigan du Lac Huron, s'élargiſſant à meſure qu'on avance au Midi. La plûpart néanmoins de ces Rivieres ſont aſſez peu larges, & ont peu de profondeur à leur embouchure : ce qu'elles ont de ſingulier, c'eſt qu'on y trouve preſque d'abord des Lacs de deux, de trois, ou de quatre lieuës de circuit ; cela vient ſans doute de la quantité de Sables, qu'elles charient ; ces Sables étant repouſſés par les vagues du Lac, qui viennent preſque toujours de l'Oueſt, s'accumulent à l'embouchure des Rivieres, dont les eaux arrêtées par ces Digues, qu'elles ne franchiſſent qu'avec peine, ſe ſont creuſé peu à peu ces Lacs, ou Etangs, qui empêchent que tout le Pays ne ſoit inondé à la fonte des Neiges.

Obſervations ſur les Rivieres, qu'on rencontre ſur cette Route.

Le troiſiéme, j'entrai dans *la Riviere du P. Marquette*, pour examiner ſi ce qu'on m'en avoit dit, étoit vrai. Ce n'eſt d'abord qu'un Ruiſſeau, mais quinze pas plus haut on entre dans un Lac, qui a près de deux lieuës de tour. Pour le faire

Riviere du P. Marquette.

Tome III. R r

1721.
Août.

décharger dans le Michigan, on diroit qu'on a coupé avec le Pic un gros morne, qu'on laisse à gauche en entrant, & sur la droite la Côte est très-basse, environ l'espace d'une bonne portée de Fusil, puis tout d'un coup elle s'éleve fort haut. On me l'avoit véritablement représentée ainsi ; & sur cela, voici la Tradition constante de tous nos Voyageurs, & ce que d'anciens Missionnaires m'ont raconté.

Le P. Joseph MARQUETTE, natif de Laon en Picardie, où sa Famille tient encore aujourd'hui un rang distingué, a été un des plus illustres Missionnaires de la Nouvelle France ; il en a parcouru presque toutes les Contrées, & il y a fait plusieurs Découvertes, dont la derniere est celle du Micissipi, où il entra avec le Sieur JOLIET en 1673. Deux ans après cette Découverte, dont il a publié la Relation, comme il alloit de *Chicagou*, qui est au fond du Lac Michigan, à Michillimakinac, il entra le dix-huitiéme de May 1675 dans la Riviere, dont il s'agit, & dont l'embouchure étoit alors à l'extremité du Terrein bas, que j'ai dit qu'on laisse à droite en y entrant, il y dressa son Autel, & y dit la Messe. Il s'éloigna ensuite un peu pour faire son Action de Graces, & pria les deux Hommes, qui conduisoient son Canot, de le laisser seul pendant une demie-heure. Ce tems passé, ils allerent le chercher, & furent très-surpris de le trouver mort ; ils se souvinrent néanmoins qu'en entrant dans la Riviere, il lui étoit échapé de dire qu'il finiroit là son voyage.

Cependant comme il y avoit trop loin de-là à Michillimakinac, pour y porter son Corps, on l'inhuma assez près du bord de la Riviere, qui depuis ce tems-là s'est éloignée peu à peu, comme par respect, jusqu'au Cap, dont elle baigne présentement le pied, & où elle s'est fait un nouveau passage. L'année suivante un des deux Hommes, qui avoient rendu les derniers devoirs au Serviteur de Dieu, retourna à l'endroit, où ils l'avoient enterré, en tira ce qui en restoit, & le porta à Michillimakinac. Je n'ai pû sçavoir, ou j'ai oublié le nom, que portoit auparavant cette Riviere ; mais aujourd'hui les Sauvages ne l'appellent point autrement, que la Riviere de la Robe noire (*a*), les François lui ont donné le nom du P. Marquette, & ne manquent jamais de l'in-

(*a*) Les Sauvages appellent ainsi les Jésuites. Ils nomment les Prêtres, les *Collets* blancs ; & les Récollets, les *Robes grises*.

voquer, quand ils se trouvent en quelque danger sur le Lac Michigan. Plusieurs ont asûré qu'ils se croyoient redevables à son intercession, d'avoir échapé à de très-grands périls.

1721.
Août.

Je fis encore trois lieuës ce jour-là, & j'allai camper à l'entrée de la *Riviere de Saint Nicolas*, sur le bord d'un joli Lac, plus long & moins large que le précedent. J'y trouvai une grande quantité de Pins rouges & blancs, ceux-ci ont l'écorce plus rude, mais le bois en est meilleur, & il en sort une Gomme assez fine ; ceux-là ont l'écorce plus douce, mais le bois en est plus pesant : on en tire le Bray, dont on fait le meilleur Godron. Je naviguai ainsi fort agréablement jusqu'à la Riviere de Saint Joseph, où j'entrai le sixiéme fort tard, ou le septiéme de bon matin, car il étoit environ Minuit, lorsque nous y arrivâmes ; nous étant reposés deux bonnes heures au bord du Lac de la Riviere noire, qui en est à huit lieuës, & où il y a beaucoup de Ging-Seng.

Des Pins rouges & blancs.

La Riviere de Saint Joseph a plus de cent lieuës de cours, & sa source n'est pas loin du Lac Erié ; elle est navigable pendant quatre-vint lieuës, & dans les vint-cinq, que je la remontai pour me rendre au Fort, je n'y ai vû que de bonnes Terres, couvertes d'Arbres d'une hauteur prodigieuse, sous lesquels il croît en quelques endroits de très-beau Capillaire. Je fus deux jours à faire ce chemin, mais le soir du premier, je courus grand risque de n'aller pas plus loin ; je fus pris pour un Ours, & il ne s'en fallut rien, que je ne fusse tué en cette qualité par un de mes Conducteurs : Voici comment.

Avanture arrivée à l'Auteur dans la Riviere de S. Joseph.

Après le Soupé & la Priere, comme il faisoit fort chaud, j'allai me promener en suivant toujours le bord de la Riviere. Un Barbet, qui me suivoit partout, s'avisa de se lancer dans l'eau, pour y chercher je ne sçai quoi, que j'y avois jetté sans réflexion : mes Gens, qui me croyoient retiré, d'autant plus qu'il étoit fort tard, & que la nuit étoit obscure, entendant le bruit, que fit cet Animal, crurent que c'étoit un Chevreuil, qui passoit la Riviere, & deux d'entr'eux partirent de la main avec leurs Fusils chargés ; par bonheur pour moi un des deux, qui étoit un étourdi, fut rappellé par les autres, de peur qu'il ne fît manquer la proye, mais il auroit bien pû se faire que par étourderie il ne m'eût pas manqué.

L'autre avançant au petit pas, m'apperçut à vint pas de lui,

R r ij

& ne douta point que ce ne fût un Ours, qui se dressoit sur ses deux Pattes de derriere, comme ces Animaux font toujours, quand ils entendent quelque bruit. A cette vûë le Chasseur bande son Fusil, où il avoit mis trois postes, & se courbant presque à terre, fait ses approches le plus doucement qu'il peut. Il alloit tirer, lorsque de mon côté je crus voir quelque chose, mais sans pouvoir distinguer ce que c'étoit: ne pouvant néanmoins douter que ce ne fût quelqu'un de mes Gens, je m'avisai de lui demander, si par hasard il ne me prenoit point pour un Ours; il ne me répondit point, & lorsque je l'eus joint, je le trouvai tout interdit, & comme saisi de l'horreur du coup, qu'il avoit été sur le point de faire. Ce furent ses Camarades, qui m'apprirent ce qui s'étoit passé.

La Riviere de Saint Joseph est si commode pour le Commerce de toutes les Parties du Canada, qu'il n'est pas étonnant qu'elle ait toujours été beaucoup fréquentée par les Sauvages. D'ailleurs elle arrose un Pays très-fertile, mais ce n'est point là ce que ces Peuples estiment le plus. C'est même bien dommage de leur donner de bons Terreins; ou ils n'en font aucun usage, ou ils l'ont bientôt dégraissé en y semant leur Maïz. Les *Mascoutins* avoient, il n'y a pas lontems, un Etablissement sur cette Riviere, mais ils sont retournés dans leur Pays, qui est, dit-on, encore plus beau. Les Pouteouatamis y ont occupé successivement plusieurs Postes, & y sont encore; leur Village est du même côté que le Fort, un peu au dessous, & sur un très-beau Platon: celui des Miamis est de l'autre côté de la Riviere.

Du Ging-Seng de Canada.

Les Sauvages qui se font de tout tems plus appliqué que les autres à la Medecine, font grand cas du Gin-Seng, & sont persuadés que cette Plante a la vertu de rendre les Femmes fécondes. Je ne crois pourtant pas que ce soit par cette raison, qu'ils l'ont nommée *Abesoutchenza*, qui veut dire un Enfant; elle doit ce nom à la figure de sa Racine, au moins parmi les Iroquois. Vous avez vû sans doute, Madame, ce que le P. Laffitau, qui le premier l'a portée en France, en a écrit sous le nom d'*Aureliana Canadensis*: elle est au moins pour la figure, absolument la même que celle, qui nous vient de la Chine, & que les Chinois tirent de la Corée & de la Tartarie. Le nom qu'ils lui donnent, & qui signifie *la ressemblance de l'Homme;* les vertus, qu'ils lui attribuent, & qu'ont experimentées en Canada ceux, qui en ont fait usage, & la conformité du Climat (*a*) sont un grand préjugé, que si nous la prenions comme venant de la Chine, elle seroit aussi estimée que celle, que les Chinois nous vendent ; peut-être n'a-t-elle fait si peu de fortune parmi nous, que parce qu'elle croît dans un Pays, qui nous appartient, & qu'elle n'a pas le relief de nous être tout-à-fait étrangere.

1721.
Août.

En remontant la Riviere de Saint Joseph, je remarquai quelques Arbres, que je n'avois point vû ailleurs. Le plus singulier, que je pris d'abord pour un Fresne à ses feuilles, vient extrêmement gros, & porte des Féves, qui sont très-belles à la vûë, mais on a beau les faire bouillir, elles n'en sont que plus dures, & il n'a jamais été possible d'en faire aucun usage. Les Campagnes, qui environnent le Fort, sont tellement couvertes de Sassafras, que l'air en est embaumé ; mais ce n'est point un grand Arbre, comme à la Caroline, ce ne sont que de petits Arbrisseaux, qui rampent presque à terre ; peut-être aussi ne sont-ce que des rejettons des Arbres, qu'on a coupés, pour défricher les environs du Fort, & des Bourgades Sauvages.

Du Févier, & du Sassafras.

Il y a ici quantité de Simples, dont on prétend que les Sauvages usent un peu à l'aventure, sans autre principe que l'expérience hasardée légerement, & qui les trompe quelquefois : car les mêmes Remedes n'agissent pas également sur toutes sortes de Sujets, attaqués des mêmes Maladies, mais ces Peuples ne sçavent pas faire toutes ces differences. Une chose, qui m'étonne toujours, c'est l'impénétrable secret, qu'ils gardent sur leurs Simples, ou le peu de curiosité des François, pour en avoir la connoissance. S'il n'y a point de la faute de ceux-ci, rien ne montre mieux, ce me semble, que les Sauvages ne nous voyent pas volontiers dans leur Pays : mais nous en avons d'autres preuves, aussi peu équivoques que celles-ci. Il se pourroit bien aussi qu'ils fussent au sujet de leurs Simples dans la même opinion, où l'on assure qu'ils sont par rapport à leurs Mines ; à sçavoir, qu'ils mourroient, s'ils en découvroient quelques-unes aux Etrangers.

Secret des Sauvages sur leurs Simples, & sur les Mines de leur Pays.

(*a*) La Riviere noire est par les quarante-un degrés, cinquante minutes ; c'est par cette même Latitude, qu'on tire le Gin-Seng de Corée, pour l'Empereur de la Chine. On en a porté à la Chine, & préparé par les Chinois, ils l'ont vendu comme venant de Corée, ou de Tartarie. Au reste cette préparation n'y ajoûte rien.

1721.
Août.
Des Miamis.

Les Sauvages de ces Quartiers sont naturellement voleurs, & regardent comme de bonne prise, tout ce qu'ils peuvent attraper. Il est vrai que si l'on s'apperçoit de bonne heure, qu'on a perdu quelque chose, il suffit d'en avertir le Chef, on est assûré de la retrouver ; mais il faut donner à ce Chef plus que la valeur de la chose, & il demande encore quelque bagatelle pour celui, qui l'a retrouvée, & qui est apparemment le Voleur même ; je fus dans le cas dès le lendemain de mon arrivée, & on ne me fit point de grace : ces Barbares soûtiendroient une Guerre, plutôt que de se relâcher sur ce point.

Quelques jours après je fus rendre visite au Chef des Miamis, qui m'avoit prévenu ; c'est un grand Homme bien fait, mais fort disgracié, car il n'a point de Nez : on m'a dit que ce malheur lui étoit arrivé dans une débauche. Quand il sçut que je venois le voir, il alla se placer au fond de sa Cabanne, sur une maniere d'Estrade, où je le trouvai assis les jambes croisées, à la façon des Orientaux. Il ne me dit presque rien, & me parut affecter une gravité fiere, qu'il soûtenoit assez mal ; c'est le premier Chef Sauvage, à qui j'ai vû observer ce Cérémonial, mais on m'avertit qu'il faut lui rendre la pareille, si on ne veut pas en être méprisé.

Du Jeu des Pailles.

Ce jour-là les Pouteouatamis étoient venus jouer au *Jeu des Pailles* chez les Miamis ; on jouoit dans la Cabanne du Chef, & dans une Place, qui est vis-à-vis. Ces Pailles sont de petits Joncs de la grosseur des tuyaux de Froment, & de la longueur de deux pouces. On en prend un paquet, qui est ordinairement de deux cent un, & toujours en nombre impair. Après qu'on les a bien remués, en faisant mille contorsions, & en invoquant les Génies, on les sépare avec une espece d'aleine, ou un os pointu, en paquets de dix : chacun prend le sien à l'aventure, & celui, à qui échoit le paquet de onze, gagne un certain nombre de points, dont on est convenu : les Parties sont en soixante, ou en quatre-vint.

Il y a d'autres manieres de jouer ce Jeu, & on a voulu me les expliquer, mais je n'y ai rien compris, sinon que quelquefois le nombre de neuf gagne toute la Partie. On m'a ajoûté qu'il y avoit autant d'adresse, que de hasard à ce Jeu, & que les Sauvages y sont extrêmement frippons, comme dans tous les autres ; qu'ils s'y acharnent souvent jusqu'à y passer les jours & les nuits, & que quelques-uns ne cessent point de jouer, que quand ils sont tout nuds, & n'ont plus rien à perdre. Ils en ont un autre, qui ne pique point par l'envie de gagner; c'est un pur divertissement, mais il a presque toujours des suites funestes pour les mœurs.

1721.
Août.

A l'entrée de la nuit on dresse au milieu d'une grande Cabanne plusieurs Poteaux placés en rond, au milieu sont les Instrumens; on pose sur chaque Poteau un paquet de duvet, & il doit y en avoir de toutes les couleurs. Les jeunes gens des deux Sexes mêlés ensemble, dansent en rond autour des Poteaux, les Filles ayant aussi du duvet, de la couleur qu'elles aiment: de tems en tems un jeune Homme se détache, & va prendre sur un Poteau du duvet de la couleur, qu'il reconnoît être au gré de sa Maîtresse, & se le mettant sur la tête, il danse autour d'elle, & lui donne par signe un Rendez-vous: la Danse finie, le Festin commence, & dure tout le jour; le soir tout le monde se retire, & les Filles font si bien leur compte, que malgré la vigilance de leurs Meres, elles se trouvent au lieu qui leur a été assigné.

Autre Jeu.

Les Miamis ont encore deux Jeux, dont le premier se nomme, le *Jeu de la Crosse*. On y joue avec une Bale & des Bâtons, recourbés & terminés par une espece de Raquette. On dresse deux Poteaux, qui servent de Bornes, & qui sont éloignés l'un de l'autre, à proportion du nombre des Joueurs. Par exemple, s'ils sont quatre-vint, il y a entre les Poteaux une demie lieuë de distance. Les Joueurs sont partagés en deux bandes, qui ont chacune leur Poteau, & il s'agit de faire aller la Bale, jusqu'à celui de la Partie adverse, sans qu'elle tombe à terre, & sans qu'elle soit touchée avec la main; car si l'un ou l'autre arrive, on perd la Partie, à moins que celui, qui a fait la faute, ne la répare, en faisant aller la Bale d'un seul trait au But, ce qui est souvent impossible. Ces Sauvages sont si adroits à prendre la Bale avec leurs Crosses, que quelquefois ces Parties durent plusieurs jours de suite.

Le second Jeu approche beaucoup de celui-ci, & n'est pas si dangereux. On marque deux Termes, comme au premier, & les Joueurs occupent tout l'espace, qui est entre deux. Celui qui doit commencer, jette en l'air une Bale le plus perpendiculairement qu'il est possible, afin qu'il puisse plus aisément la rattraper, & la jetter vers le But. Tous les autres ont les bras levés, & celui, qui faisit la Bale, fait la même Manœuvre, ou jette la Bale à quelqu'un de sa Bande, qu'il estime plus alerte, ou plus adroit que lui ; car pour gagner la Partie, il faut que la Bale, avant que d'arriver au But, ne soit jamais tombée entre les mains d'aucun des Adversaires. Les Femmes jouent aussi à ce Jeu, mais rarement ; leurs Bandes sont de quatre ou cinq, & la premiere, qui laisse tomber la Bale, perd la Partie.

Du Chef & de l'Orateur Pouteouatamis.

Les Pouteouatamis ont ici un Chef & un Orateur, qui sont gens de mérite. Le premier, nommé *Pirémon*, est un Homme de plus de soixante ans, fort sage, & d'un bon conseil ; le second, appellé *Ouilamek*, est plus jeune ; il est Chrétien, & bien instruit, mais il ne fait aucun exercice de sa Religion. Un jour, que je lui en faisois des reproches, il me quitta brusquement, alla dans la Chapelle, & fit sa Priere à haute voix, de sorte que nous l'entendions de chez le Missionnaire : il est difficile de voir un Homme, qui parle mieux, & qui ait plus d'esprit ; d'ailleurs il est d'un caractere fort aimable, & sincerement attaché aux François. Pirémon ne l'est pas moins, & je les ai entendu tous deux parler dans un Conseil chez le Commandant, où ils nous dirent de très-belles choses.

Suites funestes de l'Yvrognerie.

Plusieurs Sauvages des deux Nations, qui sont établies sur cette Riviere, ne font que d'arriver des Colonies Angloises, où ils étoient allé vendre leurs Pelleteries, & d'où ils ont rapporté beaucoup d'Eau-de-vie. Le partage s'en est fait à la maniere accoûtumée ; c'est-à-dire, que chaque jour on en distribuoit à un certain nombre de Personnes, autant qu'il en falloit à chacun pour s'enyvrer, & tout a été bû en huit jours. On commençoit à boire dans les deux Villages, dès que le Soleil étoit couché, & toutes les nuits les Campagnes retentissoient de cris & de hurlemens affreux. On eût dit qu'une Escouade de Démons s'étoit échapée de l'Enfer, ou que les deux Bourgades étoient acharnées à s'entr'égorger ; il y eut deux Hommes d'estropiés, j'en rencontrai un, qui s'étoit cassé le Bras en tombant ; & je lui dis, que sans doute une autre fois il seroit plus sage : il me répondit, que cet accident n'étoit rien, qu'il seroit bientôt guéri, & qu'il recommenceroit à boire, dès qu'il auroit dequoi.

Jugez

Jugez, Madame, ce que peut faire un Missionnaire au milieu de tout ce désordre, & ce qu'il en coûte à un honnête Homme, qui s'est expatrié pour gagner des Ames à Dieu, de se voir obligé d'en être le témoin, & de n'y pouvoir apporter de remede. Ces Barbares connoissent eux-mêmes, que l'Yvrognerie les ruine & les détruit ; mais quand on veut leur persuader, qu'ils devroient être les premiers à demander qu'on leur retranche une Boisson, qui a pour eux des suites si fâcheuses, ils se contentent de répondre : „ C'est vous, qui nous y avez accoûtumé, nous ne pouvons plus nous en passer, & si vous refusez de nous en donner, nous en irons chercher chez les Anglois. Cette Liqueur nous tuë, & nous dépouille, il est vrai, mais c'est vous, qui avez fait le mal, & il est sans remede „. Ils n'ont pourtant pas raison de s'en prendre ainsi à nous seuls, sans les Anglois je crois qu'on auroit pû faire cesser ce Commerce dans la Colonie, ou le réduire à ses justes bornes ; on sera même peut-être obligé bientôt de le permettre aux François, en prenant des mesures pour en empêcher l'abus, d'autant plus que l'Eau de vie des Anglois, est beaucoup plus mal-faisante, que la nôtre.

Un désordre, qui attaque les mœurs, ne va jamais seul ; il est toujours le principe, ou la suite de plusieurs autres. Les Sauvages, avant que d'être tombés dans celui, dont nous parlons, à la Guerre près, qu'ils ont toujours faite d'une maniere barbare & inhumaine, n'avoient rien, qui troublât leur bonheur ; l'Yvrognerie les a rendus intéressés, & a troublé la douceur, qu'ils goûtoient dans le domestique, & dans le commerce de la vie. Toutefois, comme ils ne sont frappés que de l'objet présent, les maux, que leur a causé cette passion, n'ont point encore tourné en habitude ; ce sont des orages, qui passent, & dont la bonté de leur caractere, & le fond de tranquillité d'ame, qu'ils ont reçuë de la Nature, leur ôtent presque le souvenir, quand ils sont passés.

Il faut avouer que du premier coup d'œil la vie qu'ils menent, paroît bien dure, mais outre qu'en cela rien ne fait peine, que par comparaison, & que l'habitude est une seconde nature, la liberté dont ils jouissent, est pour eux un grand dédommagement des commodités, dont ils sont privés. Ce que nous voyons tous les jours dans quelques Mandians de profession, & dans plusieurs Personnes de la Campagne,

1721.
Août.

Bonheur des Sauvages.

nous fournit une preuve sensible, qu'on peut être heureux dans le sein même de l'indigence. Or, les Sauvages le sont encore plus réellement ; premierement, parce qu'ils croyent l'être ; en second lieu, parce qu'ils sont dans la possession paisible du plus précieux de tous les dons de la Nature ; enfin parce qu'ils ignorent parfaitement, & n'ont pas même envie de connoître ces faux biens, que nous estimons tant, que nous achetons au prix des véritables, & que nous goûtons si peu.

Effectivement en quoi ils sont plus estimables, & doivent être regardés comme de vrais Philosophes, c'est que la vûë de nos commodités, de nos richesses, de nos magnificences, les ont peu touchés, & qu'ils se sçavent bon gré de pouvoir s'en passer. Des Iroquois, qui en 1666 allerent à Paris, & à qui on fit voir toutes les Maisons Royales, & toutes les beautés de cette grande Ville, n'y admirerent rien, & auroient préféré leurs Villages à la Capitale du plus florissant Royaume de l'Europe, s'ils n'avoient pas vû la Ruë de la Huchette, où les Boutiques des Rotisseurs, qu'ils trouvoient toujours garnies de Viandes de toutes les sortes, les charmerent beaucoup.

Mépris qu'ils font de notre maniere de vivre. On ne peut pas même dire qu'ils ne sont enchantés de leur façon de vivre, que parce qu'ils ne connoissent point la douceur de la nôtre. Des François en assez grand nombre, ont vécu comme eux, & s'en sont si bien trouvés, que plusieurs n'ont jamais pû gagner sur eux, quoiqu'ils pussent être fort à leur aise dans la Colonie, d'y revenir ; au contraire, il n'a pas été possible à un seul Sauvage de se faire à notre maniere de vivre. On a pris de leurs Enfans au Maillot, on les a élevés avec beaucoup de soin ; on n'a rien omis pour leur ôter la connoissance de ce qui se passoit chez leurs Parens : toutes ces précautions ont été inutiles, la force du sang l'a emporté sur l'Education : dès qu'ils se sont vûs en liberté, ils ont mis leurs Habits en pieces, & sont allés au travers des Bois chercher leurs Compatriotes, dont la vie leur a paru plus agréable, que celle qu'ils avoient menée chez nous.

Un Iroquois nommé *la Plaque*, celui-là même, dont je vous ai dit, Madame, qu'en sauvant la vie à son Pere dans un Combat, il s'étoit cru dégagé de tout ce qu'il lui devoit, a vécu plusieurs années avec les François ; on l'a même fait

Lieutenant dans nos Troupes, pour le fixer, parce que c'étoit un très-brave Homme. Il n'a pû y tenir, il est retourné dans sa Nation, n'emportant de chez nous que nos vices, & n'ayant corrigé aucun de ceux, qu'il y avoit apportés. Il aimoit éperduëment les Femmes, il étoit bien fait, sa valeur & ses belles actions lui donnoient un grand relief, il avoit beaucoup d'esprit, & des manieres fort aimables ; il fit bien des infidelles, & ses désordres allerent si loin, qu'on délibera dans le Conseil de son Canton, si on ne s'en déferoit pas. Il fut néanmoins conclu à la pluralité des voix qu'on le laisseroit vivre, parce qu'étant extrêmement courageux, il peupleroit le Pays de bons Guerriers.

1721.
Août.

Le soin, que les Meres prennent de leurs Enfans, tandis qu'ils sont encore au Berceau, est au-dessus de toute expression, & fait voir bien sensiblement que nous gâtons souvent tout, par les réflexions, que nous ajoûtons à ce que nous inspire la Nature. Elles ne les quittent jamais, elles les portent partout avec elles, & lorsqu'elles semblent succomber sous le poids, dont elles se chargent, le Berceau de leur Enfant n'est compté pour rien : on diroit même que ce surcroît de fardeau est un adoucissement, qui rend le reste plus léger.

Du soin, que les Meres prennent de leurs Enfans.

Rien n'est plus propre que ces Berceaux, l'Enfant y est commodément & mollement couché : mais il n'est bandé que jusqu'à la ceinture, de sorte que quand le Berceau est droit, ces petites Créatures ont la tête & la moitié du corps pendant ; on s'imagineroit en Europe qu'un Enfant, qu'on laisseroit en cet état, deviendroit tout contrefait, mais il en arrive tout le contraire, cela leur rend le corps souple, & ils sont en effet tous d'une taille & d'un port, que les mieux faits parmi nous envieroient. Que pouvons-nous opposer à une expérience si génerale ? Mais ce que je vais dire, n'est pas aussi aisé à justifier.

Il y a dans ce Continent des Nations, qu'on nomme *Têtes plates*, & qui ont en effet le front fort applati, & le haut de la tête un peu allongé. Cette conformation n'est point l'ouvrage de la Nature, ce sont les Meres, qui la donnent à leurs Enfans, dès qu'ils sont nés. Pour cela elles leur appliquent sur le front, & sur le derriere de la tête deux masses d'argile, ou de quelqu'autre matiere pesante, qu'elles serrent peu à peu, jusqu'à ce que le crâne ait pris la forme, qu'elles veulent lui

Figures ridicules, que quelques-uns donnent à leurs Enfans.

S s ij

donner. Il paroît que cette opération fait beaucoup souffrir ces Enfans, à qui on voit sortir par les narines une matiere blanchâtre assez épaisse ; mais ni ces accidens, ni les cris que font ces petits Innocens, n'allarment point leurs Meres, jalouses de leur procurer une bonne grace, dont elles ne conçoivent pas qu'on puisse se passer. C'est tout le contraire parmi certains Algonquins, que nous avons nommés *Têtes de Boule*, & dont je vous ai déja parlé, car ils font consister la beauté à avoir la tête parfaitement ronde, & les Meres s'y prennent aussi de très-bonne heure, pour donner cette figure à leurs Enfans.

Je voulois, Madame, profiter du loisir, que j'ai ici, & qui sera peut-être plus long, que je ne le voudrois, pour finir tout ce que j'ai à vous dire sur cette matiere, mais quelques embarras, qui me sont survenus, & le départ prochain d'un Voyageur, qui s'en retourne dans la Colonie, m'obligent à interrompre ce Récit, que je reprendrai au premier jour.

Je suis, &c.

VINT-TROISIEME LETTRE.

Suite du Caractere des Sauvages, & de leur maniere de vivre.

De la Riviere de S. Joseph, ce huitiéme Août 1721.

MADAME,

JE reprends la suite de mes Mémoires, où je l'ai interrompuë, vous trouverez peut-être que je n'y mets pas assez d'ordre, mais on excuse du moins dans une Relation, ce qu'on admire dans une Ode ; ce qui dans un Poëte Lyrique est un effet de l'Art, est une necessité dans un Voyageur, qui ne peut raconter les choses, qu'à mesure qu'il les apprend, & qui est obligé d'écrire ce qu'il voit dans la crainte de les oublier.

Ce qui fortifie les Sauva- Les Enfans des Sauvages, au sortir du Berceau, ne sont gênés en aucune maniere, & dès qu'ils peuvent se rouler sur les pieds & sur les mains, on les laisse aller où ils veulent tout nuds, dans l'Eau, dans les Bois, dans la Bouë, & dans la Neige ; ce qui leur fait un Corps robuste, leur donne une grande souplesse dans les Membres, les endurcit contre les injures de l'Air ; mais aussi, comme je l'ai déja remarqué, leur cause des foiblesses d'estomach & de poitrine, qui les ruinent de bonne heure. L'Eté ils courent, dès qu'ils sont levés, à la Riviere, ou dans les Lacs, & y demeurent une partie du jour à batifoler, comme on voit les Poissons se jouer, quand il fait beau tems, vers la surface de l'Eau. Il est certain que rien n'est plus propre que cet exercice, à les dénouer, & à les rendre agiles.

1721. Août.

ges, & les rend si bien faits.

On leur met aussi de très-bonne heure l'Arc & la Fléche en main, & pour exciter en eux cette émulation, qui est la meilleure maîtresse des Arts, il n'est pas nécessaire de placer leur déjeuner au haut d'un Arbre, comme on faisoit aux jeunes Lacédémoniens, ils naissent tous avec cette passion pour la gloire, qui n'a pas besoin d'être aiguillonnée ; aussi tirent-ils leurs Fléches avec une justesse étonnante, & il ne leur a presque rien coûté pour en acquérir une semblable dans l'usage de nos Armes à feu. On les fait encore lutter ensemble, & ils s'acharnent tellement à cet exercice, que souvent ils se tueroient, si on n'avoit pas le soin de les séparer ; ceux qui ont du dessous en conçoivent un si grand dépit, qu'ils ne se donnent pas le moindre repos, qu'ils n'ayent eu leur revanche.

Leurs premiers exercices, & leur émulation entr'eux.

En général on peut dire, que les Peres & les Meres ne négligent rien pour inspirer à leurs Enfans certains principes d'honneur, qu'ils conservent toute leur vie, mais qu'ils appliquent souvent assez mal, & c'est à quoi se réduit toute l'éducation, qu'ils leur donnent. Quand ils les instruisent sur cela, c'est toujours d'une maniere indirecte ; la plus ordinaire est de leur raconter les belles Actions de leurs Ancêtres, ou de ceux de leur Nation : ces jeunes Gens prennent feu à ces Récits, & ne soûpirent plus qu'après les occasions, d'imiter ce qu'on leur a fait admirer. Quelquefois pour les corriger de leurs défauts, on employe les prieres & les larmes, mais jamais les menaces ; elles ne feroient aucune impression sur des esprits prévenus, que personne au monde n'est en droit de les contraindre.

A quoi se réduit l'éducation qu'on leur donne.

1721.
Août.

Une Mere, qui voit sa Fille se comporter mal, se met à pleurer; celle-ci lui en demande le sujet, & elle se contente de lui dire, *Tu me deshonores*. Il est rare que cette maniere de reprendre, ne soit pas efficace. Cependant depuis qu'ils ont eu plus de commerce avec les François, quelques-uns commencent à châtier leurs Enfans, mais ce n'est gueres, que parmi ceux, qui sont Chrétiens, ou qui se sont fixés dans la Colonie. Ordinairement la plus grande punition, que les Sauvages employent pour corriger leurs Enfans, c'est de leur jetter un peu d'eau au Visage, les Enfans y sont fort sensibles, & généralement à tout ce qui sent le reproche, ce qui vient de ce que le dépit est leur plus forte passion à cet âge.

Des passions des Sauvages.

On a vû des Filles s'étrangler, pour avoir reçû une réprimande assez légere de leurs Meres, ou quelques goutes d'eau au Visage, & s'en avertir en lui disant, *Tu n'auras plus de Fille*. Le plus grand mal est que ce n'est pas toujours à la Vertu, qu'on exhorte ces jeunes Gens, ou ce qui vient au même, qu'on ne leur donne pas toujours de la Vertu, des idées bien justes. En effet on ne leur recommande rien tant que la vengeance, & c'est de quoi on leur montre de plus fréquens exemples.

Il semble, Madame, qu'une enfance si mal disciplinée doive être suivie d'une jeunesse bien turbulente & bien corrompuë; mais d'une part les Sauvages sont naturellement tranquilles, & de bonne heure maîtres d'eux-mêmes, la raison les guide aussi bien plutôt que les autres Hommes; & de l'autre, leur temperamment, surtout dans les Nations du Nord, ne les porte point à la débauche. On y trouve bien quelques Usages, où la Pudeur n'est nullement ménagée, mais il paroît que la Superstition y a plus de part, que la dépravation du cœur.

Les Hurons, quand nous commençâmes à les pratiquer, étoient plus lascifs, & fort brutaux dans leurs plaisirs. Les jeunes Gens des deux Sexes s'abandonnoient sans honte à toutes sortes de dissolutions, & c'étoit principalement parmi eux, qu'on ne s'avisoit pas de faire un crime à une Fille de s'être prostituée : leurs Parens étoient les premiers à les y engager, & l'on voyoit des Maris en faire autant de leurs Femmes, pour un vil intérêt. Plusieurs ne se marioient point, mais prenoient des Filles pour leur servir, disoient-ils, de

Compagnes, & toute la difference qu'on mettoit entre ces Concubines & les Epouses légitimes, c'est qu'avec les premieres on ne contractoit nul engagement ; du reste leurs Enfans étoient sur le même pied que les autres, ce qui ne produisoit aucun inconvénient dans un Pays, où il n'y a point de successions à recueillir.

1721.
Août.

On ne distingue point ici les Nations par leur Habillement, les Hommes, quand il fait chaud, n'ont souvent sur le Corps qu'un Brahier : l'Hyver ils se couvrent plus ou moins, suivant le Climat. Ils ont aux Pieds des especes de Chaussons de Peaux de Chevreuils passées à la Fumée ; leurs Bas sont aussi des Peaux ou des morceaux d'Etoffes, dont ils s'envelopent les Jambes. Une Camisole de Peau les couvre jusqu'à la ceinture, & ils portent pardessus une Couverture, quand ils peuvent en avoir ; sinon ils se font une Robe d'une Peau d'Ours, ou de plusieurs Peaux de Castors, de Loutres, ou d'autres semblables Fourures, le Poil en dedans. Les Camisoles des Femmes descendent jusqu'au dessous des Genoux ; & lorsqu'il fait bien froid, ou qu'elles sont en voyage, elles se couvrent la Tête avec leurs Couvertures, ou leurs Robes. J'en ai vû plusieurs, qui avoient de petits Bonnets, faits comme des Calottes ; d'autres se font une espece de Capuce, qui tient à leurs Camisoles, & elles ont encore une piece d'Etoffe, ou une Peau, qui leur sert de Juppe, & qui les enveloppe depuis la Ceinture, jusqu'à mi-Jambe.

Leur habillement.

Tous sont fort curieux d'avoir des Chemises, mais ils ne les mettent par-dessous la Camisole, que quand elles sont sales, & ils les y laissent jusqu'à ce qu'elles tombent de pourriture, car ils ne se donnent jamais la peine de les laver. Les Tuniques, ou Camisoles de Peaux sont ordinairement passées à la fumée, comme les Chaussons, c'est-à-dire, qu'après qu'on les en a laissé pénétrer, on les frotte un peu, & alors elles se peuvent laver comme du Linge. On les prépare aussi, en les faisant tremper dans l'eau, puis en les frottant dans les mains, jusqu'à ce qu'elles soient seches & maniables. Mais nos Etoffes & nos Couvertures paroissent bien plus commodes aux Sauvages.

Plusieurs se font piquer, comme autrefois les Pictes, par tout le corps : d'autres en quelques endroits seulement. Ce n'est pas pour eux un pur ornement ; ils y trouvent encore

De quelle maniere ils se piquent partout le corps.

1721.
Août.

dit-on, de grands avantages : cela sert beaucoup à les garantir du froid, les rend moins sensibles aux autres injures de l'air, & les délivre de la persécution des Moucherons. Il n'y a néanmoins que dans les Pays occupés par les Anglois, surtout dans la Virginie, que l'usage de se faire piquer partout le corps soit bien commun. Dans la Nouvelle France la plûpart se contentent de quelques figures d'Oiseaux, de Serpens, ou d'autres Animaux, & même des feuillages & autres figures semblables, sans ordre ni symétrie, mais suivant le caprice d'un chacun, souvent au visage, & quelquefois même sur les paupieres. Beaucoup de Femmes se font piquer aux endroits du visage, qui répondent aux machoires, pour se garantir des maux de dents.

Cette opération n'est pas douloureuse en elle-même : voici la maniere, dont elle se fait. On commence par tracer sur la Peau bien tenduë la figure, qu'on y veut mettre. On pique ensuite avec des arrêtes de Poissons, ou des aiguilles, tous ces traits de proche en proche, jusqu'à en faire sortir le sang, puis on passe par-dessus du charbon pilé & les autres couleurs bien broyées & pulvérisées. Ces poudres s'insinuent sous la peau, & les couleurs ne s'effacent jamais. Mais peu de tems après la Peau s'enfle, il s'y forme une galle, accompagnée d'inflammation : la fiévre survient ordinairement, & si le temps étoit trop chaud, ou que l'opération eût été poussée trop loin, il y auroit du danger pour la vie.

Comment, & pourquoi ils se peignent le visage.

Les couleurs, dont on se peint le visage, & la graisse, dont on se frotte partout le corps, produisent les mêmes avantages, & donnent, selon ces Peuples, autant de bonne grace, que la picqûre. Les Guerriers se peignent, lorsqu'ils se mettent en campagne pour intimider leurs Ennemis, peut-être aussi pour cacher leur peur, car il ne faut pas croire qu'ils en soient tous exempts. Les Jeunes-Gens le font pour couvrir un air de jeunesse, qui les feroit moins estimer des vieux Soldats, ou la pâleur, qui leur seroit restée d'une maladie, & qu'ils craindroient qu'on ne prît pour un effet de leur peu de courage : ils le font encore pour se rendre plus beaux, mais alors les couleurs sont plus vives, & plus variées : on peint les Prisonniers destinés à la mort ; je n'en sçai pas la raison : c'est peut-être pour parer la victime, qui doit être sacrifiée au Dieu de la Guerre. Enfin on peint les

Morts

Morts pour les expofer couverts de leurs plus belles robes, & c'eft fans doute pour couvrir la pâleur de la Mort, qui les défigure.

1721.
Août.

Les couleurs, dont on fe fert dans ces occafions, font les mêmes, qu'on employe pour teindre les Peaux, & elles fe tirent de certaines Terres, & de quelques écorces d'Arbres. Elles ne font pas bien vives, mais elles ne s'effacent pas aifément. Les Hommes ajoûtent à cette parure du duvet de Cygnes ou d'autres Oifeaux, qu'ils fement fur leurs cheveux graiffés, en guife de poudre. Ils y joignent des plumes de toutes les couleurs, & des Bouquets de poil de differens Animaux, tout cela bifarrement placé. La figure des cheveux, tantôt hériffés d'un côté, & applatis de l'autre, ou accommodés en mille manieres differentes ; des pendans aux oreilles, & quelquefois aux narines, une grande coquille de porcelaine, qui pend à leur cou, ou fur leur eftomach, des couronnes de plumes d'Oifeaux rares, des griffes ou des ongles, des ferres, des pattes, ou des têtes d'Oifeaux de proye, de petites cornes de Chevreuils, tout cela entre auffi dans leur ajuftement. Mais ce qu'ils ont de plus précieux eft toujours employé à parer les Captifs, lorfque ces Malheureux font leur premiere entrée dans le Village de leurs Vainqueurs.

Ornemens des Hommes.

Il eft à remarquer que les Hommes n'ont guéres foin de parer que leur tête. C'eft tout le contraire pour les Femmes. Elles n'y mettent prefque rien ; elles font feulement jaloufes de leurs cheveux, & elles fe croiroient déshonnorées, fi on les leur coupoit. Auffi, lorfqu'à la mort de leurs Parens elles s'en coupent une partie, elles prétendent leur marquer la plus grande douleur, dont elles font capables. Pour les conferver elles les graiffent fouvent, les poudrent avec de l'écorce de Péruffe réduite en pouffiere, & quelquefois avec du vermillon, puis elles les enveloppent d'une Peau d'Anguille ou de Serpent, en maniere de cadenettes, qui leur pendent jufqu'à la ceinture. Pour ce qui eft du vifage, elles fe contentent d'y tracer quelques lignes avec du vermillon, ou d'autres couleurs.

Ornemens des Femmes.

Leurs narines ne font jamais percées, & il n'y a que parmi quelques Nations, qu'elles fe percent les oreilles. Alors elles y inférent comme font auffi les Hommes, ou elles y laiffent pendre des grains de porcelaine. Lorfqu'elles font dans leurs

Tome III.   T t

plus beaux atours, elles ont des robes, où il y a toutes sortes de figures peintes, de petits colliers de Porcelaine attachés sans beaucoup d'ordre & de symétrie, & une espece de bordure assez passablement travaillée avec du poil de Porc-Epy, qu'elles peignent aussi de differentes couleurs. Elles ornent de la même maniere les berceaux de leurs Enfans, & elles les chargent de toutes sortes de colifichets. Ces berceaux sont d'un bois léger, & ont à leur extrémité d'enhaut un ou deux demi-cercles de bois de Cédre, afin qu'on puisse les couvrir sans toucher à la tête de l'Enfant.

Leurs occupations. De la culture de la terre. Outre le soin du Ménage, & la provision de Bois, les Femmes sont presque toujours chargées seules de la culture de leurs Champs; sitôt que les neiges sont fonduës, & les eaux suffisamment écoulées, elles commencent à préparer la Terre, ce qui consiste à la remuer légerement avec un Bois recourbé, dont le manche est fort long, après avoir mis le feu aux tiges séches de Maïz, & aux autres Herbes, qui étoient demeurées depuis la derniere Récolte. Outre que les Grains, dont ces Peuples font usage, sont des Grains d'Eté, on prétend que la nature du Terroir de ce Pays-ci, ne permet pas d'y rien semer avant l'Hyver. Mais je crois que la véritable raison pourquoi les Grains ne pousseroient pas, si on les semoit en Automne, c'est qu'ils se gâteroient pendant l'Hyver, ou qu'ils pourriroient à la fonte des Neiges. Il se peut faire aussi, & c'est l'opinion de plusieurs, que le Froment, qu'on recueille en Canada, quoiqu'originairement venu de France, ait contracté avec le tems la proprieté des Grains d'Eté, qui n'ont pas assez de force pour pousser plusieurs fois, comme il arrive à ceux, que nous semons en Septembre & en Octobre.

Des Semences & des Recoltes. Les Féves, ou plutôt les Féveroles se sement avec le Maïz, dont la tige leur sert d'appui; je crois avoir oüi dire que c'est de nous, que les Sauvages ont reçu ce légume, dont ils font grand cas, & qui ne differe effectivement en rien du nôtre. Mais je suis surpris qu'ils ne fassent point, ou qu'ils fassent peu d'usage de nos Pois, qui ont acquis dans le terrein du Canada un dégré de bonté fort supérieur à celle, qu'ils ont en Europe. Les Tournesols, les Melons d'eau, & les Citrouilles se mettent à part, & avant que d'en semer la graine, on la fait germer à la fumée dans une terre noire & légere.

Pour l'ordinaire les Femmes s'aident mutuellement dans

le travail de la Campagne, & quand il eſt tems de faire la recolte, elles ont quelquefois recours aux Hommes, qui ne dédaignent pas d'y mettre la main. Le tout finit par une Fête, & par un feſtin, qui ſe fait pendant la nuit, les grains & les autres fruits ſe conſervent dans des trous, que l'on creuſe en terre, & qui ſont tapiſſés de grandes écorces. Pluſieurs y laiſſent le Maïz dans ſes épys, qui ſont treſſés, comme parmi nous les Oignons, & les étalent ſur de grandes perches au-deſſus de l'entrée des Cabannes. D'autres l'égrainent, & en rempliſſent de grands Paniers d'écorce, percés de toutes parts, pour empêcher qu'il ne s'échauffe. Mais lorſqu'on eſt obligé de s'abſenter pour quelque tems, ou qu'on appréhende quelqu'irruption de l'Ennemi, on fait de grandes caches en terre, où ces grains ſe conſervent très-bien.

1721.
Août.

Dans les Quartiers Septentrionnaux on ſeme peu, & en pluſieurs endroits on ne ſeme point du tout. Mais on achete le Maïz par échange. Ce legume eſt fort ſain, il eſt nourriſſant, & ne charge point l'eſtomach. La plus ordinaire façon de l'accommoder parmi nos Voyageurs François eſt de le *léciver*, c'eſt-à-dire, de le faire bouillir quelque tems dans une eſpéce de léciye. En cet état il ſe garde lontems, on en fait ſes proviſions pour les voyages de long cours, & à meſure qu'on en a beſoin, on acheve de le faire cuire dans l'eau, ou dans du bouillon, ſi on a de quoi en faire, & on y met un peu de ſel. Ce n'eſt pas un manger déſagréable, mais bien des gens ſont perſuadés que le trop grand uſage en eſt nuiſible à la ſanté, parce que la lécive lui laiſſe une qualité corroſive, dont on ſe reſſent avec le tems. Lorſque le Maïz eſt en épi, & encore verd, quelques-uns le font griller ſur le charbon, & il a un très-bon goût. Nos Canadiens le nomment *Bled groulé*. Il y en a une eſpéce particuliere, qui s'ouvre, dès qu'il a ſenti le feu, on l'appelle *Bled fleuri*, & il eſt fort délicat. C'eſt de quoi on régale ordinairement les Etrangers. On le porte en quelques endroits chez les Perſonnes de conſidération, qui arrivent dans un Village, à peu près comme on fait en France le préſent de Ville.

Du Maïz.

Enfin c'eſt de ce légume, que ſe fait *la Sagamité*, qui eſt la nourriture la plus commune de nos Sauvages. Pour cela on commence par le griller, enſuite on le pile, & on en ôte la paille, puis on en forme une eſpéce de bouillie aſſez inſi-

De la Sagamité.

T t ij

pide, quand on n'a pas de viande, ou de pruneaux pour en relever le goût. On le réduit quelquefois en farine, que l'on appelle ici *Farine froide*, & c'est une des plus commodes & des meilleures provisions, qu'on puisse faire pour les voyages. Les Gens de pied ne sçauroient même en porter d'autres. On fait aussi bouillir le Maïz dans son épi, lorsqu'il est encore tendre, puis on le grille un peu, on l'égraine, & on le laisse sécher au Soleil, on le garde lontems, & la Sagamité, qu'on en fait, a un très-bon goût.

Le détail de ces mets vous fera comprendre, Madame, que les Sauvages ne sont point délicats dans leur manger: nous trouverions même qu'ils ont le goût fort dépravé, s'il étoit possible de fixer le goût. Ils aiment la graisse, & elle domine dans tous leurs apprêts, quand ils peuvent en avoir : quelques livres de Chandeles dans une Chaudiere de Sagamité, la leur font trouver excellente : ils y mettent même quelquefois des choses, qu'on ne peut dire, & contre lesquelles ils sont surpris de nous voir nous révolter.

Les Nations Méridionnales n'avoient pour toute batterie de Cuisine, que des Vaisseaux de terre cuite. Dans le Nord on se servoit de Chaudieres de bois, & on y faisoit bouillir l'eau, en y jettant des cailloux rougis au feu. Nos Marmites de fer ont paru aux uns & aux autres plus commodes que tout cela, & c'est la Marchandise, dont on est plus assûré d'avoir le débit, quand on trafique avec eux. Dans les Nations Occidentales la Folle Avoine prend la place du Maïz : elle est bien aussi saine, & si elle est moins nourrissante, la Chasse du Bœuf, qui est abondante dans ces Quartiers-là, y supplée.

De la Trippe de Roche. Bled pourri.

Parmi les Sauvages errans, & qui ne cultivent point du tout la Terre, lorsque la Chasse & la Pêche leur manquent, leur unique ressource est une espéce de Mousse, qui croît sur certains Rochers, & que nos François ont nommée *Trippe de Roches*: rien n'est plus insipide que ce mets, lequel n'a pas même beaucoup de substance ; c'est bien là être réduit au pur nécessaire pour ne pas mourir de faim. J'ai encore plus de peine à comprendre, ce qui m'a pourtant été attesté par des Personnes dignes de foi, que des Sauvages mangent par délices une espéce de Maïz, qu'on laisse pourrir dans une eau dormante, comme nous faisons le Chanvre, & qu'on en re-

D'UN VOYAGE DE L'AMERIQ. Let. XXIII. 333

tire tout noir & puant. On ajoûte même que ceux, qui ont pris goût à un mets auſſi étrange que celui-là, ne veulent rien perdre de l'eau, ou plutôt de la fange, qui en découle, & dont l'odeur ſeule ſeroit capable de faire bondir le cœur à tout autre. C'eſt apparemment la néceſſité, qui a fait découvrir ce ſecret, & ſi elle n'en fait pas encore tout l'aſſaiſonnement, rien ne prouve mieux qu'on ne doit point diſputer des goûts.

1721.
Août.

Les Femmes Sauvages font du Pain de Maïz, & quoique ce ne ſoit qu'une maſſe de pâte mal pétrie, ſans levain, & cuite ſous la cendre, ces Peuples le trouvent très-bon, & en régalent leurs Amis; mais il le faut manger chaud; il ne ſe conſerve point, quand il eſt froid. Quelquefois on y mêle des Féves, divers fruits, de l'Huile & de la Graiſſe, il faut de bons eſtomachs pour digérer de tels ſalmigondis.

Du Pain de Maïz.

Les Tourneſols ne ſervent aux Sauvages, qu'à leur donner une huile, dont ils ſe frottent: ils la tirent plus communément de la graine, que de la racine de cette Plante. Cette racine eſt un peu differente de ce que nous appellons en France *Topinambours*, ou *Pommes de Terre*. Les Patates, ſi communes dans les Iſles & dans le Continent de l'Amérique Méridionnale, ont été ſemées avec ſuccès dans la Louyſiane. L'uſage continuel, que faiſoient toutes les Nations du Canada d'une eſ-péce de Petun, qui croît partout dans ce Pays, a fait dire à quelques Voyageurs qu'ils en avaloient la fumée, & qu'elle les nourriſſoit; mais cela ne s'eſt point trouvé vrai, & n'étoit fondé que ſur ce qu'on les a ſouvent vû reſter fort lontems ſans manger. Depuis qu'ils ont goûté de notre Tabac, ils ne peuvent preſque plus ſouffrir leur Petun, & il eſt fort aiſé de les contenter ſur cela, car le Tabac vient fort bien ici, & l'on prétend même qu'en choiſiſſant bien les terreins, on en auroit d'excellent.

Differens Légumes, & leurs uſages.

Les petits ouvrages des Femmes, & ce qui les occupe ordinairement dans les Cabannes, ſont de faire du Fil des pellicules intérieures de l'écorce d'un Arbre, qu'on appelle *le Bois Blanc*, & elles le travaillent à peu près, comme on fait parmi nous celui de Chanvre. Ce ſont encore les Femmes, qui font les teintures: elles travaillent auſſi à pluſieurs ouvrages d'écorce, où elles font de petites figures avec du poil de Porc-Epi; elles font de petites Taſſes, ou autres Uſtencilles de

Ouvrages des Femmes.

1721.
Août.

bois, elles peignent & brodent des Peaux de Chevreuils, elles tricotent des ceintures & des jarretieres avec de la Laine de Bœuf.

Ouvrages des Hommes.

Pour les Hommes, ils font gloire de leur oisiveté, & passent en effet plus de la moitié de la vie sans rien faire, persuadés que le travail journalier dégrade l'Homme, & n'est d'obligation que pour les Femmes. L'Homme, disent-ils, n'est que pour la Guerre, la Chasse, & la Pêche. C'est cependant à eux à faire tout ce qui est nécessaire pour ces trois exercices: ainsi les Armes, les Filets, & tout l'Equipage des Chasseurs & des Pêcheurs les regardent principalement, aussi-bien que les Canots, & leurs Agrets, les Raquettes, la bâtisse & la réparation des Cabannes, mais ils se font souvent aider par les Femmes. Les Chrétiens s'occupent un peu davantage, mais ils ne travaillent que par esprit de pénitence.

Leurs Outils.

Ces Peuples, avant que nous leur ayions donné des Haches, & nos autres Outils, étoient fort embarrassés pour couper leurs Arbres, & pour les mettre en œuvre. Ils les brûloient par les pieds, & pour les fendre & les couper, ils se servoient de haches faites avec des Cailloux, qui ne cassoient point, mais qu'ils mettoient un tems infini à aiguiser. Pour les emmancher, ils coupoient la tête d'un jeune Arbre, & comme s'ils eussent voulu le greffer, ils y faisoient une entaillure, dans laquelle ils inseroient la tête de la hache. Au bout de quelque tems l'Arbre, en se refermant, tenoit la hache si serrée, qu'elle ne pouvoit plus sortir: alors ils coupoient l'Arbre de la longueur, dont ils vouloient avoir le manche.

Forme des Villages.

Les Villages n'ont point ordinairement de figure régulière: la plupart de nos anciennes Relations nous les représentent de figure ronde, & peut-être leurs Auteurs n'en avoient-ils vû que de cette sorte. Du reste imaginez-vous, Madame, un amas de Cabannes sans ordre & sans alignement: les unes comme des Hangarts, les autres comme des Tonnelles, bâties d'écorces, soûtenuës de quelques pieux, quelquefois revêtuës en dehors d'un bouzillage de terre assez grossier; en un mot construites avec moins d'art, de propreté, & de solidité, que celles des Castors. Ces Cabannes ont quinze ou vint pieds de large, & quelquefois cent de long. Alors elles ont plusieurs Feux, car un Feu n'occupe que trente pieds.

Quand le Rez de Chaussée ne suffit pas pour coucher tout

le monde, les jeunes Gens ont leurs Lits fur une espece d'Es-   1721.
trade, élevée de cinq ou six pieds, qui regne tout le long de   Août.
la Cabanne ; les Meubles & les Provisions sont au-dessus,
posés sur des pieces de Bois mises en traverse sous le Toit.
Pour l'ordinaire il y a devant l'entrée une maniere de Vesti-
bule, où les jeunes Gens dorment pendant l'Eté, & qui sert
de Bucher pendant l'Hyver. Les Portes ne sont que des écorces suspenduës, comme des Stores, & jamais elles ne ferment
bien. Ces Cabannes n'ont, ni Cheminées, ni Fenêtres, mais
on laisse au milieu du Toit une ouverture, par où la fumée
sort en partie, & qu'on est obligé de boucher quand il pleut,
ou quand il neige ; alors il faut éteindre le feu, si on ne veut
pas être aveuglé par la fumée.

 Les Sauvages se fortifient mieux, qu'ils ne se logent ; on *Leur maniere*
voit des Villages assez bien palissadés avec des Redoutes, où *de se fortifier.*
l'on a toujours soin de faire de bonnes provisions d'Eau & de
Pierres. Ces Palissades sont même doubles, & quelquefois
triples, & ont ordinairement des Crénaux à la derniere enceinte. Les Pieux, dont elles sont composées, sont entrelassés de Branches d'Arbres, qui ne laissent aucun vuide. Il ne
falloit rien de plus pour soûtenir un assez long Siége, lorsque
ces Peuples ignoroient l'usage des Armes à feu. Chaque Village a une assez grande Place, mais il est rare qu'elles soient
régulieres.

 Autrefois les Iroquois bâtissoient leurs Cabannes beaucoup
mieux que les autres Nations, & qu'ils ne font eux - mêmes
aujourd'hui ; on y voyoit des Figures en relief, mais le travail en étoit fort grossier ; depuis qu'en diverses Expéditions
on a brûlé presque toutes leurs Bourgades, ils ne se sont pas
donné la peine de les rétablir dans leur premier état. Cependant si ces Peuples sont si peu curieux de se procurer les commodités de la vie dans les Lieux de leur résidence ordinaire,
que peut-on penser de leurs Campemens dans leurs Voyages,
& dans leurs Hyvernemens. Un ancien Missionnaire (*a*),
qui pour se mettre dans la necessité d'apprendre la Langue des
Montagnais, les voulut suivre dans une Chasse pendant l'Hyver, nous en a fait une Description, que je vais vous transcri-
re presque mot à mot.

 Ces Sauvages habitent un Pays extrêmement rude & in- *De leurs Hy-*
vernemens.
(*a*) Le Pere PAUL, LE JEUNE.

culte, mais il ne l'eſt pas encore autant que celui, qu'ils choi-
ſiſſent pour leurs Chaſſes. Il faut marcher lontems pour y
arriver, & porter ſur ſon dos tout ce dont on peut avoir
beſoin pendant cinq ou ſix mois, par des Chemins quelquefois ſi affreux, que l'on ne comprend pas comment les Bêtes
Fauves peuvent y paſſer; ſi on n'avoit pas la précaution de ſe
fournir d'Ecorces d'Arbres, on ne trouveroit pas de quoi ſe
mettre à couvert de la Pluye & de la Neige pendant le Chemin. Dès qu'on eſt parvenu au terme, on s'accommode un
peu mieux, mais ce mieux ne conſiſte, qu'en ce qu'on n'y eſt
pas ſans ceſſe expoſé à toutes les injures de l'air.

Tout le monde y travaille, & les Miſſionnaires, qui dans
ces commencemens n'avoient perſonne pour les ſervir, &
pour qui les Sauvages n'avoient aucune conſidération, n'é-
toient pas plus épargnés que les autres, on ne leur donnoit
pas même de Cabanne ſeparée, & il falloit qu'ils ſe logeaſ-
ſent dans la premiere, où l'on vouloit bien les recevoir. Ces
Cabannes, parmi la plûpart des Nations Algonquines, ſont à
peu près de la figure de nos Glacieres rondes, & terminées en
Cône : elles n'ont point d'autres ſoûtiens, que des Perches
plantées dans la Neige, attachées enſemble par les extrémités,
& couvertes d'Ecorces aſſez mal jointes, & mal attachées
auſſi le vent y entre-t-il de toutes parts.

Leur fabrique eſt l'ouvrage d'une demie heure au plus, des
Branches de Sapin y tiennent lieu de Nattes, & on n'y a
point d'autres Lits. Ce qu'il y a de commode, c'eſt qu'on
peut les changer tous les jours : les Neiges ramaſſées tout autour forment une eſpece de Parapet, qui a ſon utilité, les
vents n'y pénetrent point, c'eſt le long & à l'abri de ce Parapet, qu'on dort auſſi tranquillement ſur ces Branchages, couverts d'une méchante Peau, que dans le meilleur Lit ; il en
coûte à la verité aux Miſſionnaires pour s'y accoûtumer,
mais la fatigue & la néceſſité les y réduiſent bientôt. Il n'en
eſt pas tout-à-fait de même de la fumée, qui preſque toujours
remplit tellement le haut de la Cabanne, qu'on ne peut y être
de bout, ſans avoir la tête dans une eſpece de tourbillon. Cela ne fait aucune peine aux Sauvages, habitués dès l'enfance
à être aſſis à terre, ou couchés tout le tems qu'ils ſont dans
leurs Cabannes ; mais c'eſt un grand ſupplice pour les François, à qui cette inaction ne convient pas.

D'ailleurs

D'ailleurs le vent, qui entre, comme je l'ai remarqué, par toûs les côtés, y souffle un froid, qui transit d'une part, tandis qu'on étouffe, & qu'on est grillé de l'autre. Souvent on ne se voit point à deux ou trois pieds, on perd les yeux à force de pleurer, & il y a des tems, où, pour respirer un peu, il faut se tenir couché sur le ventre, & avoir presque la bouche collée contre la terre : le plus court seroit de sortir dehors, mais la plûpart du tems on ne le peut pas ; tantôt à cause d'une Neige si épaisse, qu'elle obscurcit le jour, & tantôt parce qu'il souffle un vent sec, qui coupe le Visage, & fait éclater les Arbres dans les Forêts. Cependant un Missionnaire est obligé de dire son Office, de célébrer la Messe, & de s'acquiter de toutes les autres fonctions de son Ministere.

1721.
Août.

A toutes ces incommodités il en faut ajoûter une autre, qui d'abord vous paroîtra peu de chose, mais qui est réellement très-considérable ; c'est la persécution des Chiens. Les Sauvages en ont toujours un fort grand nombre, qui les suivent partout, & leur sont très-attachés ; peu caressans, parce qu'on ne les caresse jamais, mais hardis & habiles Chasseurs : j'ai déja dit qu'on les dresse de bonne heure pour les differentes Chasses, ausquelles on veut les appliquer ; j'ajoûte qu'il faut en avoir beaucoup pour chacune, parce qu'il en périt un grand nombre par les dents & par les cornes des Bêtes fauves, qu'ils attaquent avec un courage, que rien ne rebute. Le soin de les nourrir occupe très-peu leurs Maîtres, ils vivent de ce qu'ils peuvent attraper, & cela ne va pas bien loin, aussi sont-ils toujours fort maigres, d'ailleurs ils ont peu de poil, ce qui les rend fort sensibles au froid.

Pour s'en garantir, s'ils ne peuvent approcher du feu, où il est difficile qu'ils puissent tenir tous, quand même il n'y auroit personne dans la Cabanne, ils vont se coucher sur les premiers qu'ils rencontrent, & souvent on se réveille la nuit en sursaut, presque étouffé par deux ou trois Chiens. S'ils étoient un peu plus discrets, & se plaçoient mieux, leur compagnie ne seroit pas trop fâcheuse, on s'en accommoderoit même assez, mais ils se placent où ils peuvent ; on a beau les chasser, ils reviennent d'abord. C'est bien pis encore le jour ; dès qu'il paroît quelque chose à manger, il faut voir les mouvemens, qu'ils se donnent pour en avoir leur part. Un pauvre Missionnaire est à demi couché auprès du feu pour dire son

Tome III.   V u

Bréviaire, ou pour lire un Livre, en luttant de son mieux contre la fumée, & il faut qu'il essuye encore l'importunité d'une douzaine de Chiens, qui ne font que passer & repasser sur lui, en courant après un morceau de viande, qu'ils ont apperçû. S'il a besoin d'un peu de repos, à peine trouvera-t-il un petit recoin, où il soit à l'abri de cette véxation. Si on lui apporte à manger, les Chiens ont plutôt mis le museau dans son Plat, qu'il n'y a porté la main; & souvent, tandis qu'il est occupé à défendre sa Portion contre ceux, qui l'attaquent de front, il en vient un par derriere, qui lui en enleve la moitié, ou qui en le heurtant, lui fait tomber le Plat des mains, & répandre sa Sagamité dans les cendres.

Assez souvent les maux, dont je viens de parler, sont effacés par un plus grand, & au prix duquel tous les autres ne sont rien; c'est la faim. Les Provisions, qu'on a apportées, ne durent pas lontems, on a compté sur la Chasse, & elle ne donne pas toujours. Il est vrai que les Sauvages sçavent endurer la faim avec autant de patience, qu'ils apportent peu de précautions pour s'en garantir; mais ils se trouvent quelquefois réduits à une si grande extrémité, qu'ils y succombent. Le Missionnaire, de qui j'ai tiré ce détail, fut obligé dans son premier Hyvernement, de manger des peaux d'Anguilles & d'Elans, dont il avoit rapetassé sa soutanne; après quoi il lui fallut se nourrir des jeunes branches, & des plus tendres Ecorces des Arbres. Il soûtint néanmoins cette épreuve, sans que sa santé en fût alterée, mais tous n'en ont pas eu la force.

Malpropreté des Sauvages. La seule malpropreté des Cabannes, & l'infection, qui en est une suite nécessaire, sont pour tout autre qu'un Sauvage un vrai supplice; il est aisé de juger jusqu'où l'une & l'autre doivent aller parmi des Gens, qui ne changent de Hardes, que quand les leurs tombent par lambeaux, & qui n'ont nul soin de les nettoyer. L'Eté ils se baignent tous les jours, mais ils se frottent aussi-tôt d'Huile, ou de Graisse d'une odeur forte. L'Hyver ils demeurent dans leur crasse, & dans tous les tems on ne peut entrer dans leurs Cabannes, qu'on ne soit empesté.

Non seulement tout ce qu'ils mangent est sans apprêt, & ordinairement fort insipide, mais il régne dans leurs Repas une malpropreté, qui passe tout ce qu'on en peut dire : ce que j'en ai vû, & ce qu'on m'en a raconté, vous feroit horreur. Il y a bien peu d'Animaux, qui ne mangent plus proprement, & quand on a vû ce qui se passe en cela parmi ces Peuples, on ne sçauroit plus douter, que l'imagination n'ait beaucoup de part à nos répugnances, que bien des Mêts, qui nuisent réellement à notre santé, ne produisent cet effet par la force même de ces répugnances, & par le peu de courage, que nous avons à les surmonter.

Il faut néanmoins convenir que les choses ont un peu changé sur tous ces points, depuis notre arrivée en ce Pays ; j'en ai même vû chercher à se procurer des commodités, dont ils auront peut-être bientôt de la peine à se passer. Quelques-uns commencent aussi à prendre un peu plus leurs précautions pour ne pas se trouver au dépourvû, quand la Chasse leur manquera ; & parmi ceux, qui sont domiciliés dans la Colonie, il y a bien peu à ajoûter pour les faire arriver au point d'avoir un nécessaire raisonnable. Mais qu'il est à craindre que, quand ils en seront là, ils n'aillent bientôt plus loin, & ne donnent dans un superflu, qui les rende plus malheureux encore, qu'ils ne sont présentement dans le sein de la plus grande indigence ?

Ce ne sera pas au moins les Missionnaires, qui les exposeront à ce danger ; persuadés qu'il est moralement impossible de bien prendre ce juste milieu, & de s'y borner, ils ont beaucoup mieux aimé partager avec ces Peuples ce qu'il y a de pénible dans leur maniere de vivre, que de leur ouvrir les yeux sur les moyens d'y trouver des adoucissemens. Aussi ceux mêmes, qui sont tous les jours témoins de leurs souffrances, ont-ils encore bien de la peine à comprendre comment ils y peuvent résister, d'autant plus qu'elles sont sans relâche, & que toutes les Saisons ont leurs incommodités particulieres.

Comme les Villages sont toujours situés, ou auprès des Bois, ou sur le bord de l'Eau, & souvent entre les deux, dès que l'Air commence à s'échauffer, les Maringouins, & une quantité prodigieuse d'autres Moucherons excitent une persécution beaucoup plus vive encore, que celle de la fumée, qu'on est même souvent obligé d'appeller à son secours ; car il n'y a presque point d'autre remede contre les piqûres de ces petits Insectes, qui vous mettent tout le Corps en feu,

1721.
Août.

Incommodités de l'Eté des Sauvages.

1721.
Août.

& ne vous permettent pas de dormir en repos. Ajoûtez à cela les Marches souvent forcées, & toujours très-rudes, qu'il faut faire à la suite de ces Barbares, tantôt dans l'eau jusqu'à la ceinture, & tantôt dans la fange jusqu'aux genoux ; dans les Bois, au travers des ronces & des épines, avec danger d'en être aveuglé ; dans les Campagnes, où rien ne garantit d'un Soleil aussi ardent en Eté, que le vent est piquant pendant l'Hyver.

Si l'on voyage en Canot, la posture gênante, où il faut s'y tenir, & l'appréhension, que cause dans les commencemens l'extrême fragilité de cette Voiture ; l'inaction, où l'on est, & qu'il est impossible d'éviter ; la lenteur de la marche, que la moindre pluye, ou un vent un peu trop fort retarde ; le peu de societé, qu'on peut avoir avec des Gens, qui ne sçavent rien, qui ne parlent jamais, quand ils sont occupés, qui vous infectent par leur mauvaise odeur, & qui vous remplissent de saletés & de vermine : les caprices & les manieres brusques, qu'il en faut essuyer ; les avanies, ausquelles on est exposé de la part d'un Yvrogne, ou d'un Homme, que quelque accident inopiné, un songe, un souvenir fâcheux, font entrer en mauvaise humeur ; la cupidité, qui naît aisément dans le cœur de ces Barbares, à la vûë d'un objet capable de les tenter, & qui a coûté la vie à plus d'un Missionnaire : & si la Guerre est déclarée entre les Nations, parmi lesquelles on se trouve, le danger, que l'on court sans cesse, ou de se voir tout-à-coup réduit à la plus dure servitude, ou de périr dans les plus affreux tourmens. Voilà, Madame, la vie, qu'ont menée surtout les premiers Missionnaires : si depuis quelque tems elle a été moins rude à certains égards, il y a pour les Ouvriers de l'Evangile d'autres peines intérieures, & par conséquent plus sensibles, qui bien loin de diminuer avec le tems, croissent à mesure que la Colonie augmente, & que les Naturels du Pays ont plus de communication avec toutes sortes de Personnes.

Portrait en racourci des Sauvages.

Enfin, pour vous tracer en racourci le Portrait de ces Peuples : avec un extérieur sauvage, des manieres & des usages, qui se sentent tout-à-fait de la barbarie ; on remarque en eux une societé exempte de presque tous les défauts, qui alterent si souvent la douceur de la nôtre. Ils paroissent sans passion, mais ils sont de sang-froid, & quelquefois par principe, ce que la passion la plus violente & la plus effrenée peut inspirer à ceux, qui n'écoutent plus la raifon. Ils femblent mener la vie du monde la plus miférable, & ils étoient peut-être les feuls heureux fur la Terre, avant que la connoiffance des objets, qui nous remuent & nous féduifent, eût réveillé en eux une cupidité, que l'ignorance retenoit dans l'affoupiffement, & qui n'a pourtant pas encore fait de grands ravages parmi eux. On apperçoit en eux un mélange des mœurs les plus féroces & les plus douces, des défauts de Bêtes carnacieres, & des vertus & des qualités de cœur & d'efprit, qui font le plus d'honneur à l'Humanité. On croiroit d'abord qu'ils n'ont aucune forme de gouvernement, qu'ils ne connoiffent ni loix, ni fubordination, & que vivant dans une indépendance entiere, ils fe laiffent uniquement conduire au hafard & au caprice le plus indompté; cependant ils jouiffent de prefque tous les avantages, qu'une autorité bien réglée peut procurer aux Nations les plus policées. Nés libres & indépendans, ils ont en horreur jufqu'à l'ombre du pouvoir defpotique, mais ils s'écartent rarement de certains principes & de certains ufages, fondés fur le bon fens, qui leur tiennent lieu de Loix, & qui fuppléent en quelque façon à l'autorité légitime. Toute contrainte les révolte, mais la raifon toute feule les retient dans une efpéce de fubordination, qui pour être volontaire, n'en atteint pas moins au but, qu'ils fe font propofé.

Un Homme, qu'ils eftimeroient beaucoup, les trouveroit affez dociles, & leur feroit faire à peu près tout ce qu'il voudroit; mais il n'eft pas aifé d'avoir leur eftime à ce point. Ils ne la donnent qu'au mérite, & à un mérite fupérieur, dont ils font auffi bons Juges, que ceux, qui parmi nous fe piquent le plus de l'être. Ils fe prennent furtout par la phyfionomie, & il n'eft peut-être pas d'Hommes au Monde, qui s'y connoiffent mieux : c'eft qu'ils n'ont pour qui que ce foit nul de ces égards, qui nous féduifent, & que n'étudiant que la nature, ils la connoiffent bien. Comme ils ne font point Efclaves de l'ambition & de l'intérêt, & qu'il n'y a guéres que ces deux paffions, qui ayent affoibli dans nous ce fentiment de l'humanité, que l'Auteur de la Nature avoit gravé dans nos cœurs, l'inégalité des conditions ne leur eft pas néceffaire pour le maintien de la fociété.

Ainfi, Madame, on ne voit point ici, ou du moins on rencontre rarement de ces efprits hautains, qui pleins de leur grandeur, ou de leur mérite, s'imaginent presque qu'ils font une Espéce à part, dédaignent le reste des Hommes, dont par conséquent ils n'ont jamais la confiance & l'amour ; ne connoissent point leurs semblables, parce que la jalousie, qui regne entre les Grands, ne leur permet pas de se voir d'assez près ; ne se connoissent pas eux-mêmes, parce qu'ils ne s'étudient jamais, & qu'ils se flattent toujours ; ne font pas réflexion que pour avoir entrée dans le cœur des Hommes, il faut en quelque façon s'égaler à eux ; de sorte qu'avec cette prétenduë supériorité de lumieres, qu'ils regardent comme une propriété essencielle du rang éminent, qu'ils occupent, la plupart croupissent dans une superbe & irremédiable ignorance de ce qu'il leur importe le plus de sçavoir, & ne jouissent jamais des véritables douceurs de la vie. Dans ce Pays tous les Hommes se croyent également Hommes, & dans l'Homme ce qu'ils estiment le plus, c'est l'Homme. Nulle distinction de naissance ; nulle prérogative attribuée au rang, qui préjudicie au droit des Particuliers ; point de prééminence attachée au mérite, qui inspire l'orgueil, & qui fasse trop sentir aux autres leur infériorité. Il y a peut-être moins de délicatesse dans les sentimens, que parmi nous, mais plus de droiture, moins de façons, & de ce qui peut les rendre équivoques ; moins de ces retours sur soi-même.

La seule Religion peut perfectionner ce que ces Peuples ont de bon, & corriger ce qu'ils ont de mauvais : cela ne leur est point particulier, mais ce qu'ils ont de propre, c'est qu'ils y apportent moins d'obstacles, quand ils ont commencé à croire, ce qui ne peut être que l'ouvrage d'une grace spéciale. Il est encore vrai que pour bien établir l'empire de la Religion sur eux, il faudroit qu'ils la vissent pratiquer dans toute sa pureté, par ceux, qui la professent : ils sont très-susceptibles du scandale, que donnent les mauvais Chrétiens, comme le sont tous ceux, qui sont instruits pour la premiere fois des principes de la Morale évangélique.

Vous me demanderez, Madame, s'ils ont une Religion ? A cela je réponds qu'on ne peut pas dire qu'ils n'en ont point, mais qu'il est assez difficile de définir celle qu'ils ont. Je vous entretiendrai plus au long sur cet article au premier loisir que j'aurai ; car quoique je ne sois pas ici extrêmement occupé, je suis si souvent interrompu, qu'à peine puis-je répondre de deux heures par jour, où je fois entierement à moi. Cette Lettre, auſſi bien que la plûpart de celles, qui l'ont précédée, vous fera aſſez connoître que je n'écris pas de ſuite. Je me contente préſentement de vous ajoûter, pour achever le portrait des Sauvages, que juſques dans leurs démarches les plus indifférentes, on apperçoit des traces de la Religion primitive, mais qui échapent à ceux, qui ne les étudient pas aſſez, par la raiſon qu'elles ſont encore plus effacées par le défaut d'inſtruction, qu'altérées par le mélange d'un culte ſuperſtitieux, & par des traditions fabuleuſes.

1721.
Août.

Je ſuis, &c.

VINT-QUATRIÉME LETTRE.

Des Traditions, & de la Religion des Sauvages du Canada.

Au Fort de la Riviere de S. Joſeph, ce huit Septembre, 1721.

Madame ;

Cette Lettre ſera bien longue, s'il ne me ſurvient pas quelqu'empêchement imprévû, qui m'oblige de remettre à une autre occaſion à vous entretenir de ce que j'ai pû recueillir touchant la Croyance, les Traditions & la Religion de nos Sauvages.

1721.
Septembre.

Rien n'eſt plus certain, mais rien n'eſt en même-tems plus obſcur que l'idée, que les Sauvages de ce Continent ont d'un Premier Etre. Tous s'accordent en général à le regarder comme le premier Eſprit, le Maître & le Créateur du Monde, mais quand on les preſſe un peu ſur cet article, pour ſçavoir ce qu'ils entendent par le Premier Eſprit, on ne trouve plus que des imaginations biſarres, des fables ſi mal conçuës, des ſyſtêmes ſi peu digérés, & ſi peu d'uniformité, qu'on n'en peut rien dire de ſuivi. On prétend que les Sioux approchent beaucoup plus que les autres de ce qu'il faut penſer de ce premier Principe, mais le peu de commerce, qu'on a eu juſqu'ici

De l'Origine des Hommes ſelon les Sauvages.

avec eux, ne m'a point permis de m'inſtruire de leurs Traditions, autant qu'il eût été à déſirer, pour en parler avec quelque ſorte de certitude.

Preſque toutes les Nations Algonquines ont donné le nom de *Grand Liévre* au premier Eſprit, quelques-uns l'appellent *Michabou*; d'autres, *Atahocan*. La plûpart diſent qu'étant porté ſur les Eaux avec toute ſa Cour, toute compoſée de Quadrupédes comme lui, il forma la Terre d'un grain de ſable, tiré du fond de l'Océan; & les Hommes, des Corps morts des Animaux. Il y en a auſſi, qui parlent d'un Dieu des Eaux, lequel s'oppoſa au deſſein du Grand Liévre, ou refuſa du moins de le favoriſer. Ce Dieu eſt, ſelon les uns, le Grand Tygre, mais il faut obſerver qu'il n'y a point de vrais Tygres en Canada; ainſi cette tradition pourroit bien venir d'ailleurs. Enfin ils ont un troiſiéme Dieu, nommé *Matcomek*, qu'on invoque pendant l'Hyver, & dont je n'ai rien appris de particulier.

L'*Areskoui* des Hurons, & l'*Agreskoué* des Iroquois eſt dans l'opinion de ces Peuples le Souverain Etre, & le Dieu de la Guerre. Ceux-ci ne donnent point aux Hommes la même origine, que les Algonquins, ils ne remontent pas même juſqu'à la premiere Création. Ils font paroître d'abord ſix Hommes dans le Monde, & quand on leur demande qui les y a placés, ils répondent qu'ils ne le ſçavent pas. Ils ajoûtent qu'un de ces Hommes monta au Ciel, pour y chercher une Femme, nommée *Atahentſic*, avec laquelle il eut commerce, & qui parut bientôt enceinte: que le Maître du Ciel s'en étant apperçu, la précipita du haut de l'Empirée, & qu'elle fut reçuë ſur le dos d'une Tortuë: qu'elle accoucha enſuite de deux Enfans, dont l'un tua l'autre.

Il n'eſt plus queſtion après cela, ni des cinq autres Hommes, ni même du Mari d'Atahentſic, laquelle, ſelon quelques-uns, n'eut qu'une Fille, qui fut Mere de *Tahouitſaron* & de *Jouskeka*. Celui-ci, qui étoit l'aîné, tua ſon Frere, & peu de tems après ſon Ayeule ſe déchargea ſur lui du ſoin de gouverner le Monde. Ils diſent encore qu'Atahentſic eſt la Lune & Jouskeka, le Soleil. Il y a, comme vous voyez, Madame, bien peu de ſuite dans tout ceci; car le Soleil eſt ſouvent pris pour Areskoui, en tant qu'il eſt le Grand Génie; mais y a-t'il moins de contradiction dans la Théologie des Egyptiens

Egyptiens & des Grecs, qui sont les premiers Sages de l'Antiquité Payenne ? C'est qu'il est de l'essence du mensonge de se contredire, & de n'avoir aucun principe.

1721.
Septembre.

Les Dieux des Sauvages ont des corps, & vivent à peu près de la même maniere que nous; mais sans aucune des incommodités, ausquelles nous sommes sujets. Le terme d'*Esprit* ne signifie chez eux qu'un Etre d'une nature plus excellente que les autres. Ils n'en ont point pour exprimer ce qui passe la portée de leur intelligence, extrêmement bornée sur tout ce qui n'est pas sensible, ou d'un usage commun. Ils donnent néanmoins à leurs prétendus Esprits une espéce d'immensité, qui les rend présens partout, car en quelque lieu, qu'on se trouve, on les invoque, on leur parle, on suppose qu'ils entendent ce qu'on leur dit, & qu'ils agissent en conséquence. A toutes les questions, qu'on fait à ces Barbares, pour en sçavoir davantage, ils répondent que c'est là tout ce qu'on leur a appris; il n'y a même que quelques Vieillards initiés aux Mysteres, qui en sçachent tant.

Ce que c'est que les Esprits parmi eux.

Selon les Iroquois, la Postérité de Jousqueka ne passa point la troisiéme Génération : il survint un déluge, dont personne ne se sauva, & pour repeupler la Terre, il fallut changer les Bêtes en Hommes. Au reste, Madame, cette notion d'un déluge universel est assez répanduë parmi les Amériquains ; mais on ne sçauroit guéres douter qu'il n'y en ait eu un autre bien plus récent, qui fut particulier à l'Amérique. Je ne finirois point, si je voulois m'arrêter à tout ce que les Sauvages débitent sur le compte de leurs principales Divinités, & sur l'origine du Monde ; mais outre le premier Etre, ou le Grand Esprit, & les autres Dieux, qui se trouvent souvent confondus avec lui, il y a une infinité de Génies, ou d'Esprits subalternes, bons & mauvais, qui ont tous leur culte particulier.

Les Iroquois mettent Atahentsic à la tête de Ceux-ci, & font Jusqueka le Chef des Premiers ; ils le confondent même quelquefois avec le Dieu, qui chassa du Ciel son Ayeule, pour s'être laissé séduire par un Homme. On ne s'adresse aux mauvais Génies, que pour les prier de ne point faire de mal ; mais on suppose que les autres sont commis à la garde des Hommes, & que chacun a le sien. Dans la Langue Huronne on les nomme *Okkis*, & dans l'Algonquine *Manitous* : on a recours à eux dans les périls, où l'on se trouve, dans

Des bons & des mauvais Génies.

Tome III. X x

1721.
Septembre.

les Entreprises, que l'on fait, & quand on veut obtenir quelque grace extraordinaire ; il n'eſt rien, qu'on ne croye pouvoir leur demander, quelque déraiſonnable, & quelque contraire même, qu'il ſoit aux bonnes mœurs. Mais on n'eſt pas ſous leur protection en naiſſant, il faut ſçavoir manier l'Arc & la Fléche, pour mériter cette faveur, il faut même bien des préparations pour la recevoir ; c'eſt la plus importante affaire de la vie ; en voici les principales circonſtances.

Diſpoſitions requiſes pour avoir un Génie tutélaire.

On commence par noircir le Viſage de l'Enfant, puis on le fait jeûner pendant huit jours, ſans lui donner quoi que ce ſoit à manger, & il faut que pendant ce tems-là ſon futur Génie tutélaire ſe manifeſte à lui par des Songes. Le cerveau creux d'un pauvre Enfant, qui ne fait que d'entrer dans l'Adoleſcence, ne ſçauroit manquer de lui fournir des Rêves, & tous les matins on a grand ſoin de les lui faire raconter. Souvent néanmoins le Jeûne finit avant le terme marqué, peu d'Enfans ayant la force de le pouſſer ſi loin, mais cela ne fait pas une difficulté ; on connoît ici, comme partout ailleurs, l'uſage commode des Diſpenſes. Le Génie tutélaire eſt toujours la choſe, à quoi l'Enfant a le plus ſouvent rêvé, & dans le vrai cette choſe n'eſt que comme un ſymbole, ou une figure, ſous laquelle l'Eſprit ſe manifeſte ; mais il eſt arrivé à ces Peuples, comme à tous ceux, qui ſe ſont écartés de la Religion primitive, de s'attacher à la figure, & de perdre de vûë la réalité.

Cependant ces ſymboles ne ſignifient rien par eux-mêmes, tantôt c'eſt une tête d'Oiſeau, tantôt le pied d'un Animal, ou un morceau de Bois ; en un mot tout ce qu'il y a de plus commun, & de moins précieux. On les conſerve néanmoins avec autant de ſoin, que les Anciens en apportoient à la conſervation de leurs Dieux Pénates. Il n'eſt même rien dans la Nature, ſi on en croit les Sauvages, qui n'ait ſon Eſprit, mais il y en a de tous les Ordres, & tous n'ont pas la même vertu. Dès qu'ils ne comprennent pas une choſe, ils lui attribuent un Génie ſupérieur, & la maniere de s'exprimer alors, eſt de dire : *C'eſt un Eſprit*. Il en eſt de même à plus forte raiſon des Hommes, ceux qui ont des talens ſinguliers, ou qui font des choſes extraordinaires, ce ſont des Eſprits ; c'eſt-à-dire, ils ont un Génie tutélaire d'un Ordre plus relevé que le Commun.

Quelques-uns, & surtout les Jongleurs, tâchent de persuader à la Multitude, qu'ils souffrent des transports extatiques ; cette manie a été dans tous les tems, & parmi tous les Peuples, & a enfanté toutes les fausses Religions : la vanité, si naturelle aux Hommes, n'a point imaginé de ressorts plus efficaces pour maîtriser les Simples, la Multitude entraîne à la fin ceux, qui se piquent le plus de sagesse. Les Imposteurs Amériquains ne doivent rien aux autres sur ce point, & ils sçavent en tirer tout l'avantage, qu'ils prétendent. Les Jongleurs ne manquent jamais de publier que durant leurs prétenduës Extases leurs Génies leur donnent de grandes connoissances des choses les plus éloignées, & de l'avenir ; & comme le hasard, si on ne veut pas que le Démon s'en mêle, les fait quelquefois deviner, ou conjecturer assez juste, ils acquierent par-là un grand crédit ; on les croit des Génies du premier Ordre.

1721.
Septembre.

Dès qu'on a déclaré à un Enfant ce qu'il doit désormais regarder comme son Génie Protecteur, on l'instruit avec soin de l'obligation, où il est de l'honorer, de suivre les avis, qu'il en recevra pendant son sommeil, de mériter ses faveurs, de mettre en lui toute sa confiance, & de craindre les effets de son courroux, s'il néglige de s'acquitter de ce qu'il lui doit. La Fête se termine par un Festin, & l'usage est aussi de faire piquer sur le corps de l'Enfant, la figure de son Okki, ou de son Manitou. Il semble qu'un engagement si solemnel, & dont la marque ne peut jamais être effacée, doive être inviolable, il faut néanmoins bien peu de choses pour le rompre.

On change quelquefois de Génie tutélaire, & pourquoi.

Les Sauvages ne conviennent pas volontiers qu'ils ont tort, même avec leurs Dieux, & ne font nulle difficulté de se justifier à leurs dépens : ainsi à la premiere occasion de se condamner soi-même, ou de jetter la faute sur son Génie tutélaire, c'est toujours sur celui-ci, qu'on la jette ; on en cherche un autre sans façon, & cela se fait avec les mêmes précautions, que la premiere fois. Les Femmes ont aussi leurs Manitous, ou leurs Okkis, mais elles n'y font pas autant d'attention, que les Hommes, peut-être parce qu'elles leur donnent moins d'occupation.

On fait à tous ces Esprits différentes sortes d'Offrandes, qu'on appellera, si l'on veut, des Sacrifices. On jette dans les Rivieres & dans les Lacs du Petun, du Tabac, ou des Oi-

Sacrifices des Sauvages.

X x ij

feaux, qu'on a égorgés, pour se rendre propice le Dieu des Eaux. En l'honneur du Soleil, & quelquefois même des Esprits subalternes, on met dans le feu de toutes les choses, dont on fait usage, & qu'on reconnoît tenir d'eux. C'est quelquefois par reconnoissance, mais plus souvent par intérêt; la reconnoissance même est intéressée, car ces Peuples ne connoissent point les sentimens du cœur envers leurs Divinités. On remarque aussi en quelques occasions des especes de Libations, & tout cela est accompagné d'Invocations en termes Mystérieux, que les Sauvages n'ont jamais pû expliquer aux Européens; soit que dans le fond ils ne signifient rien, soit que le sens n'en ait pas été transmis par la Tradition avec les paroles; peut-être aussi nous en font-ils Mystere.

On voit encore des Colliers de Porcelaine, du Tabac, des Epis de Maïz, des Peaux, & des Animaux tous entiers, surtout des Chiens, sur les bords des Chemins difficiles, ou dangereux, sur des Rochers, ou à côté des Rapides; & ce sont autant d'Offrandes, qu'on a faites aux Esprits, qui président en ces Lieux; j'ai dit que le Chien est la Victime la plus ordinaire, qu'on leur immole; on les suspend quelquefois tout vivans à un Arbre par les Pattes de derriere, & on les y laisse mourir enragés. Le Festin de Guerre, qui se fait toujours de Chiens, peut bien aussi passer pour un Sacrifice. Enfin on rend à peu près les mêmes honneurs aux Esprits malfaisans, qu'à ceux, qui passent pour propices, quand on a quelque chose à craindre de leur malice.

Des Jeûnes.

Ainsi, Madame, parmi ces Peuples, qu'on a prétendu n'avoir aucune idée de Religion, ni de Divinité, presque tout paroît l'objet d'un Culte Religieux, ou du moins y avoir quelque rapport. Quelques-uns se sont imaginé que leurs Jeûnes n'avoient point d'autre but, que de les accoûtumer à supporter la faim, & je conviens que ce motif y pourroit bien entrer pour quelque chose; mais toutes les circonstances, dont ils sont accompagnés, ne laissent aucun lieu de douter que la Religion n'y ait la principale part; n'y eût-il que cette attention, dont j'ai parlé, à observer les songes pendant ce tems-là; car il est certain que ces songes sont regardés comme de véritables oracles, & des avertissemens du Ciel.

Des Vœux.

Il est encore moins douteux que les vœux sont parmi ces Peuples de purs actes de Religion, & l'usage en est absolument le même, que parmi nous. Par exemple, lorsqu'ils se voyent sans vivres, comme il arrive souvent dans les voyages & pendant les Chasses, ils promettent à leurs Génies de donner en leur honneur une portion de la premiere Bête, qu'ils tuëront, à un de leurs Chefs, & de ne point manger, qu'ils ne se soient acquittés de leur promesse. Si la chose devient impossible, parce que le Chef est trop éloigné, ils brûlent ce qui lui étoit destiné, & en font une espéce de sacrifice.

1721.
Septembre.

Autrefois les Sauvages voisins de l'Acadie avoient dans leur Pays sur le bord de la Mer un Arbre extrémement vieux, dont ils racontoient bien des merveilles, & qu'on voyoit toujours chargé d'offrandes. La Mer ayant découvert toute sa racine, il se soûtint encore lontems presqu'en l'air contre la violence des vents & des flots, ce qui confirma ces Sauvages dans la pensée qu'il étoit le siége de quelque grand Esprit : sa chute ne fut pas même capable de les détromper, & tant qu'il en parut quelque bout de branches hors de l'eau, on lui rendit les mêmes honneurs, qu'avoit reçûs tout l'Arbre, lorsqu'il étoit sur pied.

La plûpart des festins, des danses & des chansons me paroissent avoir aussi leur origine dans la Religion, & en conserver encore diverses traces ; mais il faut avoir de bons yeux, ou plutôt une imagination bien vive pour y appercevoir tout ce que certains Voyageurs prétendent y avoir découvert. J'en ai rencontré, qui ne pouvant s'ôter de l'esprit que nos Sauvages sont descendus des Hebreux, trouvoient partout des rapports entre ces Barbares & le Peuple de Dieu. Il y en a véritablement quelques-uns, comme de ne point se servir de couteaux dans de certains repas, & de ne point briser les Os des Bêtes, qu'on y mange ; telle est encore la séparation des Femmes dans le tems de leurs infirmités ordinaires ; on leur a même, dit-on, entendu, ou cru entendre prononcer le mot *Alleluya* dans quelques-unes de leurs chansons : mais à qui persuadera-t'on, que quand ils se percent les oreilles & les narines, ils le font en vertu de la loi de la Circoncision ? D'ailleurs ne sçait-on pas que l'usage de la Circoncision est plus ancien que la loi, qui en fut faite pour Abraham & pour sa Postérité ? Le festin, qui se fait au retour de la Chasse, & dont il ne faut rien laisser, a encore été pris pour un espéce d'holo-

Rapports des Sauvages avec les Hébreux.

caufte, ou pour un refte de la Pâque des Ifraëlites, d'autant plus, dit-on, que quand quelqu'un ne fçauroit venir à bout de fa portion, il peut fe faire aider par fes voifins, comme il fe pratiquoit parmi le Peuple de Dieu, quand une Famille ne fuffifoit pas pour manger l'Agneau Pafchal tout entier.

Leurs Prêtres. Un ancien Miffionnaire (*a*), qui a beaucoup vécu avec les Outaouais, a écrit que parmi ces Sauvages un Vieillard fait l'office de Prêtre dans les Feftins, dont je viens de parler, qu'il commence par remercier les Efprits du fuccès de la Chaffe; qu'enfuite un autre prend un pain de Petun, le rompt en deux, & le jette dans le feu. Ce qui eft certain, c'eft que ceux, qui les ont cités en preuve de la poffibilité de l'Atheïfme proprement dit, ne les connoiffoient pas. Il eft vrai qu'ils ne raifonnent jamais fur la Religion, & que leur extrême indolence fur ce point a toujours été le plus grand obftacle, qu'on ait rencontré à leur converfion au Chriftianifme, mais pour peu qu'on les pratique, on auroit tort d'en conclure qu'ils n'ont point d'idée de Dieu. L'indolence eft leur caractere dominant ; elle paroît jufques dans les affaires, qui les intéreffent le plus, mais malgré ce défaut, malgré même cet efprit d'indépendance, dans lequel ils font élevés, nul Peuple au monde n'eft plus dépendant des idées confufes, qui leur font reftées de la Divinité, jufques-là qu'ils n'attribuent rien au hafard, & qu'ils tirent de tout des préfages, qui felon eux font, comme je l'ai déja remarqué, des avertiffemens du Ciel.

Veftales Sauvages. J'ai lu dans quelques Mémoires que plufieurs Nations de ce Continent ont eu autrefois des Filles, qui vivoient féparées de tout commerce avec les Hommes, & ne fe marioient jamais. Je ne puis ni garantir, ni contredire ce fait. La Virginité eft par elle-même un état fi parfait, qu'on ne doit pas être furpris qu'elle ait été refpectée dans tous les Pays du Monde; mais nos plus anciens Miffionnaires n'ont point parlé, que je fçache, de ces Veftales, quoique plufieurs conviennent de l'eftime, qu'on faifoit du Célibat dans quelques Contrées. Je trouve même que parmi les Hurons & les Iroquois on voyoit, il n'y a pas encore lontems, des Solitaires, qui gardoient la continence, & l'on montre certaines Plantes fort falutaires, qui n'ont point de vertu, difent les Sauvages, fi elles ne font employées par des mains vierges.

(*a*) Le Pere Claude Allouez, Jéfuite.

La Croyance la mieux établie parmi nos Amériquains, eſt celle de l'immortalité de l'Ame. Ils ne la croyent pourtant pas purement ſpirituelle, non plus que leurs Génies, & il eſt vrai de dire qu'ils ne ſçauroient bien définir ni les uns, ni les autres. Quand on leur demande ce qu'ils penſent de leurs Ames, ils répondent, qu'elles ſont comme les ombres & les images animées du corps, & c'eſt par une ſuite de ce principe, qu'ils croyent que tout eſt animé dans l'Univers. Ainſi c'eſt uniquement par tradition, qu'ils tiennent que nos Ames ne meurent point. Dans les differentes expreſſions, qu'ils employent pour s'expliquer ſur ce ſujet, ils confondent ſouvent l'Ame avec ſes facultés, & les facultés avec leurs opérations, quoiqu'ils ſçachent fort bien en faire la diſtinction, quand ils veulent parler exactement.

1721. Septembre.
Ce qu'ils penſent de l'immortalité de l'Ame.

Ils diſent auſſi que l'Ame ſéparée du corps conſerve les mêmes inclinations, qu'elle avoit auparavant, & c'eſt la raiſon pourquoi ils enterrent avec les Morts tout ce qui étoit à leur uſage. Ils ſont même perſuadés qu'elle demeure auprès du Cadavre juſqu'à la Fête des Morts, dont je vous parlerai bientôt; qu'enſuite elle va dans le Pays des Ames, où, ſelon quelques-uns, elle eſt transformée en Tourterelle.

Leur idée ſur ce qu'elle devient, quand elle eſt ſéparée du corps.

D'autres reconnoiſſent dans tous les Hommes deux Ames; ils attribuent à l'une tout ce que je viens de dire, ils prétendent que l'autre ne quitte jamais le corps, ſi ce n'eſt pour paſſer dans un autre; ce qui n'arrive pourtant gueres, diſent-ils, qu'aux Ames des Enfans, leſquelles ayant peu joui de la vie, obtiennent d'en recommencer une nouvelle. C'eſt pour cela qu'ils enterrent les Enfans le long des grands Chemins, afin que les Femmes puiſſent en paſſant recueillir leurs Ames. Or ces Ames, qui tiennent ſi fidele compagnie à leurs corps, il faut les nourrir, & c'eſt pour ſatisfaire à ce devoir, qu'on porte ſur les Tombes de quoi manger; mais cela dure peu, & il faut que ces Ames s'accoûtument avec le tems à jeûner. On a quelquefois aſſez de peine à faire ſubſiſter les Vivans, ſans ſe charger encore de fournir à la nourriture des Morts.

Pourquoi on porte à manger ſur les Tombeaux.

Mais une choſe, ſur laquelle ces Peuples ne ſe relâchent jamais, en quelqu'extrémité qu'ils ſe trouvent, c'eſt qu'au lieu que parmi nous la dépouille des Morts enrichit les Vivans, chez eux non-ſeulement on emporte dans le tombeau tout ce qu'on poſſedoit, mais on y reçoit encore des préſens

Préſens, qu'on fait aux Morts.

de ſes Parens & de ſes Amis. Auſſi ont-ils été extrémement ſcandaliſés, quand ils ont vû les François ouvrir les ſépulcres, pour en tirer les Robes de Caſtor, dont on avoit revêtu les Défunts. Les tombeaux ſont tellement ſacrés dans ce Pays, que les profaner, c'eſt la plus grande hoſtilité, qu'on puiſſe commettre contre une Nation, & la plus grande marque qu'on ne veut plus rien ménager avec elle.

Du Pays des Ames.

J'ai dit que les Ames, lorſque le tems eſt venu qu'elles doivent ſe ſéparer pour toujours de leurs corps, vont dans une Région, qui eſt deſtinée pour être leur demeure éternelle. Cette Région, diſent les Sauvages, eſt fort éloignée vers l'Occident, & les Ames mettent pluſieurs mois à s'y rendre. Elles ont même de grandes difficultés à ſurmonter, & elles courent de grands riſques, avant que d'y arriver. On parle ſurtout d'un Fleuve, qu'elles ont à paſſer, & ſur lequel pluſieurs font naufrage; d'un Chien, dont elles ont beaucoup de peine à ſe deffendre; d'un lieu de ſouffrances, où elles expient leurs fautes; d'un autre, où ſont tourmentées les Ames des Priſonniers de guerre, qui ont été brûlés, & où elles ſe rendent le plus tard qu'elles peuvent.

Cette idée eſt cauſe qu'après la mort de ces Malheureux, dans la crainte que leurs Ames ne demeurent autour des Cabannes, pour ſe venger des tourmens, qu'on leur a fait ſouffrir, on a grand ſoin de viſiter partout, & de donner ſans ceſſe des coups de baguette, en pouſſant des cris affreux, pour obliger ces Ames à s'éloigner. Les Iroquois diſent qu'Atahentſic fait ſon ſéjour ordinaire dans ce Tartare, & qu'elle y eſt uniquement occupée à tromper les Ames, pour les perdre, mais que Juskeka n'omet rien pour les prémunir contre les mauvais deſſeins de ſon Ayeule. Parmi les récits fabuleux, qu'on fait de ce qui ſe paſſe dans ces Enfers, ſi reſſemblans à ceux d'Homere & de Virgile, il y en a un, qui paroît copié d'après l'aventure d'Orphée & d'Eurydice; il n'y a preſque rien à y changer que les noms.

Comment ils prétendent mériter d'être éternellement heureux.

Au reſte, Madame, le bonheur, dont les Sauvages ſe flattent de jouir dans leur prétendu Eliſée, ils ne le regardent pas préciſément comme la récompenſe de la Vertu : avoir été bon Chaſſeur, brave à la Guerre, heureux dans toutes ſes Entrepriſes, avoir tué & brûlé un grand nombre d'Ennemis, ce ſont-là les ſeuls titres, qui donnent droit à leur Paradis,

dont

dont toute la félicité confifte à y trouver une Chaffe & une Pêche, qui ne manquent jamais, un Printems éternel, une grande abondance de toutes chofes, fans être obligé de travailler, & tous les plaifirs des fens. C'eft auffi là tout ce qu'ils demandent à leurs Dieux pendant la vie. Toutes leurs Chanfons, qui font originairement leurs Prieres, ne roulent que fur les biens préfens, il n'y eft jamais queftion, non plus que dans leurs Vœux, de la vie future; ils fe croyent affûré d'être heureux dans l'autre monde, à proportion de ce qu'ils l'auront été dans celûi-ci.

1721. Septembre.

Les Ames des Bêtes ont auffi leur place dans les Enfers, car, felon les Sauvages, elles ne font pas moins immortelles que les nôtres; ils leur reconnoiffent même une forte de raifon, & non feulement chaque efpece, mais chaque Animal, fi on les en croit, a auffi fon Génie confervateur. En un mot ils ne mettent de différence entre nous & les Brutes, que du plus au moins. L'Homme, difent-ils, eft le Roy des Animaux, qui tous ont les mêmes attributs, mais l'Homme les poffède dans un dégré fort fupérieur. Ils tiennent encore que dans les Enfers il y a des modéles d'Ames de toutes les efpéces, mais ils s'embarraffent peu de développer cette idée, & en général toutes celles, qui font de pure fpéculation, ne les occupent pas beaucoup: les plus fages Philofophes de l'Antiquité payenne, qui fe font tant tourmentés pour les éclaircir, ont-ils beaucoup plus avancé qu'eux? On ne peut marcher fûrement dans ces obfcurités, qu'avec le flambeau de la Foi.

Des Ames des Bêtes.

Il n'y a rien, fur quoi ces Barbares ayent porté plus loin la fuperftition, & l'extravagance, que ce qui regarde les Songes; mais ils varient beaucoup dans la maniere, dont ils expliquent leurs penfées fur cela. Tantôt c'eft l'Ame raifonnable, qui fe promene, tandis que l'Ame fenfitive continue d'animer le corps. Tantôt c'eft le Génie familier, qui donne des avis falutaires fur ce qui doit arriver: tantôt c'eft une vifite, qu'on reçoit de l'Ame de l'Objet, auquel on rêve; mais de quelque façon, que l'on conçoive le Songe, il eft toujours regardé comme une chofe facrée, & comme le moyen le plus ordinaire, dont les Dieux fe fervent pour faire connoître aux Hommes leurs volontés.

De la nature des Songes felon les Sauvages.

Prévenus de cette idée, ils ne peuvent comprendre que nous n'en faffions aucun cas. Le plus fouvent ils les regardent comme des désirs de l'Ame inspirée par quelqu'Esprit, ou un ordre de sa part; & en conséquence de ce principe ils se font un devoir de Religion d'y déférer; un Sauvage ayant rêvé qu'on lui coupoit un doit, il se le fit réellement couper à son réveil, après s'être préparé à cette importante action par un festin. Un autre s'étant vû en songe Prisonnier entre les mains de ses Ennemis, fut fort embarrassé; il consulta les Jongleurs, & par leur conseil il se fit lier à un poteau, & brûler en plusieurs parties du corps.

Il y a des Songes heureux, & il y en a de funestes. Par exemple, rêver qu'on voit beaucoup d'Elans, c'est, dit-on, signe de vie: si l'on a vû des Ours, c'est signe qu'on mourra bientôt. J'ai déja dit qu'il en faut excepter les tems, où l'on se prépare à la Chasse de ces Animaux. Mais pour vous faire voir, Madame, jusqu'où ces Barbares portent l'extravagance au sujet des Songes, je vais vous raconter un fait attesté par deux témoins irréprochables, & qui ont vû la chose de leurs propres yeux.

Histoire à ce sujet.

Deux Missionnaires voyageoient avec des Sauvages, & une nuit, que tous leurs Conducteurs dormoient profondément, un d'eux s'éveilla en sursault tout hors d'haleine, palpitant, faisant effort pour crier, & se débattant, comme s'il eût été agité de quelque Démon. Au bruit, qu'il fit, tout le Monde fut bientôt sur pied: on crut d'abord que cet Homme étoit tombé dans un accès de phrénésie; on le saisit, & on mit tout en usage pour le calmer; mais ce fut inutilement: ses fureurs croissoient toujours, & comme on ne pouvoit plus l'arrêter, on cacha toutes les armes, de peur de quelque accident. Quelques-uns s'aviserent ensuite de lui préparer un breuvage avec de certaines herbes d'une grande vertu; mais lorsqu'on y pensoit le moins, le prétendu Malade sauta dans la Riviere.

On l'en retira sur le champ, & il avoua qu'il avoit froid; cependant il ne voulut pas approcher d'un bon feu, qu'on avoit allumé dans l'instant: il s'assit au pied d'un Arbre, & comme il paroissoit plus tranquille, on lui apporta le bouillon, qu'on lui avoit préparé. C'est à cet Enfant, dit-il, qu'il faut le donner, & ce qu'il appelloit un Enfant, étoit une Peau d'Ours, qu'on avoit remplie de pailles: on lui obéit, & l'on versa tout le bouillon dans la Gueule de l'Animal. On lui demanda alors quel étoit son mal ? J'ai rêvé, répondit-il, qu'un Huart m'étoit entré dans l'estomach. On se mit à rire, mais il falloit guérir son imagination blessée, & voici la maniere, dont on s'y prit.

1721.
Septembre.

Tous se mirent à contrefaire les insensés, & à crier de toutes leurs forces qu'ils avoient aussi un Animal dans l'estomach, mais ils ajoûterent qu'ils n'étoient pas d'humeur de se jetter dans la Riviere, par le froid qu'il faisoit, pour l'en déloger ; qu'ils aimoient mieux se faire suer. Notre Hypocondre trouva l'avis fort bon ; on dressa sur le champ une Étuve, & tous y entrerent en criant à pleine tête, ensuite chacun se mit à contrefaire l'Animal, dont il feignoit avoir l'estomach chargé, qui une Oye, qui un Canard, qui une Outarde, qui une Grenouille : le Rêveur contrefit aussi son Huart. Le plaisant est que tous les autres battoient la mesure, en frappant sur lui de toutes leurs forces, à dessein de le lasser & de l'endormir. Pour tout autre, que pour un Sauvage, il y avoit de quoi le mettre en un état à ne pouvoir fermer l'œil de plusieurs jours ; toutefois ils vinrent à bout de ce qu'ils vouloient. Le Malade dormit lontems, & à son réveil il se trouva guéri ; ne se sentant, ni de la sueur, qui auroit dû l'épuiser, ni des coups, dont il avoit le corps meurtri, & ayant perdu jusqu'au souvenir d'un songe, qui lui avoit tant coûté.

Mais ce n'est pas seulement celui, qui a rêvé, qui doit satisfaire aux obligations, qu'il s'imagine lui être imposées par son songe : ce seroit un crime pour tous ceux, à qui il s'addresse, que de lui refuser ce qu'il a désiré en rêvant, & vous jugez bien, Madame, que cela peut tirer à conséquence. Mais comme les Sauvages ne sont point intéressés, ils abusent beaucoup moins de ce principe, qu'on ne feroit ailleurs ; & puis chacun peut avoir son tour. Si la chose désirée est de nature à ne pouvoir être fournie par un Particulier, le Public s'en charge ; fallut-il l'aller chercher à cinq cens lieuës, il la faut trouver à quelque prix que ce soit, & on ne sçauroit dire avec quel soin on la conserve, quand on est venu à bout de l'avoir. Si c'est une chose inanimée, on est plus tranquille, mais si c'est un Animal, sa mort cause des inquiétudes étonnantes.

Maniere, dont on se débarrasse d'un rêve, quand il en coûte trop pour y satisfaire.

L'affaire est plus sérieuse encore, si quelqu'un s'avise de rêver qu'il casse la tête à un autre, car il la lui casse en effet, s'il le peut : mais malheur à lui, si quelqu'autre s'avise à son tour

Y y ij

1721.
Septembre.

de songer qu'il venge le Mort. D'ailleurs avec un peu de présence d'esprit, on se tire aisément d'embarras ; il ne faut que sçavoir opposer sur le champ à un tel rêve un autre songe, qui „ le contredise. „ Je vois bien, dit alors le premier Rêveur, „ que ton Esprit est plus fort que le mien, ainsi n'en parlons „ plus ". Tous ne sont pourtant pas si faciles à démonter ; mais il en est peu, qu'on ne contente, ou dont on n'appaise le Génie par quelque présent.

De la Fête des Songes.

Je ne sçai pas, si la Religion a jamais eu part à ce que l'on appelle communément *la Fête des Songes* ; & de ce que les Iroquois & quelques autres ont beaucoup mieux nommé *le renversement de la Cervelle*. C'est une espéce de Bacchanale, qui dure ordinairement quinze jours, & se célèbre sur la fin de l'Hyver. Il n'est point de folie, qu'on ne fasse alors ; & chacun court de Cabanne en Cabanne, déguisé en mille manieres, toutes ridicules : on brise, & on renverse tout, & personne n'ose s'y opposer. Quiconque ne veut pas se trouver dans une telle confusion, ni être exposé à toutes les avanies, qu'il y faut essuyer, doit s'absenter. Dès qu'on rencontre quelqu'un, on lui donne son rêve à deviner, & s'il le devine, c'est à ses dépens, il faut qu'il donne la chose, à quoi l'on a rêvé. A la fin on rend tout, on fait un grand festin, & l'on ne pense plus qu'à réparer les tristes effets de la Mascarade, ce qui le plus souvent n'est pas une petite affaire : car c'est encore là une de ces occasions, qu'on attend sans rien dire, pour bien frotter ceux, dont on croit avoir reçu quelque offense : mais la Fête finie, il faut tout oublier.

Description d'une de ces Fêtes.

Je trouve la description d'une de ces Fêtes dans le Journal d'un Missionnaire (a), qui en fut bien malgré lui le spectateur à Onnontagué. La voici. Elle fût proclamée le 22ᵉ de Février, & ce furent les Anciens, qui firent la proclamation avec le même sérieux, que s'il eût été question d'une affaire d'Etat. A peine furent-ils rentrés chez eux, qu'on vit partir de la main Hommes, Femmes, Enfans, presque tout nuds, quoiqu'il fit un froid intolérable. Ils entrerent d'abord dans toutes les Cabannes, puis ils furent quelque tems à errer de tous côtés, sans sçavoir où ils alloient, ni ce qu'ils vouloient : on les eut pris pour des Personnes yvres, ou pour des furieux, qu'un transport avoit mis hors d'eux-mêmes.

(a) Le Pere Claude DABLON.

Plusieurs bornerent là leur folie, & ne parurent plus. Les autres voulurent user du privilége de la Fête, pendant laquelle on est réputé hors de sens, par conséquent n'être point responsable de ce qu'on fait, & venger ses querelles particulieres. Ils ne s'épargnerent assûrement pas. Aux uns ils jettoient de l'eau à pleine cuvée, & cette eau, qui se glaçoit d'abord, étoit capable de transir de froid ceux, qui la recevoient. Ils couvroient les autres de cendres chaudes, ou de toutes sortes d'immondices ; quelques-uns prenoient des tisons, ou des charbons allumés, & les lançoient à la tête du premier, qu'ils rencontroient ; d'autres brisoient tout dans les Cabannes, se ruoient sur ceux, à qui ils en vouloient, & les chargeoient de coups. Il falloit, pour se délivrer de cette persécution, deviner des songes, où souvent l'on ne concevoit rien.

1721.
Septembre.

Le Missionnaire & son Compagnon furent souvent sur le point d'être plus que témoins de ces extravagances : un de ces Phrénetiques entra dans une Cabanne, où il les avoit vû se réfugier dès le commencement. Heureusement pour eux, ils venoient d'en sortir ; car il y avoit tout lieu de croire que ce Furieux vouloit leur faire un mauvais parti. Déconcerté par leur fuite, il s'écria qu'il vouloit qu'on devinât son songe, & qu'on y satisfît sur l'heure : comme on tardoit trop, il dit : je tuë un François ; aussitôt le Maître de la Cabanne jetta un habit François, que ce furieux perça de plusieurs coups.

Alors celui, qui le lui avoit jetté, entrant à son tour en fureur, dit qu'il vouloit venger le François, & qu'il alloit réduire en cendres tout le Village : il commença en effet par mettre le feu à sa propre Cabanne, où cette scene s'étoit passée, & tout le monde en étant sorti, il s'y enferma. Le feu, qu'il avoit allumé en plusieurs endroits, ne paroissoit point encore au dehors, quand un des Missionnaires se présenta pour y entrer : on lui dit ce qui venoit d'arriver, & il craignit que son Hôte ne fût plus le maître d'en sortir, quand il le voudroit ; il enfonça la porte, saisit le Sauvage, le mit dehors, éteignit le feu, & s'enferma dans la Cabanne. Son Hôte cependant couroit tout le Village en criant qu'il vouloit tout brûler : on lui jetta un Chien, dans l'espérance qu'il assouviroit sa rage sur cet Animal, il dit que ce n'étoit pas assez, pour réparer l'affront, qu'on lui avoit fait, en tuant un François dans sa Cabanne : on lui jetta un second Chien, il le mit en piéces, & dans le moment toute sa fureur se calma.

Cet Homme avoit un Frere, qui voulut aussi jouer son rôle. Il s'habilla à peu près, comme on représente les Satyres, se couvrant de feuilles de Maïz depuis la tête jusqu'aux pieds : il fit équipper deux Femmes en vraies Mégeres, la face noircie, les cheveux épars, une Peau de Loup sur le corps, & un pieu à la main. Ainsi escorté il va dans toutes les Cabannes, criant & hurlant de toute sa force ; il grimpe sur le toit, y fait mille tours avec autant de souplesse, qu'auroit pû faire le plus habile Danseur de Cordes, puis il jette des cris épouvantables, comme s'il étoit arrivé quelque grand malheur ; ensuite il descend, marche gravement précédé de ses deux Bacchantes, qui furieuses à leur tour, renversent avec leurs pieux tout ce qui se rencontre sur leur passage. Elles étoient à peine délivrées de cette manie, ou lasses de faire leur personnage, qu'une autre Femme prit leur place, entra dans la Cabanne, où étoient les deux Jésuites, & armée d'une Arquebuse, qu'elle venoit de gagner en faisant deviner son rêve, elle chanta la guerre, & fit contre elle-même mille imprécations, si elle ne ramenoit pas des Prisonniers.

Un Guerrier suivit de près cette Amazone, l'Arc & une Fleche d'une main, & de l'autre une Bayonnette. Après qu'il se fut bien égosillé à crier, il se jetta tout à coup sur une Femme, qui ne pensoit à rien, lui porta sa Bayonnette à la gorge, la prit par les cheveux, lui en coupa une poignée, & se retira. Un Jongleur parut ensuite, ayant à la main un bâton orné de plumes, par le moyen duquel il se vantoit de deviner les choses les plus cachées. Un Sauvage l'accompagnoit portant un vase rempli de je ne sçai quelle liqueur, dont il lui donnoit de tems en tems à boire ; le Charlatan ne l'avoit pas plutôt à la bouche, qu'il la rejettoit, en soufflant sur ses mains & sur son bâton, & à chaque fois il devinoit toutes les énigmes, qu'on lui proposoit.

Deux Femmes vinrent après, & firent entendre qu'elles avoient des désirs ; l'une étendit d'abord une Natte, on devina qu'elle demandoit du Poisson, & on lui en donna. L'autre avoit un Hoyau à la main, on comprit qu'elle vouloit avoir un Champ pour le cultiver ; on la mena hors du Village, &

on la mit à même. Un Chef avoit rêvé, difoit-il, qu'il voyoit deux Cœurs humains ; on ne pût expliquer fon Songe, & cela mit tout le Monde en grande peine. Il fit bien du bruit, on prolongea même la Fête d'un jour ; tout fut inutile, & il fallut qu'il fe tranquillisât. Tantôt on voyoit des Troupes de Gens armés, qui faifoient mine de vouloir fe battre ; tantôt des Bandes de Baladins, qui jouoient toutes fortes de Farces. Cette manie dura quatre jours, & il parut que c'étoit par confidération pour les deux Jéfuites, qu'on en avoit ainfi abregé le tems ; mais on y fit bien autant de défordres, qu'on avoit accoûtumé d'en faire en quinze. On eut cependant encore cet égard pour les Miffionnaires, qu'on ne les troubla point dans leurs fonctions, & qu'on n'empêcha point les Chrétiens de s'acquiter de leurs devoirs de Religion. Mais en voila affez fur cet article ; je ferme ma Lettre pour la donner à un Voyageur, qui retourne dans la Colonie, en vous afsûrant que je fuis, &c.

1721. Septembre.

VINT-CINQUIÉME LETTRE.

Suite des Traditions des Sauvages.

Au Fort de la Riviere de S. Jofeph, ce 14 Sept. 1721.

MADAME,

Il y a trois jours que je partis d'ici pour me rendre à Chicagou, en côtoyant la Rive Méridionale du Lac Michigan ; mais nous trouvâmes ce Lac fi fort en fureur, que nous prîmes le parti de revenir ici, & de choifir une autre Route pour gagner la Louyfiane. Notre départ eft fixé au feize, & je vais profiter de ces deux jours de retardement pour reprendre mon Récit fur les Ufages & les Traditions de nos Amériquains.

Les Sauvages, dans ce que je vous ai dit dans ma derniere Lettre, ne reconnoiffent que l'opération des Bons Génies ; les feuls Sorciers, & ceux, qui ufent de maléfices, paffent

Des mauvais Génies, & des Sorciers.

pour être en commerce avec les Mauvais, & ce font surtout les Femmes, qui exercent ce détestable métier. Les Jongleurs de profession, non seulement ne s'en mêlent pas, au moins ouvertement, mais ils font une étude particuliere pour sçavoir découvrir les Sorts, & en empêcher les pernicieux effets. Dans le fond, il n'y a gueres dans tout ce qu'on m'a raconté sur cela, que de la charlatanerie ; ce sont des Serpens, dont on exprime le venin ; des Herbes cueillies en certains tems, & en prononçant de certaines paroles ; des Animaux, qu'on égorge, & dont on jette quelques parties dans le feu.

Chez les Illinois & dans quelques autres Nations, on fait de petits Marmouzets pour représenter ceux, dont on veut abréger les jours, & qu'on perce au cœur. D'autre fois on prend une Pierre, & par le moyen de quelques invocations on prétend en former une semblable dans le cœur de son Ennemi. Je suis persuadé que cela réussit rarement, si le Diable ne s'en mêle pas ; toutefois on appréhende tellement les Magiciens, que le moindre soupçon suffit pour mettre en pieces quiconque est tant soit peu soupçonné de l'être. Mais quoique cette Profession soit si dangereuse, il se trouve partout des Gens, qui n'en ont point d'autre. Il est même vrai que les plus sensés & les moins crédules de ceux, qui ont le plus pratiqué les Sauvages, conviennent qu'il y a quelquefois du réel dans leur Magie.

Ces Infideles, Madame, seroient-ils les seuls, en qui on n'auroit pas reconnu l'opération du Démon ? Et quel autre Maître que cet Esprit mal-faisant, *& homicide dès le commencement du Monde* (a), auroit appris à tant de Peuples, qui n'ont jamais eu de commerce les uns avec les autres, un art, que nous ne sçaurions regarder comme absolument frivole, sans contredire les Divines Ecritures ? Il faut donc avouer que les Puissances Infernales ont quelques Suppôts sur la Terre, mais que Dieu a mis des bornes très-étroites à leur malignité, & ne permet quelquefois qu'on ressente les effets du pouvoir, qu'il a jugé à propos de leur laisser, que pour servir tantôt sa Justice, & tantôt sa miséricorde.

Des Jongleurs.

Il faut dire à peu près la même chose des Jongleurs du Canada, qui font profession de n'avoir de commerce qu'avec ce

(a) Joan. 8. 44.

qu'ils appellent Génies bienfaifans, & qui fe vantent de connoître par leurs moyens ce qui fe paffe dans les Pays les plus éloignés, ou ce qui doit arriver dans les tems les plus reculés; de découvrir la fource & la nature des Maladies les plus cachées, & d'avoir le fecret de les guérir; de difcerner dans les Affaires les plus embroüillées le parti, qu'il faut prendre; d'expliquer les Songes les plus obfcurs; de faire réuffir les Négociations les plus difficiles; de rendre les Dieux propices aux Guerriers & aux Chaffeurs. Ces prétendus bons Génies font, comme tous les Dieux du Paganifme, de véritables Démons, lefquels reçoivent des hommages, qui ne font dûs qu'au feul vrai Dieu, & dont les Preftiges font encore plus dangereux que ceux des mauvais Génies, parce qu'ils contribuent davantage à retenir leurs Adorateurs dans leur aveuglement.

1721.
Septembre.

Il eft hors de doute que parmi leurs Suppôts, les plus hardis font les plus refpectés, & qu'avec un peu de manége ils perfuadent aifément des Peuples élevés dans la Superftition. Quoiqu'on ait vû naître ces Impofteurs, s'il leur prend envie de fe donner une naiffance furnaturelle, ils trouvent des Gens, qui les en croyent fur leur parole, comme s'ils les avoient vû defcendre du Ciel, & qui prennent pour une efpece d'enchantement & d'illufion de les avoir cru d'abord nés comme les autres Hommes; leurs artifices font néanmoins pour l'ordinaire fi groffiers & fi ufés, qu'il n'y a que les Sots, & les Enfans, qui s'y laiffent prendre; fi ce n'eft lorfqu'ils agiffent en qualité de Médecins: car qui ne fçait que, lorfqu'il eft queftion de recouvrer la fanté, la crédulité la plus exceffive eft de tous les Pays, de ceux, qui fe piquent le plus de fageffe, comme de ceux, dont les lumieres font plus bornées?

Après tout, Madame, je le repete, il eft difficile de ne pas tomber d'accord que parmi ces Infideles il fe paffe quelquefois des chofes très-capables de tromper, au moins la Multitude, pour ne rien dire de plus. J'ai oui dire à des Perfonnes, dont je ne pouvois foupçonner, ni la bonne foi, ni la prudence, que lorfque ces Impofteurs s'enferment dans les Etuves pour fe faire fuer, & c'eft-là une de leurs plus ordinaires préparations pour faire leurs preftiges, ils ne différent en rien des Pythoniffes, telles que les Poëtes nous les ont repréfentées fur le Trépied: qu'on les y voit entrer dans des convul-

Leurs preftiges.

Tome III. Z z

1721.
Septembre.

sions & des enthousiasmes, prendre des tons de voix, & faire des actions, qui paroissent au-dessus des forces humaines, & qui inspirent aux Spectateurs les plus prévenus contre leurs impostures une horreur & un saisissement, dont ils ne sont pas les maîtres.

On assûre encore qu'ils souffrent beaucoup dans ces occasions, & qu'il s'en trouve, qu'on n'engage pas aisément, même en les payant bien, à se livrer ainsi à l'Esprit, qui les agite. Mais il ne faut pas croire qu'il y ait du surnaturel en ce qu'au sortir de ces sueurs violentes, ils vont se jetter dans l'eau froide & quelquefois glacée, sans en ressentir aucune incommodité. Cela leur est commun avec tous les autres Sauvages, & même avec d'autres Peuples du Nord *(a)*. C'est une expérience, qui déconcerte un peu la Médecine, mais à laquelle le Diable n'a certainement aucune part.

Il est encore vrai que les Jongleurs rencontrent trop souvent juste dans leurs Prédictions, pour croire qu'ils devinent toujours par hazard, & qu'il se passe dans ces occasions des choses, qu'il n'est presque pas possible d'attribuer à aucun secret naturel. On a vû les pieux, dont ces Etuves étoient fermées, se courber jusqu'à terre, tandis que le Jongleur se tenoit tranquille, sans remuer, sans y toucher, qu'il chantoit, & qu'il prédisoit l'avenir. Les Lettres des anciens Missionnaires sont remplies de faits, qui ne laissent aucun doute que ces Séducteurs n'ayent un véritable commerce avec le Pere de la séduction & du mensonge. Plusieurs François m'ont parlé sur le même ton, je ne vous en citerai qu'un trait, que je sçais de source.

Vous avez vû à Paris Madame DE MARSON, & elle y est encore; voici ce que M. le Marquis de Vaudreuil son Gendre, actuellement notre Gouverneur Général, me raconta cet Hyver, & qu'il a sçû de cette Dame, qui n'est rien moins qu'un esprit foible. Elle étoit un jour fort inquiette au sujet de M. de Marson, son Mari, lequel commandoit dans un Poste, que nous avions en Acadie; il étoit absent, & le tems qu'il avoit marqué pour son retour, étoit passé. Une Femme Sauvage, qui vit Madame de Marson en peine, lui en demanda la cause, & l'ayant apprise, lui dit, après y avoir

(a) Le Poëte REGNARD nous assûre dans son Voyage de Lapponie, qu'il a vû faire la même chose en Bothnie.

D'UN VOYAGE DE L'AMERIQ. Let. XXV. 363
un peu rêvé, de ne plus se chagriner, que son Epoux reviendroit tel jour & à telle heure, qu'elle lui marqua, avec un Chapeau gris sur la tête. Comme elle s'apperçut que la Dame n'ajoûtoit point foi à sa prédiction, au jour & à l'heure, qu'elle avoit assignée, elle retourna chez elle, lui demanda si elle ne vouloit pas venir voir arriver son Mari, & la pressa de telle sorte de la suivre, qu'elle l'entraîna au bord de la Riviere. A peine y étoient-elles arrivées, que M. de Marson parut dans un Canot, un chapeau gris sur la tête; & ayant appris ce qui s'étoit passé, assûra qu'il ne pouvoit pas comprendre comment la Sauvagesse avoit pû sçavoir l'heure & le jour de son arrivée.

1721.
Septembre.

Cet exemple, Madame, & beaucoup d'autres, que je sçai, & qui ne sont pas moins certains, prouvent qu'il y a quelquefois de l'opération du Démon dans la magie des Sauvages; mais il n'appartient, dit-on, qu'aux Jongleurs de faire les évocations, quand il s'agit des affaires publiques. On prétend que tous les Algonquins & les Abénaquis pratiquoient autrefois une espéce de Pyromancie, dont voici tout le mystere. Ils réduisoient en une poudre très-fine du charbon de bois de Cédre; ils disposoient cette poudre à leur maniere, puis y mettoient le feu, & par le tour, que prenoit le feu en courant sur cette poudre, ils connoissoient, disoient-ils, ce qu'ils cherchoient. On ajoûte que les Abénaquis, en se convertissant au Christianisme, ont eu bien de la peine à renoncer à un usage, qu'ils regardoient comme un moyen très-innocent de connoître ce qui se passoit loin de chez eux.

De la Pyromancie.

Je n'ai pas oui dire que les Particuliers, qui vouloient posseder ces sortes de secrets, eussent besoin, pour y être initiés, de passer par aucune épreuve; mais les Jongleurs de profession ne sont jamais revêtus de ce caractere, qui leur fait contracter une espéce de pacte avec les Génies, & qui rend leurs personnes respectables, qu'après s'y être disposés par des jeûnes, qu'ils poussent très-loin, & pendant lesquels ils ne font autre chose, que battre le tambour, crier, hurler, chanter, & fumer. L'installation se fait ensuite dans une espéce de Bacchanale, avec des cérémonies si extravagantes, & accompagnées de tant de fureurs, qu'on diroit que le Démon y prend dès-lors possession de leurs personnes.

Installation des Jongleurs.

Ils ne sont néanmoins les Ministres de ces Dieux prétendus,

Des Prêtres.

Z z ij

que pour annoncer aux Hommes leurs volontés, & pour être leurs Interprétes : car si l'on peut donner le nom de sacrifices aux offrandes, que ces Peuples font à leurs Divinités, les Prêtres parmi eux ne font jamais les Jongleurs : dans les cérémonies publiques, ce font les Chefs, & dans le domestique, ce font ordinairement les Peres de Famille, ou à leur défaut le plus considérable de la Cabanne. Mais la principale occupation des Jongleurs, ou du moins celle, dont ils retirent plus de profit, c'est la Médecine : ils exercent cet art avec des principes fondés sur la connoissance des Simples, sur l'expérience, & sur la conjecture, comme on fait par-tout, mais il est rare qu'ils n'y mêlent pas de la superstition, & de la charlatanerie, dont le Vulgaire est toujours dupe.

Maladies ordinaires parmi les Sauvages.

Il n'y a peut-être point d'Hommes au Monde, qui le soient plus de ces Imposteurs, que les Sauvages, quoiqu'il y en ait peu, qui ayent moins besoin de recourir à la Médecine. Non-seulement ils font presque tous d'une complexion saine & robuste, mais ils n'ont connu la plûpart des Maladies, ausquelles nous sommes sujets, que depuis qu'ils nous ont fréquentés. Ils ne sçavoient ce que c'est que la Petite Vérole, quand ils l'ont reçuë de nous, & l'on ne doit attribuer les grands ravages, qu'elle a faits parmi eux, qu'à cette ignorance. La Goute, la Gravelle, la Pierre, l'Apoplexie, & quantité d'autres Maux, si communs en Europe, n'ont point encore pénétré dans cette partie du Nouveau Monde parmi les Naturels du Pays.

Il est vrai que les excès, qu'ils font dans leurs festins, & leurs jeûnes outrés, leur causent des douleurs & des foiblesses de poitrine & d'estomach, qui en font perir un grand nombre. Il meurt aussi quantité de Jeunes-Gens de Phtisie, & l'on prétend que c'est une suite des grandes fatigues, & des exercices violens, ausquels ils s'exposent dès leur enfance, & avant qu'ils soient en état de les supporter. C'est une sottise de croire, comme font quelques-uns, qu'ils ont le sang plus froid que nous, & d'attribuer à cela leur insensibilité prétenduë dans les tourmens ; mais ils l'ont extrêmement balsamique, & cela vient sans doute de ce qu'ils n'usent point de Sel, ni de rien de ce que nous employons, pour relever le goût des Viandes.

Usage, qu'ils font de leurs Simples.

Il est rare qu'ils regardent une Maladie comme purement naturelle, & que parmi les remédes ordinaires, dont ils usent, ils en reconnoissent, qui ayent par eux-mêmes la vertu de

D'UN VOYAGE DE L'AMERIQ. Let. XXV. 365

guérir. Le grand ufage, qu'ils font de leurs Simples, eft pour les playes, les fractures, les dislocations, les luxations & les ruptures. Ils blâment les grandes incifions, que font nos Chirurgiens pour nétoyer les playes, ils expriment le fuc de plufieurs Plantes, & avec cette compofition ils en attirent tout le pus, & jufqu'aux efquilles, les pierres, le fer, & généralement tous les corps étrangers, qui font demeurés dans la partie bleffée. Ces mêmes fucs font toute la nourriture du Malade, jufqu'à ce que fa playe foit fermée: celui, qui le panfe, en prend auffi, avant que de fuccer la playe, quand il eft obligé d'en venir là: mais il y vient rarement, le plus fouvent il fe contente de feringuer de ce jus dans la playe.

1721.
Septembre.

Tout cela eft dans les regles, mais comme il faut à ces Peuples du furnaturel par-tout, fouvent le Jongleur déchire la playe avec les dents, & montrant enfuite un morceau de bois, ou quelqu'autre chofe femblable, qu'il avoit eu la précaution de mettre dans fa bouche, il fait croire au Malade qu'il l'a tiré de fa playe, & que c'étoit le charme, qui caufoit tout le danger de fa Maladie. Ce qui eft certain, c'eft qu'ils ont des fecrets & des remédes admirables. Un os rompu eft bien repris, & folide en huit jours. Un Soldat François, qui étoit en garnifon dans un Fort de l'Acadie, tomboit du Haut-Mal, & fes accès étoient devenus prefque journaliers, & très-violens: une Femme Sauvage, qui fe trouva préfente à un de fes accès, lui alla faire deux boles d'une racine pulvérifée, dont elle ne dit point le nom; recommanda qu'on lui en fît prendre un à la fin du premier accès, qu'il auroit; avertit qu'il fuëroit beaucoup, & qu'il auroit de grandes évacuations par le vomiffement & par les felles, & ajoûta que fi le premier bol n'emportoit pas tout le mal, le fecond le guériroit parfaitement: la chofe arriva, comme elle l'avoit dit; le Malade eut encore un accès après la premiere prife, mais ce fut le dernier. Il jouit dans la fuite d'une fanté parfaite.

Ces Peuples ont encore des remédes prompts & fouverains contre la Paralyfie, l'Hydropifie, & les Maux Vénériens. Des rapures de Bois de Gayac & de Saffafras font leurs Spécifiques ordinaires contre les deux dernieres Maladies; ils en font une boiffon, qui en guérit & en garantit, pourvû qu'on en faffe un ufage continuel (a). Dans les Maux aigus, com-

Divers autres Remédes.

(a) On a parlé depuis d'une Poudre, compofée de trois Simples, qu'un Sauvage a donme dans la Pleuréfie, ils travaillent fur le côté oppofé à la douleur; ils y mettent des cataplâmes, qui attirent, & empêchent les dépôts. Dans la Fiévre ils ufent de lotions froides, avec des décoctions d'Herbes, & préviennent par-là l'inflammation & le tranfport. Ils vantent furtout la diete, mais ils ne la font confifter, qu'à s'abftenir de certains alimens, qu'ils eftiment leur être nuifibles.

Ils n'avoient pas autrefois l'ufage de la Saignée, & ils y fuppléoient par des Scarifications aux endroits, où ils fentoient du mal: ils y appliquoient enfuite une maniere de ventoufe avec des courges, qu'ils rempliffoient de matieres combuftibles, aufquelles ils mettoient le feu. Les Cauftiques, les Uftulations, les Boutons de feu leur étoient familiers; mais comme ils ne connoiffoient point la Pierre Infernale, ils fe fervoient à fa place de bois pourri. Aujourd'hui la Saignée leur tient lieu de tout cela. Dans les Quartiers du Nord on ufoit beaucoup de Lavemens; une Veffie leur fervoit de Seringue. Ils ont contre la Dyfenterie un reméde, qui a prefque toujours fon effet; c'eft un jus, qu'ils expriment des extrémités des branches de Cédre, après les avoir fait bien bouillir.

De la Sueur. Mais leur grand reméde, & leur grand préfervatif contre tous les Maux, eft la Sueur. Je viens de vous dire, Madame, qu'au fortir de l'Etuve, & lorfque l'eau leur découle de toutes les parties du corps, ils vont fe jetter dans la Riviere; fi elle eft trop éloignée, ils fe font arrofer de l'eau la plus froide. Souvent ils fuent uniquement pour fe délaffer, pour fe tranquillifer l'efprit, & pour être plus en état de parler d'affaires. Dès qu'un Etranger arrive dans une Cabanne, on lui fait du feu, on lui frotte les pieds avec de l'huile, & tout de fuite on le conduit dans une Etuve, où fon Hôte lui tient compagnie. Ils ont même une autre maniere de provoquer la fueur, qu'on employe dans de certaines Maladies: elle confifte à étendre le Malade fur une efpéce de Couche un peu élevée, fous laquelle on fait bouillir dans une Chaudiere du bois d'Epinette, & des branches de Sapin. La vapeur, qui en fort, caufe une fueur des plus abondantes: on prétend même que l'odeur en eft très-falutaire; la fueur des

née à un de nos Miffionnaires, & qui guérit radicalement en peu de jours le Mal de Naples le plus invétéré.

Etuves, qui n'eſt procurée que par la vapeur de l'eau verſée ſur des Cailloux, n'a point cet avantage.

1721.
Septembre.

Dans l'Acadie, une Maladie n'étoit cenſée bien ſérieuſe, que quand le Malade ne vouloit abſolument rien prendre, & pluſieurs autres Nations ſont encore dans cette erreur: quelque Fiévre, qu'on ait, ſi l'on veut manger, on mange de tout, comme les autres. Mais dès que la Maladie paroît dangereuſe, c'eſt-à-dire, quand le Malade rejette toutes ſortes de nourriture, on y apporte beaucoup d'attention. Il eſt vrai que les principes, ſur leſquels eſt fondée toute la Médecine des Sauvages, ſont fort extraordinaires, on ne refuſe rien au Malade de ce qu'il demande, parce que, dit-on, ſes déſirs en cet état ſont des ordres du Génie, qui veille à ſa conſervation; & quand on appelle les Jongleurs, c'eſt moins à cauſe de leur habileté, que parce qu'on ſuppoſe, qu'ils peuvent mieux ſçavoir des Eſprits la cauſe du mal, & les remedes, qu'il y faut appliquer.

Principes, ſur quoi roule toute la Médecine des Sauvages.

D'ailleurs, on ne veut rien avoir à ſe reprocher, il ſemble que la Mort perde une partie de ce qu'elle a d'affreux, quand elle vient à la ſuite des Remedes, dût-elle en être l'effet. Nos Sauvages ſe ſont en cela ſoûmis à la loi commune, & au préjugé général de toutes les Nations & de tous les Siécles; & ils ſont d'autant plus excuſables, ce ſemble, de porter ſi loin la crédulité, que reconnoiſſant du ſurnaturel dans toutes les Maladies, & faiſant entrer la Religion dans l'Art de les guérir, ils ſe croyent moins obligés de raiſonner, & ſe font un devoir de ſe laiſſer conduire à l'aveugle.

Souvent le Malade ſe met dans la tête que ſon mal eſt l'effet d'un Maléfice, alors toute l'attention ſe porte à le découvrir, & c'eſt le devoir du Jongleur. Il commence lui-même par ſe faire ſuer, & quand il s'eſt bien fatigué à crier, à ſe débattre, & à invoquer ſon Génie, la premiere choſe extraordinaire, qui lui vient en penſée, il lui attribue la cauſe de la Maladie. Pluſieurs, avant que d'entrer dans l'Etuve, prennent un Breuvage compoſé, fort propre, diſent-ils, à leur faire recevoir l'impreſſion Céleſte, & l'on prétend que la préſence de l'Eſprit ſe manifeſte par un Vent impétueux, qui ſe leve tout à coup; ou par un Mugiſſement, que l'on entend ſous terre; ou par l'agitation & l'ébranlement de l'Etuve. Alors, plein de ſa prétenduë Divinité, & plus ſemblable à un Ener-

Idée extravagante ſur les Maladies.

1721.
Septembre.

Imposture des Jongleurs.

gumene, qu'à un Homme inspiré du Ciel, il prononce d'un ton affirmatif sur l'état du Malade, & rencontre quelquefois assez juste.

Mais ces Charlatans ont imaginé un moyen assez singulier de n'être jamais responsables des événemens. Dès qu'ils voyent un Malade tourner à la Mort, ils ne manquent jamais de faire une Ordonnance, dont l'execution est si difficile, qu'ils ont à coup sûr leur recours sur ce qu'elle n'a pas été exactement suivie. Il n'est pas concevable à quelles extravagances ils se portent en ces occasions ; il y a des Malades à qui ils commandent de contrefaire les foux ; dans certaines Maladies ils ordonnent des Danses, qui sont ordinairement fort lascives : presque toujours on diroit qu'ils ont bien moins en vûë de guérir le Malade, que d'avancer sa mort ; mais ce qui fait voir la force de l'imagination sur les Hommes, ces Médecins avec toutes leurs folies, guérissent aussi souvent que les nôtres.

Leur cruauté à l'égard des Malades désespérés.

Il y a des Pays, où, quand le Malade est désespéré, on l'acheve pour l'empêcher de languir. Dans le Canton d'Onnontagué on fait mourir les petits Enfans, qui perdent leurs Meres, avant que d'être sevrés ; on les enterre même tout vivans avec elles, parce qu'on est persuadé qu'une autre Femme ne pourroit pas les nourrir, & qu'ils mourroient de langueur ; je ne sçais pourtant pas si depuis quelque tems, ils n'ont pas renoncé à cette barbare coûtume. Quelques autres abandonnent les Malades, dès que le Médecin n'en espere plus rien, & les laissent mourir de faim & de soif. Il y en a, qui pour empêcher le Moribond de faire des grimaces en expirant, lui ferment les yeux & la bouche, dès qu'ils le voyent entrer dans l'agonie.

Des Autmoins de l'Acadie.

Dans l'Acadie les Jongleurs s'appelloient *Autmoins*, & c'étoit ordinairement le Chef du Village, qui étoit revêtu de cette dignité ; aussi avoient-ils beaucoup plus d'autorité, que les autres Jongleurs, quoiqu'ils ne fussent, ni plus habiles, ni moins imposteurs. Dès qu'ils étoient appellés pour voir un Malade, ils commençoient par le considérer assez lontems, puis ils souffloient sur lui. Si cela ne produisoit rien, „ C'est „ que le Diable, disoient-ils, est au dedans ; il faudra pourtant „ bien qu'il en sorte : mais que chacun soit sur ses gardes, car „ ce méchant Esprit pourroit bien de dépit se jetter sur quelqu'un

qu'un des Affiftans ». Alors ils entroient dans une efpece de « 1721.
fureur, ils s'agitoient, ils crioient, ils menaçoient le pré- Septem-
tendu Démon ; ils lui parloient, comme s'ils l'euffent vû de bre.
leurs yeux, ils lui pouffoient des eftocades ; mais tout cela
n'étoit qu'un jeu, pour cacher leur fourberie.

En entrant dans la Cabanne ils avoient toujours la précaution d'enfoncer dans la terre un morceau de bois attaché à
une corde ; ils préfentoient enfuite le bout de la corde à tous
les Spectateurs, en les invitant à retirer ce bois, & comme
prefque jamais Perfonne n'en pouvoit venir à bout, ils ne
manquoient pas de dire, que c'étoit le Diable, qui le retenoit ; puis, feignant de vouloir percer ce prétendu Diable,
ils détachoient peu à peu le bois en fouillant la terre tout autour, après quoi ils le retiroient fans peine, & chacun crioit
Victoire. A ce Bois étoit attaché en deffous un petit Os, ou
quelque autre chofe femblable, qu'on n'avoit point apperçu
d'abord, & les Charlatans le faifant remarquer aux Affiftans
„ Voilà, s'écrioient-ils, la caufe du Mal, il a fallu tuer le «
Diable pour l'avoir „. «

Cette farce duroit trois ou quatre heures, au bout defquelles le Médecin avoit befoin de repos & de rafraîchiffement ; il
s'en alloit, en affûrant qu'infailliblement le Malade guériroit, fi le Mal n'avoit pas encore pris le deffus ; c'eft-à-dire,
fi le Diable, avant fa retraite, ne l'avoit pas déja bleffé à
mort. Et comment le fçavoir ? l'Autmoin prétendoit le connoître par les Songes, mais il fe donnoit bien de garde de parler clairement, qu'il ne vît le tour que prendroit la Maladie.
Dès qu'il la jugeoit incurable, il fe retiroit, & à fon exemple tout le monde abandonnoit le Malade. Si au bout de trois
jours il vivoit encore ; „ Le Diable, difoit le Médecin, ne «
veut pas qu'il guériffe, & l'empêche de mourir ; il faut par «
charité mettre fin à fes maux „. Auffitôt les meilleurs Amis «
du Malade alloient chercher de l'Eau froide, & lui en ver-
foient fur le Vifage, jufqu'à ce qu'il expirât. L'enchantement
étoit tel, qu'on faifoit encore de grands remercimens à l'Autmoin, & qu'on le payoit graffement.

Quelques Nations Méridionales ont des Maximes toutes
contraires, on n'y paye le Médecin qu'après la guérifon ; &
fi le Malade meurt, celui qui l'a traité, n'eft pas en fûreté
de fa vie. Selon les Iroquois, toute Maladie eft un défir de

Tome III. A a a

l'Ame, & on ne meurt, que parce que le défir n'eft pas accompli. Je finis, Madame, parce que l'article des Morts me meneroit trop loin, & que tout fe difpofe pour mon Voyage; je retrouverai apparemment bientôt le loifir de vous écrire de nouveau, mais vous n'en ferez pas plus avancée, car d'ici aux Illinois il n'y a nulle apparence que je rencontre aucune occafion de vous faire tenir mes Lettres, de forte que fi je vous en écris quelqu'une avant que d'y arriver, vous la recevrez peut-être auffi tard, que fi je ne vous écrivois qu'au terme.

Je fuis, &c.

VINT-SIXIÉME LETTRE.

Départ du Fort de la Riviere S. Jofeph. Sources du Theakiki. De ce qui fe paffe à la mort des Sauvages, de leurs Funérailles, de leurs Tombeaux. Du Deuil, du Veuvage. De la Fête des Morts.

De la Source du Theakiki, ce dix-fept Septembre, 1721.

MADAME,

JE ne m'attendois pas de reprendre fitôt la plume pour vous écrire, mais mes Conducteurs viennent de brifer leur Canot, & me voici arrêté pour tout le jour dans un endroit, où je ne trouve rien, qui puiffe piquer la curiofité d'un Voyageur; ainfi je n'ai rien de mieux à faire, qu'à me livrer au plaifir de vous entretenir.

Je crois vous avoir fait entendre dans ma derniere que j'avois à choifir de deux Routes pour gagner les Illinois; la premiere étoit de retourner au Lac Michigan, d'en côtoyer toute la Côte Méridionale, & d'entrer dans la petite Riviere de Chicagou. Après qu'on l'a remonté cinq ou fix lieuës, on paffe dans celle des Illinois par le moyen de deux portages, dont le plus long n'a que cinq quarts de lieuës; mais comme cette Riviére n'eft encore qu'un Ruiffeau en cet endroit, on m'a averti que dans la Saison, où nous sommes, je n'y trouverois pas assez d'eau pour mon Canot ; j'ai donc pris l'autre Route, qui a bien aussi ses incommodités, & n'est pas à beaucoup près aussi agréable ; mais elle est plus sûre.

1721. Septembre.

Je partis hier du Fort de la Riviere de Saint Joseph, & je remontai cette Riviere environ six lieuës. Je débarquai sur la droite, je marchai cinq quarts de lieuës, d'abord en côtoyant le bord de l'eau, ensuite à travers champ dans une Prairie immense, toute semée de petits Bouquets de Bois, qui font un très-bel effet ; on l'appelle *la Prairie de la Tête de Bœuf*, parce qu'on y a trouvé, dit-on, une Tête de Bœuf, qui étoit monstrueuse pour sa grosseur. Pourquoi n'y auroit-il pas aussi des Géans parmi ces Animaux ? Je campai dans un fort bel endroit, qu'on appelle *le Fort des Renards*, parce que les Renards, c'est-à-dire, les Outagamis, y ont eu, il n'y a pas lontems, un Village fortifié à leur maniere.

Départ du Fort de Saint Joseph.

Ce matin j'ai encore fait une lieuë dans la Prairie, ayant presque toujours les pieds dans l'eau ; ensuite j'ai rencontré une espece de Mare, qui communique avec plusieurs autres de différentes grandeurs, & dont la plus grande n'a point cent pas de circuit. Ce sont-là les sources d'une Riviere, appellée *Theakiki*, & que par corruption nos Canadiens nomment *Kiakiki*. Theak veut dire un Loup, je ne me souviens plus dans quelle Langue, mais cette Riviere porte ce nom, parce que les *Mahingans*, qu'on appelle aussi *les Loups*, s'y étoient autrefois réfugiés.

Nous mîmes notre Canot, que deux Hommes avoient porté jusques-là, dans la seconde de ces sources, & nous nous y embarquâmes ; mais à peine y avions nous assez d'eau pour y être à flot. Dix Hommes feroient en deux jours un Canal droit & navigable, qui épargneroit bien de la peine, & dix ou douze lieuës de chemin ; car la Riviere, au sortir de sa source, est si étroite, & il y faut continuellement tourner si court, qu'à chaque instant on est en danger de briser son Canot, comme il vient de nous arriver. Mais revenons aux Sauvages, & après avoir vû de quelle maniere on les traite dans leurs Maladies, voyons-les mourir, & ce qui se passe après leur Mort.

Pour l'ordinaire, quand ils se croyent hors d'espérance de guérir, ils prennent leur parti avec une résolution vraiement

Ce qui se passe à la mort des Sauvages.

A aa ij

Stoïque, & ils se voyent avancer leurs jours par les Personnes, qui leur sont les plus cheres, sans en témoigner le moindre chagrin. A peine a-t-on prononcé l'Arrêt du Médecin à un Moribond, qu'il fait un effort pour haranguer ceux, qui sont autour de lui. Si c'est un Chef de Famille, il fait par avance son Oraison Funébre, qu'il finit en donnant à ses Enfans de très-bons avis ; il prend ensuite congé de tout le monde, ordonne un Festin, où il faut employer tout ce qui reste de provisions dans sa Cabanne, puis il reçoit les Présens de sa Famille.

Pendant ce tems-là on égorge tous les Chiens, qu'on peut attraper, afin que les Ames de ces Animaux aillent donner avis dans l'autre Monde qu'un tel va bientôt partir pour s'y rendre, & tous les Corps se mettent dans la Chaudiere pour renforcer le Festin. Après le Repas, les pleurs commencent ; on les interrompt pour faire au Mourant les derniers Adieux, lui souhaiter un heureux Voyage, le consoler sur ce qu'il va se séparer de ses Parens & de ses Amis, & l'asûrer que ses Enfans soûtiendront toute la gloire, qu'il s'est acquise.

Il faut convenir, Madame, que le sang-froid, avec lequel ces Peuples envisagent la Mort, a quelque chose d'admirable ; & cela est si universel, qu'on n'a peut-être jamais vû un Sauvage se troubler, en apprenant qu'il n'a plus que quelques heures à vivre ; c'est partout le même principe & le même génie, quoique les Usages varient beaucoup sur tout ce que je viens de vous dire, selon les diverses Nations. Par-tout il y a des danses, des chants, des invocations, des festins ordonnés par les Médecins, presque toujours des remédes plus propres, selon nos idées, à faire mourir un Homme, qui se porteroit bien, qu'à guérir un Malade. En quelques endroits même on n'en fait aucun : on se contente d'avoir recours aux Esprits, & si le Malade recouvre sa santé, ils en ont tout l'honneur ; mais le Mourant est toujours le plus tranquile sur son sort.

Leur Générosité à l'égard des Morts. D'autre part, si ces Peuples font paroître si peu de jugement dans la maniere, dont ils traitent les Malades, il faut avouer qu'ils se comportent à l'égard des Morts avec une générosité, & une affection, qu'on ne peut trop admirer. On a vû des Meres garder des années entieres les cadavres de leurs Enfans, & ne pouvoir s'en éloigner ; & d'autres se tirer du lait de la

Mamelle, & le répandre fur la Tombe de ces petites Créatures. Si le feu prend à un Village, où il y ait des corps morts, c'eſt la premiere choſe, qu'on met en ſûreté : on ſe dépouille de ce qu'on a de plus précieux, pour en parer les Défunts : de tems en tems on découvre leurs Cercueils pour les changer d'habits, & l'on s'arrache les morceaux de la bouche, pour les porter ſur leur ſépulture, & dans les lieux, où l'on s'imagine que leurs Ames ſe promenent. En un mot on fait beaucoup plus de dépenſe pour les Morts, que pour les Vivans.

1721.
Septembre.

Sitôt que le Malade a rendu les derniers ſoupirs tout retentit de gémiſſemens, & cela dure autant que la Famille eſt en état de fournir à la dépenſe, car il faut tenir table ouverte pendant tout ce tems-là. Le Cadavre paré de ſa plus belle robe, le viſage peint, ſes armes, & tout ce qu'il poſſedoit à côté de lui, eſt expoſé à la porte de la Cabanne dans la poſture, qu'il doit avoir dans le Tombeau, & cette poſture en pluſieurs endroits eſt celle, où l'Enfant eſt dans le ſein de ſa Mere. L'uſage de quelques Nations eſt que les Parens du Défunt jeûnent juſqu'à la fin des funérailles, & tout cet intervalle ſe paſſe en pleurs, en éjulations, à régaler tous ceux, dont on reçoit la viſite, à faire l'éloge du Mort, & en complimens réciproques. Chez d'autres on loue des Pleureuſes, qui s'acquittent parfaitement de leur devoir. Elles chantent, elles danſent, elles pleurent ſans ceſſe, & toujours en cadence : mais ces démonſtrations d'une douleur empruntée ne préjudicient point à ce que la nature exige des Parens du Défunt.

Des Funérailles.

Il me paroît qu'on porte ſans aucune cérémonie le corps au lieu de ſa ſépulture, du moins n'ai-je rien trouvé ſur cela dans aucune Relation ; mais quand il eſt dans la Foſſe, on a ſoin de le couvrir de telle maniere, que la terre ne le touche point : il y eſt comme dans une Cellule toute tapiſſée de Peaux, beaucoup plus riche & mieux ornée qu'une Cabanne. On dreſſe enſuite un poteau ſur la Tombe, & on y attache tout ce qui peut marquer l'eſtime, qu'on faiſoit du Mort. On y met quelquefois ſon portrait, & tout ce qui peut ſervir à faire connoître aux Paſſans qui il étoit, & les plus belles actions de ſa vie. On y porte tous les matins de nouvelles proviſions, & comme les Chiens, & d'autres Bêtes ne manquent point d'en faire leur profit, on veut bien ſe perſuader que c'eſt

Des Tombeaux.

l'Ame du Défunt, qui eft venuë y prendre fa réfection.

Il n'eft pas étonnant après cela que les Sauvages croyent aux Revenans : auffi en font-ils des contes de toutes les façons. J'ai vû un pauvre Homme, qui à force d'en entendre parler, s'étoit imaginé qu'il avoit toujours une troupe de Morts à fes trouffes, & comme on avoit pris plaifir à augmenter fa frayeur, il en étoit devenu fou. Cependant au bout d'un certain nombre d'années, autant qu'on avoit d'abord pris à tâche de conferver le fouvenir de ceux, qu'on a perdus, autant prend-on de précaution pour les effacer de fon efprit, & cela uniquement pour mettre fin à la douleur, qu'on a reffentie de leur perte.

Des Miffionnaires demandant un jour à leurs Néophytes, pourquoi ils fe privoient des chofes les plus néceffaires en faveur de leurs Morts ? „ C'eft, répondirent-ils, non-feulement „ pour témoigner à nos Proches l'amour, que nous leur por- „ tions, mais encore pour n'avoir pas devant les yeux, dans „ ce qui a été à leur ufage, des objets, qui renouvelleroient „ fans ceffe notre douleur „. C'eft auffi par cette raifon, qu'on s'abftient pendant un certain tems de prononcer leurs noms, & que fi quelqu'autre de la Famille le porte, il le quitte pendant tout le tems du deuil. C'eft encore apparemment la raifon, pourquoi le plus fanglant outrage, qu'on puiffe faire à quelqu'un, c'eft de lui dire : *ton Pere eft mort*, ou *ta Mere eft morte*.

Quand quelqu'un meurt dans le tems de la Chaffe, on expofe fon corps fur un Echafaut fort élevé, & il y demeure jufqu'au départ de la Troupe, qui l'emporte avec elle au Village. Il y a même des Nations, qui en ufent ainfi à l'égard de tous leurs Morts, & je l'ai vû pratiquer aux Miffifaguez du Détroit. Les corps de ceux, qui meurent en guerre, font brûlés, & leurs cendres rapportées, pour être mifes dans la Sépulture de leurs Peres. Ces Sépultures font, parmi les Nations les plus fédentaires, des efpéces de Cimetieres près du Village. D'autres enterrent leurs Morts dans les Bois au pied d'un Arbre, ou les font fécher, & les gardent dans des caiffes jufqu'à la Fête des Morts, dont je vais bientôt parler ; mais on obferve en quelques endroits pour ceux, qui fe font noyés, ou qui font morts de froid, un cérémonial affez bifarre.

Avant que de vous en donner la defcription, il eft bon,

Madame, de vous dire que les Sauvages croyent que, quand ces accidens arrivent, les Esprits sont irrités, & que leur colere ne s'appaise, qu'après que les corps sont retrouvés. Alors, les préliminaires des pleurs, des danses, des chants & des festins étant achevés, on porte le corps au lieu de sa sépulture, ou, si on en est trop éloigné, à l'endroit, où il doit demeurer en dépôt jusqu'à la Fête des Morts. On y creuse une Fosse très-large, & on y allume un feu. De Jeunes-Gens s'approchent ensuite du Cadavre, coupent les chairs aux parties, qui ont été crayonnées par un Maître des cérémonies, & les jettent dans le feu avec les visceres : puis ils placent le Cadavre ainsi déchiqueté dans le lieu, qui lui est destiné. Durant toute cette opération les Femmes, & surtout les Parentes du Défunt, tournent sans cesse autour de ceux, qui travaillent, les exhortent à bien s'acquitter de leur emploi, & leur mettent des grains de Porcelaine dans la bouche, comme on y mettroit des dragées aux Enfans pour les engager à quelque chose, qu'on souhaiteroit d'eux.

L'enterrement est suivi des présens, qu'on fait à la Famille affligée, & cela s'appelle *couvrir le Mort*. Ces présens se font au nom du Village, & quelquefois au nom de la Nation. Les Alliés en font aussi à la mort des Personnes considérables. Mais auparavant la Famille du Défunt fait un grand festin au nom du Défunt, & ce festin est accompagné de jeux, pour lesquels on propose des prix. C'est une espéce de Joûte, qui se fait en cette maniere : un Chef jette sur la tombe trois bâtons de la longueur d'un pied, un jeune Homme, une Femme, & une Fille en prennent chacun un, & ceux de leur âge, de leur sexe, & de leur état, s'efforcent de leur arracher des mains. Ceux, à qui ils demeurent, sont victorieux. Il y a aussi des courses, & l'on tire quelquefois au blanc ; enfin par un usage, que nous voyons établi dans toute l'Antiquité Payenne, une action toute lugubre est terminée par des chants, & des cris de victoire.

Il est vrai que la Famille du Mort ne prend aucune part à ces réjouissances, on observe même dans sa Cabanne, après les obséques un deuil, dont les loix sont fort séveres. Il faut avoir les cheveux coupés, & la face noircie ; se tenir debout, la tête enveloppée dans une couverture, ne regarder personne, ne faire aucune visite, ne rien manger de chaud, se pri-

1721. Septembre.

Ce qui se passe après l'Enterrement.

Du Deuil.

ver de tous les plaisirs, n'avoir presque rien sur le corps, & ne se point chauffer, même au cœur de l'Hyver. Après ce grand deuil, qui est de deux ans, on en commence un second, plus moderé, qui dure deux ou trois autres années, & qu'on peut encore adoucir peu à peu ; mais on ne se dispense de rien de ce qui est prescrit, qu'avec l'agrément de la Cabanne, à laquelle le Veuf ou la Veuve appartiennent ; ces permissions, aussi-bien que la fin du deuil, coûtent toujours un Festin.

Du Veuvage, & des Secondes Noces. Enfin, on ne peut sans le consentement de ceux, de qui on dépend, en vertu des loix du Veuvage, convoler à de secondes Nôces. S'ils n'ont point de Mari à donner à la Veuve, elle n'est point embarrassée, quand elle a des Garçons en âge de la soûtenir ; elle peut demeurer dans l'état de viduité, sans craindre de manquer jamais de rien. Si elle veut se remarier, elle peut choisir, & celui, qu'elle épouse, devient le Pere des Enfans, qu'elle avoit : il entre dans tous les droits, & dans toutes les obligations du premier Mari. L'Epoux ne pleure point sa Femme, parce que, selon les Sauvages, les larmes ne conviennent point aux Hommes ; ce qui n'est pourtant pas universel dans toutes les Nations : mais les Femmes pleurent leur Mari pendant un an, elles l'appellent sans cesse, & remplissent le Village de cris & d'éjulations, surtout au lever & au coucher du Soleil, à Midi, & en quelques endroits, lorsqu'elles vont au travail, & qu'elles en reviennent ; les Meres font à peu près la même chose pour leurs Enfans. Les Chefs ne gardent le deuil que six mois, & peuvent ensuite se remarier.

Idée des Sauvages sur ceux, qui meurent de mort violente. Enfin le premier, & souvent le seul compliment, qu'on fasse à un Ami, & même à un Etranger, qu'on reçoit dans sa Cabanne, est de pleurer ceux de ses Proches, qu'il a perdus depuis qu'on ne l'a vû. On lui met la main sur la tête, & on lui fait entendre celui, qu'on pleure, mais on ne le nomme pas. Tout ceci est fondé sur la Nature, & ne sent point le Barbare, mais ce que je vais vous dire ne me paroît excusable par aucun endroit : c'est la conduite, que ces Peuples tiennent à l'égard de tous ceux, qui ont peri de mort violente, même en guerre, & pour le service de la Patrie.

Ils se sont mis dans la tête que leurs Ames n'ont dans l'autre Monde aucun commerce avec les autres, & sur ce principe ils les brûlent, ou les enterrent d'abord, quelquefois même

même avant qu'ils ayent expiré. Ils ne les mettent jamais dans le Cimetiere commun, & ils ne leur donnent aucune part à cette grande cérémonie, qui se renouvelle tous les huit ans parmi quelques Nations, & tous les dix ans chez les Hurons & les Iroquois.

1721.
Septembre.

On l'appelle *la Fête des Morts*, ou *le Festin des Ames*; & voici ce que j'ai pû recueillir de plus uniforme & de plus remarquable touchant cette action, la plus singuliere & la plus célebre de toute la Religion des Sauvages. On commence par convenir du Lieu, où se fera l'Assemblée, puis on choisit le Roy de la Fête, dont le devoir est de tout ordonner, & de faire les invitations aux Villages voisins. Le jour marqué étant venu, tous les Sauvages s'assemblent, & vont processionnellement deux à deux au Cimetiere; là, chacun travaille à découvrir les Corps, ensuite on demeure quelque tems à considérer en silence un spectacle si capable de fournir les plus sérieuses réfléxions. Les Femmes interrompent les premieres ce religieux silence, en jettant des cris lamentables, qui augmentent encore l'horreur, dont tout le monde est pénetré.

De la Fête des Morts.

Ce premier acte fini, on prend ces Cadavres, on ramasse les ossemens secs & détachés, on les met en paquets, & ceux, qui sont marqués pour les porter, les chargent sur leurs épaules. S'il y a des Corps, qui ne soient pas entierement corrompus, on les lave, on en détache les chairs pourries, & toutes les ordures, & on les enveloppe dans des Robes de Castors toutes neuves. Ensuite on s'en retourne dans le même ordre, qu'on avoit gardé en venant, & quand la Procession est rentrée dans le Village, chacun dépose dans sa Cabanne le dépôt, dont il étoit chargé. Pendant la marche les Femmes continuent leurs éjulations, & les Hommes donnent les mêmes marques de douleur, qu'au jour de la mort de ceux, dont ils viennent de lever les tristes restes; & ce second acte est suivi d'un Festin dans chaque Cabanne, en l'honneur des Morts de la Famille.

Les jours suivans on en fait de publics, & ils sont accompagnés, comme le jour de l'Enterrement, de Danses, de Jeux & de Combats, pour lesquels il y a aussi des Prix proposés. De tems en tems on jette de certains cris, qui s'appellent *les cris des Ames*, on fait des Présens aux Etrangers, parmi lesquels il y en a quelquefois, qui sont venus de cent cinquante lieuës, & l'on en reçoit d'eux. On profite même de ces occasions, pour traiter des Affaires communes, ou pour l'élection d'un Chef : tout se passe avec beaucoup d'ordre, de décence, & de modestie ; & chacun y paroît pénétré des sentimens les plus conformes à l'action principale ; tout, jusqu'aux Danses & aux Chants, y respire je ne sçai quoi de lugubre, & l'on y sent des cœurs percés de la plus vive douleur ; les plus indifferens en seroient saisis, à la vûë de ce spectacle.

Au bout de quelques jours on se rend encore processionnellement dans une grande Salle de Conseil dressée exprès, on y suspend contre les Parois les Ossemens & les Cadavres dans le même état, où on les a tirés du Cimetiere, & on y étale les Présens destinés pour les Morts ; si parmi ces tristes restes il se trouve ceux d'un Chef, son Successeur donne un grand repas en son nom, & chante sa Chanson. En plusieurs endroits les Corps sont promenés de Bourgade en Bourgade, sont reçus partout avec de grandes démonstrations de douleur & de tendresse, & partout on leur fait des Présens ; enfin on les porte à l'endroit, où ils doivent être déposés pour toujours : mais j'ai oublié de vous dire que toutes ces marches se font au son des Instrumens, accompagnés des plus belles Voix, & que chacun y marche en cadence.

Cette derniere & commune sépulture est une grande fosse, qu'on tapisse des plus belles Pelleteries, & de ce qu'on a de plus précieux. Les Présens destinés pour les Morts, sont placés à part : à mesure que la Procession arrive, chaque Famille s'arrange sur des especes d'Echaffauts dressés autour de la fosse, & au moment que les Corps sont déposés, les Femmes recommencent à crier, & à pleurer. Ensuite tous les Assistans descendent dans la fosse, & il n'est Personne, qui n'en prenne un peu de terre, qui se conserve précieusement ; on s'est imaginé que cette terre porte bonheur au Jeu. Les Corps & les Ossemens sont arrangés par ordre, couverts de Fourures toutes neuves, & par dessus, d'écorces sur lesquelles on jette des pierres, du bois, & de la terre. Chacun se retire ensuite chez soi, mais des Femmes reviennent pendant quelques jours verser au même endroit de la Sagamité.

Je suis, &c.

VINT-SEPTIÉME LETTRE.

1721. Octobre.

Voyage jusqu'à Pimiteouy. De la Riviere des Illinois ; Réception des Prisonniers parmi ces Peuples. Maniere, dont ils les brûlent. Quelques particularités sur leur maniere de vivre.

A Pimiteouy, ce cinquiéme d'Octobre, 1721.

MADAME,

LA nuit du dix-sept au dix-huit de ce mois, la Gelée, qui depuis huit jours se faisoit sentir tous les matins, augmenta considérablement ; c'étoit de bonne heure pour le Climat où nous nous trouvions, car nous étions par les quarante & un degrés quarante minutes d'élévation du Pole. Les jours suivans nous voguâmes depuis le matin jusqu'au soir, favorisés par le Courant, qui est assez fort, & quelquefois par le Vent ; nous faisions en effet beaucoup de chemin, mais nous avancions fort peu : après avoir fait dix ou douze lieuës, nous nous trouvions si proches de notre dernier Campement, que de l'un à l'autre on auroit pû se voir, & se parler même, au moins avec un Porte-voix.

Description du Théakiki.

Ce qui nous consoloit un peu, c'est que la Riviere & ses bords étoient couverts de Gibier engraissé par la Folle Avoine, qui étoit pour lors dans sa maturité. J'y cueillis aussi du Raisin mûr, de la grosseur & de la figure d'une balle de Mousquet, & assez tendre, mais d'un mauvais goût. C'est apparemment le même, qu'on appelle dans la Louysiane *Raisin-Prune*. La Riviere peu à peu prend un cours plus droit, mais ses bords ne sont agréables qu'après, cinquante lieuës depuis sa source. Elle est même dans tout cet espace fort étroite, & comme elle est bordée d'Arbres, qui ont leurs racines dans l'eau, quand il en tombe quelqu'un il barre toute la Riviere, & il faut perdre un tems infini à se faire un passage pour le Canot.

Tous ces embarras passés, la Riviere, à cinquante lieuës de

sa source forme un petit Lac, & s'élargit ensuite considérablement. Le Pays devient beau. Ce sont des Prairies à perte de vûë, où les Bœufs vont par troupeaux de deux à trois cent, mais il y faut être sur ses gardes, pour ne point se laisser surprendre par des Partis de Sioux & d'Outagamis, que le voisinage des Illinois, leurs Ennemis mortels, y attire, & qui ne font pas plus de quartier aux François, qu'ils rencontrent sur leur route. Le mal est que le Theakiki perd de sa profondeur, à mesure qu'il gagne en largeur, de sorte qu'il faut souvent décharger le canot, & marcher à pied, ce qui ne se fait jamais sans quelque risque, & que j'aurois été fort embarrassé, si on ne m'avoit donné une Escorte à la Riviere de Saint Joseph.

Ce qui m'a surpris, en voyant si peu d'eau dans le Theakiki, c'est que de tems en tems il reçoit d'assez jolies Rivieres ; j'en ai vû une entr'autres, qui a plus d'un arpent de large à son embouchure, & qu'on a nommée là *Riviere des Iroquois*, parce que ces Braves s'y laisserent surprendre par les Illinois, qui leur tuerent bien du Monde. Cet échec les humilia d'autant plus, qu'ils méprisoient fort les Illinois, lesquels ordinairement ne tiennent point devant eux.

De la Riviere des Illinois.

Le vint-sept de Septembre nous arrivâmes à *la Fourche*, c'est le nom, que les Canadiens ont donné à l'endroit, où le Theakiki & la Riviere des Illinois se joignent. Celle-ci, quoiqu'après soixante lieuës de cours, y est encore si peu de chose, que j'y vis un Bœuf la traverser, n'ayant pas de l'eau jusqu'à mi-jambe. Le Theakiki au contraire, outre qu'il y amene ses eaux de cent lieuës, est une belle Riviere. Cependant il perd ici son nom, sans doute parce que les Illinois ayant été établis en plusieurs endroits de l'autre, lui ont donné le leur. Enrichie tout-à-coup par cette jonction, elle ne le céde en largeur à aucune, que nous ayons en France, & j'ose vous assûrer, Madame, qu'il n'est pas possible de voir un meilleur, ni un plus beau Pays, que celui, qu'elle arrose, au moins jusqu'à l'endroit, d'où je vous écris. Mais ce n'est que quinze lieuës au-dessous de la Fourche, qu'elle acquiert une profondeur, qui réponde à sa largeur ; quoique dans cet intervalle elle reçoive plusieurs autres Rivieres.

La plus grande se nomme *Pisticoui*, & vient du beau Pays des Mascoutins. Elle a à son embouchure un Rapide, qu'on a nommé *la Charbonniere*, parce que l'on trouve beaucoup de charbon de terre aux environs. On ne voit sur cette route que des Prairies immenses, semées de petits bouquets de bois, qui paroissent y avoir été plantés à la main, les herbes y sont si hautes, qu'on s'y perd, mais on rencontre partout des sentiers aussi battus, qu'ils le pourroient être dans les Pays les plus peuplés, cependant il n'y passe que des Bœufs], & de tems en tems quelques troupeaux de Cerfs, & quelques Chevreuils.

1721.
Octobre.

Une lieuë au-dessous de la Charbonniere on apperçoit sur la droite un Rocher tout rond, extrémement élevé, dont le sommet est en terrasse ; on l'appelle *le Fort des Miamis*, parce que ces Sauvages y ont eu un Village. Au bout d'une autre lieuë sur la gauche on en voit un tout semblable, qu'on a nommé simplement *le Rocher*. C'est la pointe d'un Platon fort élevé, qui tourne l'espace de deux cent pas, en suivant toujours le bord de la Riviere, laquelle s'élargit beaucoup en cet endroit. Il est partout à pic, & de loin on le prendroit pour une Forteresse. On y voit même encore quelques restes de Palissades, parce que les Illinois y avoient fait autrefois un Retranchement, qu'il leur est aisé de réparer en cas de quelqu'irruption de la part de leurs Ennemis.

Leur Village est au pied de ce Roc dans une Isle, qui avec plusieurs autres, toutes d'une fertilité merveilleuse, séparent en cet endroit la Riviere en deux Canaux assez larges. J'y débarquai le vint-neuf vers les quatre heures du soir, & j'y rencontrai quelques François, qui y trafiquoient avec les Sauvages. A peine avois-je mis pied à terre, que je fus visité par le Chef de la Bourgade : c'est un Homme d'environ quarante ans, bienfait, doux, d'une physionomie aimable, & dont les François me dirent beaucoup de bien.

Je montai ensuite sur le Rocher par un chemin assez aisé, mais fort étroit. Je trouvai une terrasse fort unie, d'une grande étenduë, & où tous les Sauvages du Canada ne forceroient pas vint Hommes, qui auroient des armes à feu, s'ils pouvoient y avoir de l'eau ; car on n'en peut tirer que de la Riviere, & pour cela il faut se découvrir. Toute la ressource de ceux, qui y seroient assiégés, est l'impatience naturelle à ces Barbares. Dans les petits Partis ils attendront sans peine huit & dix jours derriere un Buisson, dans l'esperance qu'il passera quelqu'un, à qui ils pourront casser la tête, ou pour avoir un Prisonnier : mais quand ils sont en corps de Guerriers, s'ils ne réussissent pas d'abord, ils se lassent bientôt, & prennent le premier prétexte pour se retirer : ils n'en manquent jamais, car il ne faut pour cela qu'un songe vrai, ou prétendu.

<small>Réception des Prisonniers parmi les Illinois.</small>

La pluye, & plus encore un spectacle, qui me fit horreur, m'empêcha de faire le tour de ces Rochers, d'où j'esperois de découvrir un grand Pays. J'apperçus à l'extrémité, & immédiatement au-dessus du Village, deux corps de Sauvages, qu'on y avoit brûlés peu de jours auparavant, & qu'on avoit abandonnés, selon la coûtume, aux Oiseaux de proye, dans la même posture, où ils avoient été exécutés. La façon de brûler les Prisonniers parmi ces Nations Méridionnales a quelque chose de singulier, & elles ont aussi quelques coûtumes differentes des autres dans la maniere, dont elles en usent envers ces Malheureux.

Quand elles ont fait quelqu'expédition militaire, qui leur a reussi, les Guerriers ménagent tellement leur marche, qu'ils n'arrivent jamais à leur Village, que le soir. Dès qu'ils en sont proches, ils s'arrêtent, & quand la nuit est venuë, ils députent deux ou trois Jeunes-Gens au Chef, pour lui faire part des principales aventures de la Campagne. Le lendemain à l'aube du jour ils parent leurs Prisonniers de robes neuves, leur accommodent les cheveux avec du duvet, leur peignent le visage de differentes couleurs, & leur mettent à la main un bâton blanc, environné de queuës de Chevreuils. En même-tems le Chef de guerre fait un cri, & tout le Village s'assemble au bord de l'Eau, si l'on est près d'une Riviere.

Dès que les Guerriers paroissent, quatre Jeunes-Gens bien parés s'embarquent dans une Pirogue (*a*), les deux Premiers portent chacun un Calumet, & vont en chantant chercher les Prisonniers, qu'ils amenent, comme en triomphe, jusqu'à la Cabanne, où ils doivent être jugés. Le Maître de la Cabanne, à qui il appartient de décider de leur sort, commence par leur donner à manger, & pendant ce repas il tient conseil. Si on accorde la vie à quelqu'un, deux Jeunes-Gens vont le délier, le prennent chacun par une main, & le font cou-

---

(*a*) C'est un Batteau long, fait d'un seul tronc d'Arbre. On se sert peu de Canots d'Ecorces dans ces Quartiers-là.

rir à toutes jambes à la Riviere, où ils le jettent la tête la premiere. Ils s'y jettent eux-mêmes après lui, le lavent bien, & le conduisent à celui, dont il doit être Esclave.

1721.
Octobre.

Quant à ceux, qui sont condamnés à mourir, sitôt que la Sentence est portée, on fait le cri pour assembler le Village, & l'exécution n'est differée, qu'autant de tems, qu'en demandent les préparatifs. On commence par dépouiller le Patient tout nud ; on plante en terre deux poteaux, ausquels on attache deux traverses, l'une à deux pieds de terre, l'autre à six ou sept pieds plus haut, & c'est ce qu'on appelle un cadre. On fait monter le Patient sur la premiere traverse, à laquelle on lui attache les pieds, un peu écartés l'un de l'autre : on lui lie ensuite les mains aux angles, que forme la seconde traverse, & en cette posture on le brûle par-tout le corps.

Maniere de les brûler.

Tout le Village, Hommes, Femmes & Enfans s'attroupe autour de lui ; & chacun a droit de lui faire tout le mal, dont il peut s'aviser. Si aucun des Assistans n'a point de raison particuliere pour le faire souffrir lontems, son supplice dure peu, & ordinairement, on l'acheve à coups de Fléches, ou bien on l'enveloppe d'écorces d'Arbres, ausquelles on met le feu. On le laisse ensuite dans son cadre, & sur le soir on parcourt les Cabannes, en frappant avec des baguettes sur les meubles, sur les murailles, & sur le toit, afin d'empêcher son Ame d'y rester, pour se venger du mal, qu'on a fait à son corps. Le reste de la nuit se passe en réjouissances.

Si le Parti n'a point rencontré d'Ennemis, ou s'il a été contraint de fuir, il rentre de jour dans le Village, en gardant un profond silence : mais s'il a été battu, il rentre le soir, après avoir annoncé son retour par un cri de mort, & nommé tous ceux, qu'il a perdus, soit par maladie, ou par le fer de l'Ennemi. Quelquefois les Prisonniers sont jugés & exécutés avant qu'on arrive au Village, surtout quand on a lieu de craindre qu'ils ne soient enlevés. Il y a quelque tems qu'un François ayant été pris par des Outagamis, ces Barbares tinrent conseil pendant la route pour sçavoir ce qu'ils en feroient. Le résultat de la délibération fut de jetter un bâton sur un Arbre, & s'il y restoit, de brûler leur Prisonnier, mais de ne le jetter qu'un certain nombre de fois. Par bonheur pour le Captif, quoique l'Arbre fût extrémement touffu, le bâton retomba toujours à terre.

Particularités sur les Partis de guerre.

1721.
Octobre.

Chants lugubres des Illinois.

Je restai vint-quatre heures au Rocher, & pour faire plaisir aux Sauvages, & leur témoigner une entiere confiance, quoique tous mes Conducteurs fussent campés de l'autre côté de la Riviere, je couchai dans une Cabanne au milieu du Village. J'y passai la nuit assez tranquillement; mais je fus réveillé de bon matin par une Femme, qui demeuroit dans la Cabanne voisine; à son réveil, le souvenir d'un Fils, qu'elle avoit perdu quelques années auparavant, lui revint à l'esprit, & aussi-tôt elle se mit à pleurer, ou à chanter sur un ton fort lugubre.

Les Illinois ont la réputation d'être hardis & habiles Filoux, & c'est la raison pourquoi j'avois fait transporter tout le Bagage à l'autre Bord; mais malgré cette précaution, & la vigilance de mes Gens, lorsqu'il fallut partir, nous trouvâmes qu'il nous manquoit un Fusil, & quelques bagatelles, qu'il ne nous fut jamais possible de recouvrer. Le même soir nous passâmes le dernier endroit de la Riviere, où l'on soit obligé de traîner le Canot; après cela elle a partout une largeur & une profondeur, qui l'égalent à la plûpart des plus grands Fleuves de l'Europe.

Des Perroquets de la Louysiane.

Je vis aussi ce jour-là pour la premiere fois des Perroquets: il y en a le long du Theakiki, mais en Eté seulement, ceux-ci étoient des traîneurs, qui se rendoient sur le Micissipi, où l'on en trouve dans toutes les Saisons; ils ne sont gueres plus gros que des Merles, ils ont la tête jaune, avec une tache rouge au milieu, dans le reste de leur Plumage c'est le verd, qui domine. Les deux jours suivans nous traversâmes un Pays charmant, & le troisiéme d'Octobre vers le Midi, nous nous trouvâmes à l'entrée du Lac *Pimiteouy*; c'est la Riviere, qui s'élargit, & qui pendant trois lieuës en a une de large. Au bout de ces trois lieuës on trouve sur la droite un second Village d'Illinois, éloigné de quinze lieuës de celui du Rocher.

Du Village de Pimiteouy.

Rien n'est plus agréable que sa situation, il a vis-à-vis, comme en perspective, une très-belle Forêt, qui étoit alors de toutes les couleurs, & derriere une Plaine d'une étendue immense, bordée de Bois. Le Lac & la Riviere fourmillent de Poissons, & leurs bords de Gibier. Je rencontrai encore dans ce Village quatre François Canadiens, qui m'apprirent que j'étois entre quatre Partis Ennemis, & qu'il n'y avoit aucune

Nouvelles, que j'y appris.

cune sûreté pour moi, ni à avancer, ni à retourner sur mes pas ; ils m'ajoûterent que sur la route, que je venois de faire, il y avoit trente Outagamis en embuscade, qu'un pareil nombre des mêmes Sauvages rodoit autour du Village de Pimiteouy, & que d'autres, au nombre de quatre-vint, se tenoient au bas de la Riviere, séparés en deux Bandes.

1721.
Octobre.

 Ce récit me fit faire attention à ce qui nous étoit arrivé la veille ; nous nous étions arrêtés au bout d'une Isle, pour chercher des Outardes, sur lesquelles quelques-uns de mes Conducteurs avoient tiré ; & nous entendîmes quelqu'un, qui coupoit du Bois dans le milieu de l'Isle. La proximité du Village de Pimiteouy nous avoit fait juger que c'étoit quelque Illinois, & nous nous en étions tenus là ; mais il y a bien de l'apparence que c'étoient des Outagamis, qui nous ayant découverts, & n'osant nous attaquer, parce que j'avois douze Hommes bien armés, vouloient attirer quelqu'un de nous dans le Bois, comptant apparemment avoir bon marché des autres ; mais notre peu de curiosité nous garantit de ce malheur, que je n'aurois pas évité sans doute, si je n'avois pas eu une Escorte commandée par un Homme, qui n'étoit pas d'humeur à s'arrêter inutilement.

 Ce qui nous confirma encore les avis des quatre François, c'est que trente Guerriers de Pimiteouy, commandés par le Chef même du Village étoient en Campagne, pour tâcher d'avoir des nouvelles plus certaines des Ennemis, & que peu de jours avant leur départ il y avoit eu une Action dans le voisinage, où les deux Partis avoient fait chacun un Prisonnier ; l'Outagami avoit été brûlé à une portée de Fusil du Village, & il étoit encore dans son Cadre. Les Canadiens, qui avoient assisté à son supplice, me dirent qu'il avoit duré cinq heures, & que ce Malheureux avoit soûtenu jusqu'à la mort qu'il étoit Illinois, qu'il avoit été pris dans son enfance par des Outagamis, qui l'avoient adopté.

 Il s'étoit pourtant très-bien battu, & sans une blessure, qu'il avoit reçu à la Jambe, il n'auroit pas été pris ; mais comme il n'avoit pû donner des preuves de ce qu'il avançoit, & que peu s'en étoit fallu qu'il ne se fût sauvé, on ne l'en avoit pas voulu croire sur sa parole. Il fit voir au milieu des tourmens que la bravoure & le courage à supporter la douleur, sont des Vertus bien différentes, & qu'elles ne vont pas

Tome III.   C c c

1721.
Octobre.

toujours enſemble ; car il jettoit des cris lamentables, qui ne faiſoient qu'animer ſes Bourreaux ; il eſt vrai qu'une vieille Illinoiſe, dont le Fils avoit été tué autrefois par les Outagamis, lui fit tous les maux, que la fureur inſpirée par la vengeance, peut inventer ; à la fin cependant on eut pitié de ſes cris, on l'enveloppa de paille, à laquelle on mit le feu, & comme il reſpiroit encore, après qu'elle eut été conſumée, les Enfans le percerent de Fléches : ordinairement, quand un Patient ne meurt pas en Brave, c'eſt une Femme, ou des Enfans, qui lui donnent le coup de la mort ; il ne mérite pas, dit-on, de mourir de la main d'un Homme.

Embarras, où je me trouvai.

Cependant, Madame, je me trouvai fort embarraſſé. D'un côté mes Conducteurs ne croyoient pas, qu'il fût de leur prudence de paſſer outre, & de l'autre il ne convenoit nullement à mes affaires, d'hyverner à Pimiteouy, j'aurois même été obligé de ſuivre les Sauvages dans leur hyvernement, & cela m'auroit fait perdre une année entiere. Enfin deux Canadiens, des quatre, que j'avois trouvés à Pimiteouy, s'offrirent à groſſir mon Eſcorte, & tout le monde reprit cœur. Je voulois partir dès le lendemain, quatriéme d'Octobre, mais la pluye, & quelques embarras, qui nous ſurvinrent, m'arrêterent tout le jour.

L'après-midi les Guerriers, qui étoient allés à la découverte, revinrent, ſans avoir fait aucun cri, parce qu'ils n'avoient rien vû. Ils défilerent tous devant moi d'un air aſſez fier ; ils n'étoient armés que de Fléches, & d'une Rondache de cuir de Bœuf, & ils ne firent pas ſemblant de me voir : c'eſt la coûtume des Guerriers de ne ſaluer perſonne, quand ils ſont en corps d'Armée ; mais à peine furent-ils rentrés chacun chez eux, que le Chef s'étant mis ſur ſon propre, vint me rendre une viſite de cérémonie. C'eſt un Homme d'environ quarante ans, aſſez grand, un peu maigre, d'un caractere doux, & fort raiſonnable. C'eſt d'ailleurs le plus brave Soldat de ſa Nation, & il n'eſt point d'Illinois, qui mérite mieux que lui le ſurnom (*a*), qu'Homere donne par préference au Héros de ſon Iliade. C'eſt beaucoup dire, car les Illinois ſont peut-être les Hommes du Monde les plus légers à la courſe ; il n'y a que les Miſſourites, qui pourroient leur diſputer cette gloire.

Hiſtoire ſinguliere du

Comme j'apperçûs une Croix de cuivre, & une petite figure

(*a*) Πόδας ὠκὺς.

de la Vierge, qui pendoient au cou de ce Sauvage, je crûs 1721.
qu'il étoit Chrétien, mais on m'affûra qu'il ne l'étoit point, Octobre.
& qu'il ne s'étoit mis dans l'équipage, où je le voyois, que Chef de Pimi-
pour me faire honneur : on m'ajoûta ce que je vais vous rap- teouy.
porter, fans exiger que vous y donniez plus de croyance,
que n'en méritent mes Auteurs ; ce font des Voyageurs Canadiens, qui n'ont affûrément pas inventé ce qu'ils me racon-
terent, mais qui l'ont oüi dire, comme une chofe conftante.
Voici le fait.

L'Image de la Vierge, que portoit le Chef, lui étant tombée entre les mains, je ne fçai comment, il fut curieux de
fçavoir qui elle repréfentoit : on lui dit que c'étoit la Mere de
Dieu, & que l'Enfant, qu'elle tenoit entre fes bras, étoit
Dieu même, qui s'étoit fait Homme pour le falut du Genre
humain : on lui expliqua en peu de mots le Myftere de cette
ineffable Incarnation, & on lui dit que les Chrétiens s'adref-
foient toujours à cette divine Mere dans tous les périls, où ils
fe trouvoient, & que rarement ils le faifoient en vain. Le Sauvage écouta ce difcours avec beaucoup d'attention, & quelque tems après, comme il chaffoit feul dans le Bois, un Outagami, qui s'y étoit mis en embufcade, fe montra à lui, dans
le moment, qu'il venoit de tirer fon coup, & le coucha en joüe.
Il fe fouvint alors de ce qu'on lui avoit dit de la Mere de Dieu,
il l'invoqua, & l'Outagami ayant voulu tirer, fon fufil ne
prit point feu. Il le rebanda, & la même chofe arriva jufqu'à
cinq fois. Pendant ce tems-là l'Illinois chargea le fien, &
coucha à fon tour en joüe fon Ennemi, qui aima mieux fe
rendre, que de fe laiffer tuer. Depuis cette aventure le Chef
Illinois ne fort jamais de fon Village, fans porter avec lui fa
Sauve-garde, avec laquelle il fe croit invulnérable ; fi le fait
eft vrai, il y a bien de l'apparence que le feul défaut de Miffionnaire l'a jufqu'ici empêché de fe faire Chrétien, & que la
Mere de Dieu, après l'avoir préfervé d'une mort temporelle,
lui obtiendra la grace d'une fincere converfion. (a)

A peine ce Chef m'eut-il quitté, qu'étant forti moi-même Maniere de
pour vifiter les environs du Village, j'apperçus deux Sauva- pleurer les
ges, qui alloient de Cabanne en Cabanne, pleurant à peu Morts parmi
près fur le même ton, que la Femme du Rocher, dont je vous les Illinois.
ai parlé. L'un avoit perdu fon Ami dans le dernier combat ;

(a) Il s'eft en effet converti depuis.

1721.
Octobre.

l'autre étoit le Pere du Mort. Ils marchoient à grands pas, & mettoient les deux mains fur la tête de tous ceux, qu'ils rencontroient ; apparemment pour les inviter à prendre part à leur douleur. Ceux, qui ont cherché des convenances entre les Hebreux & les Ameriquains, n'auront pas manqué fans doute de faire attention à cette maniere de pleurer, que quelques expreffions de l'Ecriture pouvoient donner lieu à ces faifeurs de conjectures de juger avoir été en ufage parmi le Peuple de Dieu.

Attentions du Chef pour ma fûreté.

Sur le foir le Chef me fit prier de me trouver dans une maifon, où un de nos Miffionnaires avoit logé quelques années auparavant, & où apparemment on avoit accoûtumé de tenir le Confeil ; j'y allai, & je l'y trouvai avec deux ou trois Anciens. Il commença par me dire qu'il vouloit m'inftruire de la grandeur du péril, auquel je m'expofois, en continuant ma route : que tout bien confideré, il me confeilloit d'attendre pour partir que la Saifon fût un peu plus avancée ; qu'il efpéroit qu'alors les Partis ennemis fe retireroient, & me laifferoient le chemin libre. Comme il pouvoit avoir fes vûës en m'arrêtant à Pimiteouy, je lui témoignai que je n'étois pas fort touché de fes raifons, & j'ajoûtai que j'en avois de meilleures pour preffer mon départ. Il me parut que ma réponfe lui faifoit de la peine, & je reconnus bientôt qu'elle ne venoit que de fon affection pour moi, & de fon zéle pour notre Nation.

„ Puifque ta réfolution eft prife, me dit-il, je fuis d'avis que
„ tous les François, qui font ici, fe joignent à toi pour fortifier
„ ton efcorte : je leur ai même déja déclaré ma penfée fur cela,
„ & je leur ai fortement repréfenté qu'ils feroient à jamais per-
„ dus d'honneur, s'ils laiffoient leur Pere dans le danger, fans
„ le partager avec lui. J'aurois bien fouhaité pouvoir t'ac-
„ compagner moi-même à la tête de tous mes Soldats, mais tu
„ n'ignores point que mon Village eft tous les jours à la veille
„ d'être attaqué, & il ne me convient pas de m'en abfenter, ni
„ de le dégarnir dans de pareilles conjonctures. Pour les Fran-
„ çois, rien ne peut les arrêter ici, qu'un intérêt, qu'ils doi-
„ vent facrifier à ta confervation. C'eft ce que je leur ai fait
„ entendre, & je leur ai ajoûté que fi quelqu'un d'eux tomboit
„ entre les mains des Ennemis, ce ne feroit que la perte d'un
„ Homme, au lieu qu'un Pere en valoit lui feul plufieurs, &

qu'il n'y avoit rien, qu'ils ne dûssent risquer, pour prévenir « 1721.
un si grand malheur. «   « Octo-
Je fus charmé, Madame, de la sagesse de cet Homme, & bre.
plus encore de sa générosité, qui le portoit à vouloir bien, par
considération pour moi, se priver de quatre Hommes, dont
le secours ne devoit pas lui être indifférent dans la situation,
où il se trouvoit. Je n'avois pas même douté qu'en voulant
me retenir chez lui, il n'eût eu en vûë de se servir de mon Escorte dans le besoin. Je lui témoignai beaucoup de reconnoissance de son bon cœur & de ses attentions, & je l'assûrai que
j'étois fort content des François : que je voulois les partager
avec lui : que je lui en laisserois deux pour le défendre, en cas
qu'il fût attaqué ; que les deux autres m'accompagneroient
jusqu'à ce que je fusse en lieu de sûreté, & qu'avec ce renfort je me croyois en état d'aller par tout sans rien craindre.
Il n'insista point davantage, & je me retirai.

Ce matin il est venu me rendre une seconde visite, accom- *Il fait bap-*
pagné de sa belle-Mere, qui portoit entre ses bras un petit *tiser sa Fille.*
Enfant. „ Tu vois, me dit-il en m'abordant, un Pere bien «
affligé. Voici ma Fille, qui se meurt, sa Mere est morte en la «
mettant au monde, & aucune Femme n'a pû encore réüssir «
à la nourrir. Elle rejette tout ce qu'elle prend, & elle n'a «
peut-être plus que peu d'heures à vivre : tu me feras plaisir «
de la baptiser, afin qu'elle puisse aller voir Dieu après sa «
mort. « L'Enfant étoit effectivement très-mal, & absolument «
hors d'espérance de guérison, ainsi je ne balançai pas à lui
conférer le Baptême.

Mon Voyage dût-il être d'ailleurs tout-à-fait inutile, je
vous avouë, Madame, que je n'en regretterois pas les fatigues & les dangers, puisque selon toutes les apparences, si
je n'étois pas venu à Pimiteouy, cette Enfant ne seroit jamais
entrée dans le Ciel, où je ne doute pas qu'elle ne soit bientôt.
J'espere même que ce petit Ange obtiendra pour son Pere la
même grace, qu'il lui a procurée. Je pars dans une heure,
& je confie cette Lettre aux deux François, que je laisse ici,
& qui comptent de profiter de la premiere occasion pour retourner en Canada.

Je suis, &c.

VINT-HUITIÉME LETTRE.

Voyage de Pimiteouy aux Kaskasquias. Du Cours de la Riviere des Illinois. Des Mines de Cuivre. Du Missouri. Des Mines de la Riviere de Marameg. Description du Fort de Chartres, & de la Mission des Kaskasquias. Des Arbres Fruitiers de la Louysiane. Description du Micissipi au-dessus des Illinois. Differentes Tribus de cette Nation. Quelques Traditions des Sauvages. Leurs idées sur les Astres, les Eclypses, & le Tonnerre : leur maniere de calculer le tems.

1721.
Octobre.

Aux Kaskasquias, ce vintiéme d'Octobre, 1721.

MADAME,

JE vous avouë, de bonne foi, que je n'étois pas aussi rassûré en partant de Pimiteouy, que je le feignois de l'être, autant pour mon honneur, que pour ne pas achever de décourager ceux, qui m'accompagnoient, & dont quelques-uns dissimuloient assez mal leur frayeur. Les allarmes, où j'avois trouvé les Illinois, leur chant lugubre, la vuë des cadavres exposés dans leurs cadres, objets affreux, qui me représentoient sans cesse à quoi l'on doit s'attendre, si l'on a le malheur de tomber entre les mains de ces Barbares, tout cela faisoit sur moi une impression, dont je n'étois pas le maître, & pendant sept ou huit jours je ne dormis pas fort tranquillement.

Industries des Sauvages pour surprendre leurs Ennemis.

Je n'appréhendois pas à la verité que l'Ennemi nous attaquât ouvertement, parce que j'avois quatorze hommes bien armez, & bien commandez ; (*a*) mais il y avoit tout à craindre des surprises, n'y ayant point d'industrie, dont les Sauvages ne s'avisent, pour attirer leurs Ennemis dans les piéges, qu'ils leur tendent. Un des plus ordinaire est de contrefaire le cri d'un Animal, ou le chant d'un Oiseau, & ils

(*a*) M. de S. ANGE, qui s'est depuis fort distingué contre les Renards, commandoit mon Escorte.

les imitent si parfaitement, que tous les jours on y est pris. On est campé à l'entrée d'un Bois, on croit entendre un Bœuf, un Cerf, un Canard, deux ou trois Hommes y courent dans l'espérance de faire capture, & souvent ne reviennent pas.

On compte soixante & dix lieuës de Pimiteouy au Micissipi: j'ai dit qu'il y en avoit quinze du Rocher à Pimiteouy; le premier de ces deux Villages est par les quarante & un degrez, l'entrée de la Riviere des Illinois est par les quarante; ainsi depuis le Rocher cette Riviere coule à l'Ouest, en prenant un peu du Sud, mais elle fait plusieurs circuits. D'espace en espace on y rencontre des Isles, dont quelques-unes sont assez grandes : les bords sont assez bas en plusieurs endroits ; dans le Printems elle inonde la plûpart des Prairies, qu'on trouve à droite & à gauche, & qui sont ensuite couvertes d'herbes très-hautes. On prétend qu'elle est par tout fort poissonneuse, mais nous n'avions pas le tems de pêcher, ni des Filets tels, qu'en demande sa profondeur. Nous avions plutôt fait de tuer un Bœuf, ou un Chevreuil, & nous avions à choisir.

1721.
Octobre.

Cours de la Riviere des Illinois.

Le sixiéme, nous apperçûmes quantité de Bœufs, qui traversoient la Riviere à la nage avec beaucoup de précipitation, & nous ne doutâmes presque point qu'ils ne fussent chassés par un des Partis ennemis, dont on nous avoit parlé ; ce qui nous obligea de naviguer toute la nuit, pour nous éloigner d'un si dangereux voisinage. Le lendemain avant le jour nous passâmes *le Saguimont*, grande Riviere, qui vient du Sud ; cinq ou six lieuës plus bas nous en laissâmes sur la même main une autre plus petite, appellée *la Riviere des Macopines:* ce sont de grosses racines, qui mangées cruës, sont un poison, mais qui étant cuites à petit feu, pendant cinq ou six jours & plus, n'ont aucune mauvaise qualité. Entre ces deux Rivieres, à distance égale de l'une & de l'autre, on trouve un Marais, nommé *Machoutin*, qui est précisément à moitié chemin de Pimiteouy au Micissipi.

Peu de tems après avoir passé la Riviere des Macopines, nous apperçûmes les bords du Fleuve, qui sont extrêmement élevés. Nous voguâmes néanmoins encore plus de vint-quatre heures, & souvent à la voile, avant que d'y entrer, parce que la Riviere des Illinois varie en cet endroit depuis l'Ouest jusqu'au Sud par l'Est. On diroit que de dépit d'être obligée

Entrée dans le Micissipi.

1721.
Octobre.

Cuivre.

de rendre hommage de ſes eaux à une autre Riviere, elle veut retourner vers ſa ſource.

Son entrée dans le Miciſſipi eſt Eſt-Sud-Eſt. Ce fut le neuviéme, vers les deux heures & demie du ſoir, que nous nous trouvâmes dans ce Fleuve, qui faiſoit alors tant de bruit en France, laiſſant à main droite une grande Prairie, d'où ſort une petite Riviere, où il y a quantité de cuivre. Rien n'eſt plus charmant que toute cette Côte. Ce n'eſt pas tout-à-fait la même choſe à la main gauche. On n'y voit que des Montagnes fort hautes, ſemées de Rochers, entre leſquels il croît quelques Cédres; mais ce n'eſt qu'un rideau, qui a peu de profondeur, & qui cache de fort belles Prairies.

Confluant du Miſſouri & du Miciſſipi.

Le dixiéme, à neuf heures du matin, après avoir fait cinq lieuës ſur le Miciſſipi, nous arrivâmes à l'embouchure du *Miſſouri*, laquelle eſt Nord Nord-Oueſt, & Sud Sud-Eſt. Je crois que c'eſt le plus beau confluant, qu'on voye dans le Monde. Les deux Rivieres ſont à peu près de la même largeur, chacune d'environ une demie lieuë; mais le Miſſouri eſt beaucoup plus rapide, & il paroît entrer en conquerant dans le Miciſſipi, au travers duquel il porte ſes eaux blanches juſqu'à l'autre bord, ſans les mêler: il lui communique enſuite cette couleur, que le Miciſſipi ne perd plus, & l'entraîne avec précipitation juſqu'à la Mer.

Village des Tamarouas.

Nous allâmes coucher le même jour dans un Village des *Caoquias, & des Tamaroüas*; ce ſont deux Nations Illinoiſes, qui ſe ſont réunies, & qui ne compoſent pas une Bourgade fort nombreuſe. Elle eſt ſituée ſur une petite Riviere, qui vient de l'Eſt, & n'a de l'eau que dans le Printems, de ſorte qu'il nous fallut marcher une bonne demie lieuë pour gagner les Cabannes. Je fus étonné qu'on eût choiſi une ſituation auſſi incommode, ayant à choiſir beaucoup mieux, mais on me répondit que le Miciſſipi baignoit le pied du Village, quand on le bâtit, & qu'en trois ans il avoit perdu une demie lieuë de terrain; qu'on ſongeoit à chercher un autre Emplacement, ce qui n'eſt pas une affaire pour des Sauvages.

Je paſſai la nuit dans la Maiſon des Miſſionnaires, qui ſont deux Eccléſiaſtiques du Séminaire de Quebec, autrefois mes Diſciples, & qui ſeroient aujourd'hui mes Maîtres. Le plus ancien des deux *(a)* étoit abſent: je trouvai le plus jeune *(b)*

(*a*) M. Taumur. | (*b*) M. le Mercier.

tel,

tel, qu'on me l'avoit dépeint dur à lui-même, plein de cha- 1721.
rité pour les autres, & rendant en sa personne la vertu aimable. Mais il a si peu de santé, que je ne crois pas qu'il Octobre.
puisse soûtenir lontems le genre de vie, qu'il faut mener dans
ces Missions.

L'onziéme, après avoir fait cinq lieuës, je laissai sur ma Des Mines
droite la Riviere *Marameg*, où l'on est actuellement occupé de la Riviere
à chercher des Mines d'Argent. Vous serez peut-être bien- Marameg.
aise, Madame, de sçavoir quel succès on peut espérer de cette
recherche. Voici ce qu'une personne instruite, & qui est ici
depuis plusieurs années, m'en a appris. En 1719. le sieur DE
LOCHON, envoyé par la Compagnie d'Occident en qualité
de Fondeur, ayant creusé dans un endroit, qu'on lui avoit
marqué, en tira une assez grande quantité de Mine, dont une
livre, qu'il fut quatre jours à fondre, lui produisit, dit-on,
deux gros d'Argent; mais quelques-uns l'ont soupçonné de
les y avoir mis. Quelques mois après il y retourna, & sans
plus songer à l'Argent, de deux ou trois milliers de Mine il
tira quatorze livres d'un fort mauvais Plomb, qui lui revenoient à quatorze cens francs; rebuté d'un travail si ingrat,
il retourna en France.

La Compagnie, persuadée de la verité des indications,
qu'on lui avoit données, crut que l'incapacité du Fondeur
étoit la seule cause de ce mauvais succès, & envoya à sa
place un Espagnol, nommé ANTOINE, pris au Siége de Pensacole, & qui avoit été Forçat sur les Galeres, mais qui se
vantoit d'avoir travaillé à une Mine du Méxique. Elle lui
donna des appointemens considérables, mais il ne réussit guere
mieux, que le sieur de Lochon. Il ne se rebuta point, & on
voulut bien croire qu'il n'avoit échoué, que par son peu d'habileté à construire des Fourneaux. Il renonça au Plomb, &
entreprit de faire de l'Argent; il vint à bout d'ouvrir le Roc,
qui se trouva à huit ou dix pieds de profondeur, il en fit sauter plusieurs morceaux, qu'il mit dans le creuset; on publia
qu'il en avoit tiré trois ou quatre gros d'Argent; mais bien
des gens en doutent encore.

Sur ces entrefaites arriva une Brigade de Mineurs du Roi,
conduite par un nommé LA RENAUDIERE, qui ayant voulu
commencer par la Mine de Plomb, ne fit rien du tout, parce
que, ni lui, ni aucun de sa Brigade, n'étoient au fait de la

Tome III. D d d

1721.
Octobre.

construction des Fourneaux. C'étoit une chose assez surprenante, que la facilité, avec laquelle la Compagnie faisoit alors de grosses avances, & le peu de précaution, qu'elle prenoit pour s'assûrer de la capacité de ceux, qu'elle employoit. La Renaudiere & ses Mineurs ne pouvant donc venir à bout de faire du Plomb, une Compagnie particuliere entreprit les Mines du Marameg, & le sieur RENAUD, un de ses Directeurs, les visita avec soin. Il y trouva au mois de Juin dernier une couche de Plomb à deux pieds de profondeur sur toute une chaîne de Montagne, qui s'étend assez loin, & il y fait actuellement travailler. Il se flatte même que sous ce Plomb il y a de l'Argent; tout le monde ne pense pas comme lui; le tems nous apprendra ce qui en est.

Description des Kaskasquias.

J'arrivai le lendemain aux Kaskasquias à neuf heures du matin. Les Jésuites y avoient une très-florissante Mission, qui vient d'être partagée en deux, parce qu'on a jugé à propos de former deux Bourgades de Sauvages, au lieu d'une. La plus nombreuse est sur le bord du Micissipi; deux Jésuites (*a*) en ont la direction spirituelle: une demie lieuë plus bas est le Fort de Chartres, à une portée de fusil du Fleuve. M. Dugué de Boisbrilland, Gentilhomme Canadien, y commande pour la Compagnie, à laquelle cette Place appartient; & tout l'entre-deux commence à se peupler de François. Quatre lieuës plus loin, & à une lieuë du Fleuve, il y a une grosse Bourgade de François, presque tous Canadiens, qui ont un Jésuite pour Curé (*b*). Le second Village des Illinois en est éloigné de deux lieuës, & plus avant dans les terres. Un quatriéme Jésuite en est chargé (*c*).

Les François sont ici assez à leur aise: un Flamand, Domestique des Jésuites, leur a appris à semer du Froment, & il y vient fort bien. Ils ont des Bêtes à corne & des Volailles. Les Illinois de leur côté travaillent à la terre à leur maniere, & sont fort laborieux. Ils nourrissent aussi des Volailles, qu'ils vendent aux François. Leurs Femmes sont assez adroites; elles filent la laine des Bœufs, & la rendent aussi fine que celle des Moutons d'Angleterre, quelquefois même on la prendroit pour de la Soye. Elles en fabriquent des Etoffes, qu'elles teignent en noir, en jaune, & en rouge foncé.

(*a*) Le P. LE BOULLANGER, & le P. DE KEREBEN.
(*b*) Le P. DEBEAUBOIS.
(*c*) Le P. GUYMONNEAU.

Elles s'en font des Robes, qu'elles coufent avec du fil
de nerfs de Chevreuils. La maniere, dont elles font ce
fil eft très-fimple. Quand le nerf de Chevreuil eft bien dé-
charné, elles le mettent au Soleil pendant deux jours ; quand
il eft fec, elles le battent, & elles en tirent fans peine un fil
auffi blanc & auffi fin que celui de Malines, & beaucoup
plus fort.

1721.
Octobre.

La Bourgade Françoife eft bornée au Nord par une Riviere, dont les bords font fi élevés, qu'encore que les eaux
y montent quelquefois jufqu'à vint-cinq pieds, elle fort rarement de fon lit. Tout ce Pays eft découvert : ce font de vaftes
Prairies, qui s'étendent jufqu'à vint-cinq lieuës, & qui ne
font féparées que par de petits Bofquets, où il n'y a que de
bon bois. On y voit furtout des Muriers blancs ; mais j'ai été
furpris qu'on permît aux Habitans de les abbattre pour bâtir
leurs maifons ; d'autant plus qu'ils ne manquent point d'autres Arbres propres à cet ufage.

Parmi les fruitiers, qui font particuliers à ce Pays, les
plus remarquables font les Pacaniers, les Aciminiers, & les
Piakiminiers. Le Pacane eft une Noix de la longueur & de la
figure d'un gros Gland. Il y en a, dont la coque eft fort mince : d'autres l'ont plus dure & plus épaiffe, & c'eft autant
de défalqué fur le fruit : elles font même un peu plus petites.
Toutes font d'un goût fin & délicat ; l'Arbre, qui les porte,
vient fort haut : fon bois, fon écorce, l'odeur & la figure de
fes feüilles m'ont paru affez femblables aux Noyers d'Europe.

Arbres Frui-
tiers de la
Louyfiane.

L'Acimine eft un fruit de la longueur d'un doit, d'un pouce
de diamétre. Sa chair eft tendre, un peu fucrée ; & toute
femée d'une graine, qui reffemble à celle du Melon d'eau.
L'Aciminier, ne vient ni fort gros, ni fort haut : tous ceux,
que j'ai vûs n'étoient guere que des arbriffeaux, d'un bois
tendre. Son écorce eft mince, les feüilles longues & larges,
comme celles du Chataignier, mais d'un verd plus foncé.

La Piakimine a la figure, & un peu plus que la groffeur
d'une prune de Damas : fa peau eft tendre, fa fubftance
aqueufe, fa couleur rouge ; & elle eft d'un goût fort délicat.
Elle renferme des graines, qui ne différent de celles de
l'Acimine, qu'en ce qu'elles font plus petites. Les Sauvages
font une pâte de ce fruit, & en forment des pains de l'épaif-

D d d ij

seur d'un doit, & de la consistance d'une Poire séche. Le goût en paroît d'abord un peu fade, mais on s'y accoûtume aisément. Ils sont fort nourrissans, & souverains, dit-on, contre le flux de ventre & la dyssenterie. Le Piakiminier est un bel arbre, de la hauteur de nos Pruniers ordinaires. Ses feuilles sont à cinq pointes, son bois médiocrement dur, & son écorce fort rude.

<small>Différens Peuples, qui sont établis sur le Missouri, & aux environs.</small>

Les *Osages*, Nation assez nombreuse, établie sur le bord d'une Riviere, qui porte leur nom, & se jette dans le Missouri, environ à quarante lieuës de sa jonction avec le Micissipi, envoyent tous les ans une ou deux fois chanter le Calumet chez les Kaskasquias, & ils y sont actuellement. Je viens de voir aussi une Femme Missourite, qui m'a dit que sa Nation est la premiere, que l'on rencontre en remontant le Missouri, d'où lui vient le nom, que nous lui avons donné, faute de sçavoir son nom propre. Elle est à quatre-vint lieuës du confluant de cette Riviere avec le Micissipi.

Plus haut on trouve les *Cansez*, puis les *Octotatas*, que quelques-uns nomment *Mactotatas*; ensuite les *Aïouez*, puis les *Panis*, Nation très-nombreuse, divisée en plusieurs Cantons, qui portent des noms assez differens les uns des autres. Cette Femme m'a confirmé ce que j'avois appris des Sioux, que le Missouri sort de Montagnes Pelées, fort hautes, derriere lesquelles il y a un grand Fleuve, qui en sort apparemment aussi, & qui coule à l'Ouest. Ce témoignage est de quelque poids, parce que de tous les Sauvages, que nous connoissons, aucuns ne voyagent plus loin que les Missourites.

<small>Description du Micissipi au-dessus des Illinois.</small>

Tous les Peuples, dont je viens de parler, habitent le bord Occidental du Missouri, excepté les Aïouez, qui sont à l'Est, Voisins des Sioux, & leurs Alliés. Parmi les Rivieres, qui tombent dans le Micissipi, au-dessus de la Riviere des Illinois, les plus considérables sont la *Riviere aux Bœufs*, qui en est éloignée de vint lieuës, & qui vient de l'Ouest; on a découvert dans son voisinage une très-belle Saline. On en a trouvé de semblables sur les bords du Marameg, & à vint lieuës d'ici. Environ quarante lieuës plus loin on laisse l'*Assenesipi*, ou *Riviere à la Roche*, parce qu'elle est vis-à-vis d'une Montagne placée dans le Fleuve même, & où des Voyageurs ont assûré qu'il y avoit du Cristal de Roche.

Vint-cinq lieuës plus haut on trouve sur la main droite l'*Ouifconfing*, par où le Pere Marquette & le fieur Joliet entrerent dans le Miciffipi, lorfqu'ils en firent la premiere découverte. Les Aïouez, qui font par cette hauteur, c'eft-à-dire, par les quarante-trois dégrés & environ trente minuttes d'élévation du Pole, qui voyagent beaucoup, & qui font, à ce qu'on affûre, vint-cinq à trente lieuës par jour, quand ils n'ont point leurs Familles avec eux, difent qu'en partant de chez eux on arrive en trois jours chez des Peuples, nommés *Omans*, qui ont la peau blanche & les cheveux blonds, furtout les Femmes. Ils ajoûtent que cette Nation eft continuellement en guerre avec les Panis, & d'autres Sauvages plus éloignés vers l'Occident, & qu'on leur a oui parler d'un grand Lac fort éloigné de chez eux, aux environs duquel il y a des Peuples, qui reffemblent aux François, qui ont des boutons à leurs habits, qui bâtiffent des Villes, qui fe fervent de Chevaux pour la Chaffe du Bœuf, & qu'ils couvrent de Peaux de Bufles, mais qui n'ont point d'autres armes, que l'Arc & la Fléche.

Sur la gauche environ foixante lieuës au-deffus de la Riviere aux Bœufs, on voit fortir du milieu d'une immenfe & magnifique Prairie, toute couverte de Bœufs & d'autres Bêtes Fauves, le *Moingona* : à fon entrée dans le Miciffipi il a peu d'eau, & il eft même affez étroit; il a néanmoins, dit-on, deux cent cinquante lieuës de cours en tournant du Nord à l'Oueft. On ajoûte qu'il prend fa fource dans un Lac, & qu'il en forme un Second à cinquante lieuës du Premier.

De ce fecond Lac on tire à gauche, & on entre dans la *Riviere bleuë*, ainfi nommée à caufe de fon fond, qui eft une terre de cette couleur. Elle fe décharge dans la *Riviere de Saint Pierre*. En remontant le Moingona, on trouve beaucoup de Charbon de terre, & quand on l'a remonté cent cinquante lieuës, on apperçoit un gros Cap, qui fait faire un détour à la Riviere, dont les eaux font rouffes & puantes en cet endroit. On affûre qu'on a ramaffé fur ce Cap quantité de Pierres de Mines, & qu'on en a rapporté ici de l'Antimoine.

Une lieuë au-deffus de l'embouchure du Moingona il y a dans le Miciffipi deux Rapides affez longs, où il faut décharger & traîner la Pirogue : & au-deffus du fecond Rapide, c'eft-à-dire, à vint & une lieuës du Moingona, on trouve des deux côtés du Fleuve des Mines de Plomb, découvertes autrefois

1721.
Octobre.

par un fameux Voyageur du Canada, nommé Nicolas Perrot, & qui portent son nom. Dix lieuës au-dessus de l'Ouisconsing, du même côté commence une Prairie de soixante lieuës de long, bordée par des Montagnes, qui font une perspective charmante; il y en a une autre du côté de l'Ouest, mais qui n'est pas si longue. Vint lieuës plus haut que l'extrémité de la Premiere, le Fleuve s'élargit, & on a nommé cet endroit le *Lac de bon Secours*. Il a une lieuë de large, & sept lieuës de circuit, & il est encore environné de Prairies. Nicolas Perrot avoit bâti un Fort sur la droite.

Au sortir du Lac on rencontre l'*Isle Pelée*, ainsi nommée, parce qu'elle n'a pas un seul Arbre; mais c'est une très-belle Prairie : Les François du Canada en ont souvent fait le centre de leur commerce dans ces Quartiers Occidentaux, & plusieurs y ont même hyverné, parce que tout ce Pays est très-propre pour la Chasse. Trois lieuës au-dessus de l'Isle Pelée on laisse à main droite la *Riviere de Sainte Croix*, qui vient des environs du Lac Supérieur; on prétend avoir trouvé du Cuivre assez près de son embouchure. Quelques lieuës plus loin on laisse à la main gauche la *Riviere de Saint Pierre*, dont les bords sont peuplés de Sioux, & dont l'embouchure n'est pas éloignée du *Sault Saint Antoine*. On ne connoît gueres le Micissipi, que jusqu'à cette grande Cascade.

Differentes Tribus des Illinois.

Pour revenir aux Illinois, s'il est vrai, ce qu'on m'a assûré en plusieurs endroits, & ce que la Femme Missourite, dont je vous ai parlé, Madame, m'a confirmé, qu'eux & les Miamis, viennent des bords d'une Mer fort éloignée à l'Ouest (a), il paroît que leur premiere station, lorsqu'ils descendirent en ce Pays, fut le Moingona : du moins est-il certain qu'une de leurs Tribus en porte le nom. Les autres sont connuës sous les noms de *Peorias*, de *Tamarouas*, de *Caoquias*, & de *Kaskasquias*: mais ces Tribus sont aujourd'hui fort mêlées, & réduites à très-peu de choses. Il ne reste plus qu'un très-petit nombre de Kaskasquias, & les deux Villages, qui portent leurs noms, sont presqu'uniquement composés de Tamarouas, & de *Metchigamias*, Nation étrangere, sortie des bords d'u-

(a) Une Femme Miamise, Captive des Sioux, a assûré au Pere de Saint Pe', aujourd'hui Supérieur des Missions de la Nouvelle France, qu'elle a été conduite par les Sioux dans un Village de sa Nation, qui étoit fort près de la Mer.

ne petite Riviere, que nous trouverons en defcendant le Miciffipi, & que les Kaskafquias ont adoptée.

1721.
Octobre.

Voilà, Madame, tout ce que je puis préfentement vous apprendre de la Louyfiane, où je ne fais que d'entrer ; mais avant que de finir cette Lettre, il faut vous faire part de quelques notices, qui ferviront de fupplément à ce que je vous ai déja dit des Sauvages en général, & que j'ai apprifes fur ma route depuis la Riviere de S. Jofeph jufqu'ici.

Vous avez pû voir dans la Fable d'Atahentfic chaffée du Ciel quelques veftiges de l'hiftoire de la premiere Femme, exilée du Paradis Terreftre, en punition de fa défobéiffance, & la tradition du Déluge, auffi-bien que de l'Arche, dans laquelle Noé fe fauva avec fa Famille. Cette circonftance m'empêche d'adhérer au fentiment du P. de Acofta, qui prétend que cette tradition ne regarde pas le Déluge Univerfel, mais un déluge particulier à l'Amérique. En effet, les Algonquins, & prefque tous les Peuples, qui parlent leur Langue, fuppofent la création du premier Homme, difent que fa pofterité ayant péri prefque toute entiere par une inondation générale, un nommé *Meffou*, d'autres l'appellent *Saketchak*, qui vit toute la Terre abymée fous les eaux par le débordement d'un Lac, envoya un Corbeau au fond de cet abîme, pour lui en rapporter de la terre : que ce Corbeau ayant mal fait fa commiffion, il y envoya un Rat mufqué, qui réuffit mieux ; que de ce peu de terre, que l'Animal lui avoit apporté, il rétablit le Monde dans fon premier état : qu'il tira des fléches contre les troncs des Arbres, qui paroiffoient encore, & que ces fléches fe changerent en branches : qu'il fit plufieurs autres merveilles, & que par reconnoiffance du fervice, que lui avoit rendu le Rat mufqué, il époufa une fémelle de fon efpéce, dont il eut des enfans, qui repeuplérent le monde : qu'il avoit communiqué fon immortalité à un certain Sauvage, & la lui avoit donné dans un petit paquet, en lui défendant de ne le point ouvrir, fous peine de perdre un don fi précieux.

Traditions du Péché de la premiere Femme, & du Déluge.

Les Hurons & les Iroquois difent que *Taronhiaouagon*, le Roi du Ciel, donna un coup de pied à fa femme, fi rude, qu'il la fit fauter du Ciel en Terre ; que cette Femme tomba fur le dos d'une Tortuë, qui en éloignant les eaux du Déluge avec fes pattes, découvrit enfin la Terre, & porta la Femme au pied d'un Arbre, où elle accoucha de deux Jumeaux, & que fon Aîné, qu'ils nomment *Tahouiskaron*, tua fon Cadet.

Il n'eft pas étonnant que des Peuples, fi indifférens fur le paffé, & que l'avenir même inquiette fort peu, ne connoiffent quafi rien dans le Ciel, & ne mettent point de différence entre les Planettes & les Etoiles fixes; fi ce n'eft qu'ils partagent celles-ci, comme nous, en Conftellations. Ils nomment les Pleyades, *les Danfeurs* & *les Danfeufes*. Ils donnent le nom *d'Ours* aux quatre premieres de ce que nous appellons la grande Ourfe; les trois, qui compofent fa queuë, ou qui font le train du Chariot de David, font, felon eux, trois Chaffeurs, qui pourfuivent l'Ours; & la petite Etoile, qui accompagne celle du milieu, eft la Chaudiere, dont le fecond eft chargé. Les Sauvages de l'Acadie nômmoient tout fimplement cette Conftellation & la fuivante, la grande & la petite Ourfe; mais ne pourroit-on pas juger que quand ils parloient ainfi au fieur Lefcarbot, ils ne répétoient que ce qu'ils avoient oüi dire à plufieurs François?

La plûpart des Sauvages appellent l'Etoile polaire, l'Etoile, qui ne marche pas. C'eft elle, qui les guide dans leurs voyages pendant la nuit, comme le Soleil leur fert de Bouffole pendant le jour. Ils ont encore d'autres marques pour connoître le Nord. Ils prétendent avoir obfervé que la cime des Arbres panche toujours un peu de ce côté là, & que les pellicules intérieures de leurs écorces font plus épaiffes du même côté. Ils ne s'y fient pourtant pas fi abfolument, qu'ils ne prennent d'ailleurs leurs précautions pour ne point s'égarer, & pour retrouver leur chemin, quand ils doivent retourner fur leurs pas.

Quant à ce qui regarde le cours des Aftres, les caufes des Phénomenes, la nature des Méteores, & autres chofes femblables, ils font fur tout cela, comme fur ce qui ne les touche pas fenfiblement, d'une ignorance profonde, & d'une parfaite indifférence. S'il arrive une Eclipfe, ils s'imaginent qu'il fe fait dans le Ciel quelque grand combat, & ils tirent quantité de fléches en l'air, pour écarter les prétendus Ennemis du Soleil & de la Lune. Les Hurons, quand la Lune s'éclipfoit, étoient perfuadés qu'elle fe trouvoit mal, & pour la faire revenir de cette foibleffe, ils faifoient beaucoup de bruit,

bruit, & accompagnoient ce tintamarre de beaucoup de cérémonies & de prieres. Ils ne manquoient pas surtout de donner sur les Chiens à grands coups de bâton & de pierres, pour les faire criér, parce qu'ils croyoient que la Lune aime ces Animaux.

1721.
Octobre.

Ces mêmes Sauvages, & plusieurs autres, ne pouvoient se mettre dans l'esprit qu'une Eclipse fût une chose indifférente & purement naturelle : ils en auguroient bien ou mal, suivant l'endroit du Ciel, où cet Astre paroissoit obscurci. Rien ne les étonna davantage, que de voir avec quelle justesse les Missionnaires prédisoient ces Phénomenes, & ils en concluoient qu'ils devoient aussi en prévoir les suites.

Ces Peuples ne connoissent pas mieux la nature du Tonnerre ; quelques-uns le prenoient pour la voix d'une espéce particuliere d'Hommes, qui voloient dans les airs : d'autres disoient que ce bruit venoit de certains Oiseaux, qui leur étoient inconnus. Selon les Montagnais, c'étoit l'effort, que faisoit un Génie pour vomir une Couleuvre, qu'il avoit avalée ; & ils appuyoient ce sentiment sur ce que, quand le Tonnerre étoit tombé sur un Arbre, on y voyoit une figure assez approchante de celle d'une Couleuvre.

Tous comptent les mois par les Lunes ; selon la plûpart, l'année n'en a jamais que douze, & quelques-uns lui en donnent toujours treize. Les inconvéniens, qui peuvent naître de cette diversité, ne vont pas bien loin parmi des Peuples, qui n'ont point d'Annales, & dont les affaires ne dépendent point des Epoques annuelles. Il y a aussi parmi eux beaucoup de varieté dans les noms des Saisons & des Lunes, parce que dans tous les Pays les Chasses, les Pêches, les Semences, les récoltes, la naissance & la chûte des feüilles, les passages de certaines Bêtes & de certains Oiseaux ; le tems, auquel les Chevreuils changent de poil, & celui, auquel différens Animaux sont en rut, servent à distinguer tout cela, & que ces choses varient beaucoup, suivant les différens Cantons.

Leur maniere de diviser le tems.

Il y a des Nations, qui comptent les années par les Signes, si ce n'est, lorsqu'il s'agit de marquer son âge, & quelques occasions, où ils employent les années Lunaires. Il n'y a nulle part aucune distinction de semaines, & les jours n'ont point de nom dans aucune de leur Langue. Ils ont quatre points fixes dans le jour, à sçavoir le lever & le coucher du Soleil,

Tome III. E e e

1721.
Octobre.

le Midy & le Minuit, & quelque tems qu'il faſſe, ils ne s'y trompent jamais. Du reſte, cette exactitude Aſtronomique à accorder les années Lunaires avec les Solaires, dont le Baron de la Hontan leur fait honneur, eſt une pure imagination de cet Ecrivain.

Ils n'ont point de ſupputations chronologiques, & s'ils conſervent les époques de certains événemens remarquables, ils ne comptent point au juſte le tems, qui s'eſt écoulé depuis ; ils ſe contentent de retenir les faits, & ils ont imaginé pluſieurs moyens de n'en pas perdre la mémoire. Par exemple, les Hurons & les Iroquois ont dans leurs Tréſors publics des Porcelaines, où il y a des figures, qui leur en rappellent le ſouvenir. D'autres ſe ſervent de nœuds faits d'une certaine façon, & ſi en tout cela leur imagination travaille, elle ne les trompe point. Enfin tous ſont dans l'uſage de compter les unitez juſqu'à dix, les dizaines par dix juſqu'à cent ; les centaines par dix juſqu'à mille ; ils ne vont pas plus loin dans leurs calculs.

Je ſuis, &c.

VINT-NEUVIÉME LETTRE.

1721.
Novembre.

De la Colonie des Illinois. Voyage juſqu'aux Akanſas : Deſcription du Pays.

Aux Kaskaſquias, ce huitiéme de Novembre, 1721.

MADAME,

MA derniere Lettre eſt partie pour le Canada, d'où l'on m'a aſſûré qu'elle iroit plutôt en France par l'Iſle Royale. Au reſte, ſi elle s'égare ſur la route, la perte ne ſera pas grande. Je commence encore celle-ci aux Kaskaſquias ; mais, ſelon toutes les apparences, je ne l'y acheverai pas. Il y a près d'un mois que j'y ſuis, & je hâte mon départ le plus qu'il m'eſt poſſible.

Utilité du Poſte des Illinois.

Comme je n'ai encore vû de la Louyſiane, que ce poſte,

le premier de tous par droit d'Antiquité, je ne peux encore en juger par comparaison avec les autres. Ce qui me paroît certain, c'est qu'il a deux avantages, dont l'un ne lui sera jamais disputé, & l'autre le rend, quant à présent, nécessaire à toute la Province. Le premier vient de sa situation, qui l'approche beaucoup du Canada, avec lequel il aura toujours une communication également utile aux deux Colonies. Le second est, qu'il peut être le grenier de la Louyfiane, à laquelle il pourra fournir des Bleds en abondance, quand bien même elle seroit toute peuplée jusqu'à la Mer.

1721.
Novembre.

Non-seulement la terre y est propre à porter le Froment, mais elle n'a encore rien refusé de tout ce qui est nécessaire à la nourriture de l'Homme. Le climat y est fort doux, par les trente-huit degrez trente-neuf minutes de latitude Septentrionale; il sera fort aisé d'y multiplier les Troupeaux; on y pourra même aprivoiser les Bœufs sauvages, dont on tireroit une grande utilité pour le commerce de la Laine & des Cuirs, & pour la nourriture des Habitans. L'air y est bon, & si on y voit quelques maladies, il ne les faut attribuer qu'à la misere, au libertinage, & peut-être un peu aux terres nouvellement remuées; mais ce dernier inconvénient ne durera pas toujours, & le changement de climat ne sera rien pour ceux, qui y naîtront dans la suite. Enfin on est assuré des Illinois plus qu'on ne l'est en Canada d'aucune Nation sauvage, si on en excepte les Abenaquis. Ils sont presque tous Chrétiens, d'un naturel doux, & de tout tems très-affectionnés aux François.

Me voici, Madame, à cent cinquante lieuës de l'endroit, où j'ai commencé cette Lettre: je vais l'achever ici, & la confier à un Voyageur, qui compte d'être beaucoup plutôt que moi à la Nouvelle Orleans, parce qu'il ne s'arrêtera nulle part, & que je dois faire quelque séjour aux Natchez. D'ailleurs j'avois compté sur deux choses en partant des Illinois; la premiere, qu'ayant à descendre un Fleuve très-rapide, & sur lequel je n'avois pas à craindre d'être arrêté par ces Sauts & ces Rapides si fréquens dans les Rivieres du Canada, je ne serois pas lontems dans mon Voyage, quoique j'eusse près de quatre cens lieuës à faire à cause des circuits, que fait le Fleuve; la seconde, que ma route étant toujours au Sud, il n'étoit nullement besoin que je me précautionasse contre le

Froid extrême.

E e e ij

froid : mais j'ai été trompé des deux côtés. Je me suis vû contraint de naviguer plus lentement encore, que je n'avois fait dans les Lacs, qu'il m'a fallu traverser, & j'ai essuyé un froid aussi picquant, que ceux, que j'avois jamais soufferts à Quebec.

Il est vrai que ce fut encore toute autre chose aux Kaskasquias, d'où j'étois parti peu de jours auparavant, puisque le Fleuve, à ce que j'ai appris sur ma route, y fut d'abord glacé de maniere, qu'on a couru dessus en charette. Il a cependant en cet endroit une bonne demie lieuë de large, & il y est plus rapide encore que le Rhône. Cela est d'autant plus surprenant, que pour l'ordinaire, à l'exception de quelques gelées passageres, causées par les vents du Nord, & du Nord-Ouest, l'Hyver en ce Pays n'est presque pas sensible. Le Fleuve n'a point gelé où j'étois, mais comme je demeurois tout le jour dans une Pirogue découverte, par conséquent exposé à toutes les injures de l'air, & que je n'avois pris aucune précaution contre un froid, que je ne prévoyois pas, je l'ai trouvé bien dur (*a*).

Maniere de naviguer sur le Micissipi.

Si j'avois pû faire plus de diligence, j'en aurois éprouvé chaque jour une diminution sensible ; mais il faut naviguer sagement sur le Micissipi. On ne se hazarde pas aisément à s'y embarquer sur des Canots d'écorce, par la raison que ce Fleuve entraînant toujours un grand nombre d'arbres, qui tombent de dessus ses bords, ou que les Rivieres, qu'il reçoit, lui amenent ; plusieurs de ces Arbres sont arrêtés en passant sur une pointe, ou sur une batture ; de sorte qu'à chaque moment on est exposé à heurter contre une branche, ou contre une racine cachée sous l'eau, & il n'en faudroit pas davantage pour crever ces frêles voitures ; surtout quand pour éviter un Parti ennemi, ou pour quelque autre raison, on veut marcher de nuit, ou partir avant le jour.

On est donc contraint de substituer aux Canots d'écorces des Pirogues, c'est-à-dire, des troncs d'Arbres creusés, qui ne sont pas sujets aux mêmes inconvéniens, mais qui sont fort lourds, & ne se manient pas comme l'on veut. J'en ai une de bois de Noyer si étroite, qu'elle ne peut pas porter la voile ; & mes Conducteurs, accoûtumés à ces petites Pagayes, dont on se sert pour les Canots, ont bien de la peine à se faire

(*a*) Cela a duré près de deux mois.

à la rame. De plus, pour peu que le vent foit fort, l'eau entre dans la Pirogue, & cela arrive fouvent dans la Saifon, où nous fommes.

1721. Novembre.

Ce fut le dixiéme de Novembre, au Soleil couchant, que je m'embarquai fur la petite Riviere de Kaskafquias ; je n'avois que deux lieuës à faire pour gagner le Miciffipi, cependant je fus obligé de camper à moitié chemin, & le jour fuivant je ne pûs faire que fix lieuës dans le Fleuve. Les feüilles tombent en cet endroit plutôt qu'en France, & n'en reprennent de nouvelles, qu'à la fin de May ; il y neige néanmoins fort rarement, & j'ai déja obfervé que les hyvers y font ordinairement fort doux. Quelle peut donc être la raifon de ce retardement ? Pour moi, je n'en vois point d'autre, que l'épaiffeur des Forêts, qui empêche la terre de s'échauffer affez tôt, pour faire monter la féve.

Pourquoi les Feüilles tombent fitôt, & viennent fi tard aux Arbres dans la Louyfiane.

Le douziéme, après avoir fait deux lieuës, je laiffai *le Cap de S. Antoine* à la main gauche. C'eft là, que l'on commence à voir des Cannes : elles font affez femblables à celles, qui croiffent en plufieurs endroits de l'Europe, mais elles font plus hautes & plus fortes. On prétend qu'elles ne paroiffent jamais, que dans les bonnes Terres ; mais il faut que ces Terres foient mouillées, & par conféquent plus propres à porter du Ris, que du Froment. On ne fe donne pas la peine de les arracher, quand on veut défricher le terrein, où elles fe trouvent : la chofe d'ailleurs ne feroit pas aifée, leurs racines noueufes étant très-longues, & cramponnées par un grand nombre de filamens, qui s'étendent fort loin. Ces racines ont naturellement un affez beau vernis, & approchent de celles des Bambous du Japon, dont on fait ces belles Cannes, que les Hollandois vendent fous le nom de *Rottangs*.

Des Cannes.

On fe contente donc, quand on veut cultiver un Champ couvert de ces Cannes, de les couper par le pied : on les laiffe enfuite fécher, puis on y met le feu, les cendres fervent d'engrais, le feu ouvre les pores de la terre, qu'on remuë légérement, & on y féme tout ce qu'on veut ; du Ris, du Maïz, des Melons d'eau, en un mot toutes fortes de grains & de légumes, excepté le Froment, qui dans ces terres graffes s'épuife en pouffant beaucoup d'herbes, & ne produit point de grains. On pourra remédier à ce défaut en jettant du fable fur ce terrein, & en y femant du Maïz pendant quelques années.

Pourquoi le Froment n'a point réuffi dans la Louyfiane.

1721.
Novembre.

Pour ce qui est des hauteurs, & des autres Terroirs, qui ne sont point exposés à l'inondation du Fleuve; ils sont dès-à-présent très-propres à porter du Bled, & si les essais, qu'on en a faits en quelques endroits, n'ont pas réussi, parce que la rouille mangeoit le grain, c'est que le Pays n'étant pas découvert, l'air n'y est pas assez libre pour dissiper les brouillards, qui engendrent la rouille. La preuve de ceci est qu'aux Illinois, où il y a plus de Prairies que de Bois, le Froment pousse & mûrit comme en France.

Froid excessif.

Le treiziéme, après une nuit très-chaude, nous fîmes environ trois lieuës, malgré un vent du Sud, qui croissoit toujours, & qui devint enfin si violent, qu'il nous obligea de nous arrêter. Une grosse pluye le fit tomber sur le soir, & vers le minuit il s'éleva un vent de Nord-Ouest, qui commença ce froid excessif, dont je vous ai parlé. Pour comble de malheur, un accident nous arrêta tout le jour suivant, quoiqu'il n'y eût point de sûreté à demeurer où nous étions. Il n'y a pas lontems que des Cheraquis y tuerent trente François, qui avoient à leur tête un Fils de M. de Ramezai, Gouverneur de Montreal, & un du Baron de Longueuil, Lieutenant de Roi de la même Ville. Outre ces Sauvages, qui ne sont point encore réconciliés avec nous, les Outagamis, les Sioux, & les Chicachas nous tenoient en grande inquiétude, & je n'avois avec moi que trois Hommes.

Riviere Ouabache.

Le quinziéme, le vent tourna au Nord, & le froid augmenta. Nous fîmes quatre lieuës au Sud, puis nous trouvâmes que le Fleuve retournoit quatre autres lieuës au Nord. Immédiatement après ce grand détour, nous laissâmes à gauche la belle Riviere *Ouabache*, par laquelle on peut aller jusques chez les Iroquois, quand les eaux sont hautes. Son entrée dans le Micissipi n'a guere moins d'un quart de lieuë de large. Il n'est point dans toute la Louysiane de lieu plus propre à mon avis pour un Etablissement, que celui-là, ni où il importe davantage d'en avoir un. Tout le Pays, qu'arrosent Ouabache, & l'*Ohio*, qui s'y décharge, est très-fertile; ce sont de vastes Prairies bien arrosées, où les Bœufs sauvages paissent par milliers. D'ailleurs, la communication avec le Canada n'y est pas moins facile, que par la Riviere des Illinois, & le chemin est beaucoup plus court. Un Fort avec une bonne Garnison y tiendroit en bride les Sauvages, surtout les Cheraquis, aujourd'hui la plus nombreuse Nation de ce Continent.

1721.

Six lieuës au-deſſous de l'embouchure d'Ouabache, on trouve ſur la même main une côte fort élevée, d'une terre jaune, ſur laquelle on prétend qu'il y a des Mines de Fer. Nous fîmes bien du chemin ce jour là, qui étoit le ſeiziéme, mais nous ſoufrîmes extrêmement du froid : il augmenta encore les jours ſuivans, quoique le vent ſe fût tourné au Sud-Sud-Oueſt : il nous falloit même pour avancer, caſſer une glace, fort mince à la verité, qui ſe formoit ſur la ſuperficie de l'eau. Le dix-neuviéme nous fîmes quatre lieuës, après quoi un vent de Sud nous arrêta tout court. Je n'ai jamais ſenti de biſe plus piquante que ce vent de Midi. Il y a bien de l'apparence que c'étoit toujours le vent de Nord-Oueſt, qui ſoufloit, mais que les terres refléchiſſoient tantôt d'un côté, & tantôt de l'autre, à meſure que nous tournions avec le Fleuve.

Novembre.

Mines de Fer.

On rencontre ſur toute cette route une eſpece de Chats ſauvages, appellé *Pijoux*, & qui reſſemblent beaucoup aux nôtres, mais qui ſont plus grands. J'en ai remarqué, qui avoient la queuë plus courte, & d'autres, qui l'avoient conſidérablement plus longue, & plus groſſe : ils ont auſſi la mine extrêmement fiere, & on m'a aſſûré qu'ils ſont fort carnaciers, & bons chaſſeurs. Les Forêts ſont remplies de Noyers ſemblables à ceux du Canada, & leurs racines ont pluſieurs proprietés, qu'on ne m'a point fait obſerver dans les autres. Elles ſont fort tendres, & leurs écorces teignent en noir ; mais leur principale utilité eſt pour la Médecine. Elles arrêtent le flux de ventre, & ſont un excellent vomitif.

Chats ſauvages. Noyers & leurs proprietés.

Le vintiéme, il neigea tout le jour, & nous ne bougeâmes point : le tems s'adoucit, mais la nuit ſuivante le Sud-Oueſt nettoya le Ciel, & le froid recommença de plus belle. Le lendemain matin de l'eau-de-vie, qu'on avoit laiſſé dans la Pirogue pendant la nuit ſe trouva épaiſſe, comme de l'Huile gelée, & du Vin d'Eſpagne, que j'avois pour la Meſſe, étoit glacé. Plus nous deſcendions, plus nous trouvions que le Fleuve tournoit, le vent ſuivoit tous ces détours, & de quelque côté qu'il vînt, le froid étoit toujours exceſſif. De mémoire d'Homme on n'avoit rien vû de ſemblable en ce Pays.

1721.
Novembre.

Marques des Guerriers.

Ce jour là nous apperçûmes sur le bord du Fleuve à droite un Poteau dressé; nous en approchâmes, & nous reconnûmes que c'étoit un Monument dressé par des Illinois pour une Expédition faite depuis peu sur les *Chicachas*. Il y avoit deux figures d'Hommes sans tête, & quelques-unes dans leur entier. Les premieres marquoient les Morts, & les secondes, les Captifs. Un de mes Conducteurs m'apprit à cette occasion que, quand il y a des François parmi les uns & les autres, on leur appuye les bras sur les hanches, pour les distinguer des Sauvages, à qui on les laisse pendants. Cette distinction n'est point purement arbitraire; elle vient de ce que ces Peuples ont observé que les François se tenoient souvent dans cette posture, qui n'est point en usage parmi eux.

Des Chicachas.

GARCILASSO DE LA VEGA parle des Chicachas dans son Histoire de la Conquête de la Floride, & il les place à peu près au même endroit, où ils sont encore présentement. Il les compte parmi les Peuples de la Floride, qui se soumirent aux Espagnols, mais cette prétendue soumission n'a duré qu'autant de tems, que les Espagnols ont été dans leur voisinage, & il est certain qu'ils vendirent cher la Victoire, qu'on remporta sur eux. Ce sont encore les plus braves Soldats de la Louysiane : ils étoient beaucoup plus nombreux du tems de Ferdinand de SOTO, qu'ils ne sont aujourd'hui, mais pour les richesses, que son Historien leur attribuë, je ne comprends pas trop, ni d'où ils les avoient pû tirer, ni ce qui en auroit pû tarir la source, car ils ne sont ni plus opulens, ni plus policés que les autres Sauvages.

C'est notre alliance avec les Illinois, qui nous a mis en guerre avec les Chicachas, & les Anglois de la Caroline attisent le feu. Notre Etablissement dans la Louysiane fait grand mal au cœur à ceux-ci : c'est une barriere, que nous mettons entre leurs puissantes Colonies de l'Amérique Septentrionale, & le Méxique, & nous devons nous attendre qu'ils employeront toutes sortes de moyens pour la rompre. Les Espagnols, qui nous voyent avec des yeux si jaloux nous fortifier dans ce Pays, ne sentent pas encore l'importance du service, que nous leur rendons. Peu de jours après que j'eus passé par l'endroit, où nous avions vû le poteau des Illinois, les Chicachas eurent leur revanche sur deux François, qui me suivoient dans une Pirogue. Ces Sauvages s'étoient embusqués dans des Cannes

Cannes sur le bord du Fleuve, & quand ils virent les François vis-à-vis d'eux, ils remuerent les Cannes, sans se montrer; les François crurent que c'étoit un Ours, ou quelqu'autre Bête, & s'approcherent pour faire capture; mais au moment qu'ils se disposoient à débarquer, les Chicachas firent sur eux une décharge de fusils, qui les étendit morts dans leur Pirogue. Je fûs fort heureux qu'ils ne m'eussent pas apperçu, car mes gens ne vouloient manquer aucune occasion de chasser.

1721. Novembre.

Le vint-troisiéme, après une nuit très-froide, nous eûmes une fort belle journée, & quoique la terre fût couverte de neige, le froid étoit supportable. Le lendemain nous passâmes devant la Riviere des Chicachas, qui est assez étroite, mais qui vient de fort loin. Son embouchure est Nord & Sud. On compte de là quatre-vint-six lieuës aux Kaskasquias; mais le chemin seroit de moitié plus court par terre. Rien ne seroit plus agréable que cette navigation, si la Saison étoit plus douce : le Pays est charmant, & il y a dans les Forêts une quantité d'Arbres toujours verds : le peu de Prairies, qu'on rencontre, conservent aussi leur verdure, & un nombre considérable d'Isles bien boisées, & dont quelques-unes sont assez grandes, forment des Canaux très-agréables, où les plus grands Navires pourroient passer : car on prétend qu'à plus de cent cinquante lieuës de la Mer on a trouvé dans ce Fleuve jusqu'à soixante brasses de fond.

Riviere des Chicachas.

Pour ce qui est des Forêts, qui couvrent presque tout ce grand Pays, il n'en est peut-être pas dans la Nature, qui leur soient comparables, soit que l'on considere la grosseur & la hauteur des Arbres, soit qu'on ait égard à leur varieté, & à l'utilité, qu'on en peut retirer, car à la réserve des bois de couleur, qui demandent un sol plus échauffé, & qui ne se trouvent qu'entre les Tropiques, on ne sçauroit dire de quelle sorte d'Arbres on n'y voit pas. Il y a des Cyprieres de huit à dix lieuës d'étenduë, tous les Cyprès y sont d'une grosseur proportionnée à leur hauteur, qui passe tout ce que nous avons en France de plus grands Arbres. On commence à connoître en Europe cette espéce de Laurier toujours verd, que nous avons appellé Tulipier, à cause de la figure de sa fleur. Il s'éleve plus haut que nos Maroniers d'Inde, & a la feüille encore plus belle. Le Copalme est encore plus grand

Forêts de la Louysiane.

Tome III.   F f f

1721.
Novembre.

& plus gros, & il en diſtile un baume, qui n'eſt peut-être pas beaucoup inférieur à celui du Pérou. Toutes les eſpéces connuës de Noyers y ſont auſſi en très-grande quantité, & tous les bois de conſtruction & de charpente, que l'on peut ſouhaitter : mais pour les mettre en œuvre, il faut avoir attention de ne point prendre ceux, qui croiſſent ſur le bord du Fleuve, ni dans tout l'eſpace, qu'il inonde dans ſes débordemens, parce qu'ayant continuellement leurs racines dans l'eau, ils ſeroient trop peſants, & ſe pourriroient bien-tôt.

1721.
Décembre.

Enfin j'arrivai hier 2. Décembre au premier Village des *Akanſas* (a) vers les dix heures du matin. Ce Village eſt bâti dans une petite Prairie ſur la rive Occidentale du Miciſſipi. Il y en a trois autres dans l'eſpace de huit lieuës, & chacun compoſe une Nation, ou Tribu particuliere ; il y en a même un des quatre, qui réunit deux Tribus, mais toutes ſont compriſes ſous le nom générique d'Akanſas. On appelle *Ouyapes* les Sauvages, qui habitent le Village, d'où je vous écris. La Compagnie d'Occident y a un Magaſin, qui attend des Marchandiſes, & un Commis, qui fait mauvaiſe chere en attendant, & qui s'ennuye beaucoup.

Deſcription de la Riviere des Akanſas.

La Riviere des Akanſas, qu'on prétend venir de fort loin, ſe décharge dans le Fleuve par deux embouchures éloignées l'une de l'autre de quatre lieuës. La premiere eſt à huit lieuës d'ici. Cette Riviere vient, dit-on, du Pays de certains Sauvages, qu'on appelle *Panis noir*, & je crois que ce ſont les mêmes, qui ſont plus connus ſous le nom de *Panis Ricaras*. J'ai avec moi un Eſclave de cette Nation. On remonte difficilement la Riviere des Akanſas, parce qu'elle eſt fort embarraſſée de rapides, & qu'en pluſieurs endroits les eaux y ſont ſouvent ſi baſſes, qu'il y faut traîner les Pirogues.

Différentes Tribus d'Akanſas.

La ſéparation de ſes deux branches ſe fait à ſept lieuës au-deſſus de la ſeconde & de la plus petite de ſes deux embouchures ; mais à deux lieuës au-deſſus de la premiere. Elle reçoit une belle Riviere, qui vient du Pays des Oſages, & qu'on appelle *la Riviere Blanche*. Deux lieuës plus haut ſont les *Torimas*, & les *Topingas*, qui ne font qu'un Village. Deux autres lieuës au-deſſus ſont les *Sothouis*. Les *Kappas* ſont un peu plus loin. Cette Nation étoit très-nombreuſe au tems de Ferdinand de Soto, & même, lorſque M. de la Sale

(a) Ou *Akanſeas*.

acheva la découverte du Miciſſipi. Vis-à-vis de leur Village on voit les triſtes débris de la Conceſſion de M. Law, dont la Compagnie eſt reſtée Proprietaire.

1721. Décembre. Conceſſion de M. Law.

C'étoit là, qu'on devoit envoyer les neuf mille Allemands, qui avoient été levés dans le Palatinat, & c'eſt bien dommage qu'ils n'y ſoient point parvenus. Il n'eſt peut-être pas dans toute la Louyſiane de Pays plus propre, après celui des Illinois, à produire toutes ſortes de grains, & à nourrir des Beſtiaux. Mais M. Law a été mal ſervi, auſſi-bien que la plûpart des autres Conceſſionnaires. Il y a bien de l'apparence que de lontems on ne fera de pareilles levées d'Hommes, on en a beſoin dans le Royaume, & puis c'eſt aſſez l'ordinaire parmi nous de ſe régler ſur le ſuccès de pareilles Entrepriſes, au lieu d'obſerver ce qui les a fait échouer, pour corriger ce qui a été mal fait.

J'ai trouvé le Village des Ouyapes dans la derniere déſolation. Il y a quelque-tems qu'un François en paſſant par ici fut attaqué de la petite vérole : le mal s'eſt communiqué d'abord à quelques Sauvages, & bientôt après à toute la Bourgade. Le Cimetiere paroît comme une Forêt de Perches & de Poteaux nouvellement plantés, & d'où l'on voit pendre toutes ſortes de choſes : il y a de tout ce qui eſt à l'uſage de ces Barbares.

Mortalité parmi les Akanſas.

J'avois dreſſé ma Tente aſſez près du Village, & toute la nuit j'ai entendu pleurer ; les Hommes s'en mêlent auſſi-bien que les Femmes : ils répétoient ſans ceſſe *Nihahani*, comme font les Illinois, & ſur le même ton. J'avois auſſi apperçû le ſoir une Femme, qui pleuroit ſur la Tombe de ſon Fils, & qui y répandoit force ſagamité. Une autre avoit allumé du feu auprès d'une Tombe voiſine, apparemment pour réchauffer le Mort. Les Akanſas paſſent pour être les plus grands & les mieux faits de tous les Sauvages de ce Continent, & on les appelle par diſtinction *les beaux Hommes*. On croit, peut-être par cette raiſon, qu'ils ont la même origine que les Canſez du Miſſouri, & les Pouteouatamis du Canada. Mais voici ma Pirogue chargée, & je n'ai que le tems de fermer ma Lettre, après vous avoir aſſûré que je ſuis, &c.

Aux Akanſas ce 2. de Décembre 1721.

TRENTIÉME LETTRE.

Voyage depuis les Akansas jusqu'aux Natchez. Description du Pays, de la Riviere des Yasous; des Mœurs, des Usages & de la Religion des Natchez.

1721.
Décembre.

Aux Natchez, ce vint-cinquiéme de Décembre 1721.

MADAME,

Je partis le 3. de Décembre un peu tard du Village des Ouyapes, cependant j'allai camper un peu plus bas que la premiere embouchure de la Riviere des Akansas, qui me parut avoir tout au plus cinq cent pas de large. Je passai le lendemain la seconde, qui est fort étroite, & le cinquiéme je poussai jusqu'à *la Pointe coupée*. C'étoit une Pointe assez haute, qui avançoit dans le Fleuve du côté de l'Ouest; le Fleuve l'a coupée, & en a fait une Isle, mais le nouveau Canal n'est encore praticable, que dans les grandes eaux. On compte de cet endroit à la principale branche de la Riviere des Akansas, vint-deux lieuës, mais il n'y en a peut-être pas dix en droite ligne, car le Fleuve serpente beaucoup pendant les soixante & dix lieuës, que l'on fait pour aller du Village des Ouyapes à la Riviere des *Yasous* (a), où j'entrai le neuf après midi. Il n'a point neigé ici, comme aux Illinois, & à Ouabache, mais il y est tombé un verglas, qui a brisé tous les Arbres tendres, dont les pointes basses, & les terres mouillées sont couvertes: on diroit qu'on auroit pris plaisir d'en casser toutes les branches avec un bâton.

Riviere des Yasous.

L'entrée de la Riviere des Yasous est Nord-Ouest, & Sud-Est, & a environ un arpent de large: ses eaux sont rousses, & on prétend qu'elles donnent le flux de sang à ceux, qui en boivent. D'ailleurs, l'air y est très-mauvais. Il me fallut faire trois lieuës pour gagner le Fort, que je trouvai tout en deüil par la mort de M. Bizart, qui y commandoit. Par tout, où

(a) Ou *Yachoux*.

j'avois rencontré des François dans la Louyſiane, j'avois entendu faire des éloges infinis de cet Officier, né en Canada d'un Pere Suiſſe, Major de Montreal. On me dit aux Yaſous des choſes extraordinaires de ſa Religion, de ſa pieté, de ſon zèle, dont il a été la victime. Tous le regrettoient comme leur Pere, & tout le monde convient que cette Colonie a fait en lui une perte irréparable.

1721.
Décembre.

Il avoit mal placé ſon Fort, & il ſongeoit, lorſqu'il mourut, à le tranſporter une lieuë plus loin dans une fort belle Prairie, où l'air eſt plus ſain, & où il y a un Village d'*Yaſous*, mêlés de *Couroas*, & d'*Ofogoulas*, qui tous enſemble peuvent mettre tout au plus deux cens hommes ſous les armes. On vit aſſez bien avec eux, mais on ne s'y fie pas trop à cauſe des liaiſons, que les Yaſous principalement, ont toujours euës avec les Anglois.

Du Fort des Yaſous.

Il y a beaucoup de Caïmans dans cette Riviere, & j'en ai vû deux, qui avoient bien douze à quinze pieds de long. On ne les entend guére que pendant la nuit, & leur cri reſſemble tellement au meuglement des Taureaux, qu'on y ſeroit trompé. Nos François ne laiſſent pas de s'y baigner auſſi librement, qu'ils feroient dans la Seine. Comme je leur en témoignois ma ſurpriſe, ils me répondirent qu'il n'y avoit rien à craindre ; qu'à la verité, dès qu'ils étoient dans l'eau, ils s'y voyoient preſque toujours environnés de Caïmans, mais qu'aucun n'approchoit d'eux, qu'ils ſembloient ſeulement les guetter pour ſe jetter ſur eux au moment qu'ils ſortiroient de la Riviere ; qu'alors pour les écarter, ils remuoient l'eau avec un bâton, dont ils avoient la précaution de ſe prémunir, que cela faiſoit fuir ces Animaux aſſez loin, pour leur donner le tems de ſe mettre en ſûreté.

Des Caïmans.

La Compagnie a dans ce Poſte un Magaſin d'attente, comme aux Akanſas ; mais le Fort & le Terrein appartiennent à une Société compoſée de M. le Blanc, Secretaire d'Etat, de M. le Comte de Belle-Iſle, de M. le Marquis d'Aſfeld, & de M. le Blond, Brigadier-Ingénieur. Ce dernier eſt dans la Colonie avec la qualité de Directeur Général de la Compagnie. Je ne comprends pas trop ce qui leur a fait choiſir la Riviere des Yaſous, pour y placer leur Conceſſion. Ils avoient aſſûrément à choiſir, & de meilleurs Terreins, & des ſituations plus avantageuſes. Il eſt vrai qu'il eſt

Conceſſion mal placée.

1721.
Décembre.

important de s'assûrer de cette Riviere, dont la Source n'est pas loin de la Caroline, mais il suffisoit pour cela d'un Fort avec une bonne Garnison, pour contenir les Yasous, qui sont Alliés des Chicachas. Ce n'est pas le moyen d'établir solidement une Concession, que d'être obligé de se tenir toujours sur ses gardes, contre des Sauvages voisins des Anglois.

Goufre, Carriere.

Je partis des Yasous le dixiéme, & le treiziéme : sans un Sauvage Natché, qui m'avoit demandé le passage pour retourner chez lui, je me serois perdu dans un goufre, qu'aucun de mes Conducteurs ne connoissoit, & dont on ne s'apperçoit, que quand on y est tellement engagé, qu'il n'est plus possible de s'en retirer. Il est sur la main gauche, au pied d'un gros Cap, où l'on assûre qu'il y a de très-bonnes pierres : c'est de quoi l'on craint plus de manquer dans cette Colonie, mais en récompense on y fera autant de Barques que l'on voudra.

Description du Pays des Natchez.

Le quinziéme nous arrivâmes aux *Natchez*. Ce Canton, le plus beau, le plus fertile, & le plus peuplé de toute la Louysiane, est éloigné de quarante lieues des Yasous, & sur la même main. Le débarquement est vis-à-vis une butte assez haute, & fort escarpée, au pied de laquelle coule un petit Ruisseau, qui ne peut recevoir que des Chaloupes & des Pirogues. De cette premiere Butte on monte à une seconde, ou plutôt sur une Colline, dont la pente est assez douce, & au sommet de laquelle on a bâti une espéce de Redoute fermée par une simple Palissade. On a donné à ce retranchement le nom de Fort.

Plusieurs Monticules s'élévent au-dessus de cette Colline, & quand on les a passées, on apperçoit de toutes parts de grandes Prairies, séparées par de petits Bouquets de bois, qui font un très-bel effet. Les Arbres les plus communs dans ces Bois sont le Noyer & le Chêne, & par tout les terres sont excellentes. Feu M. d'Iberville, qui le premier entra dans le Miçissipi par son embouchure, étant monté jusqu'aux Natchez, trouva ce Pays si charmant, & si avantageusement situé, qu'il crut ne pouvoir mieux placer la Métropole de la nouvelle Colonie. Il en traça le Plan, & lui destina le nom de *Rosalie*, qui étoit celui de Madame la Chanceliere de Pontchartrain. Mais ce Projet ne paroît pas devoir s'exécuter si-tôt, quoique nos Géographes ayent toujours à bon compte marqué fur leurs Cartes la Ville de Rofalie aux Natchez.

1721.
Décembre.

Il eſt certain qu'il faut commencer par un Etabliſſement plus près de la Mer ; mais ſi la Louyſiane devient jamais une Colonie Floriſſante, comme il peut fort bien arriver, il me ſemble qu'on ne peut mieux placer ſa Capitale qu'en cet endroit. Il n'eſt point ſujet au débordement du Fleuve, l'air y eſt pur, le Pays fort étendu, le Terrein propre à tout, & bien arroſé ; il n'eſt pas trop loin de la Mer, & rien n'empêche les Vaiſſeaux d'y monter. Enfin il eſt à portée de tous les lieux, où l'on paroît avoir deſſein de s'établir. La Compagnie y a un Magaſin, & y entretient un Commis principal, qui n'a pas encore beaucoup d'occupation.

Parmi un grand nombre de Conceſſions particulieres, qui ſont déja ici en état de rapporter, il y en a deux de la premiere grandeur, je veux dire de quatre lieuës en quarré, l'une appartient à une Societé de Maloins, qui l'ont achetée de M. Hubert, Commiſſaire Ordonnateur, & Préſident du Conſeil de la Louyſiane : l'autre eſt à la Compagnie, qui y a envoyé des Ouvriers de Clerac pour y faire du Tabac. Ces deux Conceſſions ſont ſituées de maniere, qu'elles forment un triangle parfait avec le Fort, & la diſtance d'un angle à l'autre eſt d'une lieuë. A moitié chemin des deux Conceſſions eſt le grand Village des Natchez. J'ai viſité avec ſoin tous ces lieux, & voici ce que j'y ai remarqué de plus conſiderable.

La Conceſſion des Maloins eſt bien placée, il ne lui manque, pour tirer parti de tout ſon Terrein, que des Negres, ou des Engagés. J'aimerois encore mieux les Seconds que les Premiers ; le tems de leur Service expiré, ils deviennent des Habitans, & augmentent le nombre des Sujets naturels du Roi ; au lieu que ceux-là ſont toujours des Etrangers : & qui peut s'aſſûrer qu'à force de ſe multiplier dans nos Colonies, ils ne deviendront pas un jour des Ennemis redoutables ! Peut-on compter ſur des Eſclaves, qui ne nous ſont attachés que par la crainte, & pour qui la Terre même, où ils naiſſent, n'a jamais le doux nom de Patrie ?

La premiere nuit, que je paſſai dans cette Habitation, il y eut vers les neuf heures du ſoir une grande allarme ; j'en demandai le ſujet, & on me répondit qu'il y avoit dans le Voi-

416 JOURNAL HISTORIQUE

1721.
Décembre.

sinage une Bête d'une espéce inconnuë, d'une grandeur extraordinaire, & dont le cri ne ressembloit à celui d'aucun Animal, que nous connoissions. Personne n'asûroit pourtant l'avoir vûë, & on ne jugeoit de sa taille, que par sa force; elle avoit déja enlevé des Moutons & des Veaux, & étranglé quelques Vaches. Je dis à ceux, qui me faisoient ce récit, qu'un Loup enragé pouvoit faire tout cela, & quant au cri, qu'on s'y trompoit tous les jours. Je ne persuadai personne; on vouloit que ce fut une Bête monstrueuse; on venoit de l'entendre, on y courut armé de tout ce qu'on trouva sous sa main, mais ce fut inutilement.

Succès du Tabac dans ce Canton.

La Concession de la Compagnie est encore plus avantageusement située, que celle des Malouins. Une même Riviere arrose l'une & l'autre, & va se décharger dans le Fleuve à deux lieuës de celle-là, à laquelle une magnifique Cypriere de six lieuës d'étenduë fait un rideau, qui en couvre tous les derrieres. Le Tabac y a très-bien réussi, mais les Ouvriers de Clerac s'en sont presque tous retournés en France.

Cotton, Indigo.

J'ai vû dans le Jardin du sieur le Noir, Commis principal, de fort beau Cotton sur l'Arbre, & un peu plus bas on commence à voir de l'Indigo sauvage. On n'en a pas encore fait l'épreuve, mais il y a beaucoup d'apparence qu'il ne réussira pas moins que celui, qu'on a trouvé dans l'Isle de Saint Domingue, où il est aussi estimé, que celui, qu'on y a transplanté d'ailleurs. Et puis l'expérience nous apprend qu'une terre, qui produit naturellement cette Plante, est fort propre à porter l'étrangere, qu'on y veut semer.

Description du grand Village & du Temple des Natchez.

Le grand Village des Natchez est aujourd'hui réduit à fort peu de Cabannes: la raison qu'on m'en a apportée, est que les Sauvages, à qui leur grand Chef a droit d'enlever tout ce qu'ils ont, s'éloignent de lui le plus qu'ils peuvent, & par-là plusieurs Bourgades de cette Nation se sont formées à quelque distance de celle-ci. Les *Tioux*, leurs Alliés & les nôtres, en ont aussi établi une dans leur Voisinage.

Les Cabannes du grand Village des Natchez, le seul que j'aye vû, sont en forme de Pavillon quarré, fort basses, & sans Fenêtres; le Faîte est arrondi à peu près comme un Four. La plûpart sont couvertes de feüilles & de pailles de Maïz; quelques-unes sont construites d'une espéce de torchi, qui me parut assez bon, & qui est revêtu en dehors & en dedans

de

de Nattes fort minces. Celle du grand Chef eſt fort proprement crépie en dedans : elle eſt auſſi plus grande & plus haute que les autres ; placée ſur un Terrein un peu élevé, & iſolée de toutes parts. Elle donne ſur une grande Place, qui n'eſt pas des plus régulieres, & a ſon aſpect au Nord. J'y trouvai pour tout meuble une Couche de planches fort étroite, élevée de terre de deux ou trois pieds ; apparemment que quand le Chef veut ſe coucher, il y étend une natte ou quelque peau.

Il n'y avoit pas une Ame dans le Village : tout le monde étoit allé dans une Bourgade voiſine, où il y avoit une Fête, & toutes les Portes étoient ouvertes, mais il n'y avoit rien à craindre des Voleurs, car il ne reſtoit par tout que les quatre murailles. Ces Cabannes n'ont aucune iſſuë pour la fumée, néanmoins toutes celles, où j'entrai, étoient aſſez blanches. Le Temple eſt à côté de celle du grand Chef, tournée vers l'Orient, & à l'extrêmité de la Place. Il eſt compoſé des mêmes matériaux que les Cabannes, mais ſa figure eſt différente; c'eſt un quarré long, d'environ quarante pieds ſur vint de large, avec un toît tout ſimple, de la figure des nôtres. Il y a aux deux extrêmités comme deux girouettes de bois, qui repréſentent fort groſſierement deux Aigles.

La Porte eſt au milieu de la longueur du Bâtiment, qui n'a point d'autres ouvertures ; des deux côtés il y a des Bancs de pierres. Les dedans répondent parfaitement à ces dehors ruſtiques. Trois piéces de bois, qui ſe joignent par les bouts, & qui ſont placées en triangle, ou plutôt également écartées les unes des autres, occupent preſque tout le milieu du Temple, & brûlent lentement. Un Sauvage, que l'on appelle le Gardien du Temple, eſt obligé de les attiſer, & d'empêcher qu'elles ne s'éteignent. S'il fait froid, il peut avoir ſon feu à part, mais il ne lui eſt pas permis de ſe chauffer à celui, qui brûle en l'honneur du Soleil. Ce Gardien étoit auſſi à la Fête, du moins je ne le vis point, & ſes tiſons jettoient une fumée, qui nous aveugloit.

D'Ornemens, je n'en vis aucuns, ni rien abſolument, qui dût me faire connoître que j'étois dans un Temple. J'y apperçus ſeulement trois ou quatre Caiſſes rangées ſans ordre, où il y avoit quelques Oſſemens ſecs, & par terre, quelques Têtes de bois, un peu moins mal travaillées que les deux

Tome III. Ggg

1721.
Décembre.

Aigles du toît. Enfin, si je n'y eusse pas trouvé du feu, j'eusse cru que ce Temple étoit abandonné depuis lontems, ou qu'il avoit été pillé. Ces cônes enveloppés de peaux, dont parlent quelques Relations; ces cadavres des Chefs rangés en cercle dans un Temple tout rond, & terminé en maniere de Dôme; cet Autel, &c. Je n'ai rien vû de tout cela; si les choses étoient ainsi du tems passé, elles ont bien changé depuis.

Peut-être aussi, car il ne faut condamner personne, que quand il n'y a aucun moyen de l'excuser; peut-être, dis-je, que le Voisinage des François a fait craindre aux Natchez que les corps de leurs Chefs, & tout ce que leur Temple avoit de plus précieux, ne courussent quelque risque, s'ils ne les transportoient pas ailleurs, & que le peu d'attention, qu'on apporte présentement à bien garder ce Temple, vient de ce qu'on l'a dépouillé de ce qu'il avoit de plus sacré pour ces Peuples. Il est pourtant vrai que contre la muraille, vis-à-vis de la Porte, il y avoit une Table, dont je ne pris pas la peine de mesurer les dimensions, parce que je ne soupçonnai point que ce fût un Autel: on m'a assûré depuis qu'elle a trois pieds de haut, cinq de long, & quatre de large.

On m'a ajoûté qu'on y fait un petit feu avec des écorces de Chênes, & qu'il ne s'éteint jamais; ce qui est faux, car il n'y avoit alors ni feu, ni rien qui fît connoître qu'on y en eût jamais fait. On dit encore que quatre Vieillards couchent tour à tour dans le Temple pour y entretenir ce feu; que celui qui est de garde, ne doit point sortir pendant les huit jours, qu'il doit être en faction; qu'on a soin de prendre de la braise allumée des bûches, qui brûlent au milieu du Temple, pour mettre sur l'Autel: qu'il y a douze Hommes entretenus pour fournir des écorces de Chênes; qu'il y a des Marmousets de bois, & une figure de Serpens à Sonnettes, aussi de bois, qu'on met sur l'Autel, & ausquels on rend de grands honneurs: que quand le Chef meurt, on l'enterre d'abord, & que quand on juge que les chairs sont consumées, le Gardien du Temple les exhume; lave les Ossemens, les enveloppe de ce qu'il peut avoir de plus précieux; & les met dans de grands panniers faits de cannes, qu'il ferme bien, qu'il enveloppe ces paniers de peaux de Chevreuils très-propres, & les place devant l'Autel, où ils reſtent juſqu'à la mort du Chef regnant : qu'alors il renferme ces Oſſemens dans l'Autel même, pour faire place au dernier Mort.

1721.
Décembre.

Je ne puis rien dire ſur ce dernier article, ſinon que je vis quelques Oſſemens dans une ou deux Caiſſes, mais qu'ils ne faiſoient pas la moitié d'un corps humain, qu'ils me paroiſſoient bien vieux, & qu'ils n'étoient point ſur la table, qu'on dit être l'Autel. Quant aux autres articles, 1°. comme je n'ai été que de jour dans le Temple, j'ignore ce qui s'y paſſe la nuit. 2°. Il n'y avoit aucun Garde dans le Temple, quand je l'ai viſité. J'y apperçus bien, comme je l'ai déja dit, quelques Marmouſets, mais je n'y remarquai point de figure de Serpent.

Quant à ce que j'ai vû dans des Relations que ce Temple eſt tapiſſé, & ſon pavé couvert de nattes de cannes, qu'on y met ce qu'on a de plus propre, & qu'on y apporte tous les ans les prémices de toutes les récoltes ; il en faut aſſurément rabattre beaucoup : je n'ai jamais rien vû de plus mauſſade, de plus mal-propre, qui fût plus en déſordre ; les bûches brûloient ſur la terre nuë, & je n'y apperçus point de nattes, non plus qu'aux murailles. M. le Noir, avec qui j'étois, me dit ſeulement que tous les jours on mettoit au feu une nouvelle bûche, & qu'au commencement de chaque Lune on en faiſoit la proviſion pour tout le mois. Il ne le ſçavoit pourtant que par oüi-dire, car c'étoit la premiere fois qu'il voyoit ce Temple, auſſi-bien que moi.

Pour ce qui regarde la Nation des Natchez en général, voici ce que j'en ai pû apprendre. On ne voit rien dans leur extérieur, qui les diſtingue des autres Sauvages du Canada & de la Louyſiane. Ils font rarement la guerre, & ne mettent point leur gloire à détruire des hommes. Ce qui les diſtingue plus particuliérement, c'eſt la forme de leur Gouvernement, tout-à-fait deſpotique ; une grande dépendance, qui va même juſqu'à une eſpéce d'eſclavage dans les Sujets ; plus de fierté & de grandeur dans les Chefs, & leur eſprit pacifique, qui cependant s'eſt un peu démenti depuis pluſieurs années.

De la Nation des Natchez.

Les Hurons croyent auſſi-bien qu'eux leurs Chefs héréditaires iſſus du Soleil, mais il n'y en a pas un, qui voulût être ſon valet, ni le ſuivre dans l'autre monde pour y avoir l'honneur de le ſervir, comme il arrive ſouvent parmi les Natchez.

Ggg ij

1721.
Décembre.

Garcilaffo de la Vega parle de cette Nation comme d'un Peuple puiffant, & il n'y a pas fix ans qu'on y comptoit quatre mille Guerriers. Il paroît qu'elle étoit encore plus nombreufe du tems de M. de la Sale, & même lorfque M. d'Iberville découvrit l'embouchure du Miciffipi. Aujourd'hui les Natchez ne pourroient pas mettre fur pied deux mille Combattans. On attribuë cette diminution à des maladies contagieufes, qui ces dernieres années ont fait parmi eux de grands ravages.

Du Grand Chef & de la Femme-Chef.

Le Grand Chef des Natchez porte le nom de Soleil, & c'eft toujours, comme parmi les Hurons, le Fils de fa plus proche Parente, qui lui fuccede. On donne à cette Femme la qualité de Femme-Chef, & quoique pour l'ordinaire elle ne fe mêle pas du Gouvernement, on lui rend de grands honneurs. Elle a même, auffi-bien que le Soleil, droit de vie & de mort; dès que quelqu'un a eu le malheur de déplaire à l'un ou à l'autre, ils ordonnent à leurs Gardes, qu'on nomme *Allouez*, de le tuer. *Va me défaire de ce Chien*, difent-ils, & ils font obéïs fur le champ. Leurs Sujets, & les Chefs mêmes des Villages, ne les abordent jamais, qu'ils ne les faluent trois fois, en jettant un cri, qui eft une efpéce de hurlement : ils font la même chofe en fe retirant, & fe retirent en marchant à reculons. Lors qu'on les rencontre, il faut s'arrêter, fe ranger du chemin, & jetter les mêmes cris, dont j'ai parlé, jufqu'à ce qu'ils foient paffés. On eft auffi obligé de leur porter ce qu'il y a de meilleur dans les Récoltes, dans le produit de la Chaffe, & dans celui de la Pêche. Enfin perfonne, non pas même leurs plus proches Parens, & ceux, qui compofent les Familles Nobles, lorfqu'ils ont l'honneur de manger avec eux, n'ont droit de boire dans le même vafe, ni de mettre la main au plat.

Tous les matins, dès que le Soleil paroît, le grand Chef fe met à la porte de fa Cabanne, fe tourne vers l'Orient, & hurle trois fois, en fe profternant jufqu'à terre. On lui apporte enfuite un Calumet, qui ne fert qu'en cette occafion, il fume, & pouffe la fumée de fon Tabac vers l'Aftre du jour; puis il fait la même chofe vers les trois autres parties du monde. Il ne reconnoît fur la Terre de Maître que le Soleil, dont il prétend tirer fon origine, exerce un pouvoir fans borne fur fes Sujets, peut difpofer de leurs biens & de leur vie, & quelques travaux, qu'il leur commande, ils n'en peuvent exiger aucun salaire.

1721.
Décembre.

Lorsque le Chef, ou la Femme-Chef meurent, tous leurs Alloués sont obligés de les suivre en l'autre monde, mais ils ne sont pas les seuls, qui ont cet honneur : car c'en est un, & qui est fort recherché. Il y a tel Chef, dont la mort coûte la vie à plus de cent personnes, & on m'a assûré qu'il meurt peu de Natchez considérables, à qui quelques-uns de leurs Parens, de leurs Amis, ou de leurs Serviteurs ne fassent pas cortége dans le Pays des Ames. Il paroît par les diverses Relations, que j'ai vûës de ces horribles cérémonies, qu'elles varient beaucoup. En voici une des Obséques d'une Femme-Chef, que je tiens d'un Voyageur, qui en fut témoin, & sur la sincerité duquel j'ai tout lieu de compter.

Ce qui arrive à leur mort.

Le Mari de cette Femme n'étant pas noble, c'est-à-dire, de la Famille du Soleil, son Fils Aîné l'étrangla, selon la coûtume; on vuida ensuite la Cabanne de tout ce qui y étoit, & on y construisit une espéce de Char de Triomphe, où le corps de la Défunte, & celui de son Epoux furent placés. Un moment après on rangea autour de ces cadavres douze petits Enfans, que leurs Parens avoient aussi étranglés par ordre de l'Aînée des Filles de la Femme-Chef, & qui succedoit à la dignité de sa Mere. Cela fait, on dressa dans la Place publique quatorze Echaffauts ornés de branches d'Arbres, & de toiles, sur lesquelles on avoit peint différentes figures. Ces Echafauts étoient destinés pour autant de personnes, qui devoient accompagner la Femme-Chef dans l'autre monde. Leurs Parens étoient tout autour d'elles, & regardoient comme un grand honneur pour leurs familles la permission, qu'elles avoient euës, de se sacrifier ainsi. On s'y prend quelquefois dix ans auparavant pour obtenir cette grace, & il faut que ceux, ou celles, qui l'ont obtenuë, filent eux-mêmes la corde, avec laquelle ils doivent être étranglés.

Ils paroissent sur leurs Echafauts revêtus de leurs plus riches habits, portant à la main droite une grande Coquille. Leur plus proche Parent est à leur droite, ayant sous son bras gauche la corde, qui doit servir à l'exécution, & à la main droite un casse-tête. De tems en tems il fait le cri de mort, & à ce cri les quatorze Victimes descendent de leurs Echafauts, & vont danser tous ensemble au milieu de la Place, devant le Temple, & devant la Cabanne de la Femme-Chef. On leur rend ce jour-là & les suivans de grands respects, ils ont chacun cinq Domestiques, & leur visage est peint en rouge. Quelques-uns ajoûtent que pendant les huit jours, qui précédent leur mort, ils portent à la jambe un ruban rouge, & que pendant tout ce tems-là c'est à qui les régalera. Quoiqu'il en soit, dans l'occasion dont je parle, les Peres & les Meres, qui avoient étranglé leurs Enfans, les prirent entre leurs mains, & se rangerent des deux côtés de la Cabanne, les quatorze Personnes, qui étoient aussi destinées à mourir, s'y placerent de la même maniere, & ils étoient suivis des Parens & des Amis de la Défunte, tous en deüil, c'est-à-dire, les cheveux coupés : tous faisoient retentir les airs de cris si affreux, qu'on eut dit que tous les Diables étoient sortis des Enfers pour venir hurler en cet endroit ; cela fut suivi de danses de la part de ceux, qui devoient mourir, & de chants de la part des Parens de la Femme-Chef.

Enfin on se mit en marche. Les Peres & Meres, qui portoient leurs Enfans morts, paroissoient les premiers, marchant deux à deux, & précédoient immédiatement le Brancart, où étoit le corps de la Femme-Chef, que quatre Hommes portoient sur leurs épaules. Tous les autres venoient après dans le même ordre que les premiers. De dix pas en dix pas ceux-ci laissoient tomber leurs Enfans par terre ; ceux, qui portoient le Brancard, marchoient dessus, puis tournoient tout autour d'eux, ensorte que quand le convoi arva au Temple, ces petits Corps étoient en piéces.

Tandis qu'on enterroit dans le Temple le Corps de la Femme-Chef, on déshabilla les quatorze Personnes, qui devoient mourir, on les fit asseoir par terre devant la porte, chacun ayant deux Sauvages, dont l'un étoit assis sur ses genoux, & l'autre lui tenoit les bras par derriere. On leur passa une corde au col, on leur couvrit la tête d'une peau de Chevreuil, on leur fit avaler trois pilules de tabac, & boire un verre d'eau, & les Parens de la Femme-Chef tirerent des deux côtés les cordes en chantant, jusqu'à ce qu'ils fussent étranglés. Après quoi on jetta tous ces Cadavres dans une même Fosse, qu'on couvrit de terre.

Quand le Grand Chef meurt, s'il a encore sa Nourrice, il faut qu'elle meure aussi. Mais il est arrivé plusieurs fois que les François ne pouvant empêcher cette barbarie, ont obtenu la permiſſion de baptiſer les petits Enfans, qui devoient être étranglés, & qui par conſéquent n'accompagnoient pas ceux, en l'honneur deſquels on les immoloit, dans leur prétendu Paradis.

1721.
Décembre.

Nous ne connoiſſons point de Nation dans ce Continent où le Sexe ſoit plus débordé, que celle-ci. Il eſt même forcé par le Soleil & par les Chefs ſubalternes à ſe proſtituer à tout venant; & une Femme, pour être publique, n'en eſt pas moins eſtimée. Quoique la Polygamie ſoit permiſe, & que le nombre des Femmes, qu'on peut avoir, ne ſoit pas limité, ordinairement chacun n'a que la ſienne; mais il peut la répudier, quand il veut; liberté, dont il n'y a pourtant guéres que les Chefs, qui faſſent uſage. Les Femmes ſont aſſez bien faites pour des Sauvageſſes, & aſſez propres dans leur ajuſtement, & dans tout ce qu'elles font. Les Filles de la Famille noble ne peuvent épouſer que des Hommes obſcurs, mais elles ſont en droit de congédier leur Mari, quand bon leur ſemble, & d'en prendre un autre, pourvû qu'il n'y ait point d'alliance entr'eux.

Mœurs des Natchez.

Si leurs Maris leur font une infidélité, elles peuvent leur faire caſſer la tête, & elles ne ſont point ſujettes à la même loi. Elles peuvent même avoir autant de Galans, qu'elles jugent à propos, ſans que le Mari puiſſe le trouver mauvais, c'eſt un privilege attaché au Sang du Soleil. Il ſe tient debout en préſence de ſa Femme dans une poſture reſpectueuſe; il ne mange point avec elle; il la ſaluë du même ton, que ſes Domeſtiques: le ſeul privilége, que lui procure une alliance ſi onéreuſe, c'eſt d'être exempt de travail, & d'avoir autorité ſur ceux, qui ſervent ſon Epouſe.

Les Natchez ont deux Chefs de guerre, deux Maîtres de cérémonies pour le Temple, deux Officiers pour régler ce qui ſe doit pratiquer dans les Traités de paix ou de guerre; un, qui a l'inſpection ſur les ouvrages, & quatre autres, qui ſont chargés d'ordonner tout dans les feſtins publics. C'eſt le Grand Chef, qui donne ces emplois, & ceux, qui en ſont revêtus, ſont reſpectés & obéis, comme il le ſeroit lui-même. Les recoltes ſe font en commun; le Soleil en marque le jour, & convoque le Village. Vers la fin de Juillet il indique un autre jour pour le commencement d'une Fête, qui en dure trois, & qui ſe paſſe en jeux & en feſtins.

Divers Uſages.

1721.
Décembre.

Description d'une Fête.

Chaque Particulier y contribue de sa Chasse, de sa Pêche & de ses autres Provisions, qui consistent en Maïz, Féves, & Melons. Le Soleil & la Femme-Chef y président dans une Lôge élevée & couverte de feuillages : on les y porte dans un brancard, & le Premier tient en sa main une maniere de sceptre orné de plumages de diverses couleurs. Tous les Nobles sont autour d'eux dans une posture respectueuse. Le dernier jour le Soleil harangue l'Assemblée, il exhorte tout le monde à remplir exactement ses devoirs, surtout à avoir une grande vénération pour les Esprits, qui résident dans le Temple, & à bien instruire les Enfans. Si quelqu'un s'est signalé par quelqu'action de zéle, il fait son éloge. Il y a vint ans que le feu du Ciel ayant réduit le Temple en cendres, sept ou huit Femmes jetterent leurs Enfans au milieu des flammes, pour appaiser les Génies ; le Soleil fit aussi-tôt venir ces Héroïnes, leur donna publiquement de grandes louanges, & finit son discours en exhortant les autres Femmes à imiter dans l'occasion un si bel exemple.

Prémices offertes dans le Temple.

Les Peres de Familles ne manquent jamais d'apporter au Temple les prémices de tout ce qu'ils recueillent, & on fait le même de tous les présens, qui sont offerts à la Nation. On les expose à la porte du Temple, dont le Gardien, après les avoir présentés aux Esprits, les porte chez le Soleil, qui les distribuë à qui bon lui semble. Les Semences sont pareillement offertes devant le Temple avec de grandes cérémonies : mais les Offrandes, qui s'y font de pains & de farines à chaque nouvelle Lune, sont pour le profit des Gardiens du Temple.

Des Mariages.

Les Mariages des Natchez ne différent presque pas de ceux des Sauvages du Canada : la principale différence, qui s'y trouve, consiste en ce qu'ici le futur Epoux commence par faire aux Parens de la Fille les présens, dont on est convenu, & que les Nôces sont suivies d'un grand Festin. La raison, pour laquelle il n'y a guére que les Chefs, qui ayent plusieurs Femmes, c'est que pouvant faire cultiver leurs Champs par le Peuple, sans qu'il leur en coûte rien, le nombre de leurs Epouses ne leur est point à charge. Les Chefs se marient avec encore moins de cérémonie, que les autres. Ils se contentent de faire avertir les Parens de la Fille, sur laquelle ils ont jetté les yeux, qu'ils la mettent au nombre de leurs Femmes : mais ils n'en gardent qu'une ou deux dans leurs Cabannes ;

les

les autres restent chez leurs Parens, où leurs Maris les visitent, quand il leur plaît. La jalousie ne régne point dans ces Mariages; les Natchez se prêtent même sans façon leurs Femmes, & c'est apparemment de-là, que vient la facilité, avec laquelle ils les congédient pour en prendre d'autres.

1721. Décembre.

Lorsqu'un Chef de Guerre veut lever un Parti, il plante dans un endroit marqué pour cela deux Arbres ornés de Plumes, de Fléches, & de Casse-têtes, le tout peint en rouge, aussi-bien que les Arbres, qui sont encore picqués du côté, où l'on veut porter la guerre. Ceux qui veulent s'enrôler, se présentent au Chef, bien parés, le visage barboüillé de différentes couleurs, & lui déclarent le desir, qu'ils ont de pouvoir apprendre sous ses ordres le métier des Armes; qu'ils sont disposés à endurer toutes les fatigues de la guerre, & prêts à mourir, s'il le faut, pour la Patrie.

De la Levée des Soldats.

Quand le Chef a le nombre de Soldats, que demande l'expédition, qu'il médite, il fait préparer chez lui un breuvage, qui se nomme *la Médecine de la Guerre*. C'est un vomitif fait avec une racine boüillie dans l'eau : on en donne à chacun deux pots, qu'il faut avaler tout de suite, & que l'on rend presque aussi-tôt avec les plus violens efforts. On travaille ensuite aux préparatifs, & jusqu'au jour fixé pour le départ, les Guerriers se rendent soir & matin dans une Place, où après avoir bien dansé, & raconté leurs beaux faits d'Armes, chacun chante sa chanson de mort. Ce peuple n'est pas moins superstitieux sur les songes, que les Sauvages du Canada : il n'en faut qu'un de mauvais augure, pour rebrousser chemin, quand on est en marche.

Des Provisions.

Les Guerriers marchent avec beaucoup d'ordre, & prennent de grandes précautions pour camper, & pour se rallier. On envoye souvent à la découverte, mais on ne pose point de Sentinelles pendant la nuit : on éteint tous les feux, on se recommande aux Esprits, & on s'endort avec sécurité, après que le Chef a averti tout le monde de ne point ronfler trop fort, & d'avoir toujours près de soi ses Armes en bon état. Les Idoles sont exposées sur une perche panchée du côté des Ennemis, & tous les Guerriers, avant que de s'aller coucher, passent les uns après les autres, le Casse-tête à la main, devant ces prétenduës Divinités. Ils se tournent ensuite vers le

Des marches & des campemens.

Tome III. Hhh

1721.
Décembre.

Des Prisonniers.

Noms des Guerriers.

Des Jongleurs.

Pays ennemi, & font de grandes menaces, que le vent emporte souvent d'un autre côté.

Il ne paroît pas que les Natchez exercent sur leurs Prisonniers durant la marche les cruautés, qui sont en usage dans le Canada. Lorsque ces Malheureux sont arrivés au grand Village, on les fait chanter & danser plusieurs jours de suite devant le Temple. Après quoi ils sont livrés aux Parens de ceux, qui ont été tués durant la Campagne. Ceux-ci, en les recevant, fondent en pleurs, puis après avoir essuyé leurs larmes avec les chevelures, que les Guerriers ont rapportées, ils se cotisent pour récompenser ceux, qui leur ont fait présent de leurs Esclaves, dont le sort est toujours d'être brûlés.

Les Guerriers changent de nom à mesure qu'ils font de nouveaux Exploits; ils les reçoivent des anciens Chefs de Guerre, & ces noms ont toujours quelque rapport à l'action, par laquelle on a mérité cette distinction; ceux qui pour la premiere fois ont fait un Prisonnier, ou levé une Chevelure, doivent pendant un mois s'abstenir de voir leurs Femmes, & de manger de la viande. Ils s'imaginent que, s'ils y manquoient, les ames de ceux, qu'ils ont tués ou brûlés, les feroient mourir, ou que la premiere blessure, qu'ils recevroient, seroit mortelle, ou du moins qu'ils ne remporteroient plus aucun avantage sur leurs Ennemis. Si le Soleil commande ses Sujets en personne, on a grand soin qu'il ne s'expose pas trop, moins peut-être par zèle pour sa conservation, qu'à cause que les autres Chefs de Guerre, & les Principaux du Parti seroient mis à mort, pour ne l'avoir pas bien gardé.

Les Jongleurs des Natchez ressemblent assez à ceux du Canada, & traitent les Malades à peu près de la même façon. Ils sont bien payés, quand le Malade guérit; mais s'il meurt, il leur en coûte souvent à eux-mêmes la vie. Il y a dans cette Nation une autre espéce de Jongleurs, qui ne courent pas moins de risques, que ces Médecins. Ce sont certains Vieillards fainéans, qui pour faire subsister leurs Familles, sans être obligés de travailler, entreprennent de procurer la pluye, ou le beau tems, selon les besoins. Vers le Printems on se cotise pour achetter de ces prétendus Magiciens un tems favorable aux biens de la terre. Si c'est de la Pluye, qu'on demande, ils se remplissent la bouche d'eau, & avec un chalumeau, dont l'extrémité est percée de plusieurs trous, comme un entonnoir, ils souflent en l'air du côté, où ils apperçoivent quelque nuage, tandis que, le Chichikoué d'une main, & leur Manitou de l'autre, ils jouent de l'un, & levent l'autre en l'air, invitant par des cris affreux les nuages à arroser les campagnes de ceux, qui les ont mis en œuvre.

1721.
Décembre.

S'il est question d'avoir du beau tems, ils montent sur le toît de leurs Cabannes, font signe aux nuages de passer outre, & si les nuages passent, & se dissipent, ils dansent & chantent autour de leurs Idoles, puis avalent de la fumée de tabac, & présentent au Ciel leurs Calumets. Tout le tems que durent ces opérations, ils observent un jeûne rigoureux, & ne font que danser & chanter ; si on obtient ce qu'ils ont promis, ils sont bien récompensés ; s'ils ne réüssissent pas, ils sont mis à mort sans miséricorde. Mais ce ne sont pas les mêmes, qui se mêlent de procurer la pluye & le beau tems ; leurs Génies, disent-ils, ne peuvent donner que l'un ou l'autre.

Le deuil parmi ces Sauvages consiste à se couper les cheveux, à ne se point peindre le visage, & à ne se point trouver aux Assemblées ; mais j'ignore combien il dure. Je n'ai pu sçavoir non plus s'ils célébrent la grande Fête des Morts, dont je vous ai donné la description ; il paroît que dans cette Nation, où tout est en quelque façon esclave de ceux, qui commandent, tous les honneurs mortuaires sont pour ceux-ci, sur-tout pour le Soleil, & pour la Femme-Chef.

Du Deuil.

Les Traités de paix & d'alliance se font avec beaucoup d'appareil, & le Grand Chef y soûtient toujours sa dignité en véritable Souverain. Dès qu'il est averti du jour de l'arrivée des Ambassadeurs, il donne ses ordres aux Maîtres des cérémonies pour les préparatifs de leur réception, & nomme ceux, qui doivent nourrir tour à tour ces Envoyés. Car c'est aux dépens de ses Sujets, qu'il fait tous les frais de l'Ambassade. Le jour de l'entrée des Ambassadeurs, chacun a sa place marquée selon son rang, & quand ces Ministres sont à cinq cent pas du Grand Chef, ils s'arrêtent, & chantent la paix.

Des Traités.

Ordinairement l'Ambassade est composée de trente Hommes & de six Femmes. Six des meilleures Voix marchent à la tête du cortége, & entonnent, les autres suivent, & le Chichikoué sert à régler la mesure. Quand le Soleil fait signe aux

H hh ij

1721.
Décembre.

Ambaſſadeurs d'approcher, ils ſe remettent en marche ; ceux, qui portent le Calumet, danſent en chantant, ſe tournent de tous côtés, ſe donnent de grands mouvemens, & font quantité de grimaces & de contorſions. Ils recommencent le même manége autour du Grand Chef, quand ils ſont arrivés auprès de lui ; ils le frottent enſuite avec leur Calumet depuis les pieds juſqu'à la tête, puis ils vont rejoindre leur Troupe.

Comment le Soleil donne audience aux Ambaſſadeurs

Alors ils rempliſſent un Calumet de tabac, & tenant du feu d'une main, ils avancent tous enſemble vers le Grand Chef, & lui préſentent le Calumet allumé. Ils fument avec lui, pouſſent vers le Ciel la premiere vapeur de leur Tabac, la ſeconde vers la Terre, & la troiſiéme autour de l'Horiſon. Cela fait, ils préſentent leurs Calumets aux Parens du Soleil, & aux Chefs ſubalternes. Ils vont enſuite frotter de leurs mains l'eſtomach du Soleil, puis ils ſe frottent eux-mêmes tout le corps ; enfin ils poſent leurs Calumets ſur des fourches vis-à-vis le Grand Chef, & l'Orateur de l'Ambaſſade commence ſa harangue, qui dure une heure.

Quand il a fini, on fait ſigne aux Ambaſſadeurs, qui juſques-là étoient demeurés debout, de s'aſſeoir ſur des bancs placés pour eux près du Soleil, lequel répond à leur diſcours, & parle auſſi une heure entiere. Enſuite un Maître des cérémonies allume un grand Calumet de paix, & y fait fumer les Ambaſſadeurs, qui avalent la premiere gorgée. Alors le Soleil leur demande des nouvelles de leur ſanté ; tous ceux, qui aſſiſtent à l'audience, leur font le même compliment, puis on les conduit dans la Cabanne, qui leur eſt deſtinée, & où on leur donne un grand repas. Le ſoir du même jour le Soleil leur rend viſite ; mais quand ils le ſçavent prêt à ſortir de chez lui pour leur faire cet honneur, ils le vont chercher, le portent ſur leurs épaules dans leur logis, & le font aſſeoir ſur une grande peau. L'un d'eux ſe place derriere lui, appuye ſes deux mains ſur ſes épaules, & le ſecouent aſſez lontems, tandis que les autres, aſſis en rond par terre, chantent leurs belles actions à la guerre.

Ces viſites recommencent tous les matins & tous les ſoirs ; mais à la derniere, le cérémonial change. Les Ambaſſadeurs plantent un poteau au milieu de leur Cabanne, & s'aſſeoient tout autour : les Guerriers, qui accompagnent le Soleil, parés de leurs plus belles robes, danſent, & tour à tour frappent le poteau, & racontent leurs plus beaux faits d'armes; après quoi ils font des préfens aux Ambaffadeurs. Le lendemain ceux-ci ont pour la premiere fois la permiffion de fe promener dans le Village, & tous les foirs on leur donne des Fêtes, qui ne confiftent que dans des danfes. Quand ils font fur leur départ, les Maîtres de cérémonies leur font fournir toutes les provifions, dont ils ont befoin pour leur voyage, & c'eft toujours aux dépens des Particuliers.

1721. Décembre.

La plûpart des Nations de la Louyfiane avoient autrefois leur Temple, auffi-bien que les Natchez, & dans tous ces Temples il y avoit un feu perpétuel. Il femble même que les *Maubiliens* avoient fur tous les Peuples de cette Partie de la Floride une efpéce de primatie de Religion, car c'étoit à leur feu, qu'il falloit rallumer celui, que par négligence, ou par malheur on avoit laiffé éteindre. Mais aujourd'hui le Temple des Natchez eft le feul, qui fubfifte, & il eft en grande vénération parmi tous les Sauvages, qui habitent dans ce vafte Continent, & dont la diminution eft auffi confidérable, & a été encore plus prompte, que celles des Peuples du Canada, fans qu'il foit poffible d'en fçavoir la véritable raifon. Des Nations entieres ont abfolument difparu depuis quarante ans au plus. Celles qui fubfiftent encore, ne font plus que l'ombre de ce qu'elles étoient, lorfque M. de la Sale découvrit ce Pays. Je vous quitte, Madame, pour des raifons, que j'aurai l'honneur de vous expliquer bien-tôt. Je fuis, &c.

Religion du Feu dans la Floride.

TRENTE-UNIÉME LETTRE.

Voyage depuis les Natchez jufqu'à la Nouvelle Orleans. Defcription du Pays & de plufieurs Bourgades des Sauvages, & de la Capitale de la Louyfiane.

A la Nouvelle Orleans, ce dixiéme de Janvier, 1722.

1722. Janvier.

MADAME,

ME voici enfin arrivé dans cette fameufe Ville, qu'on a

Defcription

nommé *la Nouvelle Orleans*. Ceux, qui lui ont donné ce nom, croyoient qu'Orleans est du genre féminin : mais qu'importe ? l'usage est établi, & il est au-dessus des régles de la Grammaire.

Cette Ville est la premiere, qu'un des plus grands Fleuves du Monde ait vû s'élever sur ses bords. Si les huit cent belles Maisons, & les cinq Paroisses, que lui donnoit le Mercure il y a deux ans, se réduisent encore aujourd'hui à une centaine de Barraques, placées sans beaucoup d'ordre ; à un grand Magasin, bâti de bois ; à deux ou trois Maisons, qui ne pareroient pas un Village de France ; & à la moitié d'un méchant magasin, qu'on a bien voulu prêter au Seigneur, & dont il avoit à peine pris possession, qu'on voulut l'en faire sortir, pour le loger sous une tente ; quel plaisir d'un autre côté de voir croître insensiblement cette future Capitale d'un beau & vaste Pays, & de pouvoir dire, non pas en soupirant, comme le Héros de Virgile en parlant de sa chere Patrie consumée par les flammes : *& les Champs, où fut la Ville de Troye* (a) : mais rempli de l'espérance la mieux fondée ; ce lieu sauvage & désert, que les Cannes & les Arbres couvrent encore presque tout entier, sera un jour, & peut-être ce jour n'est-il pas éloigné, une Ville opulente, & la Métropole d'une grande & riche Colonie.

Vous me demanderez, Madame, sur quoi je fonde cette espérance ? Je la fonde sur la situation de cette Ville à trente-trois lieuës de la Mer, & au bord d'un Fleuve navigable, qu'on peut remonter jusques-là en vint-quatre heures : sur la fertilité de son terroir ; sur la douceur & la bonté de son climat, par les trente dégrez de latitude-Nord ; sur l'industrie de ses Habitans ; sur le voisinage du Méxique, où l'on peut aller en quinze jours par Mer ; sur celui de la Havane, qui est encore plus proche, des plus belles Isles de l'Amérique & des Colonies Angloises. En faut-il davantage pour rendre une Ville florissante ? Rome & Paris n'ont pas eu des commencemens si considérables, n'ont pas été bâtis sous de si heureux auspices, & leurs Fondateurs n'ont pas rencontré sur la Seine & sur le Tybre les avantages, que nous avons trouvés sur le Micissipi, auprès duquel ces deux Rivieres ne sont que des ruisseaux. Mais avant que de m'engager à vous parler de ce qui peut ici exciter votre curiosité, je vais, Madame, pour aller par or-

(a) *Et Campos, ubi Troja fuit.*

dre, reprendre mon Journal, où je l'ai interrompu.

1722.
Janvier.

Je restai aux Natchez beaucoup plus lontems, que je ne m'y étois attendu, & ce fut l'abandon, où j'y trouvai les François par rapport aux secours spirituels, qui m'y retint jusqu'après Noël. La rosée du Ciel n'est point encore tombée sur ce beau Pays, qui plus qu'aucun autre, peut se vanter d'avoir en partage la graisse de la terre. Feu M. d'Iberville y avoit destiné un Jésuite (*a*), qui l'accompagnoit au second voyage, qu'il fit à la Louysiane, dans le dessein d'établir le Christianisme dans une Nation, dont il ne doutoit pas que la conversion n'entraînât celle de toutes les autres ; mais ce Missionnaire, en passant par le Village des *Bayagoulas*, crut y trouver des dispositions plus favorables à la Religion, & comme il songeoit à fixer sa demeure parmi eux, il fut rappellé en France par des ordres supérieurs.

Missionnaires aux Natchez sans fruit.

Dans la suite un Ecclésiastique (*b*) du Canada fut envoyé aux Natchez, & il y demeura assez lontems, mais il n'y fit point de Prosélytes, quoiqu'il eut gagné les bonnes graces de la Femme-Chef, qui par considération pour lui donna son nom à un de ses Fils. Ce Missionnaire ayant été obligé de faire un voyage à la Maubile, fut tué en chemin par des Sauvages, qui ne vouloient apparemment que profiter de son bagage, ainsi qu'il étoit déja arrivé à un autre Prêtre (*c*) du côté des Akansas. Depuis ce tems-là toute la Louysiane au-dessous des Illinois est demeurée sans Prêtre, si on en excepte *les Tonicas*, lesquels ont eu pendant plusieurs années un Ecclésiastique (*d*), qu'ils aimoient, qu'ils estimoient, qu'ils ont même voulu faire leur Chef, & qui cependant n'a pû persuader à un seul d'embrasser le Christianisme.

Mais comment songeroit-on à prendre des mesures pour la conversion des Infidéles, tandis que les Domestiques mêmes de la Foi sont presque tous sans Pasteurs. J'ai déja eu l'honneur de vous dire, Madame, que le Canton des Natchez étoit le plus peuplé de la Colonie ; cependant il y avoit cinq ans qu'aucun François n'y avoit entendu la Messe, ni même vû un Prêtre. Je m'apperçus bien à la vérité que la privation des Sacremens avoit produit dans la plûpart cette indifférence pour les exercices de la Religion, qui en est le

Les François dépourvûs de secours spirituels.

(*a*) Le Pere Paul DU RU.
(*b*) M. DE S. COSME.
(*c*) M. FOUCAULT.
(*d*) M. DAVION.

plus ordinaire effet ; toutefois plusieurs me témoignerent beaucoup d'empressement de profiter de l'occasion de mon voyage pour mettre ordre aux affaires de leur Conscience, & je crus qu'il étoit de mon devoir de ne me pas faire prier pour leur procurer cette consolation.

La premiere proposition, que l'on me fit, ce fut de vouloir bien marier en face d'Eglise des Habitans, qui en vertu d'un contrat civil, dressé en présence du Commandant & du Commis principal, habitoient ensemble, sans aucun scrupule, alléguant, aussi-bien que ceux, qui avoient autorisé ce concubinage, la nécessité de peupler le Pays, & l'impossibilité d'avoir un Prêtre. Je leur representai qu'il y en avoit aux Yasous & à la Nouvelle Orleans, & que la chose valoit bien la peine de faire le voyage ; on me répondit que les Contractans n'étoient en état, ni de s'éloigner, ni de fournir à la dépense nécessaire pour faire venir un Prêtre. Enfin le mal étoit fait ; il n'étoit plus question que d'y remédier, & je le fis. Je confessai ensuite tous ceux, qui se présenterent, mais le nombre n'en fut pas aussi grand que je l'avois esperé.

Départ des Natchez. Rien ne me retenant plus aux Natchez. j'en partis le vint-six de Décembre assez tard, accompagné de M. DE PAUGER, Ingénieur du Roi, qui visitoit la Colonie pour examiner les endroits, où il étoit à propos de construire des Forts. Nous fîmes quatre lieuës, & nous campâmes sur le bord d'une petite Riviere, que nous rencontrâmes à gauche, nous nous rembarquâmes le lendemain deux heures avant le jour, avec un vent contraire assez fort. Le Fleuve fait en cet endroit un circuit de quatorze lieuës, & à mesure que nous tournions, le vent tournoit avec nous, réfléchi par les terres & par les Isles, que nous trouvâmes en grand nombre, de sorte que nous l'eûmes tout le jour dans le nez. Nous ne laissâmes pourtant pas de faire encore dix lieuës ; & nous entrâmes dans une autre petite Riviere, qui est sur la même main gauche. Toute la nuit nous entendîmes un fort grand bruit, & je ne doutai point que ce ne fût l'effet du vent, qui s'étoit renforcé, mais on m'assûra que la Riviere avoit été fort tranquille, & que le bruit, qui m'avoit éveillé, avoit été causé par des Poissons, qui battoient l'eau de leur queuë.

Description du Village des Tonicas. Le vint-huit, après avoir fait deux lieuës, nous arrivâmes à la Riviere des *Tonicas*, qui ne paroît d'abord qu'un ruisseau ;

mais

mais à une portée de fufil de fon embouchure elle forme un très-joli Lac. Si le Fleuve continue à se jetter, comme il fait de l'autre côté, tout cet endroit deviendra inabordable. La Riviere des Tonicas prend sa source dans le Pays des *Tchactas*, & son cours est fort embarrassé de Rapides. Le Village est au-delà du Lac sur un terrain assez élevé ; cependant on assure que l'air y est mauvais, ce que l'on attribue à la qualité des eaux de la Riviere ; mais je croirois plutôt que cela vient de ce que ces eaux croupissent dans le Lac. Ce Village est bâti en rond autour d'une très-grande Place, sans enceinte, & médiocrement peuplé.

1722. Janvier.

La Cabanne du Chef est fort ornée en-dehors pour une Cabanne de Sauvage : on y voit des figures en relief, qui ne sont pas aussi mal faites, qu'on s'attend de les trouver. Le dedans est obscur, & je n'y remarquai que des cofres, qu'on m'assûra être remplis de hardes & d'argent. Ce Chef nous reçut très-poliment ; il étoit vêtu à la Françoise, & n'étoit nullement embarrassé dans cet habit. C'est de tous les Sauvages de la Louysiane celui, sur lequel nos Commandans comptent le plus : il aime notre Nation, & n'a pas lieu de se repentir des services, qu'il lui a rendus. Il négocie avec les François, ausquels il fournit des Chevaux & des Volailles, & il entend très-bien son commerce. Il a appris de nous à thésauriser, & il passe pour être fort riche. Il y a lontems qu'il ne paroît plus habillé en Sauvage, & il se pique même d'être toujours bien mis.

Du Chef des Tonicas.

Les autres Cabannes de ce Village sont partie de figure quarrée, comme celle du Chef, partie rondes, comme aux Natchez ; la Place, sur laquelle elles donnent toutes, a environ cent pas de diamétre, & malgré un chaud étouffant, qu'il faisoit ce jour-là, les Jeunes-Gens se divertissoient à une espéce de truc assez semblable au nôtre. Il y a deux autres Villages de cette Nation, peu éloignés de celui-ci, & c'est tout ce qui reste d'un Peuple autrefois très-nombreux. J'ai dit qu'ils avoient un Missionnaire, qu'ils aimoient beaucoup ; j'ai appris qu'ils l'avoient chassé, il y a quelque tems, parce qu'il avoit brûlé leur Temple, qu'ils n'ont pourtant point rebâti, ni rallumé leur feu, preuve certaine de leur peu d'attachement à leur fausse Religion ; ils rappellerent même bientôt le Missionnaire, mais ils écoutoient tout ce qu'il vouloit leur dire avec

Etat de cette Nation.

Tome III. I ii

1722.
Janvier.

une indolence, qu'il n'a jamais pû vaincre, & il les a abandonnés à son tour.

De la Riviere Rouge.

Du fond du Lac, ou de la Baye des Tonicas, on pourroit, si l'on naviguoit avec des Canots d'Ecorces, faire un portage de deux lieuës, qui en épargneroient dix sur ce Fleuve ; mais avec des Pirogues cela n'est point praticable. Deux lieuës plus bas que la Riviere des Tonicas on laisse à main droite la Riviere rouge, ou *Rio Colorado*, à l'entrée de laquelle le fameux Ferdinand de Soto, le Conquérant de la Floride, termina ses jours & ses exploits, ou plutôt sa course vagabonde. Cette Riviere court Est & Ouest pendant quelque tems, puis tourne au Sud. Elle n'est guéres navigable pour les Pirogues, que pendant quarante lieuës, après quoi on ne trouve plus que des Marais impraticables. Son embouchure me parut avoir environ deux cent toises de large. Dix lieuës au-dessus elle reçoit sur la main droite la Riviere Noire, autrement appellée la Riviere des *Ouatchitas*, laquelle vient du Nord, & n'a presque point d'eau pendant sept mois de l'année.

Concessions mal placées.

On n'a pourtant pas laissé d'y placer plusieurs Concessions, qui selon toutes les apparences n'y feront pas fortune ; le motif de cet Etablissement est le voisinage des Espagnols, qui de tout tems a été un appas funeste à cette Colonie ; dans l'espérance de trafiquer avec eux, on laisse en friche les meilleurs terreins du Monde. *Les Natchitoches* sont établis sur la Riviere Rouge, & nous avons jugé à propos de bâtir chez eux un Fort, pour empêcher les Espagnols de s'établir plus près de nous. Nous campâmes le vint-neuf un peu au-dessous de l'embouchure de la Riviere Rouge dans une fort belle anse.

Pointe coupée.

Le trentiéme, après avoir fait cinq lieuës, nous passâmes une seconde Pointe coupée : le Fleuve faisoit en cet endroit-là un fort grand détour ; des Canadiens, à force de creuser un petit ruisseau, qui étoit derriere une pointe, y ont fait entrer les eaux du Fleuve, lesquelles se répandant avec impétuosité dans ce nouveau Canal, ont achevé de couper la pointe, & ont épargné aux Voyageurs quatorze lieuës de chemin. L'ancien lit est actuellement à sec, & n'a d'eau, que dans le tems de l'inondation, preuve évidente que le Micissipi se jette ici du côté de l'Est, & c'est à quoi on ne sçauroit faire trop d'attention, en s'établissant sur l'une & l'autre rive du Fleuve. On a depuis peu sondé ce nouveau Canal, & on y a filé

D'UN VOYAGE DE L'AMER. LET. XXXI. 435

trente brasses de corde, sans trouver le fond.

1722.
Janvier.

Immédiatement au-dessous, & sur la même main gauche, nous vîmes les foibles commencemens d'une Concession, qui porte le nom de *Sainte Reyne*, & à la tête de laquelle sont MM. DE COETLOGON & KOLLI. Elle est située sur un terrein très-fertile, & où l'on n'a point à craindre le débordement du Fleuve; mais avec rien on ne fait rien, surtout quand les Hommes manquent au travail, & l'amour du travail aux Hommes; & c'est l'état, où nous parut cette Concession. Nous fîmes encore une lieuë ce jour-là, & nous gagnâmes la Concession de Madame DE MEZIERES, où la pluye nous arrêta tout le jour suivant. Quelques Huttes couvertes de feuilles de Lattaniers, & une grande Tente de coutil forment présentement cette Concession; on y attend des Hommes & des Marchandises de la Riviere Noire, où sont les Magasins, & qu'on ne veut pas abandonner. J'ai bien peur qu'en voulant faire deux Etablissemens à la fois, on ne les manque tous deux.

Concession de Sainte Reyne, & celle de Madame de Mezieres.

Le terrein, sur lequel on a commencé celui-ci, est fort bon, mais il faut bâtir à un quart de lieuë du Fleuve, derriere une Cypriere, dont le fond est marécageux, & dont on pourroit tirer parti en y semant du Ris, & en y faisant des Jardinages. Deux lieuës plus avant dans le Bois il y a un Lac de deux lieuës de circuit, dont les bords sont couverts de gibier, & qui fournira peut-être du poisson, quand on en aura exterminé les Caïmans, qui y fourmillent. J'appris en cet endroit quelques secrets, que je vais, Madame, vous donner pour le prix qu'ils m'ont coûté; car je n'ai pas le loisir d'en faire l'épreuve.

Le Cyprès mâle porte en ce Pays une gousse, qu'il faut, dit-on, cueillir verte, & dans laquelle on trouve un baume souverain pour les coupures. Celui, qui distile du Copalme, a entr'autres vertus, celle de guérir de l'Hydropisie. La racine de ces grands Cotonniers, dont j'ai parlé ailleurs, & qu'on ne cesse point de trouver dans toute la route, que j'ai faite depuis le Lac Ontario, est un reméde assûré contre toutes sortes d'écorchures: il en faut prendre la pellicule intérieure, la faire bouillir dans l'eau, bassiner la playe de cette eau, & y mettre ensuite de la cendre de la pellicule même.

Observations.

Le premier jour de l'année 1722 nous allâmes dire la Messe

Concession de M. Diron.

I iii ij

à trois lieuës de chez Madame de Mezieres dans une Concession très-bien placée, & qui appartient à M. Diron d'Artaguette, Inspecteur Général des Troupes de la Louyſiane (a). On nous y apporta une Tortuë monſtrueuſe, & on nous aſſûra que ces Animaux venoient à bout de rompre une groſſe barre de fer: ſi le fait eſt vrai, & je voudrois l'avoir vû pour le croire, il faut que la ſalive de ces Animaux ſoit un grand diſſolvant: pour la jambe d'un Homme, je ne voudrois pas la riſquer dans leur gueule. Ce qui eſt certain, c'eſt qu'avec celle, que je vis il y avoit dequoi raſſaſier dix Perſonnes de bon appétit. Nous reſtâmes tout le jour dans cette Conceſſion, qui n'eſt pas plus avancée que les autres, & qu'on appelle le *Bâton Rouge*.

Les Bayagoulas.

Le lendemain nous fîmes onze lieuës, & nous campâmes un peu au-deſſous des *Bayagoulas*, que nous avions laiſſés à main droite, après y avoir viſité les ruines de l'ancien Village, dont je vous ai parlé. Il étoit très-peuplé il n'y a que vint ans; la Petite Vérole a fait périr une partie de ſes Habitans, les autres ſe ſont éloignés & diſperſés, on n'en a même aucune nouvelle depuis pluſieurs années, & on doute qu'il en reſte une ſeule Famille. Le terrein, qu'ils occupoient eſt magnifique; MM. Paris y ont une Conceſſion, où l'on a planté à la ligne quantité de Mûriers blancs, & on y fait déja de fort belle Soye. On commence auſſi à y cultiver avec ſuccès le Tabac & l'Indigo. Si on travailloit partout de même, les Propriétaires des Conceſſions ſeroient bien-tôt plus que dédommagés de leurs avances.

Des Oumas & des Chetimachas.

Le troiſiéme de Janvier nous arrivâmes vers les dix heures du matin au petit Village des *Oumas*, qui eſt ſur la gauche, & où il y a quelques Maiſons Françoiſes. Un quart de lieuë plus avant dans les terres eſt le grand Village. Cette Nation nous eſt fort affectionnée. Le Miciſſipi commence à fourcher deux lieuës plus haut: il s'eſt creuſé ſur la droite, où ſa pente le porte toujours, un Canal, qu'on appelle *la Fourche des Chetimachas* (b), & qui avant que de porter ſes eaux à la Mer, forme un Lac aſſez grand. La Nation des Chetimachas eſt preſque entiérement détruite, le peu, qui en reſte, eſt Eſclave dans la Colonie.

(a) Il eſt mort depuis peu Lieutenant de Roi au Cap François de Saint Domingue.

(b) Ou *Sitimachas*.

D'UN VOYAGE DE L'AMER. Let. XXXI. 437

1722.
Janvier.

Nous fîmes encore ce jour-là six lieuës au-delà des Oumas, & nous allâmes passer la nuit sur le bel Emplacement, où l'on avoit établi la Concession de M. le Marquis D'ANCENIS (a), qu'un incendie du Magasin Général, & plusieurs autres accidens arrivés coup sur coup ont réduite à rien. Les *Colapissas* y avoient formé un petit Village, qui n'a pas subsisté lontems. Le quatriéme nous arrivâmes avant midi au grand Village des Colapissas. C'est le plus beau de la Louysiane, toutefois on n'y compte que deux cent Guerriers, qui ont la réputation d'être fort braves. Leurs Cabannes ont la figure d'un Pavillon, comme celle des Sioux, aussi n'y fait-on du feu que rarement. Elles ont une double couverture; celle du dedans est un tissu de feuilles de Latanniers, celle du dehors est composée de Nattes.

Des Colapissas.

La Cabanne du Chef a trente-six pieds de diamétre : je n'en avois pas encore vû de si grande; car celle du Soleil des Natchez n'en a que trente. Dès que nous parûmes à la vûë de ces Villages, on y battit la quaisse, & nous fûmes à peine débarqués, qu'on vint me complimenter de la part du Chef. Je fus assez surpris en avançant vers le Village, de voir le Tambour vêtu d'une longue robe partie rouge, & partie blanche avec les manches rouges du côté du blanc, & blanches du côté du rouge. Je demandai l'origine de cet usage, & on me répondit qu'il n'étoit pas ancien; qu'un Gouverneur de la Louysiane avoit fait présent d'un Tambour à ces Sauvages, qui ont toujours été nos Alliés fidéles, & que cette espéce d'habit de Bedeau étoit de leur invention. Les Femmes sont ici mieux faites que celles du Canada, & leur maniere de s'habiller a aussi quelque chose de plus propre.

L'après-dîner nous fîmes encore cinq lieuës, & nous nous arrêtâmes aux *Cannes brûlées*, où la Concession de M. le Comte D'ARTAGNAN a une Habitation, qui doit lui servir d'entrepôt, si elle n'a pas le sort de presque toutes les autres. Cette Habitation est sur la gauche, & le premier objet, qui se présenta à ma vûë, fut une grande Croix élevée sur le bord du Fleuve, autour de laquelle on chantoit actuellement les Vêpres. C'est le premier endroit de la Colonie, depuis les Illinois, où j'aye trouvé cette marque de notre Religion. Deux Mousquetaires, Messieurs D'ARTIGUIERE, & DE BÉ-

Concession de M. le Comte d'Artagnan.

(a) Aujourd'hui Duc DE BETHUNE.

NAC (*a*) font les Directeurs de cette Conceſſion, & c'étoit M. de Benac, qui avoit la direction de l'Habitation des Cannes brûlées, avec M. CHEVALIER, Neveu du Maître de Mathématiques des Pages du Roi. Ils n'avoient point de Prêtre, & ce n'étoit pas leur faute : on leur en avoit donné un, dont ils ont été obligés de ſe défaire, parce que c'étoit un yvrogne, & qu'ils ont bien jugé qu'un mauvais Prêtre eſt plus capable de faire du mal dans un nouvel Etabliſſement, où il n'a point de Superieur, qui veille ſur ſa conduite, qu'on n'en peut tirer de ſervice.

Des Taenſas. Entre les Colapiſſas & les Cannes brûlées on laiſſe à main droite le Terrein, où étoient autrefois les *Taenſas*, qui du tems de M. de la Sale faiſoient une grande figure dans ce Pays-ci, & qui ont entierement diſparu depuis quelques années. C'eſt le plus bel endroit, & le meilleur Terroir de toute la Louyſiane. M. de Meuſe, à qui il a été concedé, n'y a encore rien fait : il y entretient néanmoins un Directeur, qui n'a ni Hommes ni Marchandiſes.

Des Chapitoulas. Le cinquiéme nous nous arrêtâmes pour dîner à un endroit, qu'on appelle *les Chapitoulas*, & qui n'eſt éloigné que de trois lieuës de la Nouvelle Orleans, où nous arrivâmes à cinq heures du ſoir. Les Chapitoulas & quelques Habitations voiſines ſont en très-bon état ; le terrein en eſt fertile, & il eſt tombé entre les mains de Gens habiles & laborieux. C'eſt le ſieur du Breuil & trois Freres Canadiens, nommés *Chauvins*: ceux-ci n'y ont apporté que leur induſtrie, laquelle s'eſt perfectionnée par la néceſſité de travailler pour ſubſiſter. Ils n'ont point perdu de tems, ils ne ſe ſont épargnés en rien, & leur exemple eſt une leçon pour ces Fainéans, dont la miſere décrie mal-à-propos un Pays, qui peut rendre au centuple tout ce qu'on y ſémera.

Je ſuis, &c.

(*a*) Ce Dernier eſt préſentement Capitaine dans les Troupes de la Louyſiane.

TRENTE-DEUXIÉME LETTRE.

Voyage de la Nouvelle Orleans à l'embouchure du Micissipi, description de ce Fleuve jusqu'à la Mer. Réflexions sur les Concessions.

A l'Isle Touloufe, ou de la Balife, ce 26 de Janvier 1722.

MADAME,

LES Environs de la Nouvelle Orleans n'ont rien de fort remarquable. Je n'ai pas trouvé cette Ville auffi-bien fituée qu'on me l'avoit dit : d'autres penfent autrement, voici les raifons, fur quoi ils fe fondent ; je vous expoferai enfuite les miennes. La premiere eft qu'à une lieuë de-là, en tirant au Nord-Eft, on a découvert une petite Riviere, qu'on a nommée *le Bayouc de S. Jean* (a), laquelle au bout de deux lieuës fe décharge dans le Lac Pontchartrain, qui communique à la Mer ; par ce moyen, dit-on, il eft aifé d'entretenir un Commerce fûr entre la Capitale, & la Maubile, le Biloxi, & tous les autres poftes, que nous occupons près de la Mer. La feconde eft qu'au deffous de la Ville, le Fleuve fait un très-grand détour, qu'on a nommé *le détour aux Anglois*, lequel peut caufer un retardement, qu'on a jugé très-avantageux pour éviter une furprife.

Ces raifons font fpécieufes, mais elles ne me paroiffent pas folides ; car en premier lieu, ceux mêmes, qui ont ainfi raifonné, fuppofoient que l'entrée du Fleuve ne pouvoit recevoir que de petits Bâtimens : or dans cette fuppofition qu'a-t'on à craindre de la furprife, pour peu que la Ville foit fortifiée, comme je fuppofe à mon tour qu'elle le fera bien-tôt ? Viendra-t'on l'attaquer avec des Chaloupes, ou avec des Bâtimens, qui ne peuvent point porter de Canons ? D'ailleurs, en quelque endroit que la Ville foit placée, l'embouchure du Fleuve ne doit-elle pas être défenduë par de bonnes Batteries,

1722.
Janvier.
Remarques fur la fituation de la nouvelle Orleans.

(a) *Bayouc* en Langue Sauvage veut dire *Ruiffeau*.

& par un Fort, qui donneront au moins le tems d'être averti, & de se tenir prêts à recevoir les Ennemis ? En second lieu, quelle nécessité d'avoir cette communication, qui ne peut être que par le moyen des Chaloupes, avec des Postes, qu'on ne pourroit pas secourir, s'ils étoient attaqués ; dont réciproquement on ne pourroit tirer que de foibles secours, & qui ne sont bons à rien pour la plûpart ? J'ajoûte que quand il faut faire remonter à un Vaisseau le détour aux Anglois, il faut d'un moment à l'autre changer de vent, ce qui peut les arrêter des semaines entieres pour faire sept ou huit lieuës.

Peu de profondeur du Pays au-dessous de la Nouvelle Orléans.

Un peu au-dessous de la Nouvelle Orleans, le terrein commence à n'avoir pas beaucoup de profondeur des deux côtez du Micissipi, & cela va toujours en diminuant jusqu'à la Mer. C'est une pointe de Terre, qui ne paroît pas fort ancienne ; car pour peu qu'on y creuse, on y trouve l'eau, & la quantité de battures & de petites Isles, qu'on a vû se former depuis vint ans à toutes les embouchures du Fleuve, ne laisse aucun doute que cette langue de terre ne se soit formée de la même maniere. Il paroît certain, que quand M. de la Sale descendit le Micissipi jusqu'à la Mer, l'embouchure de ce Fleuve n'étoit pas telle, qu'on la voit aujourd'hui.

Changemens arrivés à l'embouchure du Fleuve.

Plus on approche de la Mer, plus ce que je dis devient sensible : la Barre n'a presque point d'eau dans la plûpart de ces petites issuës, que le Fleuve s'est ouvertes, & qui ne se sont si fort multipliées, que par le moyen des Arbres, qui y sont entraînés avec le courant, & dont un seul arrêté par ses branches, ou par ses racines dans un endroit, où il y a peu de profondeur, en arrête mille. J'en ai vû à deux cent lieuës d'ici des amas, dont un seul auroit rempli tous les Chantiers de Paris. Rien alors n'est capable de les détacher, le limon, que charie le Fleuve, leur sert de ciment, & les couvre peu à peu ; chaque inondation en laisse une nouvelle couche, & après dix ans au plus les Cannes & les Arbrisseaux commencent à y croître. C'est ainsi que se sont formées la plûpart des Pointes & des Isles, qui font si souvent changer de cours au Fleuve.

Départ de la Nouvelle Orleans.

Je n'ai rien à ajoûter à ce que je vous ai dit au commencement de la Lettre précédente, de l'état présent de la nouvelle Orléans. L'idée la plus juste, que vous puissiez vous en former, est de vous figurer deux cent Personnes, qu'on a envoyées

voyées pour bâtir une Ville, & qui font campés au bord d'un grand Fleuve, où ils n'ont fongé qu'à fe mettre à couvert des injures de l'air, en attendant qu'on leur ait dreffé un Plan, & qu'ils ayent bâti des maifons. M. de Pauger, que j'ai encore l'honneur d'accompagner, vient de me montrer un Plan de fa façon : il eft fort beau, & fort régulier ; mais il ne fera pas auffi aifé de l'exécuter, qu'il l'a été de le tracer fur le papier. Nous partîmes le vint-deux de Juillet pour nous rendre au Biloxi, où eft le Quartier général. Entre la Nouvelle Orleans & la Mer, il n'y a point de Conceffions ; elles auroient trop peu de profondeur, mais feulement de petites Habitations particulieres, & des Entrepots pour les grandes Conceffions.

1722.
Janvier.

Derriere une de ces Habitations, qui eft fur la droite, immédiatement au-deffous du Détour aux Anglois, on voyoit il n'y a pas lontems un Village de *Chaouachas*, dont j'ai vifité les ruines. Je n'y trouvai d'entier que la Cabanne du Chef, qui reffembloit affez à une Maifon de nos Payfans de France, avec cette feule différence, qu'elle n'avoit point de fenêtres. Elle étoit conftruite de branches d'Arbres, dont les vuides étoient remplis de feüilles de Lataniers ; la couverture étoit de même ftructure. Ce Chef eft très-abfolu, comme le font tous ceux de la Floride ; il ne chaffe que pour fon plaifir, car fes Sujets font obligés de lui faire part de leur Gibier. Son Village eft préfentement de l'autre côté du Fleuve, une demie lieuë plus bas, & les Sauvages y ont tranfporté jufqu'aux offemens de leurs Morts.

Des Chaouachas.

Un peu au-deffous de leur nouvelle demeure la Côte eft beaucoup plus élevée, que par tout ailleurs, & il me paroît que c'eft là, qu'il falloit placer la Ville. Elle n'y feroit qu'à vint lieuës de la Mer, & avec un vent de Sud, ou de Sud-Eft médiocre, un Navire y monteroit aifément en quinze heures. Le foir du vint-troifiéme nous quittâmes la Chaloupe, qui nous avoit amenés jufques-là, & nous nous embarquâmes dans un Brigantin, fur lequel nous nous laiffâmes dériver toute la nuit. Le lendemain au point du jour nous avions paffé un nouveau circuit, que fait le Fleuve, & qu'on appelle *le Détour aux Piakimines*.

Nous nous trouvâmes peu de tems après au milieu des paffes du Miciffipi ; il y faut manœuvrer avec bien de l'attention,

Tome III. Kkk

1722.
Janvier.

pour ne pas être entraîné dans quelqu'une, d'où il feroit presque impossible de se tirer. La plûpart ne sont que des petits ruisseaux, & quelques-unes mêmes ne sont séparées que par des hauts fonds presque à fleur d'eau. C'est la barre du Micissipi, qui a si fort multiplié ces passes ; car il est aisé de concevoir par la maniere, dont j'ai dit qu'il se formoit tous les jours de nouvelles terres, comment le Fleuve cherchant à s'échaper par où il trouve moins de résistance, se fait un passage, tantôt d'un côté, & tantôt d'un autre : d'où il pourroit arriver, si l'on n'y prenoit garde, qu'aucune de ces issuës ne fût pratiquable pour les Vaisseaux. Le soir du vint-quatre nous mouillâmes au-de-là de la Barre, vis-à-vis la Balise.

De l'Isle Touloufe, ou de la Balife.

Le vent contraire nous y retenant encore, nous voulumes mettre à profit ce retardement. Hier vint-cinq, qui étoit un Dimanche, je commençai par chanter une grand'-Messe dans l'Isle, qu'on nommoit de *la Balife*, à cause d'une Balise, qu'on y avoit plantée pour la commodité des Navires. Je la benis ensuite, nous la nommâmes *Isle Touloufe*, & nous chantâmes le *Te Deum*. Cette Isle n'a gueres plus d'une demie lieuë de circuit, en y comprenant même une autre Isle, qui en est séparée par une Ravine, où il y a toujours de l'eau. D'ailleurs elle est très-basse, excepté un seul endroit, où l'inondation ne monte jamais, & où il y a assez d'espace, pour y construire un Fort & des Magasins. On pourroit y décharger les Vaisseaux, qui auroient de la peine à passer la Barre avec toute leur charge.

Salines.

M. de Pauger sonda cet endroit avec l'aiguille de sonde, & en trouva le fond assez dur, & de terre glaise, quoiqu'il en sorte cinq ou six petites Sources, qui ne jettent pas beaucoup d'eau ; mais cette eau laisse sur la terre, où elle coule un très-beau sel. Quand le Fleuve est le plus bas, c'est-à-dire, pendant trois mois des plus grandes chaleurs de l'année, l'eau est salée autour de cette Isle : dans le tems de l'inondation, elle est tout-à-fait douce, & le Fleuve conserve sa douceur une bonne lieuë dans la Mer. Dans le reste du tems on la trouve un peu saumatre, quand on a passé la Barre. Ainsi c'est une pure fable, que ce qu'on a débité, que pendant vint lieuës le Micissipi ne mêle point ses eaux avec celles de la Mer.

De la princi-

Nous passâmes le reste du jour M. de Pauger & moi, avec

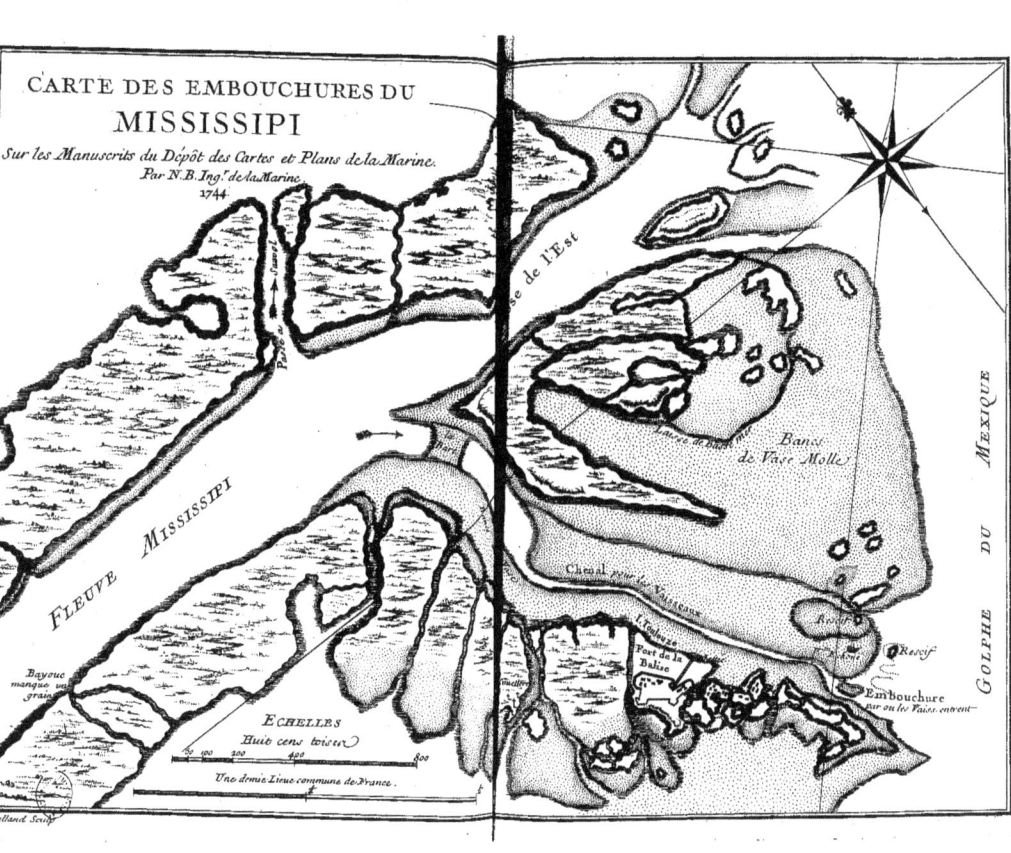

le Pilote Kerlafio, qui commandoit le Brigantin, à fonder & à relever la feule embouchure du Fleuve, qui foit navigable ; & voici au jufte nos obfervations fur l'état, où nous l'avons trouvée, car je ne réponds point des changemens, qui pourroient y arriver. Elle court Nord-Oueft & Sud-Eft l'efpace de trois cent toifes en montant de la pleine Mer jufqu'à l'Ifle Touloufe, vis-à-vis de laquelle il y a trois petites Ifles, qui n'ont point encore d'herbes, quoiqu'elles foient affez hautes. Dans tout cet intervale, fa largeur eft de deux cent cinquante toifes, fa profondeur de dix-huit pieds au milieu, fond de vafe molle : mais il faut y naviger la fonde à la main, quand on n'eft pas pratique.

1722.
Janviér.

pale embouchure du Miciffipi.

De-là en remontant, on fait encore le Nord-Oueft l'efpace de quatre cent toifes, au bout defquelles il y a encore quinze pieds d'eau, même fond : & il eft à obferver que par tout là l'ancrage eft fûr, & qu'on y eft à l'abri de tous les vents, excepté de ceux du Sud, & du Sud-Eft, qui pourroient, quand ils font violens, faire chaffer les Navires fur leurs ancres, mais fans danger, parce qu'ils iroient échouer fur la Barre, qui eft auffi de vafe molle : on fait enfuite le Nord-Oueft, quart de Nord-Eft pendant cinq cent toifes. C'eft-là proprement la Barre, douze pieds d'eau, moyenne profondeur, encore faut-il y manœuvrer avec attention, car on y rencontre des Bancs, cette Barre a deux cent cinquante toifes de large entre des terres baffes, & couvertes de rofeaux.

Dans la *paffe de l'Eft*, qui eft immédiatement au-deffus, on fait l'Oueft en plein pendant une lieuë : elle a deux cent cinquante toifes de largeur, & depuis quatre jufqu'à quinze pieds de profondeur. Puis tout à coup on ne trouve plus de fond. En reprenant la grande paffe au fortir de la Barre, on fait encore le Nord-Oueft l'efpace de trois cent toifes, & on y a toujours quarante-cinq pieds d'eau. On laiffe à droite la *paffe à Sauvole*, par où les Chaloupes peuvent aller au Biloxi, en faifant le Nord : elle a pris fon nom d'un Officier, que M. d'Iberville établit Commandant de la Colonie, en retournant en France.

Autres paffes.

Il faut enfuite retourner à l'Oueft, quart Nord-Oueft, pendant cinquante toifes, & dans une maniere de Baye, qu'on laiffe à gauche, au bout de cet efpace, il y a trois paffes, une au *Sud Sud-Eft*, une autre au *Sud*, & la troifiéme à

Kkk ij

1722.
Janvier.

l'*Ouest-Sud-Ouest*. Cette Baye n'a néanmoins que dix toises de profondeur, & vint de diamétre ; mais ces passes ont peu d'eau. On continuë de suivre le même rhumb de vent, & au bout de cinquante autres toises il y a sur la même main une seconde Baye, qui a vint toises de diamétre, & cinquante de profondeur. Elle contient deux petits passes, d'où les Canots d'écorce auroient bien de la peine à se tirer, aussi ne les compte-t'on pas pour l'ordinaire.

De-là on tire à l'Ouest pendant l'espace de cinq cent toises, & on se trouve vis-à-vis de *la passe à la Loutre*. Elle est sur la main droite, & tournée au Sud-Sud-Est. Elle a cinq cent toises de large, mais il n'y peut entrer que des Pirogues. Ensuite on tourne au Sud-Ouest pendant vint toises ; on revient à l'Ouest pendant trois cent, puis à l'Ouest, quart de Nord-Ouest, l'espace de cent : à l'Ouest-Nord-Ouest autant, au Nord-Ouest huit cent ; alors on trouve à gauche *la passe du Sud*, laquelle a deux cent cinquante toises de large, neuf brasses d'eau à son entrée du côté du Fleuve, & deux pieds seulement à sa sortie dans la Mer.

Deux cent cinquante toises plus loin est *la passe du Sud-Ouest*, même largeur à peu près ; jamais moins de sept à huit pieds d'eau. Par ce travers le Pays commence à n'être plus si marécageux, mais il est noyé pendant quatre mois de l'année. Il est borné à gauche par une suite de petits Lacs, qui sont au bout de celui des Chetimachas, & à droite, par *les Isles de la Chandeleur* : on croit qu'entre ces Isles il y a passage pour les plus grands Navires, & qu'il seroit aisé d'y faire un très-bon Port. De grandes Barques peuvent remonter de la Mer jusqu'au Lac des Chetimachas, & rien n'empêche d'y aller couper les plus beaux Chênes du monde, dont toute cette Côte est couverte.

Moyen de creuser la principale passe.

Je serois aussi d'avis qu'on bouchât toutes les passes, à l'exception de la principale, & rien ne seroit plus aisé ; il n'y auroit qu'à y faire entrer les Arbres flotans, dont le Fleuve est presque toujours couvert. Il arriveroit de-là en premier lieu que le Fleuve ne seroit abordable, même aux Barques & aux Canots, que par un côté, ce qui mettroit la Colonie à l'abri des surprises ; en second lieu, que toute la force du courant du Fleuve étant réunie, son unique embouchure se creuseroit d'elle-même aussi-bien que la Barre. Je fonde cette con-

jecture fur ce qui eft arrivé aux deux Pointes coupées, dont
je vous ai parlé. Il n'y auroit plus alors qu'à entretenir le
Canal, & à empêcher que les Arbres flottans n'y caufent aucun embarras, ce qui ne me paroît pas bien difficile.

1722.

Pour ce qui eft de la largeur du Fleuve entre les paffes, c'eft-à-dire, pendant les quatre lieuës qu'il y a de l'Ifle Toulouse à la paffe du Sud-Oueft, elle n'eft jamais plus que de cinquante toifes : mais immédiatement au-deffus de cette paffe, le Miciffipi reprend infenfiblement fa largeur ordinaire, qui n'a jamais moins d'un mille, & rarement plus de deux milles. Sa profondeur va auffi toujours en augmentant depuis la Barre, ce qui eft le contraire de tous les autres Fleuves, qui font ordinairement plus profonds à mefure qu'ils approchent de la Mer.

Largeur du Fleuve entre les paffes.

Ce feroit ici, Madame, le lieu de vous entretenir fur ce qui a fait échouer ces nombreufes Conceffions, qui ont fait tant de bruit en France, & fur lefquelles tant de perfonnes avoient fondé les plus grandes efpérances ; mais j'aime mieux remettre cela à notre premiere entrevuë, & me borner préfentement à vous faire part des réflexions, que j'ai faites fur la maniere de s'établir en ce Pays, fi le mauvais fuccès de tant d'efforts & d'avances inutiles n'en dégoûte pas notre Nation.

Il me paroît que ce n'eft point fur le bord du Fleuve, qu'il faudroit placer les Habitations ; mais je voudrois qu'on les reculât au moins d'un quart de lieuë, ou même d'une demie lieuë. Je n'ignore pas qu'il eft poffible de fe garantir des débordemens ordinaires par de bons Foffés ; mais je trouve que c'eft une grande incommodité que de fe loger fur un terrain, où, pour peu que l'on creufe, on trouve l'eau d'abord : par conféquent l'on ne peut avoir ni Cellier ni Cave. Je penfe même qu'on gagneroit beaucoup en abandonnant le champ libre à l'inondation annuelle du Fleuve furtout le terrain, qui n'eft pas bien fec, & ce terrain ne refteroit pas inutile.

Où il faudroit placer les Habitations.

Le limon, qui y demeure, quand les eaux fe font retirées, le renouvellent & l'engraiffent ; on pourroit en employer une partie en pâturages, on femeroit fur l'autre du Ris, des Légumes, & généralement tout ce qui demande des terres graffes & moüillées. Avec le tems fur les deux Rives du Miciffipi on ne verroit plus que des Jardins, des Vergers &

des Prairies, qui suffiroient pour nourrir le Peuple, & fourniroient même la matiere d'un commerce utile avec nos Isles, & les autres Colonies voisines. Enfin je crois pouvoir répondre, pour avoir mis pied à terre deux ou trois fois tous les jours, dans le tems que je descendois le Fleuve, que presque par tout, à très-peu de distance des bords, on trouve des terreins élevés, où l'on pourroit bâtir sur un fond solide, & où le Froment viendroit fort bien, quand on y auroit donné de l'air, en éclaircissant les Bois.

Difficulté de naviger sur le Fleuve.

Pour ce qui est de la navigation sur le Fleuve, elle sera toujours difficile, quand il s'agira de le remonter, à cause de la force du courant, qui oblige même à une grande attention en descendant, parce qu'il porte souvent sur les pointes avancées, & sur les battures. Ainsi pour y naviger sûrement, il faut des Bâtimens, qui aillent à la voile & à la rame. D'ailleurs, comme il n'est pas possible de marcher la nuit, quand le tems est obscur, ces voyages seront toujours fort longs & fort coûteux, du moins jusqu'à ce que les bords du Fleuve soient peuplés de proche en proche dans toute l'étendue du Pays, qui est entre les Illinois & la Mer.

D'où vient l'idée peu juste, qu'on a en France de ce Pays.

Voilà, Madame, quel est ce Pays, dont on a tant parlé depuis quelques années, & dont si peu de personnes ont une idée juste. Nous n'avons pas été les premiers Européens à en reconnoître la bonté, & à le négliger : Ferdinand de Soto l'a parcouru pendant trois années entieres, & son Historien (*a*) n'a pû lui pardonner de n'y avoir point fait un Etablissement solide. „Où pouvoit-il aller, dit-il, pour trouver mieux ?“

Enfin, je n'ai encore oüi parler peu avantageusement de la Louysiane, qu'à trois sortes de personnes, qui ont été sur les lieux, & dont il est certain que le témoignage n'est nullement recevable. Les premiers sont les Marins, qui de la rade de l'Isle aux Vaisseaux, ou de l'Isle Dauphine, n'ont pû voir que cette Isle toute couverte d'un sable sterile, & la côte plus sablonneuse encore du Biloxi, & se sont laissé persuader que l'entrée du Micissipi étoit impraticable aux Navires d'une certaine grandeur, ou qu'il falloit faire cinquante lieües dans ce Fleuve, pour y trouver un terrein, qu'on pût habiter. Ils auroient bien changé de sentiment, s'ils avoient pû

(*a*) Garcillasso de la Vega, Histoire de la Conquête de la Floride.

se défier de ceux, qui leur tenoient ce langage, & pénétrer les motifs, qui les faisoient parler ainsi.

1722.
Janvier.

Les seconds sont des Malheureux, qui chassés de France pour leurs crimes, ou leur mauvaise conduite, vraye ou supposée, ou qui pour éviter les poursuites de leurs Créanciers, se sont engagés dans les Troupes & dans les Concessions. Les uns & les autres ne regardant ce Pays, que comme un lieu d'exil, tout les y rebute : rien ne les intéresse au progrès d'une Colonie, dont ils ne sont membres, que malgré eux, & ils s'embarrassent fort peu des avantages, qu'elle peut procurer à l'Etat : la plûpart même ne sont pas capables de les connoître.

Les troisiémes sont ceux, qui n'ayant vû que de la misere dans un pays, pour lequel on a fait d'excessives dépenses, lui attribuent sans réflexion, ce qu'il faut uniquement rejetter sur l'incapacité, ou sur la négligence de ceux, qu'on avoit chargés de l'établir. Vous n'ignorez pas non plus les raisons, qu'on avoit euës de publier que la Louysiane possedoit dans son sein de grands trésors, & qu'elle nous approchoit des fameuses Mines de Sainte Barbe, & d'autres plus riches encore, dont on se flattoit de chasser aisément les Possesseurs : & parce que ces contes ridicules avoient trouvé créance dans l'esprit des Sots, au lieu de s'imputer à eux-mêmes l'erreur, où les avoit engagés leur folle crédulité, ils ont déchargé leur mauvaise humeur sur ce Pays, où ils n'ont rien trouvé de ce qu'on leur avoit promis.

Je suis, &c.

TRENTE-TROISIÉME LETTRE.

Description du Biloxi. De la Cassine, ou Apalachine. De la Cire de Myrthe, de la Maubile, des Tchactas, de la Baye S. Bernard. Voyage du Biloxi à la Nouvelle Orleans par le Lac de Pontchartrain.

A bord de l'Adour, ce cinquiéme Avril 1722.

MADAME,

1722.
Février.

Arrivée au Biloxi.

Le vint-six, après avoir fermé ma Lettre, je m'embarquai, & nous appareillâmes, mais après avoir couru une bordée au Sud, le vent redevenu contraire nous força de retourner à notre moüillage, & nous y restâmes encore les deux jours suivans. Le vint-neuf, nous levâmes l'ancre de bon matin, mais le Vent étoit si foible, & la Mer si grosse, qu'en vint-quatre heures nous ne fîmes que quatorze lieuës, c'étoit la moitié du chemin, que nous avions à faire. Le trente nous n'eûmes ni le Vent plus favorable, ni la Mer plus tranquille jusques vers les quatre heures du soir, qu'une pluye déchargea le tems, qui étoit fort embrumé, & calma la Mer: mais au bout d'une heure ou deux la brume recommença, & devint si épaisse, que ne voyant pas à nous conduire; nous prîmes le parti de moüiller l'ancre. Le lendemain la brume ne se dissipant point, nous nous mîmes dans la Chaloupe, M. de Pauger & moi, pour gagner la rade de l'Isle aux Vaisseaux: nous y visitâmes quelques Navires de France, & nous nous rendîmes vers les cinq heures du soir au Biloxi.

Description de la côte & de la rade.

Toute cette Côte est extrêmement platte; les Vaisseaux Marchands n'en sçauroient approcher plus près, que de quatre lieuës, & les plus petits Brigantins de deux. Il faut même que ceux-ci s'éloignent, quand le vent vient du Nord, ou du Nord-Ouest, ou bien ils demeurent entierement à sec, comme il arriva la nuit même après que je fus débarqué. La rade est tout le long de l'Isle aux Vaisseaux, qui s'étend une petite

petite lieuë de l'Eſt à l'Oueſt, mais qui a très-peu de largeur. A l'Eſt de cette Iſle eſt *l'Iſle Dauphine*, autrefois *l'Iſle Maſ-ſacre*, où il y avoit un Port aſſez commode, qu'un coup de vent ferma en deux heures, il y a un peu plus d'un an, en comblant de ſable ſon entrée. A l'Oueſt de l'Iſle aux Vaiſ-ſeaux ſont tout de ſuite *l'Iſle des Chats*, ou *de Bienville*, *l'Iſle à Corne*, & les *Iſles de la Chandeleur*.

1722. Février.

Ce qu'on appelle le *Biloxi* eſt la Côte de la Terre-Ferme, qui eſt au Nord de la rade. Ce nom eſt celui d'une Nation Sauvage, qui étoit là autrefois, & qui s'eſt retirée vers le Nord-Oueſt, ſur les bords d'une petite Riviere, appellée *la Riviere des Perles*, parce qu'on y a pêché d'aſſez méchantes Perles. On ne pouvoit choiſir un plus mauvais endroit, pour y établir le Quartier général de la Colonie ; il ne peut, ni recevoir aucun ſecours des Vaiſſeaux, ni leur en donner, pour les raiſons, que j'ai dites. D'ailleurs, la rade a deux grands défauts, l'ancrage n'y eſt pas bon, & elle eſt pleine de vers, qui perdent tous les Navires : la ſeule utilité, qu'on en peut tirer eſt, s'en ſervir à mettre à couvert les Vaiſſeaux d'un coup de vent, lorſqu'ils viendront pour reconnoître l'embouchure du Miciſſipi, laquelle n'ayant que des terres baſſes, il ſeroit dangereux d'en approcher dans un mauvais tems, ſans l'avoir reconnuë.

Du Biloxi.

Le Biloxi ne vaut pas mieux pour la Terre, que pour la Mer. Ce n'eſt que du ſable, & il n'y croît guere que des Pins & des Cédres. La *Caſſine*, autrement nommée *Apala-chine*, y pouſſe auſſi par tout en abondance : c'eſt un très-petit arbriſſeau, dont la feüille, infuſée comme celle du Thé, paſſe pour un bon diſſolvant, & un excellent ſudorifique : mais ſa principale qualité eſt d'être diuretique. Les Eſpagnols en font un grand uſage dans toute la Floride ; c'eſt même leur boiſſon ordinaire. Elle commençoit à faire quelque fortune à Paris, lorſque j'en ſuis parti : mais nous étions dans un tems de mauvais augure pour les fortunes ; elles paſſoient auſſi rapidement, qu'elles étoient promptes. Je ſçai pour-tant que bien des perſonnes, qui font uſage de l'Apalachine, s'en loüent beaucoup.

De la Caſſine.

Il y en a de deux eſpéces, qui ne différent, que par la grandeur des feüilles. Celles de la grande eſpéce ont plus d'un pouce de longueur, les autres ſont preſque de moitié plus petites.

Tome III. Lll

Leur figure & leur subſtance ſont à peu près comme celles des feüilles de Bouys, excepté qu'elles ſont plus arrondies par les extrêmités, & d'un verd plus clair. Le nom d'Apalachine, que nous avons donné à cet Arbriſſeau, vient des *Apalaches*, Peuples de la Floride, de qui les Eſpagnols en ont appris l'uſage, & voici la maniere de la préparer parmi les-uns & les autres.

On met ſur le feu dans un pot de terre une certaine quantité de feüilles, & on les y fait griller juſqu'à ce que la couleur en ſoit devenuë rouſſâtre ; on y verſe enſuite lentement de l'eau, juſqu'à ce que le pot ſoit plein. Cette eau prend la couleur des feüilles, & mouſſe, quand elle eſt verſée, comme de la bierre. On la prend la plus chaude, qu'il eſt poſſible, & les Sauvages ſe paſſeroient plutôt de manger, que d'en boire le ſoir & le matin ; ils croiroient tomber malades, s'ils s'en abſtenoient, & on prétend que les Eſpagnols de la Floride font dans le même principe.

Une demie heure après, qu'on l'a priſe, on commence à la rendre, & cela dure une heure. Il eſt difficile de concevoir comment une boiſſon, qui ne fait preſque que couler, peut-être auſſi nourriſſante, qu'on aſſûre qu'elle l'eſt : on comprend mieux qu'elle nettoye tout ce qui embaraſſe le paſſage des urines, & cauſe les maux de reins. Quand les Sauvages veulent ſe purger, ils y mêlent de l'eau de Mer, & cela produit de grandes évacuations ; mais ſi la doſe d'eau de Mer étoit trop forte, ils en pourroient mourir, & cela n'eſt pas ſans exemple. Je l'ai vû prendre en France ſans tant de façon, & comme on fait le Thé, mais en doublant la doſe, & en la faiſant boüillir près d'un demi quart d'heure, & je ne doute pas qu'alors elle n'ait beaucoup effet.

De la Cire de Myrthe. On trouve encore ici une eſpéce de Myrthe à larges feüilles, que je ſçavois déja être fort commune ſur les Côtes de l'Acadie, & des Colonies Angloiſes de ce Continent. Quelques-uns lui donnent le nom de Laurier, mais ils ſe trompent, ſa feüille a l'odeur du Myrthe, & les Anglois ne l'appellent point autrement que le *Myrthe à chandelle*. Cet Arbriſſeau porte une petite graine, qui dans le Printems eſt remplie d'une matiere balſamique, laquelle étant jettée dans l'eau boüillante, y ſurnage, & devient une cire verte, moins gluante, & plus friable, que celle des Abeilles, mais auſſi bonne à brûler. Le seul inconvénient, qu'on y a remarqué, est qu'elle se casse aisément, mais on la pourroit mêler avec une autre cire extrêmement liquide, qu'on recüeille dans les Bois des Isles de l'Amérique, ce qui n'est pourtant nécessaire, que supposé qu'on en voulût faire des Cierges. J'en ai vû des Bougies, qui donnoient une aussi belle lumiere, & qui duroient autant que les nôtres. Nos Missionnaires du Voisinage de l'Acadie y mêlent du suif, ce qui les rend sujettes à couler, parce que le suif ne s'allie pas bien avec cette cire. Le sieur ALEXANDRE, qui est ici au service de la Compagnie en qualité de Chirurgien & de Botaniste, n'y met rien du tout, & ses bougies n'ont point ce défaut, la lumiere en est douce & fort claire, & la fumée, qui en sort, quand on les a souflées, a une odeur de Myrthe fort agréable. Il espere même venir à bout de la blanchir, & il m'en a montré une masse, qui étoit plus qu'à demie blanche (*a*). Il prétend que si on lui donnoit cinq ou six Esclaves de ceux, qui sont les moins propres aux travaux ordinaires, pour cueillir la graine dans la saison, il en feroit assez de cire pour en charger un Vaisseau tous les ans.

1722.
Février.

A treize ou quatorze lieuës du Biloxi, en tirant à l'Est, on trouve la Riviere de la Maubile, qui coule du Nord au Sud, & dont l'embouchure est vis-à-vis de l'Isle Dauphine. Elle prend sa source dans le Pays des Chicachas, & son cours est d'environ cent trente lieuës. Son lit est très-étroit, & elle serpente beaucoup, ce qui n'empêche pas qu'elle ne soit fort rapide : mais il n'y a guere que les petites Pirogues, qui puissent la remonter, quand les eaux sont basses. Nous avons sur cette Riviere un Fort, qui a été lontems le Poste principal de la Colonie ; les terres n'y sont pourtant pas bonnes, mais on y étoit à portée de trafiquer avec les Espagnols, & c'étoit alors uniquement ce qu'on cherchoit.

De la Maubile.

On prétend qu'à quelques lieuës au-delà du Fort, on a découvert une Carriere ; si cette découverte est réelle, & que la Carriere soit abondante, elle pourra bien empêcher l'abandonnement entier de ce Poste, que plusieurs Habitans commencent à quitter, ne pouvant se résoudre à cultiver plus lontems un terrain, qui ne répond pas aux peines, qu'ils pren-

(*a*) On y a renoncé, dit-on, parce que cette Cire en blanchissant s'altere considerablement.

nent pour le faire valoir. Je ne crois pourtant pas qu'on se détermine aisément à évacuer le Fort de la Maubile, quand il ne serviroit qu'à entretenir dans notre Alliance les Tchaĉtas, Peuple nombreux, qui nous font une barriere nécessaire contre les Chicachas, & contre les Sauvages voisins de la Caroline. Garcilasso de la Vega, dans son Histoire de la Floride, parle d'une Bourgade appellée *Mauvilla*, laquelle a sans doute donné son nom à la Riviere, & à la Nation, qui étoit établie sur ses bords. Ces Mauviliens étoient alors très-puissans; à peine en reste-t'il aujourd'hui quelques vestiges.

De la Baye S. Bernard.

On est présentement occupé à chercher à l'Ouest du Micissipi un endroit propre à faire un Etablissement, qui nous approche du Mexique, & on croit l'avoir trouvé à cent lieuës de l'embouchure du Fleuve, dans une Baye, qui porte tantôt le nom de Sainte Magdeleine, tantôt celui de S. Loüis, & plus communément celui de S. Bernard. Elle reçoit plusieurs Rivieres, dont quelques-unes sont assez grandes, & c'est-là, que M. de la Sale prit terre, quand il eut manqué l'embouchure du Micissipi. On y a envoyé depuis peu un Brigantin pour la reconnoître, mais on y a trouvé des Sauvages, qui paroissent peu disposés à nous recevoir, & qu'on n'a pas traités de maniere à les gagner. J'entends même dire que les Espagnols viennent de nous prévenir.

Il y a dans le vrai quelque chose de plus pressé, & de meilleur à faire, que cette Entreprise. Je sçai que le Commerce est l'ame des Colonies, qu'elles ne sont même utiles à un Royaume tel que le nôtre, que par cet endroit, & pour empêcher nos Voisins de se rendre trop puissants ; mais si on ne commence pas la culture des terres, le Commerce, après avoir enrichi quelques Particuliers, tombera bientôt, & la Colonie ne s'établira point. Le voisinage des Espagnols peut avoir son utilité, mais laissons-les s'approcher de nous tant qu'ils voudront, nous ne sommes point en état, & nous n'avons aucun besoin de nous étendre davantage. Ils sont assez pacifiques en ce Pays-ci, & ils n'y seront jamais assez forts pour nous inquieter ; il n'est pas même de leur intérêt de nous chasser de ce Pays ; & s'ils ne comprennent pas encore, ils comprendront sans doute bien-tôt qu'ils ne sçauroient avoir de meilleure barriere, que la Louysiane, contre les Anglois.

Les chaleurs étoient déja bien incommodes au Biloxi dès la mi-Mars, & je conçois que quand le Soleil a une fois embrafé le fable fur lequel on y marche, le chaud doit y être exceffif. On dit en effet que fans la brife, qui s'éleve affez régulierement tous les jours, entre neuf & dix heures du matin, & ne tombe qu'avec le Soleil, il ne feroit pas poffible d'y vivre. L'embouchure du Miciffipi eft par les vint-neuf degrez de latitude, & la Côte du Biloxi par les trente : nous y eûmes dans le mois de Février quelques froids affez picquants, lorfque le vent foufloit du Nord & du Nord-Oueft, mais ils ne duroient pas ; ils étoient même quelquefois fuivis de chaleurs affez vives, de tonnerres & d'orages, de forte que le matin nous étions en Hyver, & l'après-midi en Eté. Avec quelques petits intervales de Printems & d'Automne, entre deux : la brife vient ordinairement de l'Eft ; quand elle vient du Sud, ce n'eft qu'un vent refléchi, lequel rafraîchit beaucoup moins, mais c'eft toujours du vent, & quand il manque tout-à-fait, on ne refpire point.

1722.
Mars.
Climat du Biloxi.

Le vint-quatre de Mars je partis du Biloxi, où j'avois été arrêté par une jauniffe, qui me dura plus d'un mois, & je repris la route de la Nouvelle Orleans, où je devois m'embarquer fur une Flûte de la Compagnie, nommée l'*Adour*. Je fis ce voyage dans une Pirogue, & je n'en avois point encore fait de plus défagréable. A cinq lieuës du Biloxi le vent d'Oueft, qui en trois heures m'avoit amené jufques-là, fit place à un vent de Sud fi violent, que je fus contraint de m'arrêter. J'avois eu à peine le tems de dreffer ma Tente, qu'une pluye épouvantable, accompagnée de tonnerre, nous inonda.

Départ du Biloxi.

Deux petits Bâtimens, qui étoient partis en même-tems que moi, voulurent profiter du vent, qui leur fit faire bien du chemin en peu d'heures, & je regrettois fort de n'en pouvoir pas faire autant, mais j'appris bien-tôt que leur fort avoit été plus digne de pitié que d'envie ; le premier fut dans un continuel danger du naufrage, & fes Paffagers arriverent à la Nouvelle Orleans plus morts que vifs. Le fecond échoua à moitié chemin, & cinq Perfonnes fe noyerent dans une Prairie, dont l'orage avoit fait un étang. Le vent dura toute la nuit avec la même violence, & la pluye ne ceffa que le lendemain à midi. Elle recommença le foir, & continua jufqu'au jour avec le tonnerre.

1722.
Mars.

Observation sur cette Côte.

Quand on range cette Côte à la vûë, elle paroît très-agréable, mais de plus près ce n'eſt pas la même choſe. C'eſt toujours un fond de ſable, comme au Biloxi, & on n'y trouve que de méchans Bois. J'y ai remarqué une eſpéce d'ozeille, qui a le même goût que la nôtre, mais dont les feüilles ſont plus étroites, & qui cauſe, dit-on, la dyſenterie. Il y a auſſi dans ces quartiers-là une eſpéce de Freſne, qu'on appelle *Bois d'amourette*, & dont l'écorce, qui eſt pleine de picquants, paſſe pour être un remède ſouverain, & très-prompt contre le mal de dents.

Le vint-ſix il plut tout le jour, & quoique la Mer fût calme, nous fîmes peu de chemin. Nous avançâmes un peu plus le vint-ſept, mais la nuit ſuivante nous nous égarâmes autour de l'Iſle aux Perles. Le lendemain nous allâmes camper à l'entrée du Lac Pontchartrain, ayant laiſſé peu de tems auparavant ſur la droite la Riviere aux Perles, qui a trois embouchures. La ſéparation de ces trois branches ſe fait à quatre lieuës de la Mer, & c'eſt un peu au-deſſus que les Biloxis ſe ſont placés.

Du Lac de Pontchartrain.

Après midi nous traverſâmes le Lac de Pontchartrain, cette traverſe eſt de ſept à huit lieuës, & à minuit nous entrâmes dans la Baye S. Jean. Ceux, qui les premiers naviguerent ſur le Lac, le trouverent, dit-on, tellement rempli de Caïmans, qu'ils ne pouvoient preſque pas donner un coup d'aviron, ſans en toucher quelqu'un. Ils y ſont préſentement très-rares, & nous en vîmes ſeulement quelques traces à notre campement, car ces Animaux font leurs œufs à terre. Après m'être un peu repoſé à la ſortie du Lac, je pourſuivis mon chemin par Terre, & j'arrivai avant le jour à la Nouvelle Orleans.

Difficulté de naviguer ſur le Fleuve en deſcendant.

Je n'y trouvai plus l'Adour, mais elle n'étoit pas loin, & je la joignis le lendemain premier Avril. L'inondation étoit dans ſon plein, par conſéquent le Fleuve beaucoup plus rapide, que je ne l'avois trouvé deux mois auparavant. D'ailleurs un Navire, ſurtout une Flûte, ne ſe manie pas auſſi aiſément qu'un Traverſier, & comme notre équipage n'étoit pas accoûtumé à cette navigation, nous eûmes bien de la peine à ſortir du Fleuve. Le Navire entraîné tantôt ſur un bord, & tantôt ſur un autre, engageoit ſouvent ſes vergues & ſes manœuvres dans les Arbres, & il fallut plus d'une

1722.
Avril.

fois couper des manœuvres pour se tirer de cet embarras.

1722.
Avril.

Ce fut bien pis encore, quand nous eûmes gagné les passes, car les courants nous entraînoient toujours dans la premiere avec une violence extrême. Nous nous enfournâmes même dans une des plus petites, & je ne conçois pas même encore comment nous pûmes nous en tirer. Nous en fûmes pourtant quittes pour un ancre, que nous y laissâmes; on en avoit déja perdu un deux jours auparavant, de sorte qu'il ne nous en restoit plus que deux. Un si fâcheux début ne laissa point de nous donner à penser, mais la jeunesse & le peu d'habileté de ceux, à qui on nous avoit confiés, nous inquietoit encore davantage.

L'Adour est un très-joli Bâtiment, du port de trois cent Tonneaux; cette Flûte étoit partie de France avec un bon Equipage, sous la conduite d'un Capitaine, qui sçavoit son Métier, & d'un Lieutenant, dont on disoit aussi beaucoup de bien. Celui-ci étoit resté malade à S. Domingue: le Capitaine, peu après son arrivée au Biloxi, se brouilla avec un des Directeurs de la Compagnie, qui le démonta. Pour remplacer ces deux premiers Officiers, on a jetté les yeux sur un jeune Maloin, qui est venu, il y a trois ans, à la Louysiane en qualité de Pilotin, ou apprentif Pilote, & qui depuis ce tems là est parvenu à commander un Traversier dans la rade du Biloxi, pour aller tantôt à la Maubile, & tantôt à la Nouvelle Orleans, y porter des provisions. Il paroît avoir tout ce qu'il faut pour devenir habile Homme; il aime son métier, & il s'y applique, mais nous nous passerions bien de voir son apprentissage, surtout dans une navigation, qui a de grandes difficultés.

Le Navire mal commandé.

Il a pour second l'Officier, qui est venu de France en qualité d'Enseigne, c'est encore un jeune homme, fort propre à être Subalterne sous des Chefs expérimentés, qui ne lui laisseroient que le soin d'exécuter leurs ordres. Il seroit difficile de trouver un Matelot plus brave contre la Tempête, qu'il a dès l'enfance affrontée dans les pénibles Pêches de Terre-Neuve, & deux ou trois naufrages, dont il s'est tiré heureusement, lui ont inspiré une confiance, dont je serai fort surpris, si à la fin il n'est pas mauvais marchand.

Notre premier Pilote paroît un peu plus mûr, que ces deux Officiers, & l'on fait surtout bien valoir la connoissance, qu'il

1722.
Avril.

a du *Canal de Bahama*, qu'il a déja paſſé une fois. C'eſt cependant bien peu pour connoître ce paſſage, le plus dangereux, qui ſoit dans les Mers de l'Amerique, où l'on compte les naufrages par milliers. D'ailleurs je crains fort qu'un petit air ſuffiſant, que je lui trouve, ne produiſe quelque effet funeſte. Il a deux Subalternes, qui ſont de bons Enfans; nous avons cinquante Matelots Bretons, un peu mutins, mais forts & vigoureux, preſque tous ont été à la Pêche de la Moruë, & c'eſt une bonne école : leurs Officiers-Mariniers me paroiſſent gens de tête & d'exécution.

Cependant, malgré tous les retardemens, dont je vous ai parlé, nous moüillâmes le deuxiéme au ſoir en de-çà de la Barre; nous la paſſâmes le trois, & faute de vent, nous ne pûmes aller plus loin. Hier, nous fûmes encore arrêtés tout le jour, & cette nuit nous avons eſſuyé une tempête de vent du Sud, qui nous a fait remercier le Seigneur de n'avoir pas été en Mer ſi près de la Côte. J'eſpere, Madame, vous écrire dans peu de S. Domingue, où notre Flûte va prendre une Cargaiſon de Sucre, qui y eſt toute prête. Je profite de l'occaſion d'un Traverſier, qui remonte à la nouvelle Orleans, pour vous envoyer cette Lettre par un Vaiſſeau, qui doit aller en France en droiture.

Je ſuis, &c.

TRENTE-QUATRIÉME LETTRE.

Voyage juſqu'au Canal de Bahama. Naufrage de l'Adour; retour à la Louyſiane le long de la Côte de la Floride : Deſcription de cette Côte.

Au Biloxi, le cinquiéme de Juin 1722.

MADAME,

Je vous avois promis de vous écrire inceſſamment de Saint Domingue. M'en voici après deux mois auſſi loin, que j'en étois alors; le récit du triſte évenement, qui m'a ramené dans cette

cette Colonie, & qui n'a que trop juſtifié mes preſſentimens, avec quelques obſervations ſur un Pays, que je n'avois pas compté de parcourir, vont faire la matiere de cette Lettre. Je ne ſuis pas au reſte autant à plaindre, que vous croyez. Je ſuis bien délaſſé de mes fatigues, j'ai couru de grands dangers, mais je m'en ſuis heureuſement tiré ; le mal paſſé n'eſt que ſonge, & ſouvent un ſonge agréable.

1722. Avril.

Il y avoit une demie heure au plus, que j'avois fermé ma Lettre, lorſque le vent s'étant rangé au Nord-Oueſt, nous appareillâmes. J'aurois crû que le reſpect dû au ſaint Jour de Pâques auroit engagé le Capitaine à differer au lendemain, d'autant plus qu'il étoit midi paſſé ; mais il avoit peu de vivres, & un jour de retardement peut avoir des ſuites fâcheuſes. Notre précipitation en a eû de plus funeſtes encore. Nous perdîmes bientôt la Terre de vuë, & au bout d'une heure, après avoir eu le plaiſir de voir les eaux de la Mer & celles du Fleuve ſe mêler ſans ſe confondre, nous n'apperçûmes plus aucune différence, & nous ne trouvâmes plus que de l'eau ſalée.

L'Adour met à la voile.

On me dira, peut-être, que nous avions quitté le droit Canal, & je conviens que cela étoit peut-être, mais ce combat, que nous avions obſervé ſi près de l'embouchure, ne marque pas un Fleuve victorieux, qui s'ouvre un libre paſſage, & fait pendant vint lieuës la loy à l'Ocean. D'ailleurs, ſi ce fait étoit vrai, du moins dans le tems de l'inondation, où nous étions alors, comment auroit-on eu tant de peine à trouver l'embouchure du Fleuve ? La ſeule différence de la couleur des eaux l'auroit indiquée aux moins attentifs ?

A propos de cette couleur ; j'ai dit que le Miciſſipi, après ſa jonction avec le Miſſoury, prenoit la couleur des eaux de cette Riviere, qui ſont blanches : mais croiriez-vous bien, Madame, que de toutes les eaux, qu'on peut embarquer pour la proviſion des Vaiſſeaux, il n'y en a point, qui ſe conſervent ſi lontems que celles-ci ſans ſe corrompre ? D'ailleurs, elles ſont excellentes à boire, quand on les a laiſſé repoſer dans des Jarres, au fond deſquelles on trouve une eſpéce de tartre blanc, qui, ſelon toutes les apparences, ſert également à leur donner la couleur, qu'elles ont, à les purifier, & à les conſerver.

Obſervation ſur l'eau du Miciſſipi.

Le douziéme à midi, après avoir eſſuyé pendant pluſieurs jours des chaleurs exceſſives, & plus intolérables encore la

Deſcription de la Côte Sep-

Tome III. M m m

1722.
Avril.

tentrionale de Cuba.

nuit, que le jour, nous découvrîmes *le Cap de Sed*, qui est sur la Côte Septentrionale de l'Isle de Cuba, & fort élevé. Au Soleil couchant nous étions par son travers, nous mîmes le Cap à l'Est, & nous rangeâmes la Côte à la vûë ; le lendemain au point du jour nous étions vis-à-vis de la Havane ; cette Ville est à dix-huit lieuës du Cap de Sed, & à moitié chemin on découvre une Montagne assez haute, dont le sommet est une espéce de platon : on l'appelle *la Table à Marianne*.

Deux lieuës plus loin que la Havanne, il y a sur la Côte un petit Fort, qui porte le nom *de la Hougue*, & de-là on commence à découvrir *le Pain de Matance*. C'est une Montagne, dont le sommet a la forme d'un four, ou si l'on veut, d'un pain. Elle sert à reconnoître la Baye de Matance, qui est éloignée de quatorze lieuës de la Havane. Le chaud augmentoit toujours, aussi étions-nous sur les confins de la Zone Torride : avec cela nous n'avions presque point de vent, & nous n'avancions qu'à la faveur du courant, qui porte à l'Est.

Mauvaise manœuvre.

Le quatorziéme, vers les six heures du soir, on apperçut du haut du grand Mât la Terre de la Floride. Il n'est point de Navigateur prudent, qui à cette vûë, s'il n'a pas du moins six à sept heures de jour à courir, ne revire de bord, & ne se soûtienne au large jusqu'au lendemain, n'y ayant point de parage au monde, où il soit plus important de voir clair, à cause de la diversité des courants, qu'il ne faut jamais se flatter de bien connoître. Nous avions l'exemple assez récent des Galions d'Espagne, qui y périrent il y a quelques années, pour n'avoir pas pris la précaution, que je viens de dire. Le Chevalier D'HERE, Capitaine de Vaisseau, qui les accompagnoit, fit tout son possible pour engager le Général de la Flotte à attendre le jour pour entrer dans le Canal : il n'y réussit pas, & ne jugea point à propos de se jetter avec lui dans le précipice.

Notre Capitaine, à qui on avoit donné sur cela de bons avis, étoit bien résolu d'en profiter : mais trop de docilité fit sur lui le même effet, qu'avoit produit la présomption du Général Espagnol. Son premier Pilote, qui se croyoit le plus habile Homme du monde, & son Lieutenant, qui ne sçavoit douter de rien, furent d'avis de continuer la route, & il n'eut pas la force de leur résister. Il proposa de faire au moins le

Nord-Est, & la suite nous a montré que, si son sentiment avoit prévalu, nous aurions échapé au naufrage. Mais il ne put obtenir que le Nord-Nord-Est, le Pilote assûrant que les courants portoient avec impétuosité à l'Est. Il disoit vrai, mais ce n'est que quand on est près des terres de ce côté-là, comme ils portent à l'Ouest de l'autre côté, où nous étions alors.

1722.
Avril.

Naufrage de l'Adour.

A sept heures la terre paroissoit encore assez éloignée, & on ne la pouvoit même découvrir que de la Hune ; mais au bout d'une demie heure, le tems s'étant couvert, un Matelot remarqua à la faveur des éclairs que l'eau avoit changé de couleur. Il en avertit, mais son avis fut reçû avec risée, on lui dit que c'étoit les éclairs, qui faisoient paroitre l'eau blanche. Il ne se rebuta point, plusieurs de ses Camarades furent bientôt de son sentiment : on voulut encore se mocquer d'eux, mais ils crierent si haut, & ils étoient en si grand nombre, que le Capitaine fit jetter la sonde.

On ne trouva que six brasses d'eau ; l'unique parti sûr, qu'il y avoit à prendre, étoit de moüiller dans le moment, mais il n'y avoit point d'ancre paré. On vouloit revirer de bord, & peut-être qu'il en étoit encore tems, si on eût fait diligence ; mais on s'amusa à sonder de nouveau, & on ne trouva plus que cinq brasses. On jetta tout de suite une troisiéme fois la sonde, & il n'y en avoit plus que trois. Imaginez-vous, Madame, des Enfans, qui se voyant entraînés dans un précipice, sont uniquement attentifs à en connoître la profondeur, sans prendre aucune mesure pour l'éviter.

Alors il s'éleva un bruit confus, chacun crioit à pleine tête, les Officiers ne pouvoient se faire entendre, & deux ou trois minutes après le Navire échoüa, il survint dans l'instant une espéce d'orage, & la pluye, qui suivit de près, fit tomber le vent : mais il se releva bientôt, se rangea au Sud, & devint plus fort qu'auparavant. Le Navire commença aussi-tôt à talonner sur son gouvernail ; on craignit avec raison que le grand Mât, qui à chaque secousse sautoit assez haut, ne fît ouvrir le Navire, & son procès lui fut fait dans les formes ordinaires : il fut condamné & abbatu sur le champ, après que le Capitaine lui eut donné le premier coup de hache, selon la régle.

Le Lieutenant s'embarqua ensuite dans la Chaloupe, pour tâcher de découvrir en quel lieu nous étions, & en quel état se trouvoit le Vaisseau. Il remarqua que sur le devant nous n'avions que quatre pieds d'eau, & que le banc, sur lequel nous étions échoués, étoit si petit, qu'il n'y avoit quasi que la place du Navire, & que tout autour il auroit été à flot. Mais quand nous l'aurions évité, nous ne pouvions manquer de donner sur un autre, car il en étoit environné, & à coup sûr, nous n'en aurions pas rencontré un si commode.

Le vent souffloit toujours avec violence; notre Flûte continuoit à talonner, & à chaque secousse nous nous attendions qu'elle alloit s'ouvrir. Tous les effets de la frayeur étoient peints sur les visages, & après le premier tumulte formé par les cris des Matelots, qui manœuvroient, & par les gémissemens des Passagers, qui se croyoient au moment de périr, un morne & profond silence se répandit sur tout le Bâtiment. Nous sçûmes depuis que quelques-uns prenoient secrettement leurs mesures pour n'être point surpris, au cas que le Vaisseau se brisât: non-seulement la Chalouppe, mais encore le Canot étoient à l'eau tout parés, & des Matelots affidés, avertis sous main de se tenir prêts au premier signal. On m'assûra dans la suite, qu'on avoit bien compté de ne me pas laisser dans le danger.

Ce qui est certain, c'est que je passai la nuit sans fermer l'œil, & dans la situation d'un homme, qui ne s'attend point à revoir le jour. Il parut néanmoins, & il nous découvrit la terre à plus de deux grandes lieuës de nous. Ce n'étoit point celle, que nous avions découverte d'abord, & que nous appercevions encore dans un grand éloignement, mais une terre basse, & qui nous sembloit très-peu propre à être habitée. Cette vûë ne laissa pourtant pas de nous faire plaisir, & de nous rassûrer un peu.

Mesures, qu'on prend pour se sauver.

On examina ensuite s'il y avoit quelque apparence de pouvoir remettre l'Adour à flot, & parce qu'il étoit bon d'avoir plusieurs cordes à son arc, on songea en même-tems aux moyens de se tirer d'un aussi mauvais endroit, supposé qu'il fût impossible de relever le Navire. On se souvint alors qu'on avoit embarqué un Batteau plat en botte, dans le dessein de s'en servir à S. Domingue, pour charger les Sucres, qu'on y devoit prendre. C'étoit une précaution fort sage du Capitaine, qui avoit été averti qu'en ce Pays-là le chargement retient souvent les Navires en rade beaucoup plus lontems, qu'il ne convient aux intérêts des Armateurs, & à la santé des Equipages ; mais la Providence avoit eu sans doute une autre vûë, en lui inspirant cette pensée. Ce Batteau fut notre salut.

1722.
Avril.

Je ne sçai pas bien ce qui se passa le même jour entre les Officiers & le Pilote, mais on ne parla plus de relever le Bâtiment. Plusieurs ont prétendu qu'on auroit fait pour y réussir des efforts inutiles ; mais le Capitaine s'est plaint plus d'une fois à moi de ce qu'on n'avoit pas voulu lui laisser faire cette tentative, comme il le souhaittoit. On résolut donc dès le même jour de transporter tout le monde à terre, & l'on travailla tout le matin à construire un Radeau, pour n'être par obligé de faire plusieurs voyages.

On ne jugea pourtant pas à propos d'abandonner encore le Navire, & il n'y eut même que les Passagers, qui furent embarqués dans la Chaloupe & sur le Radeau. A une portée de Canon du Bâtiment nous trouvâmes la Mer fort haute, & le Biscuit, que l'on portoit à terre, fut moüillé ; une petite Pirogue, qui suivoit la Chaloupe, eut bien de la peine à se soûtenir, & le Radeau, qui portoit vint-deux hommes, fut emporté si loin par le courant, qu'on le crut perdu.

La Chaloupe, où j'étois, faisoit diligence pour arriver, afin d'aller ensuite au secours des autres, mais comme nous étions prêts à débarquer, nous apperçûmes une assez grande troupe de Sauvages armés d'Arcs & de Fléches, qui s'approchoient du rivage. Cette vûë nous fit faire réflexion, que nous nous étions embarqués sans armes, & nous nous arrêtâmes quelque-tems sans oser avancer. Nous crûmes même, tout bien consideré, qu'il étoit contre la prudence d'aller plus loin. Les Sauvages s'aperçurent de notre embarras, & en comprirent aisément la cause. Ils s'approcherent, & nous crierent en Espagnols qu'ils étoient amis. Comme ils virent que cela ne nous rassûroit pas, ils quitterent leurs armes, & vinrent nous trouver ayant de l'eau jusqu'à la ceinture.

Sauvages sur les Isles des Martyrs.

Nous en fûmes bientôt environnés, & il est certain qu'embarrassés, comme nous étions de hardes dans une Chaloupe, où nous ne pouvions nous remuer, il leur étoit fort aisé de se défaire de nous. Ils nous demanderent d'abord si nous étions Anglois : nous leur répondîmes, que non, mais Alliés & bons Amis des Espagnols : ils en témoignerent beaucoup

Ce qui se passa entr'eux & nous.

1722.
Avril.

de joye, nous inviterent à débarquer dans leur Isle, & nous assûrerent que nous y ferions aussi sûrement que dans notre Bord. La défiance en certaines occasions ne sert qu'à marquer de la foiblesse, & fait naître des soupçons dangereux. Nous crûmes donc devoir nous rendre à l'invitation de ces Barbares, & nous les suivimes dans leur Isle, que nous reconnûmes être une *des Martyrs*.

Ce qu'il y eut de plaisant, est que ce qui acheva de nous déterminer à prendre ce parti, fut que la Pirogue, où il n'y avoit que quatre ou cinq Hommes, nous joignit, tandis que nous parlementions avec les Sauvages : nous risquions assûrément beaucoup à nous livrer sans armes entre les mains de ces Floridiens, & nous le reconnûmes bien dans la suite : quatre ou cinq Hommes de plus n'étoient pas capables de leur faire changer de sentiment, supposé que ces Barbares eussent eû de mauvais desseins contre nous ; & je ne pense point à la confiance, que nous inspira un renfort si léger, que je ne me représente ces Personnes, qui n'oseroient marcher seuls dans les ténèbres, & que la présence d'un Enfant rassûre d'abord, en occupant leur imagination, qui seule cause toute leur frayeur.

Les Passagers entrent en défiance de l'Equipage.

Cependant nous ne fûmes pas plutôt débarqués dans l'Isle, qu'assés peu rassûrés de la part des Sauvages, nous entrâmes encore en défiance contre nos Officiers. Le Capitaine de l'Adour nous avoit conduit jusques-là ; mais dès qu'il nous eut mis à terre, il prit congé de nous, disant qu'il étoit obligé de retourner à son Bord, où il avoit encore bien des arrangemens à prendre, & qu'il nous enverroit incessamment tout ce qui pouvoit nous manquer, sur tout des armes. Il n'y avoit rien en cela que de raisonnable, & nous concevions bien que sa présence étoit nécessaire sur son Navire : mais nous fîmes réflexion qu'il n'en avoit fait sortir que les Passagers, & que tout l'Equipage alloit être réuni à bord, dès que cet Officier y seroit retourné.

Cela nous fit soupçonner que le Batteau, dont on nous avoit parlé, n'étoit qu'un leurre pour nous amuser, & qu'on ne nous avoit conduit à terre, que comme des Personnes, dont on étoit embarrassé, afin de pouvoir profiter de la Chaloupe & du Canot pour passer à la Havane, ou à S. Augustin de la Floride. Ces soupçons se fortifierent dans chacun de nous, quand nous vîmes que nous avions tous eu la même pensée, ce concert nous fit juger qu'ils n'étoient point sans fondement : sur quoi il fut résolu entre nous que je retournerois au Navire avec le Capitaine, afin d'empêcher les résolutions violentes, si on étoit tenté d'en prendre quelqu'une.

1712.
Avril.

Je déclarai donc au Capitaine que, puisque son Aumônier vouloit demeurer dans l'Isle, il ne convenoit point que j'y demeurasse aussi : qu'il étoit plus à propos de nous partager, & que j'étois résolu de ne point découcher du Bord, tandis qu'il y resteroit quelqu'un. Il parut un peu surpris de mon discours, mais il ne fit aucune résistance, & nous partîmes. Je trouvai en arrivant au Vaisseau, qu'on avoit éventé les voiles, pour voir, disoit-on, s'il y avoit moyen de le dégager : mais il y avoit bien d'autres manœuvres à faire pour cela, & on ne jugea pas à propos de les employer.

Au bout d'une demie heure le vent se jetta à l'Est, & devint très-fort, ce qui obligea de serrer les voiles ; mais cet orage fut le salut de ceux, qui étoient sur le Radeau, & qui avoient été emportés bien loin à la dérive. Les lames les rechafferent vers nous, & dès que nous les apperçûmes, le Capitaine leur envoya sa Chaloupe, qui remorqua le Radeau, & nous les ramena. Ces Malheureux, qui pour la plûpart étoient de pauvres Passagers, n'attendoient plus que la mort, & de notre côté nous commencions à désesperer de les pouvoir sauver, lorsque la Providence excita cette petite tempête pour les garantir du naufrage.

Plusieurs Passagers sauvés par un coup de la Providence.

Au reste ma présence étoit plus nécessaire encore sur le Vaisseau, que je ne l'avois cru. Nos Matelots Bretons, pendant l'absence du Capitaine, avoient voulu noyer dans le vin leur chagrin & leurs inquiétudes : malgré le Lieutenant, qu'ils ne respectoient pas beaucoup, & que plusieurs n'aimoient point, ils avoient enfoncé la Cantine, & nous les trouvâmes presque tous yvres-morts. J'entrevis même dans l'Equipage quelques semences de division & de révolte, dont je crus qu'on devoit tout appréhender, si l'on n'y remédioit pas de bonne heure ; d'autant plus que le Capitaine, quoiqu'assez aimé des Matelots, ne sçavoit pas se faire obéir des Officiers-Mariniers, la plûpart fort portés à la mutinerie, & qui ne pouvoient souffrir son Lieutenant.

Désordre dans l'Equipage.

Pour surcroît d'embarras, une troupe de Sauvages nous

Embarras de

avoit suivis de près, & nous comprîmes que, si nous n'avions point à craindre de violence de leur part, il ne nous seroit pas facile de nous délivrer de leurs importunités, surtout qu'il faudroit bien garder ce que nous ne voulions pas perdre. Le plus apparent se faisoit nommer *Dom Antonio*, & parloit assez bien Castillan. Il avoit encore mieux pris la gravité & les manieres des Espagnols. Dès qu'il voyoit quelqu'un bien mis, il lui demandoit s'il étoit *Cavallero*, & il avoit commencé par nous dire qu'il l'étoit lui-même, & des plus distingués de sa Nation. Il n'avoit pourtant pas les inclinations fort nobles; tout ce qu'il voyoit, lui faisoit envie, & si on ne l'eût empêché, lui & sa troupe ne nous auroient rien laissé, que ce qu'ils n'auroient pu emporter. Il me demanda ma Ceinture; je lui dis que j'en avois besoin, il comprit qu'elle ne m'étoit nécessaire que pour ma Soutane, & il me la demanda avec de grandes instances.

Nous apprîmes de cet Homme que presque tous les Sauvages de sa Bourgade avoient été baptisés à la Havane, où ils faisoient tous les ans un voyage. Ils en sont éloignés de quarante-cinq lieuës, & ils font ce trajet dans de petites Pirogues fort plattes, sur lesquelles on n'oseroit assûrément se risquer pour passer la Seine à Paris. Dom Antonio nous ajoûta qu'ils avoient un Roi, qui se nommoit Dom Diego, & que nous verrions le lendemain. Il nous demanda ensuite quel parti nous voulions prendre, & s'offrit à nous conduire à Saint Augustin. Nous témoignâmes lui sçavoir gré de son offre, on le régala bien & tous ceux de sa suite, & ils s'en retournerent assez contens en apparence.

Ces Sauvages ont le corps plus rouge qu'aucun de ceux, que j'aye encore vûs: nous n'avons jamais pu sçavoir le nom de leur Nation: mais quoiqu'ils n'ayent pas trop bonne réputation, ils ne nous ont point paru assez méchans, pour être de ces *Calos*, ou *Carlos*, si décriés par leurs cruautés, & dont le Pays n'est pas loin des Martyrs. Je ne crois pas même ceux-ci Antropophages; mais peut-être ne nous parurent-ils si traitables, que parce que nous étions plus forts qu'eux. Je ne sçai ce qu'ils ont eu à démêler avec les Anglois, mais nous eûmes tout lieu de juger qu'ils ne les aimoient pas. La visite de Dom Antonio pouvoit bien n'avoir eu d'autre motif, que d'examiner si nous n'étions pas de cette Nation, ou s'ils ne risqueroient pas trop en nous attaquant.

Le

Le feiziéme je crus devoir aller raffûrer ceux, qui étoient reftés dans l'Ifle, & à qui on tint la parole, qu'on leur avoit donnée la veille : je paffai prefque tout le jour avec eux, & le foir à mon retour je trouvai tout le Navire en combuftion. Les Auteurs du défordre étoient des Officiers Mariniers, & tout ce qu'il y avoit de meilleurs Matelots s'étoient rangés de leur parti. Ils en vouloient au Lieutenant, qui jufques-là, difoient-ils, les avoient traités avec beaucoup de hauteur & de dureté. Le vin, qu'ils avoient à difcrétion, leur échauffoit de plus en plus la tête, & il n'étoit prefque plus poffible de leur faire entendre raifon.

1722. Avril.

Diffenfion dans l'Equipage.

Le Capitaine montra en cette rencontre une fageffe, une fermeté, & une modération, qu'on n'auroit pas dû attendre de fon âge, de fon peu d'expérience, & de fa conduite paffée : il fçut fe faire aimer & craindre de Gens, qui n'écoutoient prefque plus que leur fureur & leur caprice. Le Lieutenant de fon côté étonna les plus mutins par fon intrépidité, & ayant trouvé moyen de les féparer & de les occuper, il vint à bout de s'en faire obéir. On avoit enfin tiré du fond de Calle le Batteau tant promis, & on l'avoit porté dans l'Ifle ; il falloit le monter, fe loger en attendant qu'il fût prêt, tirer du Navire les provifions de bouche, & les munitions, fe fortifier contre les furprifes des Sauvages ; le Capitaine employa à ces travaux tous ceux, dont il étoit plus néceffaire de s'affûrer, & me pria de refter à bord, pour aider au Lieutenant à contenir les autres.

Fermeté des Officiers.

Le dix-feptiéme à la pointe du jour il parut une voile à deux bonnes lieuës de nous. Nous mîmes Pavillon en berne *(a)*, & quelque tems après nous remarquâmes qu'il avoit mis en panne pour nous attendre. Auffi-tôt le Lieutenant s'embarqua dans le Canot, & alla à bord demander au Capitaine s'il voudroit bien nous recevoir tous. Mais ce n'étoit qu'un Brigantin de cent tonneaux, qui avoit été pillé par les Forbans, & qui depuis trois jours faifoit bien des efforts pour fe tirer de cette Baye, où les Courans, difoit-il, plus forts cette année, qu'on ne les avoit jamais vûs, l'avoient entraîné malgré lui, & quoiqu'il eut fait l'Eft-Nord-Eft. Il eft vrai que nous n'avons fçu cela que par l'Officier, que quelques-uns foup-

Un Navire Anglois tâche en vain de fecourir l'Equipage.

(*a*) Mettre Pavillon en Berne, c'eft l'élever au haut de fon bâton, fans le déployer : cela fe fait pour demander du fecours.

çonnerent d'avoir imaginé ce récit, afin de pouvoir rejetter sur la force & l'irrégularité des Courans, le malheur; où son obstination nous avoit précipités.

Quoiqu'il en soit, le Patron Anglois consentit à embarquer vint Personnes, pourvû qu'on lui donnât des vivres & de l'eau, dont il avoit un extrême besoin. La condition fut acceptée, & le Patron s'approcha en effet à dessein de mouiller un ancre le plus près de nous, qu'il seroit possible : mais un gros vent du Sud s'étant levé tout-à-coup, il fut contraint de faire sa route, pour ne pas s'exposer à perir lui-même, en voulant nous secourir. Le dix-neuviéme on apperçut encore trois Bâtimens à la voile ; on alla leur faire les mêmes propositions, qu'au Premier, mais on n'en put rien obtenir. C'étoit encore des Anglois, qui se plaignoient d'avoir été pillés par les Forbans.

Ce même jour, comme il ne restoit plus rien sur l'Adour, que nous pussions emporter, nous lui dîmes le dernier adieu, avec d'autant plus de regret que depuis quatre jours, qu'il étoit échoué, il n'y étoit pas encore entré une goutte d'eau, & nous nous rendîmes tous à terre après le Soleil couché. Nous y trouvâmes des Tentes, qu'on y avoit dressées avec les Voiles du Navire, un Corps-de-Garde en bon état, où nuit & jour on faisoit exactement la sentinelle ; & des vivres, bien arrangés dans un Magasin, où l'on faisoit aussi la garde.

Description des Martyrs.

L'Isle, où nous étions, pouvoit avoir quatre lieuës de circuit. Il y en avoit à droite & à gauche de differentes grandeurs, & celle, où les Sauvages avoient leurs Cabannes, étoit la plus petite de toutes, & la plus proche de la nôtre. Ils y vivoient uniquement de pêche, & toute cette Côte est aussi abondante en Poisson, que la terre y est incapable de rien fournir pour la vie. Quant à leurs vêtemens, quelques feuilles d'Arbres, ou un morceau d'écorce leur suffisent ; ils n'ont de couvert, que ce que la pudeur enseigne à tous les Hommes de couvrir.

Le fond de toutes ces Isles est un sable très-fin, ou plutôt une espéce de chaulx calcinée, & toute semée d'un corail blanc, qui s'écrase sans peine. Aussi n'y voit-on que des brossailles, & quelques Arbrisseaux. Les bords de la Mer sont couverts d'assez beaux coquillages, & on y trouve quelques Eponges, qui paroissent y avoir été jettées par les vagues dans les gros tems. On prétend que ce qui y retient les Sauvages, ce sont les naufrages, qui arrivent assez fréquemment à l'entrée du Canal de Bahama, & dont ils profitent toujours. On ne voit pas même une seule Bête dans ces Isles, qui paroissent maudites de Dieu & des Hommes, & où il n'y auroit aucun Habitant, s'il ne se trouvoit pas des Hommes uniquement attentifs à tirer avantage du malheur des autres, & souvent à y mettre le comble.

1722.
Avril.

Le vintiéme Dom DIÉGO nous rendit visite. C'est un jeune Homme d'une taille au-dessous de la médiocre, & d'assez mauvaise mine. Il s'en falloit peu qu'il ne fût aussi nud que ses Sujets, & le peu qu'il avoit de hardes sur le corps, ne valoit pas la peine d'être ramassées. On lui voyoit autour de la tête une espéce de bandeau de je ne sçai quelle matiere, & que certains Voyageurs n'auroient pas manqué de prendre pour un diadême. Il n'avoit point de suite, nulle marque de dignité, rien en un mot, qui annonçât ce qu'il étoit. Une jeune Femme assez bien faite, & décemment vêtuë en Sauvagesse, l'accompagnoit, & on nous dit que c'étoit la Reyne son Epouse.

Visite du Cacique des Sauvages.

Nous reçûmes Leurs Majestés Floridiennes assez cavalierement : nous leur fîmes cependant amitié, & elles parurent assez contentes de nous ; mais nous ne reconnûmes point ces Caciques, dont l'Historien de la Floride nous vante si fort la puissance & les richesses. Nous dîmes deux mots à Dom Diegue de l'offre, que Dom Antonio nous avoit faite de nous conduire à Saint Augustin, & il nous donna lieu d'esperer qu'il nous rendroit tous les services, qui dépendroient de lui. Pour l'y engager davantage, je lui fis present d'une de mes Chemises, & il la reçut avec beaucoup de reconnoissance.

Il revint le lendemain ayant par-dessus ses haillons ma chemise, qui lui traînoit presqu'à terre ; & il nous fit entendre qu'il n'étoit pas proprement le Souverain de sa Nation, mais qu'il relevoit d'un autre Cacique plus éloigné. Il ne laisse pourtant pas d'être absolu dans son Village, & il venoit d'en donner une bonne preuve. Dom Antonio, qui paroissoit bien avoir deux fois son âge, & qui en auroit battu sans peine deux comme lui, nous vint voir peu de tems après, & nous dit que Dom Diégue l'avoit repassé de la bonne maniere, parce qu'il s'étoit enyvré sur l'Adour, où l'on avoit apparemment

Autorité de ce Cacique.

oublié quelques restes d'Eau-de-vie. La différence la plus sensible, qui se trouve entre les Sauvages du Canada & ceux de la Floride, est cette dépendance, où ceux-ci sont de leurs Chefs, & le respect, qu'ils leur portent. Aussi ne voit-on point en eux, comme dans les Premiers, ces sentimens élevés, & cette fierté, que produit l'indépendance, & à laquelle on supplée dans les Etats civilisés par les principes de religion & d'honneur, que donne l'éducation.

Dom Diégue s'excuse de nous donner des Guides pour Saint Augustin.

Le vint-deux Dom Diégue vint dîner avec nous sans façon, vétu comme la veille. Il sembloit prendre beaucoup de complaisance dans cette parure, qui lui donnoit pourtant un air fort ridicule, ce qui joint à sa mauvaise mine, le faisoit justement ressembler à un Homme, qui va faire amende honorable. Soit religion, soit répugnance, nous ne pûmes jamais l'engager à manger de la viande; nous avions encore un reste de Poisson, que lui-même nous avoit envoyé la veille : il en mangea, & but de l'eau.

Après le repas nous voulûmes parler d'affaires; mais il nous dit d'abord, qu'après avoir bien réfléchi à ce que nous lui avions proposé, il ne pouvoit nous donner, ni Dom Antonio, ni aucun de ses Gens pour nous conduire à S. Augustin, parce que sur la route, qu'il nous faudroit tenir, il y avoit de nombreuses Nations, avec lesquelles il étoit en guerre. Je ne sçai si alors on ne se repentit pas d'avoir abandonné si légerement l'Adour, car après que Dom Diégue nous eut quittés, on y envoya le Canot; mais ceux qui visiterent ce Bâtiment, nous dirent à leur retour que les Sauvages y avoient tout brisé, & qu'il s'emplissoit d'eau.

On délibere sur le parti, qu'on doit prendre.

Le vint-trois le Batteau se trouva achevé, & on songea tout-de-bon à prendre un parti. Il s'en présentoit deux, & il y eut deux sentimens, les uns étoient d'avis de hasarder le trajet à la Havane, les autres vouloient suivre la Côte jusqu'à Saint Augustin. Ce dernier avis paroissoit le plus sûr, le premier étoit le plus court; mais s'il avoit pu être pris sagement, il auroit fallu le prendre dès le lendemain de notre naufrage, ou plutôt faire partir la Chaloupe pour la Havane, afin d'avertir le Gouverneur de notre situation, & le prier de nous envoyer un Brigantin. Les seuls agrès de l'Adour auroient été plus que suffisans pour le dédommager de ses frais.

On se divise. Quoiqu'il en soit, la plus grande partie de l'Equipage étoit

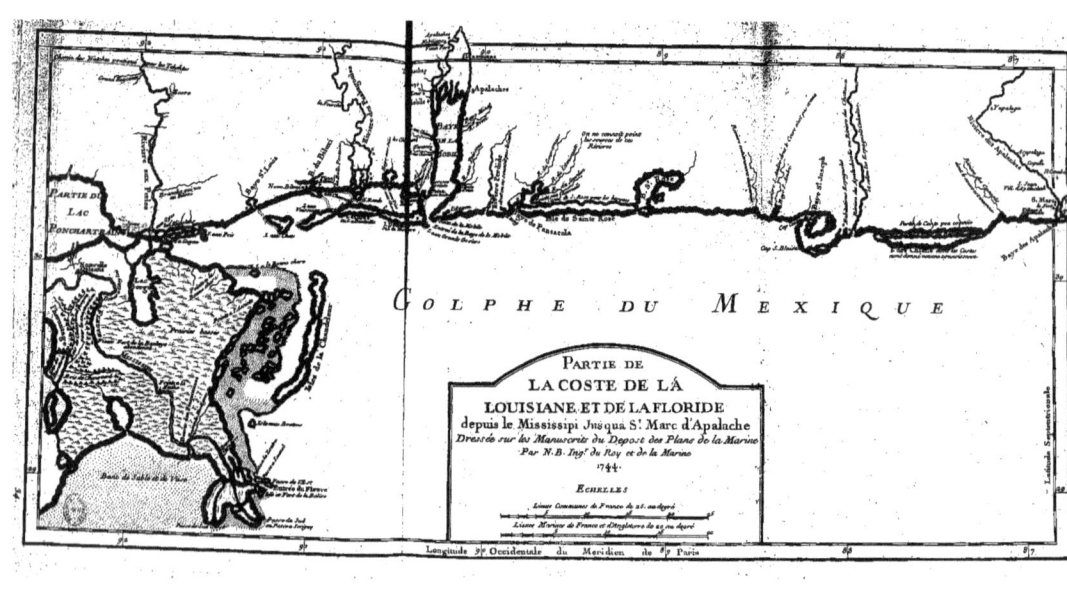

de ce dernier avis, il ne fut pas possible de leur en faire prendre un autre. Ils étoient quarante, ils demanderent la Chaloupe & le Canot, & il fallut les satisfaire, l'Aumônier de l'Adour étoit de ce nombre : sans cela je me serois cru obligé de les accompagner ; mais il falloit partager les secours spirituels, comme on fit les vivres, & les autres provisions. Le lendemain matin, après la Messe, l'Aumônier, qui étoit un Pere Dominiquain, voulut que je bénisse les trois Bâtimens ; j'obéis & je baptisai le Batteau, auquel je donnai le nom de *Saint Sauveur*. Le soir après la priere je fis un dernier effort, pour ramener tout le Monde à l'unité : j'obtins sans peine que le jour suivant on partiroit tous ensemble, qu'on iroit camper dans l'Isle la plus avancée au large, & que là on se détermineroit selon le vent.

 Nous partîmes en effet le vint-cinq sur le midi, & nous voguâmes de concert pendant plusieurs lieuës, mais vers le coucher du Soleil, nous vîmes la Chaloupe enfiler le Canal, qu'il falloit traverser pour gagner la Havane, sans se mettre en peine du Canot, dont elle portoit les vivres, & qui ne pouvant la suivre, fut contraint de se joindre à nous. Nous le reçûmes avec bonté, quoique parmi ceux, qui y étoient, il y en eût, dont on n'avoit pas sujet d'être content. Nous débarquâmes dans l'Isle, où nous avions compté de nous réunir, & où une bande de Sauvages s'étoit déja renduë, je ne sçai à quel dessein. Nous fûmes sur nos gardes toute la nuit, & nous partîmes de grand matin.

 Le tems étoit charmant, la Mer belle, & notre Equipage commença à envier le sort de la Chaloupe. Il en vint même bientôt aux murmures, & nos Chefs crurent qu'il falloit au moins faire semblant de les contenter. On prit donc la route du Canal. Au bout de deux heures le vent devint plus fort, & on s'imagina voir les apparences d'un orage. Il n'y eut alors personne, qui ne convînt qu'il y auroit de la témérité à s'engager dans une si longue traverse avec des Bâtimens tels que les nôtres : car rien n'étoit plus foible que notre Batteau, & l'eau y entroit déja de toutes parts : mais comme pour aller à Saint Augustin, il auroit fallu refaire tout le chemin, que nous avions fait jusques-là, on prit assez unanimement la résolution de tourner du côté du Biloxi.

 Nous fîmes donc l'Ouest, mais nous n'avançâmes pas beau-

1722.
Avril.

Le Batteau prend la route du Biloxi.

coup ce jour-là, & il nous fallut paſſer la nuit dans le Batteau, où il s'en falloit bien que chacun eût aſſez de place pour s'étendre. Le vint-ſept nous campâmes dans une Iſle, où nous trouvâmes des Cabannes abandonnées, des chemins frayés, & des veſtiges de ſouliers Eſpagnols. Cette Iſle eſt le commencement *des Tortuës*. C'eſt le même terrein qu'aux Martyrs : je ne comprends pas ce que des Hommes viennent faire dans un ſi mauvais Pays, & ſi écarté de toute Habitation humaine. Nous faiſions toujours l'Oueſt, & nous voguions avec une rapidité, qui ne pouvoit venir que des Courans.

Nous fîmes encore bien du chemin le vint-huit juſqu'à midi : quoique nous euſſions très-peu de vent, il ſembloit que les Iſles couroient la poſte à côté de nous. A midi nous prîmes hauteur, & nous trouvâmes vint-quatre dégrez, quinze minutes. Si nos Cartes Marines étoient exactes, nous étions à l'extrêmité occidentale des Tortuës : c'étoit beaucoup nous engager en pleine Mer, & il n'avoit pas tenu à moi que nous n'euſſions laiſſé toutes ces Iſles à gauche ; mais nos Officiers craignoient de ne pas trouver de paſſage entr'elle & le Continent. Ils eurent tout lieu de s'en repentir, car nous fûmes enſuite deux jours ſans voir de terre, quoique nous fiſſions toujours le Nord ou le Nord-Eſt.

Alors le déſeſpoir ſaiſit notre Equipage, & il ne falloit en effet qu'un coup de vent, tel que nous en avions déja eſſuyé plus d'un, pour nous faire perir. Le calme même avoit ſes inconvéniens, il falloit ramer tout le jour, & la chaleur étoit exceſſive. Les Matelots n'avoient pas tort d'être mécontens, l'obſtination de deux ou trois Perſonnes nous avoit expoſés au danger, où nous nous trouvions ; mais le mal étoit fait, & demandoit un autre remede, que des murmures. Depuis notre départ de la Louyſiane je n'avois pu gagner ſur la plupart qu'ils approchaſſent des Sacremens, très-peu même avoient ſatisfait au devoir Paſchal. Je profitai de l'occaſion, pour engager tout le monde à promettre de ſe confeſſer & de communier, ſi-tôt que nous aurions retrouvé la terre ; à peine la promeſſe étoit faite, que la terre parut devant nous.

Nous courûmes deſſus, & nous y arrivâmes avant midi. Le quatriéme à midi nous étions par les vint-ſix dégrez, cinquante-ſix minutes. Nous avions toujours la grande terre en perſpective, ſans pouvoir en approcher, parce qu'elle eſt bordée d'Isles & de presqu'Isles, la plûpart très-basses, stériles, entre lesquelles à peine y a-t'il passage pour des Canots d'écorce. Ce qui nous faisoit le plus souffrir, est que nous n'y trouvions point d'eau. Les jours suivans nous fûmes souvent arrêtés par les vents contraires, mais nous trouvions par-tout des abris, & quelquefois un peu de chasse & de pêche. L'eau seule nous manquoit ; je profitai de ce retardement pour faire tenir à tout notre monde la promesse, qu'ils avoient faite de s'approcher des Sacremens.

1722.
May.

Il paroît qu'il y a peu de Sauvages dans tout ce Pays. Nous en vîmes seulement un jour quatre, qui venoient à nous dans une Pirogue : nous les attendîmes ; mais quand ils nous eurent reconnus, ils n'osèrent approcher, & regagnerent au plus vîte le Rivage. Le dixiéme on fut obligé de retrancher la ration d'eau-de-vie, qu'on avoit jusques-là donnée tous les jours à l'Equipage, n'y en ayant plus que très-peu, qu'on jugea à propos de réserver pour les plus pressans besoins. On commença aussi à ménager beaucoup les vivres, surtout le biscuit, dont une partie avoit été gâtée : de sorte que nous fûmes réduits au pur nécessaire ; n'ayant souvent à chaque repas qu'une poignée de ris, qu'il falloit faire cuire dans de l'eau saumâtre.

Les Vivres manquent.

Mais cette Côte est le Royaume des Huitres, comme le grand Banc de Terre-neuve, le Golphe & le Fleuve Saint Laurent sont celui des Moruës. Toutes ces terres basses, que nous rangions le plus près, qu'il étoit possible, sont bordées de Mangliers, ausquels s'attachent une prodigieuse quantité de petites Huitres, d'un goût exquis : D'autres, beaucoup plus grandes & moins délicates, sont dans la Mer même en si grand nombre, qu'elles y forment des Ecueils, qu'on prend d'abord pour des Rochers à fleur d'eau. Comme nous n'osions nous éloigner de la terre, nous entrions souvent dans des Anses assez profondes, dont il falloit faire le tour, ce qui prolongeoit beaucoup notre chemin ; mais dès que les terres disparoissoient, nos Gens se croyoient perdus.

Deux sortes d'Huytres.

Le quinziéme au matin, nous rencontrâmes une Chaloupe Espagnole, où il y avoit environ quinze Personnes : c'étoit une partie de l'Equipage d'un Navire, qui avoit fait naufrage vers la Riviere de Saint Martin. Il y avoit vint-cinq jours que ce malheur étoit arrivé, & pour quarante-deux Personnes

Rencontre d'Espagnols, qui avoient fait Naufrage.

1722.
May.

ils n'avoient qu'une assez petite Chaloupe, dont ils se servoient les uns après les autres, ce qui les obligeoit à faire de très-petites journées. Cette rencontre fut pour nous un coup du Ciel, car sans les instructions, que nous donna le Capitaine Espagnol, nous n'eussions jamais trouvé la route, qu'il nous falloit tenir, & l'incertitude de ce que nous pouvions devenir auroit peut-être porté nos Mutins à quelque violence, ou à quelque coup de désespoir.

Danger d'être dégradés sans ressource.

La nuit suivante nous courûmes un grand danger. Nous étions tous couchés dans une petite Isle, à la réserve de trois ou quatre Personnes, qui gardoient le Batteau. Un d'eux après avoir allumé sa pipe, mit imprudemment sa méche sur le bord du Batteau, précisément à l'endroit, où les armes, la poudre, & les vivres étoient renfermées dans un Cofre couvert d'une toile godronnée. Il s'endormit ensuite, & tandis qu'il dormoit, le feu prit à la toile. La flamme le réveilla, aussi-bien que ses Camarades, mais un moment plus tard, le Batteau sautoit, ou s'entrouvroit, & je vous laisse à penser ce qu'il seroit arrivé de nous, n'ayant plus qu'un Canot, qui ne pouvoit pas contenir la sixiéme partie de ce que nous étions, sans vivres, sans munitions, sans armes, & dans une Isle de sable, où il ne croissoit que quelques herbes sauvages.

Le lendemain seiziéme le Canot nous quitta pour aller joindre les Espagnols. Nous avions le vent contraire, & nous ne pouvions aller que la Sonde à la main, parce que la Côte étoit si platte, & tellement pavée de cailloux pointus, qu'à six lieuës au large notre Bâtiment, qui ne tiroit que deux pieds d'eau, étoit à chaque instant en danger de toucher, & de se crever. Nous fûmes encore dans le même embarras les deux jours suivans, & le vintiéme nous campâmes dans une Isle, qui fait la pointe orientale de la *Baye des Apalaches*. Toute la nuit, nous apperçûmes des feux dans la grande terre, dont nous étions fort proches, & il y avoit quelques jours, que nous observions la même chose.

Arrivée à Saint Marc d'Apalache.

Le vint-uniéme nous partimes avec un brouillard fort épais, lequel s'étant bientôt dissipé, nous apperçûmes des Balises, que les Espagnols nous avoient avertis de suivre. Nous les suivîmes en faisant le Nord, & nous reconnûmes que sans ce secours il auroit été impossible d'éviter des bancs de sable, dont toute cette Côte est semée, & qui pour la plûpart sont

couverts

couverts d'Huitres. Sur les dix heures nous apperçûmes un petit fort de pierre, quarré & baſtionné aſſez régulierement, nous arborâmes auſſi-tôt le Pavillon blanc, & un moment après on nous cria en François de ne pas avancer davantage.

1722.
May.

Nous nous arrêtâmes, & dans le moment nous vîmes venir à nous une Pirogue, où il y avoit trois Hommes: un des trois étoit Baſque; il avoit été Canonnier à la Louyſiane, & il avoit le même Emploi à Saint Marc. Après les demandes ordinaires, le Baſque fut d'avis que le Capitaine de l'Adour & moi allaſſions ſeuls parler au Commandant: nous y allâmes, & nous fûmes bien reçûs. Ce Commandant étoit un ſimple Lieutenant, Homme d'eſprit; il ne fit aucune difficulté de faire avancer notre Batteau vis-à-vis du Fort, & il invita nos Officiers & les principaux Paſſagers à dîner: mais ce ne fut qu'après avoir fait viſiter le Batteau, & en avoir fait tranſporter dans ſon Magaſin les armes & les munitions, avec parole de nous les rendre, quand nous voudrions partir.

Ce Poſte, que M. Delille a marqué dans ſa Carte ſous le nom de *Sainte Marie d'Apalache*, n'a jamais porté que celui de Saint Marc. Les Eſpagnols y ont eu autrefois un Etabliſſement conſidérable, mais qui étoit déja réduit à peu de choſes, lorſqu'en 1704 il fut entierement détruit par les Anglois de la Caroline, accompagnés d'un grand nombre de Sauvages *Alibamons*. La Garniſon Eſpagnole, qui étoit de trentedeux Hommes, fut faite Priſonniere de guerre; mais les Sauvages en brûlerent dix-ſept, parmi leſquels il y avoit trois Religieux de Saint François; & de ſept mille Apalaches, qui étoient dans ce Canton, & qui avoient preſque tous embraſſé le Chriſtianiſme, il n'en reſta à S. Marc que quatre cent, qui ſe retirerent du côté de la Maubile, où ils ſont encore pour la plûpart.

Deſcription du Pays.

Les Forêts & les Prairies voiſines du Fort ſont remplies de Bœufs & de Chevaux, que les Eſpagnols y avoient laiſſés courir, & à meſure qu'on en a beſoin, on envoye des Sauvages, qui les prennent avec des lacets. Ces Sauvages ſont encore des Apalaches, qui s'étoient apparemment éloignés dans le tems de l'irruption des Anglois, & qui revinrent après que ceux-ci ſe furent retirés. Au reſte cette Baye eſt préciſément ce que Garcilaſſo de la Véga appelle dans ſon Hiſtoire de la Floride le Port d'*Auté*. Le Fort eſt bâti ſur une petite

Tome III.   O oo

éminence environnée de Marécages, & un peu au-deſſous du Confluent de deux Rivieres, dont l'un vient du Nord-Eſt, & l'autre du Nord-Oueſt. Elles ſont peu larges, & remplies de Caïmans, & néanmoins aſſez poiſſonneuſes.

Des Apalaches.

Deux lieuës plus haut il y a ſur la Riviere du Nord-Oueſt un Village d'Apalaches, & dans les terres à l'Oueſt, à une lieuë & demie du Fort, il y en a un ſecond. Cette Nation, autrefois très-nombreuſe, & qui, partagée en pluſieurs Cantons, occupoit un très-grand Pays, eſt aujourd'hui réduite à très-peu de choſes. Elle a embraſſé le Chriſtianiſme, il y a lontems : toutefois les Eſpagnols ne s'y ficnt pas, & font très-bien : car outre que ces Chrétiens, deſtitués de tous ſecours ſpirituels depuis un très-grand nombre d'années, ne le ſont plus guéres que de nom, leurs Vainqueurs les ont traités d'abord avec tant de dureté, qu'ils doivent toujours les regarder comme des Ennemis mal réconciliés. Il eſt difficile qu'on faſſe de bons Chrétiens de Gens, à qui l'on a commencé par rendre le Chriſtianiſme odieux.

On nous a dit à Saint Marc que la réſolution étoit priſe de rétablir ce Poſte dans ſon premier état, & qu'on y attendoit cinq mille Familles : c'eſt beaucoup plus que les Eſpagnols de la Floride n'en peuvent fournir. Le Pays eſt beau, bien boiſé, bien arroſé, & on prétend que plus on avance dans la profondeur des terres, plus on les trouve fertiles. On nous confirma dans ce Fort, ce que les Eſpagnols, que nous avions rencontrès, nous avoient déja dit, que les Sauvages des Martyrs & leur Roi Dom Diégue ne valoient rien, & que ſi nous n'euſſions été bien ſur nos gardes, ils nous auroient fait un mauvais parti. On nous ajoûta qu'un Brigantin Eſpagnol s'étant briſé depuis peu vers l'endroit, où nous avions trouvé quatre Sauvages dans une Pirogue, tout l'Equipage avoit été empalé & mangé par ces Barbares.

Saint Marc dépend de Saint Auguſtin pour le Militaire & pour le Civil, & de la Havane pour le Spirituel : cependant c'eſt le Couvent des Cordeliers de Saint Auguſtin, qui eſt chargé d'y envoyer un Aumônier ; j'y en rencontrai un, qui étoit un très-aimable Homme, & qui nous rendit un grand ſervice : il nous avertit que le Commandant de Saint Marc vouloit nous retenir, juſqu'à ce qu'il eût donné avis de notre arrivée au Gouverneur de Saint Auguſtin, & reçu ſes ordres.

Je le priai de demander à cet Officier s'il étoit en état de nous nourrir tout le tems, que nous ferions chez lui, puisque ce qui nous restoit de vivres, suffisoit à peine pour nous conduire à la Louysiane.

1722. May.

Il s'acquitta fort bien de sa commission, & son discours, accompagné de quelques présens, qu'on nous insinua qu'il falloit offrir au Commandant, eut tout l'effet, que nous en avions esperé. Cet Officier nous accorda même de bonne grace des Guides, que nous lui demandâmes pour saint Joseph, qui est à trente lieuës de Saint Marc, & dont on nous avertit que le chemin n'étoit pas facile à trouver. Cela nous obligea de séjourner le lendemain, & je n'en fus point fâché, parce qu'outre que j'étois assez bien logé dans le Fort avec le Pere Cordelier, (distinction, qui ne fut faite qu'à moi, & dont je fus redevable à mon habit,) j'étois bien aise de parcourir un peu les environs du Fort. On va par terre de Saint Marc à Saint Augustin, le voyage est de quatre-vint lieuës, & le chemin fort mauvais.

Nous partîmes le vint-trois au matin, & le vint-cinq vers les dix heures nos Guides nous firent entreprendre une traverse de trois lieuës, pour entrer dans une espéce de Canal formé d'un côté par le Continent, & de l'autre par une suite d'Isles de differentes grandeurs. Sans eux nous n'aurions jamais osé nous y engager, & nous aurions manqué la Baye de Saint Joseph. Cependant nous étions au bout de nos vivres, & la difficulté de trouver de l'eau croissoit tous les jours. Un soir que l'on avoit creusé à dix pas de la Mer sur un terrein assez élevé, nous ne tirâmes que de l'eau saumâtre, dont il étoit impossible de boire. Je m'avisai de faire un trou assez peu profond sur le bord même de la Mer & dans le sable; il se remplit d'abord d'une eau aussi douce & aussi claire, que si on l'eût puisée dans la plus belle Fontaine; mais après que j'en eus rempli un Pot, la Source en tarit entiérement, ce qui me fit juger que c'étoit de l'eau de Pluye, qui s'étoit amassée en cet endroit, ayant rencontré un fond dur, & je conçois que cela doit arriver souvent.

Départ de Saint Marc.

Dès que nous eûmes gagné la tête des Isles, nous allâmes à la voile jusqu'à dix heures du soir. Alors le vent tomba, mais la Marée, qui commençoit à descendre, y suppléa, & nous marchâmes toute la nuit. C'est la premiere fois que j'ai vû des

Marées du côté de Pensacole.

Marées réglées dans le Golphe Mexique, & nos deux Espagnols nous dirent que depuis cet endroit jufqu'à Penfacole, le flux eft de douze heures, & le reflux d'autant. Le lendemain vint-fix, le vent contraire nous retint jufqu'au foir dans une Ifle affez bien boifée, qui a dix ou douze lieuës de long, & où nous tuâmes tant que nous voulûmes d'Allouettes & de Becaffes. Nous y vîmes auffi quantité de Serpens à Sonnettes. Nos Guides la nommoient l'*Ifle des Chiens*, & de fon commencement ils comptoient dix lieuës à S. Marc, & quinze à S. Jofeph; mais à coup fûr ils fe trompoient pour ce dernier article, car il y en a au moins vint, & bien longues.

Le vint-fept, à onze heures de nuit, nous échouâmes fur un Banc d'Huitres larges comme la forme de mon Chapeau, & nous fûmes plus d'une heure à nous en tirer. Nous allâmes de-là paffer le refte de la nuit dans une Maifon de campagne appartenante à un Capitaine de la Garnifon de S. Jofeph, nommé *Dioniz*, où à notre arrivée on nous débita les plus étranges nouvelles.

Fauffes alarmes. On nous affûra que toute la Louyfiane étoit évacuée par les François; qu'un grand Navire de France avoit paru à l'Ifle aux Vaiffeaux, & y avoit embarqué le Commandant, les Directeurs & tous les Officiers; qu'après leur départ les Sauvages avoient fait main-baffe fur tout ce qui étoit refté d'Habitans & de Soldats, à la réferve d'un petit nombre, qui s'étoient fauvés fur deux Traverfiers; que manquant de vivres, ils étoient allés à la Baye S. Jofeph; que les premiers venus y avoient été bien reçus, mais qu'on n'avoit pas voulu permettre aux autres de débarquer, dans la crainte que tant de François fe trouvant réunis, ils ne fuffent tentés de fe rendre maîtres de ce Pofte, que nous avons autrefois occupé.

Tout ce narré avoit fi peu de vrai-femblance, qu'il ne me fut pas poffible d'y ajoûter foi, mais il étoit fi bien circonftancié, & fait par des Gens, qui avoient fi peu d'intérêt à nous en impofer, & qui n'étant qu'à fept lieuës de S. Jofeph, pouvoient en avoir tous les jours des nouvelles, qu'il paroiffoit difficile qu'il n'eût quelque fondement. La plûpart des Nôtres en furent confternés; j'éprouvai même que ces confternations générales fe communiquent au cœur malgré toutes les lumieres de l'efprit, & qu'il eft auffi impoffible de ne pas ressentir quelque frayeur au milieu des Gens, qui en sont saisis, que de ne pas s'affliger avec ceux, qui pleurent. Je ne croyois nullement ce qu'on venoit de nous dire, malgré cela je n'étois pas trop rassûré.

1722.
May.

Cependant notre Equipage, malgré son désespoir, trouvant des vivres en quantité, & les Domestiques du sieur Dioniz très-gracieux, fit bonne chere pendant tout le reste de la nuit : le matin nos Guides prirent congé de nous, suivant l'ordre, qu'ils en avoient. Nous n'avions plus besoin d'eux, car outre qu'il n'y avoit plus à s'égarer pour gagner S. Joseph, nous avions rencontré chez M. Dioniz un François, Soldat dans sa Compagnie, & ancien déserteur de la Maubile, qui s'ennuyoit fort du Service des Espagnols, parmi lesquels il mouroit souvent de faim, disoit-il, quoiqu'il fût bien payé : ainsi nous n'eûmes point de peine à l'engager de nous suivre à S. Joseph, & de-là à la Louysiane, supposé qu'il pût avoir son congé.

Nous arrivâmes sur les cinq heures du soir à S. Joseph, où nous fûmes parfaitement bien reçûs du Gouverneur. Nous y trouvâmes deux grandes Chaloupes du Biloxi, avec quatre Officiers François, qui étoient venus reclamer des Déserteurs, mais ils ne les y avoient point trouvés. Nous les avions apperçus le vint-quatre, jour de la Pentecôte, dans une Barque, qui alloit à la voile, & qui passa assez près de nous. Il y a bien de l'apparence qu'ils avoient touché à S. Joseph, & que pour colorer leur désertion ils y avoient débité ce qui nous avoit causé la veille une si grande allarme. Deux Peres Cordeliers, qui desservoient la Chapelle du Fort, ayant appris mon arrivée, vinrent m'offrir un lit dans leur Maison, & je l'acceptai avec reconnoissance.

Arrivée à S. Joseph.

Au reste, je ne crois pas qu'il y ait au monde un lieu, où l'on dût moins s'attendre de rencontrer des Hommes, & surtout des Européens, qu'à S. Joseph. La situation de cette Baye, ses Rivages, son Terroir, tout ce qui l'environne, rien ne peut faire comprendre les raisons d'un tel choix. Une Côte platte & en plein vent, un Sable stérile, un Pays perdu, & qui ne peut avoir aucune sorte de Commerce, ni même servir d'Entrepôt, voilà où la jalousie que les Espagnols ont euë jusqu'ici de notre Etablissement à la Louysiane, les a conduits. Nous en avions fait la folie avant eux, mais

Description de S. Joseph.

elle a été courte. Il y a lieu de croire qu'ils se corrigeront aussi bientôt, & que quand on leur aura restitué Pensacole, ils y transporteront tout ce qu'ils ont à S. Joseph.

Ce n'est pas dans la Baye même, qu'est situé le Fort, mais dans le retour d'une Pointe recourbée, & qui renferme une Isle. Ce Fort n'est que de terre, mais bien revêtu de Palissades, & défendu d'une bonne Artillerie. Il a une assez nombreuse Garnison, un Etat Major complet, & presque tous les Officiers ont leurs Familles avec eux. Leurs Maisons sont propres & commodes, pas trop mal meublées, mais dans les ruës on enfonce par tout dans le sable jusqu'à la cheville du pied. Les Dames ne sortent que pour aller à l'Eglise, & c'est toujours avec un appareil, & une gravité, qu'on ne voit que parmi les Espagnols.

Le lendemain de notre arrivée, qui étoit le vint-neuf, il y eut un grand Dîner chez le Sergent Major. On avoit vû cet Officier à la Loüysiane, & on lui avoit fait grande chere, il fut ravi de trouver cette occasion, de nous rendre la pareille.

Politesses du Gouverneur.

Il avoit surtout lié amitié dans son Voyage de la Loüysiane avec M. HUBERT, qui y étoit alors Commissaire-Ordonnateur, & que nous avions avec nous : il sçut qu'une Fille de son Ami, âgée de trois ans, & que son Pere ramenoit en France, n'étoit qu'ondoyée, il souhaitta qu'on lui suppléât à S. Joseph les cérémonies du Baptême, & voulut être son Parrein. Cela fut fait avec grand appareil & au bruit du Canon ; la Maraine fut une Niéce du Gouverneur, lequel donna le soir un Souper magnifique, & par un excès de politesse, assez rare chez les Espagnols, voulut que les Dames en fussent. Il mit le comble à tant de bonnes manieres, en nous fournissant abondamment des vivres pour continuer notre route, quoiqu'il n'eût pas encore reçu le Convoy, qui devoit lui apporter des provisions de la Havane, & que par cette raison il en eût refusé aux Officiers du Biloxi : mais notre situation l'avoit extrêmement touché.

Départ de S. Joseph.

Nous partîmes le trente avec les deux Chaloupes, & le Fort nous salua de cinq coups de Canon. Nous fîmes sept lieuës ce jour-là, & nous moüillâmes à l'entrée d'une Riviere, qui sort d'une Baye ouverte au Sud-Est. A onze heures de nuit, le vent étant devenu bon, nous en profitâmes, & nous fîmes l'Ouest-

Nord-Ouest ; toute la Côte court fur le même air de vent pendant vint lieuës, jufqu'à *l'Ifle de Sainte Rofe*, & l'on n'y trouve pas un feul endroit, où l'on puiffe fe mettre à l'abri d'un coup de vent, qui viendroit du large. Le trente-uniéme, à quatre heures du foir, nous avions fait les vint lieuës, & nous moüillâmes derriere une Ifle, qui ferme la grande Baye de Sainte Rofe, dont l'entrée eft dangereufe, quand la Mer eft groffe. Un moment plus tard nous aurions été fort embarraffés, car le vent tourna tout-à-coup du Nord-Eft au Sud-Oueft, & les lames devinrent fi groffes dans le même inftant, qu'il nous eût été impoffible de paffer.

1722.
May.

Le premier de Juin, vers les deux ou trois heures du matin, la Marée commençant à monter, nous nous rembarquâmes, & après avoir fait une petite lieuë, nous entrâmes dans le Canal de Sainte Rofe, qui en a quatorze de long. Il eft formé par l'Ifle de Sainte Rofe, qui a toute cette longueur, mais qui eft fort étroite, qui paroît toute couverte de fable, & qui néanmoins n'eft pas mal boifée : le Continent eft fort élevé, & porte des Arbres de toutes les efpéces ; le Terrein y eft prefque auffi fablonneux qu'à S. Marc, mais pour peu qu'on y creufe, on rencontre l'eau, auffi le bois y eft fort dur, & fe pourrit aifément. Toute cette Côte fourmille de Gibier, & la Mer de Poiffons. Ce Canal eft étroit à fon entrée, il s'élargit enfuite, & conferve jufqu'à la Baye de Penfacole une largeur de demie lieuë ; le courant y eft fort, & nous étoit favorable.

1722.
Juin.

Canal & Ifle de Ste Rofe.

Vers les onze heures nous doublâmes *la Pointe aux Chevreuils*, au détour de laquelle commence la Baye. On y tourne au Nord, puis au Nord-Eft. Le Fort eft une petite lieuë plus loin, & on l'apperçoit de la Pointe aux Chevreuils. Nous y arrivâmes à midi, & nous fûmes étonnés de le voir en fi mauvais état : il paroît bien qu'on ne s'attend point à le garder. Le fieur Carpeau de Montigni, qui y commande, étoit allé au Biloxi, & nous n'y rencontrâmes que quelques Soldats. Le Fort des Efpagnols, qui fut pris, il y a deux ans, par le Comte de Champmêlin, étoit derriere, & il n'en refte qu'une fort belle Cîterne, laquelle a, dit-on, coûté quatorze mille Piaftres à bâtir. L'un & l'autre ont été conftruits dans une Ifle, qui tient prefque à la Terre-Ferme, qui n'a pas quinze toifes de long, & dont le Terroir ne paroît pas des meilleurs.

Arrivée à Penfacole. En quel état étoit ce Pofte.

1722.
Juin.

Defcription de la Baye.

La Baye de Penfacole feroit un affez bon Port, fi les Vers n'y perçoient pas les Navires, & fi fon entrée avoit un peu plus d'eau; mais l'*Hercules*, que montoit M. de Champmêlin, y toucha. Cette entrée eft directement entre l'extrêmité occidentale de l'Ifle de Sainte Rofe, où les Efpagnols avoient encore bâti un petit Fort, & un Récif. Elle eft fi étroite, qu'il n'y peut paffer qu'un Navire à la fois: fon ouverture eft Nord & Sud. De l'autre côté du Récif il y a une autre paffe, où il n'y a de l'eau, que pour des Barques, & qui eft ouverte au Sud-Oueft. Elle eft auffi fort étroite. Le moüillage des Navires dans la Baye de Penfacole eft le long de l'Ifle de Sainte Rofe, où l'ancrage eft fûr.

Arrivée au Biloxi.

Nous partîmes de Penfacole à minuit, & fur les quatre heures du matin, nous laiffâmes à droite *Rio de los Perdidos*: cette Riviere fut nommée ainfi, parce qu'un Bâtiment Efpagnol y fit naufrage, & que tout l'Equipage y périt. L'Ifle Dauphine eft cinq lieuës plus loin, fur la main gauche, & elle a cinq lieuës de long, mais peu de largeur. Il y a au moins une moitié de cette Ifle, où on ne voit pas un Arbre, & l'autre ne vaut guère mieux. Le Fort & la feule Habitation, qui y reftent, font dans la partie Occidentale. Entre cette Ifle & l'Ifle à Corne, qui en eft éloignée d'une lieuë, il y a peu d'eau. Au bout de celle-ci, il y en a une autre fort petite, qu'on appelle l'*Ifle Ronde*, à caufe de fa figure: nous y paffâmes la nuit.

Vis-à-vis eft *la Baye des Pafcagoulas*, où Madame de CHAUMONT a une Conceffion, qui n'eft pas prête de la dédommager de fes avances. Une Riviere du même nom, & qui vient du Nord, fe décharge dans cette Baye. Le lendemain vers les dix heures, il nous mourut un Matelot d'une efquinancie. C'eft le feul Homme, que nous avons perdu dans notre pénible & périlleufe Campagne. Une heure après nous moüillâmes au Biloxi, où l'on fut étrangement furpris de nous voir. J'allai fur le champ célébrer la fainte Meffe, pour remercier Dieu de nous avoir foûtenus au milieu de tant de fatigues, & délivrés de tant de dangers.

Je fuis, &c.

TRENTE-

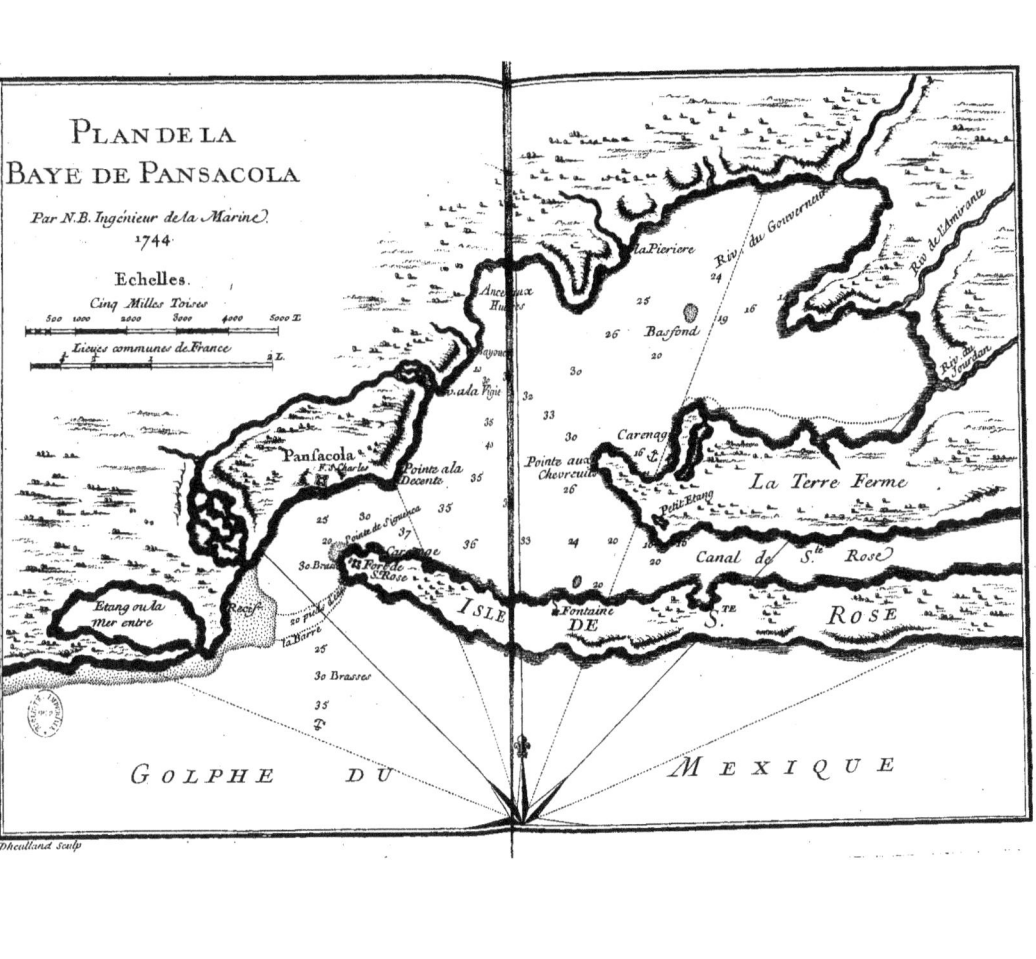

TRENTE-CINQUIÉME LETTRE.

Voyage du Biloxi au Cap François de S. Domingue.

Au Cap François, ce sixiéme de Septembre 1722.

MADAME,

Je n'avois pas osé vous annoncer dans ma derniere, comme je l'avois fait dans la précedente, que je ne vous écrirois plus que du Cap François, de peur d'être encore obligé de me dédire, & peu s'en est fallu que ma crainte n'ait été justifiée par l'événement. M'y voici enfin, dans ce Port si lontems desiré, après soixante-quatre jours de navigation, & nous y sommes entrés dans le tems, que nous avions presque perdu toute espérance d'y parvenir. Mais avant que d'entamer le récit des aventures de ce Voyage, il faut reprendre la suite de mon Journal.

La premiere nouvelle, que nous apprîmes en arrivant au Biloxi, fut celle de la Paix concluë avec l'Espagne, & de la double Alliance entre ces deux Couronnes. Un des Articles de la Paix étoit la restitution de Pensacole, & cet Article avoit été apporté à la Louysiane par D. Alexandre WALCOP, Irlandois, & Capitaine de Vaisseaux dans la Nouvelle Espagne. Il s'étoit embarqué à la Vera-Cruz, sur un Brigantin de cent cinquante Hommes d'Equipage, monté de quatorze piéces de Canon, & commandé par D. Augustin SPINOLA. On prétend que le dessein des Espagnols est de faire un grand Etablissement à Pensacole, & d'y transporter la Garnison, & tous les Habitans de S. Joseph. On ajoûte que D. Alexandre Walcop en est désigné Gouverneur: c'est un Homme de très-bonne mine, extrêmement sage, & plein de religion.

D. Augustin Spinola est un jeune Homme plein de feu, d'un caractere très-aimable, dont les sentimens annoncent sa haute Naissance, & sont dignes du nom qu'il porte. Il est Lieutenant de Vaisseau, & s'est engagé à servir trois ans dans

1722. Juin.

Pensacole rendu aux Espagnols.

Interlope Anglois au Biloxi.

1722.
Juin.

le Mexique, après quoi il compte de retourner en Espagne, & d'y faire son chemin. Il fut bien mortifié d'apprendre qu'un Interlope Anglois, nommé *Marshal*, ne s'étoit retiré de la Rade du Biloxi, où il avoit fait un Commerce considérable avec les François, que quand il y étoit entré lui-même. Cet Armateur ne vouloit pas même s'éloigner, disant qu'il ne craignoit point les Espagnols, mais M. de Bienville l'y obligea, ne voulant pas être spectateur d'un Combat, dont nos Officiers prétendoient que le succès n'auroit pas été favorable aux Aggresseurs, quoique superieurs en forces. Nous verrons bientôt qu'ils se trompoient dans l'idée avantageuse, qu'ils avoient de Marshal.

Désertions fréquentes dans la Louysiane.

Cependant, quoique depuis le départ de l'Adour, quelques Navires de la Compagnie eussent un peu ravitaillé la Louysiane, la misere ne laissoit pas d'y être encore bien grande, & le mécontentement y croissoit tous les jours : malgré les soins, que se donnoit M. de Bienville pour y soulager les Habitans, on n'entendoit parler que de complots pour déserter. Outre le Batteau, que nous avions rencontré sur la route de S. Marc à S. Joseph ; tous les Suisses, qui étoient au Biloxi, le Capitaine & les Officiers à la tête, ayant eu ordre de passer à la Nouvelle Orleans sur un Traversier, armé exprès pour eux, & qu'ils avoient eu soin de bien fournir de vivres, au lieu de prendre la route du Micissipi, avoient tourné, Enseignes déployés, à l'Est, & on ne doutoit point qu'ils n'eussent pris la route de la Caroline, parce qu'étant Protestans, il n'y avoit nulle apparence qu'ils se fussent arrêtés chez les Espagnols (*a*).

Conspiration découverte.

Enfin, je découvris le huitiéme de Juin une conspiration formée pour enlever le Brigantin Espagnol. Il étoit sept heures du soir, lorsqu'on m'en donna secretement avis, & l'on m'assûra qu'avant neuf heures le projet seroit executé, le Commandant du Brigantin n'ayant pas accoûtumé de se retirer à son Bord avant cette heure-là. Les Conjurés étoient au nombre de cent cinquante, & leur projet étoit, s'ils réussissoient dans leur entreprise, de se faire Forbans. J'envoyai sur le champ avertir M. de Bienville, qui étoit à table avec D. Augustin Spinola, lequel se leva aussi-tôt, & se rendit à son Bord, & le Major du Biloxi eut ordre de commencer incessamment sa ronde.

(*a*) On a sçû depuis qu'ils étoient allés à la Caroline.

Ces mouvemens firent comprendre aux Conjurés que leur dessein étoit éventé, & le Major n'apperçut que quatre ou cinq Hommes attroupés, qui disparurent, dès qu'ils le virent, & dont il ne put joindre aucun ; de sorte qu'on crut que j'avois donné une fausse allarme : mais outre que les jours suivans on n'entendit parler que d'Habitans & de Soldats, qui avoient disparu, quelques-uns de ces Déserteurs, ayant été repris, déclarerent le complot, dont j'avois donné avis.

1722.
Juin.

Le douziéme, un Chef des Tchactas vint dire à M. de Bienville, que les Anglois leur faisoient de grandes promesses, pour se les attacher, & pour les engager à ne plus avoir de commerce avec les François : le Commandant donna en cette occasion une grande preuve du talent, qu'il a de manier à son gré les esprits des Sauvages. Il sçut si bien cajoler ce Chef, qu'avec quelques présens de peu de conséquence il le renvoya très-disposé à demeurer ferme dans notre alliance. Cette Nation nous causeroit de grands embarras, si elle se déclaroit contre nous ; les Chicachas, les Natchez & les Yasous lui donneroient bien-tôt la main, & il n'y auroit plus de sûreté à naviger sur le Micissipi, quand bien même ces quatre Nations n'entraîneroient pas toutes les autres, ce qui, selon toutes les apparences, ne manqueroit pas d'arriver.

Les Anglois tâchent d'attirer à eux nos Alliés.

Sur la fin du mois un Habitant des Illinois, qui étoit allé en traite dans le Missouri, arriva au Biloxi, & rapporta, que lui & un ou deux autres François ayant pénétré jusqu'aux Octotatas, qui en 1719. défirent les Espagnols, dont je vous ai parlé, ils en avoient été bien reçus, & que des Marchandises, qu'ils leur avoient portées, ils en avoient tiré pour sept ou huit cent francs d'argent, partie ouvragé, & partie en lingots ; que quelques-uns de ces Sauvages les avoient accompagnés jusqu'aux Illinois, & avoient assûré à M. de Boisbrillant que les Espagnols, à qui ils avoient enlevé cet argent, le tiroient d'une Mine peu éloignée du lieu, où il les avoient rencontrés, & qu'ils lui avoient offert d'y mener des François, ce que ce Commandant avoit accepté. Le tems nous apprendra, si ces Sauvages ont parlé plus sincerement que tant d'autres, qui depuis lontems ne cherchent qu'à attirer les François chez eux par l'appas des Mines, dont aucune ne s'est encore trouvée réelle (*a*).

(*a*) On n'a plus entendu parler de cette Mine depuis ce tems-là.

1722.
Juillet.
Départ du Biloxi.

Le vint-deux je m'embarquai sur la Bellone, qui mit à la voile le trente. Le second de Juillet nous nous estimions Nord & Sud de Pensacole, d'où nous voulions assûrer notre point de longitude, parce que celle de l'embouchure du Micissipi n'est pas encore bien fixée. Depuis ce tems-là jusqu'au vintiéme, il ne se passa rien de particulier. Nous avions alors le Soleil directement sur notre tête, & dans notre voyage des Martyrs au Biloxi, nous avions essuyé les plus grandes chaleurs du Solstice, sans pouvoir nous en garantir en aucune maniere, non plus que des rosées, qui tomboient en abondance pendant les nuits. Croiriez-vous bien cependant, Madame, que nous souffrîmes beaucoup moins du chaud dans cette Saison, que nous n'en avions souffert au mois d'Avril avant notre naufrage ?

Observation sur le chaud.

Rien n'est pourtant plus vrai, & je me souvins alors, que j'avois été plus d'une fois fort surpris de voir des personnes nées sous la Zone se plaindre beaucoup des grandes chaleurs de France. Nous étions dans le même cas au mois d'Avril, nous avions les mêmes chaleurs qu'on ressent en France, & même en Italie au mois de Juillet; dans le mois de Juillet, pendant la Canicule, nous étions sous la Zone, & la chaleur étoit assûrement plus grande, mais elle étoit plus supportable. Cette différence ne venoit pas des vents; nous eumes les mêmes, & nous en eûmes toujours dans les deux Saisons. Ce n'étoit pas non plus seulement que nous y fussions plus accoutumés, car nous n'étions pas sujets à ces sueurs continuelles, qui nous avoient si fort incommodés au mois d'Avril.

Il en faut donc chercher une autre raison, & voici celle, qui se présente à mon esprit. Dans le Printems l'air est encore rempli de vapeurs, que l'Hyver y assemble. Ces vapeurs, quand le Soleil se rapproche, en sont d'abord embrasées, & voilà ce qui causoit ces chaleurs pesantes, & ces abondantes sueurs, dont nous étions accablés au mois d'Avril; nous étions presque toujours au Bain Marie. Au mois de Juillet ces vapeurs étoient dissipées, & quoique le Soleil fut beaucoup plus près de nous, le moindre vent suffisoit pour nous rafraîchir, en émoussant la vivacité de ses rayons presque perpendiculaires sur notre tête. Or en France le Soleil ne dissipe jamais bien les vapeurs, comme il fait entre les Tropiques, du moins elles sont ici beaucoup moins grossieres, &

c'est ce qui produit, non la différence du chaud, mais celle de la sensation de la chaleur.

1722.
Juillet.
Et sur les hauteurs.

Le vintiéme nous découvrîmes la Terre de Cuba, ce que nous avions fait en sept jours, trois mois auparavant. Deux choses causerent ce retardement. La premiere est qu'on ne sçauroit compter sur les hauteurs, quand le Soleil est si proche, parce que ses rayons ne forment point d'angle sensible. Cela fait que, dès qu'on a le moindre soupçon de la proximité des terres, on n'ose porter beaucoup de voiles pendant la nuit. La seconde est que le Capitaine de la Bellone vouloit aller à la Havane, & dans la persuasion, où il étoit, que les courants portoient à l'Est, il fit l'Ouest autant qu'il le jugea nécessaire, pour ne pas manquer son but.

Il s'en fallut pourtant bien peu qu'il ne passât devant la Havane sans le sçavoir. On vint me dire de grand matin qu'on voyoit la terre ; je demandai comment elle paroissoit, & sur la réponse, qu'on me fit, j'assûrai que c'étoit le Cap de Sed. On se mocqua de moi, & les deux Officiers de l'Adour, qui étoient avec nous, furent les premiers à soûtenir, que je me trompois. Je montai sur le Pont, & je persistai dans mon sentiment contre celui de tout le Navire ; nos Pilotes assûrant que nous étions soixante lieuës plus à l'Ouest. Au coucher du Soleil je reconnus la Table à Marianne, mais je fus encore seul de mon avis : cependant nous avions le vent contraire, & toute la nuit nous ne fîmes que courir des bordées au large & à terre.

Le lendemain à midi nous étions encore à la vûë des deux terres, qui faisoient le sujet de notre contestation, lorsque nous étant un peu plus approchés de terre, nous apperçûmes la Havane devant nous, ce qui fit grand plaisir au Capitaine, lequel avoit une bonne Pacotille, sur laquelle il esperoit de faire un grand profit avec les Espagnols. Son interêt me touchoit peu, mais si nous eussions été plus au large, & que le vent ne nous eût pas contrariés pendant la nuit, l'erreur & l'entêtement de nos Pilotes & de nos Officiers nous auroient coûté bien cher. Le vent étoit bon pour entrer dans la Havane, & à cinq heures du soir nous n'en étions qu'à une lieuë ; nous tirâmes alors deux coups de Canon, l'un pour assûrer notre Pavillon, l'autre, après qu'on eut mis le Pavillon en berne, pour demander un Pilote du Port.

1722.
Juillet.

Rien ne parut, & il fut réfolu d'envoyer le Canot pour demander la permiſſion d'y entrer : mais comme il étoit déja tard, la partie fut remiſe au lendemain, & toute la nuit nous nous foûtînmes en courant des bordées. Le vint-trois un Officier de la Bellone s'embarqua pour aller prier le Gouverneur de vouloir bien confentir que nous fiſſions de l'eau dans ſon Port, & que nous y achetaſſions des vivres, parce que l'on n'avoit pû nous en donner ſuffifamment au Biloxi. Ce n'étoit qu'un prétexte, mais je ne le ſçavois pas, & le Capitaine m'ayant prié d'accompagner ſon Officier, je ne crus pas devoir le refuſer.

Deſcription du Port de la Havane.

L'entrée du Port de la Havane regarde le Nord-Oueſt-Quart-d'Oueſt : ſur la gauche, en y entrant, on trouve un Fort bâti ſur un Rocher, au pied duquel il faut paſſer : on l'appelle *le Fort du More*. Il eſt ſolidement conſtruit, & a trois bonnes batteries de Canons de Fonte l'une ſur l'autre. A la droite il y a une ſuite de Baſtions, qui me parurent nouvellement achevés, ou réparés depuis peu. L'entrée n'a en cet endroit que cinq ou ſix cent pas de largeur, & on la ferme par une chaîne de fer, qui peut arrêter un Navire aſſez lontems, pour qu'il ſoit criblé de coups de Canons, avant qu'il ſoit venu à bout de la couper.

La paſſe s'élargit enfuite un peu juſqu'à la Ville, c'eſt-à-dire, pendant trois ou quatre cent pas. Le Canal tourne de-là à gauche beaucoup au-delà de la Ville, qui eſt ſur la droite. C'eſt tout ce que j'en puis dire, n'ayant pas été plus loin. Je ſçai ſeulement que la Ville occupe la tête d'une preſqu'Iſle, & que le côté de la terre, qui eſt toute ſa longueur, eſt fermé d'une bonne muraille baſtionnée. L'aſpect en eſt fort agréable, & bien développé, dès qu'on a paſſé le Fort du More. Les Ruës y ſont bien percées, le Quay large & bien entretenu, les Maiſons bien bâties pour la plûpart : des Egliſes en aſſez grand nombre, & qui paroiſſent aſſez belles. Mais je ne ſuis entré dans aucune. En un mot une Ville de vint mille Ames n'a point plus d'apparence ; mais la Havane, m'a-t-on dit, n'en a pas tant à beaucoup près.

Sort de l'Interlope Marshal.

Je rencontrai en débarquant pluſieurs des Matelots de l'Adour, tant de la Chaloupe, que du Canot. Les Premiers me dirent que de l'endroit, où nous avions fait naufrage, ils avoient été cinq jours à ſe rendre dans ce Port, & preſque toujours à deux doits de la mort. Je n'eus pas le tems de m'informer par quelle aventure les Seconds étoient venus là. Mais le Sergent, qui étoit entré dans notre Canot au pied du Fort du More, pour nous conduire, eut grand soin de nous montrer le Brigantin de l'Interlope Marshal, dont je vous ai parlé au commencement de cette Lettre. Il étoit mouillé auprès d'un Batteau si petit, qu'à peine pouvoit-il contenir quinze ou vint Hommes, qui cependant avoient enlevé ce Brigantin à l'abordage. Il faut avouer que les Armateurs de Cuba & des Isles voisines sont braves : nos Flibutiers les ont aguerris ; mais vû la disproportion des forces, la valeur & le Canon des Anglois, il falloit que ceux-ci eussent été surpris.

1722.
Juillet.

Le Gouverneur de la Havane nous reçut froidement, & après nous avoir entendus, il nous dit qu'il auroit été charmé de pouvoir nous accorder ce que nous lui demandions, mais que le Roi son Maître lui avoit lié sur cela les mains, & qu'il avoit surtout des défenses expresses de recevoir dans son Port aucun Bâtiment venant de la Louysiane. Il ajoûta qu'il y avoit sur la même Côte plusieurs endroits, où nous pourrions nous arrêter sans aucun risque, & où l'on nous fourniroit tous les rafraîchissemens, dont nous avions besoin. Il fallut nous contenter de cette réponse, & après avoir été saluer le Recteur du Collége, que nous avons dans cette Ville, je me rembarquai.

Le Gouverneur de la Havane refuse la permission d'entrer dans son Port.

Le lendemain vint-quatre à six heures du matin nous étions Nord & Sud du Pain de Matance, & à onze heures & demie, par le travers de *Rio dé Ciroca*, où il y a une Habitation Espagnole. Mais comme le Capitaine vouloit voir s'il réussiroit mieux à Matance, qu'il n'avoit fait à la Havane, & que nous avions encore sept lieuës à faire pour y arriver, il prit le parti de louvoyer toute la nuit, & le vint-cinq au point du jour nous nous trouvâmes à l'entrée de la Baye, qui a deux lieuës d'ouverture.

Pour y entrer il faut d'abord doubler une Pointe, qui n'avance pas beaucoup dans la Mer, puis faire l'Ouest pendant une lieuë : on apperçoit ensuite sur la même main droite une autre Pointe, derriere laquelle est le Fort ; & un grand quart de lieuë plus loin le Bourg de Matance entre deux Rivieres, qui baignent ses murs des deux côtés. Vers les dix heures du matin on y envoya le Canot avec un Officier, qui ne trouva

Description de la Baye de Matance.

point le Commandant du Fort dans sa Place. Il exposa au Lieutenant le prétendu besoin, où nous étions ; mais cet Officier lui dit qu'il n'osoit prendre sur soi de lui accorder la permission, qu'il demandoit ; que tout ce qu'il pouvoit faire pour son service, étoit d'envoyer un Courrier à la Havane, pour sçavoir les intentions du Gouverneur de cette Ville, qui étoit son Général, & que, si ce parti nous convenoit, nous pouvions en attendant mouiller de l'autre côté de la Pointe, où nous serions plus en sûreté.

Cette réponse & la déclaration, que nos Pilotes s'aviserent alors de faire, qu'ils ne se chargeroient pas d'entrer le Navire dans la Baye de Matance, par la raison qu'ils ne la connoissoient pas assez, déterminerent enfin le Capitaine à continuer sa route avec toute sa Pacotille, pour laquelle il nous avoit fait perdre au moins quinze jours d'un tems précieux. Le lendemain à six heures du matin nous avions encore derriere nous à la vûë le Pain de Matance, dont nous nous estimions éloignés de douze à quinze lieuës, & le vint-sept à cinq heures du matin on découvrit du haut des Mâts la terre de la Floride.

Débouquement du Canal de Bahama.

A cette vûë on mit le Cap au Nord-Nord-Est : deux heures après on revira de bord, pour prendre un peu plus de l'Est ; à neuf heures on se remit en route, & nous nous trouvâmes dans le vrai Courant, qui va au Canal de Bahama, car nous passions comme un trait. Nous vîmes en ce moment l'*Adour*, qui montroit encore un bout du Mât, mais dont la carcasse étoit presque toute couverte d'eau, & nous reconnûmes qu'il s'en falloit bien qu'elle eût échoué vis-à-vis de la plus septentrionnale des Martyrs, comme quelques-uns l'avoient cru ; car nous l'avions par notre travers à dix heures & demie, & à une heure & demie la derniere de ces Isles nous restoit au Nord.

Vers les trois heures on apperçut de la Hune un brisant, que nous allions ranger de bien près, & plus loin une batture, qui avançoit beaucoup au large. Cette batture étoit apparemment la fin des Martyrs, & pour la parer nous reprîmes le reste du jour du Sud & de l'Est, le courant nous portant toujours au Nord, & sur le soir nous fîmes le Nord-Est. Le vint-huit à midi, le Pilote s'estimoit à l'entrée du Canal, par les vint-cinq degrez trente minutes, à sept heures & demie du soir il craignit d'être trop près de terre, & mit le Cap
au

au Sud-Sud-Est jusqu'à minuit, avec un très-bon vent. A minuit il reprit sa route, & le vint-neuf nous ne vîmes plus de terres. Le soir on se crut hors du Canal, mais pour plus grande sûreté on continua jusqu'à dix heures du soir à faire le Nord-Nord-Est.

1722.
Août.

Dans tout le reste de notre navigation, jusqu'au Cap François, nous eûmes presque toujours des vents foibles, & souvent des calmes. De tems en tems il s'élevoit des orages, le Ciel & la Mer étoient en feu, & le Navire, panché d'un côté, alloit comme le vent, mais cela ne duroit pas, & une pluye d'un quart-d'heure déchargeoit le Ciel, & abaissoit les vagues de la Mer, laquelle ressembloit à ces personnes d'un caractere doux & tranquille, qui ont quelquefois des accès de colere assez vifs, mais qui s'apaisent d'abord. Je crois que ce qui contribuë à calmer la Mer si promptement, après ces agitations si violentes, ce sont les courants. Ils sont en effet très-sensibles dans ces parages, d'ailleurs ils varient sans cesse, ce qui déconcerte toute l'habileté des Pilotes.

Route, qu'il faut prendre pour aller du Canal de Bahama à S. Domingue.

Quand on est sorti du Canal de Bahama, la droite route pour gagner l'Isle de S. Domingue, seroit le Sud-Est. Mais les vents, qui soufent presque toujours de la partie de l'Est, ne permettent pas de la prendre, & il faut par une ligne parabolique s'élever jusqu'à la hauteur de la *Vermude*, qu'il seroit même à propos de reconnoître, s'il étoit possible, afin d'assûrer son point de longitude. Faute de cette connoissance on est quelquefois obligé d'aller jusqu'au grand Banc de Terre-Neuve, avant que de pouvoir s'assûrer d'être assez à l'Est de tous les écueils, qui sont au Nord & à l'Orient de l'Isle de S. Domingue.

On n'a pourtant pas toujours pris ce grand détour pour aller du Golphe Mexique à cette Isle. Dans les premiers tems de la découverte du nouveau Monde, après avoir suivi la Côte Septentrionale de l'Isle de Cuba, jusqu'à la *Pointe d'Itaque*, qui en est l'extrêmité Orientale, à quatorze lieuës de Matance, on tournoit à droite, & on laissoit à gauche toutes les Isles *Lucayes*, dont celle de Bahama est du nombre. C'est ce qu'on appelle *le vieux Canal de Bahama*. Il y a de l'eau pour les plus grands Navires, mais on y rencontre tant d'écueils, qu'aujourd'hui il n'y a plus que des Barques, qui osent s'y engager.

Vieux Canal de Bahama.

Tome III.   Q q q

1722.
Août.

Erreur des Pilotes dans leur eſtime.

Après nous être élevés juſqu'aux trente degrez & demi, nos Pilotes ſe jugerent ſuffiſamment à l'Eſt, pour n'avoir plus à craindre en faiſant le Sud, de donner ſur aucun des écueils, dont j'ai parlé. On porta donc avec confiance au Sud, & en peu de jours nous fîmes beaucoup de chemin, voguant ſur une Mer toujours belle, & conduits par les vents Aliſés. Le vint-ſept d'Août, à huit heures du matin, le Matelot, qui étoit en vigie ſur la Hune, cria *Terre*, ce qui cauſa une grande joye, mais elle fut courte, car ce Matelot étant deſcendu, on lui demanda ſi cette terre étoit haute, & il répondit, qu'elle étoit fort baſſe, par conſéquent ce ne pouvoit être qu'une des *Caïques*, ou des *Iſles Turques*.

Nous étions encore bien heureux de les avoir vûës de jour, car le naufrage étoit inévitable, ſi nous euſſions donné deſſus pendant la nuit, & perſonne n'en ſeroit échapé, par la raiſon que toutes ces Iſles ſont ſans rivages, que la plûpart ſont bordées de récifs, qui avancent beaucoup au large, & qu'elles ſont entrecoupées de petits canaux, où il n'y a pas aſſez d'eau pour des Chaloupes. D'ailleurs, elles ſont fort baſſes, & on ne les apperçoit de nuit, que quand on eſt deſſus.

Embarras, où l'on ſe trouve en découvrant la Terre.

Mais pour avoir reconnu le danger, nous n'étions pas ſauvés; la Terre, que nous avions devant nous, paroiſſoit une Iſle aſſez grande, & aſſez bien boiſée en quelques endroits; cela nous fit juger, que c'étoit la grande Caïque, par conſéquent, que nous étions quarante ou cinquante lieuës trop à l'Oueſt. Pour nous remettre en longitude, il auroit fallu peut-être remonter au Nord plus de deux ou trois cent lieuës, & compter ſur cinq ou ſix ſemaines de navigation. Mais nous avions à peine de l'eau & des vivres pour quinze jours, en économiſant beaucoup. Le Capitaine étoit fort embarraſſé ; il voyoit ſes Pilotes en défaut, & il avoit à ſe reprocher de s'être trop repoſé ſur eux, de n'avoir pas pris hauteur lui-même plus de deux ou trois fois, & d'avoir toujours préféré l'eſtime du ſecond Pilote, jeune Homme fort étourdi, & fort préſomptueux, à celle du premier, qui étoit plus habile & plus experimenté, & qui n'avoit jamais approuvé la manœuvre, qu'on faiſoit.

Quel parti on prend.

Cependant il falloit prendre ſon parti ſur le champ: un coup du vent du Nord, qui nous auroit accueilli, & nous

auroit jetté sur ces terres basses, nous auroit immanquablement
fait périr. Mais comme on ne pouvoit prendre de résolution,
qui n'eût ses inconvéniens ; le Capitaine voulut avoir l'avis
de tout le monde. Quelqu'un proposa d'aller au plus sûr, &
de faire vent arriere pour gagner la Caroline, où l'on pouvoit
arriver en dix ou douze jours, & y acheter des provisions.
Cet avis fut rejetté, & on en suivit un autre, où il y avoit
tout à risquer, & qu'il me parut que le seul désespoir pouvoit
inspirer, ce fut de ranger la grande Caïque de fort près jusqu'au débouquement, c'est-à-dire, jusqu'à la séparation de
tous ces écueils, & d'avec les Lucayes.

1722.
Août.

C'est par-là, que passent tous les Vaisseaux, qui sortent de
S. Domingue pour retourner en France, & alors il n'y a rien
à craindre, parce qu'on peut prendre son tems pour débouquer, & que ce passage étant ouvert au Nord-Ouest, on est presque assûré d'avoir le tems favorable pour en sortir. Mais pour
y entrer du côté, où nous étions, il faut compter sur le Nord-Est, & c'est un grand hazard, que de trouver ce vent à point
nommé. Aussi personne, que l'on sçache, n'a encore tenté ce
passage. Enfin on voulut bien s'exposer à tous les hazards, &
on s'approcha de la grande Caïque.

A deux heures après midi nous n'en étions plus qu'à une bonne
portée de Canon, & nous sommes peut-être les premiers, qui,
sans une nécessité indispensable, ayions osé la visiter de si près
sur un Vaisseau. La Côte en est pourtant fort saine, élevée, à ce
qu'il m'a paru, de sept ou huit pieds, quelquefois d'un peu plus,
mais elle est à pic, & sans aucun rivage. Son terroir n'a point
du tout l'apparence d'être sterile. Les Géographes la placent
directement sous le Tropique, & c'est ce que nous ne pûmes
pas verifier, parce que le tems étoit couvert ; mais je la crois
un peu plus au Sud, car il n'y a certainement pas trois degrez
de différence entre cette Isle & le Cap François.

Description de la grande Caïque.

Nous cotoyâmes la grande Caïque jusqu'à quatre heures du
soir, ayant pour nous le vent & les courants. Alors on fit
monter un Matelot au haut du Mât, pour observer ce que
nous avions devant nous, & il revint bientôt nous dire qu'il
avoit vû l'extrêmité de l'Isle, mais qu'au de-là on ne découvroit que des terres encore plus basses, entrecoupées de Canaux, où les eaux paroissoient toutes blanches. Sur ce récit,
on jugea à propos de revirer de bord, & on mit le Cap au

Succès inespéré du parti qu'on avoit pris.

Qq ij

1722.
Août.

Nord-Nord-Eft. A minuit on fit le Sud-Sud-Eft, & il fembloit que le vent tournât à notre gré ; mais il étoit bien foible, & les courants nous entraînoient avec tant de violence à l'Oueft, qu'au point du jour les terres baffes & les hauts fonds, que nous avions la veille fi loin devant nous, étoient prefque auffi loin derriere, & que le paffage, que nous cherchions commençoit à s'ouvrir.

Nous touchions au moment décifif de notre fort, & ce qui nous faifoit bien efperer, c'eft que le vent fe rangeoit peu à peu au Nord-Eft. A onze heures nous faifions le Sud-Eft, quart de Sud ; peu après nous eûmes le Cap au Sud-Eft, mais les courants nous faifoient tellement dériver, qu'à peine la route nous valoit le Sud. A midi nous ne pûmes prendre hauteur, & la Pointe Occidentale de la Caïque nous reftoit au Nord, quart de Nord-Eft. Enfin à une heure nous étions parés, & je ne puis mieux vous exprimer ce qui paroiffoit fur tous les vifages, à mefure que nous avancions dans le débouquement, que par la comparaifon de ce qui arrive à ces Animaux, qu'on a mis dans le récipient de la machine pneumatique, qui y paroiffent morts, quand on en a pompé prefque tout l'air, & à qui on rend la vie peu à peu, en le faifant rentrer lentement.

Nous n'ofions néanmoins nous flatter encore de pouvoir gagner le Cap François, qui nous reftoit au vent, mais nous avions le *Port de Paix*, ou du moins *Léogane*, que nous ne pouvions pas manquer, & après le péril extrême, que nous venions de courir, tout nous étoit bon, pourvû que nous trouvaffions un Port. A minuit nous effuyâmes un grain de vent du Sud affez violent, mais de peu de durée, & le lendemain, fur les neuf heures au matin, nous apperçûmes la Terre de S. Domingue, mais fans y pouvoir rien diftinguer de tout le jour, parce qu'elle étoit fort embrumée. Un Navire, qu'on jugea à fa manœuvre pouvoir être un Corfaire, nous occupa une bonne partie de l'après-dîner : nous nous préparâmes férieufement à le combattre, ou plutôt à nous défendre, s'il lui prenoit envie de nous attaquer, car nous n'aurions pas changé une voile pour l'aller chercher.

Arrivée au Cap François.

A la fin nous reconnûmes que ce n'étoit qu'un petit Bâtiment de cent cinquante Tonneaux au plus, & il avoit eu apparemment plus de peur que nous. Nous jugeâmes à fa manœuvre qu'il fortoit du Cap François, & il paroiffoit bien chargé. Toute la nuit nous courûmes des bordées au Nord-Eft, en variant un peu, ce qui nous éleva, & dès qu'il fut jour, nous reconnûmes avec bien de la joye, que nous étions au vent du Cap François. Nous le voyions à plein, nous y touchions prefque, mais nous avions fi peu de vent, que nous ne pûmes y entrer que le premier de Septembre, à quatre heures du foir. Depuis ce tems-là je n'ai pas encore eu un moment à moi pour vous entretenir de ce Pays, & on me demande ma Lettre pour la porter à un Vaiffeau, qui appareille pour Nantes. Je compte de partir moi-même dans quinze jours pour le Havre de Grace, d'où j'aurai l'honneur de vous écrire encore une fois.

Je fuis, &c.

TRENTE-SIXIÉME LETTRE.

Defcription du Cap François de Saint Domingue. Retour en France, relâche en Angleterre.

A Roüen, ce cinquiéme Janvier 1723.

MADAME,

Je n'ai été qu'un jour au Havre, parce que je ne voulois pas manquer le Caroffe de Roüen, & je fuis venu ici me délaffer à mon aife du plus long & du plus rude Voyage, que j'euffe encore fait fur Mer. Enfin il n'y paroît plus, & je vais profiter d'un peu de loifir, qui me refte en attendant le Coche de Paris, pour achever de vous inftruire de toutes mes aventures, depuis deux ans & demi, que je cours le Monde.

Le Cap François de S. Domingue, d'où ma derniere Lettre étoit dattée, eft un des Ports de toute l'Amérique, où les François faffent un plus grand Commerce. Ce n'eft à proprement parler qu'une Baye, qui n'a pas tout-à-fait une lieuë de profondeur, & dont l'ouverture eft fort large : mais cette

Defcription du Cap François.

1722.
Septembre.

ouverture est semée de récifs, entre lesquels on ne sçauroit naviger avec trop de précaution. Pour y entrer il faut prendre à droite le long d'une Pointe, où il y a une Redoute & du Canon; mais l'usage est qu'avant que de s'engager dans ces Passes étroites, où deux Navires ne sçauroient aller de front, on appelle un Pilote du Port; & pour empêcher que l'envie d'épargner une pistole, qu'il lui faut donner, ne fasse risquer le salut d'un Equipage, il a été sagement ordonné que, quand bien même on seroit entré sans son secours, on ne laissera pas de le payer.

La Ville est dans le fond de la Baye, sur la droite. Elle n'est pas considérable, parce que presque tout ce qui n'est pas Artisan, Marchand en détail, Soldat, ou Cabaretier, demeure dans la Plaine, autant que le Service le permet aux Officiers, la Justice aux Magistrats, & les affaires du Commerce à ceux, qui y sont interessés, c'est-à-dire, à presque tout ce qu'il y a ici d'honnêtes Gens : de sorte que, pour voir le beau Monde, il faut aller à la Campagne. Aussi rien n'est plus charmant que la Plaine, & les Vallées, qui sont entre les Montagnes, dont elle est bordée. Les Maisons n'y sont pas magnifiques, mais elles sont propres & commodes, les Chemins tirés au cordeau, d'une belle largeur, bordés de hayes de Citronniers, quelquefois plantés de grands Arbres, & d'espace en espace coupés de ruisseaux d'une eau claire, fraîche & fort saine. Toutes les Habitations paroissent bien cultivées, & ce sont réellement de très-belles Maisons de plaisance: par tout on voit un air d'aisance, qui fait plaisir.

De la Plaine du Cap.

Cette Plaine est l'extrêmité du Nord-Ouest de cette fameuse *Vega-Real*, dont il est tant parlé dans les Histoires Castillanes de S. Domingue, qu'on assure avoir quatre-vint lieües de long, & que le célébre Evêque de Chiappa, Barthelemy de las Casas, prétend être arrosée de vint-cinq mille Rivieres. Les grands noms ne coûtent rien aux Espagnols; ces prétenduës Rivieres ne sont pour la plûpart que de petits Ruisseaux, dont le nombre est effectivement incroyable, & qui feroient de cette Plaine royale quelque chose de plus charmant & de plus délicieux, que la Vallée de Tempé, si vantée par les Grecs, si elle n'étoit pas sous la Zone Torride. Il y a même des Cantons, où l'air est très-sain, & la chaleur supportable, tel que celui, où a été bâtie la Ville de *Sant-Yago de los*

D'UN VOYAGE DE L'AMER. Let. XXXVI. 495

Cavalleros; & on peut dire la même chose des Vallées, qui sont entre les Montagnes, dont la Plaine du Cap est bornée au Midi. Elles commencent à se peupler, & elles le seront bien-tôt plus que la Plaine même, par la raison qu'on y voit peu de Malades, & que ceux, qui y viennent d'ailleurs, y guérissent en peu de tems de maladies, que tous les remédes n'avoient pû surmonter.

1722.
Septembre.

J'ai parcouru les Habitations les plus proches de la Ville, mais je n'ai pas eu le loisir d'y faire beaucoup d'observations. D'ailleurs, pendant le jour le chaud étoit extrême, & le soir, dès que le Soleil étoit couché, les Cousins & d'autres Moucherons semblables, ne me permettoient pas de me promener lon-tems. Ces petits Insectes s'attachent surtout aux nouveaux venus, qui ont la peau plus tendre, & le sang plus frais. On m'a assûré, que dans la partie Espagnole de l'Isle, on est exempt de cette incommodité, mais en récompense nous n'avons point de Serpens venimeux, & ils en ont beaucoup. On m'a fait aussi remarquer, qu'à l'exception de la Laituë, tous les Légumes se doivent renouveller tous les ans dans cette Isle avec des graines d'Europe.

Observations.

Ce que j'y ai vû de plus curieux, sont les Moulins à Sucre. Je ne vous en dirai rien, parce que le P. Labat en a parlé beaucoup mieux, que je ne pourrois faire. Après le Sucre, la plus grande richesse de cette Colonie est l'Indigo, dont le même Auteur a aussi très-sçavamment traité. Cette Plante a une ennemie irréconciliable, & qui fait sur elle bien d'autres ravages, que l'Yvroye dans nos Bleds. C'est une herbe, qu'on appelle *Mal-nommée*, & qui en sortant de la terre porte sa graine, qu'elle répand par tout. Elle vient en touffe, & par son volume, & sa prodigieuse fécondité, elle étouffe tellement l'Indigo, qu'elle le fait mourir : de sorte que, quand elle a fait le moindre progrès dans un champ, il est entierement perdu, & qu'il en faut défricher un autre.

Les Côtes de Saint Domingue ne sont pas abondantes en Poissons, mais pour peu, qu'on aille en pleine Mer, on y en trouve de toutes les sortes. Nous pêchâmes surtout, en y venant de la Louysiame, beaucoup de Dorades, sur lesquelles nos Marins prétendent avoir fait une observation assez singuliere. C'est que, quand on prend ce Poisson dans le Croissant de la Lune, la chair en est ferme, & d'un goût exquis, au

Remarque sur les Dorades.

1722.
Septembre.

lieu que, si on le pêche dans le décours, il est insipide, sa chair n'a point de consistance, & elle s'en va comme de la charpie. Il est vrai que nous éprouvâmes l'un & l'autre dans les deux tems ; mais que cela arrive toujours, & que veritablement la Lune en soit cause, c'est ce que je n'ai garde d'assûrer.

Départ du Cap.

Nous partîmes du Cap François le vint-cinq de Septembre sur un Navire Marchand du Havre appellé le *Louis de Bourbon*, commandé par un des plus habiles Navigateurs, que j'aye connus : mais à peine fûmes-nous en Mer, que nous apperçûmes qu'il faisoit deux voyes d'eau, de sorte que pendant toute la traversée, qui fut de quatre-vint-douze jours, il fallut pomper soir & matin, ce qui, joint au défaut des vivres, qu'on avoit cependant embarqués en abondance, mais qu'on ne ménagea nullement pendant le premier mois, fit que notre Capitaine fut plusieurs fois sur le point de relâcher aux Açorres. Nous aurions encore été plus embarrassés, si nous eussions donné dans le piége, que nous tendit le Capitaine d'un Navire Anglois, que nous rencontrâmes à moitié chemin.

Rencontre d'un Navire Anglois.

Il étoit parti de la Jamaïque avec une Flotte, dont il avoit d'abord été, disoit-il, le meilleur Voilier ; mais comme, en arrimant son Navire, il avoit eu l'imprudence de placer toutes les provisions de bouche dans le même endroit, il étoit arrivé qu'à mesure qu'il les consumoit, le Bâtiment perdant son équilibre, perdit peu à peu l'avantage, qu'il avoit sur les autres, & demeura enfin bien loin derriere la Flotte ; nous le rencontrâmes en effet seul, & allant si lentement, qu'au prix de lui, notre Vaisseau, qui n'étoit rien moins qu'un fin Voilier, alloit comme un Oiseau, & qu'il craignit que les vivres ne lui manquassent tout-à-fait, avant qu'il pût aborder en Angleterre. Il nous témoigna sa peine, & pour nous l'expliquer mieux, il s'invita à dîner sur notre Bord. On lui répondit qu'il seroit le bien-venu, & notre Capitaine fit serrer une partie de ses Voiles pour l'attendre.

1722.
Octobre.
Novembre.

Pendant le repas il jetta le discours sur notre route, & nous demanda où nous croyions être. Le Capitaine lui montra son point de la veille, & il en parut étonné. Il nous assûra ensuite que nous étions au moins deux cent lieuës plus avancés, que nous ne pensions ; ce qu'il tâcha de prouver par les dernieres Terres, qu'il avoit reconnuës. Cela fit grand plaisir à la plûpart des Nôtres, qui s'ennuyoient déja beaucoup d'une si

longue

longue navigation, & d'avoir sans cesse à lutter contre des Vents violens & une Mer orageuse sur un très-mauvais Navire. Mais j'eus quelque soupçon que le Capitaine Anglois ne se disoit si fort avancé, que pour nous engager à lui faire part de nos vivres. Le nôtre, à qui je communiquai mon soupçon, me dit qu'il pensoit de même, se contenta de bien régaler son Hôte, & éluda sa demande. Il continua à naviger sur sa propre estime, laquelle se trouva si juste, qu'il entra dans la Manche au jour, & presqu'à l'heure, que peu auparavant il avoit dit qu'il y entreroit.

1722.
Octobre.
Novembre.

Le second de Décembre nous entrâmes sans aucune nécessité apparente dans le Port de Plimouth; mais notre Capitaine y avoit sans doute quelque affaire. Nous y trouvâmes la Fregate du Roi, *la Thetis*, qu'un coup de vent venoit d'y jetter toute désemparée, quoique ce fût sa premiere sortie du Havre de grace, où elle avoit été construite. Elle étoit montée par le Chevalier DE FONTENAY, Capitaine de Vaisseau, dont la destination étoit d'aller aux Isles de l'Amérique, donner la chasse aux Forbans, qui y avoient enlevé depuis peu plusieurs Navires. Dès qu'il sçut que j'étois dans le Port, il me fit l'honneur de me visiter, avant que j'eusse pu avoir la commodité de lui aller rendre mes devoirs, & il me mena sur son Bord, où je passai bien agréablement tout le tems, que nous fûmes dans ce Port.

Arrivée à Plimouth.

1722.
Décembre.

Plimouth est un des cinq grands Ports d'Angleterre, & un des plus beaux de l'Europe. Il est double, & avant que d'y entrer, il faut passer sous le Canon de la Citadelle. De-là on tourne à droite pour entrer dans le Port de la Ville, qui est le plus petit, & d'où il faut partir pour sortir de la Manche, & c'est là, que la Thetis étoit mouillée. On tourne à gauche pour entrer dans l'autre Port, où les Vaisseaux du Roi d'Angleterre sont désarmés, vis-à-vis un magnifique Arsenal. Ce Port s'étend fort loin, & nous mouillâmes à l'entrée, parce que les vents, qui y souflent, sont bons pour aller plus avant dans la Manche.

Description de Plimouth.

La Ville de Plimouth est peu de choses, mais ses environs où je me suis bien promené, sont très-agréables. Je n'ai point vû de Pays plus gras: le tems étoit fort doux, les Campagnes aussi vertes, que dans le Printems, & j'y vis paître des

Tome III. R r r

Moutons monftrueux. La Laine en eft fort bonne, mais leur chair trop graffe a un mauvais goût. En récompenfe les Bœufs y font excellens, par la raifon qu'ils font fort gras.

La veille de la Conception, & tout le jour de la Fête, on ne ceffa de carillonner à un des deux feuls Clochers, qui foient à Plimouth, & quoiqu'il n'y eût que deux cloches, je n'ai point encore entendu de carillon, qui m'ait fait tant de plaifir. Je demandai en l'honneur de qui cela fe faifoit, car je me doutois bien que ce n'étoit pas pour honorer la Sainte Vierge, & on me répondit que la coûtume dans ce Pays-là étoit, quand quelqu'un donnoit un grand repas, de payer les Sonneurs pour faire carillonner. J'apperçus auffi fur le Port même, & affez près de la Ville un grand Bâtiment fort ancien, qui fervoit d'Hôtellerie, & qui ne paroiffoit pas avoir été conftruit pour cet ufage; on m'apprit que c'étoit les reftes d'une Abbaye célébre de Bénédictins.

Je n'aurois pas été fâché de faire un tour à Plimouth, & de pouvoir avancer un peu plus dans la Campagne, pour en connoître tous les environs; mais M. le Chevalier de Fontenay ne me le confeilla point, parce que tout étoit alors fufpect en Angleterre, à caufe de l'affaire toute récente de l'Evêque de Rochefter. Je n'aurois pu en effet paroître avec mon habit dans la Ville, ni dans les endroits peuplés, fans être expofé à quelqu'infulte, & il étoit trop tard pour prendre un autre habit, plufieurs Anglois m'ayant vû avec le mien : de forte que je me vis réduit à me promener dans quelques Campagnes voifines du Port, où il n'y avoit perfonne. D'ailleurs j'étois en bonne compagnie fur la Thetis. M. le Chevalier de Fontenay a parcouru toutes les Mers, auffi a-t-il l'efprit extrêmement orné. J'ai vû & j'ai appris de lui des traits d'une générofité vraiment héroïque. Mais ce qui met le comble à tant de qualités fi eftimables, c'eft un grand fond de religion, & une pieté fincere. Il femble avoir communiqué ces fentimens à fes Officiers; que je vis prefque tous approcher des Sacremens, & rien n'eft plus édifiant, que tout fon Equipage, dont il eft adoré (*a*).

Enfin la nuit de Noël, après que j'eus célébré les trois Mef-

Induftrie des Anglois pour furprendre les Forbans.

(*a*) Il eft mort pendant fon Expédition dans la Guadaloupe, & un de fes Officiers,

ses, nous mîmes à la voile, & tout le jour nous eûmes le vent favorable. Deux Fregates de cinquante Canons avoient levé les ancres deux heures avant nous, & nous les joignîmes bientôt. Cela me surprit, parceque nous n'allions pas trop bien nous-mêmes : mais ce qui m'étonna encore davantage, ce fut qu'à voir ces deux Bâtimens sous voiles, si je ne les avois pas vû appareiller, je n'aurois jamais pu croire que ce fussent les mêmes, qui m'avoient paru si grands dans le Port ; sur quoi on me dit que cela venoit d'une construction & d'une voilure particulieres, faites exprès pour attirer dans le piége les Forbans, ce qui en stile de Matelots les fait appeller des *Attrapes-lourdeaux*. En effet, dit-on, les Pirates les voyant, & en jugeant par les apparences, les prennent pour des Navires Marchands, & fondent sur eux, comme sur une proye assûrée. Mais quand ils sont engagés de maniere à ne pouvoir plus s'en dédire, ils trouvent à qui parler, & sont pris au trébuchet, sans pouvoir faire aucune résistance : aussi de toutes les Nations de l'Europe les Anglois sont ceux, que les Forbans craignent le plus, & qu'ils traitent plus mal, quand ils peuvent les avoir entre les mains.

1722.
Décembre.

La nuit suivante nous essuyâmes une des plus horribles tempêtes, qu'on ait vûes de lontems dans la Manche. Le lendemain matin, quoique le vent fût presque tout-à-fait tombé, la Mer étoit encore dans une agitation capable d'effrayer les plus hardis ; nous reçûmes même quelques paquets de Mer, qui nous mirent en grand danger : il y en eut un surtout, qui inonda la grande Chambre dans le tems que je commençois à dire la Messe, & me mit hors d'état de la célébrer ; aussi lorsque vers le midi nous entrâmes au Havre de grace, chacun nous demandoit comment nous avions pû résister à la tourmente, qui s'étoit fait sentir jusques dans le Port ?

Arrivée au Havre de Grace.

Mais on aura encore été bien plus surpris que nous y ayions résisté, lorsque deux jours après notre Navire ayant été tiré à terre, on l'aura vû tomber en piéces de pourriture. C'est la premiere nouvelle, que j'ai apprise en arrivant ici. Jugez, Madame, à quoi tenoit notre vie sur un tel Bâtiment, pendant

qui vint m'apprendre cette triste nouvelle au retour de la Campagne, me dit qu'étant prêt de mourir, il leur avoit fait, sur l'état, où il se trouvoit, & où chacun d'eux se trouveroit un jour, un discours, qui leur avoit tiré les larmes des yeux.

R rr ij

dix-huit cent lieuës de navigation, dans une saison, où la Mer est toujours en fureur ; & quelles actions de graces nous avons à rendre à Dieu, non-seulement de nous avoir délivrés d'un danger si éminent, mais encore de nous en avoir ôté la connoissance, qui seule étoit capable de nous faire mourir mille fois de frayeur.

Je suis, &c.

Fin du troisiéme Tome.

TABLE DES MATIERES.

A

ABDIAS. Fauſſe application d'une Prophétie d'Abdias à la publication de l'Evangile dans le nouveau Monde. *pag.* 10.

Abenaquis. Voyez les deux premiers Volumes. Ont été pendant les dernieres Guerres le principal Boulevard de la Colonie, 90. Village Abenaqui, à Beckancourt, 109. Utilité, qu'en retire le Baron de Beckancourt, 110. Utilité de cet Etabliſſement pour la Colonie. Bravoure des Abenaquis. Cauſe du relâchement de leur ferveur, 111. 112. Du Village d'Abénaquis de ſaint François, 121. Ces Sauvages ſont preſque les ſeuls du Canada, que les Iroquois n'ont oſé attaquer chez eux, 202. Des Abénaquis défont un Parti d'Anglois, qui étoient vint contre un. Mépris, qu'ils font de ces Ennemis, 307. 08. De quelle ſorte de Pyromancie ils uſoient pour connoître les choſes éloignées, 363.

Acadie. Comment on pouvoit établir ſolidement cette Province par la Pêche, 53. Objets de Commerces, qui ſe préſenterent d'abord en Acadie, 85. Ce qui a le plus contribué à nous faire perdre cette Péninſule, 86. Ce qui a empêché qu'on n'y fît un Etabliſſement ſolide. Qui ſont ceux, qui nous ont fait comprendre ce que vaut l'Acadie, 87. Quantité de Poiſſons ſur les Côtes, & dans les Rivieres de l'Acadie, 152. 154. Les Chefs des Sauvages étoient plus Souverains en Acadie que par tout ailleurs, 266.

Acadiens. Ce que Leſcarbot rapporte de la notion, qu'ils avoient de la grande & de la petite Ourſe. Il ſe peut faire qu'ils ayent pris ces notions des François, 401.

Achigan. Eſpece de Poiſſon fort commune dans le Canada, 121. 154.

Acimine. Fruit de la Louyſiane, ſa Deſcription, 395.

Acoſta. (le P. Joſeph de) Jéſuite Eſpagnol. Son ſentiment ſur l'origine des Amériquains, 5. *& ſuiv.* En quoi il eſt refuté par Jean de Laët, 8. *& ſuiv.* Ce qu'il dit des Peuples, que les Mexiquains trouverent autour du Lac Mexico, 18. Il a cru que la Nouvelle Guinée étoit un Continent peu éloigné des Iſles de Salomon, 22. Il rapporte que Vaſco de Gama trouva l'uſage de la Bouſſole établi au Mozambique, 40. Il ſe trompe au ſujet de la tradition du Déluge, conſervée par les Ameriquains, 399.

Adoption. Droits des Priſonniers de Guerre, qui ſont adoptés, 250. Réception, qu'on leur fait dans la

Cabanne, où ils font adoptés, 246. Comment ils font traités, s'ils se fauvent, & qu'ils foient repris, 248.

Adour. Flûte de la Compagnie d'Occident, en quel état elle arrive à l'embouchure du Miciffipi. Par qui elle eft commandée. Etat de fon Equipage, 454-56. Naufrage de ce Bâtiment, & fes caufes, 458. & *fuiv.* Il eft abandonné par l'Equipage, 466. On paroît fe repentir de l'avoir abandonné, mais on le trouve rempli d'eau, & brifé par les Sauvages, 468. En quel état l'Auteur le trouva en repaffant par l'endroit, où il étoit échoué, 488.

Agnier. Le Canton Iroquois d'Agnier a été celui, qui a le plus perfecuté les Miffionnaires, & qui a produit un plus grand nombre de fervens Chrétiens, 176.

Aigles. Deux efpeces d'Aigles en Canada, & leur defcription, 155. Aiglons d'une groffeur extraordinaire, 207.

Aigremont. (M. de Clerambaut d') Commiffaire Général de Marine en Canada, 79. Ses Obfervations fur le Fort de Catarocouy, 191.

Aiouez. Nation Sauvage, fituation de leur Pays. Ce qu'on y trouve de particulier, 211. 396. Ils font grands Voyageurs, font trente lieuës par jour, ce qu'ils difent des *Omans*, 397.

Akanfas. Sauvages de la Louyfiane, leurs Tribus, leur Riviere. On les appelle les beaux Hommes. Beauté du Pays, 410. & *fuiv.*

Alexandre. (le St) Botanifte & Chimifte de la Compagnie d'Occident à la Louyfiane. Ce qu'il dit à l'Auteur au fujet de la Cire de Myrthe, 451.

Algonquins. Stratagême de ces Sauvages pour vaincre la Nation de l'Iroquet, 110-11. Ce qui empêche des Algonquins de quitter le voifinage des Trois Rivieres, 114. Algonquins dans la Miffion de S. François, 121. On prétend qu'à force de manger de la chair d'Orignal, ils étoient fujets à l'épilepfie, 126. De la Langue Algonquine, & de ceux, qui la parlent, 185. & *fuiv.* De la Langue Algonquine, 196. & *fuiv.* Ils faifoient autrefois la premiere figure dans le Canada. Origine de leurs Guerres avec les Iroquois, 200. & *fuiv.* La dignité de Chef eft élective parmi tous les Sauvages de la Langue Algonquine, 267. Ils ont deux fortes de Femmes, 283. De quelle forte de Pyromancie ils ufoient pour connoître les chofes éloignées, 363. Tradition des Nations Algonquines fur la création du premier Homme, 399.

Alibamons. Sauvages de la Louyfiane. Ils fe joignent aux Anglois pour détruire l'Etabliffement des Efpagnols à S. Marc d'Apalache; cruautés, qu'ils y exercent, 473.

Allemands. Neuf mille Allemands levés dans le Palatinat, deftinés à établir la Conceffion de M. Law aux Akanfas, font prefque réduits à rien, 411.

Allouettes. Pointe aux Allouettes, où elle eft, 66.

Allouez. (le P. Claude) Jéfuite, ce qu'il dit des Prêtres Outaouais, 350.

Almanack des Sauvages pour connoître la durée des Hyvers, 102.

Alvarado. Un des Capitaines de Cortez. Conjecture de Laët fur cet Officier, 15.

Amérique. Auteurs, qui ont cru qu'avant les Efpagnols il n'y avoit aucune communication entre l'Amérique Septentrionale, & la Méridionale, 12. Grotius & Laët ont eu tort de fuppofer qu'il n'y avoit point d'Antropophages dans l'Amérique Septentrionale, 21. De Hornn prétend mal-à-propos que l'Amérique n'a pû être peuplée avant le Dé-

Juge, 24. Les deux Amériques font pleines d'eau, 28. Les Amériquains n'ont point de barbe ni de poil sur le corps, 42.

Ames. Idée des Sauvages sur les Ames, & les conséquences, qu'ils en tirent, 351. *& suiv.* Ce que les Sauvages pensent de l'ame des Bêtes, 353.

Ami. Tous les Sauvages ont chacun un Ami. A quel dessein. Quel est le nœud & le but de cette Société, 310.

Amikouás. Nation Sauvage, dite *la Nation du Castor.* Son origine, selon les Sauvages. Où ils demeurent, 187. 283.

Amorrhéens. De Hornn prétend qu'ils ont peuplé la Gomara, une des Canaries, 29.

Andes. Montagnes de l'Amérique cruës par Arias Montanus la Montagne Sephar de Moyse, 3.

Nouvelle Angleterre, s'est enrichie par la Pêche sur les Côtes de l'Acadie, 53.

Anglois. Rencontre d'un Navire Anglois, 55. Autre Navire Anglois, 56. Leur Flotte destinée à prendre Quebec, périt en partie dans le Fleuve, 78. Parallele de leur maniere de vivre dans leurs Colonies, & de celle des François, 80. Ils ont prévenu les François en Terre-Neuve : comment ils s'y sont soûtenus, quoiqu'ils y ayent toujours été battus. Ce sont eux, qui ont fait comprendre aux François ce que valoit l'Acadie, 87. Comment ils ont peuplé leurs Colonies, 91. Leurs prétentions au sujet des Cantons Iroquois, 226. Ils se plaignent de ce que les Tsonnontouans ont accordé un hospice chez eux au sieur de Joncaire : en demandent aussi un & ce qu'on leur répond, 227. Pourquoi ils auront toujours la préference pour le Commerce de la part des Sauvages, 257. Un grand Parti d'Anglois défait par les Abénaquis, quoiqu'ils fussent vint contre un, 308. Ils excitent les Chicachas à faire la Guerre aux François, & pourquoi, 408. Détour aux Anglois, ce que c'est, 439. *Voyez le second Tome de l'Histoire.* Les Sauvages des Martyrs haïssent les Anglois, 461. 464. Quelques Navires Anglois paroissent à la vûë de l'Adour échouée, & ce qui les empêche de secourir les François, 465-66. Ils détruisent S. Marc d'Apalache, 473. Ils veulent nous débaucher les Tchactas, 483. Industrie d'un Capitaine Anglois, qui manquoit de vivres, pour engager le Capitaine d'un Navire François à lui en ceder, 496. Industrie des Anglois pour attraper les Forbans, 499.

Anguilles. Abondance de ces Poissons, comment on en fait la pêche. Leur qualité, maniere de les accommoder, 170-71.

Anthropophages. Grotius & Laët ont supposé mal-à-propos qu'il n'y en avoit point dans l'Amerique Septentrionale, 21.

Anticosti. Danger, que le Vaisseau du Roy court d'échouer sur la pointe de cette Isle, 62. Sa Description. On croyoit y avoir trouvé une Mine d'argent, & sur quoi on se fondoit. Cette Isle est concedée au sieur Joliet, 63.

Antilles. Isles de l'Amerique, cruës les Hesperides des Anciens, 3.

Antimoine. On en trouve en remontant le Moingona, 397.

Antoine. Mineur envoyé par la Compagnie d'Occident, ne réussit point, 393.

Antonio. Sauvage des Martyrs, qui se faisoit nommer D. Antonio. Son avidité pour tout ce qu'il voit. Il offre à l'Equipage de l'Adour de le conduire à saint Augustin, 464. Il est bien frotté par son Prince pour s'être enyvré sur l'Adour. Pourquoi il n'a pas permiſſion de conduire les François à ſaint Auguſtin, 467.

Apalaches. Peuples de la Floride. De Hornn les fait deſcendre des Apaléens, dont parle Solin, 32. Les Eſpagnols ont appris d'eux l'uſage de l'Apalachine. Baye des Apalaches, 471. Sept mille Apalaches tués, ou diſſipés par les Anglois. *Voyez S. Marc.* Quelques-uns retournent à S. Marc, & pourquoi on ne s'y fie pas, 474.

Apalachine, ou *Caſſine.* Arbriſſeau de la Floride. D'où vient le premier de ces deux noms. Vertus de ſes feuilles. Maniere d'en uſer. *Voyez la deſcription des Plantes,* 449-50.

Apaléens. Peuples du Nord, Voiſins des Meſſagetes, ſelon Solin. Pline dit qu'ils ont diſparu, & ce qu'on en peut conclurre. De Hornn aſſûre que les Apalaches de la Floride en tirent leur origine, 32.

Arbre ſingulier en Acadie, & l'objet du culte des Sauvages, 349. Pourquoi les Arbres de la Louyſiane pouſſent leurs feuilles ſi tard, 405.

Archives. Quelles ſont les Archives des Sauvages, 210.

Areskoui, ou *Agreskoué.* Le Dieu de la Guerre parmi les Iroquois & les Hurons, & leur ſouverain Dieu. Son étymologie grecque, 208. 344.

Ariſtote a cru que la Zone Torride n'étoit point peuplée, & qu'on n'avoit point navigé à l'Occident de l'Europe au-delà des Colonnes d'Hercules, 5. On lui attribuë l'Hiſtoire des Carthaginois, qui furent portés fort loin à l'Occident par un vent forcé, & y découvrirent de nouvelles Terres, 6.

Armes. Anciennes Armes des Sauvages, 222.

Aſion-Gaber. De Hornn écrit que ce Port étoit ſur la Méditerrannée, 28.

Aſſaſſinat. Quand & comment les Sauvages le puniſſoient, 273-74. 276.

Aſſiniboïls. Peuple Sauvage de la Langue Siouſe, vont trafiquer à la Baye d'Hudſon, 180. Leur véritable Pays, 184. Nom, qu'on leur donne dans les Cartes, 185.

Lac des Aſſiniboïls. Particularités de ce Lac, 184. *& ſuiv.*

Atahentſic. Divinité des Sauvages, ce qu'ils en diſent, 344-45. 348.

Atahocan. Divinité des Sauvages, 344.

Atlantide. Ce que penſoit le P. de Acoſta de cette prétenduë Iſle de Platon, 6. 7. Budbeck la place dans le Nord, 3. De Hornn croit qu'elle étoit dans l'Amerique, & qu'elle a été ſubmergée par le Déluge, 28.

Atlantides. Poſtel a cru que les Atlantides, Habitans de la Mauritanie, avoient peuplé l'Amerique Septentrionale, 3.

Atoca. Sorte de Fruit du Canada, dont on fait des Confitures, 163.

Attikamegues. Leur Pays propre, 186. *Voyez le premier Volume.*

Aubery, (le P. Joſeph) Jéſuite, Miſſionnaire à ſaint François, 121.

Avoine. Folle Avoine, Légume; uſage, qu'on en fait en Canada, 332.

Auté. Port de la Floride, le même, qui porte aujourd'hui le nom de ſaint Marc d'Apalache, 475

Autololes. Peuples voiſins des Carthaginois, ſelon Pline, qui ils étoient, leurs Mœurs reſſemblent beaucoup à celles des Braſiliens, 20.

B

BACCALAOS. Peuples de l'Iſle Royale, ou de Terre-Neuve; Grotius prétend qu'ils reſſemblent aux Lappons, 19.

Bahama. Débouquement du Canal de Bahama, 488. Vieux Canal de de Bahama. Pourquoi on l'a abandonné, 489.

Bain. Comment les Sauvages se baignent, 115.

Baleine. Quantité de ce Poisson dans la Mer du Canada, & dans le Fleuve saint Laurent. Combat de la Baleine contre l'Espadon, 54. Fort communes dans le Fleuve saint Laurent : où l'on en peut faire plus commodément la pêche, 65. Ce qui l'a fait discontinuer aux Basques, 148.

Balise. Isle de la Balise, sa situation, sa description. Avantages, qu'on en peut retirer. Autre nom, qu'on lui donne, 442.

Banc. Le Grand Banc de Terreneuve, sa description, 48. & *suiv.* Causes des mauvais tems, qu'on essuye vers les Ecorres du Grand Banc, 50-51.

Baptême. En quoi les Sauvages reconnoissent la vertu du Baptême, 249.

Barbe. Ameriquains, qui ont de la barbe, 25.

Barcia. (D. André Gonsalez de) fait réimprimer l'Ouvrage du P. de Garcia sur l'origine des Ameriquains, 5.

Bars. Quantité de ce Poisson dans le Lac de saint Pierre, 121.

Basques. Isle aux Basques, sa situation. Les Basques y ont fait avec succès la pêche de la Baleine, 65. Pourquoi ils ont discontinué. La pêche des Baleines dans le Fleuve S. Laurent, 149. On a cru sans fondement, que les Eskimaux sont Basques d'origine, 179.

Batteau. Un Batteau plat embarqué sur l'Adour est le salut de l'Equipage, 460-61. Il est mis en état, 468. Il est béni & baptisé, il fait beaucoup d'eau, 469.

Bayagoulas. Sauvages de la Louysiane. *Voyez le second Volume de l'Histoire.* Un Jésuite veut s'établir parmi

eux, & pourquoi, 431. Cette Nation est réduite à rien, 436.

Baye des Tsonnanthouans. Sa situation, 223. Sa description, 224.

La Baye des Puants, ou la grande Baye. Sa description, 292. & *suiv.* Les Sauvages y sont plus superstitieux qu'ailleurs, 299-300.

Becan donne dans les idées d'Arias Montanus sur le nouveau Monde, 3.

Beckancourt. (M. Robineau, Baron de) Grand Maître des Eaux & Forêts de la Nouvelle France, 79. La vie, qu'il méne dans son Habitation, 110. Riviere de Beckancourt, sa situation, son ancien nom, 110.

Begon. (M.) Intendant en Canada, 79. Monsieur & Madame Begon vont en Pélerinage à Lorette, réception, qu'on leur fait, 83. & *suiv.*

Bellone. Navire de la Compagnie d'Occident. Elle part de la Louysiane pour Saint Domingue, 484. Mauvaise manœuvre du Capitaine, & quelles en furent les suites, 485. Danger, que court ce Bâtiment sur les Caïques, 490. Comment il s'en tire, 491. Il périt dans le Port, 500.

Benac. (M. de) Mousquetaire, & ensuite Officier dans la Louysiane. Sa pieté, 437-38. *Voyez le second Tome de l'Histoire.*

Berthelot (François.) achette l'Isle d'Orleans, & obtient qu'elle soit érigée en Comté sous le nom de S. Laurent, 67.

Bêtes. Les Sauvages croyent leurs ames immortelles, & qu'elles ne different de nous, que du plus, ou moins, 353.

Bête puante, ou Enfant du Diable. Espéce de Foüine, sa description, 133.

Bienville (M. de) Il oblige un Interlope Anglois à s'éloigner à l'arrivée d'un Brigantin Espagnol, & pourquoi. Avis, que lui donne l'Auteur, 482. Il regagne les Tchactas, que les Anglois vouloient nous débaucher, 483.

Bievre. Nom que l'on donnoit aux Castors en Europe. Leur différence d'avec ceux du Canada, 95. Endroits de l'Europe, où on en a trouvé, 104.

Bigot (le P. Vincent) Jésuite. Témoin d'un coup de vigueur des Abénaquis, contre les Anglois, 308.

Biloxi. Description de ce Poste, de la Côte & de la Rade, 458. & s.

Biloxis. Nation Sauvage de la Louysiane, qui a donné son nom au Poste ci-dessus : où ils se sont retirés, 449. 454.

Bizart. Officier Canadien, Commandant aux Yasous, sa mort, & son éloge, 412-13.

Blanc. Jean le Blanc. Sauvage Outaouais. Sa répartie ingénieuse au Comte de Frontenac, 306.

Bleuet. Est le même en Canada, qu'en Europe, ses propriétés, 163.

Blond (M. le.) Brigadier-Ingénieur, Directeur de la Compagnie des Indes Occidentales à la Louysiane, & d'une Concession, où il est associé, 413.

Bœuf. De la Chasse du Bœuf en Canada. Description de cet Animal. Sa laine, 130-32. Bœufs musqués, leur description, 132.

Ouvrages, que font les Femmes Illinoises de la laine de Bœufs, 394.

Bois blanc. Qualités de cet Arbre, & l'usage, qu'on en fait, 162.

Boisbriant (le sieur du Gué de.) Commandant aux Illinois, 394. Ses diligences sur l'avis de la découverte d'une Mine d'argent, 483.

Bois d'Amourette. Espéce de Fresne de la Floride, ses vertus, 454.

Bonaventure (Isle de.) Sa situation, 61.

Boucaniers. Prodigieux changement arrivé parmi eux sur la Religion, & sur les Mœurs à S. Domingue, 37.

Boucliers des Sauvages, 222.

Boulanger (le P. le.) Missionnaire aux Illinois, 394.

Bourbon. Fleuve de l'Amérique. Les Eskimaux le remontent assez loin, 178. *Voyez l'Histoire.*

Boussole. Le P. de Acosta prétend qu'aucun ancien Auteur n'a parlé de la Boussole, 6. Il paroît se contredire sur l'antiquité de cette invention, 8. Usage de la Boussole établi au Mozambique avant l'arrivée des Portugais dans cette Isle, 40.

Bressani (le P. Joseph) Jésuite. *Voyez la Liste & l'Examen des Auteurs.* Son sentiment sur la durée & la rigueur des froids du Canada, 167. *& suiv.*

Breverood (Edouard de) Anglois. Son sentiment sur l'origine des Amériquains, & le jugement, qu'en porte Jean de Laët, 11-12.

Breuil (le sieur du.) Met son Habitation des Chapitoulas en bon état. 438.

Brisans contre lesquels le Chameau fut en danger d'échouer, 56. 62.

Brolle. Cap Brolle, sa situation, 57.

Brumes. Causes & effets des Brumes aux environs du grand Banc de Terre-neuve, 50.

Budbeck. Sçavant du Nord, place l'Atlantide de Platon, & les Colomnes d'Hercules dans le Nord, 3.

Buisson, rapide, 190.

C.

CABELIAU. Petite Moruë, qu'on pêche dans la Manche & ailleurs, 52.

Caïmans dans la Louysiane. Leur grosseur, leurs cris, danger, qu'on court de leur part en se baignant, & comment on s'en garantit, 413.

Quantité de Caïmans dans un petit Lac, 435. Ils étoient autrefois par milliers dans le Lac Pontchartrain, ils y sont fort rares aujourd'hui, 454.

Caïques. Isles, qui bordent en partie la Côte Septentrionale de l'Isle Espagnole. Description de la grande Caïque, 490. 91.

Californie. Presqu'isle de l'Amérique, où Grotius trouve un Peuple Alavard, qu'il fait descendre des Lombards, 15. Cortès a le premier découvert ce Pays, 16. Les premiers Habitans du Mexique venoient de la Californie, 18.

Callieres. (Le Chevalier de) *Voyez l'Hist.* Etant Gouverneur de Montreal il a fermé la Ville de Palissades, 138.

Calumet. Ce que c'est. Ses différens usages, son origine vraie & prétenduë. N'est point le Caducée de Mercure, 211. & *suiv.* Danse du Calumet, 296. & *suiv.*

Canada ou *Nouvelle France.* Idée fausse, qu'on s'en fit d'abord, & ce qu'elle produisit, 85. & *suiv.* Son Commerce, & fautes, qu'on y a faites, 86. & *suiv.* Comment on auroit pû le peupler, 91. Comment le dérangement des monnoyes a fait tomber son commerce. Sur quoi ce commerce rouloit en mil sept cent six, 93. Ce qui a ruiné ses Habitans, 94. D'où vient l'idée désavantageuse, qu'on a en France du Canada, 164. & *suiv.* Rigueur de l'hyver, 165. & *suiv.* En quoi elle est compensée, 166. Avantages & désavantages du Canada pour la vie, 170, & *suiv.* Combien il seroit important de le peupler, 175. Etenduë du Canada, ou de la Nouvelle France, 183. On n'a pu sçavoir en quel état il étoit, lorsqu'on en fit la découverte, 199.

Canadiens. Creols du Canada, leur caractere, 79. Paralelle de leur maniere de vivre avec celle des Créoles Anglois, 80. Leur inconstance leur fait abandonner ce qu'ils ont conquis avec le plus de facilité, 87. La bonne opinion, qu'ils ont de leur bravoure, fait qu'il est plus aisé de les surprendre, que de les vaincre, 138. Avantages, dont ils jouissent : leur caractere, 172. & *suiv.* Eloges des Canadiennes, 172. Gentilhomme Canadien brûlé pendant huit jours par les Iroquois, 248. Ils ne sçauroient plus goûter la vie reglée, quand ils ont goûté celle des Sauvages, 322.

Cananéens. Quelques Auteurs prétendent que ces Peuples, chassés de la Palestine par Josué, ont passé en Amérique, & ont seuls peuplé cette Partie du Monde, 4. De Hornn les comprend sous le nom de Phéniciens, 27.

Canards. Grand nombre d'espéces de Canards en Canada. Du Canard branchu, 156.

Canaries. Preuves, qu'on a qu'elles ont été autrefois peuplées, & ce qu'en conclut Jean de Laet, 20. De Hornn croit que la grande Canarie est la Cerné des Anciens, & que toutes ces Isles ont été peuplées par les Cananéens, 29.

Cannes. Description de celles, qu'on trouve dans la Louysiane. Elles ne croissent que dans les bonnes Terres. Comment on peut les extirper, 405.

Canots. Maniere de les porter, 190. Leur description, 192. & *suiv.*

Caoquias. Tribu Illinoise. Sont réunis avec les Tamarouas, 392.

Cap François. Description du Port de la Ville, & de la Plaine du Cap François dans l'Isle de Saint Domingue. Précautions, qu'il faut prendre pour entrer dans le Port, 493. & *s.*

Cap Saint Antoine. Sa situation, & ce qu'on y remarque, 405.

Capillaire, 164. *Voyez la Description des Plantes.* Il s'en trouve beaucoup sur la Riviere de Saint Joseph, 315.

Carcajou ou *Quincajou*. Espéce de Chat, sa description. Comment il fait la guerre à l'Orignal, 129.

Cardinaux. Espéce d'Oiseaux. Sa description, 157.

Caribou. Maniere singuliere de le chasser, 128. Sa description. Où il s'en trouve davantage, 129-30.

Carthaginois. Ce qui a pu les engager à passer en Amérique, 20.

Cartier. (Jacques.) Navigateur Malouin, a vû un Ours de la grosseur d'une Vache faire quatorze lieuës de suite à la nâge, 10. Nom, qu'il donne à l'Isle d'Orleans, & pourquoi, 69. Il ne faut pas se fier à ses Vocabulaires, 196. Ce qu'il dit d'un coquillage, qu'il trouva à Montreal, 209.

Casas. (Dom Barthelemy de las) Evêque de Chiappa. Comment il faut entendre les vint-cinq mille Rivieres, qu'il dit arroser la *Vega Real* de l'Isle Espagnole, 494.

Cascades. Rapide, sa situation, 190.

Cascouchiagon. Riviere, qui se jette dans le Lac Ontario. Ce qu'elle a de singulier, 223-24.

Cassetête. Ce que c'est, 222. 238.

Castor. Les Peaux de Castor ont toujours fait le principal objet du commerce de la Nouvelle France. Leur abondance ruine ce commerce, 88. & *suiv*. Histoire & description des Castors, 94. & *suiv*. Castors terriers, 95. 103. Leur chair est déclarée viande de Carême. Erreur de M. Lemery à ce sujet, 97. Ce que c'est que le Castor gras, & le Castor sec, 99. Maniere, dont ils bâtissent, 100. & *suiv*. Chasse du Castor, 104. & *suiv*. Particularités sur les Castors, 106.

Isles du Castor. Leur situation, 313. Des Outaouais s'y établissent, 282.

Castoreum. Ce que c'est, 95. Quel est le meilleur. Ses propriétés, 100.

Catarocoui. *Voyez l'Histoire*. Le Fort de Catarocoui auroit été mieux placé à la Galette, 191. Situation & description de ce Fort, connu lontems sous le nom de Frontenac, 194-95.

Cavagnal. *Voyez Vaudreuil*.

Cédres. Deux sortes de Cédres en Canada, 160-61. Leur différence, 525. Usage, qu'on en fait, 255. 366.

Les Cédres. Rapide. Sa situation, 191.

Cerfs. Maniere singuliere de les chasser, 128. Leur description, 129.

Chambly. (M. de) Fondateur du Fort de Chambly, 150-51. Situation & description de ce Fort, 150.

Champigny. (M. de) *Voyez les deux premiers Volumes*. Pourquoi il donna cours à des billets, qui tenoient lieu de monnoye, 92. Embarras, où il se trouva à cette occasion, 93.

Champlain. *Voyez le premier Volume*. Comment il vouloit s'y prendre pour peupler le Canada, 91. Description, qu'il fait d'une chasse des Sauvages, 128. Ce qu'il dit du Poisson armé du Lac Champlain, 152-53.

Lac Champlain. Sa situation, 150.

Chandeleur. Isles de la Chandeleur. Leur situation. On prétend qu'on y pourroit faire un très-bon Port, 444-49.

Chanson de Guerre. Chacun a la sienne, qu'il n'est pas permis à d'autres de chanter, 217. Quel est le sens de ces Chansons, 243.

Chaouachas. Ancien Village des Chaouachas abandonné. Description de la Cabanne du Chef. Ils emportent avec eux les ossemens des Morts. Où ils se sont placés, 441.

Chapeau rouge. Ce que c'est. Sa situation, 582.

Chapitoulas. Quartier de la Louyfiane en bon état, 438.

Charbon de Terre. On en trouve beaucoup fur le Moingona, 397.

Charbonniere. Rapide. Sa fituation, & pourquoi on l'a ainfi nommé, 380-81.

Chardon. (Le Pere Jean) Miffionnaire à la Baye, fait peu de fruit parmi les Sakis, 292. Ce qui lui fait efperer qu'ils feront plus dociles, 295.

Charlevoix. (Le Pere de) Auteur du Journal. Danger, qu'il court vis-à-vis de Langets, 45, au Cap de Raze, 56. par la rencontre d'une glace énorme, 58. A la pointe d'Anticoftie, 62. A la pointe de la Trinité, 64. Son arrivée à Quebec, 69. Danger, qu'il courut fur le Lac Ontario, 206. Les Sakis de la Baye l'invitent à un Confeil, & de quoi il s'agiffoit, 294-95. Danger, qu'il courut d'être tué par un de fes Gens, 315-16. Il fe trouve entre quatre Partis ennemis: le parti, qu'il prend, & ce qui fe paffe à ce fujet entre lui & le Chef des Illinois de Pimiteouy, 384. & fuiv. Il baptife la Fille de ce Chef, 389. Ce qui l'oblige à refter quelque tems aux Natchez, 437. Il eft arrêté par une Jauniffe au Biloxi. Il évite une tempête, 453. Il s'embarque fur l'Adour. Ses preffentimens de ce qui arriva dans la fuite, & fur quoi ils étoient fondés, 455-56. Il débarque dans une des Ifles des Martyrs, & pourquoi il retourne au Navire, 462. & fuiv. Il bénit & baptife le Batteau, fur lequel une partie de l'Equipage de l'Adour s'embarque, 469. Danger, qu'il court avec une partie de l'Equipage. Il va trouver le Commandant de Saint Marc d'Apalache Un Pere Cordelier le loge avec lui dans le Fort, 473. Deux autres Religieux du même Ordre le logent, 477. Il découvre une confpiration de plufieurs François, qui devoient enlever un Brigantin Efpagnol, 482.

Ses réflexions fur les chaleurs de la Zone, 484. Danger, que court la Bellone, parce que l'Equipage ne veut pas le croire fur le Cap de Sed, 485.

Charron. (Jacques) a cru que les feuls Gaulois avoient peuplé l'Amérique, 4.

Charron. (Le fieur) Fondateur de l'Hôpital Général de Montreal. Son zele, fa conftance, fon défintéreffement, 139.

Chartres. Fort de Chartres aux Illinois. Sa fituation, 394.

Chaffe. Elle eft auffi noble parmi les Sauvages, que la guerre. Devoir des Chaffeurs. Ce qu'il faut faire pour être eftimé Chaffeur, 114. Elle eft de droit commun en Canada, 172.

Chats. Voyez *Erié*, & *Carcajou*.

Chat-huant. Particularités fur le Chat-huant du Canada, 155.

Chaviteau. Premier Pilote du Roi fur le Chameau, 47. Il devine jufte où il doit être après une brume de plufieurs jours, 57. Il veut rifquer un paffage pendant la nuit, & on ne le lui permet pas, 59.

Chauvignerie. (Le fieur de la) Officier, Interpréte pour la Langue Iroquoife, eft envoyé à Niagara & à Onnontagué, & pourquoi, 228.

Chauvin. Quatre Freres Canadiens établis aux Chapitoulas. Leur éloge, 438.

Checoutimi. Peninfule. Sa fituation. Comment & quand elle fut formée, 68. Les Directeurs de la Compagnie des Indes y raffemblent plufieurs Sauvages fous la conduite d'un Jéfuite, 114.

Chefs. Des differens Chefs des Sauvages, de leur fucceffion, de leur élection. De leurs noms, de leur autorité, 266. & fuiv. Les Chefs après fix mois de deuil peuvent fe remarier, 376. Des Chefs & de la Femme-Chef des Natchez, 420. & fuiv.

Chemin. Grand Chemin double de

Quito à Cuzco ruiné par les Espagnols, 24.

Chenaux du Lac. Rapide, 193.

Chênes. Deux sortes de Chênes en Canada, 161. Belle Chêniere autour du Lac des Chetimachas, 444.

Cheraquis. Peuple Sauvage du Canada. Situation de leur Pays. Les Iroquois ont engagé les Missisagués à leur faire la guerre, & s'en sont eux-mêmes lassés, 207-08. Ils tuent un grand nombre de François, 406.

Chetimachas. Nation sauvage de la Louysiane, presque détruite. Ce qui en reste est esclave des François. Fourche des *Chetimachas*, 434.

Chevalier. (Le sieur) Directeur de la Concession de M. d'Artagnan, 436.

Chevreuils. Particularités des Chevreuils du Canada, 132-35.

Chicachas. Sauvages de la Louysiane, infectent les Chemins, 406. Ils reçoivent un échec de la part des Illinois. Garcilasso de la Vega n'en parle pas exactement. Les Anglois les animent contre nous. Ils tuent deux François, & comment ils les surprennent, 408-09. Situation de la Riviere des Chicachas, 409. Les Tchactas nous forment une barriere nécessaire contre eux dans la Louysiane, 452.

Chicagou. Situation de ce Poste. Incommodité de prendre par-là sa route pour aller aux Illinois, 370.

Chichimeques. En quel tems cette Nation s'établit sur le Lac de Mexico; d'où ils venoient, 18.

Chiens. Des Chiens des Sauvages. Comment ils les dressent, 119. On les dresse aisément à donner la chasse aux Liévres & aux Lapins, & ils la font rudement aux Renards, 133. On les stile à la Pêche des Loups Marins, 146. On tue les Chiens, quand quelqu'un est prêt de mourir, & pourquoi, 372. Les Sauvages battent les Chiens, quand la Lune est éclipsée, & pourquoi, 401.

Chili. Auteurs, qui ont avancé que ses premiers Habitans venoient de la Frise, 4.

Chinois. Grotius ne doute point qu'ils n'ayent fondé l'Empire du Pérou. Ses preuves, 13. Elles sont réfutées par Jean de Laët, 16. 17. Il n'est pas vrai qu'ils ayent jamais adoré le Soleil, ni qu'on ait trouvé des débris de leurs Navires dans la Mer du Sud, 17. Grotius a eu tort de dire qu'ils ne connoissoient point l'Imprimerie avant l'arrivée des Portugais chez eux, 19. Ils ont eu autrefois des Flottes, & la tradition des Insulaires de Madagascar porte que ce sont les Chinois, qui ont peuplé cette Isle, 40.

Chouguen. Voyez *Riviere d'Onnontagué.*

Cibao. Mines de Saint Domingue, crues l'Ophir de Salomon. Ce qu'on a dit que Colomb y avoit trouvé, 2.

Cigale. Ce que c'est que son chant, 159.

Citronniers du Détroit. Leur bonne & leur mauvaise qualité, 264.

Citrouilles. Petites Citrouilles de Canada, qu'on mange cuites sous la cendre, ou dans l'eau, 164.

Cloches. Usage, qu'on fait des Cloches en Angleterre, & leur harmonie, 498.

Colapissas. Sauvages de la Louysiane fort braves. *Voyez le second Volume de l'Histoire.* Deux Villages de ces Sauvages, leur situation. Politesse de leur grand Chef. Sa Cabanne. Singularité d'un Tambour, 435.

Colliers. Description des Colliers de Porcelaine & leur usage, 210. Colliers, dont on se sert pour porter des fardeaux, & pour tirer les Traînes, 221.

Colomb. (Christophe) Ses idées sur l'Isle Espagnole, 2. Le Pere de Acosta regarde comme vraie l'Histoire du Pilote, qu'on disoit lui avoir laissé des Mémoires sur la découverte du

DES MATIERES.

Nouveau Monde, 6. Jean de Laët la réfute, & à qui il attribue cette calomnie, 9.

Commerce. Sur quoi il a roulé lontems en Canada, & fautes, qu'on y a faites, 86. & *suiv*. Ce qui l'a fait tomber en Canada, 93. Sur quoi il rouloit en 1706, 95. Il est permis aux Gentilshommes en Canada, 109. 172. De quelle maniere se faisoit le Commerce des Pelleteries à Montreal, 141. Il seroit à souhaiter qu'on eût continué à le faire là, 143.

Compagnie des Indes. Elle rassemble à Checoutimi plusieurs Sauvages sous la conduite d'un Jesuite, 114. La Compagnie d'Occident envoye des Mineurs à la Louysiane, 393. Sa facilité à faire de grandes dépenses pour les Mines, & son peu de précaution pour bien choisir les Mineurs, 394. Son Magasin aux Akansas, 410. Elle est Proprietaire de la Concession de M. Law, 411. Son Magasin aux Yasous, 413. Sa Concession aux Natchez, 415.

Comte (Robert le) a cru que les Phéniciens avoient seuls peuplé l'Amerique, 4.

Concessions dans la Louysiane, & en quel état elles sont, 434. & *suiv*. 480.

Condé. Nom, qu'on avoit donné au Lac Supérieur, & qu'il n'a point gardé, 253.

Congés. Ce que c'est, 89. Leurs inconvéniens, 90.

Congrégation. Maison des Filles de la Congrégation à Quebec, 73. à Montreal. Eloge de ces Filles, 139.

Conseil de trois Nations au Détroit. Idée de ces Assemblées, 257. & *suiv*. Sagesse des Conseils des Sauvages, 269-70. Conseil chez les Sakis, & ce qui s'y passe, 294-95.

Conti. Eloge de quelques Officiers du Régiment de Conti Infanterie, 46.

Nom, que l'on avoit donné au Lac Erié, & qu'il n'a point gardé, 253.

Copalme. Description de cet Arbre, 409. Vertus du Baume de Copalme, 435.

Corbeaux. Difference des Corbeaux du Canada & de ceux d'Europe. On prétend que ceux-là sont bons à manger, 155. L'Oiseau-Mouche leur fait rudement la guerre, 158. Fable des Sauvages du Canada sur un Corbeau, à l'occasion du Déluge, 399.

Cortez. (Fernand) Est le premier, qui ait découvert la Californie, 15. 16. Pourquoi les Méxiquains le nommerent Fils du Soleil, 17.

Corvo. La plus septentrionale des Açorres. Monument, qu'on y a trouvé, 4.

Côteau du Lac. Rapide, 192.

Coton. Il réussit fort bien à la Louysianne, 416.

Cotonnier. Plante du Canada. Ce qu'elle a de singulier, d'où lui vient le nom, qu'elle porte, 163.

Cotonnier, Arbre. D'où lui vient ce nom, 206. Vertus de sa racine, 435.

Coudres. Isle aux Coudres. Sa situation. Changement, qu'y a produit un tremblement de terre, 66.

Courage. Idée, que les Sauvages ont du véritable courage, 218.

Courans. Inconstance & force des Courans aux environs du grand Banc de Terre-neuve, & leurs effets, 50. Courans des Lacs, leurs sources & leurs effets, 298-99. le long des Isles des Tortues, 471. dans le Canal de sainte Roze, 479. Effets des Courans dans les Mers des Isles de l'Amérique, 489.

Coureurs de Bois. Ce que c'est. Plusieurs vont s'établir chez les Anglois, d'autres demeurent avec les Sauvages. Ce qu'on fait pour s'opposer à ce désordre, 89. Plusieurs rentrent parmi les Sauvages, & vivent comme ces Barbares, 322.

Couroas. Sauvages alliés des Yafous, 413. *Voyez le second Volume.*

Crifafy. (Le Chevalier de) *Voyez l'Hift*. vient au secours du Fort des Vercheres, & le trouve délivré, 125.

Criftal de Roche. Où l'on en trouve, 396.

Criftinaux ou *Killiftinons*. Peuples, avec qui on trafique à la Baye d'Hudson, & d'où ils y viennent, 180. & dans le Lac Superieur, 187.

Cuiraffes. Description des Cuiraffes des Sauvages, 222.

Cuivre dans le Lac Supérieur. Imagination des Sauvages à ce sujet, 281. à l'entrée de la Riviere des Illinois, dans le Miciffipi, 392. Mines de Cuivre à l'Embouchure de la Riviere de Sainte Croix, 398.

Cyprès. Vertus de cet Arbre dans la Louyfiane, 435.

D

DABLON (Le Pere Claude) Jésuite. Récit, qu'il fait d'une Bacchanale Iroquoife, 358.

Danfes des Sauvages & leur Chant. Ce que c'est, 84. Danfe du Calumet, 295. *& fuiv*. Danfe de la Découverte, 297. Danfe du Bœuf & autres, 298-99.

Dantzic. Le Castoreum de Dantzic est le plus estimé de tous, 98.

Davion. (M.) Ecclésiastique, Missionnaire aux Tonicas, fort aimé des Sauvages, qui veulent même le choisir pour leur Chef; mais il ne peut persuader à aucun de se faire Chrétien, 431. Il est chassé pour avoir brûlé leur Temple. Il est rappellé, 433. Il se retire, & pourquoi, 434.

Dauphine. Situation & description de l'Isle Dauphine, 480.

Debeaubois. (Le Pere Nicolas-Ignace) Jésuite, Curé des François aux Kafkafquias, 394.

Déclinaison. Observation sur la déclinaison de la Boussole, depuis les Ports de France jusques bien avant dans le Canada, 68.

Delille. M. Delille s'est trompé sur la hauteur du Sault de Niagara, 233.

Déluge. Le Pere de Acosta croit que le Déluge, dont la tradition s'est conservée en Amérique, n'est pas le Déluge Universel, 8. Laët pense le contraire, 9. Si l'Amérique avoit eu des Habitans avant le Déluge, 24. Traces du Déluge en Amérique, 28. Notion du Déluge commune à tous les Peuples. Déluge particulier à l'Amérique, 345. Ce n'est point ce Dernier, que regarde la tradition des Sauvages, 396.

Denys. (M.) *Voyez la Lifte & l'Examen des Auteurs*. Son Traité de la Pêche des Moruës, 48. Il prétend qu'on n'a jamais trouvé moins de vintcinq braffes d'eau sur le grand Banc, & s'est trompé, 49. Il dit qu'il a vu faire de très-beau Sel en Canada; mais qu'on n'a pas voulu continuer, 53. Son système pour la Pêche en Acadie, 53. 54. Ce qu'il dit des Loups Marins de l'Acadie, 144. Ce qu'il dit des Corbeaux de l'Acadie, 155. Son sentiment sur la fonte des Neiges critiqué. 167.

Défertions frequentes à la Louyfiane, 482.

Détroit. L'entre-deux du Lac Erié & du Lac Huron. Sa situation, son étenduë, sa description, 256. *& fuiv*. Objections contre l'Etablissement du Détroit, & les réponses, 257. Ses Simples, & ses autres productions, 263-64. Les airs de vent, que court le Détroit, beauté du Pays, 277.

Diégo. (Dom) Cacique des Sauvages des Martyrs, rend visite aux François avec sa Femme. Son Equipage. Il refuse des Guides pour aller à Saint Augustin, & pourquoi. Il repaffe

paſſe Dom Antonio pour s'être enyvré. Son abſtinence, 467-68. Opinion, que les Eſpagnols avoient de lui, 474.

Diodore de Sicile. Il prétend que les Indiens n'ont jamais envoyé de Colonie hors de chez eux, 25. Ce qu'il dit des navigations des Phéniciens, 28.

Dorades. Obſervation ſur ce Poiſſon, 495-96.

Dragon. Leſcarbot entend par le Dragon, qui gardoit les Pommes d'or des Heſpérides, les differens & dangereux Détroits, qui ſerpentent autour des Antilles, 11.

E

ECLIPSES. Idée des Sauvages ſur les Eclipſes, 400.

Ecureuils. Trois eſpéces d'Ecureuils en Canada ; leur deſcription, 134. 135.

Egyptiens. Le Pere Kirker a cru qu'ils avoient ſeuls peuplé l'Amérique, 4.

Elien. On croit trouver dans cet Auteur quelques veſtiges de la connoiſſance de l'Amérique, 10.

Engagés. Pourquoi il eſt plus à propos d'envoyer des Engagés dans nos Colonies, que des Négres, 415.

Enrollement. En quoi il conſiſte pour les Sauvages, à quoi il les engage, 217-18.

Enſeignes. Deſcription des Enſeignes des Sauvages, 222.

Epinette. Sapin de Canada. Il y en a de deux eſpeces. Laquelle fournit la Terebenthine, ou Baume blanc du Canada, 160. Ses qualités, 161.

Equipage de l'Adour s'enyvre après le naufrage, & ſe mutine, 463. Il ſe diviſe, une partie veut aller à la Havane, l'autre à ſaint Auguſtin. Ces derniers ſe repentent de n'avoir pas ſuivi les Premiers, 468-69. Ils veulent abſolument aller à la Havane, & ce qui les fait changer de ſentiment. Ils tombent dans le deſeſpoir, & pourquoi. L'Auteur en profite pour les obliger à s'approcher des Sacremens, 470. Danger, qu'ils courent. Une partie ſe joint à des Eſpagnols, 472. Equipage Eſpagnol mangé par les Sauvages de la Floride, 474. Un ſeul Matelot de l'Adour meurt en arrivant au Biloxi, 480.

Erable. De l'eau & du ſucre d'Erable, 121. & ſuiv. Erable mâle & Erable femelle, 161.

Erié. Deſcription du Lac Erié : d'où vient ce nom, & ce qu'il ſignifie. 253.

Eskimaux. Sauvages du Nord de l'Amérique, n'ont rien de commun avec ceux du Canada, 30. 41. Leur caractere, leur maniere de ſe vêtir, leur langue, leur origine, 178. & ſuiv.

Eſpadons. Figure de ce Poiſſon, ſon combat contre la Baleine. Il s'en trouve beaucoup dans les Mers du Canada, 54.

Eſpagnols. Leurs idées ſur les Heſpérides, 3. Pourquoi ils avoient inventé la fable du Pilote, qui avoit laiſſé des Mémoires à Chriſtophe Colomb pour la découverte du Nouveau Monde, & celle des Indiens envoyés par le Roi des Suéves à Métellus Celer, 9. Pourquoi on attribuoit aux Eſpagnols & aux François une Prophétie d'Abdias, 9. Laët croit que pluſieurs Eſpagnols inquietés par les Carthaginois & les Romains, ont paſſé en Amérique, 20. Ils ont détruit les plus beaux monumens anciens de l'Amérique, 24. Hiſtoire d'une Eſpagnole de la Floride transferée en Tartarie, 31. Des Eſpagnols détruiſent deux Villages d'Octotatas. Ils ſont ſurpris & maſſacrés par les Habitans d'un troiſiéme. D'où ils venoient, & quel étoit leur deſſein, 293. Comment un de leurs Aumôniers ſe tire des mains des

Missourites, 293-94. On croit qu'il y a des Espagnols au haut du Missouri, 397. Ils ont tort d'être jaloux de notre Etablissement sur le Micissipi, & pourquoi, 408. Usage, qu'ils font de l'Apalachine, 449. De qui ils l'ont appris, 450. Ils ont intérêt à ne point nous inquieter dans la Louysiane, & pourquoi. Ils se saisissent de la Baye saint Bernard, & nous y préviennent, 452. Les Sauvages des Martyrs se disent Amis des Espagnols, 461. Des Espagnols, qui avoient fait naufrage, sont rencontrés par l'Equipage de l'Adour, utilité de cette rencontre, 471-72. Quelques François vont les joindre, 472. Ils sont chassés de saint Marc d'Apalache, 473. Ils s'y rétablissent, & projettent d'y faire un grand Etablissement. Tout un Equipage d'Espagnols, qui avoient fait naufrage à la Côte de la Floride, est mangé par les Sauvages, 474. En quel état ils sont à la Baye de saint Joseph, 477. *& suiv.*

Esprits, ou *Génies tutélaires*. Idée des Sauvages sur les Esprits. Des bons & des mauvais Génies. Dispositions requises pour avoir un Génie tutélaire. Pourquoi on en change quelquefois. Tout dans la nature a son génie tutélaire selon les Sauvages, 345. *& suiv*. Les Sauvages croient qu'ils ont tous leurs Génies tutélaires, 353. Des mauvais Génies, & qui sont ceux, qui ont commerce avec eux, 359-60.

Estotiland. Pays imaginaire, dont les deux Freres Zanis ont publié des merveilles, & qui a disparu : Grotius y fait passer les Norvégiens pour aller en Amérique, 12-15.

Esturgeon. Description de ce Poisson, qui se pêche en Canada sur les côtes de la Mer, & dans l'eau douce. Maniere de le pêcher. Deux espéces d'Esturgeons, 153-54.

Esurgny. Coquillage, sa vertu, où il se trouve, 209.

Ethiopiens. S'ils ont peuplé l'Yu-catan, 12, 13-16, 19.

Etienne. (Robert) a cru que c'étoit dans l'Amérique, que Salomon envoyoit ses Flottes chercher de l'or, 2.

F

FAMINE. La grande & la petite Famine. Rivieres, leur situation, 205. Anse à la Famine. Description du Pays ; d'où lui vient ce nom, 206.

Farine froide. Ce que c'est, & son usage, 332.

Femmes sauvages. Leur emploi à la Chasse, 201. Elles ont la voix fort belle, 230. La dignité de Chef se perpetuë parmi les Hurons dans la ligne Féminine, 267. Si elle est éreinte, c'est la plus noble Femme, qui choisit le Chef. Les Femmes nomment les Conseillers du Chef, 268. A quoi se réduit, & en quoi consiste leur autorité, 269. Condition dure des Femmes, & le mépris, où elles sont parmi les Sauvages, 286-87. Elles accouchent facilement, ce qui s'observe devant & après leurs couches, 288. Les Femmes Sauvages sont fort lascives, 303. Pourquoi elles ne sont point fécondes, 304. Ornement des Femmes, 329. Leurs occupations, 330. Leurs ouvrages, 333. Les Femmes Sauvages sont celles, qui se mêlent le plus de sortileges, 360.

Femme-Chef des Natchez, ce que c'est, ses droits, honneurs, qu'on lui rend pendant sa vie, & après sa mort, 420. *& suiv.*

Festins. Dans les Festins d'appareil, celui, qui en fait les honneurs, ne touche à rien, 218. Festins pour les Morts, & pour les Funerailles, 372. *& suiv.*

Fête des Morts, ou *Festin des Ames*. Sa description, 377. *& suiv.*

DES MATIERES.

Feu. La Religion du Feu fort ancienne dans les Indes, & dans l'Amérique, 25. Danse du Feu. Secret pour s'empêcher d'être brûlé en touchant du feu, 229. & *suiv.* La Religion du feu établie dans toute la Louysiane, 429.

Févier. Arbre, qui porte des Féves, qu'on n'a jamais pû faire cuire, 317.

Fil. Comment les Femmes Illinoises tirent des nerfs de Chevreuil un fil aussi beau & plus fort que le fil de Malines, 395.

Flet. Poisson, diminutif du Flettan, 54.

Flettan. Description & bonté de ce Poisson, qui se trouve en quantité dans la Mer du Canada, 54-55.

Floride. Description de la Côte, 470-71.

Fontaines. Deux Fontaines singulieres auprès de l'Ohio, 224.

Fontenay (le Chevalier de.) Capitaine de Vaisseau, prévient l'Auteur, & le mene sur son Bord, 497. Son éloge, 498. Sa mort, 499.

Forbans. Les Anglois leur font une plus cruelle guerre, que les autres, & en sont plus haïs. Comment ils les font tomber dans le piége, 500.

Forêts. Beauté des Forêts de la Louysiane : Arbres, qu'on y trouve, 409.

Forts bâtis dans les Habitations, en quoi ils consistoient, pourquoi les Iroquois ne les attaquoient point, 124.

Fosse. Ce que c'est que la Fosse sur le grand Banc, 49.

Foucant (M.) Ecclésiastique, tué par des Sauvages dans la Louysiane, 431.

Fouines. Plusieurs espéces de Fouines en Canada, 133-34.

Fourche. On appelle *la Fourche*, le Confluant de la Riviere des Illinois & du Theakiki, 380.

Francisquains. Un Pere Franciscain rend un grand service aux François à saint Marc d'Apalache, & fait politesse à l'Auteur, 474-75. Deux autres logent l'Auteur chez eux à la Baye saint Joseph, 477.

François. Ils se sont laissé prévenir en Terre-neuve par les Anglois : fautes, qu'ils ont fait en Acadie, & en Canada, au sujet des Pelleteries, 87. & *suiv.* Ce qui a fait périr un grand nombre de jeunes Gens en Canada, 89. Seul moyen de *franciser* les Sauvages, 90. *Voyez* Coureurs de Bois. Comment un François pris par les Outagamis évite le feu, 383. Deux François se joignent à l'Auteur, ce que leur dit le Chef Illinois de Pimiteoui à ce sujet, 386-88. Les François établis aux Illinois sont à leur aise, 394. Peuples ressemblans aux François, fort éloignés à l'Occident du Micissipi, 397. Comment dans les marques des Guerriers les François sont représentés, & pourquoi, 408. Deux François sont tués par des Chicachas, & comment ils furent surpris, 408-09. Abandon, où l'Auteur les trouve aux Natchez, & dans toute la Louysiane, 431-32. Plusieurs François désertent de la Louysiane, 477. 482. Plusieurs conspirent d'enlever un Brigantin Espagnol. Ce qui fait échouer ce dessein, 482-83.

Fresne. Sucre de Fresne fort estimé, 123. Trois espéces de Fresnes, 162.

Frislande. On ne sçait bien ce que c'est que ce Pays. Il ne faut pas croire tout ce qu'en ont dit les deux Freres Zanis, Nobles Vénitiens ; Jean de Laët croit qu'il fait partie du Groenland, ou de l'Islande, 15.

Frisons. Auteurs, qui ont dit, que les premiers Habitans du Pérou, & du Chili étoient Frisons, 4.

Froid. Durée & rigueur du froid en Canada, 165. & *suiv.* Quelles en peuvent être les causes, 177. & *suiv.*

Tt t ij

Froid extrême & extraordinaire dans la Louyſiane, 404-406. *& ſuiv.*

Froment. Il vient fort bien aux Illinois, 394. 403. Pourquoi il ne vient pas ſi bien en d'autres endroits de la Louyſiane, & comment on y peut remédier, 405-06. 446.

Frontenac. Lac & Fort de Frontenac. Voyez *Cataroqui*, & *Ontario*.

Funerailles. En quoi elles conſiſtent parmi les Sauvages, 373. *& ſ.* Parmi les Natchez, 420. *& ſuiv.*

G

GALETTE (la) Anſe du Fleuve ſaint Laurent, ſa ſituation. Lieu propre pour un Fort, 191.

Gallions. Naufrage des Gallions d'Eſpagne, 458.

Galots. Les Galots, rapide, 193. *Iſle aux Galots*, ſa ſituation, 205.

Ganos. Lieu ſitué ſur l'Ohio, ce qu'on y trouve de ſingulier, 224.

Garcia (le P. Gregorio.) Dominiquain Eſpagnol; ſon ſentiment ſur l'origine des Amériquains, 5.

Gaſpé, ou *Gachepé*. Baye & Cap. Sa ſituation, 61.

Gau. L'eſtomach d'une Moruë, ce qu'il a de particulier, 52.

Gaulois. Paul Jove a imaginé qu'ils deſcendoient des Mexiquains. Poſtel a cru qu'ils avoient envoyé des Colonies en Amérique, 4.

Géants. On ne doit rien conclure des Géants, qu'on a vûs dans l'Amérique, par rapport à l'origine des Amériquains, 27.

Genebrard donne dans les Idées d'Arias Montanus ſur le nouveau Monde, 3.

Gin-Seng. Cette racine eſt auſſi bonne en Canada, qu'en Corée, & pourquoi. Où elle ſe trouve. Idée, qu'en ont les Sauvages, nom qu'ils lui donnent, 315. *& ſuiv.* Voyez la *Deſcription des Plantes.*

Giros (D. Pierre Ferdinand.) Ses découvertes dans la Terre Auſtrale, 22.

Glaces enormes. Danger, qu'elles font courir ſur Mer, 58.

Goberge, ou *Poiſſon S. Pierre*. Deſcription de ce Poiſſon. Pourquoi on le nomme Poiſſon S. Pierre, 152.

Gomara. Auteur Eſpagnol, fait deſcendre les Amériquains des Cananéens chaſſés de la Paleſtine par Joſué, 4. En quel tems il dit, que les Chichimaquas s'établiſſent ſur le Lac de Mexico, 18.

Goufre. Vis-à-vis l'Iſle aux Coudres; à quelle occaſion il a paru, 66. Autre ſur le Miciſſipi, 414.

Goyogouins. Baye des Goyogouins, ſa deſcription, 214.

Grains & Légumes. Qui ſont ceux, que les Sauvages cultivent, & quel uſage ils en font, 330. *& ſuiv.*

Grellon (le Pere) Jéſuite, ce qu'il dit d'une Huronne tranſportée en Tartarie, 30.

Groënland. Grotius fait paſſer les Norvégiens par le Groenland, pour aller en Amérique, 12. Idée, que Jean de Laët donne de ce Pays, 14-15. Laët convient, que le Groenland avoit été peuplé par les Norvégiens. En quel tems ce Pays a commencé à être peuplé, 18. Il paroît que les Eſkimaux en ſont originaires, 179.

Grotius (Hugues.) Son ſentiment ſur l'origine des Amériquains: ſes démêlés à ce ſujet avec Jean de Laët, 12. *& ſuiv.*

Gruës. Deux eſpéces de Gruës en Canada, leur deſcription, 156.

Guarigues. Eſpéce de Champignons qui croiſſent ſur les Pins blancs; leur uſage dans la Médecine des Sauvages, 160.

Guella (François) Eſpagnol, croit qu'il y a communication par Terre entre l'Aſie & l'Amérique, & ſur quoi il ſe fonde, 32.

Guerre. Comment les Guerres en-

DES MATIERES.

tre les Sauvages ont dépeuplé le Canada, 203. Maniere de chanter la Guerre, 207. De la déclaration de la Guerre, 208. & *suiv.* Des préparatifs, 210. Des motifs, qui la font entreprendre, 215. & *suiv.* Des préparatifs du Chef, 216. & *suiv.* Comment on y prépare les Guerriers, en leur faisant toutes sortes d'avanies, & quel est le principe des Sauvages sur cela, 218-19. Adieu des Guerriers, 221. Leur marche, leur campement, leur confiance présomptueuse : leur attaque, leur retraite : maniere, dont ils en usent avec leurs Prisonniers : leur arrivée à leur Village. Maniere, dont ils instruisent le Public de leur Victoire, 236. & *suiv.* Leurs Guerres sont éternelles, 251. Quelques circonstances touchant la Guerre parmi les Sauvages Occidentaux, 382. & *suiv.* De quelle maniere les Natchez font la Guerre, 225. & *suiv.*

Guigues (le Sr) Fermier du Castor. De quoi il s'avise pour faciliter la consommation de cette Pelleterie, dont il étoit surchargé, 99-100.

Guimonneau (le P.) Missionnaire aux Illinois, 394.

Guinée. Nouvelle Guinée, crue une Isle, reconnuë Continent, 22.

H

HABITANS. Pourquoi les Habitans sont plus à leur aise en Canada, que les Seigneurs, 108-09.

Hamconius. Son sentiment sur les premiers Habitans du Pérou & du Chili, 4.

Havane. La Havane, Ville de l'Isle de Cuba. Sa situation, 458. Description du Port & de la Ville. Le Gouverneur refuse d'y recevoir la Bellone. L'Auteur y rencontre des François de l'Adour, 486-87.

Hawkins (le Chevalier Richard) prétend avoir verifié, que la Nouvelle Guinée est une Isle, 22.

Hebreux. Voyez *Israëlites.* Le P. de Acosta ne croit point que les Amériquains en descendent : ses preuves, 7. Rapports entr'eux & les Sauvages, 349-50.

Hennepin (le P. Louis) Récollet. Voyez *l'Histoire & la Liste des Auteurs.* Il s'est trompé sur la hauteur du Sault de Niagara, 233.

Herbe à la Puce. Ses effets, 263.

Hercules. Colomnes d'Hercules. Budbeck les place dans le Nord, 3.

Here (le Chevalier d') Capitaine de Vaisseau, évite le naufrage, sans pouvoir le faire éviter aux Gallions Espagnols, 458.

Hermine. Description de l'Hermine du Canada, 134.

Herrera (Antoine de.) En quel tems il dit que les Chichimeques s'établirent sur le Lac du Mexico, 18.

Hesperides. Idées des Espagnols sur ces Isles, 3. Budbeck les place dans le Nord, *ibid.*

Hesperus. Idées des Espagnols sur ce prétendu Roi, 5.

Hetres. Abondans en Canada : à quoi ils sont bons, 162.

Hollandois. Ils donnent des Armes à feu aux Iroquois, & par là mettent les François dans la nécessité d'en donner aussi à leurs Alliés, 222.

Hontan (le Baron de la.) Voyez *l'Histoire & la Liste des Auteurs.* Fausseté, qu'il avance au sujet du grand Autel de l'Eglise des Jésuites, 76. Réfutation de ce qu'il dit des Femmes de Montréal, 142. Il paroît n'avoir point vû le Sault de Niagara, 233-34. C'est une fable, que ce qu'il dit de l'exactitude des Sauvages à accorder les années Solaires avec les Lunaires, 402.

Hornn (Georges de) Hollandois. Son sentiment sur l'origine des Amériquains, 24. & *suiv.*

Hospitalieres. Description de leur Hôpital à Quebec, 76. & de l'Hôpital Général, 77. Différence entre les Religieuses de ces deux Maisons, 77. Hôpital des Trois Rivieres, par qui fondé, par qui desservi, 113.

Hougue. Fort Espagnol dans l'Isle de Cuba, sa situation, 458.

Huarts. Espéce de Cormorants. Son cri, & ce qu'il présage, 193.

Hubert (M.) Commissaire-Ordonnateur de la Louysiane, vend sa Concession des Natchez, 415. Amitiés, qu'on lui fait à la Baye de saint Joseph. Sa Fille y est baptisée avec grand appareil, 478.

Hudson. Baye d'Hudson. *Voyez l'Histoire.* Peuples, qui y font le Commerce, 180. *& suiv.*

Huitres. Maniere de les pêcher en Acadie, 151-52. Huitres de deux sortes sur la Côte de la Floride, 471. 473. 476.

Huns. Sentiment & contradiction de Georges de Hornn au sujet des Huns, 29-30.

Hurons. Nation Sauvage du Canada. Huronne transportée en Tartarie, 30-31. Idée de Georges de Hornn sur l'origine de ces Sauvages, 32. Ferveur des Hurons de la Lorette, 82. *& suiv.* Les Hurons plus naturellement portés, que les autres Sauvages, à la fierté & à l'indépendance, 83. De la Langue Huronne, 189. Leur génie élevé, noblesse de leur Langue, 196. Les Peuples de la Langue Huronne ont été plus occupés que les autres de la culture des Terres, & ce qui s'en est ensuivi, 198. Ils sont encore l'ame des Conseils, 199. C'étoit la seule Nation, qui pût disputer la prééminence aux Algonquins, 200. Comment ils se sont trouvés engagés dans la guerre contre les Iroquois, qui les ont presque détruits, 202. Maladie extraordinaire d'une Huronne, façon ridicule, dont elle se guérit, 230. *& suiv.* Village des Hurons au Détroit, 256. Ils y assistent à un Conseil. Leur Orateur porte la parole selon la Coûtume, 257. *& suiv.* Sans eux les autres Sauvages y mouroient de faim. Leur esprit intéressé. Les Matrones se plaignent de ce qu'on empêche, qu'on ne leur donne un Missionnaire, 260. Comment la Nation est divisée en Tribus, 266. La dignité de Chef y est héréditaire dans la ligne féminine, 267. Comment ils punissoient l'assassinat, 274. & le vol, auquel ils étoient fort sujets, 276. Les Mariages ne sont point stables parmi eux, 284. En quoi ils surpassent les autres Sauvages, 305. 309. Ils étoient autrefois fort lascifs, 326. Estime, qu'ils ont toujours faite de la continence, 350. Leur Tradition sur la premiere Femme. Leur idée sur les Eclipses, 399-400. Les Hurons ne se rendent pas les Esclaves de leurs Chefs, comme font les Natchez, 419.

Hyver. Rigueur & durée de l'Hyver en Canada, 164. *& suiv.*

J

JACQUET. Le Banc Jacquet, ce que c'est, 49.

Jalousie. Les Sauvages des deux sexes y sont fort sujets, 285.

Iberville (M. le Moine d'.) Il découvre un passage sûr & commode; 66. Eloge de cet Officier; estime, qu'en faisoient les Canadiens, 174. Il trace le Plan d'une Ville aux Natchez. Quel nom il lui désigne, 414. Il destine un Missionnaire aux Natchez, 431.

Jéremie (le sieur.) *Voyez la Liste & l'Examen des Auteurs,* & les deux précédens Volumes : ce qu'il dit des Caribous, 130. & des Bœufs musqués, 132.

Jésuites. Description de leur College de Quebec, 75. *& suiv.* Ils con-

DES MATIERES.

duifent leurs Sauvages des Trois Rivieres au Cap de la Magdeleine. Un Jéfuite eſt établi Miſſionnaire à Checoutimi, 1. 4. Pourquoi, & comment ils ont formé la Bourgade du Sault faint Louis, 175. & ſuiv. Dangers, qu'ils couroient parmi les Iroquois, 252. Danger, que coururent deux Jéſuites dans une Bacchanale Iroquoiſe, 357. & ſuiv.

Jeu. Jeu du Plat, ou des Oſſelets, en quoi il conſiſte, à quel point il intéreſſe les Sauvages, 260. & ſuiv. Jeu des Pailles, de la Croſſe, & autres chez les Miamis, 318. & ſuiv. Jeux pour les Funérailles, 373. Jeu du Truc parmi les Tonicas, 433.

Jeune. (le P. Paul le) Jéſuite, ſa Relation d'un hyvernement des Sauvages, 335. & ſuiv.

Jeûne. En quoi conſiſte le jeûne des Sauvages, 115. Quelques-uns le pouſſent fort loin, 300. Les jeûnes des Sauvages ſont un exercice de Religion, 346-48.

Illinois. Nation Sauvage. *Voyez l'Hiſtoire.* Elle paroît avoir la même origine, que la Miamiſe, 188. Ils défont un grand nombre d'Otchagras, 292. Corruption de leurs mœurs. Ils ont corrompu les Iroquois, 303. Mépris, où ils ſont parmi les autres Sauvages, 307. Leurs maléfices, 360. Ils ſont habiles & hardis voleurs, 384. Action entre les Illinois & les Outagamis. Chaque Parti fait un Priſonnier. Celui des Illinois ſe dit Illinois, n'eſt point cru, & il eſt brûlé, 385. Un Parti d'Illinois revient à Pimiteoui. Caractere de leur Chef. Miracle arrivé en ſa perſonne ; ce qui ſe paſſa entre l'Auteur & lui, 386. & ſuiv. Il prie l'Auteur de baptiſer ſa Fille, & il ſe convertit, 389. Deux Villages Illinois près du Miciſſipi. Leur commerce avec les François. Induſtrie des Femmes Illinoiſes, 394-95.

On prétend que les Illinois ſont originaires du Voiſinage de la Mer. Leurs différentes Tribus, 398. Avantages du Poſte des Illinois, 402. & ſuiv. Attachement de ces Sauvages pour les François, 403. Marques des Illinois après une expédition heureuſe contre les Chicachas. Notre Alliance avec eux nous a attiré les Chicachas, 408.

Incas. Grotius prétend que le premier des Incas du Pérou étoit Chinois, 17.

Indigo. Il croît naturellement dans la Louyſiane, 416. Ce qui fait périr quantité de ces Plantes dans l'Iſle Eſpagnole, 495.

Joliet (le ſieur.) L'Iſle d'Anticoſty lui eſt concedée au retour de la découverte du Miciſſipi, & on ne lui fait pas un grand préſent, 63.

Jonas (Angrimus.) Sçavant Iſlandois ; en quel tems il aſſure, que le Groenland a commencé d'être peuplé, 18.

Jongleurs. Leurs charlataneries dans la préparation & dans l'épreuve des Drogues, qu'ils font pour ceux, qui ſeront bleſſés à la Guerre, 219. & ſuiv. Ils ſe ſervent de Serpens pour leurs preſtiges, 235. C'eſt à eux à régler la marche des Guerriers, 236. Ils ſe vantent d'avoir des tranſports extatiques, 347. Ils ne ſe mêlent point de maléfices, & s'étudient même à les découvrir, & à en empêcher l'effet. Ils prétendent n'avoir de commerce qu'avec les bons Génies, 360. Leurs preſtiges, 361-62. Leur inſtallation, 363. Comment ils exercent la Médecine, 364. & ſuiv. Leur impoſture pour n'être point reſponſables des événemens. Jongleurs de l'Acadie, 368. & ſuiv. Dans quelques Nations ils ne ſont pas en ſûreté de leur vie, ſi le Malade meurt, 369. Deux ſortes de Jongleurs parmi les Natchez, 426-27.

Jove (Paul.) Sur quoi il fondoit son opinion, que les Mexiquains étoient venus dans les Gaules, 4.

Iroquet. La Nation de l'Iroquet tombe dans une embuscade des Algonquins, & y reçoit un échec, dont elle ne s'est jamais relevée. Elle doit sa destruction principalement aux Hurons, 110-11.

Iroquois. Sauvages du Canada. De qui de Hornn les fait descendre, 32. Par où ils entroient dans la Colonie: cruautez, qu'ils y exerçoient, 123. *& suiv.* Ils sont deux fois repoussés par une Dame & une Demoiselle, 124-25. Ils seroient bons Voisins, si on étoit en état de ne les pas craindre, 151. Parti, qu'on prend pour les gagner à J. C. 176. Eloge des Iroquois du Sault saint Louis, 177. Les Cantons Iroquois ont chacun leur Langue, 189. Leur Commerce avec les François à Catarocoui, dont le Fort avoit été bâti à leur occasion, 194. Origine de leurs Guerres avec les Algonquins, 200. *& suiv.* Comment ils se sont disposés à faire la Guerre aux Algonquins. Maniere, dont ils la font. Ils ont détruit, ou fort maltraité presque toutes les Nations, & sont eux-mêmes fort diminués, 102-03. Ceux de Catarocoui refusent de continuer la Guerre contre les Cheraquis, 207-08. Du Pays des Iroquois, 220. Ce sont les premiers Sauvages, à qui on a donné des armes à feu, & qui les leur a données, 224. Les Cantons Iroquois sont indépendans les uns des autres, 227. Ils seroient réduits à rien sans les Prisonniers, qu'ils ont adoptés, 243. Ils brûlent des François, qui traitoient chez eux de la part du Gouverneur Général; & les Jésuites, quoique sous la sauve-garde publique, n'y étoient pas en sûreté, 252. La Nation Iroquoise a les mêmes noms que la Huronne, avec quelque différence, 267. Ce qui a le plus contribué à la rendre formidable. Sa politique à l'égard des François & des Anglois, 271. Ils sont fort jaloux, 285. Ce qui a corrompu les mœurs des Iroquois, 303. En quoi ils surpassent les autres Sauvages, 305-06. Leur fierté & leur hauteur, 309. Ce que des Iroquois trouverent de beau à Paris, 322. Ils travailloient autrefois leurs Cabannes mieux que les autres, & mieux, qu'ils ne font aujourd'hui, 335. Estime, qu'ils ont toujours faite de la continence, 350. Ce qu'ils pensent de la nature des maladies, 370-71. Leurs fables au sujet de la premiere Femme, 399.

Islande. Grotius croit que les Norvégiens ont passé par cette Isle pour aller peupler l'Amérique Septentrionale, 12. Quand cette Isle a commencé d'être peuplée par les Norvégiens, 14.

Isles. Isle aux Chevreuils, 204-05.
Isle Bizard, 140.
Isle du Bois blanc, 282.
Isles du Castor, 313.
Isle des Chats, ou de *Bienville,* 449.
Isle des Chiens, 476.
Isle à Corne, 449.
Isle Dauphine, ou *Massacre,* 449.
Isle Espagnole, ou de *S. Domingue,* 2. 28 29.
Isle de Jesus. Son premier nom. Sa situation, son étenduë, 140.
Isle Pelée, 398.
Isle Perrot, 140.
Isle Ronde, 480.
Isle Rouge, 66.
Isles de Salomon, 22.
Isles aux Serpens à Sonnettes, 255.
Isle de sainte Claire, 256.

Israëlites, Quelques Auteurs font passer les Israëlites, que Salmanasar emmena Captifs, en Amérique, 4. Bréverood croit que tous les Tartares descendent d'eux, 11. Moraez a cru que les Israëlites avoient peuplé l'Amérique l'Amérique en partie. Réfutation de ce sentiment, 23.

Itaque. Pointe d'Itaque. C'est l'extrémité Orientale de Cuba, 489.

Jusqueka. Divinité des Sauvages, 344-45. 348.

K

KAMOURASKA. Paroisse du Canada, d'où vient ce nom. Pêche des Marsouins établie en ce lieu, 148.

Kappas. Sauvages de la Louysiane presque détruits, 410.

Kerebeu (le P. de.) Missionnaire aux Illinois, 394.

Kicapous. Nation Sauvage. Son Pays propre, 188.

Killistinons. Voyez *Cristinaux.*

Kirker. (le P. Athanase) Jésuite, a cru que les Amériquains tiroient leur origine des seuls Egyptiens, 4.

Kœmpfer (Engelbert.) Quand & par qui il prétend que la Métempsicose a été portée aux Indes, 25.

L

LABRADOR. Situation de ce Pays, 178. Il n'est bon à rien, 179.

Lacs. Les vagues sont aussi fortes dans les grands Lacs du Canada, que dans la Mer, 205. Flux & reflux, qu'on y remarque, 206. Etenduë de ces Lacs, 180. Lacs à l'entrée des Rivieres, qui se déchargent dans la partie Orientale du Lac Michigan; d'où cela peut venir, 313. Lacs de la Louysiane, 435.

Lac Huron, 278.
Lacs des deux Montagnes, 140.
Lac de Pimiteouy, 384.
Lac de Pontchartrain. Voyez *Pontchartrain.*
Lac de S. François, 193.
Lac de S. Louis. Sa situation, 140. C'est le premier nom du Lac Ontario, 195.
Lac de S. Pierre, 112. Il n'a que peu d'eau, si ce n'est au milieu. Il est fort poissonneux, 113. Il partage le Canada en deux climats, comme la Loire en France, 136.
Lacs du Moingona, 397.
Lac de bon Secours, 398.
Lacs des Chetimachas, 436. 444.
Lac Superieur. Son origine selon les Sauvages, qui lui rendent un culte, 281.

Laët (Jean de.) Sçavant, natif d'Anvers. Sa Critique au sujet de diverses opinions sur l'origine des Amériquains, 8. & *suiv.* Ses Démêlés avec Grotius sur ce sujet, 12. & *suiv.* Son sentiment propre, 19. & *suiv.* Réflexions sur ses preuves, 21. & *suiv.* Il expose le sentiment de Moraez, 23. Il prétend que la Navigation est un effet de l'audace des Hommes, & n'est point entrée dans les vuës directes du Créateur, & se trompe, 39.

Laffitau (le P. Joseph.) a le premier apporté en France le Gin-seng du Canada. Le nom, qu'il lui a donné, 316.

Laine de Moscovie. Nom, que l'on donnoit autrefois au poil du Castor, 96.

Langets. L'Auteur court risque de périr vis-à-vis Langets, 45.

Langues. La connoissance des Langues nécessaire pour découvrir l'origine des Nations, 36. & *suiv.* Les trois Langues Meres du Canada, 183. Des trois Langues Meres du Canada, & de leurs dialectes, 184. & *suiv.* Caractere des trois Langues Meres du Canada, 296. & *suiv.* Embarras, où l'on a été pour se faire entendre des Sauvages, & quelle en étoit la cause, 197-98.

Laval (François de.) Premier Evêque de Quebec, vend l'Isle d'Orleans à M. Berthelot, 67.

Law. (M.) Sa Concession aux Akansas presque ruinée. Il a été mal servi, 411.

Légumes. Il les faut renouveller tous les ans dans l'Isle Espagnole, à l'exception de la Laituë, 495.

Lemery. (M.) Il s'est trompé en disant, qu'il n'y avoit que le train de derriere du Castor, qu'il fût permis de manger en Carême, 97. Ce qu'il dit des Castors, ou Biévres d'Europe, 104.

Lencornet. Espece de Séche, sa description, maniere de le pêcher, 152.

Lery (Jean de.) Fait descendre tous les Amériquains des Cananéens chassés de la Palestine par Josué, 4.

Lery. (M. de Chaussegros de) envoye en France le Plan en relief de Quebec, 78.

Lescarbot (Marc.) *Voyez les premiers Volumes.* Avocat au Parlement de Paris. Son sentiment sur l'origine des Amériquains, 9. *& suiv.* Laët le critique, & quelquefois mal, 11. De Hornn lui fait dire ce qu'il ne dit point, 24. Fautes, qu'il reproche aux François, qui étoient de son tems en Acadie, 85-86. Ce qu'il dit des Loups Marins de l'Acadie, 143.

Liévres, & *Lapins.* Ce qu'ils ont de particulier en Canada, 135.

Lions inconnus dans les Isles de l'Amérique, 7. Comment ils ont pû passer en Amérique, 31.

Lochon (le sieur de.) Ne réussit point à trouver des Mines, 393.

Longueil. (Le sieur le Moine, Baron de) va négocier à Onontagué, & visite en passant l'Etablissement de Niagara, 228.

Lorette. Mission Huronne, sa description. Ferveur des Sauvages 82-83.

Loups. Loups Serviers, Voy. *Serviers.* Petits Loups au haut du Micissipi, 133.

Loups. Voyez *Mahingans.*

Loups Marins. Description de cet Animal, ses différentes espéces. Maniere, dont on en fait la pêche. Avantages, qu'on en peut retirer, 143. *& suiv.*

Loutres. Communs en Canada, 134.

Louis XIV. Pourquoi il ôte le droit de Patronage aux Seigneurs en Canada. Il y permet le Commerce aux Gentils-Hommes, 109.

Louis de Bourbon, Navire du Havre. Il tombe en piéce en arrivant de S. Domingue, 500.

Louysiane. Comment il faudroit y placer les Habitations, & profiter du Terrein, que le Fleuve inonde tous les ans, 443-46. Ce que Garcilasso de la Vega en dit, 446. Idée peu juste, qu'on a de ce Pays, & d'où cela vient, 446. 47. Fausse nouvelle de l'évacuation de la Louysiane, d'où elle pouvoit venir, 476-77.

Luc. Le Frere Luc, Récollet, a fait quelques bons Tableaux en Canada, 75.

M

MACHOUTIN. Marais. Sa situation, 391.

Macopine. Racine, ses propriétés, 391.

Madagascar. Il y a apparence que les Chinois ont envoyé des Colonies dans cette Isle, 40.

Magdeleine. (M. l'Abbé de la) Qui il étoit. Terrein, qu'il concede aux Jésuites, 114.

Cap de la Magdeleine. Les Jésuites y conduisent les Sauvages des Trois Riviéres, qui n'y restent pas lontems, 114.

Maguelon. Une des Isles de saint Pierre, 59.

Mahingans. D'où ces Sauvages sont venus dans la Mission de saint François, 121. Ce sont les mêmes que les *Loups.* Leur ancienne habitation, 370.

Maïz. Differens usages, qu'en

font les Sauvages & les François, 331. & *suiv.* Pour dégraisser les Terres trop grasses, on peut y semer du Maïz, 405.

Maladies. Nature des Maladies selon les Iroquois, 369.

Malefice. Crime irremissible parmi les Sauvages, & comment ils le punissoient, 274-75. En quoi ils consistent chez quelques Nations. Les Jongleurs s'étudient à les rendre inutiles, 360.

Malhomines. Nation Sauvage, autrement dits *les Folles Avoines.* Son Pays propre, 188. Ces Sauvages sont bien faits, ont un langage mystérieux, & passent pour un peu Sorciers, 291.

Mal-nommée. Plante de l'Isle Espagnole, ennemie de l'Indigo, 494.

Mango-Capa. Le Premier des Incas du Pérou. Grotius croit sans fondement qu'il étoit Chinois, 17.

Manicouagan. Batture & Riviere dangereuse pour les Vaisseaux. Autre nom de la Riviere, 64.

Manitoualin. Isle du Lac Huron, 187.

Manitous. Ce que c'est. Attention des Sauvages à les porter à la guerre, 223. Honneurs, qu'ils leur rendent, & confiance, qu'ils ont en eux, 236. & *suiv.* En quelles occasions on s'adresse à eux, & pourquoi, 145. Dispositions requises pour avoir un Manitou, ou un Génie tutélaire. Manitous plus ou moins puissans. On confond le Manitou avec son symbole. On en change quelquefois, & pourquoi, 147-48.

Marais. Le grand Marais, ce que c'est, sa situation, 225.

Marameg. Riviere, sa situation. Ses Mines prétenduës, 393. & *suiv.*

Marbre. Fort commun à Tadoussac, 65. Espece de Marbre dans le Pays des Aïouez, 211.

Marées. Où elles commencent à être fortes dans le Fleuve saint Laurent, 64. Observations sur les Marées du Fleuve & du Golphe de saint Laurent, 67. & *suiv.* Espéce de flux & de reflux momentanés dans les Lacs, & d'où cela peut venir, 106. Marées vers Pensacole, 275-76.

Mariage des Sauvages, 283. & *s.*

Marie. La Mere Marie de l'Incarnation, Ursuline. Danger, qu'elle courut en allant en Canada par la rencontre d'une glace énorme, 58.

Marinœus. Auteur Sicilien: sur quoi il s'est imaginé que les Romains avoient envoyé une Colonie en Amérique, 4.

Marquette. (Le Pere Joseph) Jésuite. *Voyez l'Histoire & la Liste des Auteurs.* Ce qu'il dit d'une Riviere, qui sort du Lac des Assiniboils, 185. D'où est venu le nom de *Riviere du Pere Marquette.* Mort de ce Missionnaire, & l'idée, que l'on a de sa sainteté, 313-14.

Marshal. Interlope Anglois, au Biloxi. On l'oblige à s'éloigner à l'arrivée des Espagnols, 481. Il est pris & conduit à la Havane, 487.

Marson. (Monsieur & Madame de) Prédiction singuliere d'une Sauvagesse à leur égard, 261.

Marsouins de deux espéces. Leur description. Avantages, qu'on en peut tirer, 147. Ce qui a fait discontinuer la Pêche des Marsouins blancs au-dessous de Quebec, 148.

Martres. Particularités touchant ces Animaux. Observation des Sauvages à leur sujet, 134.

Martyr. D. Pierre Martyr d'Anglerie, son sentiment sur l'origine des Peuples de l'Yucatan, 13. Jean de Laët réfute ses preuves, 16.

Martyrs. Isles de la Floride. L'Auteur y débarque après son naufrage: Il y trouve des Sauvages, 461-62. Description de ces Isles, 466. Ce qui y retient les Sauvages, 467.

Mascoutins; Nation sauvage. *Voyez l'Histoire.* Son Pays propre. Mal-à-

Vuu ij

propos nommés Nation du Feu, 188. Ils ont eu un Village sur la Riviere de saint Joseph, 316.

Masquinongé. Poisson. Sa description, 121.

Matance. Le Pain de Matance, ce que c'est. Sa situation, 458. Description de cette Baye. Efforts inutiles du Capitaine de la Bellone pour y être reçu, 487-88.

Matanes. Mamelles de Matanes, Montagne à deux têtes, 64.

Mateomek. Divinité des Sauvages, 344.

Maubiliens. Sauvages de la Louysiane. Ils avoient une espéce de Primatie parmi les autres par rapport à la Religion, 429. Ils étoient très-puissans du tems de Ferdinand de Soto; présentement ils sont presque réduits à rien, 452. *Fort de la Maubile.* De quelle importance il est de le conserver. Pourquoi les Habitans veulent quitter cette Riviere. Carriere au-dessus du Fort, 451-52.

Mauville. Bourgade, dont parle Garcilasso de la Vega, située au même endroit, où est présentement le Fort de la Maubile, 452.

Médecine. Comment les Sauvages l'exercent, & leurs principes, 364. *& suiv.* Médecine de la guerre parmi les Natchez, ce que c'est, 425.

Medoc. Fils du Prince de Galles. Histoire de son passage en Amérique, 20.

Melons. Deux sortes de Melons en Canada, 164.

Mercier. (M. le) Ecclésiastique Canadien, Missionnaire aux Illinois. Son éloge, 392-93.

Mérisier. Sucre de Mérisier, 123. Il ne perd point son amertume. A quoi est bon le bois de cet Arbre, 162.

Merluche. Ce que c'est, 53.

Messou, ou *Sakeschak.* Repare le Monde, selon les Sauvages, après le déluge, 399.

Metchigamias. Nation sauvage de la Louysiane, adoptée par les Kaskasquias, & confondue avec eux, 398 99.

Metellus Celer. Fausse Histoire de Pline de quelques Indiens envoyés à ce Romain par le Roi des Sueves, 6. Pourquoi les Espagnols ont fait valoir cette fable, 9.

Mexico. Les Mexiquains, lorsqu'ils s'établirent au Mexique, trouverent plusieurs Nations Barbares autour du Lac Mexico, 15.

Mexiquains. Ils trouverent en arrivant au Lac Mexico plusieurs Nations Barbares, qui y étoient établies, dont ils n'entendoient point la langue, & qu'ils assujettirent, 15. Pourquoi ils donnerent à Cortez le nom de Fils du Soleil, 17. Leur tradition sur les Peuples, qu'ils trouverent sur les bords du Lac de Mexico. Quand ils fonderent leur Empire : d'où ils venoient, 18. Les premiers Mexiquains étoient moins policés, que les Fondateurs de l'Empire du Perou, 33.

Miamis. Nation sauvage. *Voyez l'Histoire.* Lieux, où elle réside. Elle paroît avoir une origine commune avec les Illinois, 188. Maniere, dont ces Sauvages se préparent à la guerre, 220. Comment ils traitent leurs Femmes fugitives, 284. Village de Miamis à la Riviere de saint Joseph, 312-16. Comment leur Chef reçoit l'Auteur, 318. Jeux en usage parmi ces Sauvages, 318. *& suiv.* Ils rapportent de l'Eau-de-vie de chez les Anglois, & ce qui en arrive, 320. Fort des Miamis, ce que c'est : sa situation, 381. Ces Sauvages sont originaires des bords de la Mer, 398.

Michabou, ou le Dieu des Eaux, suivant quelques Sauvages. Ouvrages, qu'ils lui attribuent, 281. *& suiv.* Son Tombeau, 283. Autres noms, qu'on lui donne ; pouvoir, qu'on lui attribue. Comment on dit qu'il forma le Monde & les Hommes. Contradiction des Sauvages à son sujet, 344.

Michigan. Le Lac Michigan. Sa situation, mal à-propos nommé *Lac des Illinois*, 187. Il n'a point conservé le nom d'*Orleans*, qu'on lui avoit donné, 253. Ce Lac & la Baye, qui s'y déchargent, reçoivent beaucoup de Rivieres, dont la plûpart font fort grandes. Ce qu'elles y produisent, 302. Singularité sur les Rivieres, qui se déchargent dans le Lac Michigan, du côté de l'Est, 313.

Michillimakinac. Description & situation de ce Poste. Son utilité pour le commerce, 279-80. Isle de Michillimakinac, 281. Sauvages de ce nom, détruits à ce qu'on croit, par les Iroquois, 282.

Micissipi. Sa jonction avec le Missouri, 392. Ce Fleuve est peu connu au-dessus du Sault saint Antoine, 398. Le Micissipi gele extraordinairement. Difficulté de naviger sur ce Fleuve, 404. Profondeur de ce Fleuve, 409. Ce Fleuve se jette beaucoup du côté de l'Est, 434. Etat, où est ce Fleuve au dessous de la Nouvelle Orleans. Changemens, qui s'y sont faits depuis quarante ans, & qui en est la cause, 440. Des Passes ou Embouchures du Micissipi: leurs incommodités, le moyen d'y remédier, 441. & *suiv.* Comment on pourroit creuser la principale de toutes, 444. Largeur du Fleuve, 445. Difficulté d'y naviger, 446. Par quelle hauteur est l'embouchure de ce Fleuve, 453. Il n'est pas vrai qu'il porte ses eaux douces vingt lieuës dans la Mer. Bonne qualité de ses eaux, 457.

Milius. (Georges) Ministre Protestant, a cru que les Celtes avoient peuplé l'Amérique : 4. & que les Habitans des deux Amériques n'avoient eu entr'eux aucune communication avant l'arrivée des Espagnols, 12.

Milles Isles. Leur situation, 195.

Mines de Fer aux environs des Trois Rivieres, 113. Des Mines de la Louysiane, & surtout de celles de la Riviere *Marameg.* 395. & *suiv.*

Mineurs du Roi à la Louysiane, 393. & *suiv.* Mines de Plomb sur le Micissipi, au-dessus du Moingona, 397. Sur le Micissipi, 407. Avis d'une Mine d'argent donné par les Octatas, 483.

Miracle, 347.

Miscou (Isle.) Sa situation, 61. Particularité d'une Fontaine d'eau douce au large de cette Isle, 62.

Missionaires. Leur avis pour peupler le Canada de proche en proche, 90. Des Missionnaires sont invités à une Fête, où ils supposent, qu'il y a de la superstition, 230. Ils refusent une Couverture bleuë, qu'on leur demande, & pourquoi, 231. Ils font remarquer la vanité des promesses des Génies, & ce qu'on leur répond, 232. Pourquoi les Sauvages voudroient, qu'ils assistassent à leurs Jeux, 262. Mauvaise humeur, & reproche de ces Barbares sur leurs refus, & ce que ceux-ci répondent, 263. Ce qu'ils avoient à souffrir dans les hyvernemens des Sauvages, 335. & *suiv.* Les Missionnaires ont mieux aimé souffrir avec eux bien des incommodités, que de leur ouvrir trop les yeux sur les commoditez de la vie, 339. Les Sauvages surpris de voir les Missionnaires prédire les Eclipses, & ce qu'ils en concluent, 401. Missionnaires à la Louysiane, & le peu de fruit, qu'ils y font, 431.

Missisaguez. Nation sauvage, dont une partie est établie à Catarocoui, 195. Ils chantent la guerre à Catarocoui, 207. Village de Missisaguez à Niagara, 225. Un Missisagué danse & chante avec du feu dans la bouche, 228-29. Village de ces Sauvages dans le Détroit, 277.

Missouri. Sa jonction avec le Micissipi, 392.

Missourites. Peuples habitans sur le Missouri. Un Aumônier Espagnol leur échape, & comment, 293-94. Sont les meilleurs coureurs des Sauvages du Canada, 386. Raport d'une Femme Missourite sur la Source du Missouri. Situation des Missourites, ces Sauvages voyagent fort loin, 396.

Mistassins. Peuple sauvage des Environs de la Baye d'Hudson. Quelle Langue ils parlent, 180.

Moingona. Situation & description de cette Riviere, ce qu'on y trouve, 397. Il paroît, que les Illinois sont descendus par cette Riviere dans la Louysiane, parce qu'une Tribu Illinoise en porte le nom. 398.

Monnoyes. Leur variation en Canada, mauvais effets que cela a produit, 91. & suiv.

Monsonis. Peuple sauvage, voisin de la Baye d'Hudson, quelle Langue ils parlent, 180.

Moruës. Prodigieuse quantité de ces Poissons sur le grand Banc, 49. Bonté de ce Poisson : ce qu'il y a de meilleur. Sa voracité. Il n'est pas vrai, qu'il digere le fer. Comment il se décharge de ce qui l'incommode, 52. Ce que c'est que la Moruë verte & la Moruë séche. Comment on auroit dû faire la pêche de la Moruë en Acadie, 53.

Monstre Marin. Un Missionnaire croit en avoir vû un dans la Riviere de Sorel, 154.

Montjoly. Sa situation, 61.

Mont-Louis. Sa situation. De quelle importance il seroit d'y faire un Etablissement, 62.

Montmorency. Sault de Montmorency, 70-71.

Montreal. Description de la Ville & de l'Isle de Montreal, 137. & suiv.

Mont Notre-Dame, 61.

Montagne. Village Iroquois de la Montagne ; d'où lui vient ce nom, 141. Utilité de ce Village, par qui il est dirigé, 176.

Montanus (Arias.) Ses idées sur plusieurs endroits du nouveau Monde, 2-3.

Montigny (le sieur de.) Capitaine François, commandant à la Baye. Son éloge, 290-95. Réception, que lui font les Sakis, 293.

Moraez (Emmanuel de.) Portugais. Examen de son sentiment sur l'origine des Amériquains, 23.

Motezuma. Idée plaisante de Georges de Hornn sur ce Prince, 34.

Moulin-Baude. Ce que c'est. Sa situation, 64.

Moulin à Planches, auquel des Castors fournissent de l'eau, 103.

Moulinet rapide, 193.

Mozambique. On y connoissoit l'usage de la Boussole lontems avant le XV. siécle, 8. 40.

Mûriers. Quantité de Mûriers blancs aux Illinois. Les Habitans en bâtissent leurs maisons, 395.

Myrthe à Chandelle. Arbrisseau, qui porte une racine, dont on fait de la cire. Qualité de cette cire, 450-51. *Voyez la Liste des Plantes.*

N

NADOUESSIS, ou *Nadouessioux.* Nom propre des Sioux, 183.

Natchez. Sauvages de la Louysiane. Situation & beauté de leur pays. Ville projettée aux Natchez. Pourquoi on y doit établir la Métropole de la Colonie. Concessions, & leur description, & situation du grand Village des Natchez, 414. & suiv. Leur Temple, 417. & suiv. Caractere de cette Nation, 419. & suiv. Leurs Mœurs, leurs Usages, leurs

Mariages, 423. & suiv. Leur maniere de se préparer à la Guerre, & de la faire, 425. & suiv. De leur Devis, 427. De leurs Traités, & de la réception des Ambassadeurs, 427. & suiv. Il n'y a plus que leur Temple, qui subsiste dans la Louysiane, 429.

Natchitaches. Sauvages de la Louysiane. *Voyez le second Tome de l'Histoire*, leur situation, 434.

Naufrage. Voyez Adour.

Navigation. Preuves que la Navigation étoit assez parfaite après le Déluge, pour que l'Amérique ait été peuplée peu de tems après, 38-39. Un des plus grands dangers de la Navigation pour aller en Canada, 55.

Négociations. Habileté des Sauvages dans leurs Négociations, 251. & suiv.

Négres. Ne deviennent jamais blancs, sous quelque climat qu'ils soient, 19. Les Négres, qu'on a trouvés dans la Province de Careta en Amérique, y étoient sans doute venus d'ailleurs, 25. Pourquoi il ne faudroit pas les laisser multiplier dans nos Colonies, 415.

Niagara. Ce que c'est que la Riviere de Niagara, 225. Idée du pays de Niagara, 227. Description de la Cataracte de Niagara, 233. & suiv. Portage de Niagara, 235.

Nipissings sont les vrais Algonquins, 186. Lac Nipissing, 187. *Voyez le premier Volume.* Origine du Lac Nipissing selon les Sauvages, 283.

Noblesse. D'où il est arrivé qu'elle est devenüe fort nombreuse en Canada, 172.

Noé. Il n'est pas croyable, selon Lescarbot, que Noé ait ignoré l'Amérique, 10. Il n'a point dit, comme le prétend de Hornn, que ce Patriarche y soit né, 24.

Noir (le sieur le.) Commis principal de la Compagnie d'Occident aux Natchez, 415. Il visite avec l'Auteur le Temple des Natchez, & ce qu'il en dit, 419.

Noms des Tribus Huronnes, & Iroquoises, & des Chefs, 266-67. De l'imposition des noms & de leurs changemens, 288-89. On ne prononce pas le nom des Morts pendant le Deüil, & si quelqu'autre le porte, il le quitte, 374-376. Noms des Guerriers parmi les Natchez, 426.

Noquets. Nation Sauvage, *Baye des Noquets*, 88. Origine de ces Sauvages, 290.

Norimbegue. Grotius y fait passer les Norvégiens pour aller en Amérique, 12. Nom imaginaire & factice Situation de ce Pays; nom, que les Naturels lui donnent, 15.

Norvégiens. Grotius prétend qu'ils ont peuplé l'Amérique Septentrionale, ses preuves, 12-13. En quel tems ils ont commencé à peupler l'Islande, 14. Difficultez, qu'ils auroient eües à passer en Amérique. Foiblesse des preuves de Grotius, 15-16.

Noyer. Sucre de Noyer, 123. Trois espéces de Noyers, & leur différence, 162. Proprietez des Noyers de la Louysiane, 407.

O

OCTOTATAS, ou *Mactotatas.* Sauvages habitans sur le Missouri. Deux de leurs Villages sont détruits par des Espagnols. Ceux d'un troisiéme surprennent & égorgent tous les Espagnols. Leur origine, 293. Situation de leur Pays, 396. Des Octotatas promettent de conduire les François à une Mine d'argent, 483.

Offogoulas. Sauvages alliés des Yasous, 413. *Voyez le second Volume.*

Obio. Surnommée la belle Riviere. Sa situation, 214.

Oiseaux. Plusieurs, mais non pas tous, ont pû passer d'eux-mêmes en Amérique, 24. Des principales espéces d'Oiseaux, qu'on voit en Canada, 155. & suiv.

Oiseau blanc. Espéce d'Ortholan, son chant, 156.

Oiseau-Mouche. D'où lui vient ce nom. Sa description, sa différence du Colibry. Comment il fait la guerre aux Corbeaux, 157-58.

Isles aux Oiseaux. Leur situation, leur description, 60-61.

Okkis. Nom, que les Hurons & les Iroquois donnent à leurs Manitoux, 345.

Omans. Peuples du Canada, différens des autres, leur situation, 397.

Onanguicée. Chef Pouteouatami. Il parle bien dans un Conseil, 259. Sa politesse & son mérite, 260.

Onneyouth. Courage d'un Capitaine Onneyouth brûlé par les Hurons, 249. & suiv. Dans ce Canton l'autorité est alternative entre les Hommes & les Femmes, 269.

Onnontagué. Riviere d'Onnontagué, sa situation, sa source, 214. Barbare Coûtume de ce Canton, 368.

Opmeer (Pierre.) Sçavant Hollandois, a cru que les Afriquains des environs du Mont Atlas avoient navigé en Amérique avant le Déluge, 28.

Orignal. Description de cet Animal, particularités, qu'on en rapporte. Maniere de le chasser, 126. & suiv. Comment le Carcajou lui donne la chasse, 129. Il est devenu rare en Canada, 130.

Orleans. Isle d'Orleans. Sa situation, son étenduë; érigée en Comté sous le nom de saint Laurent, 67. Par qui découverte, son premier nom, 69.

Lac d'Orleans. On avoit ainsi nommé le Lac Michigan, 253.

Nouvelle Orleans. En quel état elle étoit en 1721. Incommoditez de sa situation. Réponse à ceux, qui la croyent bien placée, 439-40. Où elle seroit mieux placée, 441.

Ormes. Deux espéces d'Ormes en Canada. Leur différence, leur grosseur, leur usage, 163.

Osages. Sauvages de la Louysiane, leur situation & leur Riviere, 396.

Otchagras. Nation sauvage. Son Pays propre, 188. Ils reçoivent un grand échec de la part des Illinois, & voulant avoir leur revanche, un grand nombre d'entr'eux périt dans le Lac Michigan. D'où vient le nom de Puants, qu'on leur a donné. Leurs différentes transmigrations, 290. Leur défaut, leur Langue, 292. Plaisante idée d'un de ces Sauvages sur un onguent, qui lui étoit tombé entre les mains, 294. Leur agilité dans la danse du Calumet, 296-97.

Otomias. Peuple établi sur le Lac de Mexico, subjugué par les Mexiquains, 18.

Ouabache. Riviere, sa situation. Importance de bâtir un Fort à son embouchure, 406.

Ouatchitas. Riviere des *Ouatchitas*, ou Riviere noire, 434.

Ovide. Description, qu'il fait d'une Cataracte assez semblable à celle de Niagara, 235.

Oviedo. Auteur Espagnol, ses idées sur les Hespérides, 3.

Ouilameck. Orateur Pouteouatami, son éloge, 320.

Ouiscousing. Situation de cette Riviere, 397.

Oumas. Sauvages de la Louysiane. Deux Villages de cette Nation, leur situation, 436.

Ours monstrueux, à qui Cartier vit faire quatorze lieuës à la nage, sans se reposer, 10. La chasse de l'Ours est la premiere parmi les Sauvages, 115. Comment elle se fait. Les Ours passent l'hyver sans boire

DES MATIERES.

ni manger, 117. Vénération de quelques Sauvages pour les Ours: leur pratique pour les appaiser, 300. L'Ours se dresse sur les pattes de derriere, quand il entend du bruit, & ce qui pensa arriver à l'Auteur à ce sujet, 316.

L'Ours qui dort, ce que c'est, 313.

Outagamis, ou *les Renards*. *Voyez l'Histoire*. Leur Pays propre, 188. On veut engager les Sauvages à recommencer la guerre contre eux, & pourquoi, 258. Ils poussent fort loin leurs jeûnes pour se disposer à la chasse. Leur caractere, ce qui les a engagés à nous faire la guerre. Ils se sont joints pour cela aux Sioux, & ce qui en est arrivé, 302. Un Outagami insulte cruellement des Illinois qui le brûloient, 306-07. Leur Fort auprès de la Riviere de saint Joseph, nommé le Fort des Renards, 371. Ils infectent tous les passages pour aller du Canada à la Louysiane, 380. 406. Des Outagamis prennent un François, & pourquoi ils ne le brûlent pas, 383. Action entre eux & les Illinois. Un Outagami est brulé par les Illinois, 385. Un Outagami ne peut faire prendre feu à son fusil, & il est pris par un Illinois, 387.

Outaouais. Nation Sauvage du Canada. *Voyez l'Histoire*. Leur ancienne demeure, 187. Des Outaouais poursuivis par des Iroquois tombent dans la Cataracte de Niagara, 234. Village d'Outaouais au Détroit, 256. Ils y assistent à un Conseil, & se contentent d'aprouver ce que l'Orateur Huron avoit dit, 259. Village d'Outaouais dans le Saguinam. Ils restent seuls à Michillimakinac, quelques-uns vont s'établir dans les Isles du Castor. Leur indocilité envers les Missionnaires, 279. 280 Plusieurs se retirent dans les Isles du Castor, & y cultivent la terre, à l'exemple des Hurons, 282-83.

Ouyapes. Tribu des Akansas 410. Mortalité parmi eux, causée par la petite vérole, 411.

Ouyatanons. Tribu Miamise, 188.

Oseille sauvage sur la Côte de la Floride. Sa mauvaise qualité, 454.

P

PACANE. Fruitier de la Louysiane, description de l'Arbre & de son fruit, 395.

Panama. L'Isthme de Panama crû impraticable avant l'arrivée des Espagnols en Amérique, 3. 12.

Panis. Nation sauvage. Situation de leur Pays. Sont les premiers, qui ont fait usage du Calumet, qu'ils ont prétendu avoir reçû du Soleil. Ce qu'on doit conclure de cette Tradition, 212. *& suiv*. Panis noirs, ou Ricaras, 410.

Paracelse (Theophraste) a cru que chaque Hemisphere a eu son Adam, 3.

Paradis. Idée, que les Sauvages ont de leur Paradis, ce qu'il faut avoir fait pour le mériter. Raport de ce Paradis avec celui des anciens Grecs, 351. *& suiv*.

Parmenides. Ancien Philosophe, a cru que la Zone Torride n'étoit point peuplée, & qu'on n'avoit point navigé à l'Occident de l'Europe, au-delà des Colonnes d'Hercules, 5.

Parvaim. Arias Montanus le place dans le nouveau Monde, 2.

Pascagoulas. Baye & Riviere. Concession de M. de Chaumont, 480.

Passagers. On débarque tous les Passagers, qui étoient sur l'Adour. Danger, que courent les uns. Réfléxion, que font les autres, 161. 62.

Passes, Ou embouchures du Micissipi. *Voyez Micissipi*.

Pauger (M. de.) Ingénieur du

Roi à la Louyſiane, viſite le Pays pour examiner où l'on pourra conſtruire des Forts. L'Auteur part avec lui des Natchez, 432. Il fait un fort beau Plan pour la NouvelleOrleans, 441. Il fonde l'Iſle Toulouſe, & les Paſſes du Miciſſipi, 442. Il arrive au Biloxi avec l'Auteur, 448.

Pavillons. Uſage, que les Sauvages en font. De qui ils l'ont pris, 210-11.

Pays plats. Ce que c'eſt. Leur ſituation, 277.

Pécan. Chat ſauvage, ſa deſcription, 134.

Pelleteries. Fautes, qu'on a faites en Canada au ſujet du Commerce des Pelleteries, 86. & ſuiv.

Pemine. Arbriſſeau. Qualité de ſon fruit, 163.

Penſacole. Deſcription de la Baye & du Fort de Penſacole, 479-80. Ce Poſte eſt reſtitué aux Eſpagnols, qui propoſent d'y tranſporter l'Etabliſſement de la Baye de S. Joſeph, 481.

Penſionnaires entretenus par les Sauvages, on n'écoute point leurs avis, qu'ils ne ſoient appuyés de préſens, & pourquoi, 252.

Péorias. Tribu Illinoiſe, 398.

Perdrix. Trois eſpéces de Perdrix en Canada. Ce qu'elles ont de particulier, 155.

Perles. Riviere des Perles. Sa ſituation. D'où lui vient ce nom, auſſi-bien qu'à une Iſle, qu'elle forme, 449. 454.

Permiſſion, ce que c'étoit, 89.

Perroquets du Canada & de la Louyſiane. Leur deſcription, 384.

Pérou. Qui a crû que ſes premiers Habitans étoient ſortis de la Friſe, 4. Leur ſurpriſe à la vuë des Vaiſſeaux Eſpagnols, 7. Ce que Grotius penſoit de leur origine, 13. Comment réfuté par Jean de Laët, 16. & ſuiv. Difficulté d'aller de la Chine au Pérou, Pourquoi les Péruvens ne peuvent être ſuppoſés deſcendus des Chinois. Laët a cru que le Pérou a été peuplé par quelque Nation Indienne, 17. Les Fondateurs de l'Empire du Pérou paroiſſent avoir été plus policés que ceux de la Monarchie du Méxique, 33.

Perrot (Nicolas.) *Voyez les deux Volumes de l'Hſtoire.* Il découvre des Mines de Plomb ſur le Miciſſipi. Il bâtit un Fort ſur la Rive droite du Lac de Bon-Secours, 398.

Péruſſe. Eſpéce de Sapin du Canada, 160. Uſages, que les Sauvages font de ſon écorce, 161.

Peſche. La Peſche auroit pû enrichir le Canada, & comment, 143. Elle eſt de droit commun en Canada, 172.

Petri (Suffridus) a crû que les Friſons avoient peuplé le Pérou & le Chili, 4.

Petun. Erreur à l'occaſion de l'uſage, que les Sauvages faiſoient de leur Petun. Ils y ont renoncé dès qu'ils ont pû avoir de notre Tabac. 333.

Phéniciens. Robert le Comte a crû qu'ils avoient ſeuls peuplé l'Amérique, 4. Différentes tranſmigrations des Phéniciens en Amérique, ſelon De Hornn, 26. & ſuiv.

Piakiminier. Deſcription de cet Arbre & de ſon fruit. A quoi ſont bons les pains, que les Sauvages font des Piakimines, 395 96.

Détour aux Piakimines, 441.

Picverts, ou *Piquebois.* Pluſieurs eſpéces de cet Oiſeau en Canada. Ce qu'ils ont de particulier, 156.

Pijoux. Eſpéces de Chats ſauvages de la Louyſiane, 407.

Pilote. Un bon Pilote doit toujours être de l'avant de ſon Vaiſſeau, 48.

Pimiteoui. Lac & Village des Illinois. Leur ſituation. Deſcription du Pays. L'Auteur y ſéjourne, & ce qui s'y paſſe. Il eſt environné de Partis

Ennemis, 384. & *suiv.*

Pins. Deux sortes de Pins en Canada, 160.

Pirémon. Chef Pouteouatami. Son éloge, 320.

Pirogues. Ce que c'est. Incommoditez de ces voitures, 404.

Pisticoui. Riviere. Sa situation, 380.

Pitoi. Espéce de Fouine, sa description, 134.

Plane. Sucre de Plane, 123.

Plaque La Plaque. Iroquois, qui a été Officier dans nos Troupes, épargne son Pere dans un Combat, & ce qu'il lui dit, 309-10. Il retourne par goût à la vie des Sauvages, quoiqu'il fût Lieutenant dans nos Troupes. On délibere dans son Canton, si on ne le fera point mourir, on conclud à le laisser vivre, & pourquoi, 321-22.

Platon. On croit trouver dans ses Ouvrages quelques vestiges de la connoissance de l'Antiquité. Ce qu'il en dit dans son Timée paroît une fiction au Pere de Acosta, 3, 6, 7, 10.

Plats-côtez de Chiens. Sauvages des Environs de la Baye d'Hudson, 181.

Plie de Mer, en quoi elle differe de celle des Rivieres, maniere de les pescher, 152.

Pline a crû que la Zone Torride n'étoit point peuplée, & qu'on n'avoit point navigé à l'Occident de l'Europe au-delà des Colonnes d'Hercules, 5. Il avance qu'un Roi des Sueves avoit envoyé des Indiens à Metellus Celer, 6. Il a cru que le nom de Scythe étoit autrefois commun à toutes les Nations du Nord de l'Asie, & de l'Europe, il ajoûte, que les Scythes se picquoient d'avoir beaucoup de Chevaux; mais il ne le dit pas de tous, 21. Il se plaignoit, que la Navigation n'étoit pas aussi parfaite de son tems, qu'elle l'avoit été plusieurs siécles auparavant, 39.

Poil. Pourquoi les Sauvages n'ont point de poil sur le corps. Ils trouvent en cela une grande beauté, 311.

Pointe. Longue Pointe, sa situation. Elle est couverte de Vignes, 254.

Pointe coupée, 412. 434.

Pointe aux Chevreuils. Commencement de la Baye de Pensacole, 479.

Pointe pelée. Sa situation, 255.

Poissons dorés. Fort communs dans le Lac saint Pierre, 121. 154. Abondance de Poissons dans le Lac de saint Pierre, & dans la Riviere de saint François, 120. Dans le Fleuve saint Laurent, & sur les Côtes de l'Acadie, 151-52.

Poisson armé. 152-53. Maniere, dont il donne la chasse aux Oiseaux, utilitez, qu'on peut tirer de ce Poisson, 153. Poissons, qui se pêchent autour de Michillimakinac, 282.

Poisson blanc, 282. Bruit, que font certains Poissons en battant l'eau de leur queuë, 432.

Polygamie. Chez quelles Nations du Canada elle est établie, 283-84. 423.

Pommes. Elles sont toutes d'une excellente qualité en Canada, 165.

Pontchartrain (Lac de.) Autrefois rempli de Caïmans. Sa longueur, 454.

Porcelaine. D'où les Sauvages la tirent. Usage qu'ils en font, des coliers & des branches de Porcelaines, 209. & *suiv.*

Porc-Epi. Les Sauvages empêchent leurs Chiens de casser les os de cet Animal, à cause de leur dureté, 106. Description du Porc-Epi, & ce qu'il a de singulier, 135.

Porphyre dans les Isles de S. Pierre, 59.

Portage. Ce que c'est, 190.

Portneuf. Terre érigée en Baronie sous le nom de Beckancourt, 109.

Portugais. Les Espagnols, pour leur enlever la gloire d'avoir les pre-

X x x ij

miers frayé un chemin aux Indes, donnent cours à l'Histoire des Indiens envoyés à Metellus Celer par le Roi des Suéves, 9. compris sous le nom d'Espagnols, ausquels on appliquoit une Prophétie d'Abdias, 10.

Possevin (le P. Antoine) Jésuite, donne dans les idées d'Arias Montanus sur le nouveau Monde, 3.

Postel (Guillaume.) Ses idées sur le nouveau Monde, 3-4.

Poualaks. Voyez *Assiniboils*, p. 185.

Pourcelles Voyez *Marsouins*.

Pouteouatamis. Village de ces Sauvages au Détroit, 256. Ils assistent à un Conseil au Détroit, 258. Leur Chef y parle fort bien, 259. Réception, qu'ils font à l'Auteur. Eloge de cette Nation, 260. Situation de leurs Isles. Leur affection pour les François, 290-91. Village de Pouteouatamis à la Riviere de saint Joseph, 312. 316. Ils apportent de l'eau-de vie de chez les Anglois, & ce qui en arrive, 320.

Powel (David.) Ce qu'il dit dans son Histoire du Pays de Galles, d'une transmigration de ces Peuples en Amérique, 20.

Prairie de la téte de Bœuf. Sa situation. D'où vient ce nom, 371.

Prêtres. Qui sont les Prêtres parmi les Sauvages, 350. 364.

Prisonniers de Guerre. Comment ils sont traités, & leurs bravades : de qui leur sort dépend, 242. *& suiv.* Comment ils sont traités parmi les Natchez, 426.

Provençal. Aventure singuliere d'un Navire Provençal, 81.

Puants. Voyez *Otchagras.* Baye des Puants, ou simplement *la Baye.* Sa situation, 188. Beauté du Pays, qualité du Terroir, d'où lui est venu le nom de *Baye des Puants*, 291-92.

Pyromancie. Comment les Algonquins & les Abénaquis l'exerçoient, 263.

Q

QUAQUER. Iroquois, Seigneur de l'Isle Tonihata, 194.

Quart. Ce que c'est que le Quart sur un Vaisseau, 55.

Quebec. Situation & description de cette Ville. Origine de son nom, 70. *& suiv.* Ses Fortifications. Son Plan en relief, 78. Maniere, dont on y vit, 79.

Quiros (D. Ferdinand de.) Ce qu'il mande au Roi d'Espagne de ses découvertes dans la Terre Australe, 22.

R

RADEAU. Plusieurs Passagers de l'Adour sont embarqués sur un Radeau, qui court risque de se perdre, 461. Une tempête le garantit du naufrage, 463.

Rai (M.) Sa description du *Mus Alpinus* convient au Rat musqué du Canada, 107.

Raisin-Prune. Où il se trouve, 379.

Rapide. Dans le Saguenay, 68. Voyez Sault S. Louis. Des Rapides du Fleuve saint Laurent, 190. *& suiv.* Rapide plat, 194. Voyez Casconchiagon. Deux Rapides dans le Micissipi, 397.

Raquettes. Description des Raquettes, avec lesquelles on marche sur la nege, 221.

Rat musqué. Sa description, ce qu'il a de singulier, 107.

Rat de bois. Sa description, 134. Fable des Sauvages au sujet de cet Animal, 399.

Raye. Cap de Raye. Sa situation, 58-59.

Rayes. Trois espéces de ce Poisson en Canada, 151.

Raze. Cap de Raze, sa situation. Le Vaisseau du Roi s'y trouve affalé, 57-58.

Récollets. Description de leur Maison à Québec, 74. Leur premiere demeure, 77. Leur Etablissement aux Trois Rivieres. Ils y desservent la Cure, 113.

Régent. Nom, que donnoient les François à l'Orateur Huron du Détroit, & pourquoi. Son discours dans un Conseil, 258.

Regnart. Poëte Comique, ce qu'il rapporte de la maniere, dont les Habitans de Bothnie se comportent après s'être fait suer, 362.

Relingues du Flettan. Ce que c'est, 55.

Renards. Ils se joignent aux Carcajoux pour faire la guerre à l'Orignal, 229. Renards noirs dans le Nord du Canada, 133. Les Renards font la guerre aux Oiseaux de Riviere, 133. aux Liévres, aux Lapins, & les Chiens la leur font avec succès, 135. Fort des Renards. *Voyez Outagamis.*

Renaud (le Sr.) Directeur d'une Compagnie particuliere, entreprend les Mines de la Louysiane, 394.

Renaudiere (le sieur de la.) Conduit à la Louysiane une Brigade de Mineurs du Roi, & ne réussit point, 393.

Revenants. D'où vient que les Sauvages croyent aux Revenants, 374.

Rhéne. Erable femelle, 161.

Ricaras, ou Panis noirs, 410.

Richelieu. Isles & Riviere de Richelieu. Autres noms de la Riviere. Commodité, que fournissoient la Riviere & les Isles aux Iroquois pour faire des courses dans la Colonie, 124. Effet charmant, que font ces Isles, quand on voyage par leur travers, 136.

Richer (le P. Pierre Daniel.) Missionnaire à Lorette, 83-5.

Rio de los Perdidos. Sa situation, d'où lui vient ce nom, 480.

Rio de Ciroca. Riviere de l'Isle de Cuba, où il y a une Habitation Espagnole, 489.

Riviere noire, 64. On y trouve du Gin-Seng, 316.

Riviere puante, ou de *Beckancourt.* Origine de son premier nom, 110-111.

Riviere des Outaouais, ou grande Riviere, 140.

Riviere des Prairies, ibid.

Riviere de S. Jean, ou *les mille Isles,* 140.

Riviere du Loup Marin, 132. 181.

Riviere aux Bœufs. Pourquoi son entrée se trouve bouchée, 224. Autre du même nom, 396.

Rivieres, qui se déchargent dans le Lac Ontario, 205.

Riviere des Hurons, 277.

Riviere de la Manistie, abondante en Esturgeons, 290.

Riviere du P. Marquette. D'où vient ce nom. Changement arrivé à son embouchure, 313-14.

Riviere de S. Nicolas, 315.

Riviere du Saguimont, 391.

Riviere des Illinois. Pourquoi elle conserve son nom après sa jonction avec le Theakiki. Où elle commence à être navigable, 380. Son cours. Sa jonction avec le Micissipi, 391-92.

Riviere des Macopines, 391.

Riviere des Kaskaskias, 395.

Riviere à la Roche, d'où lui vient ce nom, 396.

Riviere Bleuë, 397.

Riviere de sainte Croix, 398.

Riviere de saint Pierre, ibid.

Riviere Blanche, 410. Combien il y a de Rivieres dans le Vega-Real de saint Domingue, 494.

Riviere Rouge, 434.

Rocher. Village des Illinois. Sa description, 391.

Roitelet. Il chante mieux en Canada, qu'en Europe, 156.

Romains. Sur quel fondement Marinœus a imaginé, qu'ils avoient envoyé une Colonie en Amérique, 4.

Rosalie. Ville projettée aux Natchez, & qui n'a jamais été qu'en projet, 414.

Rosiers. Cap des Rosiers, sa situation. L'embouchure du Fleuve saint Laurent, commence là, 61.

Rossignol. Il chante moins bien en Canada, qu'en Europe, 156.

Ru (le P. Paul du) Jésuite. Mr. d'Iberville le destine aux Natchez. Il aime mieux rester aux Bayagoulas: il est obligé de retourner en France, 431.

S

SABREVOIS (M. de.) Commandant au Fort de Chambly, 150.

Sacrifices. Différens Sacrifices des Sauvages, 347-48.

Sagamos. Nom des Chefs des Sauvages de l'Acadie. Ils avoient plus d'autorité que les Chefs des autres Nations, 266. Ils étoient ordinairement Jongleurs & Médecins, 368.

Saghart (le Frere Gabriel.) *Voyez la Liste & l'Examen des Auteurs, & le premier Volume de l'Histoire*. Défaut de son Vocabulaire Huron, sur la foi duquel de Laët a voulu juger de cette Langue, 23.

Saguenay. Riviere, sa situation, sa profondeur, 65. Effet de sa rapidité, 67-68. D'où vient en partie sa rapidité. Singularité sur les Marées dans cette Riviere, 68.

Saguimont. Riviere, sa situation, 391.

Saguinam. Baye du Lac Huron, sa situation. Village d'Outaouais dans cette Baye, 279.

Saint Ange (le sieur de.) Son éloge, 390.

Saint Barnabé. Lac. Sa situation, 64.

Saint Charles. Riviere saint Charles. Sa situation, 71.

S. Côme (M. de.) Eccléfiastique Canadien, travaille infructueusement parmi les Natchez, quoiqu'il fût protegé par la Femme-Chef. Il est tué par d'autres Sauvages, 431.

S. Elme. Feu S. Elme, pronostic d'une tempête, 51.

S. François. Isles, Riviere & Canton de saint François, 112. Des Isles, de la Riviere & du Canton de saint François, 120. *& suiv*. Situation & description du Lac de saint François, 193.

S. Jean. Riviere, ou Bayouc saint Jean, sa situation, sa description, 439.

S. Joseph Riviere. Sa situation, 187. 312. Du Fort de la Riviere de saint Joseph. Sauvages, qui y sont établis, 312. Origine & description de cette Riviere, 315-16.

Baye de *S. Joseph*. Sa description. Réception, qu'on y fait à l'Auteur & à ceux, qui l'accompagnoient, 477. *& suiv*. Dessein d'abandonner cet Etablissement, & de le transporter à Pensacole, 481.

S. Laurent. Cap saint Laurent, sa situation, 60.

Fleuve *saint Laurent*, où commence son embouchure, sa largeur, 60. Jusqu'où son eau est salée, 67. Poissons du Fleuve saint Laurent, 151. On y trouve presque tous les Poissons de Mer & d'eau douce, 154.

Golphe de *S. Laurent*. Sa longueur, 60.

Comté de *S. Laurent*. Ce que c'est, pour qui érigée, 67.

S. Marc. Baye de saint Marc d'Apalache. Nom, que lui donne Garcilasso de la Vega. Description du Pays & du Fort des Espagnols, qui y avoient autrefois un plus grand Etablissement, lequel a été détruit par les Anglois. Arrivée de l'Auteur dans le Fort, & réception, qu'on lui fait, 473. *& suiv*.

S. *Paul.* Isle de saint Paul, sa situation, 59. Incommodité du passage entre cette Isle & l'Isle Royale, 60.

Baye S. Paul. Sa situation, ce qu'elle a de particulier, qui en est Seigneur, 66 Pesche des Marsouins dans la Baye saint Paul, 148.

S. *Pé* (le P. Jean B. de.) Jésuite, Supérieur des Missions de la Nouvelle France, ce qu'il apprend d'une Femme Miamise, 398.

S. *Pierre.* Isles de saint Pierre. Leur description & leur situation, 59.

Lac de S. Pierre. Voyez Lac.

Poisson S. Pierre. Voyez Goberge.

S. *Simon* (M. Denis de.) Voyez le premier volume de l'*Histoire*. Grand Prévôt de la Nouvelle France, 79.

S. *Sulpice.* MM. du Séminaire de saint Sulpice, Seigneurs de l'Isle & de la Ville de Montreal. Le bien, qu'ils y ont fait. Nom, qu'ils ont donné à la Ville, 137. Ils ont la direction du Village de la Montagne, composé d'Iroquois Chrétiens, 176.

S. *Thomas.* Idée de Georges de Horn sur ce Saint, 32.

S. *Vallier* (M. de.) Evêque de Quebec. Bâtimens, qu'il a construits en Canada. Fondation de l'Hôpital Général. Son éloge, 77. Il fonde l'Hôpital des Trois Rivieres, 113. Témoignage, qu'il rend aux Chrétiens Iroquois du Sault saint Louis, 177. Voyez l'*Histoire.*

Ste Claire. Isle & Lac de sainte Claire, 277. *& suiv.*

Ste Rose. Isle & Canal de sainte Rose, 479.

Sakis Sauvages du Canada, ont un Village à la Baye. Ils sont divisés en deux Factions. Réception, qu'ils font à M. de Montigny, 292-93. Ils invitent l'Auteur à un Conseil & ce qui s'y passe, 294-95. Ils chantent le Calumet à M. de Montigny 296.

Samojedes. Etablis sur le Fleuve Oby : leur conformité avec les Américains, 21. 22.

Sant-Yago de las Cava'leros. Ville de l'Isle Espagnole, fameuse par le bon air, qu'on y respire, 494.

Sapins. Quatre espéces de Sapin en Canada, 160.

Sarrasin. (M.) Sa Description anatomique du Castor. Son éloge, 97. 98. Il prétend que le Loup Servier du Canada est un vrai Chat, 133.

Sassafras. On en trouve beaucoup sur la Riviere saint Joseph, 317. *Voyez la Description des Plantes.*

Sasteratsi. Chef héréditaire des Hurons. Assiste à un Conseil, mais il n'y parle point, & pourquoi, 258. Zele de son Ayeule pour avoir un Missionnaire, 260.

Savanois. Sauvages des environs de la Baye d'Hudson. Particularités sur leurs mœurs, leur Religion, & leurs Coutumes, 181. *& suiv.*

Sault de la Chaudiere. Sa situation ; premiere station des Abénaquis dans la Colonie, 121.

Sault au Récollet, 140.

Sault Saint Louis, 141. Eloge des Habitans de cette Bourgade, & comment elle a été établie, 175-77.

Long-Sault, 193

Sault Sainte Marie. Sa situation. 187. Tradition des Sauvages sur la maniere, dont il a été formé, 281. *Voyez la Carte.*

Saulteurs. Nation sauvage, d'où leur vient ce nom : leur nom propre, 187.

Sauvages. Leurs bonnes qualités, 82. Leur Musique & leurs Danses, 84. Moyen de les franciser & de les rendre Chrétiens, 90. Ils disparoissent d'une maniere incomprehensible, 91. Leur Almanach pour connoître la durée du froid, 92. Leurs imaginations sur les Castors 103. 106. Leurs préparatifs & leurs superstitions pour la Chasse de l'Ours. En quoi consiste leur jeûne, 115. *&*

suiv. Avantages, qu'ils ont pour la chasse. Leur complaisance, 115. Leur vîtesse à la course, 116. Leurs bains. 116 Leur maniere de faire la guerre, 125. Idée, qu'ils ont de l'Orignal & de l'Ours, 127. Comment ils observent par les Martres que la chasse sera bonne, 134. Il n'y a rien à craindre de leur part pour l'honneur des Femmes Françoises, & pourquoi, 142-43. Ils sont devenus insolens, quand ils se sont vû recherchés, 143. Ils marient la Seine, avant que de l'employer pour la pesche. Leur adresse à pescher dans les Rapides, 153. Leur principal défaut, 172. Leur attachement à leurs Familles & à leur Pays natal, 176. Comment les Sauvages de Langues differentes traitent entr'eux, 189. Embarras, où l'on a été pour se faire entendre de ces Barbares, 197-98. Leur style Asiatique, 198. Le peu de fonds, qu'on doit faire sur leurs traditions, & pourquoi, 199. la guerre a contribué à les réduire presque à rien, 203. Ce qui peut les porter à entreprendre une guerre, 215. *& suivantes.* Leur confiance présomptueuse à la guerre, & quel en est le principe, 236. Ce qui les rend comme insensibles dans les tourmens, & comment ils sont parvenus à cette inhumanité envers leurs Prisonniers, qui a tant surpris, 247-48. Leur habileté dans les négociations. En quelle occasion on ne peut pas compter sur un Traité de Paix entr'eux, 251. *& suiv.* Leurs Conseils, 258. Leur fureur pour le jeu, 260. *& suiv.* Ils conviennent de la supériorité de nos Génies tutélaires sur les leurs, 263. Ils sont plus aisés à convertir que les Peuples policés, 265. Idée de leur gouvernement, 266. *& suivantes.* De leurs intérêts, & de leurs Traités, & de la maniere, dont ils s'y comportent, 270. Du gouvernement des Villages, 271. Des defauts de leur gouvernement, & de leurs principes sur cela, 272. *& suiv.* Principes, sur quoi ils établissent l'impunité des crimes, 273. Ce qui empêche que cette impunité n'ait de plus fâcheuses suites. Ils craignent surtout d'être taxés d'avarice, 276. Soin, que les jeunes Sauvages ont de se parer, 278. De leurs Mariages, 283. *& suiv.* Ils sont fort jaloux, 284. Les Sauvages de la Baye plus grossiers & plus superstitieux que les autres, excepté les Poutéouatamis, 299-300. Leur bonne constitution, leur force: ce qui altere leur temperamment, 301-03. Leurs vices. Ce qui les empêche de peupler, 303-04. Avantages, qu'ils ont sur nous. Perfection de leur sens, 304. Leur éloquence, leur mémoire. De quoi ils se servent pour l'aider. Leur jugement. Pourquoi ils ne réussissoient pas aisément dans les Arts & les Sciences abstraites, 305. Leur grandeur d'ame, & leur constance dans les tourmens, 306. Leur valeur, 307. Les égards, qu'ils ont pour les autres. Principe, sur quoi cela est fondé. Leur fierté, & leurs défauts jusques dans leurs vertus, 308. Ils n'ont point les qualités du cœur, ni aucun naturel pour leurs Parens, 309. D'où vient leur couleur, & qu'ils n'ont point de poil sur le corps, 310-11. Pourquoi ils ne communiquent point aux François leurs Simples, & ne leur découvrent point les Mines de leur Pays. Ils usent de leurs Simples à l'aventure, 317. Il faut racheter d'eux tout ce qu'ils ont trouvé ou volé, 318. Ce qu'ils répondent aux François, quand on leur reproche leur yvrognerie. Suites de ce désordre parmi eux; pourquoi elles ne vont pas plus loin. En quoi ils sont heureux & estimables.

rimables. Mépris, qu'ils font de ce que nous estimons, & de notre maniere de vivre. Soin, que les Meres ont de leurs Enfans. Figure ridicule, que quelques-unes leur donnent, 321-24. Ce qui les fortifie & les rend bien faits. Leurs premiers exercices : leur émulation entr'eux. A quoi se réduit l'éducation, qu'on leur donne. Leurs passions, leur habillement. Comment ils se picquent le corps, & se peignent le visage, & à quoi l'un & l'autre leur est utile. Ils peignent leurs Esclaves & leurs Morts, 329-30. Effets du dépit parmi les Sauvages. Leurs passions, 326. Leur habillement & leurs parures. Comment & pourquoi ils se picquent & se peignent, 327. *& suiv*. Leurs occupations, leurs semences & leurs recoltes. Leur nourriture. Ouvrages des Hommes, & leur oisiveté. Leur maniere de se loger & de se fortifier. De leurs hyvernemens pour la chasse, 330. *& suiv*. Leur malpropreté & ses suites, 338. *& suiv*. Leur portrait en racourci, 340. *& suiv*. Ce qu'ils pensent de l'origine des Hommes, de la création du Monde; leurs Traditions différentes sur le premier Etre, 343. *& suivantes*. Ce qu'ils entendent par les Esprits, 345. Leurs sacrifices, leurs jeûnes, leurs vœux. Rapports entr'eux & les Israëlites, 344. *& suiv*. Ce qu'ils pensent de la nature & de l'immortalité de l'Ame. Leur respect pour les tombeaux, 351. Leur Paradis, & comment ils prétendent mériter d'être éternellement heureux, 352. Leurs idées sur les Ames des Bêtes & sur la nature des songes. Leur conduite à cette occasion, 353. *& suiv*. Ce qu'ils pensent des mauvais Génies & des Sorciers, 359. *& suiv*. Leurs prestiges, 361. *& suiv*. Maladies ordinaires parmi eux : leurs remédes, leurs idées extravagantes sur les Maladies,

364. *& suiv*. Principes de leur Médecine : leur cruauté à l'égard des Malades désespérés, 367-68. Comment on se comporte dans quelques Nations à l'égard des Médecins, 369. Leur fermeté Stoïque à la mort, 371. *& suiv*. Leur générosité à l'égard des Morts : leur deuil, leurs tombeaux, leurs funérailles. Regles pour le veuvage. Differentes pratiques à l'égard des Morts, 373. *& suiv*. Idée ridicule à l'égard de ceux, qui meurent de mort violente, 376. Quelques coutumes des Sauvages Occidentaux par rapport à la guerre, & comment ils traitent leurs Prisonniers, 382. *& suiv*. Comment ils en usent avec les Captifs, qui ne meurent point en Braves : leur fierté, quand ils sont en corps de Guerriers, 386. Comment ils pleurent les Morts, 387. Leur habileté à contrefaire toutes sortes d'Animaux, pour attirer leurs Ennemis dans le piége, 390-91. Differentes traditions des Sauvages : leurs idées sur les Astres. Comment ils connoissent le Nord : leurs idées sur les Eclipses, 399-400. sur le Tonnere, 401. Leur maniere de diviser le tems, 401-02. Ceux de la Louysiane dépérissent encore plus que ceux du Canada, 429. Les Sauvages des Martyrs viennent au-devant de la Chaloupe, où étoit une partie de l'Equipage de l'Adour. Ils se disent Amis des Espagnols, & paroissent Ennemis des Anglois, 461. Ils vont en grand nombre visiter l'Adour échouée, & ce qu'ils y font, 463-64. Ils avoient tous été baptisés à la Havane, où ils vont tous les ans, & dans quelle Voiture, 464. Demeure de ces Sauvages : leur figure & leur habillement, 466. Ce qui les retient aux Martyrs, 467. Difference de ces Sauvages & de ceux du Canada, & d'où elle vient. Ils pillent tout ce qui étoit resté sur l'Adour, & brisent ce Bâ-

timent, 468. Ils suivent les François dans leur retraite, 469. Quatre autres Sauvages paroissent à la vûë du Batteau, qui portoit l'Auteur; on les attend, & ils se retirent, 471. Idée, que les Espagnols ont des Sauvages des Martyrs, 474.

Scythes. Grotius ne croit point qu'ils ayent peuplé l'Amérique: ses preuves, 13. De Laët les détruit, 15. Pline prétend que le nom de Scythes étoit commun à toutes les Nations du Nord de l'Asie & de l'Europe, & qu'il y avoit parmi eux beaucoup d'Anthropophages. Ce qu'il rapporte de leurs mœurs, a beaucoup de rapport à celles de plusieurs Amériquains, 21. Il y a bien de l'apparence que des Scythes ont passé en Amérique, 31. 32.

Sed. Le Cap de Sed; sa situation, 458 Danger, que court la Bellone pour ne l'avoir pas reconnu, 485.

Seigneurs. Pourquoi ils ne sont pas riches en Canada, 108-09. Pourquoi ils n'ont pas le droit de Patronnage, 109.

Seine. Les Sauvages, avant que de se servir de ce Filet, le marient avec deux Filles Vierges, 153.

Sel. Salines. On a fait de fort beau Sel en Canada, & il y a eu ordre de discontinuer, 52. Salines de Gannentaha, 114. Salines aux environs de la Riviere aux Bœufs, 396; à l'Isle Toulouse, ou de la Balise, 442.

Sénéchal. Par qui la Jurisdiction du Sénéchal de la Nouvelle France a été absorbée, 113.

Seneque le Tragique. Ce qu'on doit penser de sa prétenduë Prophétie sur la découverte des Nouvelles Terres, 5.

Senneville. (Le Sieur de) Capitaine. est député pour négocier à Onnontagué, & pour visiter en passant l'Etablissement du sieur de Joncaire à Niagara, 228.

Serpens. Les Sauvages n'en ont point d'horreur, les manient sans crainte, **les mettent dans leur sein**, après les avoir engourdis, & les mangent. Les Jongleurs s'en servent pour leurs enchantemens, 251. & suiv. Isle aux Serpens à Sonnettes, 255.

Serpent à Sonnettes. D'où lui vient ce nom. En quoi il est dangereux: remede contre sa morsure, 158. 59.

Se vers Chats on Loups Serviers. D'où vient le nom de Loup, qu'on leur a donné celui de Chat leur convient mieux selon M. Sarrasin, 135.

Simples. Les Sauvages gardent un grand secret sur leurs Simples, & pourquoi. Ils en usent un peu à l'aventure, 317. Avec quel succès ils en usent, 364-65.

Sioux. Peuples sauvages du Canada: leur maniere de vivre. On dit qu'ils ont l'accent Chinois. Quelques-uns de leurs usages: leur situation, leur nom propre, 183. & suiv. leur maniere de parler, 196. Ils se joignent aux Outagamis pour nous faire la guerre. Relation des Sioux sur le Pays au-delà du Missouri, 300. On dit qu'ils ont une connoissance plus juste du premier Principe, que les autres Sauvages, 343. Ils infectent tous les passages pour aller à la Louysiane, 380. 406.

Sokoks. Dans la Mission de Saint François, 121.

Soleil. Le culte du Soleil fort ancien dans les Indes & dans l'Amérique, 25.

Soleil. Plante. Usage, qu'en font les Sauvages, 163.

Soleil. Nom, qu'on donne au Grand Chef des Natchez, & pourquoi. Ses droits. Honneurs, qu'on lui rend sa vie & après sa mort, 420. & suiv. Comment il reçoit les Ambassadeurs, 417. & suiv.

Solorzano Pereyra (Jean de) Jurisconsulte Espagnol Rapporte les divers sentimens sur l'origine des Amériquains, 9.

Songes. De la nature des Songes selon les Sauvages. Superstitions de ces Barbares à ce sujet: leur maniere de les éluder. De la Fête des Songes, 353. & suiv. Les Médecins de l'Acadie prétendoient connoître par les Songes, si les Malades guériroient ou non, 369.

Sorciers. Voyez *Maléfices.*

Sorel. Riviere de Sorel. Ses premiers noms, 124. Fort de Sorel, 150.

Sothouis. Tribu des Akansas, 410.

Soto. (D. Ferdinand de) Conquérant de la Floride, où il est mort, 434. *voyez le premier volume de l'Histoire.*

Souffleurs. Petites Baleines, se trouvent en grand nombre dans la Mer du Canada, 54.

Souliers. Description des Souliers des Sauvages, 221.

Souriquois. Sauvages du Canada. De qui de Hornn les fait descendre, 32.

Soye. On y travaille avec succès dans la Louysiane, 436.

Spinola (D. Augustin). Vient au Biloxi apporter la nouvelle du Traité de paix, 481. Il court risque de voir enlever son Navire par des Deserteurs François, & comment il évite ce danger, 482-83.

Strabon. Ce qu'il dit des Scythes, qui demeuroient au Nord de la Mer Caspienne, 21. De Hornn lui fait dire que les Phéniciens sont entrés dans la Mer Atlantique, & ont bâti des Villes au-delà des Colonnes d'Hercules; qu'ils ont eu de grandes guerres, & fait de grandes pertes en Afrique, 27. Il a écrit que les Habitans de Cadix & tous les Espagnols avoient de grands Vaisseaux, & excelloient dans l'art de naviger, 39.

Sueur. (le Pere Eustache le) Jésuite, Missionnaire des Abénaquis de Beckancourt, gémit sur les désordres de la Mission, auxquels il ne peut remédier, 112.

Sueur. Differens usages de la Sueur parmi les Sauvages, 362-66. & suiv.

Suisses. Une Compagnie entiere de Suisses déserte de la Louysiane, & va à la Caroline, 482.

T

TABAC. Il réussit fort bien à la Louysiane, 416.

Tabiens. Peuples du Nord, dont parle Ptolomée, & que Pline assûre avoir disparu; ce qu'on en peut conclure. De Hornn en fait descendre les Tombas du Perou, 32.

Table à Rolland. Sa situation, 61.

Table à Marianne. Montagne de l'Isle de Cuba, 458.

Tadoussac. Port sur le Fleuve saint Laurent: sa situation, sa description; erreur des Géographes à ce sujet, & ce qui y a donné lieu, 65.

Taensas. Nation sauvage de la Louysiane, autrefois fort nombreuse, aujourd'hui détruite. Concession Beauté du Pays, 438.

Tabouisk iron. Fils du Roi du Ciel, selon les Hurons & les Iroquois, tue son Frere, 400.

Tahouitsaron. Divinité des Sauvages, 344.

Tamarouas. Tribu Illinoise Village, où ils se sont joints avec les Caoquias, 392.

Taronhiaouagon. Le Roi du Ciel, selon les Hurons & les Iroquois, chasse d'un coup de pied sa Femme du Ciel, 399.

Tartar. Fleuve, d'où est venu le nom de *Tartares.* 11.

Tartares. Breverood détruit le sentiment, qui les fait descendre des Hébreux. Origine de ce nom. Breverood prétend qu'ils ont seuls peuplé l'Amérique: ses preuves, 11, 12. Peu de conformité des Tartares avec les Amériquains septentrionaux, selon Grotius. De Laët n'est pas de cet avis, 14. Il y a bien de l'apparence que plus d'une Nation Ameriquaine a une origine Scythe ou Tartare, 32.

Taumur. (M.) Ecclésiastique Canadien, Missionnaire aux Illinois, 392.

Tchactas. Sauvages de la Louysiane, sont une bonne barriere à cette Colonie contre les Chicachas, 452. Les Tchactas sont sollicités par les Anglois à n'avoir plus aucun commerce avec les François. Importance de cette affaire. M. de Bienville les gagne par ses manieres & ses présens, 483.

Teintures. D'où les Sauvages tirent les couleurs, dont ils se servent pour la Teinture, 329, 407.

Temiscamings. Nation Algonquine. *Lac Temiscaming,* 187. *voyez l'Histoire.*

Tempête sur le grand Banc, 51, à l'entrée du Golphe, 59, sur la Côte de la Floride, & ses suites, 453, à l'embouchure du Micissipi, 456. Tempêtes dans les Mers des Isles de peu de durée, 489. Tempête dans la Manche, 499, 500.

Temple des Natchez. En quel état l'Auteur le trouva, 417. *& suiv.* les autres Nations de la Louysiane avoient leur Temple. Celui des Natchez subsiste seul. Quel étoit le principal & comme la Métropole de tous, 429.

Térébenthine, ou *Baume Blanc* du Canada. D'où elle se tire : ses propriétés, 160-61.

Terre-neuve Cette Isle ne paroît pas avoir d'Habitans naturels, 178.

Têtes de Boule. Nation Algonquine. D'où leur vient ce nom, 187. Comment on leur donne cette figure, 323-24.

Theakiki. Sources de cette Riviere. D'où vient ce nom, 371. Description de cette Riviere. Pourquoi elle perd son nom en se joignant à celle des Illinois, 379-80.

Trésor. De quoi est composé le Trésor des Sauvages, & à qui la garde en est confiée, 210.

Thetis, Fregate du Roi. Est si maltraitée de la tempête au sortir du Havre de Grace, qu'elle est obligée d'entrer dans le Port de Plimouth. Par qui elle étoit commandée, 497.

Thevet (André) a cru que les Israëlites emmenés Captifs par Salmanazar, se sont répandus par-tout, & ont peuplé l'Amérique, 4.

Tionnontatez. Voyez *l'Histoire.* Ce sont les vrais Hurons, 199. Village de Tionnontatez au Détroit, 256. On les appelle la *Nation du Petun,* 267.

Tioux. Sauvages de la Louysiane, Voisins & Alliés des Natchez, 416.

Tombas. Peuples du Pérou. De qui de Hornn les fait descendre, 32.

Tombeaux. Combien ils sont respectés des Sauvages, & pourquoi, 351-52. Des Tombeaux des Sauvages, 373-74.

Tonicas. Sauvages de la Louysiane, *voyez le second volume de l'Histoire:* leur affection pour les François. Aucun ne veut se faire Chrétien, 411. Riviere & Lac, ou Baye des Tonicas, 432. *& suiv.* Situation du grand Village des Tonicas: leur Grand-Chef. Son attachement aux François. Il s'habille à la Françoise. Il est fort riche. Etat de cette Nation. Ces Sauvages chassent leur Missionnaire pour avoir brûlé leur Temple, qu'ils ne rétablissent point. Ils le rappellent; il les quitte, & pourquoi, 433, 434.

Tonihata. Isle, sa situation, concédée à un Iroquois, qui y avoit assemblé une Bourgade, 194.

Tonnerre. Anse du Tonnere, sa situation, 279. Idée des Sauvages sur le Tonnerre, 401.

Tonti. (M. de) Capitaine. Commandant au Détroit, y assemble un Conseil, 257. Il promet de travailler à procurer un Missionnaire aux Hurons, 260.

Topingas. Tribu des Akansas, 410.

Torimas. Tribu des Akansas, 410.

Torniel. (le Pere Augustin) Barnabite ; son sentiment sur l'origine des Amériquains, 4.

Tortues. en Canada & dans l'Acadie. Ce qu'elles ont de particulier, 152. Fable des Sauvages sur une Tortuë, 399. Tortuë monstrueuse. Force de cet Animal, 436.

Isles des Tortuës : leur situation, nature du Pays, 470.

Toulouse. Isle Toulouse, voyez *Balise.*

Tourmente. Cap Tourmente, sa situation, 67.

Tourtes. Espéces de Ramiers ; sont d'une grande ressource pour la vie en Canada, 171.

Tracy. Nom, qu'on avoit donné au Lac Huron, & qu'il n'a point gardé, 253.

Traînes. Description des Traînes, sur lesquelles on met le Bagage & les Blessés, 221.

Traite de l'Eau-de-vie. Ses inconvéniens à Beckancourt, voyez Beckancourt ; à saint François, voyez saint François, à Montreal, au Sault saint Louis, & parmi les Iroquois de la Montagne, 141-42. Tort, qu'elle a fait aux Sauvages, 302, 320. Pourquoi, & comment on pourroit permettre cette Traite, 321.

Traités. Des differens Traités des Sauvages, 297-98, 427. & suiv.

Tremblement de Terre arrivé en 1663 en Canada. Quelques-uns de ses effets, 66, 68. *Voyez le I. Vol.*

Trinité. La Pointe de la Trinité : sa situation. Le Vaisseau du Roi court risque de s'y briser, 63.

Trois Rivieres. Origine de cette Ville, & du nom, qu'elle porte : sa description, 112. & suiv.

Trou. Le Trou. Rapide : sa situation, 190.

Tsonnonthouans. Canton Iroquois. Ces Sauvages passent pour avoir un langage grossier, 197. Leur Village à Niagara, qui est de leur Canton, 225. Ils y accordent un Etablissement au sieur de Joncaire, & pourquoi ils en refusent un aux Anglois, 227. La pluralité des Maris en usage dans ce Canton, 284.

Tulipier. Voyez *la Liste & la Description des Plantes.*

Tygres. Inconnus dans les Isles de l'Amérique, 7. Tygres chez les Iroquois. D'où les Tygres ont pu passer en Amérique, 31. Tygres plus petits que les autres au haut du Micissipi, 33. Il n'y a point de vrais Tygres en Canada, cependant quelques Sauvages reconnoissent le Grand Tygre pour le Dieu des Eaux, 344.

V

VACHES MARINES. Leur description, & leur pêche, 147.

Vatable. a cru que c'étoit dans l'Amérique, que Salomon envoyoit ses Flottes chercher de l'or, 2.

Vaudreuil. (M. le Comte de) Capitaine en second sur le Chameau, 47. Il reconnoît la Terre. Précaution, qu'il prend pour ne la point approcher de nuit, 56.

M. le Marquis de *Vaudreuil*, Pere du Précédent, Gouverneur Général de la Nouvelle France, 79. Ordres, qu'il envoye au Détroit, ce qu'il raconte à l'Auteur d'une prédiction singuliere d'une Sauvagesse, 362, 363.

Le Marquis de *Cavagnal-Vaudreuil*, un des Fils du Précédent, est député vers les Iroquois, 228.

Vega. (Garcilasso de la) Auteur Espagnol. *Voyez la Liste & l'Examen des Auteurs*. Il étoit de la Maison des Incas du Pérou par sa Mere. Il assure qu'on ne connoissoit au Pérou avant l'arrivée des Espagnols ni Caracteres, ni aucune sorte d'Ecriture, 17. Ce qu'il dit des Chicachas de la Louysiane, n'est pas exact, 408. Ce qu'il dit des Natchez, 420. Ce qu'il dit du Pays de la Louysiane, 446. Il parle d'une Bourgade appellée *Mauvilla*, d'où est venu le nom de Mauviliens, ou Maubiliens, 452. On ne trouve point dans les Caciques Indiens les richesses, qu'il leur attribue, 467. Ce qu'il appelle le Port d'Auté, 473.

Vents. Ce qui rend les Vents impétueux aux environs du Grand Banc de Terre-neuve, 50. Vents nommés *Brises*, & leur utilité, 453.

Vercheres. Les Iroquois attaquent deux fois le Fort de Vercheres, & en sont repoussés par Madame & par Mademoiselle de Vercheres, 124, 125.

Vermude. Il est bon de reconnoître cette Isle, quand on va du Canal de Bahama à S. Domingue, 489.

Vestales. S'il y en a eu parmi les Sauvages, 350.

Veuvage. Régles pour le Veuvage & les secondes Nôces parmi les Sauvages, 376.

Vœux. L'usage des Vœux est le même parmi les Sauvages, que parmi nous, 348-49. Ils n'ont pour objet, que les biens présens, 353.

Villages des Sauvages, leur figure, leurs Fortifications, 334-35.

Ville-Marie. Nom, que les Fondateurs de la Ville de Montreal lui ont donné, & qui n'a point passé dans l'usage, 137.

Vinaigrier. Arbrisseau, d'où lui vient ce nom, 163.

Vol. Les Sauvages sont enclins au vol. Réglement sur cela, & sur les choses trouvées, 275. Comment les Hurons les punissoient, 276.

Voutron (M. de.) Commandant le Chameau. Son expérience pour la Navigation du Canada, 47. Il donne un ordre, qui sauve son Navire, 64.

Voyages. Maniere commode de voyager sur la glace & sur la nege, & d'y courir la poste, 68. Incommodités des Voyages en Canada, 220. Agrément & utilité des Voyages, 254-55. Incommodités des Voyages pendant l'Hyver, 336. Pendant l'Eté, 339-40.

U

URSULINES. Elles desservent l'Hôpital des Trois Rivieres, 113.

W

WALCOP (D. Alexandre.) Capitaine de Vaisseau au service des Espagnols. Apporte au Biloxi le Traité de Paix: est désigné Gouverneur de Pensacole, 481.

X

XIMENEZ prétend, qu'on peut désaler de l'eau saumâtre avec du Sassafras. *Voyez la Description des Plantes au mot* Sassafras.

Y

YASOUS. Riviere des Yasous, sa largeur, mauvaise qualité de ses eaux, 412. Village des Yasous. Fort & Concession mal placés, 413. Les Yasous alliés des Chicachas. Importance de s'assûrer de leur Riviere, 413-14.

Yucatan. Province de la Nouvelle Espagne. Par qui Grotius & Dom Pierre Martyr ont cru qu'elle avoit été peuplée. Leurs preuves, 12-13. De Laët les réfute, 16. Baptême & Confession usités dans l'Yucatan, 19.

DES MATIERES. 543

Z

ZANIS. Les deux Freres Zanis, Nobles Vénitiens, sont peu croyables sur ce qu'ils ont dit de la Frislande & de l'Estotiland, 15.

Fin de la Table des Matieres du troisiéme Tome.

Fautes à corriger dans ce Volume.

Page 18. ligne 6. donc les Habitans, *lisez* dont les Habitans.
Page 32. ligne 36. Paieuma, *lisez* Paicuma.
Page 35. ligne 6. de plus grandes, *lisez* de moins grandes.
Page 49. ligne 38. celle, *lisez* celles.
Page 88. ligne 18. les prix, *lisez* le prix.
Page 101. ligne 18. qu'ils portent à plat, *lisez* qu'ils posent à plat.
Page 172. ligne 5. mais, *lisez* car.
Ligne 35. Ce sont là, Madame, les défauts, *lisez* C'est là, Madame, le défaut.
Page 193. ligne 27 Chenaux des Lacs, *lisez* Chenaux du Lac.
Page 201. ligne 37. de ce Pays, *lisez* de ce Pays-ci.
Page 211. ligne 17. Ajouez, *lisez* Aiouez.
Page 217. ligne 2. qu'il n'est pas permis à nul autre, *lisez* qu'il n'est permis à nul autre.
Page 222. ligne 25. brassades, *lisez* Brassarts.
Page 226 ligne 24. après ce mot Sauvage, *lisez* qu'ils l'adopterent, &.
Page 246. ligne 16. où il doit être, *lisez* où il doit demeurer.
Page 281. ligne 13. j'ai vû, *lisez* j'ai lû.
Page 295. dans la note, le P. Pierre Chardon, *lisez* le P. Jean Chardon.
Page 308. ligne 13. S. Gregoire Pape. *lisez* S. Chrysostome.
Page 310. ligne 26. volontairement, *lisez* volontiers.
Page 312. ligne 28. on le remonte, *lisez* on la remonte.
Page 315. ligne derniere, au petit pas, *lisez* lentement.
Page 357. ligne 5. assurément, *lisez* assurément.
Page 454. la Baye S. Jean, *lisez* le Bayouc S. Jean.